Academia de Ciencias Políticas y Sociales

RAFAEL BADELL MADRID

DERECHO PROCESAL CONSTITUCIONAL

PRÓLOGO
CECILIA SOSA GÓMEZ

EDITORIAL JURÍDICA VENEZOLANA INTERNATIONAL

CARACAS, VENEZUELA
2020

B141

Badell Madrid, Rafael

Derecho Procesal Constitucional / Rafael Badell Madrid; prólogo Cecilia Sosa Gómez. -- Caracas: Academia de Ciencias Políticas y Sociales, 2020.
586 p.
Serie Estudios, 121

ISBN: 978-980-18-0925-8
Depósito legal: DC2020000100

1. DERECHO PROCESAL CONSTITUCIONAL 2. JUSTICIA CONSTITUCIONAL 3. AMPARO CONSTITUCIONAL 4. PROCESOS CONSTITUCIONALES
I. Título II. Sosa Gómez, Cecilia

Queda hecho el depósito de ley
Depósito legal: DC2020000100

ISBN: 978-980-18-0925-8

Portada: Evelyn Barboza
Diseño de caricatura: Roberto Weil
Un totem con base en la Constitución. Sobre esa base se encuentra construido el Tribunal Supremo de Justicia, que sirve de púlpito a tres personajes. En el punto de equilibrio se encuentra una Juez sosteniendo la llama de la ética y de la sabiduría; a la derecha el famoso juez americano John Marshall que levanta la balanza de la justicia y a la izquierda el gran jurista Hans Kelsen quien sujeta el martillo de la sentencia. La imagen toda con una estética de vitral, que recuerda el Gran Vitral de Alirio Rodríguez.
Diagramación: Oralia Hernández

DEDICATORIA

Dedico este libro a mi queridísima esposa María Amparo Grau, agradecido infinitamente por su amor y apoyo en todo, y a nuestros hijos: Jessica, Rafael Andrés y María.

Jessica y María, dos estrellas que saben brillar cada una de forma distinta. Rafael Andrés, un sol radiante.

AGRADECIMIENTOS

Agradezco al brillante abogado y profesor, mi querido y admirado hermano y socio, Álvaro Badell Madrid. Agradezco a mis sobrinos y socios Nicolás Badell Benítez y Daniel Badell Porras. En todo me apoyan, en todo me ayudan. Ellos son siempre parte de lo que hago.

Agradezco la muy eficiente ayuda de la abogada Luz Oriana Martínez, ejemplo de seriedad, responsabilidad y constancia.

Agradezco a Evelyn Barboza por su indispensable ayuda en todo.

DERECHO PROCESAL CONSTITUCIONAL

ÍNDICE

CAPÍTULO III
CONTROL CONCENTRADO DE LA CONSTITUCIONALIDAD

CAPÍTULO IV
AMPARO CONSTITUCIONAL

CAPÍTULO V
RECURSO DE OMISIÓN LEGISLATIVA

CAPÍTULO VI
CONTROL DE CONVENCIONALIDAD

CAPÍTULO VII
DEMANDA DE INTERPRETACIÓN CONSTITUCIONAL

CAPÍTULO VIII
RECURSO DE REVISIÓN CONSTITUCIONAL

CAPÍTULO IX
LA PRUEBA EN LOS PROCESOS CONSTITUCIONALES

CAPÍTULO X
PODERES DEL JUEZ CONSTITUCIONAL

CAPÍTULO XI
EL TRIBUNAL CONSTITUCIONAL

ABREVIATURAS

AN	Asamblea Nacional
CADH	Convención Americana sobre Derechos Humanos
CC	Código Civil
CIDH	Comisión Interamericana de Derechos Humanos
Constitución	Constitución de la República Bolivariana de Venezuela
COPP	Código Orgánico Procesal Penal
CorIDH	Corte Interamericana de Derechos Humanos
CPC	Código de Procedimiento Civil
CSJ	Corte Suprema de Justicia
LOA	Ley Orgánica de Amparo sobre Derechos y Garantías Constitucionales
LOCSJ	Ley Orgánica de la Corte Suprema de Justicia
LOEE	Ley Orgánica sobre Estados de Excepción
LOTSJ	Ley Orgánica del Tribunal Supremo de Justicia
SC	Sala Constitucional
SCC	Sala de Casación Civil
SPA	Sala Político-Administrativa
TSJ	Tribunal Supremo de Justicia

PRÓLOGO

Rafael Badell Madrid reúne en su desempeño profesional una triple condición que ha enriquecido su carrera, marcada por una síntesis de integración de conocimientos y experiencias como funcionario público por muchos años, docente universitario de reconocida dedicación, y una amplia trayectoria en el ejercicio como abogado. Estos atributos tan preciados lo han convertido en un verdadero doctor en el campo del Derecho Público, lo cual demuestra en esta obra en la que nos presenta un estudio profundo de la Justicia Constitucional, con énfasis en el derecho constitucional procesal.

Desde la entrada en vigencia de la Constitución de la República Bolivariana de Venezuela, hace ya veintiún años, no disponíamos de un estudio sistemático y analítico de las posibilidades que ofrece la Justicia Constitucional de las normas que la consagran, asociadas a las vías procesales constitucionales.

El profesor Rafael Badell Madrid se dedicó a crear este libro al que titula **Derecho Procesal Constitucional,** para ofrecernos, por primera vez, de manera organizada, integral y documentada, partiendo de un estructura temática impecable, las ofertas que plantea el texto constitucional y las leyes que las desarrollan, las acciones y recursos judiciales que permiten accionar ante los tribunales de la República, para la defensa de los derechos humanos que pudieran haber sido conculcados, controlar el sometimiento del ejercicio del poder y la conducta de las personas a las normas constitucionales, haciendo valer la primacía del texto constitucional y por ende su vigencia.

Esta obra se presenta en once capítulos, el primero, nos introduce en lo que significa el Derecho Procesal Constitucional; mientras los Capítulos Segundo y Tercero explican tanto el control difuso como el control concentrado de constitucionalidad; para abordar a partir del Capítulo Cuarto otras modalidades de control de constitucionalidad como el amparo constitucional (Capítulo Cuarto), la omisión legislativa (Capítulo Quinto) y el control de convencionalidad (Capítulo Sexto), pasando a profundizar en el Capítulo Séptimo todo lo referente a la interpretación constitucional y la revisión constitucional en el Capítulo Octavo. Es a partir del Capítulo Noveno cuando el autor combina los contenidos esenciales de los procesos constitucionales, como son el tratamiento de la prueba (Capítulo Noveno); la amplitud y limitaciones de los Poderes del Juez Constitucional (Capítulo Décimo) y los tribunales constitucionales (Capítulo Décimo Primero).

La Justicia Constitucional, si lo conceptualizamos de manera clásica sería el sistema de control judicial de las leyes propias del Estado de Derecho, que tiene su fundamento en la concepción de la Constitución como norma jurídica fundamental, mediante el cual se verifica el respeto de las leyes a la Constitución. Sin embargo, este concepto ha evolucionado de sólo analizarlo como jurisdicción constitucional y procesos, y aunque se le considere por muchos autores equivalente, lo cierto es la Justicia Constitucional además de ser más envolvente está dominada por el avance del constitucionalismo del Estado Moderno en el que se han constitucionalizado materias que antes estaban reguladas por ley, y ante la supremacía de las normas constitucionales por sobre aquella de la legislación ordinaria, la defensa –y sus mecanismos– de esa categoría especial de norma positiva está determinada en el texto constitucional.

De allí que el profesor Badell titule su libro Derecho Procesal Constitucional y desarrolle bajo ese ángulo el significado del Derecho Procesal Constitucional, y distinguirlo del Derecho Constitucional Procesal como el primer desafío de este libro, el autor utiliza el derecho comparado para precisar el concepto, objeto y características del primero; y luego identifica las regulaciones de esta especialidad del derecho en la Constitución de 1999 y muestra cómo se conforma el Derecho Procesal Constitucional.

La esencia del proceso que permite un control de constitucionalidad la sostiene en el debido resguardo de la jerarquía suprema del texto constitucional. Así lo afirma el autor cuando precisa que **"*... la Constitución asume el significado de norma constitutiva y reguladora de la vida política asociada, de pacto social, de ley fundamental capaz de conformar la entera vida constitucional*".**

Sostiene el profesor Rafael Badell Madrid con énfasis y debidamente documentado que si al contenido de la Constitución le aplicamos la teoría general del proceso, y tomamos los tres elementos que le sirven de base: los sujetos, el objeto y la actividad procesal para adaptarlos al proceso de control constitucional, llegaremos a la conclusión que esta especialidad del Derecho Constitucional permite identificar las instituciones y los principios constitucionales y legales referidos a las Garantías de la Constitución. Las precisiones anteriores le permiten afirmar que para que exista Derecho Procesal Constitucional, necesariamente tiene que disponerse de una institucionalidad judicial que la garantice: los tribunales constitucionales.

Este texto que tiene la valía de ser tanto de estudio como para el ejercicio, constituye una advertencia de cómo los ciudadanos debemos acercarnos a la Constitución de 1999, cuerpo normativo de más alta jerarquía, y que por sobre ella sólo existen los valores superiores que conforman a la República de Venezuela como un Estado Democrático y social de Derecho y de Justicia, como un texto cultural y abierto, que posibilita una activa participación de los ciudadanos en el contexto de un Estado Democrático.

La participación constituye un status fundamental en la realización de las tareas del Estado y de los derechos fundamentales (humanos), en una Constitución que es comprendida como un proceso permanente y abierto; ella constituye un instrumento que privilegia la pluralización y la democratización. Rompe así con la sola noción dogmática y positivista de la Constitución, que sigue siendo normativa, no hay duda, pero incorpora la causa cultural a su normativa desde el momento que condiciona y conforma la cultura, en particular en la aplicación de la ley y la primacía de ser ciudadano.

La Constitución es reflejo de la realidad, al mismo tiempo que la conforma, es la fuente de luz ciudadana de la organización del Estado, donde manda la fuente originaria. Una Constitución democrática es obra de todos, no es sólo un documento jurídico, es también un Código de Vida, que debe cumplir la función social de integración, donde la actuación ciudadana es el centro de activación. "Vivir la Constitución". Ello quiere decir, que exige un ciudadano informado y participativo, no sólo cuando sus intereses están en juego, sino de manera permanente desde que exige sus derechos en serio. Ahí cobra importancia decisiva el Derecho Procesal Constitucional.

Por tanto ante una Constitución cultural, en el contexto del Estado Democrático y con una sociedad abierta también a los intérpretes de la Constitución que transforma el proceso de control e interpretación de su texto a quienes puedan dar su parecer, en particular, en los procesos de interpretación judicial, para que sea democrática la participación y las decisiones, resulta necesario que se consideren las opiniones y criterios que puedan tener los ciudadanos sobre temas sometidos a su consideración.

A los fines de la protección de la vigencia de la Constitución se establece:

> *"Art. 7: La Constitución* ***es la norma suprema*** *y el fundamento del ordenamiento jurídico.* ***Todas las personas y los órganos que ejercen el Poder Público están sujetos a esta Constitución".*** (Resaltado nuestro).

A partir de esta norma, este trabajo se orienta a construir cómo ha quedado regulado el Derecho Procesal Constitucional: la reglamentación de la jurisdicción constitucional, los órganos que la ejercen, los sujetos que intervienen en la relación procesal constitucional y la conducta procesal posible de los sujetos y las partes para la actuación del derecho constitucional material, es decir en las causas relativas a las materias propias de la Constitución.

El trabajo de concatenar todos los artículos constitucionales que conforman las instituciones procesales, como la garantía de los derechos asociados al proceso: el acceso a la justicia, el derecho de toda persona a ser amparada en el goce y ejercicio de sus derechos, el derecho al debido proceso, tanto judicial como administrativo, el proceso como instrumento fundamental de la realización de la justicia, la jurisdicción constitucional, la jurisdicción contenciosa administrativa, la jurisdicción electoral, la jurisdicción militar, la jurisdicción laboral y la jurisdicción indígena, así como la justicia de paz, conforman el universo normativo constitucional que da sustento al Derecho Procesal Constitucional, como lo demuestra este aporte académico de Rafael Badell Madrid.

Ahora bien, la obra ofrece para cada institución procesal constitucional una información debidamente documentada tanto doctrinaria como jurisprudencial extranjera y nacional, que nos introduce en el control difuso de la constitucionalidad, consagrado en el artículo 334 constitucional, al establecer que todos los jueces de la República, en el ámbito de sus competencias y conforme a lo previsto en la Constitución y en la ley, están en la obligación de asegurar la integridad del ordenamiento constitucional, cuando exista incompatibilidad entre la Constitución y una ley u otra norma jurídica, ordenándole aplicar las disposiciones constitucionales; correspondiendo así a los tribunales en cualquier causa, aun de oficio, decidir lo conducente. Esta obligación de control de la constitucionalidad incluye las normas legales, reglamentarias y administrativas y su relación con procedimientos y atribuciones establecidas en el ordenamiento jurídico.

De particular importancia es el Capítulo III el cual dedica al esclarecimiento del control concentrado de la constitucionalidad, lo que se lleva a cabo a través de la distinción del control concentrado de las leyes y el sistema preventivo de justicia constitucional, utilizando diversos contextos jurídicos que ha fijado la jurisprudencia, en los que juega un papel muy importante para comprender las distorsiones que se han producido en las interpretaciones que ha realizado la Sala Constitucional de normas de la Constitución, visto el monopolio de la interpretación directa de la Constitución que se ha atribuido y en ese sentido ha opacado la función protectora de la Constitución que tienen los ciudadanos, los jueces de la República y todas las demás Salas del Tribunal Supremo de Justicia.

Tiene especial dedicación el autor al consagrarse al análisis del control a *posteriori* de la constitucionalidad de las leyes, conocida como acción popular de inconstitucionalidad, y se dedica al estudio de la legitimidad para proponerla, y la evolución que ha tenido en la ley y la jurisprudencia, así como a la tipología de normas que pueden ser objeto de impugnación, valorando cómo es un proceso contra el acto y no contra el órgano del Poder Público que lo dictara. Trabaja en profundidad el autor lo que significa la violación directa de la Constitución.

En el Capítulo IV se vuelca sobre el amparo constitucional, derecho, acción, proceso, procedimiento, todo en una institución que marca constitucionalmente la protección del ejercicio y la garantía de todos y cada uno de los derechos humanos (calificativo constitucional).

Dispone este libro de una relación histórica del amparo para luego conceptualizarlo, describir su objeto y características, y profundizar las diversas formas que puede asumir, esta acción, desde el punto de vista procesal. Trata el autor desde el amparo autónomo en general, el amparo conjunto con otro recurso, y abarca igualmente el amparo en materias específicas (expropiatoria, bancaria, carrera administrativa, contra norma, sobrevenido, en materia de libertad y seguridad personal, el amparo contra sentencia, amparo sancionatorio) y lo relativo a la consulta del amparo y la apelación de la decisión que lo acuerde o lo niegue.

Las consideraciones procesales del amparo, de legitimación, activa y pasiva, la admisibilidad, la audiencia oral y pública, la sentencia y sus efectos, así como el abandono del trámite, son aspectos esenciales que facilitan la comprensión de los elementos que hacen posible la restitución del ejercicio del derecho lesionado.

Cuando desarrolla las otras modalidades de control de constitucionalidad establecidas en la Constitución de 1999, se dedica a la demandada de interpretación constitucional, trabajando el polémico recurso autónomo, ya que el mismo fue creado por la Sala Constitucional para hacer interpretaciones *in abstracto* de la Constitución, lo cual la ha llevado a legislar y controlar la constitucionalidad del propio texto constitucional, hasta llegar a poner en vigencia un artículo de la Constitución de 1961, para decir que lo dispuesto en la Constitución de 1999 debe entenderse como está escrito en la Constitución derogada.

La jurisprudencia nacional, en materia de demanda de interpretación constitucional, es numerosa y de ella realiza un exhaustivo análisis como igualmente lo hace en materia legislativa, para concluir que la separación de poderes y la primacía constitucional es igualmente obligante para el Tribunal Supremo de Justicia, en particular para la SC, que por muy *"...máximo y último intérprete de la Constitución..."* debe velar por su correcta aplicación y preservar su integridad y proteger su vigencia.

El autor aplica el mismo método exhaustivo utilizado para desarrollar la demanda de interpretación constitucional al recurso de omisión legislativa y al recurso de revisión constitucional, precisando lo que ha señalado la doctrina, la jurisprudencia y legislación nacional, lo que permite al lector de este Capítulo disponer de información y análisis para manejar los elementos esenciales y conocer las opciones de que se dispone ante un caso concreto de actuación procesal.

Llega en el desarrollo del libro el momento de un tema esencial, como es la prueba en los procesos constitucionales, las evidencias que acompañan los hechos que se invocan en la solicitud de restitución de la vigencia constitucional, cualquiera sea el medio procesal que se escoja y las circunstancias de hecho y de derecho que rodeen el asunto: la prueba.

El debido proceso que constituye además constitucionalmente la garantía y el derecho a la máxima protección y seguridad jurídica como lo señala el autor. Acceder a la prueba se constituye en la esencia de una decisión producto de un proceso judicial o administrativo deben estar fundamentadas en la aportación oportuna y por las exigencias legales establecidas de los medios que conduzcan a la convicción de certeza de los hechos que dan nacimiento, extinción o modificación al derecho reclamado o a la imposición de una pena o sanción.

La relación entre la aplicación de la norma y el alcance y sentido de su aplicación depende de la determinación de los hechos y de allí deviene la importancia de la prueba. El énfasis en este Capítulo IX lo constituye por tanto la prueba como derecho, así como la necesidad de prueba en el proceso constitucional, y la importancia o no de la misma en los procesos conocidos como control abstracto o concreto de las normas constitucionales. Trascendente resulta el estudio que realiza el profesor Rafael Badell al darle la mayor importancia a la libertad de la prueba, la necesidad, la eficacia, la unidad, la comunidad de la prueba y todos los elementos que la caracterizan, todo lo cual ayuda al lector a concretar en caso que lo requiera, la importancia de la prueba, aplicable a cualquiera de los tipos de procesos constitucionales descritos y analizados en el libro.

Especial referencia merece el Capítulo X de esta obra, relativo al análisis de los poderes del Juez constitucional. Todo haría pensar que este Capítulo X es para la lectura de los jueces y resulta que además está perfectamente conectado a las peticiones que se realicen en cualquiera de los recursos que se ejerzan. Pasa revista el autor a los poderes del juez constitucional en cada uno de los mecanismos de control constitucional para preservar la vigencia de las normas y principios constitucionales, sea en el control concentrado, en la omisión, la interpretación, la revisión, el amparo constitucional y además los identifica en cada una de las etapas del proceso no sin antes considerar que todo poder otorgado constituye al mismo tiempo un límite a su ejercicio.

Cierra este libro con el Capítulo XI sobre el Tribunal Constitucional. Se dedica a un tema central, como es el control constitucional del Tribunal Constitucional, y desarrolla el origen, la aparición y la caracterización de los tribunales constitucionales.

La idea que surge inmediatamente cuando se analiza la creación de un Tribunal Constitucional es cómo lograr que la justicia constitucional no sea secuestrada por una visión política ni por intereses económicos; en otras palabras, que su misión se concentre en proteger el texto constitucional, su ejecución y cumplimiento dentro de los parámetros en ella establecidos, sin alterar su contenido, dado que su texto se le impone al tribunal que la interpreta.

En este sentido se ha considerado a los tribunales constitucionales separados del Poder Judicial como sistema de justicia, garantizando además de no estar subordinado o controlado para realizar tal control, requiriendo de jueces especializados y éticamente independientes, capaces de adoptar decisiones difíciles, quedando sí controlados por el contenido del texto constitucional al que debe someterse al interpretar. En efecto, las razones principales del desarrollo de este tipo de órganos al margen de la jurisdicción ordinaria se deben, como lo señala el autor, al peligro de "sacralizar" la ley más que de "juzgadores de la ley" a partir de la Constitución.

Realizado este viaje rápido por el contenido del libro **Derecho Procesal Constitucional**, preludio a un necesario código para sistematizar una legislación dispersa, actualizar conceptos y el enfoque, no sólo teniendo en cuenta los avances de la moderna doctrina, sino, sobre todo, enderezar la torcida doctrina jurisprudencial que ha producido el Tribunal Supremo de Justicia.

Concluyo, Rafael Badell Madrid, es un académico, un litigante, un eficiente asesor, un emprendedor incansable para abrir caminos sin abandonar el recorrido, con el don de compartir sus hallazgos legales y dotado de un esfuerzo permanente por concluir todo lo que se propone, comprendemos entonces lo que para él significa este libro. Me enorgullezco de haberlo visto crecer profesionalmente desde el Centro de Investigaciones Jurídicas de la Universidad Católica Andrés Bello al que dirigía para entonces y por haberme acompañado muchos años como relator en mis años de Magistrado.

La obra de Rafael Badell Madrid es un aporte fundamental a la doctrina jurídica venezolana en materia procesal constitucional. Es un aporte además especialmente importante en momentos en que la historia política de nuestro país se caracteriza por la ruptura continuada del orden constitucional desde las instancias del poder; los derechos humanos individuales se han desdibujado bajo la implantación de un inconstitucional modelo socialista, y la justicia constitucional se ha puesto al servicio de la política y descartó la defensa de la Constitución como corresponde en un Estado de Derecho.

El carácter de esta obra pone de manifiesto que el derecho constitucional de un Estado de Derecho reconoce a sus ciudadanos no sólo los aspectos sustantivos que la Carta Magna declara, sino que a la vez instituye un sistema adjetivo que es la garantía del respeto de tales derechos, y que este sistema adjetivo sirve además para la protección de la institucionalidad democrática, base de todo régimen jurídico de un Estado sometido a derecho.

Cecilia Sosa Gómez
Caracas, 15 de enero de 2020.

CAPÍTULO I
DERECHO PROCESAL CONSTITUCIONAL

1. Consideraciones generales sobre la justicia constitucional

Desde 1982 he impartido clases en mi querida Alma Mater la Universidad Católica Andrés Bello en la ciudad de Caracas. Entre otras materias referidas al derecho público, he impartido clases de Derecho Internacional Público, Derecho de la Integración, Derecho Administrativo y de Derecho Procesal Administrativo. El contenido programático de esta última –Derecho Procesal Administrativo– incluía antes el estudio de los aspectos de la materia que hoy se denomina Derecho Procesal Constitucional. Esta materia se imparte ahora, tanto en los estudios de licenciatura como de postgrado y doctorado, de forma autónoma; también he dictado esta materia en la Universidad Central de Venezuela y en la Universidad Monteávila.

Este libro recoge, sistematiza y trata de ordenar los temas y las ideas que allí hemos expresado y desarrollado y, además, mis experiencias en el ejercicio profesional, de casi 40 años, como abogado litigante y asesor en estas dos áreas, justicia constitucional y administrativa. He sentido la obligación de escribir este libro para contribuir con los alumnos y profesores al facilitarles el estudio de la materia, y con los jueces y abogados litigantes. He decidido darle forma de libro a mis ideas sobre el tema, para contribuir a la difusión y desarrollo en Venezuela de este interesante tema que tanta discusión y auge tiene hoy sobre todo en Latinoamérica: el Derecho Procesal Constitucional. Además, como Individuo de Número de la Academia de Ciencias Políticas y Sociales, me siento con la responsabilidad de contribuir al desarrollo de las ciencias jurídicas en Venezuela y esta es mi modesta contribución en ese sentido.

La justicia constitucional, consolidación de una antigua idea, junto con la separación de poderes, el principio de la legalidad y el del respeto de las situaciones jurídicas subjetivas, es hoy uno de los elementos esenciales del Estado Constitucional, Democrático y de Derecho y por ello su aparición y posterior desarrollo, evolución y consolidación en uno de los aspectos más notables del derecho en los últimos tiempos.

El estudio de la justicia constitucional ha ocupado la atención de los juristas desde hace varios siglos, pero con intensidad mayor, a partir del siglo XIX, a propósito del célebre fallo Marbury vs Madison dictado en 1803 por la Corte Suprema de Justicia de los Estados Unidos, elaborado por el juez John Marshall, que tuvo el mérito de haber dado nacimiento a un sistema formal de justicia constitucional y es el origen de la doctrina de la supremacía constitucional y, derivado de esa idea, de un régimen de control de constitucionalidad, que después, y hasta nuestros días, habría de tener un desarrollo extraordinario y modulaciones diversas, tanto que hoy hablamos del derecho a la Constitución y del derecho a la supremacía constitucional.

Recordemos que antes del sistema jurídico fundamentado en el principio de supremacía constitucional, existía en Europa el dogma del legicentrismo, basado en la superioridad de la ley y en el poder e inmunidad absoluta del órgano legislativo –Asamblea, Congreso, Parlamento, Cortes– lo que quedó bien representado en la idea de Delolme cuando respecto del poder del parlamento inglés señaló que éste "*puede hacer todo salvo convertir una mujer en hombre y un hombre en mujer*" ("*Parliament can do everything but make a woman a man, and a man a woman*")[1].

A partir del primer Parlamento inglés convocado en la pascua de 1258[2], este órgano comenzó a adquirir un significado especial por cuanto representaba la voluntad de la nación y con el paso del tiempo concentró mayores poderes. El Congreso, Parlamento o Asamblea comenzó no sólo a discutir los proyectos de leyes y a legislar, sino además a decidir los asuntos más importantes del Estado y a controlar el ejercicio del Poder Público. La supremacía que concentró el Parlamento a lo largo de la historia fue trasladada a la ley, configurándose de esta forma el principio de superioridad de la ley.

---

1 Albert Dicey, *The Law of the Constitution*, 8ed, Liberty Fund, reprint, originally Published, Indianapolis, 1915. p.5.

2 En esa oportunidad, los barones ingleses se reunieron en asamblea y demandaron en Oxford la convocatoria de tres parlamentos al año para tratar los asuntos del reino: en Natividad, en la Resurrección y en el séptimo domingo después de esta última fecha. V. Carlos Jáuregui Arrieta, *Breve historia del parlamento inglés y otros temas afines*, Editorial Depalma, Buenos Aires, 1993.

La supremacía de la ley quedó bien expresada en el pensamiento de Rousseau quien en "El contrato social" (1762) proclamó la idea de que las leyes son actos que emanan de la voluntad general y que por ello "*ni el príncipe está por encima de ellas, toda vez que es miembro del Estado*". Montesquieu, por su parte, había señalado en su reconocida obra "El Espíritu de las Leyes" (1748) que los jueces son la "*boca que pronuncia las palabras de la ley*", esto es, "*seres inanimados que no pueden moderar la fuerza ni el rigor de las leyes*".

No obstante el principio de división de poderes, el órgano legislativo era considerado infalible y superior a los demás órganos en virtud de su legitimidad democrática, en consecuencia de lo cual el juez quedó sometido a la ley sin poder discutirla. La supremacía del órgano legislativo y de la ley se extendió no sólo en Inglaterra, sino en toda Europa y también en las colonias.

Esta superioridad legislativa impidió que la voluntad de la Asamblea pudiera ser sometida a las decisiones de los jueces a quienes, además, se les temía por la creencia de que gobernarían en favor de los intereses de la nobleza que representaban. El Estado de Derecho se configuró, inicialmente, seducido por la idea del imperio de la ley, es decir "*Estado Legal de Derecho*" y su resultado fue que entre la Constitución y la Ley no había diferencia alguna en cuanto a su jerarquía. Se consideraba que la ley era creación de la sociedad a través de sus representantes. Era la voluntad de los propios ciudadanos y de allí la confianza que había en ella y su carácter superior.

La rígida formulación de la supremacía de la ley aparece con toda claridad como consecuencia de la Revolución Francesa que lleva a proclamar al Parlamento como órgano superior del Estado por su legitimidad representativa; y siendo la ley el acto a través del cual adquieren forma las decisiones del Parlamento, a la supremacía jurídica y política de éste le corresponde asegurar la supremacía jurídica de la ley, que como *l'expression de la volonté générale*, esto es, la voluntad soberana del pueblo, se sitúa en la cúspide del ordenamiento jurídico y subordina absolutamente cualquier otra fuente de Derecho[3].

---

[3] José Araujo-Juárez, *Derecho administrativo constitucional*, Centro para la Integración y el Derecho Público (CIDEP), Editorial Jurídica Venezolana, Caracas, 2017. P. 49.

El legicentrismo tiene fundamento en el pensamiento de Jean-Jacques Rousseau y en la lucha emprendida durante la Revolución contra el poder real absoluto. Se dio preeminencia al poder legislativo frente al poder ejecutivo y sobre esta base se estableció la tradición de soberanía parlamentaria y el Estado de Derecho. La expresión legicentrismo sirve para describir un sistema basado en la noción de que sólo el legislador es legítimo para formular una ley obligatoria general y abstracta. Esta doctrina da mayor responsabilidad al legislador quien crearía, regularía y obligaría a los ciudadanos a través de leyes que se contrapone a otras fuentes de derecho en auge como era el caso de la costumbre, que ahora ceden en importancia frente a la ley.

De modo que hasta principios del siglo XX, le estaba vedado al juez la labor de interpretar la ley. La Constitución quedó mediatizada por la ley, desde que el juez tenía que aplicarla sin más. Se disponía de un control de tipo parlamentario, de forma que si la ley contrariaba a la Constitución sería el mismo Parlamento el que la controlaría y remediaría la situación.

Se ensayó una interpretación estricta y rígida, diríamos más bien acomodada, del principio de división de poderes ideado por Montesquieu, conforme al cual las leyes post revolucionarias en Francia prohibieron a los órganos del poder judicial enjuiciar tanto la ley como a la actuación de la administración pública.

Según Jesús González Pérez, se trató de una interpretación errónea del principio de división de poderes, motivada por circunstancias históricas y contingentes, que derivó en lo que él llama una "*monstruosa construcción revolucionaria*", que no era más que la independencia de la administración pública frente a los tribunales.

En Europa había temor de someter la voluntad general que representaban los actos del Parlamento, la ley, al capricho y subjetividad que el juzgador había demostrado antes de la Revolución Francesa. Desconfianza fundamentada también en que los jueces se habían atribuido por años funciones ejecutivas y legislativas.

Para imponer la peculiar interpretación del principio de división de poderes se dictó la Ley de "*Separación*" (Ley 16-24, de agosto de 1790) por medio de la cual se estableció que "*Las funciones judiciales están y han de permanecer siempre separadas de las funciones administrativas. Los jueces no podrán, bajo pena de prevaricación, perturbar en forma alguna las operaciones de los cuerpos administrativos por razón de sus funciones*"[4].

El antecedente inmediato de esa "*Ley de Separación*" fue la Ley del 22 de diciembre de 1789, que ya había prohibido de forma expresa la injerencia de los parlamentos (que eran los tribunales competentes en materia civil compuestos por la clase social noble y cuyos cargos procedían de la herencia de los oficios) y demás tribunales en las funciones administrativas. Obsérvese por otra parte, que el artículo 5° de la Constitución de 1791 dispuso: "*Los tribunales no pueden intervenir en las funciones administrativas ni citar ante sí a los administradores en razón de sus funciones*".

De modo que los jueces no podían juzgar o revisar ni los actos del legislador –ley– ni los actos de la administración –actos administrativos, contratos y responsabilidad por hecho ilícito– y fue a partir de esa interpretación de la división de poderes, ahora separación de poderes, que el contencioso administrativo se organizó y fundamentó en una exención judicial del ejecutivo y se construyó un sistema en el cual el órgano legislativo revisaba sus propias leyes y la administración pública se enjuiciaba a sí misma.

La doctrina del constitucionalismo, opuesta legicentrismo, surgió principalmente después de la Segunda Guerra Mundial. El principio de supremacía constitucional y la degradación del legicentrismo que reconoce el poder de los tribunales para declarar la inconstitucionalidad de la ley contraria a la Constitución, no es producto de un solo hombre o de una sola circunstancia. Se originó por muchas razones y hechos y por necesidades sociales y políticas diversas. Una de las razones por las que el constitucionalismo se hizo más influyente después de la Segunda Guerra Mundial fue porque el legicentrismo facilitó mucho la permanencia en el poder de los regímenes autoritarios.

La concepción de la Constitución como cuerpo normativo con fuerza coercitiva propia –y no sólo como un conjunto de principios–

[4] Posteriormente, la Ley de 16 de Fructidor del año III (3 de septiembre de 1975) dispuso: "*Se prohíbe terminantemente a los Tribunales, conozcan de los actos de Administración, cualquiera que sea su especie*". Existió claramente un recelo ante los jueces por su vinculación con el Antiguo Régimen.

produjo un importante cambio. Se aceptó la nueva idea de sumisión del órgano parlamentario a una ley superior: la Constitución. A través del control de la constitucionalidad se le permitió al juez abstenerse de aplicar, en el caso concreto, una norma que considerase contraria a la ley suprema, "*higher law*".

La democratización del Parlamento en Europa y el federalismo en América fueron factores importantes. De otra parte, si bien es cierto que fue determinante la Constitución Federal de Estados Unidos de 1787, incluso antes era común en Norteamérica que las colonias expidieran leyes, con el límite de no contrariar las leyes del Reino de Inglaterra. Siendo así el Tribunal de apelación británico (*Privy Council*) realizaba la función de control de esas leyes y en esa labor llegó a invalidar entre 1696 y1782 más de 600 de esas leyes expedidas por las colonias. Esto trajo como consecuencia que cuando las colonias se independizaron y redactaron sus Constituciones, ya era conocida la idea de un control judicial de las leyes[5].

No hay duda que el caso que consolidó el principio de supremacía constitucional fue, precisamente, el mencionado Marbury vs Madison, decidido por el Juez John Marshall, pero como señaló García de Enterría: *"(...) no se trata de una invención personal de ese formidable jurista, sino de un perfeccionamiento final y ya definitivo del sistema expreso en la propia Constitución*[6] *(...)"*, *"(...) entre la Revolución y el momento de esa Sentencia, los Tribunales de los Estados Unidos habían ejercido el poder de declaración de inconstitucionalidad al menos veinte veces (...)"*[7].

---

5 William Guillermo Jiménez, "Tribunales Constitucionales", en Liliana Estupiñan Achry; Carlos Hernández; William Jiménez (Editores Académicos), *Tribunales y justicia constitucional*, Tomo I, Universidad Libre. Facultad de Derecho, Doctorado en Derecho, Ediciones Nueva Jurídica, Colombia, 2017. Pp. 22 y 23.

6 Artículo VI.2 de la Constitución de los Estados Unidos de América, 1787: "2. *Esta Constitución, y las leyes de los Estados Unidos que se expidan con arreglo a ella, y todos los tratados celebrados o que se celebren bajo la autoridad de los Estados Unidos, serán la suprema ley del país y los jueces de cada Estado estarán obligados a observarlos, a pesar de cualquier cosa en contrario que se encuentre en la Constitución o las leyes de cualquier Estado*".

7 Eduardo García de Enterría, *La Constitución como norma y el Tribunal Constitucional*, Editorial, Madrid, España, 1985. p. 105.

Esa forma de control de la constitucionalidad, denominada control difuso, es entendida en la actualidad como el mecanismo de control de constitucionalidad que ordena a todos los jueces, haciendo abstracción de su jerarquía, asegurar la integridad de la Constitución, es decir, hacer respetar su preeminencia sobre los demás actos del poder público, especialmente respecto de las disposiciones legislativas, pudiendo decidir sobre su constitucionalidad al desaplicarlas para casos concretos.

En Venezuela, el control difuso de constitucionalidad está consagrado en el artículo 334 de la Constitución de la República Bolivariana de Venezuela[8] (la Constitución), en el artículo 20 del Código de Procedimiento Civil[9] (CPC) y en el artículo 19 del Código Orgánico Procesal Penal[10] (COPP), los cuales ordenan a todos los jueces del país, independientemente de su jerarquía, asegurar la integridad de la Constitución, es decir, hacer respetar su preeminencia sobre los demás actos del poder público, especialmente respecto de las disposiciones legislativas, pudiendo decidir sobre la constitucionalidad de las mismas, al desaplicarlas con ocasión de un proceso determinado, y con efectos inter partes.

Otra forma de controlar la constitucionalidad es el amparo constitucional que tuvo su origen en la figura del *Habeas Corpus* del derecho inglés de finales del siglo XVII y que consistió en una garantía para impedir que se violara la disposición legal que prohibía la detención –el arresto arbitrario– y a su vez tuvo como antecedentes importantes la *Carta Magna* de Juan I de Inglaterra de 1215, *The Petition of Rights* de 1628 y *The Bill of Rights de febrero de 1689.*

Como lo conocemos hoy el amparo constitucional surgió en México regulado en la Constitución separatista de Yucatán de 1841, por medio de la cual el Estado de Yucatán se declaró independiente del gobierno de México, mientras éste no volviera al orden del régimen federal. Esa Constitución consagró por primera vez el juicio de amparo que, posteriormente, vuelve a regularse tanto en el Acta Constitutiva y de Reformas de 1847 por medio de la cual se restaura el Federalismo en México, así como en la Constitución Federal mexicana de 5 de febrero

8 Gaceta Oficial número 5.908 Extraordinario del 19 de febrero de 2009.
9 Gaceta Oficial número 4.209 Extraordinario del 18 de septiembre de 1990.
10 Gaceta Oficial número 6.078 Extraordinario del 15 de junio de 2012.

de 1857 que estableció un sistema federal y democrático. Luego se extendió a otras constituciones y leyes en Latinoamérica.

Siguiendo la orientación del constitucionalismo latinoamericano, en Venezuela se dispuso por primera vez el amparo constitucional de libertad personal, conocido como *Habeas Corpus,* en el artículo 32 de la Constitución de 1947. Luego fue regulado por la Constitución de 1961 y ahora por el artículo 27 de la Constitución de 1999 que lo consagra en los siguientes términos:

> *"Artículo 27. Toda persona tiene derecho a ser amparada por los tribunales en el goce y ejercicio de los derechos y garantías constitucionales, aun de aquellos inherentes a la persona que no figuren expresamente en esta Constitución o en los instrumentos internacionales sobre derechos humanos.*
> *El procedimiento de la acción de amparo constitucional será oral, público, breve, gratuito y no sujeto a formalidad; y la autoridad judicial competente tendrá potestad para restablecer inmediatamente la situación jurídica infringida o la situación que más se asemeje a ella. Todo tiempo será hábil y el tribunal lo tramitará con preferencia a cualquier otro asunto.*
> *La acción de amparo a la libertad o seguridad podrá ser interpuesta por cualquier persona; y el detenido o detenida será puesto o puesta bajo la custodia del tribunal de manera inmediata, sin dilación alguna.*
> *El ejercicio de este derecho no puede ser afectado, en modo alguno, por la declaración del estado de excepción o de la restricción de garantías constitucionales".*

De forma que el amparo constitucional es, en primer lugar, un derecho constitucional que tienen todos los habitantes de la República y las personas jurídicas para la protección de sus derechos y garantías constitucionales y es, también, un medio de control de la constitucionalidad que sirve para garantizar la supremacía constitucional establecida en el artículo 7 de la Constitución. De allí que la justicia constitucional, además de asegurar la supremacía de la Constitución, sirve también para proteger los derechos y libertades fundamentales.

Efectivamente, el amparo constitucional es un derecho constitucional, pero es también una acción judicial de control de constitucionalidad que puede ser ejercida de forma autónoma o conjuntamente con otros medios judiciales, destinada a proteger a cualquier habitante de la República o persona jurídica en el goce y ejercicio de los derechos y garantías constitucionales, de los derechos inherentes a la persona humana que no figuren expresamente en la Constitución y de los derechos humanos consagrados en las declaraciones de organismos internacionales, tratados y pactos ratificados por la República, de amenazas o lesiones –ciertas, reales y verificables– provocadas por cualquier ley, acto, actuación, vías de hecho u omisión de los órganos del Poder Público o de los particulares, con el objeto de restablecer íntegra e inmediatamente el ejercicio del derecho constitucional lesionado y de este modo garantizar la supremacía y la vigencia de los preceptos constitucionales. Ese régimen de protección constitucional es llevado adelante por todos los jueces de la República, mediante un procedimiento extraordinario, breve, sumario, gratuito, oral y no sujeto a formalidades.

En Europa, la doctrina del control judicial de las leyes comenzó a desarrollarse en el siglo XX, a través de la obra de Hans Kelsen, quien introdujo un cambio básico al sistema, al concentrar en un solo tribunal la jurisdicción de control de constitucionalidad de las leyes, a diferencia del sistema americano, en el que se lleva a cabo el control por todos los tribunales. La fórmula kelseniana consagró así lo que se ha llamado un sistema de control concentrado de la Constitución frente al control difuso y supuso un cambio trascendental, este es, la sustitución de la supremacía parlamentaria por la supremacía constitucional.

Este control concentrado de la constitucionalidad es una modalidad de la justicia constitucional, por medio de la cual un órgano especializado se encarga de forma exclusiva de garantizar la preeminencia constitucional, a través de una acción concentrada, que tiene la competencia para anular, total o parcialmente, una ley o cualquier acto dictado por el Poder Público en ejecución directa de la Constitución, por ser contraria a esta, con efectos *erga omnes*.

Desde la primera Constitución de Venezuela, sancionada el 21 de diciembre de 1811, influenciada por la Revolución Americana, por la Constitución de Estados Unidos del 17 de septiembre de 1787 y su antecedente la Declaración de los Derechos de Virginia (*Bill of Right*), teniendo en cuenta la Revolución Francesa y la Declaración de los Derechos del Hombre y del Ciudadano de 1789, se estableció el germen de este sistema de control de constitucionalidad cuando se establecieron las bases fundamentales del Estado de Derecho, el principio de separación de poderes y el de legalidad, y junto con ellos el de la supremacía constitucional. En concreto se estableció que todo acto inconstitucional era "*nulo y tiránico*", los funcionarios podían relevarse de su cumplimiento y se facultó al Congreso "*para juzgar a los actores de actos inconstitucionales y para revisar los actos legislativos de las provincias…*".

El control concentrado de la constitucionalidad de las leyes se consagró por primera vez en la Constitución de Venezuela, sancionada en la Convención Nacional de Valencia el 24 de diciembre de 1858, en el artículo 113.8, que atribuyó a la Corte Suprema de Justicia competencia para "*Declarar la nulidad de los actos legislativos sancionados por las Legislaturas Provinciales, a petición de cualquier ciudadano, cuando sean contrarios a la Constitución*". Esta atribución de la Corte Suprema de Justicia se amplió a partir de la Constitución de 1893, respecto de todas las leyes, decretos y resoluciones inconstitucionales (art. 110, ord. 8º)[11].

Brewer-Carías señala al respecto: "*no hay que dejar de mencionar que ochenta años antes de que Hans Kelsen ideara el control concentrado de la constitucionalidad de las leyes el cual, por la tradicional desconfianza europea respecto de los tribunales y la vigencia en la época del principio de la soberanía parlamentaria, fue atribuido a un Tribunal Constitucional separado del Poder Judicial; a partir de 1858, en América Latina, ya se había establecido en la Constitución venezolana de la época la competencia anulatoria de la Corte Suprema, por razones de inconstitucionalidad, de determinadas leyes*"[12].

En Colombia, la Constitución de 1853 estableció el control de constitucionalidad cuando otorgó a la Corte Suprema de Justicia la compe-

---

[11] Allan Brewer-Carías, *Justicia constitucional y jurisdicción constitucional*, Colección Tratado de Derecho Constitucional, Tomo XII, Fundación de Derecho Público, Editorial Jurídica Venezolana, Caracas, 2017. p. 776. Disponible en: http://allanbrewercarias.com/categoria-de-biblioteca/libros/tratados/

[12] Allan R. Brewer-Carías, *Reflexiones sobre el constitucionalismo en América (con una Biblio verbi grafía del autor)*. Cuadernos de la Cátedra Fundacional Dr. Charles Brewer Maucó "Historia del Derecho de Venezuela", Universidad Católica Andrés Bello, Nº 2, Editorial Jurídica Venezolana, Caracas, 2001. P. 35. Disponible en: http://acienpol.msinfo.info/bases/biblo/texto/Brewer/L-1080.pdf

tencia para decidir sobre la nulidad de las ordenanzas municipales contrarias a la Constitución y las leyes. Luego, las constituciones de 1858 y 1863 establecieron, por primera vez, el conrol de constitucionalidad por la Corte Suprema de Justicia respecto de leyes de la federación, con la aprobación posterior del Senado.

Durante la vigencia de la Constitución de 1961 no existía en Venezuela un órgano especializado que llevara adelante el control de la constitucionalidad, pero si había esta modalidad de justicia constitucional concentrada, pues la Corte Suprema de Justicia (CSJ) en Sala Plena tenía las competencias para controlar de manera exclusiva la constitucionalidad de los actos dictados por los órganos del poder público.

La Constitución de 1999 en los artículos 203, 214, 262, 334, 335, 336 y 339 estableció un sistema de justicia constitucional más acabado con diversos medios de impugnación y creó la Sala Constitucional (SC) con competencias sobre la materia. En efecto, dispone el artículo 262 que: "*El Tribunal Supremo de Justicia funcionará en Sala Plena y en las Salas Constitucional, Político Administrativa, Electoral, de Casación Civil, de Casación Penal y de Casación Social, cuyas integraciones y competencias serán determinadas por su ley orgánica. La Sala Social comprenderá lo referente a la casación agraria, laboral y de menores*".

La Constitución de 1999, reguló esta modalidad de control concentrado por un órgano especializado y creado para ello, cuando incluyó entre sus normas una SC dentro del Tribunal Supremo de Justicia (TSJ) y dispuso en el artículo 334 que a ella corresponde en forma exclusiva ejercer el control concentrado de la constitucionalidad, manifestado en la potestad de anular las leyes y demás actos con rango de ley o dictados en ejecución directa e inmediata de la Constitución, dictados por la Asamblea Nacional (AN), el Ejecutivo Nacional o por cualquier órgano estadal en ejercicio del Poder Público, que resulten contrarios a ésta.

El control concentrado de constitucionalidad incluye el control preventivo de las leyes aprobatorias de los tratados internacionales; el control preventivo del carácter orgánico de algunas leyes nacionales y el control preventivo de leyes nacionales "*reparo presidencial*" o "*veto presidencial*", que consiste en la facultad del Presidente de la República de solicitar el pronunciamiento previo de la SC sobre la constitucionalidad de la ley, o alguno de sus artículos, cuya promulgación se pretende.

Además, hay control concentrado de constitucionalidad sobre los decretos que establecen el estado de excepción. En efecto, en razón de su trascendencia en los derechos constitucionales, la declaratoria de los estados de excepción, su alcance, contenido y prórrogas, requieren ser sometidas no sólo al control político de la AN en representación de la voluntad popular, sino también al control jurídico de la SC como guardián de la supremacía constitucional, el cual podrá ser ejercido inclusive de oficio.

El estudio ordenado y sistemático de la justicia constitucional se inició con el establecimiento de los primeros tribunales constitucionales europeos a partir de 1920 debido al pensamiento de Hans Kelsen, con antecedentes en las ideas de Sieyès y Jellinek. Kelsen en 1919 redactó en Austria la ley mediante la cual fueron confiadas las competencias del antiguo Tribunal del Imperio a un tribunal constitucional y, como experto en derecho público, integrante de la Comisión Constitucional de la Asamblea Nacional Constituyente tuvo un papel especial en la elaboración de la Constitución de Austria del 1 de octubre de 1920 que incorporó por primera vez al Tribunal Constitucional. Tengamos en cuenta también el Tribunal Constitucional Checoslovaco, creado en la Constitución del 2 de febrero de 1920. En 1928 Kelsen publicó su ensayo denominado *"La garantie jurisdictionnelle de la Constitution"* (*La justicie constitucionnelle*).

En la segunda mitad del siglo XX, en los años que siguieron a la Segunda Guerra Mundial debido a la reacción contra el totalitarismo y una organización territorial más compleja, comenzó un abundante desarrollo legislativo, doctrinario y jurisprudencial sobre la justicia constitucional y sobre el Derecho Procesal Constitucional, tema que ahora tiene una extraordinaria trascendencia y auge en el campo del derecho público.

2. ¿Cómo estudiaremos el tema?

Suelo decir en mis clases introductorias que este apasionante tema, "*Justicia Constitucional-Derecho Procesal Constitucional*", puede ser estudiado desde tres puntos de vista diferentes: primero, desde el aspecto material y sustantivo, luego, desde la perspectiva orgánica y, finalmente, desde un análisis procesal. Además, para el estudio de cada uno de esos aspectos, a su vez, utilizaremos no solo la valiosa doctrina que los explican y las leyes que resultan aplicables, sino también la jurisprudencia que siempre es importante, pero adquiere mayor relevancia en la jurisdicción constitucional. Por eso, en cada capítulo vamos a relacionar las luces y las sombras de la jurisprudencia de la SC y otros tribunales en Venezuela, así como relevantes sentencias de tribunales constitucionales de otros países.

2.1. Aspecto sustantivo

En primer lugar, desde el punto de vista material y sustantivo, la justicia constitucional puede entenderse como el sistema que garantiza la supremacía de la Constitución. Es el conjunto de técnicas destinadas a asegurar la supremacía de la Constitución, así como su interpretación a través de mecanismos jurisdiccionales diversos. Pero mas allá de eso el contenido de la justicia constitucional ha evolucionado y hoy día es también un medio para tutelar los derechos y libertades fundamentales y para resolver los conflictos de los órganos constitucionales del Estado y, en los Estados políticamente descentralizados, resuelve los conflictos entre el poder central y las entidades, Estados o comunidades políticamente descentralizadas.

La justicia constitucional es garante del Estado de Derecho. Sabemos que el presupuesto del Estado Constitucional de Derecho es el respeto de la Constitución como norma suprema y fundamental del ordenamiento jurídico interno de los Estados, así como la consolidación del principio de supremacía constitucional, que tiene como principal consecuencia el carácter normativo de la Constitución y la sumisión de todos los actos inferiores a ésta, so pena de nulidad.

A la justicia constitucional le corresponde asegurar esa supremacía constitucional, de allí su valor fundamental y su carácter autónomo como disciplina jurídica. Partiendo de su función de resguardo de la supremacía constitucional, la justicia constitucional tiene una incidencia fundamental en el Estado Constitucional de Derecho, el cual, como sabemos, parte de la concepción de la Constitución como norma fundamental positiva, que vincula a todos los poderes públicos incluyendo el Parlamento.

En efecto, recordemos que luego de la formulación del principio de separación de poderes surgió el llamado principio de la supremacía constitucional, el cual proviene del carácter que la Constitución tiene respecto del ordenamiento jurídico, éste es, el origen formal de las fuentes primarias del derecho, puesto que diseña un procedimiento especial para su creación y además, de ella deriva el origen sustancial, dado que determina en grado menor o mayor el contenido material de dicho sistema, significando igualmente que no estamos en presencia sólo de un catálogo de principios, sino de una norma cuyo contenido a todos vincula, tanto a ciudadanos como a poderes públicos, considerándose la violación de sus preceptos una conducta antijurídica susceptible de sanción.

De esta forma, el carácter que adquirió la Constitución como norma fundamental y superior de todo el ordenamiento jurídico ha tenido como consecuencia que todas las personas y los órganos que ejercen el Poder Público estén sujetos a ella y cualquier violación de sus preceptos, inclusive a través de la ley, constituye una conducta antijurídica susceptible de sanción y nulidad.

Entender a la Constitución como norma suprema precisa de un sistema de control de constitucionalidad, representado en la potestad de vigilar el apego de los actos de los órganos de los poderes públicos a la Constitución. Eso ha dado paso a lo que se conoce hoy como Estado Constitucional de Derecho. De forma que el establecimiento y generalización de regímenes democráticos, conduce a una progresiva tendencia a controlar los excesos del poder democrático a través de la justicia constitucional.

Pero además de garantizar la supremacía de la Constitución, a través de la justicia constitucional se tutelan los derechos y libertades consagrados en la Constitucion y en los tratados internacionales. El Derecho Procesal Constitucional sirve también para resolver los conflictos de los órganos constitucionales del Estado y, en los Estados políticamente descentralizados, resuelve los conflictos entre el poder central y las entidades, Estados o comunidades políticamente descentralizadas. Además, través de la jurisprudencia que produce la justicia constitucional cuando resuelve algún caso se adecúa, enriquece y actualiza el contenido de la Constitución. Como señala Pérez Tremps los valores y principios constitucionales "*se proyectan sobre todo el ordenamiento, en buena medida por la acción de la justicia constitucional, que, a través de sus distintas competencias, viene a revisar y a dar nueva lectura de todo el ordenamiento jurídico*"[13].

2.2. Aspecto orgánico

Luego también, la justicia constitucional se estudia desde el aspecto orgánico, la jurisdicción constitucional. Jurisdicción constitucional de la libertad –como la denominó Mauro Cappelletti– es la función pública de administrar justicia que corresponde de forma exclusiva al Estado, quien la ejerce a través de determinados órganos.

Es claro que "*la primacía de la Constitución, como la de cualquier otra normatividad, es jurídicamente imperfecta si carece de garantía jurisdiccional y, concretamente, si la constitucionalidad de las decisiones y actos de los poderes públicos no son enjuiciables por órganos distintos de aquellos que son sus propios actores*"[14], de modo que "*el Estado material de derecho exige una instancia equipada con la potestad de controlar la vinculación de los poderes superiores del Estado a las normas, valores y principios constitucionales*"[15].

La justicia constitucional se lleva a cabo a través de la jurisdicción constitucional, ejercida por los tribunales constitucionales en orden a juzgar la actuación de los órganos del Poder Público en contraste con la Constitución, precisamente para garantizar la constitucionalidad de dicha actividad.

El estudio del Derecho Procesal Constitucional, desde su aspecto orgánico, se refiere al análisis de la organización, atribuciones y funcionamiento de los órganos independientes que resuelven los conflictos constitucionales, es decir, de los órganos que llevan adelante la justicia constitucional.

---

[13] Pablo Pérez Tremps, "La Justicia Constitucional en la Actualidad. Especial referencia a América Latina", en *Anuario*, N°. 8, 2002, Facultad de Ciencias Jurídicas, Universidad Antofagasta, Chile, 2002. Pp. 5-16.

[14] Manuel García Pelayo, "El Status del Tribunal constitucional", en *Revista Española de Derecho Constitucional*, N° 1, Madrid, 1981, p. 15.

[15] Ibid.

Estos tribunales constitucionales pueden ser órganos situados fuera del poder judicial, como es el caso de Bolivia, Chile y Colombia, entre otros países. Pero también puede ocurrir que se creen y organicen como órganos especializados en la justicia constitucional, pero situados dentro de la organización del propio poder judicial, como ocurre en Costa Rica, Paraguay y Venezuela o puede atribuirse la justicia constitucional a órganos judiciales no especializados, como es en Argentina, Brasil, México y otros.

Aunque en ocasiones no existe un órgano especializado responsable de la jurisdicción constitucional, hoy se entiende que para que la justicia constitucional sea efectiva se requiere de un órgano especial y auténticamente independiente de las fuerzas políticas llamado a hacer efectiva la supremacía constitucional, es decir, a garantizar que no se violen los preceptos constitucionales por ningún acto, actuación u omisión de los órganos que ejercen el poder público.

En Venezuela, el tribunal constitucional está representado por la SC. El artículo 262 de la Constitución en ese sentido dispone que "*El Tribunal Supremo de Justicia funcionará en Sala Plena y en las Salas Constitucional, Político Administrativa, Electoral, de Casación Civil, de Casación Social, cuyas integraciones y competencias serán determinadas por su ley orgánica...*", y debe ser interpretado en concordancia con el artículo 334 *eiusdem*, según el cual "*Corresponde exclusivamente a la Sala Constitucional del Tribunal Supremo de Justicia, como jurisdicción constitucional...*".

Asimismo, la Constitución establece en el artículo 334 que: "*Todos los jueces o juezas de la República, en el ámbito de sus competencias y conforme a lo previsto en esta Constitución y en la ley, están en la obligación de asegurar la integridad de esta Constitución. En caso de incompatibilidad entre esta Constitución y una ley u otra norma jurídica, se aplicarán las disposiciones constitucionales, correspondiendo a los tribunales en cualquier causa, aún de oficio decidir lo conducente...*".

2.3. Aspecto procesal

Por último, desde un punto de vista procesal puede estudiarse la justicia constitucional a través de los distintos medios de impugnación, las reglas procesales que gobiernan cada uno de esos medios de impugnación y los poderes del juez en la sustanciación de las acciones o recursos, en las decisiones cautelares o definitivas y en la ejecución de sus fallos.

La evolución de la justicia constitucional ha traído y consolidado varios medios de impugnación con características particulares y propias. Estos procesos constitucionales –medios de impugnación– pueden entenderse como las vías o mecanismos destinados a lograr el respeto y aplicación de los derechos fundamentales de la persona humana alterados y hacer efectiva la supremacía de la norma fundamental, de oficio o gracias al esfuerzo probatorio de quien afirma su afectación.

Los medios de impugnación de la justicia constitucional son diversos. Hoy no se reducen a los dos modelos clásicos, a partir de ellos se han ido creando diferentes mecanismos de control. Además del control difuso y el control concentrado, se han desarrollado otros medios de control de la constitucionalidad. Ya mencionamos al amparo constitucional. Otro de los medios de control de la constitucionalidad es el destinado a controlar la constitucionalidad de las omisiones legislativas y, también, el control de la constitucionalidad del carácter orgánico de algunas leyes.

También hay que mencionar el control de la convencionalidad, un asunto de importancia especial para el Derecho Procesal Constitucional, es su interrelación con el derecho procesal convencional que ha dado origen al llamado control de convencionalidad, el cual comprende la potestad conferida a los órganos jurisdiccionales, tanto internacionales como nacionales, para verificar la correspondencia entre los actos internos de un Estado, como por ejemplo las constituciones, leyes, reglamentos, etc., con las disposiciones contenidas en convenios o tratados internacionales, especialmente las relativas al reconocimiento y la protección de los derechos humanos que conforman el denominado *corpus iuris* de los derechos humanos[16]; así como los demás instrumentos

[16] Algunos de estos instrumentos internacionales para la protección de los derechos humanos son: la Declaración universal de los derechos humanos; el Pacto internacional de derechos civiles y políticos; el Pacto internacional de derechos sociales, económicos y culturales; la Convención contra la tortura y otros tratos crueles, inhumanos o degradantes; la Convención sobre la eliminación de todas las formas de discriminación racial; la Convención sobre la eliminación de todas las formas de discriminación contra la mujer y la convención sobre los derechos del niño, todos de la Organización de Naciones Unidas (ONU); y en el ámbito

normativos, principios y valores internacionales que conforman el "*bloque de la convencionalidad*".

Este control de la convencionalidad tiene por finalidad armonizar el ordenamiento jurídico del Estado parte con la convención de que se trate y de esta forma asegurar su efectividad a través de la desaplicación o el desconocimiento, en un caso concreto, de las normas o actos internos contrarios a las convenciones internacionales.

Pero además de los medios de impugnación a los que se refiere la Constitución, se ha creado en Venezuela, indebidamente, el recurso autónomo de interpretación constitucional y "*la acción innominada de control de la constitucionalidad*", a partir de la jurisprudencia de la SC del TSJ y en violación del principio de reserva legal de los procedimientos establecido en el artículo 156.32 de la Constitución, usurpando las funciones legislativas propias, exclusivas y excluyentes de la AN, consagradas en el artículo 187.1 de la Constitución y en violación de los principios de separación de poderes establecido en el artículo 136 de la Constitución.

En efecto, el artículo 336 de la Constitución define expresamente las competencias de la SC en el ejercicio de la jurisdicción constitucional y, luego, en el numeral 11 establece que son competencias de la SC: "*Las demás que establezcan esta Constitución y la ley*". De modo que sólo la Constitución y la ley pueden establecer las competencias de la SC.

El recurso autónomo de interpretación abstracta de la Constitución tuvo su origen en la sentencia número 1077 del 22 de septiembre de 2000, caso "Servio Tulio León", mediante la cual la SC, en un claro

americano: la Declaración americana de los derechos y deberes del hombre; la Convención Americana sobre Derechos Humanos; la Convención interamericana sobre la desaparición forzada de personas; la Convención interamericana para prevenir y sancionar la tortura; la Convención interamericana contra el racismo, la discriminación racial y formas conexas de intolerancia; la Convención interamericana contra toda forma de discriminación e intolerancia; la Convención interamericana para la eliminación de todas las formas de discriminación contra las personas con discapacidad; la Convención interamericana sobre la concesión de los derechos civiles a la mujer; la Convención interamericana sobre la concesión de los derechos políticos a la mujer; la Convención interamericana para prevenir, sancionar y erradicar la violencia contra la mujer "Convención de Belem do Pará"; la Convención interamericana sobre la protección de los derechos humanos de las personas mayores, entre otras.

exceso de sus facultades, se atribuyó el carácter de "*máximo y último intérprete de la Constitución*", de forma exclusiva y excluyente y creó este recurso con la finalidad de declarar la certeza sobre el alcance y el contenido de una norma constitucional, y específicamente, de aquellos casos cuyo desarrollo legislativo aún no había sido alcanzado, con lo cual se preparaba la SC para legislar en esas materias. Sin embargo, diez años después, la LOTSJ, a través del artículo 25, también en violación a la Constitución, reguló este recurso autónomo de interpretación constitucional, como atribución de la SC del TSJ, al disponer que "*Es de la competencia de la Sala Constitucional del Tribunal Supremo de Justicia: ... 17. Conocer la demanda de interpretación de normas y principios que integren el sistema constitucional*".

De otra parte, la creación de la "*acción innominada de la constitucionalidad*" la encontramos en la sentencia número 1547 del 17 de octubre de 2011 de la SC, que decidió la "*acción innominada de control de constitucionalidad*" formulada por el Procurador General de la República en contra de la decisión de la Corte Interamericana de Derechos Humanos (CorIDH) que condenó a la República Bolivariana de Venezuela a la habilitación para ejercer cargos públicos al ciudadano Leopoldo López Mendoza, por la violación de sus derechos políticos. La SC dispuso en esa decisión que la acción innominada que se pretendía no constituía una acción de nulidad de la sentencia de la Corte, pero tampoco una demanda de interpretación constitucional, sino que se trataba de "*una modalidad innominada de control concentrado que requiere de la interpretación para determinar la conformidad constitucional de un fallo*", en este caso de un fallo dictado por la CorIDH, sobre la cual, además, la SC del TSJ carece de jurisdicción.

Dentro de este aspecto procesal hay que referirse, también, al derecho probatorio que en los procesos constitucionales es fundamental y tiene un tratamiento singular. En todos los procesos judiciales el derecho probatorio y todo lo que él implica es de importancia especial, tanto más en los procesos constitucionales destinados, como están, a garantizar la vigencia e intangibilidad de la Constitución a través de decisiones fundamentadas en motivos no sólo de derecho, sino también en hechos comprobados.

Tradicionalmente se consideraba que los procesos constitucionales podían ser decididos a través del simple cotejo o comparación formal y abstracto de una norma legal con la Constitución. Incluso se pensaba que la inconstitucionalidad y la prueba eran asuntos antagónicos. Mientras la inconstitucionalidad alude a asuntos de derecho (*quaestio iuris*) la prueba atañe a asuntos de hecho (*quaestio facti*). Se consideraban que los procesos de examen de la constitucionalidad eran de mero derecho y, por tanto, se prescindía de la actividad probatoria. Eso trajo como consecuencia que el juez constitucional no se sintiera vinculado con el tema de las pruebas, además tengamos en cuenta que con frecuencia hay una gran debilidad en los conocimientos de los jueces constitucionales sobre la materia probatoria.

Hoy en día el Derecho Procesal Constitucional ha producido un cambio fundamental en este tema relativo a la prueba. El derecho a alegar y probar; el acceso al expediente; el respeto a los principios que rigen la actividad probatoria; la regulación sobre los medios de prueba, su promoción y control por el adversario a través de la oposición, contradicción e impugnación; la licitud y pertinencia de la prueba; la oportunidad para probar; los poderes del juez durante todo el proceso, y en especial, en el lapso de prueba, las reglas de valoración de las pruebas por parte del juez y el deber del juez de pronunciarse sobre las pruebas que se hayan producido mediante una decisión motivada, forman parte del derecho constitucional a la defensa, al debido proceso y se halla estrechamente vinculado a la tutela judicial efectiva.

Para que la decisión del juez constitucional sea válida, es necesario que esté fundamentada en alegaciones y pruebas, de lo contario sería pura arbitrariedad judicial. La decisión debe estar basada en la convicción que produzcan los medios de prueba sobre los trámites que antecedieron al acto sometido al juicio constitucional, así como los hechos necesarios para adoptar la decisión. Es por ello que la solución de los asuntos atribuidos al control de la constitucionalidad se encuentra precedida de una fase probatoria.

Ante la variedad de medios de impugnación que se han desarrollado –control concentrado, control difuso, amparo constitucional, control de convencionalidad, omisión legislativa, interpretación, revisión de sentencia– la necesidad de la prueba es evidente. La solución de estos juicios de control de la constitucionalidad tiene que estar precedida de una fase probatoria, que será de mayor o menor intensidad, según el medio de impugnación constitucional y de que se trate y el vicio que se denuncia.

Las normas que rigen la actividad probatoria en los procesos constitucionales están contenidas en la Constitución, en la Ley Orgánica del Tribunal Supremo de Justicia[17] (LOTSJ) y, de forma supletoria, en el CPC. Pero además de las normas constitucionales y legales, dentro del régimen probatorio hay varios principios que orientan y se aplican en la actividad probatoria de todos los procesos.

También tiene importancia relevante y determinante dentro del aspecto procesal constitucional la actuación del juez constitucional y sus límites. El examen que hace el juez constitucional puede terminar con la decisión de anular total o parcialmente la ley o el acto que resulte, a su juicio, contrario a las normas constitucionales y es obvio que la revisión que hace el juez constitucional de las normas y actos y, en general todas sus actuaciones, deben estar conformes a la Constitución y han de tener límites precisos a modo de evitar los riesgos que comporta la justicia constitucional.

El poder de los jueces constitucionales debe limitarse con el propósito de alcanzar el indispensable equilibrio entre las exigencias de la Constitución y las de la democracia. La principal advertencia que se le hace al sistema de protección constitucional es el peligro de que el amplio poder que algunas constituciones modernas les otorgan a los jueces constitucionales, para garantizar la supremacía de sus preceptos, resulte en que estos jueces se conviertan en el verdadero poder soberano (no solamente jurídico sino político), *apoderándose de la Constitución*[18].

En efecto, si bien la justicia constitucional ha sido concebida como la posibilidad para articular de forma legítima la defensa de los intereses generales, así como una garantía primordial de la supremacía constitucional, existe una "*sensación generalizada de estar pasando del*

---

[17] Publicada en la Gaceta Oficial número 5.991 del 29 de julio de 2010, y reimpresa en la Gaceta Oficial número 39.483 del 09 de agosto de 2010 y posteriormente en la Gaceta Oficial número 39.522 del 1 de octubre de 2010.

[18] Pedro Salazar Ugarte, *La democracia constitucional. Una radiografía teórica*, Fondo de Cultura Económica, Instituto de Investigaciones Jurídicas Universidad Nacional Autónoma de México, México, 2008, p.272

gobierno de los representantes democráticos al gobierno de los jueces, ya que los magistrados constitucionales no responden por sus votos u opiniones, ante ningún poder público"[19].

Cada día se tiene más presente y en cuenta el agudo problema que se desprende de la delicada tesitura que se produce entre la supremacía constitucional y el principio democrático. Es decir, qué límites deben imponerse a la justicia constitucional a modo de respetar el principio democrático. El asunto no es de fácil solución por varias razones. La labor de contrastar la norma legal con la disposición constitucional, a modo de determinar que la primera respeta la segunda, se encuentra con la dificultad inicial de la generalidad, indeterminación y vaguedad como con frecuencia se expresan los dispositivos constitucionales. Kelsen no obvió este punto y como solución al problema, y a modo de evitar la discrecionalidad de los jueces, recomendó la eliminación de las cláusulas vagas, genéricas e imprecisas de los textos Constitucionales[20].

Adicionalmente, como indica Ferreres Comella, "*...la disposición de ley que hay que contrastar con la Constitución viene revestida de una especial dignidad por haber sido aprobada por un Parlamento democráticamente elegido, lo cual puede justificar que el juez constitucional tenga en cuenta determinadas consideraciones a la hora de llevar a cabo su tarea de control*"[21].

Estas especiales consideraciones, al momento de examinar la ley, se concretan, en primer lugar, en el respeto al principio de la interpretación conforme a la Constitución o principio de conservación del acto legislativo. Con respeto a este principio el juez constitucional, frente a las varias interpretaciones que pueden darse a la ley, debe preferir la que permita considerar a la ley ajustada a la Constitución.

---

19 Cesar Landa, "Justicia Política en Perú", en Víctor Bazán y Marie-Christine Fuchs (Editores académicos), *Justicia constitucional y derechos fundamentales. Justicia y Política en América Latina*, Fundación Konrad Adenauer, Editorial Temis, Editorial Nomos S.A., Bogotá, 2018. p.217.

20 Josu de Miguel Bárcenas y Javier Tajadura Tejada, "Kelsen y Schmitt: Dos Juristas en Weimar", en *Revista de Historia Constitucional*, N°. 20, 2019, Centro de Estudios Políticos y Constitucionales de Madrid, Universidad de Oviedo, España, 2019. Disponible en: http://www.historiaconstitucional.com, p. 390

21 Víctor Ferreres Comella, *Justicia constitucional y democracia*, 2da edición, Centro de Estudios Políticos y Constitucionales, Madrid, 2012. p.22.

En segundo lugar, ahora referido a la interpretación de la Constitución, debe honrarse el principio de deferencia al legislador, conforme al cual la interpretación de la Constitución debe justificarse y razonarse y obliga a no interpretar, en ningún caso, una norma aislada, antes y por el contrario debe ajustarse al contexto de todo el cuerpo normativo y reducir el juez su papel sólo al control, sin que pueda con su interpretación restringir la libertad del legislador, más allá de lo previsto por la propia Constitución.

El tema más general, y que se estudia hoy cada vez con más frecuencia, es el referido a la legitimidad democrática del control de la constitucionalidad de la ley. Es el caso que los guardianes de la Constitución tienen menor legitimidad que quienes producen la ley que estos pasan a juzgar, por lo que es necesario limitar la actividad de los jueces constitucionales con el fin de evitar que los garantes del gobierno de las leyes se conviertan en los hombres que gobiernan y que actúen, ya no en garantía de la Constitución sino de una ideología política, y de forma militante. Cortes Constitucionales autoritarias, aliadas y facilitadoras de gobiernos autoritarios.

La interpretación que hace el juez constitucional, en respuesta a cualquiera de los medios de impugnación que decide, no podría conducir a la reforma o cambio de las normas y principios contenidos en la Constitución. Hay una forma de interpretar que se dirige a desvirtuar o desnaturalizar la regla constitucional. Es una interpretación manipulativa de la Constitución, que lleva, precisamente, a la descontitucionalización.

De otra parte, para colaborar con la claridad en la determinación del ámbito de aplicación de la materia, he tratado de distinguir el "Derecho Procesal Constitucional", que corresponde a esta rama del derecho procesal que estamos estudiando y que comprende el estudio de los órganos jurisdiccionales y los medios de impugnación dispuestos por la propia Constitución para hacer efectiva su vigencia, y que es también conocido como justicia constitucional; y el "Derecho Constitucional Procesal", cuyo estudio se encuentra en el ámbito del derecho constitucional y comprende los principios, valores y preceptos que, consagrados en la Constitución, rigen todos los procesos llevados ante los órganos judiciales, bien en materia civil, penal, administrativa, laboral, entre otras.

3. Desarrollo de la noción de Derecho Procesal Constitucional

A pesar de los debates en cuanto a su denominación: justicia constitucional, jurisdicción constitucional, control de la constitucionalidad, defensa de la constitución, etc., existe una tendencia creciente y en auge en Latinoamérica que ha venido dominando, en los últimos años, que le asigna la expresión "Derecho Procesal Constitucional".

Este término fue usado por primera vez por Niceto Alcalá-Zamora y Castillo y va a tener un desarrollo enorme debido a la contribución de Calamandrei, Couture, Cappelletti y Héctor Fix-Zamudio quien, en 1955, la "*define y le otorga los contornos científicos a la disciplina, determina su naturaleza jurídica, la conceptualiza dentro del derecho procesal inquisitorial, le otorga un contenido específico, y la distingue de lo que es propio del derecho constitucional*"[22].

En efecto, si bien la corriente europea se ha inclinado por la expresión "justicia constitucional", partiendo de la ciencia constitucional y considerando la misma como un elemento del derecho constitucional; en Latinoamérica se usa de forma más frecuente el término "Derecho Procesal Constitucional", para significar que esta materia pertenece a la dogmática procesal, con la misma autonomía que alcanzan sus diversas ramas y bajo la unidad de la teoría general del proceso, claro está, con una estrecha y especial relación con el derecho constitucional.

La denominación Derecho Procesal Constitucional propicia la discusión respecto de si se trata de una rama del Derecho Constitucional, del Derecho Procesal, una disciplina mixta o acaso una rama autónoma con características sustantivas propias.

El primer autor que usó el término Derecho Procesal Constitucional en Alemania fue Peter Häberle, quien consideró que el Derecho Procesal Constitucional es una concretización de la Ley Fundamental. Es un derecho constitucional concretizado que le sirve al Tribunal Constitucional a concretizar la Ley Fundamental[23]. Häberle consideró que el

[22] Eduardo Ferrer Mac-Gregor, *El origen científico* del *Derecho procesal constitucional (1928-1956)*, Editorial Ferrer Mac-Gregor, Editora Jurídica Grijley, Lima, 2018. p.134.

[23] Peter Haberle, *El Derecho Procesal Constitucional como Derecho Constitucional concretizado frente a la judicatura del Tribunal Federal Constitucional alemán*, JZ, Alemania, 1976.

Derecho Procesal Constitucional formaba parte del Derecho Constitucional y estaba emancipado del resto del derecho procesal, y por ende rechazó la doctrina de aplicación supletoria de las normas procesales civiles.

César Landa[24] y Julio Fernández Rodríguez[25] apoyan la tesis de Häberle y asocian el Derecho Procesal Constitucional como parte del derecho constitucional, por considerar que "*... no se trata sólo de aplicar la Constitución en función de normas procedimentales, sino también de darles a dichas normas un contenido conforme a la Constitución, en el marco de una teoría constitucional que le otorgue sentido a la justicia constitucional*"[26].

Jesús González Pérez, por su parte, sitúa este Derecho Procesal Constitucional dentro del derecho procesal cuando afirma que si el derecho procesal puede ser definido como el conjunto de normas referentes a los requisitos, contenido y efectos del proceso, "*luego, Derecho Procesal Constitucional será el conjunto de normas referentes a los requisitos, contenido y efectos del proceso constitucional*"[27]. Señala González Pérez que "*sólo empleando la técnica propia del derecho procesal podría replantearse correctamente y, en consecuencia, resolverse felizmente, los problemas que plantean las normas reguladoras del proceso constitucional*"[28].

De la misma forma, autores como Héctor Fix-Zamudio[29], Domingo García Belaunde[30] y Pablo Dermizaky[31] consideran que el Derecho

---

24 César Landa, *Teoría del derecho procesal constitucional*, Urna, Ed. Palestra, 2004, p. 13.

25 José Julio Fernández Rodríguez, "En respuesta a encuesta" en Domingo García Belaúnde, y Eloy Espinosa-Saldaña Barrera, (Coords.) *Encuesta sobre Derecho Procesal Constitucional*, Ed. Porrúa, e Instituto Mexicano de Derecho Procesal Constitucional, México, D.F., 2006. p. 62.

26 César Landa, *Teoría del derecho procesal constitucional,* ob. cit. p. 13.

27 Ibidem. p. 49

28 Ibidem. pp. 50-51

29 Héctor Fix-Zamudio, *La garantía jurisdiccional de la Constitución mexicana (Ensayo de una estructura procesal del Amparo),* UNAM, México, D.F., 1955. p. 57.

30 Domingo García Belaúnde, *El derecho procesal constitucional en perspectiva,* Ed. Porrúa, México, D.F., 2008, p. 99.

31 Pablo Dermizaky Peredo, "El derecho procesal constitucional", *Revista Boliviana de Derecho,* núm. 4, 2007, Fundación Iuris Tantum, Santa Cruz, Bolivia, pp. 1-20. Disponible en: http://www.redalyc.org/articulo.oa?id=427539904002

Procesal Constitucional es una rama del derecho procesal, que sirve de instrumento para la realización de las disposiciones constitucionales cuando estos son desconocidos, violados o existe incertidumbre sobre su significado.

Otra parte de la doctrina, como Néstor Pedro Sagüés[32] y Gustavo Zagrebelsky[33], identifican el Derecho Procesal Constitucional como disciplina mixta que se sirve de una parte de la sustantividad constitucional y por la otra de la instrumentalidad de las normas procedimentales. En fecto, para Zagrebelsky la jurisdicción constitucional y los procedimientos de aplicación de la Constitución para la resolución de casos controvertidos involucra una teoría de la Constitución como norma sustancial, de modo que "*cada concepción de la Constitución lleva aparejado una concretización del procedimiento, así como cada concepción del procedimiento lleva aparejada una concepción de la Constitución*"[34]. Además téngase en cuenta la definición de Serra Rad, quien señaló que el Derecho Procesal Constitucional constituye un "*sector del mundo del derecho que atañe tanto al derecho constitucional como al derecho procesal, siendo objeto de estudios de ambas ciencias y recibiendo influjos recíprocos*"[35].

Nosotros entendemos que el Derecho Procesal Constitucional puede considerarse una rama autónoma del derecho que comprende el estudio sistemático de las instituciones, los procesos y de los órganos por medio de los cuales pueden resolverse los conflictos relativos a los principios, valores y disposiciones fundamentales de la Constitución y que tiene por objeto reparar esas violaciones constitucionales y preservar la supremacía de la Constitución. Reconocemos que es una materia que se encuentra en la confluencia y límite de los derechos procesal y

32 Néstor Pedro Sagüés. *Derecho procesal Constitucional.* Tomo I: Recurso extraordinario. Segunda edición actualizada y ampliada. Ed. Astrea, 1989, p. 4.

33 Gustavo Zagrebelsky, *¿Derecho Procesal Constitucional? y otros ensayos de justicia constitucional,* Ed. FUNDAP, México, D.F., 2004. pp. 17-18.

34 Zagrebelsky, cit en Humberto Nogueira Alcalá, "El derecho procesal constitucional a inicios del siglo XXI en América Latina", en *Estudios Constitucionales,* Año 7, número 1, Santiago, 2009, pp. 13-58.

35 María M. Serra Rad, *Procesos y recursos constitucionales,* Ed. Depalma, Buenos Aires, 1992. p. 38. Cit. en Humberto Nogueira Alcalá, "El derecho procesal constitucional a inicios del siglo XXI en América Latina", ob. cit.

constitucional, y que por tanto requiere el apoyo conjunto y constante de los cultivadores de ambas disciplinas.

Creemos que el estudio ordenado de los diversos instrumentos jurídicos de control constitucional, ha motivado el nacimiento de esta nueva disciplina jurídica que comparte las estructuras del derecho procesal y del constitucional, que se venían estudiando de manera separada y cuyas íntimas conexiones e hilos conductores puso en evidencia el gran procesalista uruguayo Couture y que sirve para limitar el ejercicio del poder del Estado y está hoy en pleno y vigoroso desarrollo.[36] Este Derecho Procesal Constitucional, como disciplina científica autónoma, tiene su propia legislación y su propia doctrina y está integrado por dos componentes: la jurisdicción constitucional y los procesos constitucionales.

En esta posición, la de los que consideramos que el derecho procesal constitucional es una rama autónoma, se encuentra también Osvaldo Alfredo Gozaíni[37], Pablo Luis Manili[38], Juan Carlos Hitters[39], quien ha reconocido al derecho procesal constitucional "*autonomía pedagógica y científica*", y Humberto Nogueirá Alcalá, entre otros, quien ha señalado que "*Aun quienes plantean con mayor fuerza el método de enfoque esencialmente procesalista, deben reconocer las peculiaridades y autonomía del derecho procesal constitucional, con instituciones con perfiles propios y su determinación por los principios y normas constitucionales, especialmente cuando existe la presencia de un Tribunal*

36 Eduardo Juan Couture Etcheverry (Montevideo, 24 de mayo de 1904 - 11 de mayo de 1956) es considerado el procesalista más influyente del Derecho Continental en el siglo XX. Couture emprendió el análisis científico de las normas constitucionales que regulan las instituciones procesales, "especialmente mediante la vinculación existente entre las disposiciones constitucionales con el proceso civil, a partir de su famoso ensayo sobre "Las garantías constitucionales del proceso civil" (1946) y que luego apareciera recogido en sus Estudios de derecho procesal civil (1948), cuya tercera parte dedicara a los "casos de derecho procesal constitucional" (tomo I, pp. 19-95)". V. en Eduardo Ferrer Mac-Gregor, "Prólogo a la Edición Mexicana", en Ana Giacomette Ferrer, Ob. cit. Pp.52-53

37 Osvaldo Alfredo Gozaíni, *El derecho procesal constitucional y los derechos humanos (vínculos y autonomías)*, Ed. UNAM, México, 1995.

38 Pablo Luis Manili, "Perfil del derecho procesal constitucional", en Palominos Manchego, José (Coord.). *El Derecho Procesal Constitucional Peruano*. Estudios en Homenaje a Domingo García Belaúnde. Tomo I, Ed. Jurídica Grijley, Lima, 2005. p. 153.

39 Juan Carlos Hitters, "El Derecho procesal constitucional", en Eduardo Ferrer Mac-Gregor, *Derecho Procesal Constitucional*. Tercera edición, Tomo I, Ed. Porrúa, México D.F., 2003, p. 278.

Constitucional, lo cual requiere un rescate del derecho procesal constitucional de los enfoques rígidos del derecho procesal y del derecho constitucional"[40].

El Derecho Procesal Constitucional tiene por objeto asegurar la supremacía de la Constitución, sirve también para tutelar los derechos y libertades fundamentales, para resolver los conflictos de los órganos constitucionales del Estado y, en los Estados políticamente descentralizados, resuelve los conflictos entre el poder central y las entidades, Estados o comunidades políticamente descentralizadas. Además, través de la jurisprudencia que produce la justicia constitucional cuando resuelve algún caso se interpreta, adecúa, enriquece y actualiza el contenido de la Constitución.

El Derecho Procesal Constitucional es la disciplina científica que se encarga de proteger y garantizar la supremacía de la Constitución y es aquí, precisamente, donde encuentra el Derecho Procesal Constitucional su objeto de estudio concreto y específico. Por eso es muy importante tener en cuenta el contenido del artículo 7 de la Constitución:

> *"Artículo 7: La Constitución es la norma suprema y el fundamento del ordenamiento jurídico. Todas las personas y los órganos que ejercen el Poder Público están sujetos a esta Constitución".*

Esta supremacía de la Constitución incluye, obviamente, el respeto de los derechos y libertades. Comoquiera que alguna de esas garantías a la libertad y derechos son establecidas en Tratados o Acuerdos internacionales, el Derecho Procesal Constitucional incluye también los mecanismos de protección y supremacía de esas normas supra nacionales, especialmente las relativas al reconocimiento y la protección de los derechos humanos que conforman el denominado *corpus iuris* de los derechos humanos; así como los demás instrumentos normativos, principios y valores internacionales que conforman el *"bloque de la convencionalidad"*.

Para definir la jurisdicción constitucional se han utilizado distintos conceptos. En ocasiones se ha empleado un concepto que se denomina

---

40 Humberto Nogueira Alcalá, "El derecho procesal constitucional a inicios del siglo XXI en América Latina", ob. cit.

subjetivo, o formal, entendiendo por jurisdicción constitucional, "*la que ejercen o desempeñan los tribunales así llamados, sea cual fuere la naturaleza de los asuntos cuya solución se les encomienda*"[41].

Otro es el que Rubio Llorente denomina concepto amplio, simple y teóricamente más sólido de la jurisdicción constitucional, entendiendo por tal, "*aquélla que enjuicia toda la actividad del poder desde el punto de vista de la Constitución; la que tiene como función asegurar la constitucionalidad de la actividad del poder*"[42]. Este concepto, como señala Olano García, engloba –como especies de un género común– todos los sistemas imaginables de la jurisdicción constitucional y permite apreciar la diferencia que existe entre los sistemas que sólo pretenden asegurar la constitucionalidad del texto legal y aquellos otros que aspiran a garantizar también la constitucionalidad de la aplicación de la ley, con independencia de cuál sea la vía escogida para hacer posible esa garantía[43].

Los procesos constitucionales pueden concebirse como vías destinadas a impedir la alteración de los derechos fundamentales de la persona y, asimismo, a hacer valer la supremacía de la norma fundamental, lo cual puede ocurrir de oficio o en base al esfuerzo probatorio de quien afirma su afectación.

De acuerdo con Ferrer Mac-Gregor, en la concepción del Derecho Procesal Constitucional pueden distinguirse dos posiciones antagónicas, en la primera se presenta esta disciplina de manera rígida o restringida, según la cual sólo caben dentro de su esfera de estudio los procesos jurisdiccionales de naturaleza constitucional (excluyendo los mecanismos no procesales de protección de la Constitución); y en la segunda se admite en el Derecho Procesal Constitucional el estudio tanto de los genuinos instrumentos procesales como de los procedimientos, siempre y cuando estén previstos en la Constitución y se

41 Francisco Rubio Llorente, "Tendencias actuales de la jurisdicción constitucional en Europa", en Francisco Rubio Llorente y Javier Jiménez Campo, *Estudios sobre jurisdicción constitucional*, Editorial McGraw-Hill – Colección Ciencias Jurídicas, Madrid, 1998. pp. 155-156.

42 Ibidem.

43 Hernán Alejandro Olano García, "El derecho procesal constitucional", en *Vniversitas*, número 54(109), Pontificia Universitada Javeriana, Bogotá, 2005. p. 629. Disponible en: https://revistas.javeriana.edu.co/index.php/vnijuri/article/view/14716

correspondan con la finalidad de salvaguardar y proteger el propio ordenamiento supremo[44].

El nacimiento y posterior desarrollo del Derecho Procesal Constitucional como disciplina autónoma puede encontrarse en diversos hechos históricos, así como en jurisprudencia relevante y contribuciones doctrinarias. Por lo que se refiere a la jurisprudencia relevante sobre la materia, tengamos en cuenta principalmente el caso "Bonham" en Inglaterra en 1610, decidido por el juez Eduard Coke, frente a las pretensiones del Rey Jacobo I de ejercer el poder judicial personalmente. El juez Coke estableció la supremacía de una ley superior que representaba el *common law*, por encima de cualquier otra normativa y, además, que los jueces eran los únicos que podían ejercer el poder judicial.

También como ya dijimos antes en la época de la colonia, entre 1696 y 1782 el Tribunal de Apelación británico (*Privy Council*) invalidó muchas leyes coloniales, de forma que las colonias cuando se independizaron ya tenían conocimiento de un control judicial de las leyes, por eso establecieron en las constituciones de Pennsylvania de 1776 y en la de Vermont de 1777 un control de constitucionalidad. Además hay jurisprudencia en el mismo sentido también dictada por las Cortes Supremas de los Estados de North y South Carolina, en Virginia y en Maryland.

Luego la Constitución Federal de Estados Unidos de 1787 estableció en el artículo VI, sección 2 "*Esta Constitución, y las leyes de los Estados Unidos que se expidan con arreglo a ella, y todos los tratados celebrados o que se celebren bajo la autoridad de los Estados Unidos, serán la suprema ley del país y los jueces de cada Estado estarán obligados a observarlos, a pesar de cualquier cosa en contrario que se encuentre en la Constitución o las leyes de cualquier Estado*".

Indudablemente la jurisprudencia más importante y conocida sobre este tema es la recaída en el histórico caso Marbury vs Madison decidido por el juez John Marshall en 1803, que determinó la supremacía de la Constitución y su aplicación preferente sobre cualquier norma de rango inferior que contrariara sus preceptos, estableciendo de esta forma el sistema judicial de control de constitucionalidad.

---

[44] Eduardo Ferrer Mac-Gregor, *El Derecho Procesal Constitucional,* ob. cit.

Más de un siglo después de la sentencia del juez Marshall, la teoría del control judicial de la constitucionalidad fue objeto de estudio en los trabajos del jurista austriaco Hans Kelsen, quien hizo aportes fundamentales para la creación del primer tribunal constitucional en la Constitución de Austria de 1920, como primer órgano encargado especialmente del control concentrado de la constitucionalidad, pero quien además publicó en 1928 el trabajo intitulado "*La garantie jurisdictionnelle de la Constitution (La justice constitutionnelle)*". Para Kelsen la Constitución se garantiza sólo en la medida en que se puedan anular los actos inconstitucionales y "*no es pues el Parlamento mismo con quien puede contarse para realizar su subordinación a la Constitución. Es un órgano diferente a él, independiente de él y, por consiguiente, también de cualquier otra autoridad estatal, al que es necesario encargar la anulación de los actos inconstitucionales, esto es, a una jurisdicción o tribunal constitucional*"[45].

La tesis de Kelsen fue contrariada por Carl Schmitt, quien en el año 1929 publicó un ensayo intitulado "*La defensa de la constitución. Estudio acerca de las diversas especies y posibilidades de salvaguardia de la Constitución*", en el cual directamente replicaba a Kelsen, exponiendo que el defensor de la Constitución no debía ser un órgano jurisdiccional como lo postuló Kelsen, sino el titular del poder político, esto es, el presidente.

Kelsen, por su parte, respondió señalando la necesidad de que quien tutele la supremacía constitucional no debía ser un órgano que se constituya en juez y parte de su propia causa, sino un órgano autónomo e independiente de las funciones del Estado, con naturaleza no política sino similar a los demás órganos jurisdiccionales.

La tesis de Hans Kelsen rompió con la idea que durante tanto tiempo sedujo a Europa de la supremacía parlamentaria, haciendo que se multiplicara el sistema de control jurisdiccional de la constitucionalidad. En la segunda mitad del siglo XX, en los años que siguieron la segunda guerra mundial, debido a la reacción contra el totalitarismo y a una organización territorial más compleja, se generalizó la tendencia de crear Tribunales Constitucionales: el Tribunal de Garantías

[45] Hans Kelsen, *La garantía jurisdiccional, (La Justicia Constitucional),* Universidad Nacional Autónoma de México, México, D.F., 2001. p. 52.

Constitucionales establecido por la Constitución Española Republicana de 1931; la Corte Constitucional creada por la Constitución de Italia de 1947; el Tribunal Constitucional Federal establecido en la Ley Fundamental de la República Federal de Alemania de 1949; los tribunales constitucionales creados en las leyes fundamentales de Francia (1959), Turquía (1961); la antigua Yugoslavia (1963) y las más modernas, de Portugal en 1976; España 1978; Bélgica en 1983; y Polonia en 1985, entre otras[46].

Luego de la caída del Muro de Berlín (1989), se produjo un nuevo movimiento en ese mismo sentido y países como Albania, Bulgaria, Croacia, Eslovenia, Hungría, Lituania, Macedonia, Moldavia, Rusia, Rumania, dispusieron la creación de tribunales constitucionales en sus textos constitucionales[47].

Niceto Alcalá Zamora y Héctor Fix Zamudio señalaron a Kelsen como el fundador del Derecho Procesal Constitucional, considerando especialmente que este autor fue quien inspiró la creación de la jurisdicción constitucional austríaca; elaboró un estudio fundamental sobre la misma; fue catedrático y juez de la Corte Constitucional creada por él; y por haber repercutido en el constitucionalismo de otros países[48].

Por influencia del modelo europeo, el sistema de control concentrado de la constitucionalidad también se implantó en Latinoamérica a través de la creación de tribunales y cortes constitucionales en las Constituciones de Uruguay en 1952; en Guatemala en la Constitución de 1985 con antecedente en la Constitución de 1965; en Chile a través de la reforma constitucional a la Carta Fundamental de 1925, realizada en 1970 y Perú en 1979. Posteriormente, se incorporó en la Constitución de Colombia de 1991 una Corte Constitucional; en la Constitución de

---

46 Ana Giacomette Ferrer, *La Prueba en los procesos constitucionales*, Editorial Jurídica Venezolana, Fundación de Estudios de Derecho Administrativo. Caracas, 2014. p.107. Al respecto, "Es indiscutible que los horrores de la II Guerra Mundial, por los abusos sobre los derechos humanos, desencadenaron el movimiento de creación de órganos encargados de realizar los juicios constitucionales", Vid. Liliana Estupiñan Achry; Carlos Hernández; William Jiménez (Editores Académicos), ob. cit. P. 23

47 Humberto Nogueira Alcalá, "Tópicos sobre jurisdicción constitucional y tribunales constitucionales", en *Revista de derecho,* Vol. XIV - Julio 2003, pp. 43-66

48 Eduardo Ferrer Mac-Gregor, *El origen científico* del *Derecho procesal constitucional (1928-1956),* Editorial Ferrer Mac-Gregor, Editora Jurídica Grijley, Lima, 2018. p.102.

Paraguay de 1992, con vigencia efectiva a partir de 1995, cuando se creó la Sala Constitucional de la Corte Suprema de Justicia, en la Constitución de Bolivia de 1994 y con funcionamiento desde 1999, y en Ecuador creada en 2008 para sustituir al antiguo Tribunal Constitucional regulado en la Constitución de 1979 y finalmente en la Constitución de 1999 en Venezuela fue creada la SC.

En otros continentes como Asia (Corea del Sur, Tailandia) y África (Argelia, Marruecos, Mauritania y Túnez) también fue acogido el control concentrado de la constitucionalidad mediante creación constitucional[49].

La mayoría de estos textos constitucionales surgidos después de la Segunda Guerra Mundial no se limitaron a establecer las reglas de organización del Estado, las competencias de los órganos del Poder Público y los clásicos lineamientos referidos a la separación de poderes, así como la supremacía de sus disposiciones; sino que regulan también de forma detallada los derechos fundamentales y los mecanismos que garantizan el cumplimiento de los derechos, es decir el modo de controlar las violaciones o intentos de violación de sus disposiciones; establecen igualmente este tipo de Constituciones, marcadamente sustantivas, disposiciones que condicionan la actuación del Estado a través del establecimiento de fines y objetivos que le corresponde cumplir.

Esto es lo que se ha denominado neoconstitucionalismo, es decir, la teoría de derecho que se dedica al estudio de este nuevo modelo de Constituciones, de las cuales surge también un nuevo modelo de interpretación de la Constitución, con principios propios como el de ponderación de derechos, el de proporcionalidad; que supone la aplicación inmediata y concreta de la Constitución a los ciudadanos y que estudia el impacto y consecuencias que estas nuevas Constituciones vienen a tener en el Estado Moderno. El neoconstitucionalismo es una doctrina que no sólo pretende institucionalizar el poder, sino además considera a la Constitución como una auténtica norma jurídica, superior a las otras disposiciones del orden jurídico con el fin de evitar la concentración del poder en los representantes del pueblo.

---

[49] José Julio Fernández Rodríguez, *La justicia constitucional europea ante el siglo XXI*, segunda edición, edit. Tecnos, Madrid, 2007. P. 33.

Luis Prieto Sanchís ha sostenido que el neoconstitucionalismo busca resolver un dilema entre constituciones garantizadas sin contenido normativo, y constituciones con contenido normativo pero que no están garantizadas, es decir, que el neoconstitucionalismo, implicaría un modelo de constituciones normativas y garantizadas[50]. El neoconstitucionalismo estudia las nuevas constituciones y las consecuencias que estas traen para los Estados.

Por su parte, Miguel Carbonell, uno de los principales exponentes del neoconstitucionalimo como novedad dentro de la teoría y de la práctica del Estado constitucional de Derecho, explica que cuando se habla de neoconstitucionalismo conviene considerar tres distintos niveles de análisis: 1. Textos constitucionales; 2. Prácticas jurisprudenciales; y 3. Desarrollos teóricos[51].

En primer lugar, el neonconstitucionalismo, señala Carbonell, puede explicar un conjunto de textos constitucionales que surgieron luego de la segunda guerra mundial, y que no se limitan a establecer competencias o a separar a los poderes públicos, sino que contienen altos niveles de normas "materiales" o sustantivas que condicionan la actuación del Estado por medio de la ordenación de ciertos fines y objetivos (tales como la Constitución española de 1978, la de Brasil de 1988 y la de Colombia de 1991).

En segundo lugar, el neoconstitucionalismo implica la transformación de la práctica jurisprudencial de los tribunales y cortes constitucionales, precisamente como consecuencia de la expedición y entrada en vigor de ese modelo sustantivo de textos constitucionales, y que exige que los jueces constitucionales tengan que aprender a realizar sus funciones bajo "*parámetros interpretativos nuevos, a partir de los cuales el*

---

50 V. Luis Prieto, "Voz Neoconstitucionalismo", en Miguel Carbonell (coord.), *Diccionario de Derecho Constitucional,* Porrúa y Universidad Autónoma de México, México, 2005, pp. 420 a 423, citado por H. Olano, *Interpretación y neoconstitucionalismo*, Porrúa e Instituto Mexicano de Derecho Procesal Constitucional, México, 2006, p. 29. A su vez cit. en Eduardo Aldunate Lizana, "Aproximación conceptual y crítica al neconstitucionalismo", en *Revista de Derecho* (Valdivia) v.23 n.1 Valdivia jul. 2010. Disponible en: http://dx.doi.org/10.4067/S0718-09502010000100004

51 Véaase Miguel Carbonell, "El neoconstitucionalismo en su laberinto", en *Teoría del neoconstitucionalismo. Ensayos escogidos*, Editorial Trotta, Instituto de Investigaciones Jurídicas UNAM, Madrid, 2009. Pp. 9-12.

razonamiento judicial se hace más complejo". De esta forma, "*Entran en juego las técnicas interpretativas propias de los principios constitucionales, la ponderación, la proporcionalidad, la razonabilidad, la maximización de los efectos normativos de los derechos fundamentales, el efecto irradiación, la proyección horizontal de los derechos (a través de la Drittwirkung), el principio pro personae, etcétera*".

Por último, el neoconstitucionalismo promueve novedosos desarrollos teóricos, que a su vez parten de los mencionados fenómenos de los textos constitucionales fuertemente sustantivos y de la práctica jurisprudencial, "*pero también suponen aportaciones de frontera que contribuyen en ocasiones no solamente a explicar un fenómeno jurídico, sino incluso a crearlo*". En este sentido Miguel Carbonell se refiere a los aportes teóricos de Ronald Dworkin, Robert Alexy, Gustavo Zagrebelsky, Carlos Nino, Luis Prieto Sanchís y Luigi Ferrajoli, que han servido no solo "*para comprender las nuevas Constituciones y las nuevas prácticas jurisprudenciales, sino también para ayudar a crearlas*"[52].

Esta forma de considerar a la Constitución supone la necesidad de un control de constitucionalidad de las leyes que conserve el carácter de norma obligatoria de la Constitución. De forma que justifica la sumisión de los órganos políticos e incluso de los particulares al texto constitucional, a través del juez constitucional.

En el neoconstitucionalismo la justicia constitucional tiene una importancia especial toda vez que el marco de derechos y garantías es mayor. En este nuevo estado de cosas los jueces constitucionales tienen especial relevancia, tienen un importante rol en la implementación de los derechos fundamentales. Le corresponde al juez neoconstitucionalista la interpretación y ponderación de la Constitución y sus principios y de la ley que se dicta en su ejecución en protección de los derechos de los ciudadanos y, además proteger los derechos y libertades.

Desde el punto de vista doctrinario tenemos los primeros estudios sobre las garantías judiciales de la Constitución y el control concentrado de la Constitución de Hans Kelsen, 1928; las aproximaciones dogmáticas de la ciencia procesal y el derecho constitucional de Couture, Calamandrei y Cappelletti, 1946-1955; y los primeros estudios sobre el

52 Ibidem.

Derecho Procesal Constitucional propiamente dicho de Niceto Alcalá Zamora, 1944; Héctor Fix-Zamudio, 1955-1956 y Jesús González Pérez, 1980.

Eduardo Ferrer Mac-Gregor en su obra "*El origen científico del Derecho Procesal Constitucional (1928-1956)*", realiza un detallado estudio sobre el nacimiento de esta rama del derecho, partiendo del pensamiento de Kelsen sobre la jurisdicción constitucional en 1928 hasta los trabajos de Héctor Fix-Zamudio a mediados del siglo XX.

Parte de la doctrina –Néstor Pedro Sagüés– difiere de la tesis que atribuye a Kelsen la paternidad del Derecho Procesal Constitucional por cuanto, si bien es uno de los creadores del modelo concentrado de constitucionalidad y en efecto aportó una sólida tesis sobre las cortes constitucionales, este no tomó en cuenta, al momento de elaborar su teoría sobre las garantías jurisdiccionales de la Constitución, por ejemplo, instrumentos procesales fundamentales en el Derecho Procesal Constitucional, como el amparo constitucional surgido de la Constitución Política del Estado de Yucatán en México en el año 1841, destinado especialmente a la tutela de los derechos y garantías constitucionales, así como del principio de supremacía constitucional. De allí la distinción entre la publicación del primer estudio dogmático sobre la jurisdicción constitucional y la concepción científica de la disciplina procesal[53].

Tengamos en cuenta el aporte fundamental de Niceto Alcalá Zamora y Castillo[54] que fue el primero en visualizar la existencia de una nueva disciplina jurídica y en darle el nombre de Derecho Procesal Constitucional en sus clásicas obras "*Ensayos de Derecho Procesal Civil, Penal y Constitucional*" (1944) y "*Proceso, Autocomposición y Autodefensa*" (1947). Domingo García Belaunde afirma que Alcalá Zamora

---

53 Ibidem p. 117

54 Niceto Alcalá Zamora y Castillo: Jurista español nació el 2 de octubre de 1906. Hijo de Niceto Alcalá-Zamora y Torres, intelectual, jurista y último presidente de la II República española. Durante su exilio político primero en Argentina (1942-1946) y luego en México (1946-1976) se convierte en uno de los principales procesalistas iberoamericanos. Entre sus más destacadas obras se mencionan: "Ensayos de derecho procesal (civil, penal y constitucional)", publicada en Buenos Aires en el año 1944; "Proceso, autocomposición y autodefensa (contribución al estudio de los fines del proceso)", en 1947; y "La protección procesal internacional de los derechos humanos", Madrid, 1975. V. en Eduardo Ferrer Mac-Gregor, "Prólogo a la Edición Mexicana", en Ana Giacomette Ferrer, Ob. cit. pp. 51-52.

fue el propulsor del estudio científico de esta nueva rama del derecho, quien notó su existencia, lo adjetivó, le dio nombre y contenido[55].

Son esenciales, también, para el desarrollo del Derecho Procesal Constitucional las contribuciones de los reconocidos procesalistas Couture, Calamandrei y Cappelletti[56], quienes acercaron con sus estudios los elementos propios de la llamada "*teoría general del proceso*", a la materia del derecho constitucional, que estaba tomando lugar en el sistema europeo después de la Segunda Guerra Mundial. Téngase en cuenta que el jurista italiano Piero Calamandrei, con sus estudios sobre los sistemas de control constitucional, representó un papel fundamental en la creación de la Corte Constitucional bajo la Constitución italiana de 1947.

Eduardo Ferrer Mac-Gregor, por su parte, expresa que quien realmente configura al Derecho Procesal Constitucional como una ciencia que estudia y sistematiza las garantías constitucionales y la magistratura que las conoce fue su maestro Héctor Fix-Zamudio, a su vez discípulo de Niceto Alcalá Zamora y Castillo. En efecto, Eduardo Ferrer Mac-Gregor sostiene que Fix-Zamudio, en su trabajo relativo a "*La garantía jurisdiccional de la Constitución mexicana. Ensayo de una estructuración procesal del amparo*" (1955), recoge los estudios de Hans Kelsen y Niceto Alcalá Zamora y es el primer jurista en definir y distinguir al Derecho Procesal Constitucional como:

> *"la disciplina que se ocupa del estudio de las garantías de la Constitución, es decir, de los instrumentos normativos de carácter represivo y reparador que tienen por objeto remover los obstáculos existentes para el cumplimiento de las normas fundamentales, cuando han sido violadas, desconocidas o existe incertidumbre acerca de su alcance o de su contenido, o para decirlo con palabras carletunianas, son las normas instrumentales establecidas para la composición de los litigios constitucionales"*[57].

---

55 Domingo García Belaunde, "De la jurisdicción constitucional al derecho procesal constitucional", en *Anuario Iberoamericano de Justicia constitucional*, número 3, Madrid, 1999.

56 *La jurisdicción constitucional de la libertad, con referencia a los ordenamientos alemán, suizo y austriaco*, 1955.

57 Héctor Fix-Zamudio, *La garantía jurisdiccional de la constitución mexicana. Ensayo de una estructuración procesal del amparo* (1955), cit. en Eduardo Ferrer Mac-Gregor, *El origen científico* del *Derecho procesal constitucional (1928-1956)*, ob. cit. p.138.

Como ya dijimos antes, el primer autor que usó el término Derecho Procesal Constitucional en Alemania fue Peter Häberle para quien el esto era un Derecho Constitucional concretizado. Le sirve al Tribunal Constitucional a concretizar la Ley Fundamental[58]. Como ya dijimos también otro de los grandes juristas en emplear y definir al Derecho Procesal Constitucional fue el español Jesús González Pérez, quien en su obra "*Derecho Procesal Constitucional*" (1980), afirmó la vinculación entre la teoría o doctrina general del proceso o del derecho procesal y las normas reguladoras del proceso constitucional.

Aparte de los valiosos aportes de autores como Sieyès, Jellinek, Hans Kelsen, Couture, Calamandrei y Cappelletti, Niceto Alcalá Zamora, Santi Romano, Héctor Fix-Zamudio, Jesús González Pérez, Peter Häberle deben tenerse en cuenta también, más recientemente, las obras de Manuel García Pelayo (*El Status del Tribunal constitucional,* 1981), Osvaldo Gozaíni (*Derecho Procesal Constitucional*, 1999), Javier Henao Hidrón (*Derecho Procesal Constitucional. Protección de los derechos constitucionales*, 2003), Ana Giacomette Ferrer (*La prueba en los procesos constitucionales*, 2014), Juan Manuel Acuña y Eduardo Ferrer Mac-Gregor (*Curso de Derecho Procesal Constitucional,* 2015), Eréndira Salgado Ledesma (*Manual de Derecho Procesal Constitucional*, 2015), Eduardo Ferrer Mac-Gregor, *(El origen científico* del *Derecho Procesal Constitucional (1928-1956)),* 2018, entre otros.

Por lo que se refiere a Venezuela, un antecedente remoto que podría considerarse relevante en el desarrollo del Derecho Procesal Constitucional fue el ejercicio profesional del derecho del prócer de la independencia Don Juan Germán Roscio, en tres procesos especiales comprendidos entre los años 1797 y 1815. En efecto, Don Juan Germán Roscio bachiller en Leyes, Doctor en Cánones y Doctor en Derecho Civil, y uno de los máximos exponentes del pensamiento independentista y constitucional venezolano, interpuso varias acciones judiciales en defensa de derechos humanos supra-ordenados y garantizados por la corona española, las cuales pueden ser estimadas como antecedentes

58 Peter Haberle, *El Derecho Procesal Constitucional como Derecho Constitucional concretizado frente a la judicatura del Tribunal Federal Constitucional alemán*, JZ, Alemania, 1976.

fundamentales del amparo constitucional, y por ende, del Derecho Procesal Constitucional.

La primera acción interpuesta por Juan Germán Roscio fue en el año 1797 y consistió en la representación de Juan José De Ochoa, su esposa Isabel María Pérez y la hermana de esta, María Francisca Páez, en un juicio conocido como de "*limpieza de sangre*", incoado por el Síndico Procurador de Valencia en contra de dichas personas por "*defenestrar el sistema colonial*" y valerse de privilegios, como el uso de un tapete o alfombrilla al momento de la consagración en la misa, que sólo tenían los blancos mantuanos en aquella época. Juan Germán Roscio solicitó que se desaplicara dicha costumbre convertida en norma jurídica por estar en contradicción con las garantías otorgadas por el reino español a sus súbditos, que eran el principio de igualdad, dignidad humana y "*un concepto primario del derecho a la salud*", como derechos que tenía el ser humano por el mero hecho de la pertenencia a la especie independientemente de su clase social.

El segundo juicio incoado por Juan Germán Roscio fue contra el Ilustre Colegio de Abogados de Caracas con motivo a la decisión de inadmitirlo de por vida en su gremio, por considerar falsas unas supuestas actas y sin darle oportunidad de contradicción, no obstante que cumplía con todos los requisitos dispuestos en el estatuto de esa corporación para su admisión. En este caso, interpuso un escrito de amparo como solicitud de la intercesión del rey español a fin de garantizar los derechos que ha otorgado; es decir, pretendió solicitar la protección de garantías "supraordenadas" por la corona española por parte de ella misma.

Por último, en 1814 Juan Germán Roscio trazó además un precedente del Derecho Procesal Constitucional vinculado al *habeas corpus*, al solicitarle al príncipe regente inglés que, con fundamento en la Carta Magna de 1215, defendiera su derecho de *habeas corpus* y lo pusiera en libertad tras una aprehensión ilegítima efectuada por el gobernador británico de las provincias ultramarinas inglesas. En el año 1812, Juan Germán Roscio y otros revolucionarios venezolanos fueron apresados ilegalmente en Venezuela y conducidos al presidio en España y luego en África en 1813. En febrero de 1814, Don Juan Germán Roscio, Ayala y Cortés de Madariaga se fugaron de la cárcel de Ceuta, al norte de

África, a Gibraltar, sin embargo, allí fueron devueltos a prisión por la autoridad inglesa que regía en dicho territorio en colaboración con la autoridad española.

En 1814, específicamente el 11 de mayo, Don Juan Germán Roscio introdujo un recurso de *habeas corpus* ante el monarca británico, al considerar que siendo que no le habían respetado su derecho de *habeas corpus* en posesión inglesa, era el monarca quien debía hacerlo valer en su defensa y restituirle su libertad junto a la de Don José Cortés de Madariaga, Don Juan Pablo Ayala y Don Juan Paz del Castillo, con atención de la capitulación de fecha 25 de julio de 1812 dictada por el Generalísimo de los Ejércitos Francisco de Miranda, que establecía de forma notoria el perdón por las actuaciones revolucionarias de cada uno de ellos en Venezuela. De esta forma, miembros del parlamento británico y agentes del Príncipe Regente británico le otorgaron la razón a Roscio y a sus compañeros, y abogaron por la puesta en el territorio donde habían sido entregados los prisioneros.

La relevancia del documento de *habeas corpus* redactado por Don Juan Germán Roscio guarda "*una importancia inestimable para el estudio de nuestra disciplina, toda vez que es el ejercicio del Derecho Procesal Constitucional en una época sin constitucionalismo contra los férreos embates de la guerra más sanguinaria de independencia de Hispanoamérica*"[59].

Como ya indicamos antes, desde la primera Constitución de Venezuela, 21 de diciembre de 1811, se estableció el germen de este sistema de control de constitucionalidad cuando se establecieron las bases fundamentales del Estado de Derecho, el principio de separación de poderes y el de legalidad y el de la supremacía constitucional. En concreto se estableció que todo acto inconstitucional era "*nulo y tiránico*", los funcionarios podían relevarse de su cumplimiento y se facultó al Congreso "*para juzgar a los actores de actos inconstitucionales y para revisar los actos legislativos de las provincias…*". Luego, el control concentrado de la constitucionalidad de las leyes se estableció por primera vez en la Constitución de Venezuela de 1858, en el artículo 113.8, que atribuyó a

[59] César S. Pérez Guevara, *Vanidad, locura y entusiasmo. Tres casos de Juan Germán Roscio*, Centro Roscio, Caracas, 2019.

la Corte Suprema de Justicia competencia para "*Declarar la nulidad de los actos legislativos sancionados por las Legislaturas Provinciales, a petición de cualquier ciudadano, cuando sean contrarios a la Constitución*". Esta atribución de la Corte Suprema, a partir de la Constitución de 1893, se amplió respecto de todas las leyes, decretos y resoluciones inconstitucionales (art. 110, ord. 8°)[60].

Para referirnos a la época reciente y de acuerdo a lo expresado por Brewer-Carías, el Derecho Procesal Constitucional comenzó a desarrollarse en el país a partir de lo dispuesto en la Constitución de 1947 que introdujo un cambio sustancial en el régimen político, estableció las bases de un régimen democrático e inició el control judicial del ejercicio del poder. Antes de la Constitución de 1947, en Venezuela comenzaron a aparecer los primeros trabajos bibliográficos relacionados con el tema de la justicia constitucional, entre los cuales destacan el publicado en 1941 por Pablo Ruggeri Parra: La *supremacía de la Constitución y su defensa. Jurisprudencia del Alto tribunal venezolano (1870-1940)* y *Estudio sobre control constitucional*, publicado en 1946. Después de la Constitución de 1947, fueron publicados los trabajos de José Guillermo Andueza sobre la *Jurisdicción constitucional en el derecho venezolano*, presentado como tesis de grado en la Universidad Central de Venezuela en el año 1955[61].

Durante la vigencia de la Constitución de 1961 no existía en Venezuela un órgano especializado que llevara adelante el control de la constitucionalidad, pero si había esta modalidad de justicia constitucional concentrada, pues la CSJ en Sala Plena tenía las competencias para controlar de manera exclusiva la constitucionalidad de los actos dictados por los órganos del poder público. La Constitución de 1999 en los artículos 203, 214, 262, 334, 335, 336 y 339 estableció un sistema de justicia constitucional más acabado con diversos medios de impugnación y creó la SC con competencias sobre la materia. En efecto, dispone el artículo 262 que: "*El Tribunal Supremo de Justicia funcionará*

60 Allan Brewer-Carías, *justicia constitucional y jurisdicción constitucional*, Colección Tratado de Derecho Constitucional, Tomo XII, Fundación de Derecho Público, Editorial Jurídica Venezolana, Caracas, 2017. p. 776. Disponible en: http://allanbrewercarias.com/categoria-de-biblioteca/libros/tratados/

61 Ibidem.

en Sala Plena y en las Salas Constitucional, Político Administrativa, Electoral, de Casación Civil, de Casación Penal y de Casación Social, cuyas integraciones y competencias serán determinadas por su ley orgánica. La Sala Social comprenderá lo referente a la casación agraria, laboral y de menores".

Luego de la Constitución de 1961 siguieron los trabajos relativos a la justicia constitucional de Humberto J. La Roche: *El control jurisdiccional de la constitucionalidad en Venezuela y Estados Unidos* (1972), Allan R. Brewer-Carías: *El control de la constitucionalidad de los actos estatales* (1977); Orlando Tovar Tamayo, sobre *La jurisdicción constitucional* (1983); y otros más del profesor Brewer-Carías, sobre *Estado de derecho y control judicial (justicia constitucional, contencioso administrativo y amparo en Venezuela)* (1987), *Judicial Review in Comparative Law,* (1989); y posteriormente, en dos de los siete tomos de su obra sobre *Instituciones Políticas y Constitucionales* (1997), Brewer-Carías trató los temas sobre el *Derecho y acción de amparo*, y *La justicia constitucional*[62]. Tengamos en cuenta también el trabajo del Profesor Humberto Briceño León: *La acción de inconstitucionalidad en Venezuela*, del año 1989.

Antes de la Constitución de 1999 las primeras distinciones de la jurisprudencia entre la jurisdicción constitucional y la jurisdicción contencioso administrativa las encontramos a partir de la jurisprudencia de la CSJ del 14 de septiembre de 1993, caso "Presidente Carlos Andrés Pérez", que definió formalmente el acto administrativo y explicó las diferencias entre la jurisdicción administrativa y la jurisdicción constitucional. En ese sentido, el Magistrado Farías Mata definió lo siguiente:

> *"... puede evidenciarse que según la distribución de competencias que establece la propia Ley Originaria para hacer efectiva la garantía objetiva de la constitucionalidad en su artículo 216, todas las acciones de nulidad interpuestas contra actos dictados en ejecución directa e inmediata de la Carta Magna, y que –por tanto, desde el punto de vista de su rango, son equiparables a la ley (...), son del conocimiento exclusivo de la Corte Suprema de*

62 Ibidem.

Justicia en Pleno; mientras que cuando se impugne un acto administrativo del Poder Público, de carácter general o particular, –pero de rango sublegal, realizado en función administrativa– por contrariedad al derecho –y aún por razones de inconstitucionalidad–, la competencia corresponderá siempre a un órgano de la jurisdicción contencioso-administrativa, sea la Sala Político Administrativa de la Corte Suprema de Justicia o cualquier otro Tribunal de los que la ley determina".

De esta forma, luego de estar durante muchos años confundido el control de la legalidad con el control de la constitucionalidad de los actos del poder público, la CSJ comenzó a delimitar con sus decisiones las funciones propias de uno y otro, lo que produjo el nacimiento del estudio del Derecho Procesal Constitucional en Venezuela.

Luego de la entrada en vigencia de la Constitución de 1999, se reimpulsaron los estudios relativos a la justicia constitucional y fueron publicados valiosos libros y artículos, entre los cuales podemos mencionar los siguientes:

- Jesús María Casal, *Constitución y Justicia Constitucional. Los fundamentos de la justicia constitucional en la nueva Carta Magna*, Universidad Católica Andrés Bello, Caracas 2000.
- Allan Brewer-Carías, *El sistema de justicia constitucional en la Constitución de 1999 (Comentarios sobre su desarrollo jurisprudencial y su explicación, a veces errada, en la Exposición de Motivos)*, Editorial Jurídica Venezolana, Caracas, 2000.
- Allan Brewer-Carías, *La Justicia Constitucional. Procesos y Procedimientos Constitucionales,* Editorial Porrúa, México 2007.
- Allan Brewer-Carías, *Derecho Procesal Constitucional. Instrumentos de la Justicia Constitucional*, Editorial Investigaciones Jurídicas, San José, Costa Rica 2012, libro publicado también en Caracas por el Centro de Estudios Derecho Procesal Constitucional de la Universidad Monteávila.
- Humberto Enrique Tercero Bello Tabares, *Sistema de amparo: Derecho Procesal Constitucional, un enfoque crítico y procesal del instituto*, Ediciones Paredes, Caracas, 2012, 618

- Antonio J. Bello Lozano Márquez, *Lecciones de Derecho Procesal Constitucional: procesos judiciales de naturaleza constitucional*, Caracas, 2013.
- Jesús María Alvarado Andrade, "La necesaria disputa por el empleo de la expresión Derecho Procesal Constitucional en Venezuela" en *Boletín de la Academia de Ciencias Políticas y Sociales*, número 146, Academia de Ciencias Políticas y Sociales, Caracas, 2008, pp. 185-218;
- Gonzalo F. Pérez Salazar, "Justificación del estudio del Derecho Procesal Constitucional en Venezuela" en *Anuario de Derecho Público*, número 2, Centro de Estudios de Derecho Público de la Universidad Monteávila, Caracas, 2008, pp. 85-92; y
- Jesús María Alvarado Andrade, "Hacia la construcción de un Derecho Procesal Constitucional en Venezuela (Notas apreciativas críticas sobre nuestro sistema de justicia constitucional)", en *Revista de Derecho Público* número 118, Editorial Jurídica Venezolana, Caracas, 2009, pp. 21-57.

Se unen a la contribución de la doctrina sobre Derecho Procesal Constitucional, los aportes de las asociaciones científicas que incluyen institutos creados especialmente para el estudio del Derecho Procesal Constitucional, entre las cuales pueden mencionarse el Centro Iberoamericano de Derecho Procesal Constitucional (1989), actualmente Instituto Iberoamericano de Derecho Procesal Constitucional (2003); las asociaciones nacionales de Derecho Procesal Constitucional en países como Argentina, Chile, Colombia, México y Perú[63].

En Venezuela tenemos el Centro de Estudios de Derecho Procesal Constitucional de la Universidad Monteávila fundado en 2012, que fue el primer centro de investigaciones a nivel universitario creado en el país con el objeto de estudiar y divulgar la disciplina del Derecho Procesal Constitucional y lo ha hecho especialmente a través de sus publicaciones, entre las que destacan:

- Gonzalo Pérez Salazar y Luis Petit Guerra (Coordinadores), *I Congreso Internacional de Derecho Procesal Constitucional:*

[63] Eduardo Ferrer Mac-Gregor, *El origen científico* del *Derecho procesal constitucional (1928-1956)*, ob. cit. p. 47 y ss.

los retos del Derecho Procesal Constitucional en Latinoamérica en homenaje al Dr. Román Duque Corredor, Universidad Monteávila - Centro Venezolano de Derecho Procesal Constitucional - Fundación de Estudios de Derecho Administrativo (FUNEDA), Caracas, 2011.

- *La Justicia Constitucional en el Estado Social de Derecho, en homenaje a Néstor Pedro Sagüés*, Universidad Monteávila, Fundación de Estudios de Derecho Administrativo, Caracas, 2012.
- *La Justicia Constitucional y la Justicia Administrativa como garantía de los Derechos Humanos, Homenaje a Gonzalo Pérez Luciani y en el marco del vigésimo aniversario de Funeda*, Caracas 2013.

Este Centro de Estudios de Derecho Procesal Constitucional de la Universidad Monteávila ha tenido la labor de organizar y celebrar congresos en Venezuela sobre la materia, en los cuales tuve la oportunidad de participar como ponente en el año 2016 con una conferencia intitulada "Los poderes del juez constitucional"[64].

De igual forma contribuye a la autonomía del Derecho Procesal Constitucional, la tendencia frecuente y generalizada de crear asignaturas dedicadas al estudio de esta materia. Especialmente en Latinoamérica se imparte la materia en la licenciatura y en los estudios de postgrado en Argentina, Bolivia, Brasil, Chile, Colombia, Costa Rica, Guatemala, El Salvador, México, Panamá, Perú y Venezuela.

En Venezuela la Universidad Católica Andrés Bello, pionera en este tema como en tantos otros, fue la primera en crear la materia "*Derecho Procesal Constitucional*" que se dicta de manera regular en los cursos de pregrado de la licenciatura de Derecho y también en postgrado y doctorado. El contenido de esta materia se estudiaba, desde 1983, dentro del programa de estudios de la materia denominada Contencioso-administrativo. Allí se estudiaban conjuntamente las jurisdicciones

[64] V. Rafael Badell Madrid, "Poderes del juez constitucional". Conferencia dictada en *VI Congreso Internacional de Derecho Procesal Constitucional y IV Congreso de Derecho Administrativo en Homenaje al Dr. Carlos Ayala Corao*. Universidad Monteávila. Caracas, 11 de noviembre de 2016. Publicado en el *Boletín de la Academia de Ciencias Políticas y Sociales* número 155, Año 2016, Academia de Ciencias Políticas y Sociales, Caracas, 2016. Disponible en: http://www.acienpol.org.ve/

constitucional y la administrativa; es decir, los procesos de inconstitucionalidad junto con los de ilegalidad. Recientemente, en el año 2019 se dividieron las materias y se creó la materia Derecho Procesal Constitucional. También hay una especialización en Derecho Procesal Constitucional en la Universidad Monteávila, igualmente en Caracas.

Además de las disposiciones constitucionales que se refieren a la materia, en los ordenamientos jurídicos modernos se han dictado leyes o códigos que gobiernan y regulan de forma especial la jurisdicción constitucional y los procesos constitucionales. En Venezuela, no hay todavía una ley que regule la jurisdicción constitucional. Ésta está regulada de forma provisional en la LOTSJ, cuyo artículo 128 establece que "*Hasta tanto se dicte la ley que regula la Competencia Constitucional, las demandas a que se refieren los numerales 1, 2, 3, 4, 7, 8, 9 y 17 del artículo 25 de esta Ley se tramitarán conforme a lo que dispone este capítulo*", refiriéndose dicha norma, al Capítulo II, titulado "De los Procesos ante la Sala Constitucional", que contiene los artículos que regulan desde los requisitos de la demanda hasta la conclusión del debate procesal (artículos 128 al 145).

En otros países se han dictado estas normas que vienen a complementar y desarrollar las disposiciones constitucionales sobre la justicia constitucional. En este sentido, la Ley de la Jurisdicción Constitucional de Costa Rica de 1989 y la Ley Orgánica del Tribunal Constitucional de España de 1979.

Algunas de estas leyes que regulan la jurisdicción constitucional se elaboraron por iniciativa de profesores de esta materia. Ese es el caso del Código Procesal Constitucional de la República del Perú, Ley 28237, del año 2004, cuyo anteproyecto fue elaborado por un grupo de profesores de la Facultad de Derecho de la Pontificia Universidad Católica del Perú. Ese Código Procesal Constitucional fue el primero en Latinoamérica que reguló de manera orgánica, integral y sistemática, los diferentes procesos constitucionales y los principios procesales que los informan. En efecto, en 121 artículos, siete disposiciones finales y dos disposiciones transitorias, regula "*los procesos constitucionales de hábeas corpus, amparo, hábeas data, cumplimiento, inconstitucionalidad, acción popular y los conflictos de competencia, previstos en los artículos 200 y 202 inciso 3) de la Constitución*".

4. Distinción entre Derecho Procesal Constitucional y Derecho Constitucional Procesal

En obsequio a la claridad conviene distinguir entre el "Derecho Procesal Constitucional" que, ya hemos dicho, comprende el estudio de los órganos jurisdiccionales y los medios de impugnación dispuestos por la propia Constitución para hacer efectiva su vigencia y supremacía y que es también conocido como justicia constitucional; y el "Derecho Constitucional Procesal", cuyo estudio se encuentra en el ámbito del derecho constitucional y se refiere a los principios, valores y preceptos que, consagrados en la Constitución, rigen todos los procesos llevados ante los órganos judiciales, bien en materia civil, penal, administrativa, laboral, entre otros[65].

El Derecho Procesal Constitucional tiene como objeto esencial garantizar la supremacía de la Constitución y para ello el análisis de las garantías constitucionales, es decir, los instrumentos predominantemente procesales que están dirigidos a la reintegración del orden constitucional cuando el mismo ha sido desconocido o violado por los órganos del poder. Sirve, como ya lo hemos dicho, para controlar el ejercicio del poder. El Derecho Procesal Constitucional reúne el conjunto de normas sobre los procesos constituidos para conocer pretensiones fundadas en la propia Constitución[66].

Por su parte, el Derecho Constitucional Procesal, se refiere a los derechos y sus garantías procesales, examina las instituciones procesales previstas en la Constitución: jurisdicción, garantías judiciales y garantías de las partes. El Derecho Constitucional Procesal comprende las normas referentes a los distintos procesos, así como los principios

---

65 Según Mac-Gregor, resulta interesante el debate entre Héctor Fix-Zamudio ("Sobre el concepto y contenido del derecho procesal constitucional", en *Anuario iberoamericano de justicia constitucional*, Centro de Estudios Políticos y Constitucionales, número 3, Madrid, 1999, págs. 93-94) y Domingo García Belaunde, "Sobre la jurisdicción constitucional", en la obra colectiva *Sobre la jurisdicción constitucional* (compilador Aníbal Quiroga León), Pontificia Universidad Católica del Perú, Fondo Editorial, Lima, 1990, pág. 33 y ss., según el cual el primero sostiene la necesidad de distinguir el "derecho procesal constitucional" -rama del derecho procesal- del "derecho constitucional procesal" -rama del derecho constitucional-, en tanto que el segundo afirma que tal distinción constituye un mero juego de palabras.

66 Jesús González Pérez, *Derecho Procesal Constitucional*, Edit. Civitas, Madrid, 1980, p. 50.

generales que deben informar la regulación procesal, con el fin de consagrar elementales garantías procesales.

4.1. Derecho Procesal Constitucional en la Constitución de 1999

4.1.1. De la prevalencia de la Constitución como norma suprema

En la Constitución de Venezuela, el Derecho Procesal Constitucional ha sido desarrollado a partir de su artículo 7, según el cual "*La Constitución es la norma suprema y el fundamento del ordenamiento jurídico. Todas las personas y los órganos que ejercen el Poder Público están sujetos a esta Constitución*".

En efecto, el Derecho Procesal Constitucional está dispuesto en la Constitución venezolana para dar eficacia a los postulados contenidos en el artículo 7, que consagra los principios de supremacía y fuerza normativa de la Constitución, base sobre la cual descansa la justicia constitucional en el mundo.

Ahora bien, la Constitución ha establecido un régimen de protección a los principios, valores y preceptos constitucionales desde el punto de vista orgánico, mediante la creación de la SC como órgano jurisdiccional especializado en el control de la constitucionalidad; como desde una perspectiva procedimental, estableciendo una serie de mecanismos judiciales para salvaguardar el principio de supremacía constitucional tales como el control difuso, el control concentrado y el amparo constitucional.

4.1.2. Aspecto orgánico

La Constitución regula en sus artículos 262, 334, 335 y 336 el aspecto orgánico de la justicia constitucional en Venezuela, esto es, la jurisdicción constitucional, la cual es ejercida de principalmente por la SC del TSJ.

El ejercicio de la jurisdicción constitucional por la SC supone que sólo a dicho órgano le corresponde ejercer el control concentrado de la constitucionalidad de las leyes y demás actos de los órganos que ejercen el Poder Público dictados en ejecución directa e inmediata de la

Constitución, pero no impide que la propia Constitución o las leyes, le atribuyan otras competencias en materia constitucional.

En la sección segunda del Capítulo III de la Constitución, relativo al Poder Judicial y el Sistema de Justicia, el artículo 262 establece dentro de la conformación del TSJ, la SC junto con las Salas Politicoadministrativa (SPA), Electoral, de Casación Civil, de Casación Penal y de Casación Social, cuyas integraciones y competencias son determinadas por su ley orgánica.

En efecto, dispone el artículo 262 que: "*El Tribunal Supremo de Justicia funcionará en Sala Plena y en las Salas Constitucional, Politicoadministrativa, Electoral, de Casación Civil, de Casación Penal y de Casación Social, cuyas integraciones y competencias serán determinadas por su ley orgánica. La Sala Social comprenderá lo referente a la casación agraria, laboral y de menores*".

Ahora bien, la regulación de las competencias de la SC se hace en un título distinto al que rige el Poder Judicial, al ubicarse en el Título VIII, Capítulo I, intitulado "De la Garantía de esta Constitución".

Esta previsión, según se expresa en la Exposición de Motivos se hizo "*siguiendo una tendencia presente en España, Francia, Italia, Portugal, Rumania y algunos países latinoamericanos, cuyas constituciones regulan la justicia constitucional en un título o capítulo distinto del que se refiere al Poder Judicial*» y, en ese sentido, «*la Constitución incluye en el Título VIII un capítulo denominado "De la garantía de esta Constitución", que contiene las disposiciones fundamentales sobre la justicia constitucional* ***y consagra las principales competencias que corresponden a la Sala Constitucional del Tribunal Supremo de Justicia.*** *Dicho Capítulo da eficacia a los postulados contenidos en el artículo 7° del Título I, que consagra los principios de supremacía y fuerza normativa de la Constitución, base sobre la cual descansa la justicia constitucional en el mundo*".

Téngase en cuenta que el artículo 334 de la Constitución dispone que: "*...Corresponde exclusivamente a la Sala Constitucional del Tribunal Supremo de Justicia, como jurisdicción constitucional, declarar la nulidad de las leyes y demás actos de los órganos que ejercen el Poder Público dictados en ejecución directa e inmediata de esta Constitución o que tengan rango de ley, cuando colidan con aquella*".

Por su parte, el artículo 335 de la Constitución señala que:

> *"Artículo 335. El Tribunal Supremo de Justicia garantizará la supremacía y efectividad de las normas y principios constitucionales; será el máximo y último intérprete de esta Constitución y velará por su uniforme interpretación y aplicación.* ***Las interpretaciones que establezca la Sala Constitucional sobre el contenido o alcance de las normas y principios constitucionales son vinculantes para las otras Salas del Tribunal Supremo de Justicia y demás tribunales de la República****".*

Pero además de esta facultad, la Constitución en su artículo 336 atribuye a la SC otras competencias en materia de justicia constitucional, a las cuales nos referiremos a continuación.

4.1.3. Aspecto procedimental

En Venezuela, la Constitución y la ley establecen una gama muy amplia de mecanismos procesales que están dispuestos como garantía fundamental de la Constitución y del Estado de Derecho. En primer lugar el artículo 334 de la Constitución, el artículo 20 del CPC y el artículo 19 del COPP establecen el control difuso, que ordena a todos los jueces del país, haciendo abstracción de su jerarquía, asegurar la integridad de la Constitución, es decir, hacer respetar su preeminencia sobre los demás actos del poder público, especialmente respecto de las disposiciones legislativas, pudiendo decidir sobre la constitucionalidad de las mismas al desaplicarlas para casos concretos, y con efecto inter partes.

De esta forma, dispone el artículo 334 de la Constitución que: "*Todos los jueces o juezas de la República, en el ámbito de sus competencias y conforme a lo previsto en esta Constitución y en la ley, están en la obligación de asegurar la integridad de esta Constitución. En caso de incompatibilidad entre esta Constitución y una ley u otra norma jurídica, se aplicarán las disposiciones constitucionales, correspondiendo a los tribunales en cualquier causa, aun de oficio, decidir lo conducente*".

En el mismo sentido, el artículo 20 del CPC dispone que "*Cuando la ley vigente, cuya aplicación se pida, colidiere con alguna disposición constitucional, los Jueces aplicarán ésta con preferencia";* y el artículo

19 del COPP, establece que en el control de la constitucionalidad "*Corresponde a los jueces y juezas velar por la incolumidad de la Constitución de la República Bolivariana de Venezuela. Cuando la ley cuya aplicación se pida colidiere con ella, los tribunales deberán atenerse a la norma constitucional*".

De otra parte, el ordenamiento jurídico venezolano consagra el control concentrado de la constitucionalidad en los artículos 203, 214, 334, 335, 336 y 339 de la Constitución y 25 de la LOTSJ, como aquel ejercido por la SC, como órgano constitucional especializado que concentra la jurisdicción constitucional, y que supone la facultad de declarar la inconstitucionalidad de una ley o disposición de rango sub legal, vista su colisión con el texto fundamental, con efectos *erga omnes*, y que además admite otras facultades como declarar la omisión, interpretación y revisión constitucional, para garantizar la supremacía y efectividad de las normas y principios constitucionales y su uniforme interpretación y aplicación.

En ese sentido, el control concentrado de constitucionalidad se ejerce cuando el juez constitucional declara la nulidad por inconstitucionalidad de:

(i) las leyes nacionales y demás actos con rango de ley de la AN (artículo 336.1 de la Constitución);
(ii) las constituciones y leyes estadales, ordenanzas municipales, y demás actos de los cuerpos deliberantes de los estados y Municipios que sean dictados en ejecución directa e inmediata de la Constitución (artículo 336.2 de la Constitución);
(iii) los actos con rango de ley que sean dictados por el Ejecutivo Nacional (artículo 336.3 de la Constitución); y
(iv) los actos en ejecución directa e inmediata de la Constitución, dictados por cualquier órgano estatal en ejercicio del Poder Público (artículo 336.4 de la Constitución).

Así también, la Constitución consagra otras modalidades del control de la constitucionalidad, que se ejercen por el juez constitucional, de forma previa:

(i) cuando la actuación de la SC sea un requisito para su validez o vigencia (v.g. verificar la conformidad con la Constitución de los tratados internacionales suscritos por la República, antes de su ratificación, artículo 336, numeral 5 de la Constitución; emitir pronunciamiento sobre la constitucionalidad de la ley pronta a ser promulgada, artículo 214 de la Constitución; y determinar, igualmente antes de su promulgación, la constitucionalidad del carácter orgánico que la AN haya concedido a determinada ley, artículo 203 de la Constitución); la constitucionalidad de los decretos de estados de excepción, su contenido y prórrogas (artículo 339 de la Constitución);

(ii) cuando la SC deba pronunciarse sobre la ausencia misma del acto, caso de la omisión legislativa del poder legislativo municipal, estadal o nacional, establecer el plazo y, de ser necesario, los lineamientos de su corrección (artículo 336, numeral 7 de la Constitución y numeral 7 del artículo 25 de la LOTSJ); y

(iii) cuando en su labor de interpretación, la SC deba fijar efectos que en el tiempo incidirán en los actos por venir en la ejecución de la norma interpretada (numeral 17 del artículo 25 de la LOTSJ y 335 de la Constitución).

Dichas facultades están recogidas además en el artículo 25 de la LOTSJ, el cual establece con amplitud, además, la facultad extraordinaria de la SC del TSJ de revisar:

(i) las sentencias definitivamente firmes que sean dictadas por los Tribunales de la República, cuando hayan desconocido algún precedente dictado por la SC; efectuado una indebida aplicación de una norma o principio constitucional; o producido un error grave en su interpretación; o por falta de aplicación de algún principio o normas constitucionales (artículo 25.10 LOTSJ);

(ii) las sentencias dictadas por las otras Salas que se subsuman en los supuestos que señala el numeral anterior, así como la violación de principios jurídicos fundamentales que estén contenidos en la Constitución de la República, tratados, pactos o convenios internacionales suscritos y ratificados válidamente por la República o cuando incurran en violaciones de derechos constitucionales (artículo 25.11 LOTSJ); y

(iii) las sentencias definitivamente firmes en las que se haya ejercido el control difuso de la constitucionalidad de las leyes u otras normas jurídicas, que sean dictadas por las demás Salas del TSJ y demás Tribunales de la República (artículo 25.12 LOTSJ).

Por último, cabe destacar, los jueces constitucionales tienen otras atribuciones concedidas por las disposiciones del artículo 336 de la Constitución y las del artículo 25 de la LOTSJ, como son las siguientes:

(i) declarar cuál disposición ha de prevalecer ante varias disposiciones legales de igual jerarquía (artículo 336.8 de la Constitución),

(ii) solucionar conflictos constitucionales que se susciten entre los órganos del Poder Público a nivel vertical (Nacional, Estadal y Municipal) y horizontal (Legislativo, Ejecutivo, Judicial, Ciudadano y Electoral) (artículo 336.9 de la Constitución); y

(iii) el avocamiento que permite a la SC conocer y continuar las causas que cursen en cualquier tribunal, incluyendo las demás Salas del TSJ que, de acuerdo a su discreción, hagan presumir la violación del orden público constitucional (artículo 25.16 de la LOTSJ).

Así también, dispone la Constitución en su artículo 27, como mecanismo de protección de sus preceptos, la vía del amparo constitucional, conforme al cual toda persona tiene derecho a ser amparada por los tribunales en el goce y ejercicio de los derechos y garantías constitucionales, y aun de aquellos inherentes a la persona que no figuren expresamente en esta Constitución o en los instrumentos internacionales sobre derechos humanos.

Según el mencionado artículo 27, la autoridad judicial competente tendrá potestad para restablecer inmediatamente la situación jurídica infringida o la situación que más se asemeje a ella (artículo 1 de la Ley Orgánica de Amparo sobre Derechos y Garantías Constitucionales[67] - LOA).

En ese sentido, por medio del amparo constitucional, el juez puede controlar tanto el acto cumplido como las amenazas de inminentes violaciones de derechos constitucionales.

---

[67] Gaceta Oficial número 34.060 del 27 de septiembre de 1988.

4.2. Derecho Constitucional Procesal en la Constitución de 1999

En Venezuela, las normas fundamentales e instituciones de derecho procesal, clasificadas como Derecho Constitucional Procesal, aplicables para los distintos procesos llevados ante las distintas jurisdicciones administrativa, civil, penal, militar, entre otras, se encuentran delimitadas en los artículos 26, 27, 49, 257, 258, 259, 261, 271 y la Disposición transitoria cuarta de la Constitución.

En primer lugar, el artículo 26 establece el derecho general de acceder a los órganos de administración de justicia con el fin de hacer valer los derechos e intereses, tanto particulares como incluso los colectivos o difusos, tutelar los mismos de forma efectiva y a obtener de manera rápida y adecuada la decisión solicitada a los tribunales. Igualmente se refiere a los principios que el Estado venezolano debe garantizar: una justicia gratuita, accesible, imparcial, idónea, transparente, autónoma, independiente, responsable, equitativa y expedita, sin dilaciones indebidas, sin formalismos o reposiciones inútiles.

El derecho al amparo constitucional se encuentra en el artículo 27, en el cual se aprecia su contenido como aquel que tiene toda persona de ser protegida por los tribunales en el goce y ejercicio de los derechos y garantías constitucionales, y más allá de estos, aquellos inherentes a la persona que no figuren expresamente en la Constitución o en los instrumentos internacionales sobre derechos humanos.

Según el mencionado artículo 27 constitucional, el procedimiento de la acción de amparo constitucional debe ser oral, público, breve, gratuito y no sujeto a formalidad, y la autoridad judicial competente tendrá potestad para restablecer inmediatamente la situación jurídica infringida o la situación que más se asemeje a ella. Todo tiempo, en cuanto a este procedimiento se trate, será hábil y el tribunal lo tramitará con preferencia a cualquier otro asunto. La acción de amparo puede ser interpuesta por cualquier persona, y es un derecho que goza de tal preferencia que no puede ser afectado ni siquiera por la declaración del estado de excepción o de la restricción de garantías constitucionales.

De otra parte, uno de los artículos más importantes, por lo que se refiere al Derecho Constitucional Procesal, es el artículo 49 de la

Constitución, que establece principios fundamentales a observar en todo procedimiento o proceso, de todas las actuaciones judiciales o administrativas.

En efecto, el referido artículo establece en el numeral primero que la defensa y la asistencia jurídica son derechos inviolables en todo estado y grado de la investigación y del proceso.

El mismo numeral primero determina el derecho de toda persona de saber acerca de los cargos por los cuales se le investiga, así como para acceder a las pruebas y disponer del tiempo y de los medios adecuados para defenderse, siendo nula cualquier prueba obtenida mediante violación del debido proceso.

También, establece el numeral primero, el derecho genérico de apelación para toda persona que se vea afectada por el fallo, a menos de que lo prohíba la propia Constitución.

El artículo 49 en su numeral segundo contempla el principio de inocencia, el cual implica que solo podrá considerarse una persona culpable luego que, mediante el proceso o el procedimiento establecido legalmente para ello, y en el que haya dispuesto de los medios y el tiempo adecuados para defenderse, se demuestre su culpabilidad.

Por su parte, el numeral tercero del artículo 49 de la Constitución determina el derecho que tiene toda persona a ser oída en cualquier clase de proceso, con las debidas garantías y dentro del plazo razonable determinado legalmente, por un tribunal competente, independiente e imparcial establecido con anterioridad.

El numeral cuarto de este artículo 49 sobre el debido proceso, consagra el derecho universal de las personas a ser juzgadas por sus jueces naturales en las jurisdicciones ordinarias o especiales. Los jueces naturales son figuras, según este artículo, a las cuales los particulares tienen el derecho de acudir para algún juzgamiento y siempre bajo las garantías establecidas en la Constitución y las leyes. Todas aquellas personas sometidas a juicio, por orden expresa de la Constitución, deben ser informadas de la identidad de quien las juzga y no pueden ser procesadas por tribunales de excepción ni por comisiones creadas para tal efecto.

De otra parte, el artículo 49 dispone en su numeral quinto que "*Nadie puede ser obligado a confesarse culpable ni a declarar contra sí misma, su cónyuge, concubino, o pariente dentro del cuarto grado de consanguinidad y segundo de afinidad*", estableciendo de esa forma que solo pueden ser válidas en los procesos y procedimientos las confesiones realizadas voluntariamente (sin coacción de ninguna naturaleza).

Por supuesto se incluye también en este artículo 49, el principio de legalidad por el cual "*ninguna persona podrá ser sancionada por actos u omisiones que no fueren previstos como delitos, faltas o infracciones en leyes preexistentes*" (numeral sexto del artículo 49 de la Constitución).

Asimismo, abarca el artículo 49 en su numeral séptimo el principio de la cosa juzgada, según el cual: "*ninguna persona podrá ser sometida a juicio por los mismos hechos en virtud de los cuales hubiese sido juzgada anteriormente*".

Por último, la Constitución garantiza en su artículo 49, el derecho que tiene toda persona de solicitar del Estado el "*restablecimiento o reparación de la situación jurídica lesionada por error judicial, retardo u omisión injustificados*", quedando a salvo el derecho del particular de exigir la responsabilidad personal del magistrado y del juez, y el derecho del Estado de actuar contra éstos.

El artículo 257 es la norma mediante la cual se constituye el proceso como instrumento fundamental para la realización de la justicia; y así mismo, que las leyes que lo rigen deberán por ello tender a la simplificación, uniformidad y eficacia de los trámites y adoptarán un procedimiento breve, oral y público. Es regla constante en nuestra Constitución el principio de economía procesal, y no es menos importante el que ordena nunca sacrificar la justicia por la omisión de formalidades no esenciales.

La justicia de paz, como parte integrante de la jurisdicción que admite la Constitución en su artículo 258 debe ser organizada en las comunidades mediante ley. Los jueces de paz serán elegidos por votación universal, directa y secreta, conforme a la ley. En el mismo artículo se contemplan como válidos, e incluso se ordena promover mediante la ley los medios alternativos de resolución de conflictos, como lo son el arbitraje, la conciliación, la mediación y cualesquiera otros medios que se correspondan con dicho calificativo.

La jurisdicción, en la rama contenciosa administrativa, según el artículo 259, corresponde al TSJ y a los demás tribunales que determine la ley. Los órganos que estructuran esta jurisdicción "*son competentes para anular los actos administrativos generales o individuales contrarios a derecho, incluso por desviación de poder; condenar al pago de sumas de dinero y a la reparación de daños y perjuicios originados en responsabilidad de la administración; conocer de reclamos por la prestación de servicios públicos; y disponer lo necesario para el restablecimiento de las situaciones jurídicas subjetivas lesionadas por la actividad administrativa*".

Por su parte, el artículo 261 de la Constitución regula lo fundamental de la jurisdicción penal militar como parte integrante del Poder Judicial, al determinar que su ámbito de competencia, organización y modalidades de funcionamiento se regirán por el sistema acusatorio y de acuerdo con lo previsto en el Código Orgánico de Justicia Militar. Asimismo, delimita la competencia de los tribunales militares a los delitos de naturaleza militar, excluyendo los delitos comunes, violaciones de derechos humanos y crímenes de lesa humanidad, los cuales –determina el propio artículo 261 de la Constitución– solo podrán ser juzgados por los tribunales ordinarios.

De otra parte, el artículo 271 señala los principios rectores para el procedimiento referente a los delitos de deslegitimación de capitales, drogas, delincuencia organizada internacional, hechos contra el patrimonio público de otros Estados y contra los derechos humanos, al establecer que:

1) No prescribirán las acciones judiciales dirigidas a sancionar los delitos contra los derechos humanos, o contra el patrimonio público o el tráfico de estupefacientes.
2) Previa decisión judicial, serán confiscados los bienes provenientes de las actividades relacionadas con los delitos contra el patrimonio público o con el tráfico de estupefacientes.
3) El procedimiento referente a los delitos mencionados será público, oral y breve, respetándose el debido proceso, estando facultada la autoridad judicial competente para dictar las medidas cautelares preventivas necesarias contra bienes propiedad del imputado o de sus interpósitas personas, a los fines de garantizar su eventual responsabilidad civil.

La ley regulará lo relativo a las jurisdicciones especiales y a la competencia, organización y funcionamiento de los tribunales en cuanto no esté previsto en esta Constitución.

Por último, la disposición transitoria cuarta, en su numeral cuarto ordena la creación de una Ley Orgánica Procesal del Trabajo, bajo la cual estén garantizados el funcionamiento de una jurisdicción laboral autónoma y especializada, y la protección del trabajador o trabajadora en los términos previstos en esta Constitución y las leyes.

CAPÍTULO II
CONTROL DIFUSO DE LA CONSTITUCIONALIDAD

1. Introducción

El control difuso de constitucionalidad es el sistema de control de la constitucionalidad conforme al cual todos los jueces del país, independientemente de su jerarquía, están en la obligación de asegurar la integridad de la Constitución, es decir, hacer respetar su preeminencia sobre los demás actos del poder público, especialmente respecto de las disposiciones legislativas, por lo que pueden decidir sobre su constitucionalidad y desaplicarlas en el caso concreto que deciden.

El control difuso se aplica no solo las leyes formales, sino también a cualquier acto normativo con rango o fuerza de ley como es el caso de los decretos-leyes, así como a las leyes regionales, es decir las dictadas por los estados, provincias o comunidades y a las leyes locales o municipales. También están incluidos dentro del control difuso los actos normativos de rango sub-legal, tales como los reglamentos, resoluciones, instructivos y providencias administrativas.

En Venezuela el control difuso de la constitucionalidad está consagrado en el artículo 334 de la Constitución, en el artículo 20 del CPC y en el artículo 19 del COPP, que ordenan a todos los jueces del país a garantizar la integridad y supremacía de la Constitución.

En primer lugar, dispone el artículo 334 de la Constitución que: "*Todos los jueces o juezas de la República, en el ámbito de sus competencias y conforme a lo previsto en esta Constitución y en la ley, están en la obligación de asegurar la integridad de esta Constitución. En caso de incompatibilidad entre esta Constitución y una ley u otra norma jurídica, se aplicarán las disposiciones constitucionales, correspondiendo a los tribunales en cualquier causa, aun de oficio, decidir lo conducente*".

De otra parte, el artículo 20 del CPC dispone que "*Cuando la ley vigente, cuya aplicación se pida, colidiere con alguna disposición constitucional, los Jueces aplicarán ésta con preferencia*"; y, por último, el artículo 19 del COPP establece que en el control de la constitucionalidad "*Corresponde a los jueces y juezas velar por la incolumidad de la Constitución de la República Bolivariana de Venezuela. Cuando la ley cuya aplicación se pida colidiere con ella, los tribunales deberán atenerse a la norma constitucional*".

2. Definición del control difuso de la constitucionalidad

El control difuso es un tipo de control de la constitucionalidad, de rango constitucional en Venezuela, en virtud del cual cualquier juez de la República –sin importar su jerarquía– tiene la facultad de desaplicar una norma –legal o sub legal– que viole el texto constitucional, en el caso concreto que decide, con efectos inter partes y *ex tunc*, que puede ser ejercido de oficio o a solicitud de parte, de forma incidental y especial, con el fin de asegurar la efectividad de la Constitución.

El control difuso cuyo origen se remonta a 1803 con la histórica y conocida decisión del juez Marshall[68] en el caso "Marbury vs Madison", es una de las formas en las que se ha manifestado el sistema de control o adecuación de la constitucionalidad, conforme a la cual corresponde a todos los jueces de la República, cuando la ley cuya aplicación se solicita colidiere con una norma constitucional, aplicar esta última con preferencia.

La doctrina nacional –Lares Martínez– ha definido el control difuso de la constitucionalidad, como aquel que "*autoriza a los jueces de toda jerarquía para desaplicar las leyes cuando las juzgan contrarias a la Constitución; el juez en un caso determinado se abstiene de aplicar una ley, pero su declaración no tiene validez para otros casos*"[69].

El control difuso es un sistema de control de la constitucionalidad, en el que intervienen todos los jueces del país, independientemente de su jerarquía y quienes, para preservar la supremacía constitucional, pueden decidir sobre la inconstitucionalidad de las normas cuya

---

68 John Marshall (24 de septiembre de 1755 - 6 de julio de 1835) Originario de Virginia en Estados Unidos de América. Fue líder del partido federalista. Juez Presidente (Chief Justice) de la Corte Suprema de Justicia, desde el 4 de febrero de 1801 hasta su muerte. Fuente: https://web.archive.org/web/20110529193355/http://www.johnmarshallfoundation.org/john-marshall/life-legacy/

69 Eloy Lares Martínez, *Manual de derecho administrativo*, XIII edición, reimpresión, Facultad de Ciencias Jurídicas y Políticas de la Universidad Central de Venezuela, Caracas, 2010, p. 56.

aplicación se pretenda y desaplicarlas solo para el caso concreto que deciden. Se diferencia del control concentrado pues el control concentrado de constitucionalidad es un instrumento procesal para el control normativo abstracto de la constitucionalidad de las leyes y demás actos dictados en ejecución directa de la Constitución, que se caracteriza porque un solo órgano, inserto o no dentro de la estructura del poder judicial, tiene el poder de actuar como juez constitucional; es decir, un solo órgano tiene la facultad de decidir jurisdiccionalmente la nulidad por inconstitucionalidad de los actos legislativos y otros actos del Estado de rango y valor similar, dictados en ejecución directa de la Constitución, que sean contrarios a la Constitución y donde la decisión que produce el juez tiene efectos anulatorios *erga omnes*.

Carlos Ayala señala que "*El control concreto de la constitucionalidad no es otra cosa que la aplicación de la norma constitucional a un caso específico, vivo, real, presente. En el derecho venezolano se califica al control concreto, sin tomar en cuenta el hecho de que a través del mismo se decide un supuesto específico, de donde deriva su nombre, sino las circunstancias de que cualquier juez está facultado para aplicar la norma constitucional para el caso de que deba decidir, y si para hacerlo, se encontrase en el camino con una disposición legal que es inconstitucional, debe desaplicarla. Es decir, que la calificación que da el sistema venezolano atiende al órgano que ejerce el poder de aplicación de la norma constitucional, y no al objeto de tal aplicación, que es un caso que debía ser decidido de inmediato y no una situación general y abstracta*"[70].

El control difuso permite a las partes en el proceso solicitar la inaplicación de una ley que se considera inconstitucional. En ese caso el juez puede aplicar con preferencia la Constitución y desaplicar la ley en el caso concreto, con lo cual la decisión tiene efectos inter parte. Este sistema se le denomina sistema difuso de control judicial de la constitucionalidad porque el control se atribuye a todos los tribunales del país[71].

---

70 Carlos Ayala Corao, "La Jurisdicción Constitucional en Venezuela", en Domingo García Belaunde (Coordinador), *La Jurisdicción Constitucional en Iberoamérica*, Ed. Dykinson, España, 1997.

71 Allan R. Brewer-Carías, *Instituciones Políticas y Constitucionales*, Tomo VI, Justicia Constitucional. Disponible en: www.brewercarias.com

3. Origen del control difuso de la constitucionalidad

El control difuso, conocido en el sistema anglosajón como *judicial review,* encuentra sus raíces en el *common law* británico, aplicado desde el siglo XVII en el Reino Unido y extendido hacia sus colonias en América a mediados del mismo siglo. El sistema del *judicial review* fue influenciado por la sentencia dictada en Inglaterra en el año 1610 por el Juez del *Common Pleas*, Sir Eduard Coke[72] en el conocido caso "Bonham".

Conviene tener presente que antes del siglo XVII en Inglaterra, el *common law* representaba la "*Ley fundamental del Reino como la encarnación de la razón: ella contenía dentro de sí todo lo que, muchos años después, los juristas americanos incluirán en su idea de Constitution: tanto el Bill of Rights como el frame of government (es decir, los derechos individuales de los ciudadanos y también la estructura organizativa del gobierno)*"[73].

Esta es precisamente la tesis que desarrolló el juez Eduard Coke, en el conocido caso Bonham, que era un médico egresado de la Universidad de Cambridge que ejercía su profesión en Londres, pero sin la autorización del Colegio de Médicos de esa ciudad. Eso ocasionó que fuese citado y evaluado por el presidente de dicho colegio profesional y los censores, quienes luego de encontrarlo deficiente en sus aptitudes, le impusieron una multa de 100 chelines y le prohibieron ejercer la profesión bajo pena de prisión[74]. Bonham incumplió la prohibición y por ello fue nuevamente emplazado ante las autoridades del Colegio de Médicos de Londres. En esta ocasión Bonham no se presentó, por lo que fue multado de nuevo, esta vez con la suma de 10 libras y fue llevado a prisión.[75]

---

[72] Sir Edward Coke, abogado, juez y parlamentario. Contribuyó al desarrollo del derecho constitucional inglés promoviendo la supremacía del *common law* frente a las prerrogativas reales. En el ámbito del derecho constitucional americano, las aportaciones de Coke son consideradas el precedente de la *judicial review* y del *due process of law.*

[73] Lucio Pegoraro y Angelo Rinella, Ob. cit. p. 538.

[74] Ernesto A. Loffler, "John Marshall ¿Padre del control de constitucionalidad? Acerca de algunos precedentes que habrían inspirado su decisión del caso "William Marbury vs James Madison", disponible en: http://www.justierradelfuego.gov.ar/wordpress/wp-content/uploads/2014/12/JOHN-MARSHALL-Padre-del-control-de-constitucionalidad.pdf pp. 7-8.

[75] Ibidem.

Una tercera vez fue convocado Bonham para ser reexaminado en sus habilidades profesionales por el Colegio de Médicos de Londres, en esta oportunidad Bonham se negó de acudir a dicho examen alegando que, por ser médico de Cambridge, él no se encontraba bajo la jurisdicción del Colegio de Médicos de Londres. Argumentó que el Colegio de Médicos de Londres carecía de competencia para evaluarlo y multarlo. Luego de esto, Bonham fue condenado y enviado a la cárcel nuevamente.

Posteriormente Bonham demandó al Colegio de Médicos de Londres por encarcelamiento ilegítimo. En su defensa, el Colegio de Médicos de Londres invocó un reglamento dictado bajo el reino de Enrique VIII, que facultaba a dicha institución a ejercer el poder de policía sobre quienes practicaban la medicina y la autoridad para imponer multas, las cuales se dividían en partes iguales entre el Rey y el Colegio de Médicos de Londres.

El caso Bonham –comenta Bianchi citado por Loffler–, "*provocó una larga disputa entre los mismos jueces del Common Pleas, y mientras uno de ellos, Walmesley defendía ardientemente la causa del Colegio, Coke lo hizo a favor del doctor Bonham, concurriendo con él los jueces Warburton y Daniel. De los varios argumentos que Coke empleó en la sentencia, uno de ellos es el que más trascendencia tuvo para el control de constitucionalidad. De acuerdo con los estatutos vigentes, el Colegio percibía la mitad de las multas cobradas; ello, a juicio de Coke, convertía al Colegio en juez y parte de la situación, lo que era contrario al common law, ya que, de acuerdo a los principios de éste, nadie puede ser juez de su propio caso*"[76].

El juez Coke sostuvo en esa oportunidad que:

> "*Aparece en nuestros libros que en muchos casos, el common law controla los actos del Parlamento y a veces, los juzga totalmente nulos: pues, cuando un acto del Parlamento va en contra del sentido común y la razón, o es incompatible o imposible de aplicar, el common law, lo controlará y juzgará como nulo*".

González Rivas, al destacar la importancia del caso Bonham, señaló que este caso introdujo la idea de un derecho fundamental que

[76] Ibidem. pp. 7-8.

"*gozaba de supremacía sobre los actos del rey y las Leyes del Parlamento, y de estos principios, dos iban a prosperar en Inglaterra: el de limitación de las autoridades ejecutivas por la superioridad de la ley y el de que los jueces hicieran valer tal supremacía*"[77]. Como síntesis de la influencia que el precedente Bonham ejerció en el territorio americano, se debe tener presente lo expuesto por Ekmekdjian cuando afirma que "*ya en 1657 los tribunales de Boston aplicaban la jurisprudencia del caso `Bonham', para invalidar leyes locales consideradas inconstitucionales*"[78].

Al respecto sostuvo Cappelletti que "*aun cuando la Gloriosa Revolución de 1688 marcó, en Inglaterra, el triunfo de la supremacía legislativa, las colonias americanas, sin embargo, habían heredado las ideas de Coke con respecto tanto a la subordinación de la Corona y del Parlamento a la ley suprema, como un poder judicial acostumbrado a interpretar y, a veces, a ignorar los actos legislativos que violaran principios superiores*". Continuaba subrayando que "*en Inglaterra, el resultado consistió en despojar a los jueces de cualquier facultad de control sobre la validez de la legislación, a pesar de los primeros éxitos de la doctrina de Lord Coke*"[79].

3.1. Origen del "Judicial Review" en Norteamérica

Aun antes de independizarse de Gran Bretaña, en los años siguieron a la sentencia "Bonham", se encuentran señales de la aplicación del principio impuesto por el juez Coke por parte de los norteamericanos. El origen del "*judicial review*" en Norteamérica, se sitúa en la etapa colonial, ya que en esa época los tribunales coloniales apelaban a los tribunales superiores frente a determinadas leyes de las asambleas coloniales. Estas prácticas tuvieron continuidad en el período comprendido entre la independencia y la Convención Constituyente. Entre 1776 y

[77] Juan José González Rivas, *La justicia constitucional: derecho comparado y español*. Editoriales de Derecho Reunidas, Madrid, 1958. p.33.

[78] Miguel Ángel Ekmekdjian, *Tratado de Derecho Constitucional*, Editorial Depalma, tomo III, Buenos Aires, 2004, p. 286, cit. por Ernesto A. Loffler, Ob. Cit. pp.7-9.

[79] Cit. en Ernesto A. Loffler, "John Marshall ¿Padre del control de constitucionalidad? Acerca de algunos precedentes que habrían inspirado su decisión del caso "William Marbury vs James Madison", ob. cit.

1787 se consolidó el principio según el cual: "*issues of constitutionality might be raised in litigation*"[80].

En efecto, ya hemos señalado que en la época de la colonia, entre 1696 y 1782 el tribunal de apelación británico (*Privy Council*) invalidó muchas leyes coloniales, de forma que las colonias cuando se independizaron ya tenían conocimiento de un control judicial de las leyes, por eso establecieron en las constituciones de Pennsylvania de 1776 y de Vermont de 1777 la idea de un control de constitucionalidad. Hay jurisprudencia en el mismo sentido también dictada por las Cortes Supremas de los Estados de North y South Carolina, Virginia y Maryland.

En la Convención Constitucional de 1787, muchos de los miembros asistentes, directamente involucrados con la redacción de la Constitución, fueron conscientes del principio del "*judicial review*", incluso, algunos de ellos se mostraban favorables a él.

El artículo VI de la Constitución de Estados Unidos de 1787 formuló el principio de que la Constitución es la Ley Suprema y vincula a los jueces, no obstante cualquier contravención establecida en la Constitución o leyes de los estados miembros.

En efecto, dispuso el artículo VI, sección 2, que:

> "*2. Esta Constitución, y las leyes de los Estados Unidos que se expidan con arreglo a ella, y todos los tratados celebrados o que se celebren bajo la autoridad de los Estados Unidos, serán la suprema ley del país y los jueces de cada Estado estarán obligados a observarlos, a pesar de cualquier cosa en contrario que se encuentre en la Constitución o las leyes de cualquier Estado*".

Si bien el control de constitucionalidad de las leyes no está previsto en el texto constitucional de los Estados Unidos de forma expresa, éste lo reconoce implícitamente, de modo que establece "*una jerarquía de fuentes normativas, en cuyo vértice está colocada la Constitución como "suprema ley del país", y, sobre todo, atribuyendo la función judicial federal a la Corte Suprema y a otros Tribunales, cuya esfera de atribuciones se indica de modo detallado*"[81].

---

[80] Ibidem. p. 15.
[81] Lucio Pegoraro y Angelo Rinella, Ob. cit. pp. 546-547.

Entre los antecedentes del *judicial review,* Sagüés[82] señaló el caso "*Trevett v. Weeden*" (1786), en el que la Corte Suprema de Rhole Island, había declarado a una ley local "repugnante e inconstitucional"[83]. Pero también, se señalan como otro de los antecedentes el fallo de la Corte Suprema de Estados Unidos en el caso "USA v. Todd", en 1794, en el cual la máxima instancia jurisdiccional invalidó una norma federal "*concerniente a tareas extrajudiciales impuestas a una corte de circuito*". Incluso se citan precedentes a otros dos casos: "*Hylton v. The United States*" y "*Ware v. Hylton*", ambos sentenciados en el año 1796, en el último se declaró la inconstitucionalidad de una ley local por ser contraria a un tratado internacional.[84]

3.2. Caso judicial "Marbury vs Madison"

3.2.1. Punto previo

Si bien el principio *judicial review*, que reconoce el poder de los tribunales para declarar inconstitucionales las leyes que fueren contrarias a la Constitución, nació con la Constitución Federal de 1787 y posteriormente fue perfeccionado a través de enmiendas o adiciones a esta, el caso que lo consolidó fue precisamente el mencionado Marbury vs Madison. En palabras de García de Enterría: "*(...) no se trata de una invención personal de ese formidable jurista, sino de un perfeccionamiento final y ya definitivo del sistema expreso en la propia Constitución* (…)" "*(...) entre la Revolución y el momento de esa Sentencia, los Tribunales de los Estados habían ejercido el poder de declaración de inconstitucionalidad al menos veinte veces* (…)"[85].

La sentencia elaborada por el juez Marshall en el año 1803 tuvo el mérito de haber dado nacimiento a un sistema formal de justicia constitucional, a la idea de la Constitución como ley suprema. A través de ese fallo la Corte Suprema de los Estados Unidos consagró la doctrina de la supremacía de la Constitución y, derivada de esta idea, la potestad del

[82] Néstor Pedro Sagüés, *Recurso extraordinario*, cuarta edición actualizada y ampliada. Ed. Astrea, Buenos Aires, 2002. p.133.

[83] Ernesto A. Loffler, Ob. Cit. p.10.

[84] Ibidem. p.17.

[85] Eduardo García de Enterría, *La Constitución como Norma y el Tribunal Constitucional.* P. 105.

poder judicial de ejercer el control de constitucionalidad. Esta sentencia habría de tener una influencia determinante en el sistema de control de constitucionalidad.

La doctrina de la supremacía constitucional concretada en el fallo del juez Marshall sirvió de punto de partida para afirmar el criterio de que a quien corresponde velar por la integridad constitucional es al órgano jurisdiccional, ya que estableció la autoridad del poder judicial para revisar la constitucionalidad de los actos de los poderes legislativo y judicial. En efecto, el juez Marshall determinó en su decisión que la misión de los órganos jurisdiccionales había de consistir en decir qué cosa es ley y qué cosa no lo es. Señaló que como una ley contraria a la Constitución no es ley, los tribunales no están obligados a cumplirla, antes bien, su obligación estriba en reafirmar la Constitución como ley suprema del país frente a cualesquiera intentos en contrario del Congreso.

En este sentido, explican Lucio Pegoraro y Angelo Rinella que "*Según el Chief Justice la Constitución es una ley y, por tanto, siendo deber de cada juez interpretar las leyes para resolver las controversias a él sometidas, también la Corte Suprema, como cualquier otro juez, tiene el derecho–deber de interpretar la Constitución a fin de resolver toda eventual antinomia o conflicto entre las normas. Entonces, puesto que el texto constitucional coloca a la Constitución misma, como fuente, en un plano superior al de las otras leyes, le compete a la Corte Suprema (como a todos los jueces) verificar si una ley es conforme (in pursuance) a ella antes de considerarla aplicable al caso de que se trate. Si esta conformidad no existe, el juez no puede hacer otra cosa que declararla nula e ineficaz*"[86].

De otra parte, además del reconocimiento de la fuerza normativa de la Constitución como ley suprema, en el fallo Marbury vs Madison se tratan temas importantes relativos a la confrontación de la Constitución frente a los principios del sistema jurídico democrático. En este sentido, Amaya destaca lo siguiente:

> *"John Marshall contra Thomas Jefferson; el Presidente de la Corte Suprema contra el Presidente de los Estados Unidos; el*

86 Cfr. Lucio Pegoraro y Angelo Rinella, Ob. cit. p. 547

Poder Judicial contra el Poder Ejecutivo; los Federalistas (actual Partido Republicano) contra los Republicanos (actual Partido Demócrata); los defensores de un gobierno central fuerte, contra los defensores de los derechos de los estados; o,(...), la antigua y moderna tensión entre democracia y Constitución, entendiendo la democracia como la aspiración de "autogobierno"; y la Constitución, como los límites que el propio "autogobierno" se impone" [87].

El mismo autor reflexiona en cuanto a esas ideologías radicalmente enfrentadas, concluyendo que el juez Marshall ha debido abstenerse de intervenir, al estar directamente implicado en los hechos que se enjuiciaban, dado que había sido Secretario de Estado del ex presidente Adams, y por ello había participado en la designación de William Marbury, así como de otros 41 jueces de paz del Distrito de Columbia.[88]

La decisión del caso Marbury vs Madison tuvo sus antecedentes en las ideas de Alexander Hamilton[89] expuesta en "El Federalista", que inspiraron al juez Marshall a moldear una de las más sólidas defensas del control judicial de la constitucionalidad y a sostener que la capacidad del poder judicial de negar la validez a una norma legislativa no implica superioridad de los jueces respecto de los legisladores, sino que ratifica la preeminencia de la Constitución, que es el documento que más fielmente refleja la voluntad soberana del pueblo, y por ende, reafirma el peso de la voluntad popular[90].

---

87 Jorge A. Amaya, "Marbury vs. Madison o de antiguas y modernas tensiones entre democracia y constitución", en *Revista de Estudios Jurídicos*, número 10/2010 (Segunda Época), Universidad de Jaén. España, 2010. pp.5-6

88 Ibidem.

89 Alexander Hamilton (Charlestown, Isla Nieves, actual San Cristóbal y Nieves, 11 de enero de 1755 o 1757 – Nueva York, 12 de julio de 1804) fue un economista, político, escritor, abogado y soldado estadounidense. Participó en la Guerra de la Independencia y fue secretario y amigo íntimo de George Washington. Es considerado uno de los Padres Fundadores de los Estados Unidos. Formó parte de los redactores de la Constitución de los Estados Unidos. Para lograr convencer a los neoyorquinos de la necesidad de aprobarla, escribió, junto a James Madison y John Jay, una serie de ensayos bajo el seudónimo de «Publius», conocidos habitualmente como los «Papeles de la Federación» (Federalist Papers). Fue el creador del Partido Federal de los Estados Unidos, primer partido político de la historia de los Estados Unidos, el cual dirigió hasta su muerte.

90 Jorge A. Amaya, Ob. Cit. p.6.

En general el fallo Marbury vs Madison, se refiere a asuntos propios de la teoría general de la Constitución tal como lo es la supremacía constitucional y la teoría de Derecho Procesal Constitucional, con especial atención al papel de los jueces ante las leyes que consideran inconstitucionales[91].

3.2.2. Los hechos

El último día de su mandato presidencial el segundo presidente de los Estados Unidos de América John Adams del partido Federalista, designó a 42 jueces de paz para el Distrito de Columbia, "*midnight appointments*", como fueron llamadas estas designaciones realizadas cuando ya terminaba el período presidencial. El fin de estos "*midnight appointments*" era que los jueces de la Corte Suprema y de las Cortes inferiores del partido federal se mantuvieran inamovibles frente al llamado "*spoil system*" o "*patronage system*" es decir, la práctica según la cual al final del mandato presidencial los funcionarios federales en cargos políticos debían dejar sus cargos y entraban a cubrirlos los simpatizantes del partido ganador. Ello fue así hasta 1883 cuando entró en vigencia la *Pendelton Act*, que estableció que el ingreso de los empleados del servicio civil no se basaba en las conexiones políticas sino en los méritos.

Ahora bien, el Secretario de Estado del presidente John Adams, John Marshall, no logró notificar todas las designaciones de último momento, por lo cual algunos nombramientos quedaron pendientes sobre la mesa del nuevo Secretario de Estado, James Madison, quien no los tramitó nunca. Luego, el nuevo presidente Thomas Jefferson, primer Jefe de Estado republicano, declaró que no haría efectivos esos nombramientos.

Después de algunos meses, cuatro de los jueces a los cuales se había sido negado el nombramiento, entre los cuales estaba William Marbury, presentaron una instancia (*writ of mandamus*) a la Corte Suprema de los Estados Unidos para obligar al Secretario de Estado Madison a

---

91 Miguel Carbonell, "Marbury vs. Madison: en los orígenes de la supremacía constitucional y el control de constitucionalidad", disponible en: www.miguelcarbonell.com , consultado en fecha 30 de marzo de 2016.

notificar las designaciones pendientes, con fundamento en lo dispuesto en la sección 13 del *Judiciary Act* de 1789, que habilitaba a la Corte Suprema a dar órdenes a la administración.

El problema planteado y la situación en general eran en extremo delicada. De una parte, porque el antiguo Secretario de Estado, John Marshall, se había convertido ahora en Juez Presidente de la Corte Suprema de Justicia, y de la otra porque las soluciones que podría tener el caso eran todas difíciles y con consecuencias en el prestigio del gobierno y de la propia Corte Suprema de Justicia.

3.2.3. De la decisión

La Corte Suprema de Justicia de los Estados Unidos, en lo que se consideró una solución brillantemente ideada por el Juez Marshall, falló en contra de William Marbury y sostuvo que no podía constitucionalmente oír un caso dentro de la competencia originaria del Tribunal. La Corte Suprema se limitó a decidir una cuestión de jurisdicción y determinó que no tenía competencia para tratar el caso[92]. En efecto, la Corte Suprema de Justicia sostuvo que a pesar de que el *Judiciary Act* de 1789 autorizaba la competencia para conocer del caso planteado ante su jurisdicción, esta norma era inconstitucional porque el Congreso no podía ampliar la competencia ordinaria más allá de las situaciones establecidas en la propia Constitución en el artículo III, el cual enumera los supuestos de competencia del Poder Judicial.

De forma que, aunque materialmente la Corte Suprema de Justicia reconoció la tesis invocada por los demandantes y admitió que el demandado había incurrido en una omisión al no entregar los nombramientos, la decisión desestimó la pretensión por razones procesales.

De otra parte, en esta ocasión la Corte Suprema de Justicia desautorizó la posición que la presidencia de los Estados Unidos presentaba en contra de la independencia de los tribunales y a favor de que cada rama del gobierno federal fuese quien controlase la constitucionalidad de sus actos[93]. La Corte Suprema de Justicia, pese a que se negó a sí misma

---

[92] Juan V. Sola, *Control Judicial de Constitucionalidad*, Abeledo-Perrot, Buenos Aires, 2001. P. 188.

[93] Jorge A. Amaya, Ob. Cit.

una competencia menor, como es la de impartir órdenes a la administración, se atribuyó sin embargo un poder mucho más transcendental, este es el de controlar la conformidad de las leyes a la Constitución, lo que no estaba previsto expresamente en la Constitución de 1787.

El juez Marshall estructuró su fallo contestando tres preguntas. La primera: ¿tenía derecho William Marbury al nombramiento? La segunda: ¿Si él tiene un derecho, y ese derecho ha sido violado, traen las leyes de su país un remedio a tal situación?. La tercera: si en caso de que la segunda fuera afirmativa, ¿era la Corte Suprema quien podía conceder ese remedio? Marshall fue respondiendo esas preguntas en ese orden[94].

Con relación a la primera pregunta, la Corte concluyó que Marbury tenía el derecho al nombramiento porque se habían seguido todos los procedimientos necesarios, y en este sentido determino que: "*es decididamente la opinión de la Corte, que cuando un nombramiento ha sido firmado por el presidente, la designación ha sido hecha y que el nombramiento se completa cuando el sello de los Estados Unidos se le coloca por el secretario de atado*". La opinión contraria era posible ya que el presidente Jefferson había expresado que existía un principio de derecho nunca contradicho, que la notificación era uno de los elementos esenciales para la validez del acto. Pero la Corte rechazó esta idea y estableció que la notificación era meramente una costumbre y que por lo tanto la retención del nombramiento de Marbury había "*violado un derecho legal investido*"[95].

Contestando la segunda pregunta, el juez Marshall inicialmente respondió que "*La esencia de la libertad civil consiste, ciertamente, en el derecho de todo individuo para reclamar la protección de las leyes, toda vez que recibe un daño*". Sin embargo, la cuestión específica era saber si la Corte podía conceder a Marbury un remedio contra la inacción de la rama ejecutiva del Gobierno, a lo que la Corte respondió declarando que "*El gobierno de los Estados Unidos ha expresado enfáticamente ser un gobierno de leyes y no de hombres. Y, ciertamente, dejaría de merecer este alto título, si las leyes no proveen remedios para la violación de derechos legals absolutos*"[96]. De esta forma, la

94 Juan V. Sola, Ob. cit. p. 189.
95 Ibid.
96 Ibid.

Corte determinó que el Poder Judicial solo podía conceder respuesta cuando existía un deber específico hacia una persona particular pero no cuando hay una cuestión de política dejada a la discreción del poder ejecutivo[97].

Con respecto a la tercera cuestión, se planteaba si la Corte podía en efecto conceder esta solución (el mandamiento). Al considerar la primera pregunta la Corte nuevamente utilizó la distinción entre actos ministeriales, es decir, cuando el ejecutivo tiene la obligación de actuar y actos políticos los que están bajo su discreción. La revisión judicial, incluyendo la concesión de un mandamiento, solo podía ser apropiada bajo la primera circunstancia. El juez Marshall dijo "*Cuestiones, en su naturaleza política, o que son, por la Constitución y las leyes sometidas al Ejecutivo, nunca pueden ser planteadas en esta Corte... Pero cuando la ley le ordena realizar cierto acto que afecte los derechos absolutos de los ciudadanos. en el cumplimiento del cual él no se encuentra bajo la dirección particular del presidente, y el cumplimiento del cual el presidente no puede prohibir legalmente, y además nunca se presumió que lo prohibiera; como por ejemplo, registrar un nombramiento, o una patente de tierra (patent for land) que ha recibido todas la solemnidades legales; o entregar una copia de ese registro; en tales casos, no se percibe por qué razón las cortes de este país se hallan nuevamente excusadas del deber de juzgar, se derecho de un individuo perjudicado, que si los mismos servicios fueran a ser cumplidos por una persona que no fuera jefe de departamento*".

El caso Marbury vs Madison estableció la competencia de la jusitica para revisar la constitucionalidad de los actos del poder ejecutivo: "*Algunos temas como el veto de un proyecto de ley o la designación de un funcionario, están dentro de la discreción presidencial y no pueden ser revisadas judicialmente. Pero cuando el poder ejecutivo tiene la obligación legal de hacer o no hacer, la justicia puede proveer remedio e incluso un mandamiento*"[98].

Las conclusiones de la sentencia son muy claras y contundentes:

> *"o la Constitución controla cada acto del legislativo contrario a ésta o el legislativo puede alterar a propia discreción la*

---

97 Ibid.

98 Juan V. Sola, *Control Judicial de Constitucionalidad,* ob. cit.

> *constitución con una ley ordinaria. Entre estas alternativas no hay una salida a medias. La Constitución es, o bien una ley suprema y soberana, no susceptible de ser modificada por medios ordinarios, o bien está al nivel de las leyes ordinarias, y como todas las otras leyes, pudo ser modificada cuando a la legislatura plazca modificarla. Si la primera parte de la alternativa es cierta, una ley contraria a la Constitución no es una ley; si la última parte es la verdadera, las constituciones escritas son tentativas absurdas por parte del pueblo de limitar un poder que, por su naturaleza misma, no puede ser limitado [...] Ciertamente, todos aquellos que han elaborado las constituciones escritas, las contemplaron como formando la ley fundamental y suprema de la nación, y consecuente, la teoría de cada uno en tal gobierno ha de ser que una ley de la Legislatura repugnante a la Constitución es nula. Esta teoría acompaña esencialmente a una Constitución escrita, y debe ser considerada en consecuencia por las Cortes, como uno de los principios fundamentales de nuestra sociedad"*[99].

Después de la decisión "Marbury vs Madison", de 1803, la Corte Suprema de Estados Unidos no declaró ninguna otra ley federal inconstitucional hasta 1857 en el caso de "*Dred Scott vs. Standford*", mediante la cual invalidó un Estatuto de Missouri por ser contrario a la quinta enmienda de la Constitución. De acuerdo con la Corte Suprema de Justicia, la Ley de Missouri había excedido los poderes del Congreso y había regulado materias propias de la Constitución federal como la propiedad, en el entendido de que había pretendido regir la "*propiedad privada*" sobre los esclavos según el lugar donde vivían. En ese momento Marshall no era ya más presidente de la Corte, pero el poder que había creado permitiendo a la Corte Suprema de Justicia considerar la constitucionalidad de las leyes federales era una función ya aceptada dentro del gobierno americano[100].

El fallo Marbury vs Madison dio origen al control judicial sobre la conformidad de las leyes a la Constitución y el *judicial review*, como control difuso de la constitucionalidad, fue adoptado en los Estados

[99] Ernesto A. Loffler, Ob. Cit. p.17

[100] Juan V. Sola, *Control Judicial de Constitucionalidad,* ob. cit.

Unidos de América como una facultad por la cual todos los jueces, en ejercicio de su actividad judicial ordinaria, pueden controlar la conformidad de las leyes con la Constitución; de modo que la Corte Suprema no es la única que ostenta el ejercicio de la *judicial review*, sino que "*lo ejercita como el órgano del vértice del sistema judicial de los Estados Unidos*"[101].

Este modelo de control de constitucionalidad conocido como "*americano*", fue denominado de esa manera no solo por haber surgido en los Estados Unidos, sino por ser el que ha dominado casi todo el continente americano, desde Canadá hasta Argentina, presentando, claro está, varias modalidades, pero siempre conservando la característica principal de ser difuso. Es decir, que de acuerdo con esto todos los jueces y tribunales, sin importar su jerarquía, pueden decidir sobre la constitucionalidad de los actos de autoridad, especialmente respecto de las disposiciones legislativas, para casos concretos, con efectos inter partes y tener carácter vinculante a través de la doctrina del precedente o *stare decisis*.

En Canadá hay un sistema mixto del control de la constitucionalidad. La Constitución establece el control concentrado y el control difuso (Sección 52 numeral. *Constitución Act* de 1982). En México el artículo 133 de la Constitución reconoce el control difuso de la constitucionalidad, cuando prevé que los jueces deben siempre atenderse a la Constitución, independientemente de que existan legislaciones contrarias, las cuales deben ser desaplicadas. En Costa Rica se reconoce el control difuso en el artículo 10 de la Constitución. En Guatemala también se concede control difuso a todos los jueces del País y lo mismo ocurre en Colombia y Perú. En Chile el artículo 6 de la Constitución establece el control difuso. El control difuso en el caso de Argentina es muy importante, desde que no se reconoce el control concentrado. Artículos 42 y 43 de la Constitución.

4. El control difuso en Venezuela

El control difuso tuvo en Venezuela origen legal. En efecto, fue en el CPC del 14 de marzo de 1897 que se estableció por primera vez el

---

[101] Cfr. Lucio Pegoraro y Angelo Rinella, Ob. cit. p. 547

control difuso al otorgar la potestad a los jueces, de cualquier nivel y ubicación territorial, de desaplicar en un juicio entre particulares sometidos a su jurisdicción, una norma legal que considere inconstitucional, en estos términos:

> *"Artículo 10.- Cuando la ley vigente cuya aplicación se pida, colidiere con alguna disposición constitucional, los tribunales aplicarán ésta con preferencia".*

Esta redacción se mantuvo invariable en los Códigos procesales de 1904, 1916 y en el vigente de 1986 en su artículo 20. Inclusive fue adoptado por el COPP que dispuso expresamente en su artículo 19 que: *"Corresponde a los jueces velar por la incolumidad de la Constitución de la República. Cuando la ley cuya aplicación se pida colidiere con ella, los tribunales deberán atenerse a la norma constitucional".*

Sin embargo, parte de la doctrina nacional sostiene que el primer antecedente del control difuso en Venezuela se encuentra en la Constitución de Venezuela de 1811, cuyo artículo 227 estableció una cláusula de supremacía análoga a la establecida en la Constitución de Estados Unidos de 1787. Esta cláusula no sólo establecía la garantía de la supremacía constitucional, sino su consecuencia inmediata, esta es, la nulidad de toda ley que contradijera las determinaciones constitucionales.[102]

En efecto, dispuso el artículo 227 de la Constitución de 1811 lo siguiente:

> *"La presente Constitución, las leyes que en consecuencia se expidan para ejecutarla y todos los Tratados que se concluyan bajo la autoridad del gobierno de la Unión serán la ley suprema del Estado en toda la extensión de la Confederación, y las autoridades y habitantes de las provincias estarán obligados a obedecerlas y observarlas religiosamente sin excusa ni pretexto alguno; pero las leyes que se expidieren contra el tenor de ella no tendrán ningún valor sino cuando hubieren llenado las condiciones requeridas para una justa y legítima revisión y sanción".*

---

[102] Francisco Fernández Segado, "El Control de Constitucionalidad en Latinoamérica: del control político a la aparición de los primeros Tribunales Constitucionales", Ob. cit.

En este sentido José Ignacio Hernández señala que: "*el nuevo Derecho Público formado en Venezuela partió del concepto de Constitución estructurado en torno a un principio general: la Constitución es la norma suprema que condiciona la validez de la Ley, tal y como quedó resumido en el pensamiento de los juristas venezolanos del siglo XIX Juan Germán Roscio y Francisco Javier Yanes*", *de modo que es bastante claro como nuestro derecho público se apartó del legicentrismo que había sido propio de la Revolución francesa*[103]. Ello debido, al "*temor hacia un concepto de Ley marcado por la obediencia ciega, en tanto la Ley puede ser también un acto de despotismo"*[104]*. Así pues, se consideró necesaria la existencia de una Constitución "que condicionara la validez de la propia Ley dictada por los representantes*"[105]

La Constitución de 1999 otorgó rango constitucional al control difuso cuando lo reguló de la siguiente manera:

> *"Artículo 334.- Todos los jueces o juezas de la República, en el ámbito de sus competencias y conforme a lo previsto en esta Constitución y en la ley, están en la obligación de asegurar la integridad de la Constitución....*
> *En caso de incompatibilidad entre esta Constitución y una ley u otra norma jurídica, se aplicarán las disposiciones constitucionales, correspondiendo a los tribunales en cualquier causa, aún de oficio, decidir lo conducente.*
> *Corresponde exclusivamente a la Sala Constitucional del Tribunal Supremo de Justicia como jurisdicción constitucional, declarar la nulidad de las leyes y demás actos de los órganos que ejercen el Poder Público dictados en ejecución directa e inmediata de la Constitución o que tengan rango de ley".*

De esta forma fue consagrado el control difuso junto con el control concentrado como sistema mixto de control de la constitucionalidad,

---

103 José I. Hernández G. "¿Se justifica el control concentrado de la constitucionalidad en Venezuela? Algunas notas sobre los límites y riesgos derivados de la Justicia Constitucional", en *VI Congreso Internacional de Derecho Procesal Constitucional y IV de Derecho Administrativo*, Universidad Monteávila, Caracas, 2016. P. 516.

104 Ibidem, pp.216-217.

105 Ibidem, p. 217.

tal y como se señala en la Exposición de Motivos de la Constitución de 1999, según la cual:

> *"...se describe el sistema venezolano de justicia constitucional y al efecto se indica que todos los jueces de la República están en la obligación de asegurar la integridad de la Constitución en el ámbito de sus competencias y conforme a lo previsto en su texto y en las leyes, reafirmándose de esta manera, que la justicia constitucional en Venezuela la ejercen todos los tribunales de la República, no sólo mediante el control difuso de la constitucionalidad, sino además, por otros medios, acciones o recursos previstos en la Constitución y en las leyes, como la acción de amparo constitucional, destinada a ofrecer una tutela judicial reforzada de los derechos humanos reconocidos y garantizados expresa o implícitamente en la Constitución.*
> *(...)*
> *Como consecuencia de ello, se eleva a rango constitucional una norma presente en nuestra legislación desde 1897, característica de nuestro sistema de justicia constitucional y según la cual, en caso de incompatibilidad entre la Constitución y una ley u otra norma jurídica, serán aplicables en todo caso las disposiciones constitucionales, correspondiendo a los tribunales en cualquier causa, aun de oficio, decidir lo conducente. En otras palabras, se consagra el control difuso de la constitucionalidad de las leyes y de las disposiciones normativas.*
> *(...)*
> *De esta forma, se esboza el sistema venezolano de justicia constitucional, reafirmándose la coexistencia de los métodos de control concentrado, difuso y extraordinario de la constitucionalidad, los cuales se ejercen a través de la acción popular de inconstitucionalidad, la aplicación preferente de la Constitución respecto a leyes o normas inconstitucionales en un caso concreto, y la acción de amparo...".*

El sistema mixto adoptado por Venezuela es ejercido tanto por la SC del TSJ, creada por la Constitución de 1999, que tiene el poder de anulación, control concentrado, de las leyes y de todos los actos dictados en ejecución directa de la Constitución, y es ejercido también por cualquier tribunal del país al desaplicar, vía control difuso, las normas cuya aplicación se pretenda en un caso concreto. En consecuencia, en el modelo venezolano, todos los jueces pueden desaplicar como en el modelo difuso, pero a la vez existe un órgano, la SC, capaz de anular normas por vía de acción directa y abstracta como en el modelo concentrado.

Conviene tener presente que son sujetos de la aplicación del control difuso no solo las leyes formales, sino que también este control procede sobre cualquier acto con rango de ley, así como las leyes regionales dictadas por las Asambleas Legislativas de los Estados o las leyes locales –Ordenanzas– dictadas por los Concejos Municipales y demás actos normativos de rango sub legal, como son los reglamentos, resoluciones, providencias, instructivos y otros actos normativos.

5. Características del control difuso de la constitucionalidad

En Venezuela el control difuso tiene rango constitucional; es un mecanismo de control de la constitucionalidad, que solo puede ser ejercido por los órganos jurisdiccionales, dirigido a desaplicar actos normativos, de rango legal o sub legal, contrarios a la Constitución, que tiene efectos inter partes y puede ser ejercido de oficio o a instancia de partes; es un control incidental que no afecta la vigencia de la norma desaplicada y sus efectos son *ex tun.* En efecto:

1) Tiene rango constitucional. Recordemos que el control difuso, en su primera regulación en el ordenamiento jurídico venezolano, en el artículo 10 del CPC de 1897, había tenido rango legal, y estaba consagrado –hasta 1999– únicamente en el artículo 20 del CPC de 1986 y el en el artículo 19 del COPP. Sin embargo, el control difuso de la constitucionalidad adquirió rango constitucional a partir de la Constitución de 1999, cuyo artículo 334 estableció el deber de todos los jueces de la República de asegurar la integridad de la Constitución, y en este sentido, la obligación de, en caso de incompatibilidad entre la Constitución y una ley u otra norma jurídica, aplicar las disposiciones constitucionales.

2) Es un mecanismo de control de la constitucionalidad, en virtud del cual se les otorga a todos los jueces de la República, sin importar su jerarquía, la facultad de desaplicar la norma que colidiere con el texto constitucional. Cuando se refiere a jueces incluye a los tribunales

arbitrales que en el ejercicio de la función jurisdiccional pueden ejercer el control difuso como el resto de los jueces de la República.

En efecto, la jurisprudencia ha establecido que de conformidad con el artículo 334 constitucional, el control difuso corresponde a todos los jueces, incluso los de la jurisdicción alternativa, a quienes compete también la función de asegurar la integridad de la Constitución, a través del llamado control difuso. Ello con motivo de que a partir de la Constitución de 1999, se incluyó en el sistema de administración de justicia a los medios alternativos de resolución de conflictos, de conformidad con lo dispuesto en los artículos 253 y 258 de la Constitución.

En ese sentido se pronunció la SC en sentencia número 833/2001 del 25 de mayo de 2001, caso "Instituto Autónomo Policía Municipal de Chacao" y más recientemente en sentencia número 702 de la SC de fecha 18 de octubre de 2018, mediante la cual dispuso que:

> *"A modo de conclusión, resulta de aplicación extensiva a los árbitros el deber que tienen los jueces de asegurar la integridad de la Constitución en el ámbito de sus competencias y conforme a lo previsto en nuestra Carta Magna y en la ley, mediante el ejercicio del control difuso siempre que consideren que una norma jurídica de cualquier categoría (legal, sublegal), colidiere o es incompatible con alguna disposición constitucional, debiendo aplicar esta con preferencia (ex artículo 334 de la Constitución de la República Bolivariana de Venezuela)".*

De esta forma, la SC reconoció que al igual que ocurre en el Poder Judicial, a través del arbitraje se imparte justicia y se ejerce la función jurisdiccional, "*De allí que los árbitros tengan la obligación de privilegiar la vigencia del Texto Fundamental, sobre cualquier otra disposición cuya aplicación pudiera lesionar su supremacía, lo que incluye, claro está, el deber de ceñirse a los criterios vinculantes sentados por esta Sala*".

Tengamos en cuenta que esta facultad de controlar la Constitución a través del control difuso solo puede ser ejercida por los órganos jurisdiccionales y nunca por funcionarios de la administración pública. Cierto que por disposición constitucional, únicamente los jueces en ejercicio de la función jurisdiccional, pueden desaplicar –en la decisión de un caso concreto– normas de rango legal o sublegal por considerarlas contrarias a la Constitución, tal como lo dispone el artículo 334 de la Constitución, en razón de lo cual no puede ser ejercido este mecanismo de control de la constitucionalidad por los órganos y entes de la administración pública.

En efecto los órganos de la administración pública no pueden asumir facultades de control constitucional mediante la desaplicación de leyes y demás actos normativos. Su actuación es siempre de rango sublegal, es decir actúan sometidos a la ley y, por tanto, no pueden juzgar la ley. Deben cumplirla, sin más. De admitirse que el poder ejecutivo puede ejercer el control difuso, estaríamos frente a una enorme contradicción, desde que la administración pública se rige por el principio de la legalidad y no podría nunca decidir acerca de la desaplicación de la ley que le corresponde cumplir[106].

No hay ninguna disposición constitucional que atribuya el ejercicio del control difuso a los órganos de la administración pública, antes y por el contrario, de conformidad con el artículo 334 de la Constitución, el control difuso es una potestad exclusiva de los órganos jurisdiccionales y cualquier pretensión de su ejercicio por los órganos o entes de la administración pública constituiría una violación de los límites que impone la Constitución, así como la trasgresión al principio de la legalidad y de la separación de poderes.

En Venezuela, la jurisprudencia ha adoptado este criterio de rechazo al ejercicio del control difuso por parte de la administración pública. Así mediante decisión número 331 de fecha 13 de marzo de 2001, caso "Henrique Capriles Radonsky", la SC estableció que:

> *"Conforme a lo expuesto, la defensa y protección de los derechos fundamentales corresponde a todos los jueces, los que los ejercen desde diversas perspectivas: mediante el control difuso y, otros, mediante el control concentrado; pero todo este control corresponde exclusivamente a actos netamente jurisdiccionales,*

---

[106] V. Lily Ku Yanasupo, "El control difuso en sede administrativa. ¿Los tribunales administrativos protegen los derechos fundamentales?", en *Revista Jurídica del Perú*, Tomo 132, Febrero 2012, disponible en: https://www.academia.edu/33792851/El_control_difuso_en_sede_administrativa._Los_tribunales_administrativos_protegen_los_derechos_fundamentales , consultado en fecha 17 de octubre de 2019.

sin que otros órganos del Poder Público, ni siquiera en la materia llamada cuasi-jurisdiccional, puedan llevarlo a cabo. El artículo 334 constitucional es determinante al respecto". (Criterio reiterado mediante sentencia número 752/2005 del 5 de mayo de 2005, caso "Corporación Maraplay, C.A.").

3) El control difuso está dirigido a desaplicar disposiciones normativas dictadas por los órganos del Estado, es decir normas jurídicas o actos normativos, de rango legal o sublegal, dictados por los órganos de los poderes públicos en ejercicio de la potestad normativa. No procede desaplicar actos de naturaleza distinta a los normativos, tales como contratos, convenciones o actos administrativos de efectos particulares, ni tampoco desaplicar sentencias que se estimen inconstitucionales.

4) El control difuso tiene efectos inter partes y no *erga omnes*, es decir, el juez que ejerce el control difuso no anula la norma inconstitucional, haciendo una declaratoria de carácter general o particular en ese sentido, sino que se limita a desaplicarla en el caso concreto en el que consideró que los artículos de la ley invocada, o hasta la propia ley, coliden con la Constitución. El criterio que lleva al juez a considerar como inconstitucional determinada norma jurídica únicamente produce efectos en el caso concreto, por lo cual, esa consideración no ocasiona consecuencias inmediatas más allá de la contienda en la que el control difuso se produce, habida consideración de que el juez no se estaría pronunciado sobre la validez de la norma en cuestión con carácter *erga omnes*.

5) El control difuso puede ser ejercido de oficio o a instancia de parte. Esta característica es particular del sistema venezolano e implica que el juez no tiene que esperar la solicitud de las partes para la desaplicación de una norma inconstitucional.

6) El control difuso es un control incidental y especial, por cuanto no tiene un cauce procesal determinado y se aplica de forma especial en el supuesto de que una norma se presente como contraria a la Constitución en un caso concreto.

7) El control difuso no afecta la vigencia de la ley o norma desaplicada, lo que es consecuencia de la extensión de los efectos de la desaplicación de la norma inconstitucional entre las partes y no *erga omnes*.

8) La extensión de los efectos de la declaratoria de inconstitucionalidad no es hacia el pasado, esto es, producir efectos *ab initio* del acto impugnado o con efectos *ex tunc.* Sus efectos son hacia el futuro *ex nunc,* en virtud de que el juez no anula la ley al ejercer el control difuso, sino que sólo declara una inconstitucionalidad preexistente y deja de aplicar la norma al caso concreto.

Conviene comparar estas características del control difuso con las del control concentrado. En efecto, en Venezuela el control concentrado de la constitucionalidad es de rango constitucional, al igual que el control difuso, tiene carácter universal, se desenvuelve a través de un juicio objetivo, que es de acción popular, procede contra violaciones directas de la Constitución, no tiene lapso de caducidad, sus efectos son *erga omnes*, lo lleva adelante un solo órgano, la SC del TSJ, la decisión tiene fuerza de cosa juzgada, es marcadamente jurisprudencial y está regulado de manera provisional en la LOTSJ.

Por oposición al control difuso, que es una competencia que tiene todos los jueces, el control concentrado es competencia exclusiva y excluyente de un solo tribunal, en este caso la SC del TSJ.

El control difuso puede ser ejercido de oficio o a instancia de parte y el control concentrado, en principio, debe ser iniciado a instancia de parte.

Hemos dicho que el control difuso es un control incidental y especial, por cuanto no tiene un cauce procesal determinado, en tanto el control concentrado se concreta a través de un medio de impugnación especial, demanda de nulidad por inconstitucionalidad, que está regulado, de forma provisional, en la LOTSJ.

El control difuso está dirigido a desaplicar disposiciones normativas dictadas por los órganos del Estado, de rango legal o sublegal, dictados por los órganos de los poderes públicos en ejercicio de la potestad normativa. El control concentrado no procede contra los actos normativos de rango sub legal. Se concreta al examen de las leyes y otros actos con rango de ley dictados en ejecución directa de la Constitución.

El control difuso no afecta la vigencia de la ley o norma desaplicada, es decir los efectos de la desaplicación de la norma inconstitucional son solo entre las partes y no *erga omnes* y hacia el futuro *ex nunc,* en virtud de que el juez no anula la ley al ejercer el control difuso, sino que sólo declara una inconstitucionalidad preexistente y deja de aplicar la norma al caso concreto.

En el control concentrado los efectos de la decisión se concretan en la anulación total o parcial de la norma impugnada, en consecuencia son *erga omnes* y *ex tunc.*

6. Jurisprudencia y comentarios generales sobre el control difuso

6.1. Jurisprudencia relativa al concepto y procedencia del control difuso

Observemos el tratamiento que le han dado los tribunales en Venezuela a este tipo de control de la constitucionalidad, tanto antes de la entrada en vigencia de la Constitución de 1999, como durante su vigencia, cuando fue elevado a rango constitucional. Como hemos señalado previamente, antes de la entrada en vigencia de la Constitución de 1999, existía ya desde el CPC de 1897 una norma que establecía de forma clara y precisa el mecanismo de control difuso de la constitucionalidad.

Tengamos presente, en primer lugar, que el profesor Casal señala que en la práctica judicial, el control difuso de la constitucionalidad no tuvo mucha relevancia *"...pareciera que, como ha sucedido en otros países latinoamericanos, la limitada independencia judicial y el predominio del caudillismo militar conspiraron contra la vigencia de esta y otras instituciones constitucionales. Con todo, dicho control ha seguido formando parte de nuestro sistema de justicia constitucional y fue ratificado en el Código de Procedimiento Civil de 1986 y en el Código Orgánico Procesal Penal (1998), antes de que la Constitución de 1999 lo consagrara de modo expreso"*[107].

Durante la vigencia de la Constitución de 1961, el control difuso de la constitucionalidad fue aplicado "tímidamente" por los tribunales. Por eso el profesor Casal señala:

> *"En ejercicio del control difuso la Corte Suprema de Justicia emitió pronunciamientos importantes, como los relativos a la*

---

[107] Jesús María Casal H., *Constitución y Justicia Constitucional.* Segunda edición ampliada, Universidad Católica Andrés Bello, Caracas, 2004. P. 156.

inconstitucionalidad del requisito solve et repete para acceder a la vía contencioso-administrativa, a la violación del derecho a la defensa por el procedimiento de las medidas cautelares mercantiles, y al cómputo de los lapsos procesales [véase la sentencia de la Corte Suprema de Justicia, en Sala Político Administrativa, del 14 de octubre de 1990, y las sentencias de su Sala de Casación Civil del 4 de octubre de 1989 y del 31 de julio de 1997], dando este último lugar a críticas doctrinales en relación con el alcance general que se atribuyó al fallo. Pero el resto del poder judicial por lo general se abstuvo de acudir al control difuso, lo cual quizás obedece a la escasa formación judicial en materia constitucional, y al temor de los jueces a enfrentarse a la ley, fuente del Derecho a la que están habitualmente sujetos y que posee un peso político significativo"[108].

No fue abundante la jurisprudencia sobre el control difuso antes de la entrada en vigencia de la Constitución de 1999. Las pocas decisiones que hemos encontrado al respecto han establecido criterios reiterados en la actualidad.

Veamos por ejemplo la sentencia de la CSJ en Pleno referida a los efectos inter partes, y por tanto, relativos de la decisión[109], en la que se determinó que "*el juez considera la ley inconstitucional, la desaplica y estima que nunca pudo surtir efectos, exclusivamente en relación al caso concreto cuyo contenido ha sido sometido a su conocimiento, de acuerdo con sus competencias procesales; y los efectos de esa decisión, por supuesto, no obligan a los otros jueces y ni siquiera al mismo juez que la dictó, quien en otro juicio puede variar de criterio jurídico*"[110].

La ley desaplicada, en un caso concreto, no se ve afectada en su vigencia general con motivo de esa decisión, por lo que juez en cumplimiento del artículo 20 del CPC no tiene competencia para declarar la nulidad de la ley, lo cual estaba reservado a la CSJ[111].

---

108 Ibidem.

109 V. Sentencia CP de 19-6-53 en G.F., número 1, 1953, pp. 77-78, cit. en Allan Brewer-Carías, *Tratado de Derecho Constitucional,* Tomo V de *Derechos y Garantías en la Constitución de 1961 (la justicia constitucional),* Fundación Estudios de Derecho Público, Editorial jurídica Venezolana, Caracas, 2015.

110 Allan Brewer-Carías, "Tratado de Derecho Constitucional. Derechos y Garantías en la Constitución de 1961 (la justicia constitucional)" Tomo V, ob. cit.

111 Ibidem.

A partir de la entrada en vigencia de la Constitución de 1999 algunas decisiones intentaron definir el control difuso de la constitucionalidad, reconocido expresamente en el artículo 334 de la Constitución. La SC del TSJ señaló que el control difuso consiste en una forma de control que "*exige a los tribunales de justicia la aplicación de la norma constitucional con un sentido preferente y no la ley ordinaria, cuando exista colisión con la disposición constitucional*", de modo que no se trata solo de una facultad sino de una obligación expresamente requerida por la constitución (ver sentencia del 8 de marzo de 2001).

Asimismo, en sentencia de fecha 5 de abril de 2004, caso "Thais del Carmen Negrete", la SC definió el control difuso como el "*Mecanismo o instrumento mediante el cual todos los tribunales de la República hacen posible su principal misión de garantía de la incolumidad, supremacía y eficacia del texto constitucional, pues permite la consecución de una uniforme interpretación y aplicación de las normas y principios constitucionales y, con ello la obtención de seguridad jurídica en el orden jurídico interno, por medio de la desaplicación de normas vigentes*".

Cabe destacar también el criterio de la SC, sentencia número 1696 del 15 de julio de 2005, caso "Rosa Mémoli Bruno y Teodoro Eduardo Caballero Achoy", sobre los requisitos para la desaplicación de normas por parte de los jueces, en ejercicio del control difuso:

> "*Para que dicho control se aplique, es necesario:*
> *1) Que exista una causa, lo que equivale a un proceso contencioso.*
> *2) Que una de las partes pida la aplicación de una norma.*
> *3) Que dicha norma colida con alguna disposición constitucional, lo que indica que debe tratarse de una contradicción objetiva (de texto); o que la ley resulte incompatible con la Constitución, incompatibilidad que se refiere a los principios constitucionales recogidos expresamente en la Carta Fundamental.*
> *4) Que el juez se vea en la necesidad de aplicar una norma que considera colide con la Constitución, ya que esa es la ley que regirá el caso. En consecuencia, si el juez a su arbitrio puede desaplicar la ley, ya que considera que el supuesto de hecho de la norma no ha sido probado, o que el caso puede ser resuelto mediante la invocación de otra disposición, no tiene razón alguna para practicar control difuso alguno.*

> *5) Que quien lo adelante sea un juez, así ejerza la jurisdicción alternativa, dentro de un proceso donde se pide la aplicación de la ley o norma cuestionada.*
> *6) Que el juez no anule la norma sometida al control, sino que la inaplique en el caso concreto".*

Consideramos importante el fallo de la SC del 17 de julio de 2008, por medio del cual se formularon interesantes consideraciones en relación al control difuso. A través del fallo se estableció la obligación de los jueces de motivar suficiente y correctamente la desaplicación de la norma en ejercicio del control difuso de la constitucionalidad, so pena de ser "*no conforme a derecho*" y por ende nula en caso de no hacerlo.

Entre ellas se citan:

> *"... el examen de la inconstitucionalidad de la norma que, en el caso concreto, sea contraria a la Constitución, ha de precisar las razones por las cuales tal dispositivo normativo es, en efecto, adverso a un determinado precepto constitucional; es decir, el ejercicio de la facultad del control difuso de la constitucionalidad comporta el dictamen de una resolución judicial expresa y debidamente motivada, pues no puede haber lugar a la existencia de una modalidad de control difuso "tácito"".*
> *"De igual manera, los jueces, antes de que opten por la desaplicación en el caso concreto de una norma legal que pudiera entrañar alguna colisión con la Norma Normarum, deben procurar la realización de una interpretación "orientada a la Constitución", en uso de la terminología de KLAUS STERN, para quien es procedente que esa modalidad de interpretación la realicen todos los jueces, pero ésta nunca surte efectos erga omnes o vinculantes, efectos que sólo podría producir la "interpretación conforme a la Constitución (como) instrumento específico de los Tribunales Constitucionales en el procedimiento de control de normas" ("Derecho del Estado de la República Federal Alemana". Trad. del original en alemán por J. Pérez Royo. Centro de Estudios Constitucionales. Madrid, 1988. Pp. 297 y ss.). Únicamente si la contradicción entre las normas en cuestión es insalvable, el juez deberá proceder al ejercicio del control difuso, como sucedería, en los casos que nos reseña el autor que se citó, cuando se trate: i) de una ley de contenido unívoco incompatible*

con la Constitución; o ii) de una "norma que viola la Constitución en cualquier interpretación imaginable". Finalmente, esa interpretación de las normas constitucionales no puede realizarse conforme a la errónea máxima de que la ley ordinaria debe subsistir bajo toda circunstancia. Ello, nos dice STERN, "supondría una interpretación de la Constitución conforme a la ley"; así mismo, el examen que realiza el juez debe partir de la norma legal con referencia a la Constitución, ya que, en ese caso, "no juega ningún papel, si la decisión depende exclusivamente de la aplicación e interpretación de la Constitución".

Conviene enfatizar y tener muy en cuenta lo señalado por la decisión citada en el sentido de que el control difuso debe proceder únicamente cuando la contradicción entre la norma y la Constitución es "insalvable", es decir, cuando se trata de una ley que inequívocamente sea incompatible con la Constitución o cuando una norma viola la Constitución en cualquier interpretación imaginable. De esa forma se respeta el *principio indubio pro legislatore* o principio de deferencia al legislador.

6.2. Jurisprudencia relativa a los efectos del ejercicio del control difuso

El TSJ ha ratificado el criterio conforme al cual los efectos del control difuso solo aplican al caso concreto, sin que ello implique la anulación de la norma desaplicada. Al respecto téngase en cuenta la sentencia número 00124 de la SPA de fecha 13 de febrero de 2001, por medio de la cual se determinó que en "*la aplicación preferente de la Constitución por los jueces (CRBV: 334) respecto a las interpretaciones de normas subconstitucionales que la contradigan (desaplicación singular: control difuso de la constitucionalidad), lo cual si bien mantiene su validez, ocasiona la pérdida de la eficacia de la norma cuestionada para el caso concreto, cuando ello fuera necesario para su solución en el mismo, conforme a la Constitución y dictando las medidas conducentes a tales fines*".

La SC, por su parte, al interpretar el artículo 334 de la Constitución, en sentencia número 833 de fecha 25 de mayo de 2001, caso "Instituto Autónomo Policía Municipal de Chacao vs. Corte Primera de lo Contencioso Administrativo", estableció "*con carácter vinculante... en qué consiste el control difuso, y en qué consiste el control concentrado de la Constitución*". De esta manera, dispuso que el control difuso se ejerce:

> *"...cuando en una causa de cualquier clase que está conociendo el juez, este reconoce que una norma jurídica de cualquier categoría (legal, sublegal), que es incompatible con la Constitución. Caso en que el juez del proceso, actuando a instancia de parte o de oficio, la desaplica (la suspende) para el caso concreto que está conociendo, dejando sin efecto la norma en dicha causa (y sólo en relación a ella), haciendo prevalecer la norma constitucional que la contraría.*
> *Por lo tanto, el juez que ejerce el control difuso, no anula la norma inconstitucional haciendo una declaratoria de carácter general o particular en ese sentido, sino que se limita a desaplicarla en el caso concreto en el que consideró que los artículos de la ley invocada, o hasta la propia ley coliden con la Constitución.*
> *La declaratoria general de inconstitucionalidad de una o un conjunto de normas jurídicas (leyes), corresponde con exclusividad a la Sala Constitucional del Tribunal Supremo de Justicia, quien, ante la colisión, declara, con carácter erga omnes, la nulidad de la ley o de la norma inconstitucional. Dicha declaratoria es diferente de la desaplicación de la norma, tratándose de una decisión de nulidad que surte efectos generales (o para un proceso determinado) y contra todo el mundo".*

De esta forma, determinó la SC que el control difuso de la constitucionalidad procede cuando el juez, en la causa que está conociendo, reconoce que una norma jurídica es incompatible con la Constitución, y, a instancia de parte o de oficio, decide desaplicarla y dejarla sin efecto para el caso concreto, y solo en relación con este, haciendo prevalecer de esta forma la norma constitucional (véase también sentencia número 842 de fecha 28 de mayo de 2001 de la SC).

En sentencia de fecha 26 de julio de 2002, caso "Importadora y Exportadora Chipendele, C.A.", la SC del TSJ determinó que "*El juez en un caso concreto, resta eficacia a una norma jurídica por considerar que es contraria al texto fundamental. El criterio que lleva al juez a considerar como determinada norma jurídica únicamente produce efectos en el caso concreto*".

Del criterio anterior se desprende que todos los jueces de la República pueden, en ejercicio del control difuso, desaplicar una norma de rango inferior a la Constitución, que se presente como aplicable al momento de decidir un caso concreto, y que dicha desaplicación solo tendrá efectos entre las partes que estén involucradas en el litigio de que se trate, por lo que no debe nunca considerarse que dicha desaplicación implica la nulidad de la norma declarada contraria a la Constitución[112], siendo que la facultad anulatoria únicamente la detenta la SC del TSJ en ejercicio del control concentrado de la constitucionalidad.

6.3. Jurisprudencia relativa al objeto del control difuso

La jurisprudencia ha intentado delimitar el objeto del control difuso de la constitucionalidad. En ese sentido, hay varias sentencias que establecen las normas que puede ser objeto de la desaplicación por control difuso y qué tipo de actos no lo son.

La SC ha establecido que el control difuso se aplica a las leyes formales dictadas por el poder legislativo nacional, a cualquier acto normativo con rango o fuerza de ley como los Decretos leyes, así como a las leyes estadales y a las ordenanzas municipales, y demás actos normativos, incluso los de rango sub legal, como es el caso de los reglamentos, que expidan los órganos administrativos nacionales, estadales o municipales, fundamentalmente porque dichos actos son producto del desarrollo de la actividad normativa del Estado. (Véase sentencias número 17 del 5 de febrero del 2009 y del 18 de diciembre de 2014).

En sentencia número 1.178 de fecha 17 de julio de 2008, la SC precisó que el control difuso de la constitucionalidad no puede ser ejercido para desaplicar cualquier tipo de actos por considerarlos contrarios a la Constitución, sino que únicamente está dirigido a desaplicar

---

112 De allí que no pueda declararse la inconstitucionalidad de una norma en forma global, sino cuando todas las interpretaciones posibles de la misma se encuentran en contradicción con el texto constitucional, y es por ello, que el llamado "control difuso" de la constitucionalidad, sólo produce la pérdida de la eficacia pero no la validez de la norma, ya que esta la conserva, salvo en lo que respecta a la interpretación de inconstitucionalidad confirmada en el caso concreto. Ver sentencia de la SPA del TSJ número 124, de fecha 13 de febrero de 2001. Disponible en: http://historico.tsj.gob.ve/decisiones/spa/febrero/00124-130201-11529.HTM . Consultado el 02 de agosto de 2017.

disposiciones normativas dictadas por los órganos del Estado, que sean de aplicación general y abstracta, es decir, normas jurídicas o actos normativos, de rango legal o sublegal, de aplicación general y abstracta, dictados por los órganos poderes públicos en ejercicio de la potestad normativa del Estado.

La SC ha determinado que no pueden ser desaplicados por vía del control difuso, convenciones celebradas o aceptadas entre particulares, por cuanto son relaciones contractuales de adhesión, conformación, regulación o reglamentación de derecho privado y de autonomía de la voluntad cuya naturaleza no está comprendida dentro de los actos normativos dictados por el Poder Público. De forma que no es posible la aplicación de control difuso sobre los Estatutos Sociales de una asociación civil. En estos casos, la SC ha determinado que lo correcto sería la declaratoria de nulidad de dichos actos privados, conforme a la excepción de orden público establecida en el artículo 6 del Código Civil[113] (CC), previa la resolución del caso de que se trate y no la desaplicación de la norma.

Asimismo, la SC ha precisado la imposibilidad de ejercer el control difuso sobre otros actos de dictados por los órganos del Poder Público pero que no tienen naturaleza normativa, tales como sentencias:

> *"(...), esta Sala, atendiendo la doctrina y la jurisprudencia anteriormente señalada, aprecia que, en el presente caso, el Juzgado Duodécimo de Primera Instancia en Funciones de Ejecución del Circuito Judicial Penal del Área Metropolitana de Caracas, no efectuó un auténtico control de la constitucionalidad de una norma legal, toda vez que en el fallo hoy sometido a revisión procedió a desaplicar una decisión emitida por un juzgado superior, respecto de la cual, en derecho, solo correspondía su cumplimiento efectivo, circunstancia que, a criterio de esta Sala, supondría una especie "muy particular" de dicho control; que si se quiere podría denominársele como "control sui generis" de la constitucionalidad.(...) (v. sentencia de la SC del 18 de diciembre de 2014).*

113 Gaceta Oficial número 2.990 Extraordinario del 26 de julio de 1982.

De conformidad con lo expuesto precedentemente, el control difuso de la constitucionalidad recae, únicamente, sobre normas jurídicas generales y abstractas, es decir, actos normativos en general, sean de rango legal o sub legal.

7. Revisión del control difuso

En Venezuela no se necesita intervención preventiva de la SC para que un juez pueda desaplicar, en el caso concreto, una norma contraria a la Constitución. Es decir los jueces pueden desaplicar la norma que estiman contraria a la Constitución sin que haga falta consulta previa.

Tengamos presente, sin embargo, que la SC trató de establecer límites a esta competencia que tienen todos los jueces del país, por medio de la decisión de fecha 19 de octubre de 2000, cuando determinó que si bien el juez está facultado para ejercer el control difuso de forma motivada y especialmente en un caso concreto, en atención a la incidencia en el ordenamiento jurídico de tal cuestión, el tribunal que desaplica la norma deberá remitir a la SC copia de la decisión, a la cual anexarán copia de los autos, con el fin de someterlo a la revisión correspondiente, todo en obsequio de la seguridad jurídica y de la coherencia que debe caracterizar al ordenamiento jurídico en su conjunto.

Posteriormente, la sentencia número 194 de la SC de fecha 15 de febrero de 2001 estableció el criterio de que: "*Fuera de la Sala Constitucional, debido a las facultades que le otorga el artículo 335 de la Constitución vigente, con su carácter de máximo y último intérprete de la Constitución y unificador de su interpretación y aplicación, no pueden los jueces desaplicar normas, fundándose en principios constitucionales o interpretaciones motu proprio que de ellas hagan, ya que el artículo 334 comentado no expresa que según los principios constitucionales, se adelante tal control difuso. Esta es función de los jueces que ejercen el control concentrado, con una modalidad para el derecho venezolano, cual es que sólo la interpretación constitucional que jurisdiccionalmente haga esta Sala, es vinculante para cualquier juez, así esté autorizado para realizar control concentrado*".

Luego la SC en decisión de fecha 12 de mayo del año 2001, estableció expresamente que "*no sólo el juez puede remitir las sentencias definitivamente firmes en las cuales, en resguardo de la constitucionalidad, desaplique una norma, sino que está obligado a ello*". La razón que justifica esta remisión es la necesidad de lograr "*mayor eficacia de la conexión entre el control concentrado, que corresponde a la Sala, y el control difuso, que corresponde a todos los jueces de la República*", pues de esa manera se obtendrá "*una mayor protección del texto constitucional y se evitará la aplicación general de normas inconstitucionales o la desaplicación de normas ajustadas a la Constitución en claro perjuicio para la seguridad jurídica y el orden público constitucional*"[114].

Posteriormente la misma SC, en sentencia número 3126 del 5 de mayo del 2004, estableció que "*Sólo en caso de que, superados todos los recursos, el fallo definitivamente firme contenga una desaplicación es que se justifica la intervención de la Sala. No es necesaria una intervención preventiva, como si los jueces de instancia no tuvieran poder suficiente para resolver el caso*". De este modo se afirma que el sistema permite que los propios tribunales de instancia sean quienes analicen y resuelvan el asunto de constitucionalidad, por cuanto "*el control de la constitucionalidad queda entregado, sin problemas, a los órganos judiciales ordinarios, siempre que la decisión sea sólo de desaplicación para el caso concreto*".

Con este criterio se superó los establecidos previamente por la SC, según el cual los jueces de instancia estaban limitados a desaplicar normas jurídicas solo mediante interpretaciones dadas por la SC.

Hoy, de acuerdo a los establecido en el artículo 33 de la LOTSJ, en caso de que el juez, en ejercicio del control difuso de la constitucionalidad, haya desaplicado una norma que contraríe la Constitución, el fallo que resulte de dicha desaplicación, estará sometido al control ordinario por el correspondiente recurso de apelación, del cual conocerán los jueces superiores que podrán, confirmar o revocar la decisión y está decisión, definitivamente firme, que desaplique una norma por ser violatoria de las disposiciones constitucionales, deberá ser informada a

114 Sentencia de la SC del TSJ, de fecha 15 de diciembre de 2004. Caso *Ana Victoria Uribe Flores vs. Haim Meir Aron.*

la SC para que ésta examine de forma abstracta la constitucionalidad de la norma que se trate. La LOTSJ en el artículo 33 establece:

> *"Cuando cualquiera de las Salas del Tribunal Supremo de Justicia y los demás tribunales de la República ejerzan el control difuso de la constitucionalidad deberán informar a la Sala Constitucional sobre los fundamentos y alcance de la desaplicación que sea adoptada, para que ésta proceda a efectuar un examen abstracto sobre la constitucionalidad de la norma en cuestión. A tal efecto deberán remitir copia certificada de la sentencia definitivamente firme".*

Luego conforme al artículo 34 de la LOTSJ cuando se declare de conformidad a derecho la desaplicación por control difuso previamente decidido por cualquier tribunal de la República, la SC puede ordenar el inicio del procedimiento de nulidad por inconstitucionalidad. Así procedió la SC, por ejemplo, en sentencia número 702 de fecha 18 de octubre de 2018, por medio de la cual declaró conforme a derecho la desaplicación por control difuso de la constitucionalidad del artículo 41, literal "j" del Decreto con Rango, Valor y Fuerza de Ley de Regulación del Arrendamiento Inmobiliario para el Uso Comercial que se hizo en el laudo arbitral dictado el 15 de septiembre de 2016, suscrito por la abogada Irma Lovera de Sola, y seguidamente ordenó abrir de oficio el procedimiento de nulidad por inconstitucionalidad contra el referido artículo, de acuerdo a lo previsto en el artículo 34 de la LOTSJ.

Además de lo anterior podría haber también la revisión constitucional de la sentencia que desaplique una disposición legal o sub legal. Este es un mecanismo de control de la constitucionalidad por medio del cual la SC, en ejercicio de la jurisdicción constitucional, de forma discrecional y en cualquier tiempo, a instancia de parte controla la constitucionalidad de las sentencias definitivamente firmes dictadas por cualquier juez que hayan interpretado normas y preceptos constitucionales en ejercicio del control difuso de la constitucionalidad o de amparo constitucional, con el fin de proteger la supremacía, integridad y uniformidad en la interpretación y aplicación de la Constitución y de los criterios vinculantes de la SC en la interpretación de normas y principios constitucionales.

El artículo 336, numeral 10, de la Constitución atribuye a la SC, competencia para:

> *"Revisar las sentencias definitivamente firmes de amparo constitucional y de control de constitucionalidad de leyes o normas jurídicas dictadas por los tribunales de la República, en los términos establecidos por la ley orgánica respectiva".*

De la norma constitucional citada se desprende la facultad de la SC, como órgano que ejerce de forma exclusiva la jurisdicción constitucional, de revisar a su juicio y discreción, y en respuesta a un recurso de revisión interpuesto por algún interesado, las sentencias de última instancia dictadas por los tribunales de la República, en materia de amparo constitucional o dictadas en ejercicio del control difuso de la constitucionalidad de las leyes.

De la Exposición de Motivos de la Constitución puede extraerse la esencia de esta facultad extraordinaria de revisión de la SC:

> *"Finalmente (...), se atribuye a la Sala Constitucional la competencia para revisar las decisiones definitivamente firmes dictadas por los Tribunales de la República en materia de amparo constitucional y control difuso de constitucionalidad, a través del mecanismo extraordinario que deberá establecer la ley orgánica que regule la jurisdicción constitucional, sólo con el objeto de garantizar la uniformidad en la interpretación de las normas y principios constitucionales, la eficacia del Texto Fundamental y la seguridad jurídica.*
> *La referida competencia de la Sala Constitucional no puede ni debe entenderse como parte de los derechos a la defensa, a la tutela judicial efectiva y amparo consagrados en la Constitución, sino, según lo expuesto, como un mecanismo extraordinario cuya finalidad constituye únicamente darle uniformidad a la interpretación de las normas y principios constitucionales"*[115].

[115] Cecilia Sosa Gómez, "La revisión constitucional de las sentencias definitivamente firmes", en *Revista de la Facultad de Ciencias Jurídicas y Políticas*, número 3. Universidad de Carabobo, Valencia, 2007. pp. 171-201.

En el mismo sentido la LOTSJ, en su artículo 25, numeral 12, establece que es de la competencia de la SC del TSJ:

> *"12. Revisar las sentencias definitivamente firmes en las que se haya ejercido el control difuso de la constitucionalidad de las leyes u otras normas jurídicas, que sean dictadas por las demás Salas del Tribunal Supremo de Justicia y demás Tribunales de la República".*

Esta revisión constitucional tiene por objeto establecer y garantizar la uniformidad de la aplicación de la Constitución y de la interpretación constitucional vinculante, por lo que este mecanismo está expresamente previsto para la revisión de las sentencias propiamente constitucionales, es decir, únicamente respecto de las sentencias definitivamente firmes dictadas en juicios de amparo o dictadas por los jueces en ejercicio del poder de control difuso de la constitucionalidad de las leyes, permitiéndole al órgano encargado del control concentrado de la constitucionalidad conocer, a su discreción, de los recursos extraordinarios de revisión que se intenten contra esas sentencias y, de ser el caso, corregir cualquier desviación constitucional o error grave de interpretación constitucional en la que pudiera haber incurrido una decisión judicial definitiva[116].

Entendemos entonces que esta potestad de revisión como facultad de la SC se ejerce con el objeto de asegurar la uniformidad de la interpretación de las normas y principios constitucionales en orden a garantizar la efectiva supremacía constitucional. En efecto, la SC, en ejercicio de esta facultad deberá uniformar la doctrina constitucional respecto de las sentencias definitivamente firmes dictadas por el resto de los tribunales en el ejercicio de facultades de control difuso de la constitucionalidad o de amparo constitucional.

La potestad revisora, en definitiva, tiene por objeto hacer valer los principios constitucionales y la uniformidad en la interpretación de las normas constitucionales y legales, es decir, como lo ha señalado la SC,

---

[116] Rafael Chavero Gazdik, *El control constitucional de las decisiones judiciales*, Editorial Jurídica Venezolana, Centro para la integración y el Derecho Público, Caracas, 2018. P. 117.

tiene una función "nomofiláctica" de defensa de la Constitución y leyes, siendo su consecuencia jurídico procesal: "*declarar la inexistencia o nulidad de la sentencia definitivamente firme sometida a revisión, e incluso de todo el proceso que la precede*".

De este modo, la revisión constitucional tiene su fundamento en la previsión de mecanismos de control de sentencias dictadas por los tribunales de instancia en materia constitucional, en los sistemas mixtos o integrales de control de la constitucionalidad, que combinan el control difuso con el control concentrado[117].

En efecto, el recurso de revisión constitucional sirve de canal de convergencia entre los sistemas difuso y concentrado de la constitucionalidad, lo que quiere decir que si bien todos los jueces pueden mediante el control difuso desaplicar las normas por ser estas contrarias a la Constitución, la decisión que de ellos emane en ese ejercicio será objeto de revisión por parte del órgano encargado de la jurisdicción constitucional, es decir, aquel que ejerza el control concentrado de la constitucionalidad.

De esta forma, la finalidad práctica de ese recurso se encuentra en la estabilidad de la aplicación de la normativa constitucional por todos los jueces de la República, sobre todo en sistemas cuyas decisiones o sentencias no están regidas por el principio del *stare decisis* o del precedente judicial, pero en los que igualmente se exige la presencia de cierta uniformidad en los criterios constitucionales por motivos de correcta protección de la Constitución y de seguridad jurídica. Esta uniformidad de interpretación de la Constitución difícilmente se concretaría sin la presencia de un órgano encargado de velar por ella.

Para garantizar la correcta aplicación e interpretación de la Constitución y de los criterios jurisprudenciales relativos a las normas constitucionales se precisa de la existencia de un órgano y de un proceso cuyo fin sea el de controlar y corregir las decisiones definitivamente firmes que contraríen la Constitución o las interpretaciones vinculantes sobre ella.

[117] Allan Brewer-Carías R. "La metamorfosis jurisprudencial y legal del recurso extraordinario de revisión constitucional de sentencias en Venezuela" en Eduardo Andrés Velandia Canosa, *Derecho procesal constitucional*. Tomo III, volumen III, VC Editores Ltda. y Asociación Colombiana de Derecho Procesal Constitucional, Bogotá 2012, pp. 269-304, pp. 269-304.

Así entonces, la atribución de la jurisdicción constitucional –como órgano encargado del control concentrado de constitucionalidad– referida a la revisión de las sentencias en las que se haya ejercido el control difuso de la constitucionalidad significa una de las innovaciones más importantes de nuestro sistema de justicia constitucional, ya que constituye el medio de articulación entre las dos formas de control constitucional, difuso y concentrado, dándole solución a una de las debilidades de la justicia constitucional[118].

8. Límites del juez en el ejercicio del control difuso

Los jueces que ejercen el control difuso tienen límites. En primer lugar, es claro que no podría un juez, en el ejercicio del control difuso de la constitucionalidad, violar el bloque de la constitucionalidad; tampoco podría el juez exceder los límites de la separación de poderes y por supuesto, tampoco podría trasgredir los límites que impone el propio medio de control.

8.1. Límite del juez constitucional: Respeto al bloque de la constitucionalidad

Ciertamente, el juez que ejerza el control difuso está sujeto y debe seguir y cumplir todos los principios, valores y normas determinados no solo en la Constitución, sino en todo el bloque de la constitucionalidad, es decir, todos los valores o principios establecidos incluso fuera del texto constitucional y que se convierten en parámetro de control, no solo de las normas que se dictan para desarrollar la Constitución, sino también de la labor del juez.

Además, un límite comprendido dentro del respeto al bloque de constitucionalidad, es el respeto del denominado *corpus iuris* de los derechos humanos, es decir, el bloque de convencionalidad, consagrado en el artículo 23 de la Constitución, conforme al cual los jueces constitucionales no solo deben velar por el cumplimiento de las normas de derecho interno, sino además, tienen la obligación de verificar –en el

---

118 Hernando Yépez Arcila, "Interrogantes sobre la Justicia Constitucional en Colombia", en *II Jornadas de Derecho Público*, Editorial Jurídica Venezolana, Bogotá, 1996.

ordenamiento jurídico interno– el efectivo cumplimiento de las disposiciones contenidas en convenios o tratados internacionales, especialmente las relativas al reconocimiento y la protección de los derechos humanos que conforman el *corpus iuris* de los derechos humanos; así como los demás instrumentos normativos, principios y valores internacionales que conforman el "*bloque de la convencionalidad*".

8.2. Límite del juez constitucional: Principio de separación de poderes

Asimismo, el juez estará obligado a respetar el principio de separación de poderes establecido expresamente en el artículo 136 de la Constitución, en concordancia con el artículo 137, por lo que no podría usurpar funciones propias de otros órganos del poder público, so pena de nulidad, teniendo especialmente en cuenta que "*Toda autoridad usurpada es ineficaz y sus actos son nulos*".

Pero además, el respeto a la separación de los poderes supone tener muy en cuenta que el poder del juez que controla la Constitución debe limitarse con el propósito de alcanzar el correcto equilibrio entre la supremacía de la Constitución y la democracia. La labor de contrastar la norma legal con la disposición constitucional, a modo de determinar que la primera respeta la segunda, se encuentra con la dificultad inicial que esa ley que juzga el juez ha sido aprobada por un Parlamento democráticamente elegido, y eso la reviste de una condición especial.

Esta condición especial o dignidad democrática de la ley hace que en su interpretación, el juez deba honrar el principio de deferencia al legislador y de preservación del acto jurídico, conforme al cual el juez debe tener muy en cuenta que el control difuso debe proceder únicamente cuando la contradicción entre la norma y la Constitución es determinante, evidente, insalvable; es decir, cuando se trata de una ley total e inequívocamente incompatible con la Constitución o cuando la norma viola la Constitución en todas las interpretaciones posibles, lo cual debe quedar debidamente motivado.

En respeto del principio de conservación del acto legislativo el juez constitucional, frente a las varias interpretaciones que pueden darse a la norma, debe preferir la que permita considerarla ajustada a la

Constitución. Es decir, debe procurar o ensayar una interpretación que permita conservar el texto legal.

De otra parte, la interpretación de la Constitución se enfrenta en ocasiones con la generalidad, indeterminación y vaguedad que con frecuencia se expresan los dispositivos constitucionales. La correcta y adecuada interpretación de la Constitución debe justificarse, motivarse y razonarse e impone no interpretar, en ningún caso, una norma aislada, sin ajustarla al contexto de todo el cuerpo normativo.

Un ejemplo sorprendente del indebido ejercicio del control difuso de la constitucionalidad en violación del principio de separación de poderes fue la decisión del 13 de mayo de 2013 del Juzgado Vigésimo de Municipio de la Circunscripción Judicial del Área Metropolitana de Caracas, mediante la cual el juez procedió a desaplicar y reformar el artículo 185-A del CC, por considerarlo contrario a la Constitución.

En esta ocasión, el Juez de Municipio excedió sus facultades de control difuso de la constitucionalidad cuando reformó el procedimiento establecido en el artículo 185-A del CC, violando su alcance y sentido. En efecto, el Juzgado se atribuyó la facultad de interpretar la Constitución en los términos en los que lo hace la SC y asimismo usurpó las potestades legislativas de la AN al "reformar" el artículo 185-A del CC, señalando que establecía un procedimiento contencioso de divorcio, cuando lo cierto es que del texto no se desprende ninguna naturaleza contenciosa[119]. Pero además, el Juez de Municipio usurpó las competencias propias del juez de primera instancia en lo civil al decidir un caso sobre divorcio contencioso, para el cual no tenía competencia.

Para justificar el referido exceso en el ejercicio del control difuso de la constitucionalidad, el Juez de Municipio señaló que, "*de conformidad con lo previsto en el artículo 334*" "*no es posible contemplar la posibilidad de aplicar un procedimiento que impida a una de las partes tutelar efectivamente sus derechos, en particular el derecho a solicitar*

---

119 V. Allan Brewer-Carías, "Sobre cómo no debe ejercerse el control difuso de constitucionalidad de las leyes por un juez ordinario. El caso de una sentencia de un juez de Municipio de Caracas, que para "garantizar la tutela judicial efectiva," con la excusa de ejercer el control difuso, violó la Constitución y la Ley, distorsionando el contenido del artículo 185-A del Código Civil", en *Revista de Derecho Público*, No. 134 (abril-junio 2013), Editorial Jurídica Venezolana, Caracas, 2013. pp. 189-198.

y obtener la disolución del vínculo matrimonial, por la sola voluntad de la parte contra la cual se pretende hacer obrar este derecho".

Como señala Brewer-Carías, la sola mención del artículo 334 de la Constitución no es suficiente para ejercer el control difuso de la constitucionalidad, se exige además indicar el artículo constitucional que se pretende aplicar preferentemente a la norma legal que se considera inconstitucional. En efecto, la correcta fundamentación de la desaplicación de una norma por ser contraria a la Constitución precisa el señalamiento, en primer lugar, de la norma que supuestamente colide con la Constitución, es decir, la norma que se pretende desaplicar en el caso concreto; y, en segundo lugar, la indicación de la norma constitucional de supuesta aplicación preferente.

Sin embargo, en este caso el Juez de Municipio con solo nombrar el artículo 334 de la Constitución procedió a modificar normas procesales en materia de divorcio, y aplicó un procedimiento no contemplado en la legislación vigente. Ciertamente, el juez decidió modificar el artículo 185-A y aplicarlo a su propio criterio, es decir, de forma distinta a lo establecido en su texto[120].

Esta decisión fue posteriormente anulada por sentencia de la Sala de Casación Civil (SCC) del TSJ del 9 de diciembre de 2013, que consideró, a través del avocamiento de la causa del Juzgado Vigésimo de Municipio, que "... *tal proceder por parte de la juez no debe aceptarse, pues ello generaría una incitación al caos social, al permitírsele a los administradores de justicia la resolución de conflictos sin el cabal cumplimiento del debido proceso, pues, en el sub índice se vulneró flagrantemente el 'derecho de protección de la familia' y 'el matrimonio', el "derecho al debido proceso", el "derecho a la defensa" de la hoy solicitante del avocamiento, y el derecho a ser oído por un tribunal imparcial, ocasionando con ello inseguridad jurídica y desequilibrio procesal, que desde todo punto de vista resulta contrario a los principios que rigen nuestro ordenamiento jurídico*".

Sin embargo, la SC, mediante sentencia del 15 de mayo de 2014, en conocimiento de un recurso de revisión constitucional incoado contra la mencionada sentencia de la SCC, ratificó el criterio que había impuesto el Juzgado Vigésimo de Municipio sobre el artículo 185-A del CC a

---

120 Ibidem, p. 197.

través de un incorrecto ejercicio del control difuso de la constitucionalidad y declaró "criterio vinculante" según el cual:

> *"Si el otro cónyuge no compareciere o si al comparecer negare el hecho, o si el Fiscal del Ministerio Público lo objetare, el juez abrirá una articulación probatoria, de conformidad con lo establecido en el artículo 607 del CPC, y si de la misma no resultare negado el hecho de la separación se decretará el divorcio; en caso contrario, se declarará terminado el procedimiento y se ordenará el archivo del expediente".*

De esta forma, la SC del TSJ justificó la inconstitucional interpretación del Juzgado de Municipio y le dio efectos *erga omnes* a su decisión

Otra violación grave a estos límites ocurrió a través de la sentencia número 510 del 28 de julio de 2017 por medio de la cual la SCC del TSJ declaró la desaplicación por control difuso de los artículo 320, 322 y 522 del CPC, por colidir con los artículo 26 y 257 de la Constitución y, en concreto, procedió a eliminar la casación con reenvío y ordenó la reposición con efectos *ex nunc* para todos los casos de la misma índole.

> *"Se desaplican **CON EFECTOS EX NUNC** –esto es– a partir de la publicación del presente fallo para todos aquellos casos pendientes de decisión, pues en modo alguno la casación de instancia y sin reenvío atenta contra la seguridad jurídica o la expectativa plausible de los justiciables, los artículos 320, 322 y 522 todos del Código de Procedimiento Civil; por tanto, se deja sin efecto la casación con reenvío, la nulidad y la reposición de la causa por las causales de los artículos 243 y 244 del CPC, pudiendo la Sala únicamente reponer la causa cuando encuentre con lugar y case el fallo al existir una violación o conculcación al derecho de defensa de conformidad con la teoría de las nulidades y consecuente reposición, establecida en los artículos 49.1 Constitucional, 15 y 206 al 213, ambos inclusive del Código de Procedimiento Civil, en los términos supra señalados. Así se decide".*

Como puede observarse si bien la SCC dictó su sentencia fundamentada en el control difuso de constitucionalidad, en la parte dispositiva del fallo dejó sin efecto, es decir derogó, la casación con reenvío, la nulidad y la reposición de la causa por las causales que establecen los artículos 243 y 244 del CPC, por lo que los artículos del CPC dejarán de ser aplicados para todos los procesos futuros, con lo cual se violó la naturaleza, sentido, alcance y límites del control difuso de la constitucionalidad, establecido en el propio artículo 334 de la Constitución, que es solo referido al caso concreto, y no *erga omnes* y con efectos solo hacía el pasado, *ex tunc,* y no hacia el futuro, *ex nunc*.

Se violó también el principio de separación de poderes, por cuanto la sentencia derogó parcialmente el CPC, cosa que solo puede hacer el órgano legislativo nacional, es decir, se usurparon las funciones legislativas propias, exclusivas y excluyentes de la AN, en violación del artículo 187, numeral 1, en concordancia con el artículo 156, numeral 32.

Igualmente, la SCC incurrió en el exceso del ejercicio del control difuso en violación del principio de separación de poderes, mediante sentencia número 811 del 13 de diciembre de 2017, por medio de la cual desaplicó y modificó el artículo 318 del CPC, con el objeto de incluir la oralidad en el procedimiento de casación civil a través de la creación de una audiencia de casación, y de esta forma "*garantizar, a su vez, a las partes y a los magistrados, gozar de la publicidad, inmediación, celeridad, originalidad*".

En esta ocasión la SCC, a través del control difuso de la constitucionalidad, usurpó funciones propias del Poder Legislativo, consagradas en el artículo 187.1, en concordancia con el artículo 156.32 de la Constitución, al pretender crear un procedimiento no establecido en la ley, en violación al principio de separación de poderes establecido en el artículo 136 y al principio de legalidad consagrado en el artículo 137 de la Constitución, pero además usurpó las funciones de control concentrado de la SC del TSJ establecidas en el artículo 336, por cuanto no solo declaró la desaplicación del artículo 318 del CPC sino que además modificó su contenido y alcance con efectos generales.

8.3. Límite del juez constitucional: Derivado del medio de impugnación

Otro límite que tiene el juez es el que se desprende del propio medio de control de la constitucionalidad. En el caso del control difuso el poder del juez constitucional se concreta en la desaplicación de la norma cuya aplicación se pretende, en el caso concreto y con efectos *ex tunc.* En efecto, el juez, en ejercicio del control difuso solo podrá desconocer la eficacia de una norma legal o sublegal, de carácter general y abstracto, cuando esta colida o se enfrente de forma directa y evidente con los preceptos constitucionales, para el caso concreto.

Cualquier otra decisión del juez que exceda este desconocimiento o desaplicación trasgredirá las facultades otorgadas por el artículo 334 de la Constitución para el ejercicio del control difuso de la constitucionalidad. Va de suyo que el juez no podría declarar, mediante el control difuso, la nulidad por inconstitucionalidad de una norma que considere contraria a la Constitución, por cuanto esta facultad solo la tiene la SC en ejercicio del control concentrado de la constitucionalidad y mediante la decisión de una acción popular por inconstitucionalidad, del acto normativo que se trate.

Un ejemplo de la violación al límite que impone el medio de impugnación en el caso del ejercicio del control difuso de la constitucionalidad fue la sentencia número 152 de fecha 26 de septiembre de 2007, por medio de la cual la Sala Electoral del TSJ, desaplicó por control difuso las normas de los Estatutos Sociales del Centro Ítalo Venezolano, relativas al proceso de postulación de planchas y de organización en el proceso de elecciones de dicho centro, por considerarlas contrarias a los principios electorales consagrados en el artículo 294 de la Constitución.

En violación del artículo 334, así como del criterio reiterado de la SC del TSJ, la Sala Electoral dejó sin aplicación unos estatutos de carácter privado como si se tratare de normas legales o sublegales de carácter general y abstracto. En efecto, la Sala Electoral violó la Constitución y el criterio establecido por la SC según el cual únicamente se puede desaplicar por control difuso disposiciones normativas dictadas por los órganos del Estado, que sean de aplicación general y abstracta, es decir, normas jurídicas o actos normativos, de rango legal o sublegal, de aplicación general y abstracta, que han sido dictados por los poderes públicos en ejercicio de la potestad normativa del Estado; por lo que no pueden ser desaplicados por vía del control difuso, convenciones celebradas o aceptadas entre particulares, por cuanto son relaciones contractuales de adhesión, conformación, regulación o reglamentación de derecho privado y de autonomía de la voluntad cuya naturaleza no está comprendida dentro de los actos normativos dictados por el Poder Público.

Un ejemplo más de la violación a este límite es la sentencia número 1881 del 8 de diciembre de 2011, mediante la cual la SC del TSJ incurrió en exceso en el ejercicio del control difuso de la constitucionalidad al desaplicar, con efectos *erga omnes*, los artículos 471 y 472 del Código Penal.

Sabemos que los efectos de la desaplicación de una norma legal por ser contraria a la Constitución están limitados al caso concreto, sin embargo, mediante la sentencia número 1881, la SC desaplicó por control difuso de la constitucionalidad los artículos 471-a y 472 del Código Penal, relativos a los delitos de invasión de predios rurales, no solo para el caso concreto sino además, como si se tratara del control concentrado de la constitucionalidad, lo extendió a aquellos casos en donde se observe un conflicto entre particulares devenido de la actividad agraria, sobre lo cual estableció además que:

> *"conforme a las previsiones establecidas en el artículo 197 de la Ley de Tierras y Desarrollo Agrario, resultando aplicable el procedimiento ordinario agrario establecido en el Capítulo VI del texto legal mencionado y competente para conocer en estos supuestos los juzgados de primera instancia agraria, teniendo el presente fallo carácter vinculante para todos los tribunales de la República, incluso para las demás Salas de este Tribunal Supremo de Justicia".*

De esta forma, la SC eliminó con efectos *erga omnes* dos dispositivos de naturaleza penal, al atribuirle a los juzgados de primera instancia agraria una competencia que no tienen y añadir nuevas acciones al procedimiento ordinario agrario establecido en la Ley de Tierras y Desarrollo Agrario, sin que mediara ninguna ley, violando la naturaleza y límites del control difuso de la constitucionalidad consagrado en el artículo 334 de la Constitución y sustituyéndose de esta forma en el órgano parlamentario, único legitimado por la Constitución para regular sobre la materia penal y de procedimientos, de conformidad con los artículos 156.32 y 187.1.

Otro ejemplo más grave aún que los anteriores, fue la sentencia número 397 de fecha 14 de agosto de 2019, por medio de la cual la SCC del TSJ violó la naturaleza, sentido, alcance y límites del control difuso de la constitucionalidad establecido en el artículo 334 de la Constitución, al declarar con efectos *erga omnes* la inconstitucionalidad de normas del CPC, así como la suspensión de sus efectos, de forma que convirtió el control difuso en control concentrado de constitucionalidad.

En esta oportunidad, la SCC determinó que "... *con respecto al vigente Código de Procedimiento Civil, se puede verificar que la oralidad está ausente en el proceso ordinario. En este sentido la Sala estima que ello constituye un apartamiento de la voluntad del Constituyente, que ha querido un proceso fundamentalmente oral y no solo parcial*" y procedió a declarar con efectos generales la nulidad por inconstitucionalidad de las normas del CPC relativas al procedimiento ordinario que su juicio contrarían la Constitución.

La SCC se auto atribuyó competencias propias, exclusivas y excluyentes de la SC, al establecer con efectos generales la nulidad de las disposiciones del CPC, a través de un supuesto ejercicio del control difuso de la constitucionalidad que no es el establecido en el artículo 334 de la Constitución y que nunca puede tener efectos más allá que respecto de las partes del proceso y nunca el carácter general que sólo el recurso de nulidad por inconstitucional podría tener.

A través de la misma sentencia número 397 de fecha 14 de agosto de 2019, de nuevo en exceso de lo que en verdad es el control difuso, la SCC –de oficio y sin procedimiento alguno– se atribuyó la facultad, que exclusiva de la SC del TSJ, de declarar la omisión legislativa de la AN "*de adaptar el nuevo proceso civil a la Constitución vigente*", en violación del artículo 336, numeral 7, de la Constitución.

Pero además, en violación del principio de separación de poderes contemplado en el artículo 136 de la Constitución, la SCC distorsionando el alcance del control difuso de la constitucionalidad y de la omisión legislativa y procediendo como correspondería hacerlo al legislador y no al juez, consideró que con motivo de la entrada en vigencia de la Constitución estaba ella facultada para ajustar "*el proceso como instrumento fundamental para la realización de la justicia*", y en este sentido sin fundamento jurídico alguno estimó que debía establecer con carácter normativo: "*...un procedimiento de carácter oral, a los fines de obtener celeridad y brevedad en la tramitación de los juicios*".

En efecto, la SCC señaló que se veía "*en la obligación de, por vía del control difuso constitucional (artículo 334 de la Constitución)*", fijar las "*reglas para el nuevo procedimiento civil único, hasta tanto el Poder Legislativo cumpla con sus funciones y se subsuma la omisión legislativa al respecto, que entrará en vigencia a partir de la revisión de este fallo por parte de la Sala Constitucional de este Tribunal Supremo de Justicia, y su posterior publicación en la Gaceta Oficial de la República Bolivariana de Venezuela y en la Gaceta Judicial* (...)".

La sentencia número 397 es inconstitucional por cuanto:

i) usurpó las funciones legislativas propias, exclusivas y excluyentes de la AN, en violación del artículo 187, numeral 1, en concordancia con el artículo 156, numeral 32, y en consecuencia,
ii) violó el principio de separación de poderes y de legalidad, consagrados en los artículos 136 y 137, respectivamente, de la Constitución;
iii) violó la naturaleza, sentido y alcance del control difuso de la constitucionalidad, establecida en el artículo 334 de la Constitución; y
iv) usurpó las competencias de la SC del TSJ, al ejercer de oficio el control de constitucionalidad por omisión legislativa sobre la AN, en violación del artículo 336, numeral 7, de la Constitución, y, por vía de consecuencia,
v) violó el debido proceso y el derecho a la defensa consagrados en el artículo 49 de la Constitución, por cuanto prescindió total y absolutamente del proceso establecido en la LOTSJ, artículos 128 al 145, para la sustanciación y decisión del recurso por omisión legislativa.

En efecto, a través de la sentencia número 397 se legisló de forma inconstitucional y se dictaron normas de procedimiento de aplicación general. La inconstitucional sentencia número 397 dictada por la SCC del TSJ, derogó parcialmente el CPC, mediante el uso erróneo y desnaturalizado del control difuso de constitucionalidad y, en consecuencia, extendió sus efectos a una pluralidad de individuos más allá de la controversia sometida a su decisión, pretendiendo constituirse en una ley que regula el procedimiento civil. Es un claro ejemplo de la violación del límite de los poderes del juez en el ejercicio del control difuso de la constitucionalidad.

CAPÍTULO III
CONTROL CONCENTRADO DE LA CONSTITUCIONALIDAD

1. Introducción

El control concentrado de constitucionalidad es una modalidad de la justicia constitucional por medio de la cual cualquier persona natural o jurídica puede interponer, en cualquier tiempo, de forma directa y principal, por ante un órgano especializado (tribunal, corte o consejo constitucional), creado constitucional, legal o jurisprudencialmente, una acción dirigida a examinar la constitucionalidad de cualquier acto del Poder Público dictado en ejecución directa de la Constitución, que se resuelve, luego del trámite procesal, a través de una sentencia que puede declarar la nulidad, total o parcial, del acto impugnado por ser contrario a la Constitución y que tiene efectos *erga omnes*.

El control concentrado de la constitucionalidad es un mecanismo o instrumento procesal constitucional para el control normativo abstracto de la constitucionalidad de las leyes y demás actos dictados en ejecución directa de la Constitución, que se caracteriza porque un solo órgano, inserto o no dentro de la estructura del poder judicial, tiene el poder de actuar como juez constitucional; es decir, un solo órgano tiene la facultad de decidir jurisdiccionalmente la nulidad por inconstitucionalidad de los actos legislativos y otros actos del Estado de rango y valor similar, dictados en ejecución directa de la Constitución, que sean contrarios a la Constitución.

Este juez constitucional puede ser un tribunal constitucional creado especialmente por la Constitución, la ley o la jurisprudencia, dentro o fuera de la estructura del poder judicial, o bien puede estar dentro del máximo tribunal, como ocurre en Venezuela de acuerdo a lo establecido en los artículos 262, 266 (único aparte), 334 y 336 de la Constitución.

En Venezuela este control concentrado de constitucionalidad es de rango constitucional, tiene carácter universal, se desenvuelve a través de un juicio objetivo, que es de acción popular, procede contra violaciones directas de la Constitución, no tiene lapso de caducidad, sus efectos son *erga omnes*, lo lleva adelante un solo órgano, la SC del TSJ y la decisión que pone fin al proceso tiene fuerza de cosa juzgada. Esta modalidad de control de constitucionalidad se ha desarrollado con la colaboración jurisprudencial y está regulado en por la propia Constitución y por la LOTSJ, de manera provisional, hasta tanto se dicte una ley que regule a la jurisdicción constitucional.

2. Origen del control concentrado de la constitucionalidad de las leyes

2.1. Sieyès, Jellinek y Kelsen

El origen del control concentrado de la constitucionalidad es producto de una evolución histórica que tuvo como antecedentes más importantes los aportes de Sieyès[121], con su propuesta para incluir en la Constitución francesa de 1795 un *Jury* o *Jurie Constitutionnaire*[122]; los de Jellinek[123], referidos a la necesidad de la creación de un Tribunal Constitucional en el Imperio Austro-Húngaro en 1885 y, finalmente, la extraordinaria contribución de Hans Kelsen[124], con su tesis sobre la incorporación de un tribunal constitucional como guardián objetivo de la Constitución, que fue adoptada por el ordenamiento jurídico austríaco, primero mediante ley en 1919 y luego por medio de la Constitución de 1920[125].

---

121 Emmanuel Joseph Sieyès; Fréjus, Provenza, 1748 - París, 1836. Político de la Revolución francesa. Fue clérigo y vicario general de la diócesis de Chartres desde 1787. Autor de *Ensayo sobre los privilegios* (1788) y *¿Qué es el Tercer Estado?* (1789). Fuente: https://www.biografiasyvidas.com/biografia/s/sieyes.htm

122 Cfr. Edgar Carpio Marcos, "Sieyès, Jellinek, Kelsen y los tribunales constitucionales", en *Sobre la Jurisdicción Constitucional*, UIGV, Lima, 2017. Pp. 151-211.

123 Georg Jellinek, Leipzig, 1851 - Heidelberg, 1911. Jurisconsulto alemán. Profesor en las universidades de Basilea y de Heidelberg, publicó varias obras sobre filosofía del derecho y ciencia jurídica, entre ellas: *Teoría general del Estado*. Fuente: https://www.biografiasyvidas.com/biografia/j/jellinek.htm

124 Hans Kelsen, Praga, 1881 - Berkeley, California, 1973. Pensador jurídico y político austriaco. Profesor de Filosofía del Derecho de la Universidad de Viena, Universidad de Colonia, Universidad de Harvard, Universidad de Berkeley. Entre sus obras destacan *De la esencia y valor de la democracia* (1920), *Teoría general del Estado* (1925) y *Teoría pura del Derecho* (1935). Fuente: https://www.biografiasyvidas.com/biografia/k/kelsen.htm

125 Ibidem.

Sieyès, en primer lugar, propuso en el año 1795, con ocasión de la elaboración del proyecto de la Constitución francesa, que ese nuevo texto debía incluir cuatro órganos principales entre los cuales enfatizó la constitución de un *Jury* o *Jurie Constitutionnaire*, como un "*cuerpo de representantes que tendría como misión especial la de juzgar y pronunciarse sobre las denuncias de violación de la Constitución dirigidas contra los decretos de la legislatura*". Esta propuesta de Sieyès que se centraba en la creación de un órgano político-jurídico de máxima importancia para la protección de la Constitución, fue rechazada unánimemente por la Convención constituyente de Francia, con fundamento en el temor de que ese "*Jurie Constitutionaire*" se convirtiera en la suprema instancia del poder público[126].

Jellinek, por su parte, planteó en 1885 una serie de reformas al sistema jurídico del Imperio Austro-Húngaro, entre las cuales se encontraba la creación de un tribunal constitucional, que debía constituirse para hacer frente a los problemas concretos de la vida política de su país, especialmente, los derivados del conflicto de competencias legislativas entre los distintos Länder.

Este tribunal constitucional fue propuesto por Jellinek con el fin de reforzar la protección de la Constitución frente a los supuestos de ilegalidad parlamentaria. En efecto, Jellinek consideraba insuficiente la teoría clásica de la división de poderes para enfrentar los conflictos surgidos por los excesos de las mayorías parlamentarias y es por ello que propuso que la solución y control de dichos conflictos fuese encomendada especialmente a un órgano que ejerciera funciones jurisdiccionales.

Según Jellinek, el tribunal constitucional se constituiría en un órgano al cual las mayorías y minorías parlamentarias pudieran acudir y "*obtener una decisión imparcial, desprovista de cualquier sesgo partidista*", no para conocer la inconstitucionalidad de una ley, sino para decidir la competencia o incompetencia (territorial) del cuerpo representativo que dictare la norma enjuiciada. Sin embargo, dicha propuesta nunca fue acogida, ni siquiera considerada en el momento en que fue formulada a finales del siglo XIX en el Imperio Austro-Húngaro[127].

---

126 Ibidem. Pp. 151-211.
127 Ibidem.

El estudio científico del control concentrado de la constitucionalidad, se inició con el establecimiento de los primeros tribunales constitucionales europeos a partir de 1920 debido al pensamiento de Kelsen, quien redactó en 1919 en Austria la ley mediante la cual fueron confiadas las competencias del antiguo Tribunal del Imperio a un tribunal constitucional y tuvo un papel especial en la elaboración de la Constitución austríaca de 1920, que estableció un Tribunal Constitucional, como experto en derecho público, integrante de la Comisión Constitucional de la Asamblea Nacional Constituyente; y que, posteriormente, en 1928 publicó su ensayo denominado *"La garantie jurisdictionnelle de la Constitution"* (*La justicie constitucionnelle*).

El modelo de control concentrado de la constitucionalidad ideado por Kelsen partía de la idea de otorgarle la responsabilidad de verificar la invalidez de normas inferiores a la Constitución a un órgano autónomo e independiente, que se crearía para contrarrestar el enorme poder del Congreso y de los excesos en los que este podría incurrir en contra de la Constitución. Ese control concentrado, según la tesis de Kelsen, consiste en un control represivo, no preventivo, realizado por un órgano estructurado en tribunal, que se basa en la verificación de la conformidad de las leyes, decretos-leyes, reglamentos de ejecución, actos normativos generales y tratados internacionales con las disposiciones constitucionales.

Bajo este esquema, en caso de que el tribunal constitucional encontrara algún vicio de forma, es decir un vicio relativo al procedimiento de formación del acto, o algún vicio de fondo, por ser contrario al contenido de la Constitución, "*este procedería a la anulación de la ley o de disposiciones singulares de la misma, con eficacia pro futuro, salvo un limitado efecto retroactivo*"[128].

Según la particular tesis de Kelsen, el órgano o tribunal constitucional especializado no realizaría una función jurisdiccional, propiamente dicha, sino que la anulación de la ley o acto contrario a la Constitución suponía la formulación de una norma general, pero en sentido negativo, es decir, la función de un "legislador negativo", "*de manera que el Tribunal que tiene el poder de anular las leyes «es, por consecuencia, órgano del poder legislativo»*"[129].

---

128 Ibidem.

129 Ibidem.

De la construcción teórica de Kelsen surgió el control concentrado de la constitucionalidad de las leyes. Recibe ese nombre debido a que el poder de control se le otorga a un solo órgano con carácter exclusivo y excluyente, al tribunal constitucional, ubicado, generalmente, fuera de la estructura organizativa del poder judicial, con la función de controlar la constitucionalidad en la actividad de todos los órganos del Estado.

Kelsen introdujo un cambio básico en el sistema de control de la constitucionalidad que fue el de concentrar en un solo tribunal la jurisdicción de control de la constitucionalidad de las leyes, a diferencia del sistema americano de control judicial de la constitucionalidad que responsabilidad de todos los jueces.

Como dijimos en nuestras palabras introductorias, y como lo ha señalado Brewer-Carías, es necesario ratificar que si bien Kelsen formuló la tesis del control concentrado de la constitucionalidad en Europa, no es menos cierto que este tipo de control ya existía en América Latina 80 años antes, cuando la Constitución de Venezuela de 1858 determinó expresamente la competencia anulatoria de la Corte Suprema de Justicia sobre los "*actos legislativos sancionados por las Legislaturas Provinciales, a petición de cualquier ciudadano, cuando sean contrarios a la Constitución*" (artículo 113.9), competencia que inclusive fue ampliada a partir de la Constitución de 1893, artículo 110.8, respecto de todas las leyes, decretos y resoluciones inconstitucionales[130].

Regresando a la tesis expuesta por Kelsen, este sistema de control, que se ha denominado modelo europeo, analiza la norma violatoria de la Constitución de forma aislada y abstracta, no vinculada a un caso concreto. El juez constitucional realiza el análisis de puro derecho entre la norma constitucional y la de menor jerarquía, objeto de impugnación, para determinar si hay o no vicio de inconstitucionalidad. El sistema es derogatorio, pues puede anular, total o parcialmente, la ley o la norma cuestionada, que deja de tener vigencia o efectos para todos, por lo que la declaración de inconstitucionalidad será expresa y de alcance general (*erga omnes*).

130 Véase Allan Brewer-Carías, *Reflexiones sobre el constitucionalismo en América (con una Biblio verbi grafía del autor)*, ob. cit., p. 35; y, del mismo autor, *Justicia constitucional y jurisdicción constitucional,* ob. cit. p. 776.

La propuesta de Kelsen respecto de la creación de un órgano constitucional como guardián o defensor objetivo de la Constitución, no ya como un mero árbitro entre la federación y los estados, se consolidó con la creación del Tribunal Constitucional austríaco bajo la Constitución de 1920, el cual estaba "*autorizado a realizar el control de oficio de las leyes y reglamentos siempre que estos constituyeran el presupuesto de su decisión*"[131]. Este Tribunal Constitucional Federal (*Verfassungsgerichtshof*) tuvo una composición que garantizaba la índole neutral y permitió concretar la primera condición requerida por la teoría kelseniana: la independencia y la posición de tercero, características propias de un tribunal frente al Parlamento y al Gobierno[132].

Kelsen determinó que "*La cuestión de saber si el órgano llamado a anular las leyes inconstitucionales puede ser un tribunal se encuentra, por tanto, fuera de discusión. Su independencia frente al Parlamento como frente al Gobierno es un postulado evidente; puesto que son, precisamente, el Parlamento y el Gobierno, los que deben estar, en tanto que órganos participantes del procedimiento legislativo, controlados por la jurisdicción constitucional*"[133].

La historia de las cortes constitucionales europeas continuó con el Tribunal de Garantías Constitucionales establecido por la Constitución Española Republicana, promulgada en 1931 que, según la doctrina, se inspiró en la tesis kelseniana, puesto que, tanto en su organización como en su funcionamiento, dicho tribunal se estableció como un ente especializado en la solución de conflictos constitucionales, es decir, como un garante de la eficacia y vigencia de la Constitución Española, tanto en lo referente a la tutela de los derechos fundamentales consagrados en la Constitución como en lo relativo al control de la constitucionalidad de las leyes[134].

---

131 Ibidem.

132 Vid. Lucio Pegoraro y Angelo Rinella, *Sistemas constitucionales. Derecho constitucional comparado II*, ob. cit. p. 550.

133 Cfr. Hans Kelsen, *La garantía jurisdiccional de la Constitución (la justicia constitucional)*, Traducido por Rolando Tamayo y Salmorán, Instituto de Investigaciones Jurídicas, Ciudad de México, 1994. P. 492.

134 Luis Cervantes, "Los tribunales constitucionales en el derecho comparado. Un estudio introductorio sobre sus antecedentes y situación jurídica actual", en *Estudios Básicos de Derechos Humanos*, Tomo VI, Instituto Interamericano de Derechos Humanos, San José, 1994-1997. Pp. 356-371. Disponible en: https://archivos.juridicas.unam.mx/www/bjv/libros/4/1840/24.pdf

Luego de la segunda guerra mundial, la Constitución de Italia de 1947 estableció por primera vez la Corte Constitucional que si bien es cierto no fue puesta en funcionamiento inmediatamente por razones de índole política, comenzó a ejercer sus competencias en 1956. Tenía competencias, precisamente, para juzgar y controlar la constitucionalidad de todas las leyes.

En Alemania, con la entrada en vigencia de la Ley Fundamental en 1949 se creó el Tribunal Constitucional Federal, al cual, por medio de la Ley especial que se dictó para su conformación en 1951, se le encomendó la función de "*hacer guardar la Constitución, atribuyéndole para ello unas competencias que abarcan desde la resolución de conflictos federales y el control de las decisiones administrativas y resoluciones judiciales, hasta la declaración de nulidad de las leyes inconstitucionales*"[135].

Más adelante, se crearon tribunales constitucionales a través de las leyes fundamentales en: Francia (1958), Turquía (1961); la antigua Yugoslavia (1963) y las más modernas, de Portugal en 1976; España 1978; Bélgica en 1983; y Polonia en 1985, entre otras[136]. Luego de la caída del Muro de Berlín en 1989, se produjo un nuevo movimiento en este sentido y países como Albania, Bulgaria, Croacia, Eslovenia, Hungría, Lituania, Macedonia, Moldavia, Rusia, Rumania, dispusieron la creación de tribunales constitucionales en sus textos constitucionales[137].

Por influencia del modelo europeo, el sistema de control concentrado de la constitucionalidad también se implantó en Latinoamérica a través de la creación de tribunales y cortes constitucionales en las constituciones de Uruguay en 1952; en Guatemala en la Constitución de 1985 con antecedente en la Constitución de 1965; en Chile a través de la reforma constitucional a la Carta Fundamental de 1925, realizada en 1970 y Perú en 1979. Posteriormente, se incorporó en la Constitución

---

135 Ibidem. p. 361.

136 Ana Giacomette Ferrer, *La Prueba en los procesos constitucionales*, Editorial Jurídica Venezolana, Fundación de Estudios de Derecho Administrativo. Caracas, 2014. p.107. Al respecto, "*Es indiscutible que los horrores de la II Guerra Mundial, por los abusos sobre los derechos humanos, desencadenaron el movimiento de creación de órganos encargados de realizar los juicios constitucionales*", Vid. Liliana Estupiñan Achry; Carlos Hernández; William Jiménez (Editores Académicos), ob. cit. P. 23.

137 Humberto Nogueira Alcalá, "Tópicos sobre jurisdicción constitucional y tribunales constitucionales", en *Revista de derecho,* Vol. XIV - Julio 2003, pp. 43-66.

de Colombia de 1991 una Corte Constitucional; en la Constitución de Paraguay de 1992, con vigencia efectiva a partir de 1995, cuando se creó la Sala Constitucional de la Corte Suprema de Justicia, en la Constitución de Bolivia de 1994 y con funcionamiento desde 1999 y de Ecuador creado en 2008 para sustituir al antiguo Tribunal Constitucional regulado en la Constitución de 1979 y finalmente en la Constitución de 1999 en Venezuela fue creada la SC.

En otros continentes como Asia (Corea del Sur, Tailandia) y África (Argelia, Marruecos, Mauritania y Túnez) también fue establecido este modelo de control concentrado de la constitucionalidad.

3. Definición del control concentrado de la constitucionalidad

El control concentrado de constitucionalidad es una modalidad de la justicia constitucional que se extiende a todos los actos del poder público, sin excepción, dictados en ejecución directa de la Constitución. La acción puede ser interpuesta en cualquier tiempo y por cualquier persona natural o jurídica sin que se precise legitimación alguna y es resuelta, exclusivamente, por un órgano especializado (tribunal, corte o consejo constitucional), creado constitucional, legal o jurisprudencialmente, facultado para declarar la nulidad, total o parcial, por inconstitucionalidad del acto objeto de control, y que por tener un carácter normativo y general, la declaratoria de nulidad tiene efectos *erga omnes* es decir, es oponible a todos.

La doctrina ha definido el control concentrado de la constitucionalidad a partir de la potestad exclusiva de un órgano especializado para conocer y declarar la nulidad de leyes y demás actos dictados por los órganos y entes del poder público, en ejecución directa e inmediata de la Constitución. El control concentrado, según García de Enterría, es aquel que se atribuye con carácter exclusivo y excluyente a un solo órgano, el tribunal constitucional, ubicado fuera de la estructura organizativa del poder judicial, con la función de controlar la constitucionalidad en la actividad de todos los órganos del Estado[138].

---

[138] Eduardo García de Enterría, *La Constitución como Norma y el Tribunal Constitucional*, Ob. cit.

En Venezuela el maestro Lares Martínez identifica el control concentrado de la constitucionalidad como aquel que se confía a un solo tribunal, el tribunal constitucional, y que consiste en la atribución de declarar la inconstitucionalidad de la ley, con efectos *erga omnes*[139]. Según Brewer-Carías, el control concentrado es la potestad anulatoria de las leyes o actos dictados en ejecución directa de la Constitución. A diferencia del control difuso, la Constitución atribuye tal potestad sólo y exclusivamente a la SC del TSJ, dando origen a la justicia constitucional. El control concentrado se activa por vía de acción popular o por iniciativa o impulsos de determinados funcionarios gubernamentales o del Poder Ciudadano y la decisión que de él resulte, produce efectos *erga omnes*[140].

Jesús María Casal señala que el control concentrado es aquel que ejerce la SC y que abarca no solo la nulidad de las leyes u otros actos de igual rango contrarios a la Constitución, sino que a esta atribución se suma la de ejercer el control de la constitucionalidad de las omisiones legislativas y el control preventivo de la constitucionalidad de los tratados internacionales[141].

A partir de la entrada en vigencia de la Constitución de 1999 la SC del TSJ, comenzó la labor jurisprudencial de definir el alcance y ámbito del control concentrado de la constitucionalidad, cuya competencia le habían otorgado los artículos 334 y 336 de la Constitución. En primer lugar, la SC definió el control concentrado como aquel que es otorgado por la Constitución de forma exclusiva a la SC y que consiste en conocer y decidir sobre la nulidad total o parcial de las leyes nacionales y demás actos con rango de ley de la AN que colidan con la Constitución, previsto en el artículo 336.1 constitucional; los actos con rango de ley dictados por el Ejecutivo Nacional, que son aquellos para los cuales la AN delegó en el Ejecutivo su confección y promulgación, establecido en el artículo 334.3 constitucional; y sobre las constituciones y leyes estadales, producto de cuerpos deliberantes (consejos

---

139 Eloy Lares Martínez. *Manual de Derecho Administrativo*, XIII Edición, Facultad de Ciencias Jurídicas y Políticas de la Universidad Central de Venezuela, Caracas, 2008.

140 Allan Brewer-Carías R. "El control concentrado de la constitucionalidad de las leyes (estudio de derecho comparado)" en "Cuadernos de la Cátedra Fundacional Allan R. Brewer-Carías de Derecho Público Universidad Católica del Táchira N°2", Editorial Jurídica Venezolana. Disponible en: http://acienpol.msinfo.info/bases/biblo/texto/Brewer/L-0462.pdf

141 Jesús María Casal H., *Constitución y Justicia Constitucional*, Ob. cit.

legislativos), dispuesto en el numeral 2 del artículo 336 constitucional (véase sentencia de la SC del 14 de febrero de 2002, en el caso Central Cafetalero Valle Verde C.A.).

La SC también ha establecido que si bien la característica principal de este control concentrado es el ejercicio a *posteriori* mediante la potestad anulatoria de leyes y actos de los poderes públicos, en ejecución directa e inmediata de la Constitución, no es la única competencia que tiene. La SC tiene además dentro de sus competencias el control preventivo de la constitucionalidad de los tratados internacionales, la cual es ejercida a instancia del Presidente de la República o de la AN; las de control preventivo de la constitucionalidad de los proyectos de leyes nacionales, también a instancia del Presidente de la República; y el control preventivo en cuanto al pronunciamiento de la constitucionalidad del carácter orgánico de las leyes calificadas como tales por la AN.

Asimismo, el texto constitucional ha dotado a la SC de otros tipos de controles como el de las omisiones, y además de las revisiones de sentencias definitivamente firmes que hayan hecho uso del control difuso de la constitucionalidad o el amparo constitucional.

4. El control concentrado en Venezuela

La influencia de la Revolución Americana y de la Constitución de Estados Unidos del 17 de septiembre de 1787, así como la de su antecedente la Declaración de los Derechos de Virginia (*Bill of Right*), la influencia también de la Revolución Francesa y la declaración de los Derechos del Hombre y del Ciudadano de 1789, impulsaron a que en Venezuela, desde su primera Constitución, sancionada el 21 de diciembre de 1811, se establecieran las bases fundamentales del Estado de Derecho; es decir, se consagró el principio de separación de poderes, el de legalidad y junto con ellos el de la supremacía constitucional. Allí estuvo el germen de la justicia constitucional en Venezuela y, en concreto, del control concentrado de constitucionalidad. De eso dejan cuenta Humberto J. La Roche y Allan Brewer-Carías.

Aunque se trataba más propiamente de un control político, pues se estableció que todo acto inconstitucional era "nulo y tiránico", los funcionarios podían relevarse de su cumplimiento y se facultó al Congreso "*para juzgar a los actores de actos inconstitucionales y para revisar los actos legislativos de las provincias...*". Control implícito lo denominó Humberto J. La Roche.

Luego, la Constitución de 1858 estableció por primera vez en forma expresa el control judicial concentrado de la constitucionalidad, a través de la acción popular, atribuyendo a la Corte Suprema competencia para declarar la nulidad de los actos legislativos sancionados por las legislaturas provinciales cuando fueren contrarios a la Constitución.

En efecto, el artículo 113 de la Constitución de 1858, dispuso lo siguiente:

> *"Artículo 113. — Son atribuciones de la Corte Suprema:*
> *(...)*
> *8ª Declarar la nulidad de los actos legislativos sancionados por las Legislaturas provinciales, a petición de cualquier ciudadano, cuando sean contrarios a la Constitución".*

Luego, esta figura de acción popular fue eliminada en la Constitución de los Estados Unidos de Venezuela de 1864, en la que se estableció un sistema de protección de la autonomía y derechos de los Estados garantizados en esa Constitución a través de la petición de la mayoría de las Legislaturas para declarar la nulidad, por parte de la Alta Corte Federal de cualquier acto del Congreso o del Ejecutivo Nacional que violara o atacara la independencia de los Estados.

En la Constitución de 1893 se establecieron las bases del control concentrado de la constitucionalidad sobre las leyes nacionales o estadales y otros actos de los órganos del Poder Público en cabeza de la Corte Federal. El artículo 123 de la Constitución de 1893 establecía el control concentrado en los siguientes términos:

> *"Artículo 123. Todo acto de las Cámaras Legislativas o del Ejecutivo Nacional, que viole los derechos garantizados a los Estados o ataque su autonomía, deberá ser declarado nulo por la Alta Corte Federal, aunque la declaratoria de nulidad haya sido pedida por una sola de las Asambleas Legislativas de los Estados".*

Esa facultad se mantuvo en los mismos términos en la Constitución de 1901, cuyo artículo 106, numeral 10, otorgó a la Corte Federal la atribución de *"Declarar la nulidad de todos los actos de las Cámaras*

Legislativas o del Ejecutivo Federal, que violen los derechos garantizados a los Estados o que ataquen su autonomía, a petición de cualquiera de los Poderes de un Estado".

Por su parte, la Constitución de 1904 estableció expresamente en el artículo 95, numeral 10, la atribución de la Corte Federal y de Casación de: "*Declarar la nulidad de las leyes nacionales, ó de los Estados, cuando colidan con la Constitución de la República".* Esa norma se mantuvo en las Constituciones de 1909, 1914, 1922, 1925, 1929, 1931, 1936, 1945, 1947, 1953 y 1961.

En el artículo 133, numeral 3 de la Constitución de 1953 se le otorgó a la Corte Federal, además, la competencia de "*Declarar la nulidad de los actos del Poder Público que sean violatorios de la Constitución*".

Durante la vigencia de la Constitución de 1961, no existía un órgano "especializado" que llevara el control de la constitucionalidad, sin embargo, la CSJ en Sala Plena actuaba como órgano "especial" al controlar de manera exclusiva la constitucionalidad de algunos actos, concretamente los referidos a los numerales 3, 4 y 6 del artículo 215 de la Constitución de 1961:

> *"Artículo 215. — Son atribuciones de la Corte Suprema de Justicia:*
> *(...)*
> *3° Declarar la nulidad total o parcial de las leyes nacionales y demás actos de los cuerpos legislativos que colidan con esta Constitución;*
> *4° Declarar la nulidad total o parcial de las leyes estatales, de las ordenanzas municipales y demás actos de los cuerpos deliberantes de los Estados o Municipios que colidan con esta Constitución;*
> *(...)*
> *6° Declarar la nulidad de los reglamentos y demás actos del Ejecutivo Nacional cuando sean violatorios de esta Constitución".*

Era competencia de la CSJ en Sala Plena, declarar la nulidad por inconstitucionalidad, total o parcial, tanto de las leyes nacionales, estadales y ordenanzas municipales y demás actos de los cuerpos deliberantes de los estados y municipios; así como también declarar la nulidad de los

Reglamentos y demás actos del Ejecutivo Nacional cuando resultaren violatorios al texto constitucional.

Finalmente, la Constitución de 1999 creó la SC inserta dentro de la estructura del TSJ. Según la Constitución en su artículo 335 y su Exposición de Motivos la SC del TSJ tiene la condición de tribunal constitucional, garante de la supremacía constitucional e intérprete máximo y último del texto fundamental, al punto que sus criterios sobre el alcance de las normas y principios constitucionales serán vinculantes para todos los tribunales de la República incluyendo las demás Salas del TSJ.

A la SC le corresponde en forma exclusiva, de acuerdo con el artículo 334 constitucional, ejercer el control concentrado de la constitucionalidad manifestado en la potestad judicial de anular las leyes y demás actos con rango de ley o dictados en ejecución directa e inmediata de la Constitución que resulten contrarios a esta.

Este control concentrado abarca no sólo la declaración de la nulidad de las leyes u otros actos de igual rango contrario a la Constitución, a los que se refiere los numerales 1 al 4 y 6 del artículo 336 de la Constitución, sino que incluye también la de ejercer el control de constitucionalidad de las omisiones legislativas y el control preventivo de la constitucionalidad de los tratados internacionales, previsto en los numerales 5 y 7 del mismo artículo 336, y de la constitucionalidad de las leyes orgánicas a ser sancionadas por el órgano legislativo, de conformidad con lo dispuesto en los artículos 203 y 214 de la Constitución.

La Constitución de 1999, estableció el control concentrado de la constitucionalidad como facultad propia del TSJ tal como se desprende de la letra del artículo 266, numeral 1, que dispone: "*Son atribuciones del Tribunal Supremo de Justicia: Ejercer la jurisdicción constitucional conforme al Título VIII de esta Constitución...*".

Al TSJ le es conferido por la Constitución el ejercicio de la jurisdicción constitucional, y dentro de ese órgano fue creada la SC (Artículo 262. "*El Tribunal Supremo de Justicia funcionará en Sala Plena y en las Salas Constitucional,...*") como órgano judicial especializado y que en la práctica monopoliza el ejercicio de la mencionada jurisdicción.

Asimismo, el artículo 334 *in fine* señala que:

> "*Corresponde exclusivamente a la Sala Constitucional del Tribunal Supremo de Justicia como jurisdicción constitucional,*

> *declarar la nulidad de las leyes y demás actos de los órganos que ejercen el poder público dictados en ejecución directa e inmediata de la Constitución o que tengan rango de ley".*

La Constitución delimitó el ámbito de competencias de la jurisdicción constitucional a la revisión de las leyes u otros actos dictados por los órganos que ejercen el poder público, en ejecución directa e inmediata de la Constitución. El control de los actos de rango sublegal, dictados por los órganos del poder público, corresponde a la jurisdicción contencioso administrativa, tal y como lo señala el artículo 259 de la Constitución y, en este caso, se trata de un examen de legalidad y no de inconstitucionalidad.

En efecto, corresponde a la SPA del TSJ y de los demás tribunales de la jurisdicción contencioso administrativa la nulidad de los actos unilaterales, con rango sublegal, dictados por los entes u órganos de la administración pública nacional, estadal o municipal, centralizada o descentralizada, o dictados incluso por los particulares en ejercicio de la función administrativa, con el fin de crear, modificar o extinguir situaciones jurídicas subjetivas de los particulares, estos son, los actos administrativos.

De allí que la SC no tenga la facultad de controlar los actos administrativos ni los reglamentos u otros actos de rango sublegal. El control de esos actos le corresponde, entre otros órganos de la jurisdicción contencioso administrativa a la SPA del TSJ como se aprecia de la lectura del artículo 266 numeral 5: "*Son atribuciones del Tribunal Supremo de Justicia:*

> *5. Declarar la nulidad total o parcial de los reglamentos y demás actos administrativos generales o individuales del Ejecutivo Nacional, cuando sea procedente"*

De otra parte, los reglamentos, que son normas de efectos generales dictadas por el Presidente de la República, pese a tener jerarquía inferior a su ley, están regulados directamente por la Constitución en el artículo 236, numeral 10, por lo que son objeto de control de constitucionalidad. En efecto, si el reglamento fuere dictado alterando el espíritu, propósito y razón de la ley que reglamenta, obviamente violaría los límites impuestos por la Constitución y, en consecuencia, sería inconstitucional. De acuerdo con el mencionado artículo 266 constitucional, en este caso el control de constitucionalidad deberá ser ejercido por la SPA del TSJ y no por la SC.

Estoy de acuerdo con Brewer-Carías cuando indica que en Venezuela el recurso de inconstitucionalidad, competencia de la SC del TSJ y el recurso contencioso-administrativo de anulación (competencia de la jurisdicción contencioso administrativa) en muchas oportunidades se ha confundido. Pese a que la intención de la Constitución de 1999 fue precisamente distinguir los procesos contencioso administrativos atribuidos al conocimiento de la jurisdicción contencioso administrativa que ejerce la SPA del TSJ y los otros tribunales (artículo 259 de la Constitución), de la jurisdicción constitucional ejercida por la SC del TSJ (artículo 336 de la Constitución), artículos como el precitado 266 –contrariamente– han impedido la claridad en la distinción.

Sabemos que la diferencia entre la jurisdicción constitucional y la jurisdicción contencioso administrativa radica, principalmente, en que la jurisdicción contencioso administrativa está llamada a controlar la conformidad con el bloque de la legalidad de los actos y actuaciones de la administración pública en ejecución de la ley, tales como son los actos administrativos, las actuaciones, vías de hecho, omisiones, contratos administrativos, etc., mientras que la jurisdicción constitucional es la responsable de controlar la constitucionalidad de los actos dictados por los órganos del Poder Público en ejecución directa e inmediata de la Constitución y a tutelar y proteger los derechos y libertades.

Otra cosa muy distinta al control concentrado de la constitucionalidad es la "acción innominada de control de la constitucionalidad", surgida de forma inconstitucional a partir de la jurisprudencia de la SC del TSJ, en violación del principio de reserva legal de los procedimientos establecido en los numerales del artículo 156.32 de la Constitución, usurpado las funciones legislativas propias, exclusivas y excluyentes de la AN, consagradas en el artículo 187.1 de la Constitución y en violación de los principios de separación de poderes y de legalidad establecidos en los artículos 136 y 137, respectivamente, *eiusdem*.

El artículo 336 de la Constitución dispone expresamente las competencias de la SC en el ejercicio de la jurisdicción constitucional, entre las cuales se encuentra: "*11. Las demás que establezcan esta Constitución y la ley*". De modo que por mandato expreso de la Constitución, solo esta y la ley pueden establecer las competencias que debe ejercer dicha Sala del TSJ. Asimismo, solo mediante la ley –LOTSJ o la ley que en su oportunidad regule la jurisdicción constitucional– es posible crear procesos judiciales, nunca mediante una sentencia dictada por el poder judicial. A través de la creación jurisprudencial de la "acción innominada de control de la constitucionalidad" la SC usurpó las potestades propias y exclusivas del Poder Legislativo Nacional, único órgano del Poder Público legitimado para legislar en las materias de competencia del Poder Nacional, entre las cuales se encuentra, precisamente, la legislación sobre los procedimientos y como consecuencia violó además el principio de separación de poderes.

El antecedente de esta peculiar "*acción innominada*" la encontramos en la sentencia número 1547 del 17 de octubre de 2011 de la SC, que decidió la "*acción innominada de control de constitucionalidad*" formulada por el Procurador General de la República en contra de la decisión de la CorIDH condenó a la República Bolivariana de Venezuela a la habilitación para ejercer cargos públicos al ciudadano Leopoldo López Mendoza, por la violación del derecho político de este. En esta oportunidad, la SC, sin fundamento constitucional ni legal alguno, decidió conocer de una «acción innominada de control de la constitucionalidad» de la sentencia de la Corte Interamericana, y declarar que la sentencia dictada por la misma en protección de Leopoldo López era "*inejecutable*" en Venezuela, ratificando así la violación de su derecho constitucional a ser electo, y que le impedía ejercer su derecho a ser electo y ejercer funciones públicas representativas[142].

La SC dispuso en esa decisión que la acción innominada que se pretendía no constituía una acción de nulidad de la sentencia de la Corte, pero tampoco una demanda de interpretación constitucional, sino que

[142] Véase Allan Brewer-Carías, "El ilegítimo «control de constitucionalidad» de las sentencias de la Corte Interamericana de Derechos Humanos por parte de la Sala Constitucional del Tribunal Supremo de Justicia de Venezuela: el caso Leopoldo López vs. Venezuela, septiembre 2011", en *Libro Homenaje a Antonio Torres del Moral*, Universidad Nacional de Educación a Distancia, Madrid 2012. Disponible en: https://allanbrewercarias.com/wp-content/uploads/2012/12/747-735.-Ileg%C3%ADtimo-control-constit.-sentencias-CIDH-Caso-L.-L%C3%B3pez..pdf

se trataba de "*una modalidad innominada de control concentrado que requiere de la interpretación para determinar la conformidad constitucional de un fallo*", en este caso de un fallo dictado por la CorIDH, sobre la cual la SC del TSJ carece de jurisdicción.

Luego a través de la sentencia número 907 del 28 de octubre de 2016, dictada por la SC se decidió una acción innominada de control de la constitucionalidad de las normas previstas en los artículos 41 y 227 de la Constitución, "*con ocasión de las actuaciones desplegadas por algunos ciudadanos, dirigidas a señalar falazmente el supuesto incumplimiento, por parte del Presidente de la República, del requisito constitucional referido a ser venezolano por nacimiento, sin otra nacionalidad*", interpuesta por Nicolás Maduro Moros, en su momento, Presidente de la República.

Eso ocurrió en el caso en el cual se cuestionaba la legitimidad del Presidente de la República en virtud de su nacionalidad, por el hecho de no poseer la venezolana con carácter exclusivo. En este caso el Presidente Maduro convenientemente señaló que "*al no existir disposición expresa que contemple la modalidad de control de la constitucionalidad aquí planteada, lo pertinente es ejercer la presente acción innominada de control de la constitucionalidad (...)*", y la SC decidió admitirla y declararse competente para conocer de esta acción que no existe en el ordenamiento constitucional y legal venezolano y excede del ámbito de sus competencias, colocándose por encima de la Constitución, con el único fin de declarar que "*El presidente constitucional de la República Bolivariana de Venezuela, Nicolás Maduro Moros, es, en efecto, ciudadano venezolano por nacimiento que no posee otra nacionalidad*".

La SC, en lugar de declarar inadmisible esa acción no contemplada en el ordenamiento jurídico constitucional, la admitió acción y fundamentó su competencia en los artículos 266 y 335 de la Constitución. La SC creó una "*acción innominada de control de la constitucionalidad*" para concretar pretensiones de control de constitucionalidad que escapan al ámbito de competencias constitucionales y legales del juez constitucional.

Además, pretendió la SC justificar la creación de dicha acción innominada en su propia jurisprudencia afirmando que esta "*ha desarrollado esta modalidad de acción en las decisiones signadas con los números*

100 del 20 de febrero de 2051 y 443 del 10 de abril de 2015". Sin embargo, esas sentencias se refieren a la demanda de interpretación constitucional, de conformidad con lo dispuesto en el artículo 25.17 de la LOTSJ, no a la referida "*acción innominada de la constitucionalidad*".

4.1. Atribuciones en ejercicio del control represivo (artículo 336, numerales 1, 2, 3 y 4)

Las denominadas atribuciones en ejercicio del control represivo que ejerce la SC están vinculadas a la tesis de Kelsen sobre el "legislador negativo". Son el conjunto de atribuciones que tiene la SC de revisar todos los actos dictados por los órganos del Poder Público en ejecución directa e inmediata de la Constitución. Estas atribuciones están consagradas en los numerales 1, 2, 3, y 4 del artículo 336 de la Constitución, y en el artículo 34 de la Constitución:

1. "*Declarar la nulidad total o parcial de las leyes nacionales y demás actos con rango de ley de la Asamblea Nacional que colidan con esta Constitución*".

Estos "*demás actos con rango de ley*" a que se refiere la Constitución, se refiere a la noción formal de la ley que define como tales a todos los actos que dicta el órgano legislativo actuando como cuerpo legislador y que es, precisamente, la que acoge el artículo 202 de la Constitución. Es decir, todas las leyes desde el punto de vista formal, aunque algunas de ellas no lo sean desde el punto de vista material.

2. "*Declarar la nulidad total o parcial de las Constituciones y leyes estadales, de las ordenanzas municipales y demás actos de los cuerpos deliberantes de los Estados y Municipios dictados en ejecución directa e inmediata de la Constitución Nacional y que colidan con esta*".

3. "*Declarar la nulidad total o parcial de los actos con rango de ley dictados por el Ejecutivo Nacional que colidan con esta Constitución*".

Estos "*actos con rango de ley dictados por el Ejecutivo Nacional que colidan con la Constitución*" son los denominados decretos-leyes, que la Constitución regula en los numerales 7 y 8 del artículo 236. El primero, de ellos el establecido en el numeral 7, es el referido a los decretos leyes que dicte el Presidente de la República, dentro del marco de la declaratoria de los estados de excepción, de conformidad con los artículos 337 al 339 de la Constitución.

El segundo supuesto es el regulado en el numeral 8 del artículo 236 de la Constitución, es el relativo a los decreto-leyes que puede dictar el Presidente de la República cuando ha sido autorizado previamente para ello mediante una ley habilitante. De forma que todos los decretos-leyes que dicte el Presidente de la República en ejecución de estos supuestos –estados de excepción y leyes habilitantes– están sujetos al control de constitucionalidad.

Aquí se incluyen también los denominados actos de gobierno, estos son los actos de contenido eminentemente político, intrínsecamente ligados a la conducción y subsistencia del Estado, dictados por el Presidente de la República, actuando en su carácter de Jefe de Estado, en función de gobierno, en ejecución directa e inmediata de la Constitución, es decir, ejercidos con fundamento en atribuciones que la propia Constitución le asigna directamente al Presidente de la República y que tienen igual rango que la ley[143].

La Constitución le otorga la facultad al Presidente de la República de dictar actos de gobierno a través de los numerales 3, 4, 5, 6, 7, 9, 19, 21, 22 y 23 del artículo 236, que se corresponden con las atribuciones para:

3. Nombrar y remover al Vicepresidente Ejecutivo o Vicepresidenta Ejecutiva; nombrar y remover los Ministros o Ministras.
4. Dirigir las relaciones exteriores de la República y celebrar y ratificar los tratados, convenios o acuerdos internacionales.
5. Dirigir la Fuerza Armada Nacional en su carácter de Comandante en Jefe, ejercer la suprema autoridad jerárquica de ella y fijar su contingente.
6. Ejercer el mando supremo de la Fuerza Armada Nacional, promover sus oficiales a partir del grado de coronel o coronela o capitán o capitana de navío, y nombrarlos o nombrarlas para los cargos que les son privativos.
7. Declarar los estados de excepción y decretar la restricción de garantías en los casos previstos en la Constitución.
9. Convocar la Asamblea Nacional a sesiones extraordinarias.

143 Allan Brewer-Carías, *Reflexiones sobre el constitucionalismo en América*, Editorial Jurídica Venezolana, Caracas, 2001. p.219.

19. Conceder indultos.
21. Disolver la Asamblea Nacional en el supuesto establecido en por la Constitución.
22. Convocar referendos en los casos previstos por la Constitución.
23. Convocar y presidir el Consejo de Defensa de la Nación.

El control de la constitucionalidad de estos actos de gobierno dictados por el Presidente de la República en ejecución directa e inmediata de la Constitución corresponde a la SC del TSJ.

4. "*Declarar la nulidad total o parcial de los actos en ejecución directa e inmediata de la Constitución, dictados por cualquier otro órgano estatal en ejercicio del Poder Público, cuando colidan con esta*".

Estos otros órganos estatales a que se refiere la norma son los órganos que conforman el Poder Ciudadano, estos son: la Defensoría del Pueblo, el Ministerio Público y la Contraloría General de la República; y, además de ellos, la norma alude también al Consejo Nacional Electoral. En todos estos casos corresponde a la SC declarar la nulidad total o parcial de los actos dictados en ejecución directa e inmediata de la Constitución. Insistimos que debe tratarse de actos dictados en ejecución directa de la Constitución, pues si fuere en ejecución de las leyes especiales que rige a cada uno de esos órganos, sería entonces la jurisdicción contencioso administrativa la competente y el examen sería de legalidad y no de constitucionalidad.

5. De acuerdo a lo dispuesto en el artículo 34 de la LOTSJ, cuando se declare de conformidad a derecho la desaplicación por control difuso, previamente decidido por cualquier tribunal de la República, la SC puede ordenar el inicio del procedimiento de nulidad por inconstitucionalidad.

En efecto, de acuerdo a los establecido en el artículo 33 de la LOTSJ, en caso de que el juez, en ejercicio del control difuso de la constitucionalidad, haya desaplicado una norma que contraríe la Constitución, el fallo que resulte de dicha desaplicación, estará sometido al control ordinario por el correspondiente recurso de apelación, del cual conocerán los jueces superiores que podrán, confirmar o revocar la decisión y está decisión, definitivamente firme, que desaplique una norma por ser violatoria de las disposiciones constitucionales, deberá ser informada a la SC para que ésta examine de forma abstracta la constitucionalidad de la norma que se trate. La LOTSJ en el artículo 33 establece:

> *"Cuando cualquiera de las Salas del Tribunal Supremo de Justicia y los demás tribunales de la República ejerzan el control difuso de la constitucionalidad deberán informar a la Sala Constitucional sobre los fundamentos y alcance de la desaplicación que sea adoptada, para que ésta proceda a efectuar un examen abstracto sobre la constitucionalidad de la norma en cuestión. A tal efecto deberán remitir copia certificada de la sentencia definitivamente firme".*

En razón de lo anterior la SC, puede, si así lo estima pertinente, ordenar de oficio el inicio de un procedimiento de nulidad por inconstitucionalidad. Téngase por ejemplo la sentencia número 702 de la SC de fecha 18 de octubre de 2018, por medio de la cual declaró conforme a derecho la desaplicación por control difuso de la constitucionalidad del artículo 41, literal "j" del Decreto con Rango, Valor y Fuerza de Ley de Regulación del Arrendamiento Inmobiliario para el Uso Comercial que se hizo en el laudo arbitral dictado el 15 de septiembre de 2016, suscrito por la abogada Irma Lovera de Sola, y seguidamente ordenó abrir de oficio el procedimiento de nulidad por inconstitucionalidad contra el referido artículo, de acuerdo a lo previsto en el artículo 34 de la LOTSJ.

4.2. Atribuciones en ejercicio del control preventivo

Además de las formas de control represivo que hemos explicado previamente, la Constitución establece cuatro formas de control preventivo. Primero: El control preventivo de la constitucionalidad de los tratados internacionales, que es ejercido a instancia del Presidente de la República o de la AN, según lo dispone el artículo 336.5 de la Constitución. Segundo: El control preventivo de la constitucionalidad de los proyectos de leyes nacionales, también llevado adelante a instancia del Presidente de la República, establecido en el artículo 214 de la Constitución. Tercero: El control preventivo en cuanto al pronunciamiento de la constitucionalidad del carácter orgánico de las leyes calificadas como tales por la AN, a que se refiere el artículo 203 de la Constitución. Cuarto: El control preventivo de la constitucionalidad sobre los decretos que declaran el Estado de Excepción (artículos 336.6 y 339 de la Constitución).

A través del control preventivo de la constitucionalidad la SC actúa como contralor previo de la constitucionalidad de normas que van a entrar en vigencia dentro del ordenamiento jurídico. Se revisa la adecuación de la norma al marco constitucional antes de su entrada en vigencia. Este conjunto de atribuciones alude al control que la SC ejerce sobre actos del Poder Público que no han adquirido plena firmeza y en los que el control previo que ejerce la SC es una modalidad, dentro de la separación de poderes, de la colaboración y control (*check and balance*) que existe dentro de los distintos órganos del poder público. Véase artículo 136 de la Constitución.

4.2.1. Control preventivo de la constitucionalidad de los tratados internacionales (artículo 336.5)

Tanto el Presidente de la República como el Presidente de la AN tienen legitimación activa para solicitar a la SC del TSJ que se pronuncie sobre la constitucionalidad de los tratados internacionales que aún no han sido ratificados por la República, es decir, después de su suscripción pero siempre antes de su ratificación. En ese sentido la Constitución establece:

> *"Artículo 336: Son atribuciones de la Sala Constitucional del Tribunal Supremo de Justicia:*
> *5. Verificar a solicitud del Presidente o Presidenta de la República o de la Asamblea Nacional, la conformidad con esta Constitución de los tratados internacionales suscritos por la República, antes de su ratificación".*

Este control de constitucionalidad previo está dirigido a que la SC del TSJ verifique "*la conformidad con la Constitución de los tratados internacionales suscritos por la República antes de su ratificación*", por lo que puede tratarse de cualquier tratado internacional, sea que para su validez se requiera o no de ley aprobatoria.

Esta disposición está fundamentada en la necesidad de armonizar las normas de derecho internacional público con las de derecho interno, dada la importancia y variedad de tratados internacionales suscritos por el ejecutivo, no solo en materia comercial, sino fundamentalmente en materia de derechos humanos y otros con incidencia en los derechos económicos de los ciudadanos.

Según se desprende de la Exposición de Motivos de la Constitución, esta competencia, no regulada en el ordenamiento constitucional de 1961, tiene por finalidad salvaguardar la responsabilidad internacional de la República que pudiera verse afectada por el incumplimiento por parte del Estado de un tratado ya ratificado, que luego se considere que contradice la Constitución.

En ese sentido, la Exposición de Motivos de la Constitución justifica este control preventivo en el hecho de que "*luego del proceso de conclusión de un tratado internacional, es decir, de su ratificación y entrada en vigencia por las vías previstas en el derecho constitucional y en el derecho internacional público, la eventual y posterior declaración de inconstitucionalidad del mismo o de alguna de sus disposiciones por parte de la SC no podría, en principio, ser opuesta como una justificación para incumplir dicho tratado sin que se comprometa la responsabilidad internacional de la República*".

De esta forma, el control preventivo ejercido por la SC no sólo tendrá como fin proteger al Estado de incurrir en responsabilidad internacional por incumplimiento de los convenios internacionales, sino que además, permitirá adecuar al ordenamiento constitucional los tratados internacionales que se suscriban pues si alguna de sus disposiciones resultare inconstitucional éste podrá ser ratificado por el Estado con la debida reserva si estas fueran posibles y, en caso contrario, permitirá analizar la necesidad o conveniencia de su ratificación luego o la posible enmienda o reforma de la Constitución, a modo de armonizar el ordenamiento jurídico internacional con el derecho interno venezolano.

Los tratados internacionales cuya constitucionalidad es verificada por la SC y que posteriormente son ratificados, comienzan a formar parte del ordenamiento jurídico venezolano y deben ser acatados y cumplidos de forma obligatoria, para lo cual, el control de la convencionalidad cumple la función de garantizar la efectiva aplicación en el ordenamiento nacional de dichos tratados internacionales.

La LOTSJ, en su artículo 145, establece que estas causas no requieren sustanciación. La Sala decidirá en un lapso de treinta días de despacho contados a partir del día en que se dé cuenta del recibo de las actuaciones.

4.2.2. Control preventivo de las leyes nacionales (artículo 214)

Esta atribución se enmarca dentro de la figura que se conoce como "*reparo presidencial*" o "*veto presidencial*". Es la atribución que tiene el Presidente de la República, en cumplimiento de su obligación de cumplir y hacer cumplir la Constitución, establecida en el artículo 236, numeral 1 de la Constitución, que consiste en la facultad de solicitar el pronunciamiento previo de la SC sobre la constitucionalidad de la ley, o alguno de sus artículos, cuya promulgación se pretende, con el objeto de que la misma sea promulgada o devuelta a la AN para su corrección[144].

El mencionado artículo 214 dispone que:

> *"Cuando el Presidente o Presidenta de la República considere que la ley o alguno de sus artículos es inconstitucional solicitará el pronunciamiento de la Sala Constitucional del Tribunal Supremo de Justicia, en el lapso de diez días que tiene para promulgar la misma. El Tribunal Supremo de Justicia decidirá en el término de quince días contados desde el recibo de la comunicación del Presidente o Presidenta de la República. Si el Tribunal negare la inconstitucionalidad invocada o no decidiere en el lapso anterior, el Presidente o Presidenta de la República promulgará la ley dentro de los cinco días siguientes a la decisión del Tribunal o al vencimiento de dicho lapso".*

El Presidente de la República es el único que tiene la legitimación activa para este tipo de control preventivo, de tal forma que no podrá un particular acudir ante la SC para que esta ejerza esta forma de control preventivo[145].

---

[144] Ibidem.

[145] No obstante, cuando un particular alegue que un acto legislativo, aún no promulgado, signifique una amenaza inminente o actual, puede acudir por ante la SC del TSJ, para que la misma pondere la conveniencia de dictar medidas cautelares al respecto, como podría ser por ejemplo el ordenar a la AN que levante informe de las discusiones que se han llevado a cabo o exhortar a la misma sobre la eventual inconstitucionalidad de una determinada norma contenida en el anteproyecto de ley.

En esos casos, la SC debe decidir en un lapso de quince días contados desde el recibo de la comunicación del Presidente de la República. En caso de que la SC rechace la inconstitucionalidad invocada o no decidiere en el lapso anterior, el Presidente de la República, tal y como lo ordena el artículo 214 de la Constitución, promulgará la ley dentro de los cinco días siguientes a la decisión del Tribunal o al vencimiento de dicho lapso y si no lo hiciere, el Presidente y los dos Vice Presidentes de la AN procederán a su promulgación, tal y como lo permite el artículo 216 de la Constitución.

Si, por el contrario, la SC decide y declara la inconstitucionalidad de la ley sancionada, ello impide su promulgación, debiendo en este caso la AN modificar la ley sancionada, a objeto de adaptarla a las disposiciones constitucionales.

Tengamos en cuenta que esta modalidad de control preventivo solo se aplica a las leyes nacionales y no a las leyes estadales, aun cuando en algunas ocasiones algunas constituciones estadales así lo han previsto, pues ello es materia de estricta reserva constitucional. Así lo dejó establecido la SC en decisión de fecha 15 de febrero de 2001, caso "*Gobernador del Estado Trujillo*", al desaplicar el artículo 67 de la Constitución del estado Trujillo que otorgaba competencia a la SC para conocer del veto a un proyecto de ley estadal efectuado por el respectivo gobernador.

En criterio de la Sala, la negativa de aceptar la existencia del control preventivo de la constitucionalidad de proyecto de leyes estadales descansa en dos argumentos, a saber: 1. que cualquier ciudadano puede con posterioridad a la promulgación de la ley, activar la jurisdicción constitucional mediante la acción popular de nulidad por inconstitucionalidad; y 2. que la Constitución solo consagra el control preventivo de la constitucionalidad respecto de los proyectos de leyes nacionales, los tratados internacionales y las leyes orgánicas dictadas por la AN.

Es claro, además, que una ley estadal no puede asignarle competencia a la SC, desde que le legislación referida a los procedimientos y la de organización y funcionamiento de los órganos del Poder Público Nacional es de la competencia del Poder Público Nacional, según lo dispone el artículo 156.32 de la Constitución.

4.2.3. Control preventivo de la constitucionalidad sobre el carácter orgánico de las leyes (artículo 203)

De conformidad con el artículo 203 de la Constitución es competencia de la SC determinar, antes de su promulgación, la constitucionalidad del carácter orgánico que la AN haya concedido a determinada ley. En efecto, la Constitución en el artículo 203 define la noción material de ley orgánica y considera que son:

- Las leyes que la propia Constitución determina como orgánicas
- Las leyes que se dicten para organizar los poderes públicos
- Las leyes que se dicten para desarrollar los derechos constitucionales
- Las leyes que sirven de maco normativo a otras leyes

Según el artículo 203 de la Constitución, las leyes que la AN haya calificado de orgánicas deben ser remitidas, antes de su promulgación, a la SC para que se verifique la constitucionalidad del carácter orgánico que se la ha dado a la ley. En esos casos, la SC cuenta con un plazo de diez días para pronunciarse, contado a partir de la fecha del recibo de la ley. Si la SC decide que es contrario a la Constitución el carácter orgánico dado a la ley, la ley perderá ese carácter.

Esta competencia fue ejercida por la SC por primera vez el 12 de junio de 2000 cuando se refirió al carácter orgánico de la Ley Orgánica de Telecomunicaciones. En esa oportunidad decretó la constitucionalidad de la Ley Orgánica de Telecomunicaciones por los motivos siguientes:

> *"1.- Se trata de una Ley dictada en ejercicio de la competencia prescrita por el artículo 187, numeral 1, de la Constitución de la República Bolivariana de Venezuela, en concordancia con el artículo 156, numeral 28 eiusdem;*
> *2.- Se trata de una Ley que prescribe la organización o estructuración de órganos del Poder Público Nacional, destinada a establecer el régimen del servicio de telecomunicaciones y la administración del espectro electromagnético;*
> *3.- Se trata de una Ley que desarrolla parcialmente derechos constitucionales a la comunicación y de acceso a la información, lo cual la hace válida en este respecto, aunque su carácter*

orgánico no dependa exclusivamente de las garantías que ofrece para tales derechos;
4.- Se trata de una Ley que satisface las exigencias técnico-formales de la prescripción general sobre la materia que regula, mediante principios normativos válidos para las otras leyes que se sancionen conforme al artículo 156, numeral 28 de la Constitución de la República Bolivariana de Venezuela".

Luego, a través de la decisión del 22 de mayo de 2001 la SC declaró la constitucionalidad del carácter orgánico de la Ley Orgánica de los Consejos Legislativos de los estados por las siguientes razones:

"a) Se trata de un una Ley dictada en ejercicio de la competencia prevista por los artículos 71, 161, 162, 172,187.1, 204.8, 206, 211 y Disposición Transitoria Séptima de la Constitución de la República Bolivariana de Venezuela;
b) Se trata de una Ley que regula la organización de los Consejos Legislativos y desarrolla los principios constitucionales atinentes a su estructuración y funciones;
c) Se trata de una Ley que satisface las exigencias técnicos-formales requeridas para la calificación solicitada, según lo dispone el artículo 203 de la Constitución de la República Bolivariana de Venezuela;
d) Se trata de una Ley cuya aprobación por la Asamblea Nacional ha cumplido con el voto de las dos terceras partes de los integrantes de dicha Asamblea antes de iniciarse su discusión, conforme los dispone el acápite primero del artículo 203 ya citado"[146].

En esas decisiones, la SC precisó el concepto constitucional de "Ley Orgánica" al establecer que el contenido del artículo 203 de la Constitución permite distinguir cuatro categorías de leyes orgánicas, a saber: 1ª: las que así determina la Constitución; 2ª: las que se dicten para organizar los poderes públicos; 3ª, las que desarrollen derechos constitucionales, y 4ª: las que sirvan de marco normativo a otras leyes;

146 V. Rafael Badell Madrid, "Competencias de la Sala Constitucional", en Libro Homenaje a José Andrés Fuenmayor. *Nuevos estudios de derecho procesal*, Vol. 1. Tribunal Supremo de Justicia, colección de Libros Homenaje, número 8. Caracas-Venezuela 2002.

no siendo necesario su pronunciamiento para aquellas leyes que son orgánicas por denominación constitucional.

En opinión de la Sala, la calificación de una ley como orgánica por la AN dependerá del objeto de la regulación (criterio material) en el caso de las leyes dictadas para organizar los poderes públicos o que desarrollen derechos constitucionales (categorías 2ª y 3ª), y del carácter técnico-formal en el caso de la ley orgánica que sirva de marco o cuadro para otras leyes (categoría 4ª). Ese carácter técnico-formal de la ley marco, está vinculado, a juicio de la Sala, con el carácter general de la "Ley Orgánica" respecto de la especificidad de la ley o leyes ordinarias subordinadas.

4.2.4. Control preventivo de la constitucionalidad sobre los decretos que declaren el Estado de Excepción (artículos 336.6 y 339 de la Constitución)

Este control de constitucionalidad sobre los decretos que declaren los Estados de Excepción es ejercido de forma exclusiva y excluyente por la SC, con el fin de determinar la constitucionalidad de la declaratoria de los estados de excepción decretados por el Presidente de la República. En efecto, los estados de excepción son definidos por la Constitución, en el artículo 337, y la Ley Orgánica sobre Estados de Excepción[147], artículo 2, como las "*circunstancias de orden social, económico, político, natural o ecológico, que afecten gravemente la seguridad de la Nación, de sus ciudadanos y ciudadanas o de sus instituciones*", estos son, aquellos que "*solamente pueden declararse ante situaciones objetivas de suma gravedad que hagan insuficientes los medios ordinarios que dispone el Estado para afrontarlos*".

Se desprende de las anteriores definiciones que los Estados de Excepción solo pueden ser decretados ante situaciones objetivas de suma gravedad que hagan insuficientes los medios ordinarios que dispone el Estado para afrontarlos. Los estados de excepción comprenden un poder del Presidente de la República para afrontar situaciones fuera de lo común.

---

[147] Gaceta Oficial número 37.261 de fecha 15 de agosto de 2001.

Los Estados de Excepción han estado regulados en Venezuela desde la Constitución de 1819, que fue la primera en introducir esta figura en el Título VII, sección III "*De las funciones del Presidente de la República*". Se confería al Presidente de la República en el artículo 20, la potestad de "*suspensión temporal de la Constitución*" en los casos de "*conmoción interior a mano armada*" o de "*invasión exterior repentina*"[148].

Posteriormente, en la Constitución de 1821, se mantuvo la misma disposición así como la facultad de dictar todas las medidas extraordinarias que fuesen indispensables para su ejercicio, todas estas eran facultades amplias que se compensaban con la intervención del Poder Legislativo[149].

A partir de la Constitución de 1830, se delimitaron las potestades extraordinarias del Ejecutivo, específicamente el artículo 118 del texto constitucional estableció las atribuciones que podía ejercer el Presidente del Estado en los casos de "*conmoción interior a mano armada*" o de "*invasión exterior repentina*" que consistían en: llamar al servicio aquella parte de la milicia nacional que el Congreso o el Consejo de Gobierno considere necesaria; exigir anticipadamente las contribuciones que uno u otro cuerpo juzgue adecuadas; negociar por vía de empréstito las sumas suficientes, siempre que no puedan cubrirse los gastos con las rentas ordinarias; para que siendo informado de que se trama contra la tranquilidad o seguridad interior o exterior del Estado, pueda expedir órdenes por escrito de comparecencia o arresto contra los indiciados de este crimen, interrogarlos o hacerlos interrogar, debiendo poner los arrestados, dentro de tres días, a disposición del Juez competente, a quien pasará el sumario informativo que dio lugar al arresto, siendo esta última autorización temporal. 4ª conceder amnistías o indultos generales o particulares.

En la Constitución de 1857 se mantuvo en el artículo 54 la misma disposición con muy pocas diferencias. Luego en la Constitución de

---

148 Nélida Peña Colmenares. *Los Estados de Excepción en el Ordenamiento Jurídico Venezolano*. Trabajo de Ascenso para optar a la categoría de Profesor Agregado en la Facultad de Ciencias Jurídicas y Políticas de la Universidad Central de Venezuela. Caracas, diciembre 2014. P. 47. Disponible en: http://saber.ucv.ve/bitstream/10872/18730/1/TRABAJO%20ESTADOS%20DE%20EXCEPCION%202015.pdf

149 Ídem, pág. 48.

1858 se fijó el límite temporal de la vigencia del Decreto que declare el Estado de Excepción, que no podía exceder el término de noventa días según el artículo 97, así como se reserva el control al Congreso[150].

De manera similar fueron regulados los Estados de Excepción en las constituciones subsiguientes, tanto en la Constitución de 1874, luego en la Constitución de 1881 y en la Constitución de 1889[151]. En cambio, en la Constitución de 1893, se modificó la "*suspensión de garantías*" por la "*suspensión de derechos*". En la Constitución de 1901 la referida potestad de suspensión de derechos (a excepción del derecho a la vida) reservada para los casos de guerra extranjera en la Constitución anterior, se extendió al supuesto de sublevación a mano armada contra los Poderes Públicos[152].

Respecto al control del Parlamento, debemos señalar que aun cuando las Constituciones de 1864, 1874, 1891, 1893, 1901, 1904, 1922 y 1925 mantuvieron el mismo régimen de poderes extraordinarios del Presidente, en la Constitución de 1864 se suprimió el control parlamentario sobre los poderes extraordinarios del Presidente[153].

En la Constitución de 1936, se aumentaron las garantías a favor de los ciudadanos frente a los poderes extraordinarios del Presidente. Así, el artículo 36 establecía:

> *"1. No podrá restringirse las garantías a la inviolabilidad de la vida, a la proscripción de la esclavitud y a la no condenación a penas infamantes*
> *2. El Decreto de restricción o suspensión de garantías debe contener: los motivos que lo justifiquen, la determinación de la garantía o garantías que se suspendan o restrinjan, y el territorio que afectará la suspensión o restricción.*
> *3. La restricción de garantías en modo alguno afectará el funcionamiento de los Poderes Públicos"*[154].

---

150 Ibidem.

151 Ibidem.

152 Ídem, supra nota 1, pág. 205.

153 Carlos García Soto, "¿Desde cuándo puede hablarse "Estados de Excepción" en la Historia de Venezuela?", en *Prodavinci*, 25 de mayo de 2016. Disponible en: https://historico.prodavinci.com/blogs/desde-cuando-puede-hablarse-estados-de-excepcion-en-la-historia-de-venezuela-por-carlos-garcia-soto/

154 Ibidem.

En la Constitución de 1948 nuevamente se sometió al control parlamentario los poderes extraordinarios del Presidente. Sin embargo, la Constitución de 1953 constituyó un retroceso, toda vez que se eliminó el control parlamentario y se estableció el poder discrecional del Presidente para tomar "*las medidas que juzgue convenientes a la preservación en toda forma de la seguridad de la Nación*"[155].

En la Constitución de 1961 los Estados de Excepción fueron sometidos al control parlamentario, pero se contemplaba cierto nivel de discrecionalidad ya que se podía justificar la restricción o suspensión de las garantías constitucionales por parte del Presidente de la República, en Consejo de Ministros, cuando debiera adoptar medidas indispensables para evitar trastornos del orden público[156].

En la actualidad, los Estados de Excepción están regulados en el título VIII "De la protección de esta Constitución", Capítulo II, intitulado "*De los Estados de Excepción*", de la Constitución. Con la Constitución de 1999, se produjeron avances en la regulación de los Estados de Excepción, se acogieron principios establecidos por la jurisprudencia al respecto, se estableció como condición previa a la declaratoria del Estado de Excepción, la imposibilidad de enfrentar las circunstancias de hecho que lo justifican a través de las facultades de que se dispone, se dictó la LOEE. Se eliminó el régimen de suspensión de garantías y además se adecuó la enumeración de los derechos intangibles al Pacto Internacional sobre Derechos Civiles y Políticos y a la Convención Americana sobre Derechos Humanos (CADH)[157] y se definen diversas formas de Estado de Excepción como género[158].

Como sabemos, según lo dispuesto artículo 338 de la Constitución de 1999, pueden ser decretadas tres formas de Estados de Excepción; estos son: el estado de alarma, el estado de conmoción interior o exterior y el estado de emergencia económica.

---

155 Ibidem.

156 Ibidem.

157 Conocida también como "Pacto de San José", fue suscrita por Venezuela y aprobado por ley en el año 1977.

158 Claudia Nikken. "Aproximación Crítica a la Regulación de los Estados de Excepción en Venezuela", en *Ius et Praxis,* 8 (1), Talca, 2002. p. 171-198. Disponible en: https://scielo.conicyt.cl/scielo.php?script=sci_arttext&pid=S0718-00122002000100011

El estado de alarma, de conformidad con lo dispuesto en el artículo 8 de la LOEE, podrá decretarse cuando se produzcan catástrofes, calamidades públicas u otros acontecimientos similares que pongan seriamente en peligro la seguridad de la Nación, de sus ciudadanos o de sus instituciones; y tendrá una duración de hasta treinta (30) días, siendo prorrogable por treinta (30) días más, según lo dispuesto en el artículo 9 de la LOEE.

En segundo lugar, el estado de conmoción interior o exterior podrá ser decretado en el supuesto en que ponga seriamente en peligro la seguridad de la Nación, de sus ciudadanos o de sus instituciones.

De conformidad con el artículo 13 de la LOEE, constituyen causas, entre otras, para declarar el estado de conmoción interior, todas aquellas circunstancias excepcionales que impliquen grandes perturbaciones del orden público interno y que signifiquen un notorio o inminente peligro para la estabilidad institucional, la convivencia ciudadana, la seguridad pública, el mantenimiento del orden libre y democrático, o cuando el funcionamiento de los Poderes Públicos esté interrumpido.

De otra parte, dispone el artículo 14 de la LOEE que son causales para declarar el estado de conmoción exterior, entre otras, todas aquellas situaciones que impliquen una amenaza a la Nación, la integridad del territorio o la soberanía. En este caso dispone el prenombrado artículo que "*Se tomarán todas las medidas que se estimen convenientes, a fin de defender y asegurar los intereses, objetivos nacionales y la sobrevivencia de la República*".

El estado de conmoción, tanto interior como exterior se prolongará hasta por noventa (90) días, siendo prorrogable hasta por noventa (90) días más, tal como lo establecen los artículos 13 y 14 de la LOEE.

En tercer lugar, dispone la Constitución en el prenombrado artículo 338 y la LOEE en el artículo 10, que el estado de emergencia económica podrá decretarse en todo o parte del territorio nacional, cuando se susciten circunstancias económicas extraordinarias que afecten gravemente la vida económica de la Nación; y su duración será de sesenta (60) días prorrogables por un plazo igual, conforme lo establece el artículo 12 de la LOEE.

Ahora bien, el Estado de Excepción es un mecanismo que, como su nombre sugiere, otorga poderes especiales o extraordinarios al Presidente de la República para afrontar situaciones fuera de lo común que afectan la paz o el bienestar de los ciudadanos y que no se pueden combatir a través de los mecanismos ordinarios que ofrece el ordenamiento jurídico. Este tipo de poder sólo puede utilizarse estrictamente para ese fin y una vez logrado el estado de normalidad, se extinguen.

En efecto, la declaratoria de un estado de excepción supone el empoderamiento extraordinario del Presidente de la República, para conjurar una determinada crisis de gran magnitud, lo cual supone consecuencialmente la afectación del ejercicio de los derechos fundamentales o constitucionales[159] y es por ello que debe estar sometido a un estricto control por las demás ramas del poder público.

En este sentido, la Constitución dispone en el artículo 339 dos tipos de control: el control político de la AN (máximo representante de la voluntad del pueblo) y el control de constitucionalidad de la SC del TSJ, en los siguientes términos:

> *"Artículo 339. El Decreto que declare el estado de excepción, en el cual se regulará el ejercicio del derecho cuya garantía se restringe, será presentado, dentro de los ocho días siguientes de haberse dictado, a la Asamblea Nacional, o a la Comisión Delegada, para su consideración y aprobación, y a la Sala Constitucional del Tribunal Supremo de Justicia, para que se pronuncie sobre su constitucionalidad. El Decreto cumplirá con las exigencias, principios y garantías establecidos en el Pacto Internacional de Derechos Civiles y Políticos y en la Convención Americana sobre Derechos Humanos. El Presidente o Presidenta de la República podrá solicitar su prórroga por un plazo igual, y será revocado por el Ejecutivo Nacional o por la Asamblea Nacional o por su Comisión Delegada, antes del término señalado, al cesar las causas que lo motivaron.*
>
> *La declaración del estado de excepción no interrumpe el funcionamiento de los órganos del Poder Público".*

De esta forma, si bien la Constitución determina en el artículo 236, numeral 7, que corresponde de forma exclusiva y excluyente al Presidente de la República –en Consejo de Ministros– la potestad de declarar

[159] Nélida Peña Colmenares. "La figura de la prórroga de los decretos de estados de excepción". *Revista Venezolana de Legislación y Jurisprudencia,* número 10. Caracas, 2018. P. 552. Disponible en: http://www.ulpiano.org.ve/revistas/bases/artic/texto/RVLJ/10/rvlj_2018_10_I_550-580.pdf

los estados de excepción y decretar la restricción de garantías en los casos antes enunciados, es lo cierto que a su vez dispone una serie de controles para que no se trate de una decisión unilateral sin control, antes y por el contrario debe tener el control, como requisito de constitucionalidad, de la AN y el de la SC del TSJ.

El Estado de Excepción, cualquiera que sea su forma, solo puede ser decretado con la participación concurrente del Poder Ejecutivo a través del Presidente de la República, del Poder Legislativo y del Poder Judicial, es decir, mediante decreto dictado por el Presidente de la República, previa aprobación mediante acuerdo de la AN, por la mayoría absoluta de los diputados en sesión especial y contando con la declaratoria de constitucionalidad establecida mediante sentencia de la SC.

Así lo dispuso la Constitución en su Exposición de Motivos, cuando señaló que:

> *"(...); dada la trascendencia de la decisión correspondiente, se prevé la intervención de los tres Poderes clásicos en la declaración de los estados de excepción: en virtud de la urgencia que los caracteriza, se faculta al Presidente de la República, en Consejo de Ministros, para dictar el Decreto respectivo, pero se prescribe su remisión a la Asamblea Nacional, la cual, como instancia deliberante y representativa por excelencia de la soberanía popular, puede revocarlo si estima que las circunstancias invocadas no justifican la declaración de un estado de excepción o si considera que las medidas previstas para hacerle frente son excesivas. (...) A lo anterior se suma un control judicial automático atribuido a la Sala Constitucional del Tribunal Supremo de Justicia, la cual habrá de pronunciarse sobre la constitucionalidad o no del estado de excepción y de lo establecido en el decreto que lo declaró, a menos que la Asamblea Nacional, o la Comisión Delegada, haya revocado previamente ese decreto. (...)".*

Los Estados de Excepción tiene las siguientes características:

(i) No interrumpen el funcionamiento de los Poderes Públicos, conforme lo dispone el artículo 3 de la LOEE. En razón de lo cual, en tiempos de grave crisis que conlleve a la declaratoria de alguna de las modalidades de estado de excepción, cada uno de los órganos del poder público tiene plena autonomía en su actuación y no puede ser limitado en el ejercicio de sus competencias.

(ii) Según lo dispuesto en el artículo 4 de la LOEE, los estados de excepción están informados por el principio de proporcionalidad y adecuación a las circunstancias, de forma que toda medida dictada con fundamento en el estado de excepción debe ser proporcional a la situación que se quiere afrontar, teniendo en cuenta la gravedad, naturaleza y ámbito de aplicación. La proporcionalidad exige que exista una adecuación entre las circunstancias excepcionales y las medidas adoptadas por el Estado. Concretamente, con la aplicación de este principio se pretende que antes de adoptar unas de esas medidas con la intención de enfrentar o encarar la situación extraordinaria, el órgano competente realice una ponderación, con la finalidad, en primer lugar, de lograr que dicha respuesta sea adecuada para obtener el fin propuesto y; en segundo lugar, que la medida sea necesaria en cuanto que no quepa otra menos gravosa para intentar poner fin a la crisis.

(iii) De conformidad con el artículo 5 de la LOEE toda medida de excepción debe tener una duración limitada. Se traduce en la exigencia de fijar su lapso de vigencia, con la finalidad evitar que el ejercicio de los poderes extraordinarios carezca de límites temporales en detrimento de los derechos ciudadanos. Por consiguiente, conforme a este principio, cuando finaliza o decae la situación de emergencia, consecuencialmente lo hace la declaratoria del estado de excepción y por ende, las medidas dictadas con ocasión al mismo, ya que se entiende que se ha restablecido la normalidad, y cobra vigencia el derecho ordinario. Debe ser revocado por el Presidente o por la AN o la Comisión Delegada al desaparecer las causas que lo justificaron.

(iv) Los decretos de excepción constituyen una legislación excepcional y de estricta necesidad, por lo cual el decreto que declare los estados de excepción será dictado en caso de estricta necesidad y cuando existan causas que verdaderamente lo justifique. Implica la exigencia constitucional de que necesariamente debe configurarse, de manera cierta e inequívoca, una situación extraordinaria, que origine una crisis institucional que no pueda ser solventada por las vías contempladas en el derecho ordinario. En el Derecho Internacional de los Derechos Humanos es denominado por la doctrina como "principio de amenaza excepcional", la amenaza debe ser de tal magnitud y gravedad que ponga en peligro la vida de la Nación. El principio de necesidad se extiende hasta las medidas que sean dictadas durante la vigencia de un Estado de Excepción, tanto en relación con su contenido como con su duración; por tanto, tienen que resultar indispensables para asegurar que la situación vuelva a la normalidad.

(v) Formal: debe ser declarado mediante un decreto el Presidente de la República, según lo dispuesto en el artículo 236.7 de la Constitución.

(vi) Los poderes otorgados al Presidente de la República son de interpretación restrictiva y en obsequio de los derechos y libertades de los ciudadanos.

(vii) Principios de Publicidad y de Notificación: Tiene como finalidad la divulgación en los medios formales previstos en el ordenamiento jurídico de la declaración de los estados de excepción, en virtud de que es necesario dar a conocer el tipo de emergencia que da lugar a esa declaratoria, y en qué consiste ese ordenamiento alternativo que va a regir, esto es, los poderes extraordinarios de los que va a hacer uso el Ejecutivo y sus posibles efectos sobre los derechos de las personas.

(viii) Principio de la Intangibilidad: La declaración de un estado de excepción puede traer aparejada la suspensión o restricción de los derechos humanos, o de la garantía de dichos derechos. En este escenario encuentra aplicación de este principio conforme al cual ciertos y determinados derechos bajo ningún pretexto o supuesto ser suspendidos. Es necesario aclarar que el término de suspensión se equipara a restricción o limitación de su ejercicio, no a su desconocimiento total. Así, el artículo 4 del Pacto Internacional de Derechos Civiles y

Políticos prohíbe la suspensión de los derechos previstos en sus artículos 6,7,8 (párrafos 1 y 2) 11,15,16 y 18, a saber: derecho a la vida, la prohibición de tortura y penas o tratos crueles o inhumanos, la prohibición de esclavitud y de servidumbre, la prohibición de encarcelamiento por una obligación contractual, el principio de legalidad penal, el derecho al reconocimiento de la personalidad jurídica y el derecho a la libertad de pensamiento, de conciencia y de religión.

Por su parte, el artículo 27 de la CADH, proscribe la suspensión de los derechos consagrados en los siguientes artículos: 3, derecho al reconocimiento de personalidad jurídica; 4, derecho a la vida, 5, derecho a la integridad personal; 6, prohibición de esclavitud y servidumbre; 9, principio de legalidad y retroactividad, y 12, libertad de conciencia y de religión, y en otros artículos añade los siguientes: protección a la familia (art. 17), derecho al nombre (art. 18), derechos del niño (art. 19), derecho a la nacionalidad (art. 20); derechos políticos (art. 18), así como las garantías judiciales indispensables para la protección de tales derechos.

Refiriéndonos ahora concretamente al control preventivo de la constitucionalidad de los estados de excepción, el artículo 336.6 de la Constitución establece entre las competencias exclusivas y excluyentes de la SC la de: "*6. Revisar, en todo caso, aun de oficio, la constitucionalidad de los decretos que declaren estados de excepción dictados por el Presidente o Presidenta de la República*".

Sobre este control la Constitución además dispuso en la Exposición de Motivos lo siguiente:

> *"con el objeto de reforzar la protección de los derechos humanos reconocidos y garantizados expresa o implícitamente en la Constitución, se acoge un mecanismo consagrado en alguna Constitución de América Latina, en virtud del cual la Sala Constitucional debe, en todos los casos y aun de oficio, controlar la constitucionalidad de los decretos que declaren estado de excepción. Esta será la única competencia que podrá ejercer de oficio la Sala Constitucional y ello por tratarse de la protección de los derechos humanos, razón por la cual se ha previsto expresamente en el texto constitucional".*

De otra parte, la LOEE señala en su artículo 31 que:

> *"Artículo 31. El decreto que declare el estado de excepción, su prórroga o aumento del número de garantías restringidas, será remitido por el Presidente de la República dentro de los ocho días continuos siguientes a aquél en que haya sido dictado, a la Sala Constitucional del Tribunal Supremo de Justicia, a los fines de que ésta se pronuncie sobre su constitucionalidad. En el mismo término, el Presidente de la Asamblea Nacional enviará a la Sala Constitucional el Acuerdo mediante el cual se apruebe el estado de excepción.*
> *Si el Presidente de la República o el Presidente de la Asamblea Nacional, según el caso, no dieren cumplimiento al mandato establecido en el presente artículo en el lapso previsto, la Sala Constitucional del Tribunal Supremo de Justicia se pronunciará de oficio".*

Tal como dispone el artículo 33 de la LOEE, a la SC le corresponde decidir la constitucionalidad o no del estado de excepción dentro de los 10 días siguientes a su presentación o dentro de los ocho días continuos cuando el Presidente de la República o el Presidente de la AN no hubiesen dado cumplimiento a la presentación del Decreto. El mismo artículo contempla la responsabilidad disciplinaria de los magistrados de conformidad con el artículo 265 de la Constitución.

Sin embargo, existe una limitación para la SC, y es que está no podrá emitir pronunciamiento acerca del Decreto de Estado de Excepción cuando se desaprobara o se negara su prórroga por parte de la AN (artículo 34 LOEE). Esta limitación es importante tenerla en cuenta, toda vez que en los últimos años, la SC se ha pronunciado sobre la "*legalidad*" de diversos Decretos de Estado de Excepción cuando previamente habían sido rechazados por la AN.

La LOEE también prevé la posibilidad de que los interesados puedan –dentro de los primeros 5 días a la decisión de la SC sobre la constitucionalidad o no de la medida– presentar sus alegatos y elementos de convicción que sirvan para demostrar la constitucionalidad o no del Decreto que declare el Estado de Excepción, que acuerde su prórroga o que aumente el número de garantías restringidas. En este caso, la SC podrá admitir los alegatos y elementos de prueba que sean pertinentes, ante la decisión no se admite recurso alguno[160].

Finalmente, la SC podrá declarar la nulidad total o parcial del decreto que declara el estado de excepción, acuerda su prórroga o aumenta el número de garantías restringidas, cuando no se cumpla con los principios de la Constitución y de los tratados internacionales. Dicha decisión tendrá efectos retroactivos, razón por la cual la SC deberá restablecer inmediatamente la situación general infringida, mediante la anulación de todos los actos dictados en ejecución del decreto que declare el estado de excepción, su prorroga o la ampliación del número de garantías restringidas, todo ello sin perjuicio del derecho de los particulares de solicitar el restablecimiento de su situación jurídica individual y de ejercer todas las acciones a que haya lugar[161].

Tal como dispone el artículo 39 de la LOEE la decisión que tome la SC deberá ser publicada en Gaceta Oficial.

Ahora bien, en clara contradicción con todo lo expuesto, desde enero del año 2016, la SC ha avalado la constitucionalidad de los Decretos de Estado de Emergencia Económica en todo el Territorio Nacional, mientras que la AN lo ha rechazado (a pesar de que de acuerdo con la Constitución y la Ley Orgánica sobre los Estados de Excepción, tal improbación implicaba la extinción inmediata del Decreto). Con base en ese criterio se han ignorado los efectos jurídicos de las decisiones de la AN referidos a la desaprobación de los Decretos de Estado de Excepción, no obstante que todos los decretos de emergencia económica dictados por el Presidente de la República desde enero de 2016 y hasta septiembre de 2020, así como los decretos de estado de alarma dictados desde marzo de 2020 hasta octubre del mismo año, son inconstitucionales por cuanto:

- Fueron dictados y prorrogados por el Presidente de la República sin autorización de la AN, en violación de los artículos 339 de la Constitución;
- No determinan los hechos objetivos que justifiquen la declaratoria de estado de excepción y otorgan al Ejecutivo Nacional una serie de poderes ilimitados sin especificar la regulación del

160 Artículo 35, 36 y 37 de la LOEE.

161 Artículo 38 de la LOEE.

ejercicio del derecho cuya garantía se restringe, en violación de los artículos 337 y 339 de la Constitución; y

- Decretan indefinidamente en el tiempo la restricción de las garantías constitucionales, en violación del plazo máximo establecido en el artículo 338 de la Constitución, y del principio de temporalidad establecido en los artículos 5 y 11 de la LOEE, el artículo 27.1 de la CADH y el artículo 4 del Pacto Internacional de Derechos Civiles y Políticos.
- Violan el principio de proporcionalidad y adecuación a las circunstancias, establecido en el artículo 4 de la LOEE.

5. Características del control concentrado de la constitucionalidad en Venezuela

El control concentrado de la constitucionalidad en Venezuela es de rango constitucional, tiene carácter universal, se desenvuelve a través de un juicio subjetivo, que es de acción popular, procede contra violaciones directas de la Constitución, no tiene lapso de caducidad, sus efectos son *erga omnes*, lo lleva adelante un solo órgano, la SC del TSJ, la decisión tiene fuerza de cosa juzgada, es marcadamente jurisprudencial y está regulado de manera provisional en la LOTSJ.

Tengamos en cuenta la diferencia entre este control concentrado y el control difuso que ya explicamos en el capítulo anterior. Recordemos que antes dijimos que también el control difuso tiene en Venezuela, desde la Constitución de 1999, rango constitucional; es un mecanismo de control de la constitucionalidad, que solo puede ser ejercido por los órganos jurisdiccionales, dirigido a desaplicar los actos normativos, de rango legal o sub legal, contrarios a la Constitución, que tiene efectos inter partes y puede ser ejercido de oficio o a instancia de partes; es un control incidental que no afecta la vigencia de la norma desaplicada y sus efectos son *ex tun.*

1) El control concentrado de la constitucionalidad en Venezuela es de rango constitucional, desde que el artículo 336 de la Constitución establece que corresponde a la SC del TSJ, declarar la nulidad, total o parcial, de las leyes nacionales, estadales o municipales y, en general,

de cualquier acto dictado en ejecución directa de la Constitución, que colida con ella.

2) El control concentrado de la constitucionalidad tiene carácter universal pues incluye todos los actos del poder público, por lo que ninguno está exento de dicho control. No hay, ni podría haber, actos o actuaciones de los órganos del Poder Público excluidos o inmunes al examen de constitucionalidad. Al respecto téngase en cuenta sentencia de la CSJ en Pleno, en la que se señaló que:

> *"Si la regla general constitucionalmente establecida es la del pleno ejercicio del control constitucional de todos los actos del Poder Público, cualquier excepción a dicha regla tendría que emanar, necesariamente, de la propia Constitución. Ni siquiera una disposición legal podría sustraer alguno de aquellos actos al control antes dicho; y menos aún pueden autorizarlo los órganos jurisdiccionales como intérpretes fieles que deben ser del contenido de aquella norma. A todo evento, y, ante la duda que pudiera surgir acerca de si algún acto emanado del Poder Público es o no susceptible de revisión constitucional por acción directa, debe optarse, en obsequio a aquel amplio y fundamental principio constitucional, por admitir su examen por parte de este Alto Tribunal"*[162].

3) El control concentrado de la constitucionalidad es una acción subjetiva. Su objeto es la constatación de la adecuación de la ley o acto con la disposición constitucional. Este proceso constitucional está destinado a garantizar la vigencia e intangibilidad de la Constitución a través de decisiones fundamentadas en motivos no sólo de derecho, sino también en hechos comprobados, por eso el aspecto probatorio y todo lo que él implica es de importancia especial.

Tradicionalmente se consideraba que los procesos constitucionales podían ser decididos a través del simple cotejo o comparación formal

[162] Sentencia de la CSJ en Pleno del 15 de maro de 1962, en Gaceta Oficial., número 760, extraordinaria del 22 de marzo de 1962, cit. en Allan Brewer-Carías "Algo sobre las nuevas tendencias del Derecho Constitucional: el Reconocimiento del Derecho a la Constitución y del Derecho a la Democracia", en Sergio J. Cuarezma Terán y Rafael Luciano Pichardo, *Nuevas tendencias del derecho constitucional y el derecho procesal constitucional*, Instituto de Estudio e Investigación Jurídica, Nicaragua, 2011, p. 83.

y abstracto de una norma legal con la Constitución. Incluso se pensaba que la inconstitucionalidad y la prueba eran asuntos antagónicos. Mientras la inconstitucionalidad alude a asuntos de derecho (*quaestio iuris*) la prueba atañe a asuntos de hecho (*quaestio facti*). Se consideraban que los procesos de examen de la constitucionalidad eran de mero derecho y, por tanto, se prescindía de la actividad probatoria.

Hoy en día el Derecho Procesal Constitucional ha producido un cambio fundamental en este tema relativo a la prueba. El derecho a alegar y probar; el acceso al expediente; el respeto a los principios que rigen la actividad probatoria; la regulación sobre los medios de prueba, su promoción y control por el adversario a través de la oposición, contradicción e impugnación; la licitud y pertinencia de la prueba; la oportunidad para probar; los poderes del juez durante todo el proceso, y en especial, en el lapso de prueba, las reglas de valoración de las pruebas por parte del juez y el deber del juez de pronunciarse sobre las pruebas que se hayan producido mediante una decisión motivada, forman parte del derecho constitucional a la defensa, al debido proceso y se halla estrechamente vinculado a la tutela judicial efectiva.

Para que la decisión del juez constitucional sea válida, es necesario que esté fundamentada en alegaciones y pruebas, de lo contario sería arbitrariedad judicial. La decisión debe estar basada en la convicción que produzcan los medios de prueba sobre los trámites que antecedieron al acto sometido al juicio constitucional, así como los hechos necesarios para adoptar la decisión.

4) Acción popular. La acción de inconstitucionalidad puede ser ejercida por cualquier persona natural o jurídica plenamente capaz. Por consiguiente, el sistema concentrado de justicia constitucional en Venezuela siempre está concebido como un proceso de carácter principal que se desarrolla ante la SC, cuando se introduce una acción popular. Dicha acción popular, tal como lo señaló la CSJ en 1971, está abierta "*a cualquiera del pueblo (de ahí su denominación)*", siendo su objetivo "*la defensa de un interés público que es a la vez simple interés del accionante quien, por esta sola razón, no requiere estar investido de un interés jurídico diferenciado legítimo*".

En efecto, la jurisprudencia nacional, antes y después de la entrada en vigencia de la Constitución de 1999, ha determinado que la principal característica de este control concentrado es que la acción puede ser propuesta por cualquier persona natural o jurídica. Así lo había determinado la Corte Federal en sentencia del 22 de febrero de 1960; y la Corte Suprema en SPA en sentencias de fecha 3 de octubre de 1963, 6 de febrero de 1964, 21 de febrero de 1964 y 25 de septiembre de 1973.[163]

En la actualidad la LOTSJ establece la legitimación amplia, es decir el carácter popular del control concentrado de la constitucionalidad, en el artículo 32 cuando señala que "*De conformidad con la Constitución de la República, el control concentrado de la constitucionalidad solo corresponderá a la Sala Constitucional en los términos previstos en esta ley, mediante demanda popular de inconstitucionalidad, en cuyo caso, no privará el principio dispositivo, pudiendo la Sala suplir, de oficio, las deficiencias o técnicas del demandante por tratarse de un asunto de orden público. (...)*".

Igualmente, en Colombia[164] y Ecuador[165], la acción de inconstitucionalidad tiene carácter de acción pública, en tanto que cualquier ciudadano puede ejercerla.

Sin embargo, esto no es así en otros ordenamientos jurídicos. Véase por ejemplo que en México la legitimación activa para ejercer la acción de nulidad por inconstitucionalidad está limitada legalmente a determinados órganos tales como el Procurador General de la República, la Comisión Nacional de Derechos Humanos, las comisiones estadales o del Distrito Federal, el 33% de los parlamentarios integrantes de la Cámara de Diputados y al 33% de la de Senadores, y a los partidos políticos[166].

---

163 V. Allan Brewer-Carías, "El control concentrado de la constitucionalidad de las leyes (Estudio de Derecho Comparado", ob. cit. p. 48.

164 Artículo 379 de la Constitución de Colombia "Los Actos Legislativos, la convocatoria a referendo, la consulta popular o el acto de convocación de la Asamblea Constituyente, sólo podrán ser declarados inconstitucionales cuando se violen los requisitos establecidos en este título.
La acción pública contra estos actos sólo procederá dentro del año siguiente a su promulgación, con observancia de lo dispuesto en el artículo 241 numeral 2".

165 Artículo 439 de la Constitución de Ecuador "Las acciones constitucionales podrán ser presentadas por cualquier ciudadana o ciudadano individual o colectivamente".

166 Cfr. Joaquín Brage Gamazano, "La acción abstracta de inconstitucionalidad", en Juan Manuel Acuña y Eduardo Ferrer Mac-Gregor (coordinadores), *Curso de derecho procesal constitucional,* primera reimpresión, Editorial Porrúa, Universidad Panamericana, México, 2015. pp. 341-342.

5) Procede contra violaciones directas de la Constitución. En cuanto a los motivos de impugnación o fundamentos de la acción popular de inconstitucionalidad, es claro que procede únicamente por violaciones directas de la Constitución y así fue ratificado por la jurisprudencia de la CSJ[167]. Debe tratarse de una violación concreta, evidente y grave a las disposiciones de la Constitución.

Según la CSJ, la inconstitucionalidad no podía surgir de simples enunciados teóricos o de un posible conflicto entre la norma impugnada y otra norma cualquiera de la legislación ordinaria[168], sino que debía ser el resultado de la violación directa de una norma constitucional.

En este sentido, la CSJ estableció en sentencia del 28 de junio de 1983 lo siguiente:

> *"En efecto, el artículo 133 de la Ley Orgánica de la Corte Suprema de Justicia al establecer que la sola denuncia de la infracción del artículo 117 de la Constitución no podrá invocarse como fundamento de la acción y del recurso a que se refieren los artículos 112 y 121 ejusdem, sino que se requiere la denuncia de otra disposición de aquella que "haya sido directamente infringida por el acto cuya nulidad se solicita", está señalando que la violación indirecta de una norma constitucional no podrá constituir fundamento del recurso de inconstitucionalidad... Afinando los conceptos expuestos... podría agregarse que existe recurso por violación directa de la Carta Fundamental, cuando sea factible llegar a la solución positiva o negativa del problema planteado con la exclusiva aplicación de las normas constitucionales violadas".*[169]

6) No tiene lapso de caducidad. La acción popular para demandar la inconstitucionalidad del acto cuestionado no tiene lapso de caducidad y, en consecuencia, puede ser interpuesta en cualquier momento.

---

167 Allan Brewer-Carías, "El Control de la Constitucionalidad...", ob. cit. p. 131.

168 Sentencia de la CSJ en Pleno de fecha 26 de febrero de 1985, en Mary Ramos Fernández, "Jurisprudencia Administrativa y Constitucional (Corte Suprema de Justicia y Corte Primera de lo Contencioso-Administrativo): Segundo Trimestre de 1985", en *Revista de Derecho Público* N° 22, Editorial Jurídica Venezolana, Caracas 1985. p. 164.

169 Sentencia de la SPA de la CSJ de fecha 28 de junio de 1983, en Mary Ramos Fernández, ob. cit. pp. 155-156.

De nuevo, no en todos los ordenamientos jurídicos la acción por inconstitucionalidad está exenta de lapso de caducidad para su interposición. Así, por ejemplo, la legislación mexicana establece que el plazo para interponerla es de 30 días[170], contados a partir de la fecha de publicación de la norma en el medio oficial correspondiente, por lo que son improcedentes las acciones de inconstitucionalidad cuando la demanda se presente fuera de dicho lapso.

De otra parte, en Colombia la acción pública por inconstitucionalidad contra los actos legislativos solo procede dentro del año siguiente a su promulgación, así lo dispone el artículo 379 de su Constitución.

7) Efectos *erga omnes*. La decisión que deriva del proceso constitucional de revisión del acto impugnado tiene efectos *erga omnes*, es decir, es oponible frente a todos y no solamente para aquellos que intentaron la acción.

8) Se concentra en un solo órgano. El control concentrado de la constitucionalidad sólo puede ser ejercido por ante la SC del TSJ, conforme a lo establecido en los artículos 335 y 336 de la Constitución.

9) La decisión tiene carácter de cosa juzgada. Una vez que recae la decisión sobre la constitucionalidad o inconstitucionalidad de una norma o acto dictado por cualquier órgano del poder público, la misma no puede ser objeto de una revisión.

10) Jurisprudencial. En virtud de la ausencia de una ley que regule de forma especial la jurisdicción constitucional, exhortada por la Constitución, a través de pronunciamientos judiciales se ha venido afianzando y perfilando el sistema autónomo y objetivo del control concentrado de la constitucionalidad. Precisamente, el juez constitucional ha determinado, muchas veces en exceso del propio texto constitucional, los caracteres de este sistema de control.

11) Regulación provisional. Aunque debería tener su regulación legal especial mediante una Ley Orgánica de la Jurisdicción Constitucional (Disposición transitoria sexta de la Constitución) la jurisdicción constitucional está regulada en Venezuela de forma provisional en la LOTSJ, cuyo artículo 128 establece que "*Hasta tanto se dicte la ley que*

---

[170] Joaquín Brage Gamazano, "La acción abstracta de inconstitucionalidad", ob. cit. p. 341.

regula la Competencia Constitucional, las demandas a que se refieren los numerales 1, 2, 3, 4, 7, 8, 9 y 17 del artículo 25 de esta Ley se tramitarán conforme a lo que dispone este capítulo", refiriéndose dicha norma, al Capítulo II, titulado "De los Procesos ante la Sala Constitucional", que contiene los artículos que regulan desde los requisitos de la demanda hasta la conclusión del debate procedimental (artículos 128 al 145) que permite dictar la decisión en los procesos constitucionales ante la SC del TSJ.

Las "demandas" a las que se refiere el artículo 128 de la LOTSJ, son aquellas que se intenten mediante una acción popular de inconstitucionalidad, lo cual genera un proceso judicial especial detallado a continuación.

Esta regulación provisional continúa estando vigente pese a que la disposición transitoria sexta de la Constitución había ordenado que la AN legislara, en un lapso de dos años, sobre todas las materias relacionadas con esta Constitución, VI.

6. Procesos ante la Sala Constitucional del Tribunal Supremo de Justicia

La jurisdicción constitucional está regulada en Venezuela de forma provisional en la LOTSJ, cuyo artículo 128 establece que "*Hasta tanto se dicte la ley que regula la Competencia Constitucional, las demandas a que se refieren los numerales 1, 2, 3, 4, 7, 8, 9 y 17 del artículo 25 de esta Ley se tramitarán conforme a lo que dispone este capítulo*". El Capítulo al que se refiere la norma es al II, titulado "De los Procesos ante la Sala Constitucional", que contiene los artículos 128 al 145 que regulan, desde los requisitos de la demanda hasta la conclusión del debate procesal.

La LOTSJ establece entre sus regulaciones el íter procesal que debe cumplirse en la SC en el ejercicio del control concentrado de la constitucionalidad y que rige los actos y las actuaciones fundamentales del proceso constitucional, entre ellos, la legitimación activa (artículo 32), los requisitos de la demanda (artículo 129), los supuestos de inadmisión de la demanda (artículo 133), la designación del ponente (artículo132), los modos de notificación y emplazamiento (artículos 135 al 138), la participación de los terceros intervinientes (artículo 139), la determinación de las medidas cautelares (artículo 130), los lapsos y procedimientos de evacuación de pruebas (artículos 139 y 140), la audiencia pública (artículos 141 al 143) y la conclusión del debate (artículo 144).

Supletoriamente, el proceso constitucional estará regulado por el CPC, de conformidad con lo dispuesto por el artículo 98 de la LOTSJ: "*Las reglas del Código de Procedimiento Civil regirán como normas supletorias en los procesos que cursen ante el Tribunal Supremo de Justicia. Sin embargo, cuando en el ordenamiento jurídico no se preceptúe un proceso especial a seguir se podrá aplicar el que las Salas juzguen más conveniente para la realización de la justicia, siempre que tenga fundamento legal*".

6.1. Legitimación activa

Teniendo en cuenta que se trata de una acción popular de inconstitucionalidad, la legitimación activa para iniciar el proceso constitucional corresponde a cualquier persona natural o jurídica plenamente capaz, *actio popularis*. Es decir, no se precisa un grado especial de legitimación. No se requiere invocar un derecho subjetivo, ni u interés legítimo personal y directo. No se requiere estar en una especial situación de hecho o de derecho entre el recurrente y la norma cuya inconstitucionalidad se pretende.

La LOTSJ en el artículo 32, establece:

> "***Artículo 32**. De conformidad con la Constitución de la República, el control concentrado de la constitucionalidad solo corresponderá a la Sala Constitucional en los términos previstos en esta Ley, mediante demanda popular de inconstitucionalidad, en cuyo caso, no privará el principio dispositivo, pudiendo la Sala suplir, de oficio, las deficiencias o técnicas del demandante por tratarse de un asunto de orden público. Los efectos de dicha sentencia será de aplicación general, y se publicará en la Gaceta Oficial de la República, y en la Gaceta Oficial del Estado o Municipio según corresponda*".

La expresión demanda popular de inconstitucionalidad utilizada por la ley, se refiere precisamente al carácter amplio de la legitimación y supone que cualquier ciudadano puede demandar la acción popular de inconstitucionalidad ante la SC del TSJ. Lo anterior implica que, "*todo habitante de la República con capacidad jurídica puede intentar la acción de inconstitucionalidad contra las leyes, sin distinción alguna, sean dictados por la Asamblea Nacional, los Consejos Legislativos de los Estados de la federación o los Concejos Municipales (Ordenanzas); incluyendo las leyes aprobatorias de tratados*"[171].

La SC del TSJ en sentencia número 1077 del 22 de septiembre de 2000, caso "*Servio Tulio León*", determinó lo siguiente:

> *"La acción popular de inconstitucionalidad, por ejemplo, se funda en que una ley o un acto, coliden con el texto constitucional. (...). Tal situación que no es exclusiva de todas las acciones constitucionales, se constata también en algunos amparos, y ello no requiere de un interés personal específico para incoarla, ni de la afirmación por parte del accionante, de la titularidad sobre un derecho subjetivo material, bastando que afirme que la ley le reconoce el derecho a la actividad jurisdiccional, de allí la naturaleza popular (ver Juan Montero Aroca. La Legitimación en el Proceso Civil. Edit. Civitas. 1994)".*

De conformidad con lo previsto en el artículo 281.3 de la Constitución también tiene la legitimación activa para intentar la acción de inconstitucionalidad el Defensor del Pueblo. Asimismo, según lo dispuesto en el artículo 135 de la LOTSJ y el artículo 16, numeral 10, de la Ley Orgánica del Ministerio Público[172], el Fiscal General de la República tiene la competencia para: "10. *Ejercer los recursos y acciones contra los actos dictados por el Poder Público, viciados de inconstitucionalidad o ilegalidad, sin menoscabo de las atribuciones conferidas a la Defensoría del Pueblo y a la Procuraduría General de la República*".

---

[171] Allan Brewer-Carías, "La acción popular de inconstitucionalidad en Venezuela y su ilegítima restricción por el Juez Constitucional". Disponible en: https://www.researchgate.net/publication/262481077_La_accion_popular_de_inconstitucionalidad_en_Venezuela_y_su_ileitima_restriccion_por_el_Juez_Constitucional. Consultado el 11 de octubre de 2018.

[172] Gaceta Oficial N° 38.647 del 19 de marzo de 2007.

Si bien en países como Venezuela, Colombia[173] y Ecuador[174], la acción de inconstitucionalidad tiene carácter de acción pública, en tanto que cualquier ciudadano puede ejercerla, en otros ordenamientos jurídicos se precisa un grado mínimo de legitimación para poder iniciar la acción de inconstitucionalidad. Como hemos dicho antes, en México la legitimación activa para ejercer la acción de nulidad por inconstitucionalidad está limitada legalmente a determinados órganos y depende además de los actos contra los cuales se pretenda interponer la acción de inconstitucionalidad.

Téngase en cuenta que el ordenamiento jurídico en México establece que la legitimación para interponer la acción abstracta de inconstitucionalidad la tienen el Procurador General de la República, en lo que respecta a todo tipo de leyes; la Comisión Nacional de Derechos Humanos, cuando se trate de normas que vulneren los derechos humanos consagrados en la Constitución; las comisiones estadales o del Distrito Federal, con relación a las leyes locales; el 33% de los parlamentarios integrantes de la Cámara de Diputados y al 33% de la de Senadores, cuando se trata de reformas constitucionales federales en cuya elaboración hubieran participado sus respectivas cámaras, así como respecto de los tratados internacionales en el caso de los senadores; y por último, a los partidos políticos, con relación de las leyes electorales[175].

Observamos como la acción de inconstitucionalidad en México tiene como característica la exigencia de una legitimación restringida por cuanto no corresponde ejercerla a individuos particulares que actúen en defensa de sus propios intereses, personales y concretos, sino a órganos del Estado en sentido amplio que actúan con carácter objetivo en defensa de la Constitución. Esta legitimación restringida, expone la doctrina

---

173 Artículo 379 de la Constitución de Colombia "Los Actos Legislativos, la convocatoria a referendo, la consulta popular o el acto de convocación de la Asamblea Constituyente, sólo podrán ser declarados inconstitucionales cuando se violen los requisitos establecidos en este título.

La acción pública contra estos actos sólo procederá dentro del año siguiente a su promulgación, con observancia de lo dispuesto en el artículo 241 numeral 2".

174 Artículo 439 de la Constitución de Ecuador "Las acciones constitucionales podrán ser presentadas por cualquier ciudadana o ciudadano individual o colectivamente".

175 Cfr. Joaquín Brage Gamazano, "La acción abstracta de inconstitucionalidad", ob. cit. pp. 341-342.

(Fernández Segado), se debe a la necesidad de "*cierta moderación en el recurso a este mecanismo procesal*"[176].

En Chile, la Constitución Política, en el artículo 93, numeral 7, otorga al Tribunal Constitucional la facultad de "*resolver por la mayoría de los cuatro quintos de sus integrantes en ejercicio, la inconstitucionalidad de un precepto legal declarado inaplicable*". En este caso, la Constitución señala que *"habrá acción pública para requerir al Tribunal la declaración de inconstitucionalidad, sin perjuicio de la facultad de éste para declararla de oficio*", de modo que existe la legitimidad amplia en el caso específico de la inconstitucionalidad de las disposiciones legales declaradas previamente como inaplicables por el propio Tribunal Constitucional.

Sin embargo, para otro tipo de acciones por inconstitucionalidad, la Constitución de Chile establece una legitimación restringida: tal es el caso, por ejemplo, del control de constitucionalidad de las leyes que interpreten algún precepto de la Constitución, de las leyes orgánicas constitucionales y de las normas de un tratado que versen sobre materias propias de estas últimas, antes de su promulgación, el cual corresponde solicitarlo a la Cámara legislativa de origen de dicha norma; de la resolución de cuestiones sobre constitucionalidad que se susciten durante la tramitación de los proyectos de ley o de reforma constitucional y de los tratados sometidos a la aprobación del Congreso, el cual debe ser requerido por el Presidente de la República, por cualquiera de las Cámaras o de una cuarta parte de sus miembros en ejercicio; de la resolución de cuestiones sobre constitucionalidad de un decreto con fuerza de ley, la cual debe ser planteada por el Presidente de la República o promovida por cualquiera de las Cámaras o por una cuarta parte de sus miembros en ejercicio; o del caso de la resolución de cuestiones de constitucionalidad de los decretos supremos, que solo puede ser requerida por cualquiera de las Cámaras.

Hay caso especial conforme al cual la propia SC puede iniciar la acción de inconstitucionalidad y está previsto en el artículo 34 de la LOTSJ, que establece que cuando se declare de conformidad a derecho la desaplicación por control difuso previamente decidido por cualquier

---

176 Ibidem. p. 343

tribunal de la República, la SC puede ordenar el inicio del procedimiento de nulidad por inconstitucionalidad.

Tengamos en cuenta que el artículo 32 de la LOTSJ, además de regular la legitimación activa en este proceso, establece que para el caso del control concentrado de la constitucionalidad no privará el principio dispositivo pudiendo el juez suplir, de oficio, las deficiencias o técnicas del demandante por tratarse de un asunto de orden público. Otra manifestación de este principio inquisitivo que gobierna al proceso de inconstitucionalidad es lo dispuesto en el artículo 142 de la LOTSJ, que atribuye al juez constitucional la facultad de ordenar la evacuación de las pruebas que juzgue necesarias para el esclarecimiento de los hechos que aparezcan dudosos u oscuros.

6.2. Requisitos de la demanda (artículo 129 LOTSJ)

De conformidad con lo dispuesto en el artículo 129 de la LOTSJ el proceso de inconstitucionalidad se inicia a instancia de parte con la interposición de una demanda y específicamente para el caso concreto, la ley requiere que esta se realice por escrito, con la documentación indispensable para que sea valorada, de lo contrario será inadmitida.

Si el solicitante se encuentra dentro del área Metropolitana de Caracas, deberá presentar la demanda ante la SC y, si estuviere domiciliado fuera de Caracas, se podrá presentar la demanda ante cualquiera de los tribunales que ejerzan competencia territorial en el lugar donde tenga su residencia, debiendo el tribunal dejar constancia de su presentación al pie de la demanda y en el libro diario y remitir a la SC el expediente debidamente foliado y sellado, dentro de los tres días hábiles siguientes.

El artículo 134 de la LOTSJ establece la posibilidad de que el juez dicte un despacho saneador cuya función es ordenar la corrección, en lugar de la admisión, de todas las demandas que resulten ininteligiblemente imposibles de tramitar. La parte demandante cuenta con un lapso de tres días para corregir el escrito, si no lo hace dentro de dicho lapso o si lo hiciere dejando de subsanar la falta advertida, la SC negará la admisión de la demanda. Sin embargo, si la parte no subsana los errores en su demanda, la propia SC tiene la facultad de suplir de oficio, cualquiera deficiencia o técnica del demandante y continuar conociendo de la acción por tratarse de un asunto de orden público.

6.3. Medidas cautelares (artículo 130 LOTSJ)

De acuerdo a lo previsto en el artículo 26 de la Constitución, referido a la tutela judicial efectiva, en concordancia con el artículo 130 de la LOTSJ, en el proceso constitucional de nulidad por inconstitucionalidad, el juez constitucional cuenta con los más amplios poderes cautelares para cuyo ejercicio debe tener en cuenta y ponderar las circunstancias del caso y los intereses públicos en conflicto. De modo que en cualquier estado y grado del proceso las partes podrán solicitar y la SC podrá acordar, aun de oficio, las medidas cautelares que estime pertinentes.

Las medidas cautelares son útiles para garantizar la ejecución de las decisiones, mediante la conservación, prevención o aseguramiento de los derechos que corresponde dilucidar en el proceso. Sirven para evitar el peligro de que la justicia pierda su eficacia y para que la sentencia pueda ser ejecutada eficaz e íntegramente.

Como quiera que se trata de un juicio de nulidad por inconstitucionalidad, de un acto dictado en ejecución directa e inmediata de la Constitución y que presuntamente colide con sus disposiciones, una medida cautelar típica en este tipo de procesos constitucionales es la suspensión de los efectos del acto que se juzga.

Téngase como ejemplo la sentencia número 1911 de fecha 13 de agosto de 2002 de la SC del TSJ que, respecto de la posibilidad de dictar medidas cautelares de suspensión de efectos sobre cuerpos normativos generales y abstractos, estimó que debía aplicarse "*únicamente como medida excepcional cuando sea muy difícil reparar por sentencia definitiva los daños que resulten de la aplicación del contenido normativo del texto legal impugnado*".

En esta oportunidad, la SC señaló además que "*la inaplicación de un instrumento normativo como medida cautelar colide con la presunción de validez de los actos legales y su obligatoriedad desde su publicación en la Gaceta Oficial, de modo que si no se maneja con equilibrio aquella inaplicación, el principio de autoridad quedaría quebrantado, de allí que, para que pueda ser acordada, tiene que existir una verdadera y real justificación*".

De esta forma, en Venezuela, la SC ha acordado suspensión de efectos de normas impugnadas, durante la tramitación del procedimiento, cuando considera llenos los requisitos del *fumus boni iuris* y *periculum in mora* para el otorgamiento de medidas cautelares. Estas suspensiones a veces han sido dictadas con efectos solo para los accionantes, y en otros casos, con efectos *erga omnes*[177]. Lamentablemente no ha habido una jurisprudencia pedagógica ejemplarizante y uniforme en el ejercicio del poder cautelar.

Así por ejemplo la citada sentencia número 1911 suspendió de manera cautelar, con efectos *erga omnes,* el Decreto Ley de Empresas de Seguros y Reaseguros, por considerar que "*en el supuesto que se determinara –en la definitiva– que el instrumento in commento se encuentra viciado por quebrantar alguna disposición prevista en la Constitución de la República Bolivariana de Venezuela, se estaría generando un daño de difícil reparación a un gran cúmulo de sujetos que intervienen en dicha actividad, ya que tal como lo establece el propio instrumento legal, éste se encuentra en vigencia desde su publicación en Gaceta Oficial*".

De forma que el artículo 131 de la LOTSJ establece la competencia de los jueces constitucionales para dictar las providencias cautelares que considere adecuadas, cuando hubiese fundado temor de que los efectos del acto cuya constitucionalidad se juzga puede afectar la esfera jurídica subjetiva de los particulares, y entre estas medidas excepcionales se incluye especialmente la suspensión de efectos, total o parcial, inter partes o *erga omnes*, de la norma objeto del recurso de nulidad por inconstitucionalidad.

Decretadas las medidas cautelares, la parte contra quien obre la medida podrá hacer oposición dentro del lapso de tres días de despacho. De haber oposición, se abrirá en cuaderno separado y se tramitará una articulación de tres días de despacho para promover y evacuar pruebas. Esta incidencia cautelar se decidirá dentro de los cinco días de despacho siguientes, conforme al artículo 131 LOTSJ.

---

[177] Margarita Escudero, *El control judicial de constitucionalidad sobre las ramas legislativa y ejecutiva del Poder Público*, Facultad de Ciencias Jurídicas y Políticas, Universidad Central de Venezuela, Caracas, 2004. p.159.

Esto no siempre fue así. La CSJ había rechazado las medidas cautelares dentro de los procesos constitucionales. Por ejemplo, a través de la sentencia del 28 de julio de 1969, dictada con motivo de la impugnación de una Ley de la Asamblea Legislativa, la CSJ señaló que decretar la suspensión de los efectos de esa ley conduciría a una situación anormal según la cual bastaría con cuestionar ante la Corte, por inconstitucionalidad, un acto legislativo, para obtener por vía de sentencia previa, la suspensión de sus efectos, con el grave perjuicio de las facultades que corresponden al órgano legislativo.

Obsérvese que en otros ordenamientos jurídicos, en los casos de acciones de nulidad por inconstitucionalidad de leyes, la jurisprudencia ha negado la potestad cautelar de los jueces constitucionales. Veamos el criterio establecido por el Tribunal Constitucional de la República Dominicana según el cual:

> *"la ausencia de dicha facultad radica en la propia naturaleza de la acción directa de inconstitucionalidad que se fundamenta en el control abstracto de las normas atacadas, pues el examen general de la cuestión planteada se realiza al margen de los elementos particulares que supone un caso concreto, cuyos efectos, en caso de ser acogida, rigen hacia el futuro para todos los ciudadanos debido al carácter general y normativo que los caracteriza", por lo que dicha acción "no puede ser objeto de una suspensión debido al efecto "erga omnes" que la caracteriza", en la medida en que "la interrupción de los efectos de las normas atacadas" por la vía de esta acción "afectaría a todas las personas"; y (iii) "dar solución al requerimiento de suspensión implicaría prejuzgar aspectos de fondo que están reservados al análisis propio de la acción directa de inconstitucionalidad cursada" (Sentencia TC Sentencia TC/0077/15)"*[178].

Ahora bien, en Venezuela, las medidas cautelares han sido utilizadas por el juez constitucional en muchas ocasiones como pretexto para decidir inmediatamente sobre el fondo de la causa o bien decidir sobre

---

[178] Cit. en Eduardo Jorge Prats, "La potestad de tutela cautelar del Tribunal Constitucional", 05 de julio de 2019, disponible en https://hoy.com.do/la-potestad-de-tutela-cautelar-del-tribunal-constitucional/, consultado en fecha 28 de agosto de 2019.

asuntos que no fueron sometidos a su consideración, incurriendo en el vicio de *extra petita*.

Así por ejemplo véase las sentencias número 71, 72 y 77, de fechas 15 y 16 de junio, y 07 de julio de 2020, respectivamente, por medio de las cuales la SC decidió decretar "medidas cautelares" de intervención de los partidos políticos Acción Democrática, Primero Justicia y Voluntad Popular, que incluyeron la suspensión de la dirección nacional de dichos partidos, la designación de las juntas directivas de cada uno de esos partidos políticos con el objeto de llevar a cabo su reestructuración, y además, suspendió de manera provisional los actos de expulsión o exclusión partidista, suspensión, entre otros, efectuados por los directivos de la dirección nacional política de dichas organizaciones con fines políticos contra sus militantes. A través de estas medidas cautelares, la SC violó:

- El derecho constitucional de asociación con fines políticos y el derecho a la participación política, y, en consecuencia, violan los principios y valores democráticos de libertad y el pluralismo político establecidos en los artículos 2, 5,6, 62, 64, 67 y 70 de la Constitución y 1, 3 y 6 de la Carta Democrática Interamericana;
- La naturaleza y alcance del amparo constitucional para la protección de intereses colectivos y difusos establecido en el artículo 27 de la Constitución y en el artículo 25.21 de la LOTSJ.
- El debido proceso cuando usurpan las competencias propias de la Sala Electoral del TSJ, en violación de los artículos 49 de la Constitución y 27. 3 de la LOTSJ y
- El carácter cautelar e instrumental que se predica de las medidas cautelares, por cuanto decidió de forma definitiva sobre el fondo del asunto.

Ciertamente, esas sentencias 71, 72 y 77 no tienen carácter cautelar. No tienen efectos provisorios y tampoco son susceptibles de ser modificadas o revocadas mientras dure el proceso principal. Por el contrario, las sentencias interlocutorias de tutela cautelar tienen carácter definitivas cuando juzgan sobre el fondo de la pretensión y otorgan definitivamente el control, organización y dirección de los partidos políticos Acción Democrática, Primero Justicia y Voluntad Popular a unas juntas o mesas directivas (sin siquiera determinar su permanencia en el tiempo) no electas por los miembros de dichas asociaciones, pero además, cuando permiten a dichas juntas directivas designar con carácter permanente y definitivo las autoridades regionales, municipales y locales de los partidos políticos en cuestión[179].

De otra parte, véase también las sentencias interlocutorias números 78 y 118 dictadas por la SC en fechas 07 de julio de 2020 y 18 de agosto de 2020, respectivamente, con motivo de un recurso de nulidad por inconstitucionalidad interpuesto contra la Ordenanza Municipal número 001-19[180], "*Reforma de la Ordenanza de Creación de las Unidades de Valores Fiscales en el Municipio Chacao del Estado Miranda*" y la Ordenanza número 008-09[181], "*Reforma de la Ordenanza sobre Convivencia Ciudadana del Municipio Chacao*", dictadas por el Concejo Municipal del Municipio Chacao del Estado Miranda.

A través de las referidas sentencias 78 y 118, la SC ordenó –de oficio– medidas cautelares consistentes en:

- suspender por el lapso de noventa (90) días la aplicación de cualquier instrumento normativo dictado por los concejos municipales y consejos legislativos de los estados que establezcan algún tipo de tasa o contribución de naturaleza tributaria, así como cualquier decreto o acto administrativo de efectos generales dictado por los alcaldes o gobernadores con la misma finalidad;
- ordenar al Vicepresidente Sectorial del área Económica y Ministro del Poder Popular de Industrias y Producción para que, junto con los gobernadores, los alcaldes y el jefe de gobierno del Distrito Capital, conforme una mesa técnica a fin de coordinar los parámetros dentro de los cuales ejercerán su potestad tributaria, en particular, para armonizar lo referido a los tipos impositivos y alícuotas de los tributos;

---

179 V. Rafael Badell Madrid, "Consideraciones sobre las sentencias 71, 72 y 77 de la Sala Constitucional por medio de las cuales se intervinieron los partidos políticos Acción Democrática, Primero Justicia y Voluntad Popular". Estudio publicado en *Estudios sobre la ilegitimidad e inconstitucionalidad de las elecciones parlamentarias de 2020*, Academia de Ciencias Políticas y Sociales, Editorial Jurídica Venezolana, Caracas, 2020. Pp. 203-224.

180 Publicada en la Gaceta Municipal Extraordinaria número 8.824 del 11 de abril de 2019.

181 Publicada en la Gaceta Municipal Extraordinaria número 8.847 del 19 de junio de 2019.

- ordenar al Vicepresidente Sectorial del área Económica y Ministro del Poder Popular de Industrias y Producción la presentación de un informe detallado de las actuaciones desplegadas en ejecución de la sentencia;
- ordenar a todos y cada uno de los Alcaldes suscriptores del "Acuerdo Nacional de Armonización Tributaria Municipal" consignado ante la SC el 17 de agosto de 2020, proceder en el lapso de 30 días continuos siguientes a la notificación de esta decisión, adecuar sus ordenanzas municipales relativas a los tipos impositivos y las alícuotas de los tributos inherentes a las Actividades Económicas, de Industria y Comercio e Índole Similar y los atinentes a Inmuebles Urbanos y Peri Urbanos, a los parámetros establecidos en el acuerdo en referencia.
- una vez hecha la adecuación correspondiente, ordenó a los Alcaldes remitir al Ministerio del Poder Popular de Economía y Finanzas la o las ordenanzas modificadas a los fines de verificar su adecuación a los parámetros de los acuerdos alcanzados, para que éste último una vez verificado lo conducente remita a la SC su opinión.

Ahora bien, a través de estas medidas cautelares, la SC violó el principio de separación de poderes establecido en el artículo 136 de la Constitución, al usurpar las potestades exclusivas y excluyentes de la AN para legislar sobre la coordinación y armonización de las distintas potestades tributarias, establecida en los artículos 156.13 y 187.1 de la Constitución y al fundamentar la sentencia en "*la actual situación de Estado de Excepción, tanto de Emergencia Económica como de Alarma*", usurpó atribuciones del Presidente de la República, establecidas en los artículos 337 de la Constitución y 15.b de la LOEE; además violó el principio de separación de poderes desde el punto de vista territorial al desconocer la autonomía estadal y municipal establecida en los artículos 164 y 168 de la Constitución, y al negar las potestades tributarias de los municipios y de los Estados, en detrimento de la distribución territorial del Poder Público y del Estado federal venezolano, de acuerdo a lo dispuesto en los artículos 136 y 4 de la Constitución, respectivamente y al violar la reserva legal estadal y municipal, establecida en los artículos 162.1 y 175 de la Constitución; también violó el debido proceso contemplado en el artículo 49 de la Constitución por incurrir en el vicio de *extra petita,* al decidir sobre un asunto que no le fue solicitado por las partes; violó el carácter de instrumentalidad, provisionalidad y accesoriedad de las medidas cautelares; y violó el derecho a la defensa de los sujetos sobre los cuales recae los efectos de la medida cautelar[182].

A través de las referidas sentencias 71, 72 y 77, así como las sentencias 78 y 118, la SC, pretende realizar una función de naturaleza estrictamente política, demuestra que está ejerciendo funciones de gobierno –gobierno judicial– en exceso de los límites constitucionales y convencionales que regulan sus competencias como órgano del Poder Judicial.

Ciertamente, estas sentencias, como muchas otras de la SC representan lo que Emilio Urbina ha definido como "sentencias de gobierno", esto es aquel "*Acto político revestido bajo la formalidad de una sentencia anómala con autoridad de cosa juzgada de la Sala Constitucional del TSJ, sin que medie una Litis o cuestionamiento sobre la constitucionalidad de un acto de otro órgano del Poder Público, cuyo objeto es coadyuvar, completar, sistematizar, esclarecer o fundamentar un acto de gobierno dictado por la Presidencia de la República*"[183].

En efecto, por su fundamentación y por su contenido, las decisiones de la SC no son unas sentencias cautelares o definitivas, por el contrario, constituyen una medida o actuación de dirección política totalmente ajena a sus funciones y, en consecuencia son nulas de conformidad con lo dispuesto en el artículo 138 de la Constitución. A la SC, como órgano del poder judicial le corresponde conocer "*de las causas y asuntos de su competencia mediante los procedimientos que determinen las leyes, y ejecutar o hacer ejecutar sus sentencias*" (artículo 253 de la Constitución).

---

182 V. Rafael Badell Madrid, "Consideraciones sobre la sentencia de la Sala Constitucional del Tribunal Supremo de Justicia que suspendió la aplicación de las leyes estadales y municipales sobre impuestos". En *Boletín de la Academia de Ciencias Políticas y Sociales,* número 161, julio-diciembre 2020, Academia de Ciencias Políticas y Sociales, Caracas, 2020.

183 Emilio J. Urbina Mendoza, "¿Qué son las sentencias de gobierno? La nueva geografía de actos en la jurisprudencia de la Sala Constitucional del Tribunal Supremo de Justicia". En *Revista de Derecho Público*, número 147 – 148, Julio – Diciembre 2016. Editorial Jurídica Venezolana, Caracas, 2016. p. 63

6.4. Designación de ponente (artículo 132 LOTSJ)

El ponente, quien conocerá de la totalidad del juicio con tal carácter, será designado en el momento en que la SC dé cuenta de la demanda.

6.5. Admisión de la demanda (artículos 133 al 135 LOTSJ)

Hemos dicho antes que una de las características del control abstracto de inconstitucionalidad es la universalidad del control, es decir que no hay actos excluidos del control de constitucionalidad y nos hemos referido también a la legitimación amplia que se predica de este sistema de control, es decir acción popular, de acuerdo a lo previsto en el artículo 32 de la LOTSJ. De esas características se infiere el principio general sobre la admisión de la acción propuesta; de modo que, en nuestra opinión, el examen de los requisitos de admisibilidad de la demanda deba ser interpretado de forma restrictiva con el fin de impedir que se niegue el acceso a la justicia constitucional de forma indebida.

El artículo 133 de la LOTSJ establece los requisitos para que la demanda sea admitida. Dispone el mencionado artículo 133 que no será admitida la demanda:

1) Cuando se acumulen demandas o recursos que se excluyan mutuamente o cuyos procedimientos sean incompatibles.
2) Cuando no se acompañen los documentos indispensables para verificar si la demanda es admisible.
3) Cuando sea manifiesta la falta de legitimidad o representación que se atribuya él o la demandante, o de quien actúe en su nombre, respectivamente.
4) Cuando haya cosa juzgada o litispendencia.
5) Cuando contenga conceptos ofensivos o irrespetuosos.
6) Cuando haya falta de legitimación pasiva.

Ahora bien, retomando lo que hemos dicho en líneas anteriores sobre la interpretación restrictiva de estos requisitos de admisión en atención a los principios de universalidad del control y el carácter popular del recurso por inconstitucionalidad, debemos referirnos a tres de estos supuestos que a nuestro parecer no se corresponden con los principios antes mencionados.

En primer lugar, respecto del numeral 2 del artículo 133, conviene señalar que, con motivo de que el juez está llamado a conocer el derecho (principio *iura novit curia*), y que el documento principal de la demanda de nulidad por inconstitucionalidad lo constituyen leyes, decretos-leyes y otros actos dictados en ejecución directa de la Constitución, no sería posible considerar como supuesto de inadmisión de la demanda su falta de consignación. En todos esos casos los actos se publican en la Gaceta Oficial o en otros órganos de divulgación y forman parte del ordenamiento jurídico.

En segundo lugar, con relación al numeral 3 del artículo 133, es preciso señalar que, dado que se trata de una acción popular, no podría existir el supuesto de falta de legitimación[184].

De otra parte, por lo que se refiere al numeral 6 del artículo 133, hay que señalar que no es posible que se inadmita una acción popular de inconstitucionalidad por falta de legitimación pasiva, teniendo en cuenta que la propia Constitución determina los órganos o entes con competencia para dictar los actos sujetos al control concentrado de la constitucionalidad.

La SC decidirá acerca de la admisión de la demanda dentro de los cinco días de despacho siguientes a la designación de ponente, pudiendo entonces declarar su inadmisión por causales definidas en la ley o dictar el correspondiente auto de admisión.

Ahora bien, en caso de admisión de la demanda, el artículo 135 de la LOTSJ establece que se ordenará –mediante auto de admisión– la citación de la parte demandada y la notificación del Fiscal General de la República (si éste no hubiere iniciado el juicio), para que consigne informe acerca de la controversia; del Procurador General de la

184 Al respecto téngase en cuenta el criterio jurisprudencial reiterado en Venezuela según el cual, "*cualquiera del pueblo*" puede interponer la acción popular (de ahí su denominación), y en este sentido "*la defensa de un interés público que es a la vez simple interés del accionante quien, por esta sola razón,* ***no requiere estar investido de un interés jurídico diferenciado legítimo***" (resaltado añadido). Por consiguiente, en Venezuela, la acción popular está consagrada "*para impugnar la validez de un acto del Poder Público, que por tener un carácter normativo y general, obra erga omnes, y por tanto,* ***su vigencia afecta e interesa a todos por igual***" (resaltado añadido). V. sentencia de la CSJ en la SPA del 18/2/71, Gaceta Oficial número 1472 extraordinario, del 11 de junio de 1971, p. 6; ver también la sentencia de la CSJ en la SPA del 6 de febrero de 1964, Gaceta Oficial número 27373, del 21 de febrero de 1964.

República (de conformidad con la ley que rige sus funciones); del Defensor del Pueblo; y de cualquier otra autoridad que se estime pertinente.

Si fuera necesario, se solicitarán al sujeto demandado los antecedentes administrativos del caso. Si el auto de admisión se dictare fuera del plazo, se ordenará la notificación de la parte demandante. Cuando sea admitida la demanda, se ordenará la remisión del expediente al Juzgado de Sustanciación para su tramitación.

Tengamos en cuenta que el artículo 32 de la LOTSJ, además de regular la legitimación activa en este proceso, establece que para el caso del control concentrado de la constitucionalidad no privará el principio dispositivo pudiendo el juez suplir, de oficio, las deficiencias o técnicas del demandante por tratarse de un asunto de orden público. Otra manifestación de este principio inquisitivo que gobierna al proceso de inconstitucionalidad es lo dispuesto en el artículo 142 de la LOTSJ, que atribuye al juez constitucional la facultad de ordenar la evacuación de las pruebas que juzgue necesarias para el esclarecimiento de los hechos que aparezcan dudosos u oscuros.

6.6. Intervención de terceros (artículos 137 al 139 LOTSJ)

Además del accionante y el accionado, en los procesos de control concentrado de la constitucionalidad se admite la participación de terceros interesados en la causa, para intervenir en la defensa de alguno de los intereses jurídicos en conflicto. Los terceros son los sujetos distintos a aquellos que intervienen en juicio como actor o demandado, que son a quienes aprovecha o perjudica la sentencia. Sin embargo, puede ocurrir que terceros intervengan en el proceso para participar en la defensa de algunas de las partes.

Esta figura de la intervención del tercero está regulada en los artículos 136 y siguientes de la LOTSJ, de forma expresa, y de forma supletoria por los artículos 370 y siguientes del CPC, en razón de lo dispuesto el artículo 98 de la LOTSJ.

En primer lugar, el artículo 136 de la LOTSJ dispone que en el auto de admisión de la demanda se ordenará emplazar a los interesados por medio de un cartel, el cual deberá ser librado, junto con los oficios, por el Juzgado de Sustanciación, dentro de los cinco días de despacho siguientes al recibo del expediente y cuando sea verificada la estadía a derecho de la parte demandante, el juzgado de sustanciación librará los oficios y el cartel.

Seguidamente el artículo 137 de la LOTSJ establece que el cartel de emplazamiento será publicado por la parte demandante en un diario de circulación nacional o regional, según sea el caso, para que los interesados concurran dentro del lapso de 10 días de despacho siguientes a que conste en autos su publicación.

Si la parte demandada no cumpliera con esta carga, será declarada la perención de la instancia, a menos que existan motivos de orden público que justifiquen la continuación de la causa, caso en el cual el cartel deberá ser publicado por el Juzgado de Sustanciación. Es decir que el juez constitucional tiene el poder, cuando razones de orden público lo precisen, de continuar conociendo del asunto aun cuando la parte solicitante de la inconstitucionalidad haya incumplido la obligación procesal de publicar el cartel de emplazamiento y consignarlo en el expediente.

Cuando venzan los lapsos antes indicados, deberá dejarse transcurrir un término de diez días de despacho para que se entienda que los interesados han quedado notificados, configurándose así su notificación (artículo 138 LOTSJ).

Vencido el lapso anterior, y una vez que conste en autos que se ha efectuado la última de las notificaciones, el Juzgado de Sustanciación se pronunciará sobre la legitimación de los intervinientes dentro del lapso de tres días de despacho (artículo 139 de la LOTSJ).

Esta intervención de terceros, como señala González Pérez, comprende una exigencia de justicia y se justifica en la "*salvaguarda y protección de quienes puedan resultar afectados por la sentencia que se dicte y porque, mediante su intervención, se logra la mejor tutela del interés general que se actúa en todo el proceso, al dotar al órgano jurisdiccional de elementos de juicio más completos*"[185].

Señala González Pérez como principal argumento para justificar la figura del tercero interviniente en el proceso constitucional, que la mayoría de las veces la actuación de los sujetos que se conforman como partes principales tienen un móvil político y no la defensa de la Constitución.

---

185 Jesús González Pérez, *Derecho Procesal Constitucional*, ob. cit. p. 118.

6.7. Lapso de pruebas (artículos 139 y 140 LOTSJ)

Lamentablemente, las regulaciones de la LOTSJ sobre los lapsos de promoción, oposición y evacuación de pruebas no son claras ni precisas. Por el contrario, las disposiciones relativas a los lapsos de prueba se establecen junto con las normas sobre la participación de los terceros intervinientes (artículo 139), creando confusión al respecto.

El artículo 139 de la LOTSJ establece que después del pronunciamiento del tribunal sobre la admisión de la participación de los terceros, se abrirá el lapso de diez días para consignar escritos de promoción de pruebas, así como para evacuar pruebas documentales. Dentro de los tres días de despacho siguientes al vencimiento del lapso de promoción de pruebas, las partes podrán oponerse a la admisión de las pruebas de la contraparte que consideren manifiestamente ilegales o impertinentes.

Consideramos que la expresión pruebas manifiestamente ilegales que utiliza el legislador en el artículo 139 de la LOTSJ, alude a la prueba ilegal propiamente dicha y, también, a la prueba ilícita.

Para que las pruebas entren correctamente al proceso, es necesario que sean legítimas, legales, conducentes, definidas, y pertinentes. Las pruebas ilegales son las que no cumplen adecuadamente con los requisitos de existencia, validez y eficacia que establece la ley.

La prueba puede ser manifiestamente ilegal cuando el medio probatorio promovido está expresamente prohibido por la ley o hay expresa prohibición para su uso en un caso concreto.

La prueba legal es la que se ha creado y propuesto de acuerdo a las formalidades exigidas por la ley. Otra cosa distinta a la ilegalidad de la prueba es la prueba ilícita que es la que viola derechos constitucionales o legales de alguna de las partes por haber sido construida o adquirida en contra de la ley.

El artículo 139 de la LOTSJ también establece que las partes podrán oponerse a la admisión de las pruebas de la contraparte que consideren impertinentes. La pertinencia de la prueba se refiere a su objeto, es decir a la necesidad de que lo que se busca probar guarde relación directa con la pretensión, con las argumentaciones de las partes y con el tema que se decide.

La pertinencia de la prueba es la congruencia que necesariamente debe existir entre el objeto fáctico de la prueba promovida y los hechos alegados y controvertidos. El promovente, cuando anuncia la prueba debe indicar los hechos que pretende probar, ello sirve para comparar lo que se pretende probar con los alegados y controvertidos y, en consecuencia, determinar la pertinencia de la prueba. La prueba sería entonces impertinente si el medio promovido no se corresponde con el hecho litigioso.

La importancia de la prueba en los procesos constitucionales radica en la necesidad de garantizar la vigencia e intangibilidad de la Constitución a través de decisiones fundamentadas en motivos no solo de derecho, sino también de hecho.

En efecto, dado que en los procesos constitucionales no se resuelven únicamente cuestiones de derecho a través de la confrontación de normas, ni problemas estrictamente teóricos, resulta esencial la actividad probatoria para decidir asuntos de constitucionalidad[186]. El juez constitucional requiere valorar y estimar los hechos alegados y probados en el proceso constitucional, con el objeto de dotar de legitimidad la decisión que dicte y hacer efectiva la protección de la supremacía constitucional.

El criterio que sostenía que el control de constitucionalidad era un proceso al acto donde el debate era solo de mero derecho y no se requería actividad probatoria, ha sido superado. Ya no se entiende que la acción de nulidad por inconstitucionalidad debe decidirse a través del mero cotejo entre la norma demandada y la Constitución, sino que es imprescindible que el juez acuda a los medios de prueba pertinentes[187].

De acuerdo con lo anterior, para que la decisión de un juez constitucional en aplicación del control concentrado, sea válida, es necesario que esté fundamentada en la prueba del proceso constitucional, es decir, debe estar basada en la convicción que produzcan los medios de prueba. Es por ello que el juez constitucional debe pronunciarse sobre las razones, argumentos, instrumentos o medios de naturaleza procesal dirigidos a verificar el cumplimiento o la violación de los preceptos constitucionales[188].

---

186 José G. Hernández Galindo, "Importancia de la prueba en los procesos constitucionales", presentación del libro de Ana Giacomette Ferrer, *Las pruebas en el proceso de control constitucional*, primera edición, Señal Editora, Bogotá D.C., 2007.

187 Ana Giacomette Ferrer, Ob. Cit., pp.183-184.

188 Ibidem, p.183

Así, por ejemplo, para el caso en que esté comprendido un vicio de contenido formal o de procedimiento (cometido durante el proceso de formación de los proyectos de ley o de actos legislativos o de un decreto), es imprescindible que el juez acuda a los medios de prueba pertinentes[189].

El lapso para la admisión y evacuación de las pruebas está regulado en el artículo 140 de la LOTSJ, que dispone que transcurridos cinco días de despacho luego del vencimiento del lapso de oposición de pruebas, el Juzgado de Sustanciación providenciará los escritos de prueba, admitirá aquellos que sean legales y procedentes, desechando entonces los que aparezcan manifiestamente ilegales o impertinentes[190].

El Juzgado ordenará, en el mismo auto, que se omita toda declaración o prueba sobre aquellos hechos que aparezcan claramente como no controvertidos entre las partes. En esa oportunidad se fijará la audiencia pública y se remitirá el expediente a la Sala.

Si llegare a suceder que ninguno de los intervinientes promoviere pruebas distintas a las documentales, la causa entrará en estado de sentencia y el Juzgado de Sustanciación remitirá el expediente a la Sala, para que decida en un plazo de veinte días de despacho. Queda a salvo la facultad de la SC de fijar audiencia si lo estima pertinente.

6.8. Audiencia pública (artículo141 LOTSJ)

En la audiencia pública el Presidente de la Sala señalará a las partes el tiempo de que disponen y estas expondrán sus alegatos y procederá igualmente, en caso de que hayan manifestado su deseo de ejercer el derecho a réplica o contrarréplica.

En esta audiencia la Sala debe exponer en qué términos quedó trabada la controversia, así como ordenar, si fuere el caso, la evacuación de las pruebas en la misma audiencia o en otra oportunidad, de la misma manera deberá resolver cualquier incidencia en relación con el control y contradicción de la prueba (artículo 142 LOTSJ).

Como ya dijimos previamente, una manifestación del principio inquisitivo que gobierna al proceso de inconstitucionalidad es lo dispuesto

---

[189] Ibidem, pp.183-184

[190] El tema de las pruebas en los procesos constitucionales será desarrollado en el Capítulo IX.

en este artículo 142 de la LOTSJ, que atribuye al juez constitucional la facultad de ordenar la evacuación de las pruebas que juzgue necesarias para el esclarecimiento de los hechos que aparezcan dudosos u oscuros y, asimismo, la facultad que tiene para resolver cualquier incidencia en relación con el control y contradicción de la prueba.

La audiencia fijada continuará en la oportunidad que determine el juzgado y así cuantas veces sea necesario para agotar completamente el debate. Una vez que el tribunal oiga a los intervinientes, podrá ordenar la evacuación de las pruebas que juzgue necesarias para el esclarecimiento de los hechos que aparezcan dudosos u oscuros.

Luego de la conclusión de la audiencia pública se levantará un acta, la cual deberá ser firmada por todos los intervinientes y, si se negaren a hacerlo, el secretario dejará constancia de ello. La audiencia será la última actuación de las partes en materia litigiosa. Si la parte demandante no asistiera al debate, se entenderá como un desistimiento tácito, por lo cual se daría por terminado el proceso a menos de que la Sala considere que el asunto litigioso afecta el orden público (artículo143 LOTSJ).

6.9. Conclusión del debate (artículo144 LOTSJ)

Cuando el debate entre los intervinientes concluya de manera que se hayan agotado todos los puntos controvertidos, los Magistrados proceden a deliberar, por lo que podrán entonces:

1. Decidir inmediatamente el fondo del asunto y exponer en forma oral los términos del dispositivo del fallo.
2. Dictar la decisión en la oportunidad de publicarse la sentencia cuando las circunstancias del caso así lo ameriten.
3. Diferir por una sola vez y hasta por un lapso de cinco días de despacho, el pronunciamiento del dispositivo del fallo, cuando la complejidad del asunto así lo requiera.

El texto íntegro del fallo deberá ser publicado dentro de los diez (10) días de despacho siguientes a la celebración de la audiencia pública o al vencimiento del diferimiento.

Ahora bien, la LOTSJ no determina qué debe contener el fallo definitivo en los procesos relativos al ejercicio del control concentrado por parte de la SC del TSJ, como si lo hacía la Ley Orgánica de la Corte Suprema de Justicia[191] (LOCSJ), cuyo artículo 119 establecía lo siguiente:

> *"En su fallo definitivo la Corte declarará si procede o no la nulidad del acto o de los artículos impugnados, una vez examinados los motivos en que se fundamente la demanda, y determinará, en su caso, los efectos de la decisión en el tiempo".*

Es claro que la SC del TSJ, en su sentencia definitiva debe efectivamente declarar si procede o no la nulidad del acto o de los artículos impugnados y determinará, en su caso, los efectos de la decisión en el tiempo, bien efectos ex-*tunc* o retroactivos, o efectos *ex-nunc* o hacia el futuro.

De otra parte, lo que no se pone en duda es que las sentencias de inconstitucionalidad derivadas del control abstracto de constitucionalidad, son de carácter vinculante, por lo que tienen efectos *erga omnes*. Ello quiere significar que la sentencia hace tránsito a lo que se conoce como la cosa juzgada constitucional, que consiste en que "*sobre el punto ya definido no puede haber posteriores determinaciones aunque provinieran de la misma Corporación, así como que la disposición declarada inexequible, no puede ser reproducida ni aplicada por ninguna autoridad de la República*"[192].

De esta forma, la cosa juzgada tiene una doble función: i) una negativa: que prohíbe a los funcionarios judiciales conocer, tramitar y fallar sobre lo resuelto; ii) y una positiva: que dota de seguridad a las relaciones jurídicas y al ordenamiento jurídico[193].

Pero en lo referente al contenido de la decisión, la Sala debe además pronunciarse, en su sentencia definitiva, sobre las excepciones o defensas opuestas durante el juicio. La decisión en principio, debe limitarse a declarar la nulidad o no de la ley, acto o artículos impugnados, y, en consecuencia, declararlos nulos o declarar sin lugar el recurso.

Por último, la LOTSJ, en su artículo 145, establece que ciertas causas no requieren sustanciación, y que en esa circunstancia, la Sala decidirá en un lapso de treinta días de despacho contados a partir del día en

[191] Gaceta Oficial número 1.893 extraordinario de fecha 30 de julio de 1976.
[192] Ana Giacomette Ferrer, Ob. Cit. p.156
[193] Ibidem.

que se dé cuenta del recibo de las actuaciones, salvo lo que establezcan la Constitución de la República y leyes especiales.

En efecto, no requieren sustanciación las siguientes causas:

- Control previo de los tratados internacionales que sean suscritos por la República, antes de su ratificación. (artículo 25, numeral 5, LOTSJ).
- Control de constitucionalidad de los decretos que declaren estados de excepción que sean dictados por el Presidente o Presidenta de la República. (artículo 25, numeral 6, LOTSJ).
- Revisión de las sentencias definitivamente firmes que sean dictadas por los Tribunales de la República, cuando hayan desconocido algún precedente dictado por la SC; efectuado una indebida aplicación de una norma o principio constitucional; o producido un error grave en su interpretación; o por falta de aplicación de algún principio o normas constitucionales. (artículo 25, numeral 10, LOTSJ).
- Revisión de las sentencias dictadas por las otras Salas que se subsuman en los supuestos que señala el numeral anterior, así como la violación de principios jurídicos fundamentales que estén contenidos en la Constitución de la República, tratados, pactos o convenios internacionales suscritos y ratificados válidamente por la República o cuando incurran en violaciones de derechos constitucionales. (artículo 25, numeral 11, LOTSJ).
- Revisión de las sentencias definitivamente firmes en las que se haya ejercido el control difuso de la constitucionalidad de las leyes u otras normas jurídicas, que sean dictadas por las demás Salas del TSJ y demás Tribunales de la República. (artículo 25, numeral 12, LOTSJ).
- Resolución de los conflictos de cualquier naturaleza que puedan suscitarse entre las Salas que integran el TSJ o entre los funcionarios o funcionarias del propio Tribunal, con motivo de sus funciones. (artículo 25, numeral 13, LOTSJ).
- Control de la constitucionalidad del carácter orgánico de las leyes que sean sancionadas por la AN, o de los decretos con Rango, Valor y Fuerza de ley que sean dictados por el Presidente o Presidenta de la República en Consejo de Ministros. (artículo 25, numeral 14, LOTSJ).

- Control previo de la constitucionalidad de una ley que sea sancionada por la AN o de algunos de sus artículos, de conformidad con el artículo 214 de la Constitución de la República. (artículo 25, numeral 15 LOTSJ).

Ahora bien, establece el artículo 145 que la SC podrá dictar en la resolución de los prenombrados procesos, autos para mejor proveer, así como fijar audiencia si lo estima pertinente.

7. Límites del juez en el ejercicio del control concentrado

Hemos señalado que el control concentrado de constitucionalidad es una facultad que tiene un órgano o tribunal especializado, guardián de la Constitución, para declarar la nulidad, total o parcial y con efecto *erga omnes*, de una ley o un acto de rango legal dictado en ejecución directa e inmediata de la Constitución, por ser violatoria de los principios y preceptos constitucionales.

Ahora bien, es fácil entender que esta facultad de control que tiene asignada el juez constitucional es muy delicada y es por ello que, si bien el juez constitucional debe tener los poderes suficientes para hacer prevalecer la Constitución, no puede permitirse, sin embargo, que altere con sus decisiones los principios básicos del Estado Constitucional y Democrático de Derecho. Sin límites, el juez constitucional podría convertirse en un juez destructor de la democracia, como lamentablemente ha ocurrido en Venezuela, donde se ha establecido una interpretación de la Constitución autoritaria o populista.

En efecto, la legitimidad democrática de la justicia constitucional es asunto que se debate hoy abiertamente en los ambientes académicos. La preocupación inicial la formuló Karl Loewenstein, quien sostuvo que un detentador del poder que no ha sido nombrado democráticamente, que se arroga a sí mismo el derecho de frustrar y anular la decisión política de los otros dos poderes, Ejecutivo y Legislativo, es estructuralmente incompatible con el principio de la distribución de funciones entre los diferentes detentadores del poder[194].

---

[194] En este sentido: "Esto va a originar no pocas disputas con los demás órganos del poder público, tanto el legislativo como el ejecutivo. Al respecto se señaló en su momento que:

A su vez, Carl Schmitt[195] se refirió al peligro de la insurgencia de un poder superior a los otros, en el que se convertiría el judicial, si se le delegaba dicho control:

> *"Mediante la concentración de todos los litigios constitucionales en un solo tribunal constituido por funcionarios profesionales inamovibles e independientes por tal causa, se crearía una segunda cámara cuyos miembros serían funcionarios profesionales. Ningún formalismo judicial podría encubrir el hecho de que semejante tribunal de justicia política o constitucional viniera a ser una instancia política suprema con atribuciones para formular preceptos constitucionales. Esto significaría algo apenas imaginable desde el punto de vista democrático: traslada tales funciones a la aristocracia de la toga"*[196]

Así también, Carl Schmitt contrarió abiertamente la posición de Kelsen sobre los tribunales constitucionales, señalando además que:

> *"...una expansión sin inhibiciones de la justicia, no transforma al Estado en jurisdicción, sino a los tribunales en instancias políticas. No conduce a juridificar la política, sino a politizar la justicia. Justicia constitucional es una contradicción en los términos".*

"¿Cómo han podido adoptar los europeos el sistema que implica un enfrentamiento directo y abierto con el legislador, cuando el respeto hacia este les impidió, en el siglo XIX y comienzos del XX, adoptar el sistema americano, en apariencia, sin embargo, menos atentatorio contra los derechos del Parlamento?". Vid, L. Favoreu, *Los Tribunales Constitucionales*, Edit. Ariel, Barcelona, 1994; cit. en. Vid. Liliana Estupiñan Achry; Carlos Hernández; William Jiménez (Editores Académicos), *Tribunales y justicia constitucional*, Ob. cit. p. 24.

195 Carl Schmitt (Plettenberg, Westfalia, Imperio alemán; 11 de julio de 1888 – 7 de abril de 1985) fue un juspublicista y filósofo jurídico alemán, adscrito a la escuela del llamado realismo político, lo mismo que a la teoría del orden jurídico. Escribió centrado en el conflicto social como objeto de estudio de la ciencia política, y más concretamente la guerra. Militó en el Partido Nacionalsocialista y ejerció diversos cargos bajo el régimen nazi entre 1933 y 1936, por lo que su fuerte compromiso con el régimen de Hitler condujo a que se lo tildara de "Kronjurist", o fiscal general, del Tercer Reich.

196 Carl Schmitt, *La defensa de la Constitución*, Edit. Tecnos, Madrid. 1983. p. 250, cit. en, Luis Andrés Cucarella Galiana, Ob. cit. p. 106.

7.1. Límite del juez constitucional: Respeto al bloque de la constitucionalidad

En la tarea de controlar la sujeción de las actividades de los órganos del Poder Público a la Constitución, el primer parámetro de control que tiene el juez constitucional es, precisamente, la propia Constitución y todo el bloque de la constitucionalidad y, también, el bloque de la convencionalidad. La doctrina del bloque de la constitucionalidad, creación de la jurisprudencia del Consejo Constitucional francés y la impronta del profesor Louis Favoreu, de uso frecuente no sólo en Francia sino también en España, y originada en la idea del bloque de la legalidad, propia del derecho administrativo, obliga tener presente desde el contenido del preámbulo de la Constitución hasta la última de sus disposiciones, así como todos aquellos principios, valores y derechos no contenidos en su texto pero que, sin embargo, rigen la estructura constitucional del Estado, lo cual incluye también sus antecedentes y el proceso de formación de la Constitución.

El bloque de la constitucionalidad está compuesto por todos aquellos principios y normas que, sin aparecer formalmente en el articulado de la constitución, son utilizados como parámetros de control de la constitucionalidad de las leyes y, también, del juez. A las disposiciones expresas de la Constitución se le une todo el bloque de la constitucionalidad.

El primer límite que impone el ordenamiento jurídico a los jueces constitucionales comprende la total observancia de la Constitución y el respeto por las instituciones y órganos previstos por esta norma, impidiendo de esta forma a los jueces mutar los preceptos constitucionales con sus decisiones[197]. No podría el juez constitucional, como consecuencia de su inter, desmontar el sistema constitucional, es decir, desconstitucionalizarlo.

[197] Así pues, en Venezuela, por virtud del artículo 7, en concordancia con el artículo 333, la Constitución sólo cambia o desaparece, según el caso, por reforma, enmienda o una nueva Constitución, pero nunca por las decisiones de los jueces en ejercicio de la jurisdicción constitucional. En efecto, los jueces constitucionales no tienen la facultad del poder constituyente originario para cambiar las normas constitucionales, dado que éste sólo corresponde al pueblo.

Los jueces constitucionales son órganos del Estado y quedan sometidos en su actuación a las normas y principios constitucionales como en efecto lo dispone el artículo 7 de la Constitución, el cual establece que: "*Todas las personas y los órganos que ejercen el Poder Público están sujetos a esta Constitución*".

Los jueces constitucionales en ejercicio del control de la constitucionalidad están limitados y vinculados por todos los valores y principios, entre ellos los siguientes:

1) El principio de la democracia y la soberanía popular (artículos 2 y 5);
2) El pluralismo político (artículo 2);
3) El ejercicio democrático de la voluntad popular (artículo 3);
4) El principio de organización democrática (preámbulo y artículo 4);
5) El carácter democrático de las entidades políticas que componen el Estado (artículo 6);
6) El principio de progresividad de los derechos (artículo 19);
7) El principio de no taxatividad de los derechos inherentes a la persona (artículo22);
8) El respeto y prevalencia de los acuerdos y tratados internacionales relativos a derechos humanos (artículo 23);
9) El principio de no retroactividad de la ley (artículo24);
10) El respeto a los derechos políticos (artículo 39);
11) La participación libre en los asuntos públicos (artículo 62);
12) El derecho al sufragio (artículo 63);
13) El principio de separación de poderes (artículo 136);
14) El principio legalidad (artículo 137);
15) El principio de responsabilidad patrimonial del Estado (artículo 140);
16) Los principios y valores de nuestra historia republicana (artículo 350).

Asimismo, téngase en cuenta que el preámbulo de la Constitución –que establece los valores superiores del ordenamiento jurídico venezolano– es límite a la actuación del juez constitucional, quien siempre deberá en su labor interpretativa favorecer la vigencia de estos postulados o principios. En ese sentido, los valores de libertad, paz, solidaridad, bien común, convivencia, la igualdad y la garantía de los derechos humanos fundamentales, así como el carácter democrático de un Estado que se halle sometido a derecho y de allí y el imperio de la ley, impiden que una realidad política se imponga en decisiones judiciales no cónsonas con estas limitantes.

De especial importancia es el principio de proporcionalidad, denominado también principio de racionalidad, razonabilidad o interdicción de la arbitrariedad (como ha sido definido constitucionalmente en España), el cual impone una actuación prudente por parte del juez constitucional, quien siempre deberá dar una solución justa que respete el peso reconocido a cada principio en un caso concreto, orientando su actuación para "*...la búsqueda de la justa medida cuando hay una colisión de principios, derechos o intereses la cual no puede ser resuelta por la mera exclusión de uno de los polos*"[198].

Otro límite que debe informar la actuación del juez constitucional es el respeto al bloque de convencionalidad, consagrado en el artículo 23 de la Constitución, conforme al cual los jueces constitucionales no solo deben velar por el cumplimiento de las normas de derecho interno, sino además, tienen la obligación de verificar –en el ordenamiento jurídico interno– el efectivo cumplimiento de las disposiciones contenidas en convenios o tratados internacionales, especialmente las relativas al reconocimiento y la protección de los derechos humanos que conforman el denominado *corpus iuris* de los derechos humanos; así como los demás instrumentos normativos, principios y valores internacionales que conforman el mencionado "bloque de la convencionalidad".

Si no se respeta este límite al bloque de la constitucionalidad el juez constitucional podría falsear la Constitución y el Estado de Derecho. El falseamiento es una de las formas de desconstitucionalización del Estado, la cual ha sido a su vez definida por la doctrina (Néstor Sagüés) como el vaciamiento o desmontaje de normas, principios o valores de la Constitución, y que puede ser realizada de forma expresa o tácita por los distintos operadores constitucionales, entre ellos principalmente el juez constitucional, a través de "*prácticas o costumbres contra*

[198] Juan V. Sola Ob. cit. P. 632.

constitutionem, vías de hecho, interpretaciones manipulativas de la ley suprema, o la sanción de normas subconstitucionales opuestas a ésta pero no declaradas inconstitucionales por los órganos custodios de la supremacía constitucional"[199].

Esta expresión "*falseamiento de la Constitución*" ha sido utilizada en derecho para definir el fenómeno por el cual se otorga a determinadas normas constitucionales una interpretación y un sentido distintos de los que realmente tienen. Se trata de una modificación no formal –o cambio encubierto[200]– de la Constitución que se concreta con "*la simple transgresión de la misma*"[201]. Eso puede hacerlo, principalmente, el juez constitucional que no respecta los límites expresos o implícitos de sus funciones. Este falseamiento de la Constitución, y la consecuente desconstitucionalización en Venezuela, ha sido llevada adelante por la SC, es decir por nuestros jueces constitucionales.

7.2. Límite del juez constitucional: Principio de separación de poderes

El principio de separación de poderes –aunque morigerado hoy día para dar cabida a las funciones del juez constitucional en obsequio de la supremacía constitucional– implica no sólo la actuación judicial independiente y autónoma del juez constitucional, sino también el límite de la decisión fundada, basada en derecho, y sin invadir las competencias propias de otro órgano, ni siquiera aquél sujeto al control de la constitucionalidad de sus actos, todo ello para el resguardo del principio de legalidad –referido a la distinción y subordinación de las funciones ejecutiva, judicial y legislativa–y por ende, del Estado de Derecho.

[199] Néstor Pedro Sagüés, "El concepto de desconstitucionalización", en *Revista de Derecho* número 2, Universidad Católica del Uruguay, Montevideo, 2007. p. 195.

[200] Maurice Hauriou, *Principios de derecho público y constitucional* (trad. Carlos Ruiz del Castillo), Reus, Madrid, 2.ª ed., s/f, pp. 331-332. Cit. en Néstor Pedro Sagüés, "El concepto de desconstitucionalización", en *Revista de Derecho* número 2, Universidad Católica del Uruguay, Montevideo, 2007.

[201] Véase Pedro De Vega García, *La reforma constitucional y la problemática del poder constituyente,* Tecnos, Madrid, 1985, p. 291. Cit. en Gustavo Galvis Arenas y Mauricio Rodríguez Delgado "Fraude constitucional", en *Temas Socio-Jurídicos,* número 27, Centro de Investigaciones Socio – Jurídicas, Universidad Autónoma de Bucaramanga, Colombia 2007. P. 137.

No hay duda de que el tema es delicado y que es preciso conciliar la supremacía constitucional con el principio democrático. Más allá de las variaciones que el asunto tiene si se trata de modelos parlamentarios o presidencialistas o sus respectivos matices intermedios, en democracia debe dársele al legislador el protagonismo principal en la configuración de la voluntad colectiva: la ley.

Los jueces constitucionales, en sus funciones de control de la constitucionalidad, están siempre subordinados a la Constitución, sin que les esté permitido invadir el campo competencial del órgano legislativo y menos aún el del poder constituyente, puesto que lo contrario constituiría un "*totalitarismo judicial irresponsable*"[202].

Es ciertamente delicada la función del juez constitucional quien puede situarse por encima de la ley, que es la más de las veces producto de la deliberación política, de la confrontación de posiciones, de las demandas colectivas e ideologías, de la elaboración de fórmulas conciliatorias y transaccionales, entre los diferentes grupos políticos que conforman la sociedad, representada por el órgano parlamentario.

El producto de la función legislativa, la ley, queda investida de la misma dignidad democrática que tiene el Parlamento, máximo representante de la voluntad popular, de forma que contrariarla, sin más y sin límites puede considerarse la fractura del principio democrático.

De manera que lo primero que se precisa del juez constitucional es su vocación y convicción democrática. Su compromiso con los estándares democráticos y el respeto a esto significa tener una actitud de confianza hacia el legislador democrático. De allí el *indubio pro legislatore* y el principio de deferencia hacia el legislador.

De forma que para anular la ley debe haber violación comprobada de la Constitución y la imposibilidad de preservarla con una interpretación que se adecue a su texto. Esta "interpretación de la ley conforme a la Constitución", como se le ha denominado por la doctrina, consiste efectivamente en que en caso de que existan dudas acerca de cuáles de las varias interpretaciones posibles de un texto legal determinado es la correcta, "el juez constitucional debe optar por aquella interpretación

202 Sandra Morelli, *La Corte Constitucional: un papel por definir*, Academia Colombiana de Jurisprudencia, Bogotá, 2002, cit. en Allan Brewer-Carías, *Tratado de derecho constitucional*, Tomo XIV, ob. cit. p. 77.

bajo la cual la norma identificada es compatible con la Constitución, o rechazar aquellas interpretaciones bajo las cuales la norma identificada es incompatible con la misma"[203].

La ley tiene una presunción de legitimidad constitucional desde que es producto de la voluntad popular, por lo que sólo es posible declarar su inconstitucionalidad si hay una clara e inequívoca confrontación con la norma superior. En este sentido, el juez constitucional:

> *"Debe partir de una actitud de confianza hacia el legislador democrático: debe presumir que este actuó motivado por los valores constitucionales. En caso de que la ley admita diversas interpretaciones, el juez debe escoger aquella que es acorde con la Constitución, pues hay que presumir que el legislador quiso respetar los límites constitucionales. Solo cuando no hay duda acerca de cuál es la norma que el legislador quiso expresar en el texto legal (y esta norma es incompatible con la Constitución), puede el juez constitucional emitir una sentencia que declare su invalidez"*[204].

Tengamos en consideración que el juez constitucional tiene menos legitimidad democrática que la ley que enjuicia, que proviene de un órgano legislativo elegido de forma periódica, a través del sufragio universal, por lo que ese proceso de enjuiciamiento debe hacerse con prudencia extrema.

Dos cosas se precisan. En primer lugar, aumentar legitimad democrática del juez constitucional, para lo cual es preciso garantizar métodos democráticos y participativos para su designación, que garanticen la mayor competencia e independencia y, en segundo lugar, los poderes de estos jueces han de ser limitados y bien definidos.

De no limitarse los poderes del juez constitucional existiría el peligro de que, en violación al bloque de la constitucionalidad, principalmente al principio de separación de poderes y de los principios democráticos, se convierta éste en el verdadero poder que gobierna en lugar de juzgar. De no haber límites estaríamos en presencia de la supremacía del juez, en sustitución de la supremacía constitucional.

203 V. Víctor Ferreres Comella, ob. cit. p. 38.
204 Ibidem, p. 39.

Cómo no limitar los poderes del juez constitucional si "*vivimos bajo una Constitución; pero la Constitución es lo que los jueces dicen que es*"[205]. Qué pasa cuando los jueces constitucionales no son fieles al contenido de la norma constitucional. Qué sucede si, como lo advertía el presidente Jefferson, la Constitución se convierte en un "*objeto de cera que los jueces pudieran modelar a su gusto*"[206]. He aquí la paradoja, el guardián de la Constitución puede llegar a ser su mayor peligro.

Qué ocurre cuando los llamados guardianes de la Constitución, como se denominó a sí mismo en 1952, el Tribunal Constitucional Federal Alemán, no tienen la prudencia requerida en la interpretación y aplicación de los principios y normas constitucionales. Prudencia que debería evitar que el juez constitucional se convierta en un activista, y, por el contrario, demanda la reflexión exhaustiva de la cuestión sometida a su conocimiento y además, un detenido análisis de las consecuencias políticas y sociales de su decisión", de modo que se excluya la dictadura judicial, regida por criterios subjetivos –más que objetivos– para determinar qué es lo permitido de acuerdo con la Constitución.

El poder de los jueces constitucionales debe definirse y limitarse nítidamente, a modo de lograr el delicado equilibrio entre la necesidad de preservar la supremacía de la Constitución, por una parte, y honrar los principios democráticos, por la otra.

Así pues, respecto de la limitación de los poderes del juez constitucional en el ejercicio del poder concentrado mencionamos especialmente los derivados del respeto al bloque de la constitucionalidad, el respeto al principio de separación de poderes y la sujeción del límite del medio de impugnación.

De esa forma, si el ejercicio del control judicial se ejerciere de manera que se construya una supremacía de la rama judicial sobre los otros poderes, se habría excedido el límite que la separación de los poderes como principio constitucional de organización que el Estado de Derecho impone. En efecto, el juez constitucional, como regulador de la actividad estatal en tutela de la Constitución está llamado a "*dar plena*

---

205 Cit. en Jesús M. Casal "*Constitución y Justicia Constitucional*", segunda edición ampliada, Edit. Universidad Católica Andrés Bello, Caracas, 2004, p. 279.

206 José J. Fernández Rodríguez, "*La justicia constitucional europea ante el siglo XXI*", segunda edición, Editorial Tecnos, Madrid, 2007, p. 26.

existencia al Estado de derecho y a asegurar la vigencia de la distribución de poderes establecida por la Constitución"[207], por lo que si la acción judicial conlleva la imposibilidad del ejercicio de las funciones propias de cualquiera de los otros poderes del Estado, en lugar de realizar su tarea de garantizar la supremacía constitucional, estaría distorsionando su efectividad real.

Ese es, precisamente, el caso de Venezuela, donde la SC, desde su creación, no sólo ha usurpado funciones propias del órgano legislativo al dictar normas generales, sino que además ha impedido el ejercicio de las funciones de control de la AN sobre el gobierno y la administración pública nacional.

En efecto, y muy lamentablemente, esta tesis del falseamiento de la Constitución, y de la consecuente desconstitucionalización en Venezuela, ha sido llevada adelante en Venezuela por la SC del TSJ, que, desde su instalación a final del mes de diciembre del 1999, pero de manera más evidente desde diciembre del 2016, cuando la AN pasó a tener mayoría de la oposición, ha contribuido al desconocimiento de las disposiciones, principios y valores constitucionales a través de distintos actos, tales como:

- la obstaculización de las funciones constitucionales de la AN (mediante la inconstitucional declaratoria de desacato),
- el consentimiento para la convocatoria y posterior instalación de una Asamblea Nacional Constituyente (convocada unilateralmente por el presidente y no por el pueblo como exigen los artículos 5 y 347 de la Constitución) que se ha desempeñado desde el año 2017 como legislador paralelo usurpando las potestades legislativas de la AN;
- la aprobación de los estados de excepción inconstitucionalmente decretados por el presidente de la República sin la autorización de la AN;
- la usurpación de funciones de la AN (al modificar normas legales a través de la jurisdicción normativa, al designar titulares de los órganos constitucionales, al aprobar la ley del presupuesto y juramentar inconstitucionalmente al presidente de la República, entre otros actos);

207 Manuel García Pelayo, "El Status del Tribunal constitucional", ob. cit.

- la inconstitucional delegación de las funciones del órgano legislativo a otros órganos constitucionales; y
- la violación de la inmunidad parlamentaria de los diputados a la AN, entre otras[208].

7.3. Límite del juez constitucional: Derivado del medio de impugnación

Siendo como es que los límites del juez están en función de sus poderes de actuación, un aspecto que ha de analizarse como elemento condicionante y de interdicción de la arbitrariedad del juez y límite de su actuación es, precisamente, el que deriva de los medios de impugnación, es decir del tipo de acción o recurso de que se trata.

De manera que el poder del juez constitucional estará limitado, cuando se ejerce el control concentrado de la constitucionalidad, a la anulación, total o parcial, del acto normativo que se ha sometido a su control y no puede ir más allá de eso. De modo que el juez constitucional debe concretar su actividad en la declaratoria, total o parcial del acto normativo impugnado y precisar los efectos de su decisión en el tiempo, sin que sea su función la de legislar sobre la materia decidida. Este límite, sin embargo, ha sido trasgredido en muchas oportunidades por la SC del TSJ:

Tengamos presente la sentencia número 1986 del 23 de octubre de 2007, por medio de la cual la SC no solo decidió sobre la nulidad por inconstitucionalidad solicitada por la parte accionante en contra de los artículos 5, numeral 3, 6 y 7 de la Ley Sobre Academia de Ciencias Políticas y Sociales[209], y los artículos 3, numeral 1 y 5 del Reglamento

---

[208] En ese sentido téngase en cuenta el informe de fecha 15 de septiembre de 2020 del Consejo de Derechos Humanos de la Organización de Naciones Unidas (ONU), sobre Venezuela, según el cual: "*154. El Tribunal Supremo ha dejado de funcionar como un control independiente de los demás poderes del Estado. En particular, la Sala Constitucional tiene amplias facultades para anular las decisiones de todos los demás poderes del Estado*" y que "*Desde enero de 2016 hasta la fecha, el Tribunal Supremo de Justicia ha anulado de manera consistente las decisiones de la Asamblea Nacional dirigida por la oposición355. Como se ha señalado anteriormente, en 2017 también ha asumido, de manera notoria, funciones legislativas (Sentencia N° 156) y ha levantado la inmunidad parlamentaria de todos los diputados de la oposición (Sentencia N° 155), decisiones que posteriormente revocó a raíz de las protestas públicas*". Disponible en: https://www.ohchr.org/Documents/HRBodies/HRCouncil/FFMV/A_HRC_45_CRP.11_SP.pdf

[209] Gaceta Oficial número 15.361 de fecha 13 de agosto de 1924.

de la referida Corporación, sino que además pretendió legislar sobre la organización interna de la Academia y suplir de oficio la regulación legal –propia de la AN– de las materias sobre las que versa la Ley de la Academia, en exceso del medio de impugnación.

En efecto, la SC decidió declarar la inconstitucionalidad de los mencionados artículos de la Ley Sobre Academia de Ciencias Políticas y Sociales, por considerar que no era válida la exigencia de un número mínimo de postulantes dentro de la Academia para ser electo como nuevo miembro de la Corporación, por cuanto ello era lesivo del derecho a la igualdad de quienes desearan incorporarse; pero también se pronunció sobre un aspecto que no fue objeto de la demanda, este es, la distinción entre los individuos de número y los miembros correspondientes nacionales, estimando que "*No sería suficiente anular unas normas si se mantienen otras formas de inconstitucionalidad totalmente vinculadas con las que sí fueron objeto de demanda*".

En verdad no existe ninguna relación entre los requisitos para la postulación de los individuos de número y la distinción que hace la ley, frecuente en el derecho comparado, entre individuos de número y miembros correspondientes, nacionales y extranjeros.

En esta ocasión la SC declaró que existían en la Ley otras causas que invalidaban las normas por razones de desigualdad, tales como el requisito de residencia en la capital de la República para optar por la postulación y posterior elección de los individuos de número. A juicio de la Sala ese requisito era discriminatorio y por ende inconstitucional, pero, en lugar de declararlo inválido –al igual que lo hizo con el requerimiento de postulación por tres miembros de la Academia para ser electo como nuevo miembro de la Corporación– decidió, sin que ello hubiere sido solicitado y en exceso de los poderes que se desprenden de este medio de impugnación, anular la distinción entre individuos de número y miembros correspondientes nacionales en los artículos 5, numeral 2, 6 y 8 de la Ley sobre Academia de Ciencias Políticas y Sociales, y artículos 1, 2, 3, 5, 9, 10, 11, 13, 14, 17, 18, 27, 29 y 69 del Reglamento de la Academia de Ciencias Políticas y Sociales y establecer arbitrariamente que a partir de la publicación del fallo, "*los actuales Individuos de Número y Miembros Correspondientes Nacionales de la Academia de Ciencias Políticas y Sociales deben ser tratados como Individuos de Número sin distingos*".

De esta forma, la SC incurrió no solo en el vicio de *extra petita* establecido en el artículo 12 CPC, sino además en la usurpación de potestades propias y exclusivas de la AN en la legislación de materias de su competencia, de conformidad con el artículo 187.1 de la Constitución, y en violación del límite que impone el medio de impugnación, decidió eliminar la distinción entre los miembros correspondientes nacionales y los individuos de número de la Academia de Ciencias Políticas y Sociales y otorgar así idénticas atribuciones y obligaciones entre dichas categorías de miembros y modificó el sistema de postulación de los candidatos a ocupar algún sillón vacante de la Academia de Ciencias Políticas y Sociales[210].

Otro caso emblemático del exceso de la SC es la decisión que resolvió el recurso de nulidad contra el Reglamento Interior y de Debates de la AN del año 2016[211], mediante la cual la Sala anuló distintos artículos de dicho Reglamento y, en exceso de los límites del medio de impugnación del control concentrado, dictó nuevas normas respecto del régimen de las sesiones de la Asamblea y el procedimiento de formación de las leyes (incluso creando la necesidad de conciliar con el Poder Ejecutivo la viabilidad económica de los Proyectos de Ley).

De esta forma, la SC no sólo se sustituyó en la Asamblea al dictar sus normas internas de procedimiento, sino que además pretendió subordinar la Asamblea al control político del presidente, en violación del artículo 187, numeral 19, de la Constitución.

Ciertamente, el juez constitucional ha transgredido el límite derivado de los medios de impugnación, al dictar sentencias que modifican expresamente el texto de la norma impugnada, en algunos casos desaplicando una parte de la norma y sustituyéndola por la previsión que el juez determine, y en otros supuestos añadiendo nuevo texto normativo a la norma impugnada, ejerciendo en ambos casos la jurisdicción normativa[212].

---

210 Véase Allan Brewer-Carías, "El juez constitucional vs las Academias (La reforma de la Ley de la Academia de Ciencias Políticas y Sociales por la Jurisdicción Constitucional)", disponible en: http://allanbrewercarias.net/Content/449725d9-f1cb-474b-8ab2-41efb849fea3/Content/I,%202,%2056.%20El%20Juez%20Constitucional%20vs.%20las%20Academias%20Nacionales,%20Nov.%202008.doc.pdf

211 Sentencia número 269 de 21 de abril del 2016.

212 Como "fue el caso, por ejemplo, de la nueva redacción que la Sala Constitucional incluyó en el artículo 80 de la Ley Orgánica de la Administración Financiera del Sector Público, en

Otro ejemplo del exceso del poder de la SC respecto del control concentrado fue el caso de nulidad del Acuerdo de la AN sobre la Reactivación del Proceso de Aplicación de la Carta Interamericana de la OEA[213], en el cual la SC no se limitó a declarar la nulidad absoluta de un acto parlamentario de la AN dictado en el ejercicio de sus funciones constitucionalmente atribuidas, sino que le otorgó al Poder Ejecutivo Nacional funciones propias del Legislativo, en violación del artículo 187 de la Constitución, en materias de exclusiva reserva legal, como la materia penal, establecida en el artículo 156, numeral 2 de la Constitución; determinó el Acuerdo de la AN como un acto de "*traición a la patria*", y además ordenó iniciar de oficio un proceso de "*control innominado de la constitucionalidad*", desconociendo por completo la inmunidad parlamentaria prevista en el artículo 200 de la Constitución, violando claramente el derecho a la defensa y al debido proceso establecido en el artículo 49 de la Constitución, así como los límites del medio de impugnación que comprende el control concentrado de la constitucionalidad.

---

el cual añadió la exigencia de que las operaciones de crédito público relacionadas con contratos de interés público requieren de la autorización de la Asamblea Nacional" Sentencia del 24 de septiembre de 2002, SC del TSJ, caso Andrés Velásquez y otros. V. en Margarita Escudero, ob. cit. P. 111.

213 Sentencia de la SC del TSJ número 155 de fecha 27 de marzo de 2017.

CAPÍTULO IV
AMPARO CONSTITUCIONAL

1. Introducción

El amparo constitucional es, en primer lugar, un derecho constitucional que tienen todas las personas, naturales y jurídicas, para la protección de sus derechos y garantías reconocidos expresamente por la Constitución, por tratados o convenios internacionales, e inclusive de aquellos no reconocidos expresamente, pero que son inherentes a las personas; y es, también, un medio de control de la constitucionalidad que sirve para garantizar, junto con el control concentrado, el control difuso y otros medios de protección de la Constitución, la supremacía constitucional establecida en el artículo 7 de la Constitución.

El artículo 27 de la Constitución regula el amparo constitucional en los siguientes términos:

> *"Artículo 27. Toda persona tiene derecho a ser amparada por los tribunales en el goce y ejercicio de los derechos y garantías constitucionales, aun de aquellos inherentes a la persona que no figuren expresamente en esta Constitución o en los instrumentos internacionales sobre derechos humanos.*
> *El procedimiento de la acción de amparo constitucional será oral, público, breve, gratuito y no sujeto a formalidad; y la autoridad judicial competente tendrá potestad para restablecer inmediatamente la situación jurídica infringida o la situación que más se asemeje a ella. Todo tiempo será hábil y el tribunal lo tramitará con preferencia a cualquier otro asunto.*
> *La acción de amparo a la libertad o seguridad podrá ser interpuesta por cualquier persona; y el detenido o detenida será puesto o puesta bajo la custodia del tribunal de manera inmediata, sin dilación alguna.*
> *El ejercicio de este derecho no puede ser afectado, en modo alguno, por la declaración del estado de excepción o de la restricción de garantías constitucionales".*

Por su parte la Ley Orgánica de Amparo sobre Derechos y Garantías Constitucionales (LOA)[214], dispone en su artículo 1° lo siguiente:

> *"Artículo 1. Toda persona natural habitante de la República, o persona jurídica domiciliada en esta, podrá solicitar ante los Tribunales competentes el amparo previsto en el artículo 49 de la Constitución, para el goce y el ejercicio de los derechos y garantías constitucionales, aun de aquellos derechos fundamentales de la persona humana que no figuren expresamente en la Constitución, con el propósito de que se restablezca inmediatamente la situación jurídica infringida o la situación que más se asemeje a ella. (...)".*

El amparo constitucional, tal y como está consagrado en la Constitución y en la LOA, cumple una doble función. De una parte protege al ciudadano en el ejercicio de sus garantías fundamentales y, también, sirve para salvaguardar la propia Constitución al garantizar la inviolabilidad de sus preceptos. Es un medio de control de la constitucionalidad, dispuesto para garantizar la supremacía de la Constitución establecida en el artículo 7 de la Constitución.

2. Origen

El amparo constitucional se fue configurando y evolucionando, primero, a través de diversos acontecimientos históricos que trataron de proteger los derechos del hombre. En ese sentido conviene destacar, en primer lugar, la *Carta Magna* de Juan sin tierras de 1215; luego *The Petition of Rights* de 1628; y, más concretamente, el *Habeas Corpus* del derecho inglés de finales del siglo XVII de 1679, durante el reinado de Carlos II.

Este *Habeas Corpus* era una garantía para impedir que se violara la disposición legal que prohibía la detención o arresto arbitrario, sin orden debidamente motivada y expresa, dictada por la autoridad competente. Podía ser solicitado por el propio detenido o cualquier persona con la finalidad de que el juez ordenara la presentación inmediata del prisionero a los fines de determinar de forma sumaria si se trataba

[214] Gaceta Oficial número 34.060, de fecha 27 de septiembre de 1988.

o no de una detención legal, y, de considerarse arbitrario, devolverle su libertad y "*ampararlo*" ante cualquier nuevo atentado contra él[215]. Tengamos en cuenta también, *The Bill of Rights*, la Declaración de los Derechos de 1689.

En España también se identifican como antecedentes el Justicia Mayor de los procesos forales de Aragón del año de 1265. El Justicia Mayor fue una figura medieval defensora de las libertades aragonesas; ejercía funciones tanto jurisdiccionales como políticas de justicia constitucional; era juez de contrafuero y defensor de las costumbres del reino, especialmente de su derecho foral[216]. A partir del siglo XIII el Juez Mayor se convirtió en portavoz de la defensa de las libertades aragonesas[217].

En los Estados Unidos el amparo se consideraba incluido dentro de la Declaración de Virginia del 12 de enero de 1776; la Declaración de los Derechos de Massachusetts de 1780; y en la propia Constitución de los Estados Unidos de América, mediante las figuras del *writ of error*, *injuction*, *mandamus* o *habeas corpus*.

Por último, en Francia se reconoce como antecedente del amparo constitucional la Declaración de Derechos del Hombre y del Ciudadano del 4 de agosto de 1789 y la Declaración Universal de los Derechos Humanos, elaborada por la Asamblea General de las Naciones Unidas, reunida en París, el 10 de diciembre de 1948, que establece en el artículo *8. "Toda persona tiene el derecho a un recurso efectivo ante los tribunales nacionales competentes que la ampare contra actos que*

---

215 René De Sola, "Vida y vicisitudes del recurso de amparo en Venezuela", *Boletín de la Academia de Ciencias Políticas y Sociales*. Julio - diciembre, 1984. Caracas, Venezuela, 1984.

216 Es decir, el relativo a aquellos "derechos locales o propios existentes en algunas comunidades autónomas españolas, que tienen su origen en las cartas pueblas (cartas de población) y otros fueros y privilegios. Aquellas se otorgaban por los reyes y señores de la península ibérica al fundar poblaciones y que funcionaban a modo de pacto entre la población y el rey o señor del lugar, con el objetivo de ordenar el territorio y regular las condiciones de asentamiento de los nuevos pobladores". *Diccionario del español jurídico*, Real Academia Española, Consejo General del Poder Judicial, 2020. Disponible en: https://dej.rae.es/lema/derecho-foral

217 Rosa María Artal, "El 'Justicia' aragonés se restablece con el Estatuto de autonomía", en *El País*, 26 de agosto de 1982, España. Disponible en: https://elpais.com/diario/1982/08/26/espana/399160813_850215.html

violen sus derechos fundamentales reconocidos por la Constitución o por la Ley"[218].

Ahora bien, como lo conocemos hoy, el amparo constitucional surgió en México en la Constitución de Yucatán de 1841. Luego se consagró en el ámbito federal en el acta de Reformas de 1847 y en la Constitución Federal de México de 1857[219]. Pronto se extendería a otras constituciones y leyes de Latinoamérica.

El juicio de amparo se configuró en México como un instrumento jurídico procesal sometido al conocimiento de los Tribunales de la Federación y de la Corte Suprema de Justicia como última instancia, contra leyes o actos de autoridad que violaran derechos individuales de índole fundamental o, a su vez, contra actos que invadieran la autonomía de los estados, siempre que se verificase la afectación de un derecho individual[220].

En la actualidad el amparo constitucional se encuentra regulado en las constituciones de Argentina, Bolivia, Ecuador, El Salvador, Guatemala, Honduras, México, Nicaragua, Panamá, Paraguay, Perú y Venezuela. Con distintas denominaciones está regulado en las constituciones de Brasil (*Mandato de Segurança* o "mandamiento de amparo"), Chile (recurso de protección), y Colombia (acción de tutela)[221]. Igualmente en España fue introducida la figura en la Constitución del 9 de diciembre de 1931 y está regulado también en la Constitución de España de 1978 cuyo artículo 153, numeral 2 que dispone que: "*Cualquier ciudadano podrá recabar la tutela de las libertades y derechos reconocidos en el artículo 14 y la Sección primera del Capítulo segundo ante los Tribunales ordinarios por un procedimiento basado en los principios de preferencia y sumariedad y, en su caso, a través del recurso de amparo ante el Tribunal Constitucional. (...)*".

En la mayoría de los países de orientación socialista no se ha consagrado la protección judicial de los derechos y garantías constitucio-

---

218 Cfr. Rafael Chavero Gazdik, *El nuevo régimen del amparo constitucional en Venezuela*, Editorial Sherwood, Caracas, 2001, pp. 15-16.

219 Eduardo Ferrer Mac-Gregor, "El Derecho Procesal Constitucional como disciplina jurídica autónoma", en *Anuario de Derecho Constitucional Latinoamericano*, Instituto de Investigaciones Jurídicas de la Universidad Nacional Autónoma de México, 2006. Disponible en: https://archivos.juridicas.unam.mx/www/bjv/libros/4/1624/8.pdf pp. 4-7.

220 Ibidem.

221 Héctor Fix-Zamudio. Ob. Cit.

nales de los ciudadanos a través del amparo constitucional. En esos ordenamientos no se acepta que los ciudadanos reclamen sus derechos fundamentales ante los tribunales. Algunos Países socialistas como Vietnam, Corea del Norte, la República Popular de China y Cuba, conservan un sistema que solo permite a órganos como la Fiscalía recibir las reclamaciones de los "gobernados" contra los actos de autoridades y organización administrativas, las cuales se tramitan por el procurador o fiscal ante las autoridades que se consideran responsables de dichas infracciones con el fin de repararlas[222].

Contrariamente a eso, en los países democráticos y respetuosos del Estado de Derecho, el amparo constitucional ha tenido una importancia, desarrollo y evolución trascendental. Ha sido consagrado también en los tratados internacionales, como es el caso de la Declaración Universal de los Derecho Humanos de la Organización de las Naciones Unidas[223]; en el Pacto Internacional de los derechos civiles y políticos; en la CADH; en el Pacto Internacional de los derechos sociales, económicos y culturales[224]; y es desarrollado conjuntamente con los principios de progresividad y evolución de los derechos fundamentales.

A consecuencia de esa evolución la acción de amparo puede ser ejercida por cualquier persona que se sienta violado en cualquiera de sus derechos de primera, segunda, tercera, o hasta cuarta generación como lo son el derecho a la paz, al desarrollo económico, el desarrollo tecnológico, entre otros.

2.1. Origen del amparo constitucional en Venezuela

Siguiendo la orientación del constitucionalismo latinoamericano, en Venezuela se dispuso por primera vez el amparo constitucional de libertad personal, conocido como *habeas corpus,* en la Constitución de 1947, cuyo artículo 32 establecía que:

> *"A toda persona detenida o presa con violación de las garantías establecidas en esta Constitución en resguardo de la libertad*

---

222 Ibidem.

223 Adoptada y proclamada por la Resolución de la Asamblea General de la ONU 217 A (III) del diez de diciembre de 1948.

224 Aprobados en el seno de la ONU y ratificados por Venezuela en mayo de 1978.

individual, le asiste el recurso de Hábeas Corpus. Este recurso podrá ser ejercido por el interesado o por cualquiera otra persona en nombre de aquél, y será admisible cuando la ley no consagre contra la orden, acto o procedimiento que lo motive, ningún recurso judicial ordinario. La Ley determinará los Tribunales que conocerán y decidirán en forma breve y sumaria de las denuncias del caso, así como también las demás condiciones necesarias para el ejercicio de este recurso".

La acción de amparo constitucional como control judicial breve y sumario de las violaciones de todos los derechos fundamentales –inclusive distintos de la libertad personal– fue regulada por primera vez en el artículo 49 de la Constitución de 1961, que determinó la obligación para todos los tribunales de la República de amparar a las personas en el goce y ejercicio de sus derechos y garantías constitucionales, de conformidad con la ley.

En efecto, el artículo 49 de la Constitución estableció:

"Artículo 49. Los Tribunales ampararán a todo habitante de la República en el goce y ejercicio de los derechos y garantías que la Constitución establece, en conformidad con la ley.
El procedimiento será breve y sumario, y el juez competente tendrá la potestad para restablecer inmediatamente la situación jurídica infringida".

Aun cuando esta disposición constitucional significó un notable avance en el ordenamiento jurídico, al consagrar a nivel constitucional este mecanismo de protección de los derechos y garantías fundamentales, el trato dado por la jurisprudencia en la etapa inicial, no se correspondió con la intención perseguida por el constituyente.

La posición inicialmente adoptada por la jurisprudencia frente al amparo constitucional fue restrictiva. La CSJ negó la procedencia del amparo bajo el argumento de que el precepto constitucional contenido en el artículo 49 era una disposición programática cuya aplicación efectiva dependía de una ley que la desarrollara. Véase en este sentido la sentencia de la SPA de la CSJ del 14 de diciembre de 1970[225].

[225] Hildegard Rondón de Sansó, *Amparo constitucional*, Caracas, 1988. P. 224.

En efecto, mediante decisión del 14 de diciembre de 1970, la SPA se pronunció sobre el artículo 49 de la Constitución de 1961 y, en este sentido, estableció que se trataba de una norma de contenido programático que aún no había sido atribuido el conocimiento de dicha acción a un juez determinado por el legislador; señaló que en la legislación venezolana existían varias modalidades de amparo, entre ellas el *habeas corpus*; y determinó que el artículo 49 estaba dirigido no a los jueces, sino particularmente al Congreso, quien debía establecer las reglas conforme a las cuales los tribunales debían amparar el goce y ejercicio de los derechos y garantías constitucionales dado el número y la variedad de las situaciones jurídicas en que las mismas pueden estar comprometidas, y que debía hacerlo especialmente con las orientaciones plasmadas en el mencionado artículo 49[226].

Luego de esta sentencia, la SPA de la CSJ dictó un Acuerdo de naturaleza obligatoria en fecha 2 de abril de 1972, en el cual reiteraba el criterio ya señalado y establecía de forma contundente el carácter programático del artículo 49 de la Constitución.

El referido Acuerdo con carácter vinculante establecía que:

> *"la competencia de los Tribunales de Primera Instancia y Superiores en lo Penal de la República, a que se refiere la Disposición Transitoria Quinta de la Constitución, se limita exclusivamente al conocimiento del recurso de hábeas corpus previsto en dicha norma; y que en consecuencia, toda decisión que no esté apoyada en la competencia específica de dichos Tribunales o que invada la atribuida por la Constitución y las Leyes, a otros órganos judiciales, constituye una usurpación o extralimitación de atribuciones".*

Vemos como en este período existió la identificación plena del amparo con el *habeas corpus*, amparo de libertad personal, lo que ocasionó la interpretación de que el juez competente para conocer dicha acción era el juez penal, de acuerdo con el procedimiento establecido para el trámite de dicha acción en la Disposición Transitoria quinta de la Constitución de 1961.

---

[226] Ibidem, p. 229.

A partir del Acuerdo de 1972, los tribunales coincidían en inadmitir el recurso de amparo constitucional y así también, la CSJ dejó de pronunciarse sobre dicha acción. Sin embargo, un caso que se aparta de esta tendencia de rechazo al amparo constitucional que había impuesto la SPA de la CSJ, fue la sentencia del Juzgado de Primera Instancia en lo Civil y Mercantil del estado Lara del 19 de enero de 1973, dictada por el Juez José Rafael Mendoza Mendoza quien admitió la acción de amparo interpuesta por el cantante Alfredo Sadel en contra de la negativa de los organizadores del "Festival Voz del Diamante" de admitir su participación en el evento. En este sentido, el Juzgado consideró el artículo 49 de la Constitución como una norma de aplicación inmediata y acordó el mismo día de su solicitud el amparo para que Alfredo Sadel se presentara en el Festival en igualdad de condiciones con los demás participantes[227].

Si bien la falta de regulación legal había servido de base para que los tribunales argumentaran su incompetencia para conocer de este tipo de acciones, es lo cierto que después que Venezuela ratificó la CADH en 1977, los tribunales de instancia comenzaron a admitir las acciones de amparo propuestas por ante sus tribunales en razón de que la referida convención establecía en el artículo 25.5 el derecho de toda persona a un recurso sencillo y rápido o a cualquier otro recurso efectivo ante los tribunales competentes que lo amparen contra actos que violen los derechos humanos[228]. En efecto, los tribunales de la República dejaron de considerar la norma constitucional relativa al amparo constitucional como una disposición programática porque así lo establecía la CADH.

De esta forma, en la década de los años ochenta comenzó el desarrollo del amparo constitucional a consecuencia de los casos conocidos como "La Rondalera" y "Andrés Velásquez". En el caso "La Rondalera" se comenzaron a delinear los nuevos rasgos que definirían al amparo constitucional en Venezuela. (sentencia del 24 de noviembre de 1982 del Juzgado Cuarto de Primera Instancia en lo Civil de la Circunscripción Judicial del Distrito Federal y Estado Miranda y sentencia del 10 de febrero de 1983, del Juzgado Superior Octavo de la misma circunscripción judicial). A partir de estas sentencias comenzaron a admitirse

[227] Ibidem. p. 232.
[228] Ibidem, p. 6.

las acciones de amparo constitucional apartándose del criterio de la SPA según el cual el artículo 49 era una mera norma programática[229].

Un año después de la sentencia "La Rondalera", en lo que en realidad fue una manifestación del control de convencionalidad, en el caso "Andrés Velásquez" del 20 de octubre de 1983, la SPA consideró que el carácter programático del artículo 49 de la Constitución había quedado superado "*desde el momento en que por Ley se habían aprobado Convenciones Internacionales sobre derechos humanos*"[230]. En efecto, la CSJ estableció que:

> "*al admitir la posibilidad del ejercicio actual del recurso de amparo, no puede la Corte dejar de advertir que los Tribunales de la República deben hacer un uso prudente y racional de la norma contenida en el artículo 49 de la Constitución, tratando de suplir por medio de la analogía, y demás instrumentos de interpretación que los provee el sistema jurídico venezolano, la lamentable ausencia de una ley reglamentaria de la materia*".

A partir de esa sentencia se comenzaron a dictar muchas sentencias que desarrollaron y dieron respuesta a los principales aspectos procesales y sustantivos, que planteaba la aplicación de la acción de amparo constitucional, en materia civil, mercantil, penal, agraria, administrativa. Gracias a este desarrollo jurisprudencial llevado a cabo por los tribunales de instancia, la Corte Primera de lo Contencioso Administrativo y las Salas de la CSJ, se establecieron los lineamientos que regirían a la acción de amparo constitucional y que luego fueron recogidos por el legislador a través de la LOA. La jurisprudencia delimitó en qué casos procedía el amparo, contra quién podía solicitarse, cuáles eran los poderes del juez al sustanciarlo y al decidirlo y el régimen de apelaciones.

Luego la LOA, finalmente publicada el 22 de enero de 1988[231], reguló en cinco títulos y 49 artículos las cuestiones fundamentales relativas al amparo constitucional tales como: los motivos de la acción, los tipos de amparo constitucional –autónomo o cautelar, contra hechos, actos u omisiones de las personas y de los órganos del poder público,

---

229 Ibidem, p. 224.

230 Ibidem.

231 Publicada en Gaceta Oficial número 33.891 del 22 de enero de 1988.

contra normas, contra decisiones judiciales, contra actos administrativos, vías de hecho y conductas de la administración– las causales de inadmisibilidad de la acción, la competencia para conocer de los amparos constitucionales por la materia y por el territorio, las causales de inhibición y recusación, dentro del procedimiento se reguló la legitimación activa, carácter gratuito del procedimiento y la forma de interposición de la acción, el mandamiento de amparo, el informe del agraviante, audiencia pública y oral, decisión, sanciones, costas, apelación y efectos de la sentencia, y el amparo de libertad y seguridad personales (habeas corpus).

Las disposiciones de la LOA establecieron el amparo constitucional como una acción que puede ejercerse de forma autónoma, como está consagrado en los artículos 2, 3, 4 y 5 de la LOA; pero también puede interponerse de forma conjunta con otras acciones, como por ejemplo la acción de inconstitucionalidad de las leyes, como lo prevé el artículo 3 de la LOA, el recurso contencioso administrativo de anulación, consagrado en el artículo 5 de la LOA, o acumulada con acciones ordinarias, según lo dispone el artículo 6, numeral 5.

La promulgación de la LOA incentivó el desarrollo y utilización generalizada de la acción de amparo en Venezuela. En este sentido señala la Dra. Rondón de Sansó que esto se debió fundamentalmente a la amplitud que establecía la ley sobre la competencia en la materia de amparo que permite a todos los jueces de primera instancia asumir la jurisdicción constitucional, así como a cualquier tribunal cuando no exista en la zona uno que tenga tal carácter (artículo 9 de la LOA), y la facilidad que la LOA ofrece para el ejercicio de la acción de amparo unida a la larga espera de un texto que estableciera un procedimiento rápido y eficaz[232].

De otra parte, a partir de la entrada en vigencia de la LOA, hubo un importante avance doctrinario en Venezuela sobre la materia. En ese sentido podemos mencionar los aportes doctrinarios de Hildegard Rondón de Sansó: *Amparo Constitucional* (1988), *La acción de amparo contra los poderes públicos* (1994); José Araujo Juárez: *Los derechos fundamentales y los medios de protección procesal* (1997); Allan Brewer-Carías y Carlos Ayala Corao: *Ley Orgánica de Amparo sobre*

232 Hildegard Rondón de Sansó, ob. cit.

Derechos y Garantías Constitucionales (1988); Román Duque Corredor: "Presupuestos procesales y requisitos constitutivos de la acción de amparo constitucional" (1988), "El procedimiento de la acción de amparo constitucional" (1989), Gustavo Linares Benzo: *El proceso de amparo en Venezuela* (1992); Allan Brewer-Carías: *El amparo a los derechos y garantías constitucionales (una aproximación comparativa)* (1993); Antonio Canova: "Análisis crítico del amparo en los tribunales de la jurisdicción contencioso-administrativa" (1994); Francisco Javier Utrera y Luis Ortiz Álvarez: *El amparo constitucional contra sentencias* (1997); Rafael Chavero Gazdik "La acción de amparo contra decisiones judiciales" (1997); entre otros.

Asimismo, se realizaron foros, congresos y conferencias nacionales e internacionales, sobre la materia. Además, las universidades incorporaron a sus programas, tanto en la licenciatura como en los cursos de postgrado el estudio del régimen jurídico del amparo constitucional.

Luego de esa etapa ocurrió una paradoja enorme. La Constitución de 1999 consagró en el artículo 27 en términos más amplios, claros y garantistas el derecho de amparo constitucional y además estableció, en el artículo 26, la garantía del derecho a la tutela judicial efectiva. También a través del artículo 257 constitucional se le dio las más amplias facultades al poder judicial para la protección y restablecimiento de las situaciones jurídicas subjetivas a través del proceso como "*un instrumento fundamental para la realización de la justicia*", pero se inició a su vez un nuevo régimen con orientación socialista y totalitaria y comenzó una tendencia jurisprudencial regresiva –he aquí la paradoja– muy marcada dirigida a disminuir y eliminar la acción de amparo constitucional, como en efecto finalmente ocurrió.

Esa tendencia la originó las sentencias de la SC número 1 del 20 de enero, caso "Emery Mata Millán" y número 7 del 1 de febrero, caso "José Amado Mejía", ambas del año 2000, por medio de las cuales la SC, en exceso de sus facultades jurisdiccionales otorgadas por la Constitución e invadiendo la esfera de competencias legislativas de la AN, en violación del principio de separación de poderes, comenzó a reinterpretar la LOA, mutando jurisprudencialmente sus disposiciones, tanto sustantivas como adjetivas, con la excusa de que sus normas no estaban conforme con el nuevo texto constitucional.

A estas sentencias siguieron las decisiones número 908/00, caso "Intana", mediante la cual se mutó el artículo 6.4 de la LOA, al establecer que los actos jurídicos absolutamente nulos no deben adquirir validez definitiva; número 80/00, caso "Gustavo Enrique Querales Castañeda", mediante la cual se modificaron los artículos 6.5 de la LOA, al establecer supuestos inadmisibilidad del amparo no previstos en esta norma, como la existencia de vías judiciales ordinarias, y 6.4 *eiusdem*, al señalar que es menester añadir que si bien se menciona en la norma el amparo contra una resolución, sentencia o acto del tribunal, debe entenderse comprendida además en la misma disposición, la posibilidad de accionar en amparo contra un tribunal por su falta de pronunciamiento, entre otras[233].

En la actualidad la LOA es un instrumento normativo que ha quedado superado por la realidad jurídica de nuestro país, y "*no solo porque gran parte de su contenido ha sido objeto de mutaciones legales, por la jurisprudencia nacional; sino, además, por la aparición de nuevas aristas relacionadas con la admisibilidad, procesamiento y decisión de las pretensiones de amparo*"[234]. Podemos decir que hoy el amparo constitucional en Venezuela está totalmente en desuso.

Es precisamente ese nuevo régimen del amparo a la luz del ordenamiento constitucional de 1999 y la jurisprudencia que lo reguló al que haremos referencia de ahora en adelante. A tales fines, en primer lugar, se analizará la concepción de la institución del amparo en la doctrina, para luego referirnos al amparo como derecho constitucional expresamente reconocido por la Constitución de 1999 y su Exposición de Motivos. Examinaremos la institución del amparo en sentido orgánico, atendiendo al régimen de competencias vigente en la materia a consecuencia de los nuevos criterios jurisprudenciales.

De la misma forma, se hará referencia al amparo en sentido material, esto es, la materia que constituye su objeto, su ámbito de protección. Finalmente, analizaremos el amparo en sentido procesal con

---

233 Alejandro González, "Hacia una nueva Ley Orgánica de Amparo" en Cecilia Sosa Gómez y Jesús María Casal (Coords.), *¿Qué hacer con la justicia? El caso venezolano,* Academia de Ciencias Políticas y Sociales, Centro para la Integración y el Derecho Público, Caracas, 2020.

234 Ibidem. P. 242.

especial énfasis en los aspectos relacionados con el procedimiento para su tramitación, la legitimación, las condiciones de admisibilidad, la audiencia oral, los efectos de la sentencia, entre otros. Todos estos temas los trataremos de acompañar de la correspondiente jurisprudencia.

3. Definición de amparo constitucional

El amparo constitucional es, en primer lugar, un derecho constitucional y es, también, una acción judicial de control de constitucionalidad; que puede ser ejercida de forma autónoma o conjuntamente con otros medios judiciales; destinada a proteger a cualquier habitante de la República o persona jurídica en el goce y ejercicio de los derechos y garantías constitucionales, de los derechos inherentes a la persona humana que no figuren expresamente en la Constitución y de los derechos humanos consagrados en las declaraciones de organismos internacionales, tratados y pactos ratificados por la República; de amenazas o lesiones –ciertas, reales y verificables– provocadas por cualquier hecho, acto u omisión proveniente de los órganos del Poder Público Nacional, Estadal y Municipal, de ciudadanos, personas jurídicas, grupos u organizaciones privadas; por normas que coliden con la Constitución; por sentencias, actos y omisiones de un tribunal actuando fuera de su competencia; o por actos administrativos, actuaciones materiales, vías de hecho, abstenciones u omisiones de la administración; con el objeto de restablecer íntegra e inmediatamente el ejercicio del derecho constitucional lesionado y de este modo garantizar la supremacía y la vigencia de los preceptos constitucionales. Ese régimen de protección constitucional es llevado adelante por todos los jueces de la República, mediante un procedimiento extraordinario, breve, sumario, gratuito, oral y no sujeto a formalidades.

Como derecho fundamental el amparo constitucional se concreta en la garantía de acceder a los tribunales, a través de un procedimiento breve, gratuito, oral y sencillo, a los fines de restablecer de forma inmediata y efectiva los derechos constitucionales que hayan sido vulnerados. De allí que una característica fundamental es su universalidad, lo que significa que no hay derechos o garantías constitucionales que no estén protegidos por la acción de amparo constitucional. Como derecho fundamental la acción de amparo constitucional tiene naturaleza restablecedora o restitutoria. A través del amparo constitucional no se crean derechos o situaciones jurídicas nuevas. La acción de amparo está destinada a la protección de los derechos preexistentes y a su restitución en forma idéntica, o en caso de que ello no sea posible, al restablecimiento de la situación que más se asemeje a ella. De forma que a través del amparo constitucional no se discute la titularidad del derecho, sino su violación.

Además de un mecanismo de defensa de los derechos de los particulares, el amparo constitucional es una forma de tutela de la Constitución que sirve para garantizar, junto con el control concentrado, el control difuso y otros medios de protección de la Constitución, la supremacía constitucional establecida en el artículo 7 de la constitución. De forma que "*El juicio de amparo es guardián del Derecho y de la Constitución. La finalidad del juicio es precisamente esa: hacer respetar los imperativos constitucionales en beneficio del gobernado*"[235].

La doctrina (Fix-Zamudio) señala que el amparo es una institución que tiene por objeto la tutela de todos los derechos humanos establecidos por las constituciones, lo cual incluye, ya sea de manera expresa o implícita los propios derechos consagrados en los tratados internacionales. Dicha tutela debe tramitarse necesariamente a través de un procedimiento sencillo y breve, dotado de medidas cautelares importantes para su eficaz configuración ante la violación de preceptos constitucionales[236].

3.1. El amparo como derecho constitucional en Venezuela

No existía unanimidad en la doctrina en cuanto a la naturaleza de la acción de amparo constitucional. Para algunos el amparo era considerado un derecho inherente a la persona, pero también había la tesis que lo presentaba como una garantía procesal de protección de derechos. A

235 Arturo Serrano Robles, *El Juicio de Amparo en General y las Particularidades del Amparo Administrativo en Manual del Juicio de Amparo*, segunda edición, Editorial Themis, México, 1999.

236 Héctor Fix-Zamudio. Ob. Cit.

partir de la Constitución de 1999 la discusión ha quedado resuelta pues se ha consagrado en forma expresa que el amparo constitucional es un derecho de rango constitucional. En ese sentido la Exposición de Motivos de la Constitución señala que *«el amparo se reconoce como una* ***garantía del derecho constitucional****, cuya finalidad es la tutela judicial reforzada de los derechos humanos, aun de aquellos inherentes a la persona humana que no figuren expresamente en la Constitución o en los instrumentos internacionales sobre derechos humanos»*.

De igual forma el artículo 27 de la Constitución establece que:

> *«Toda persona* ***tiene derecho a ser amparada*** *por los tribunales en el goce y ejercicio de los derechos y garantías constitucionales, aun de aquellos inherentes a la persona que no figuren expresamente en esta Constitución o en los instrumentos internacionales sobre derechos humanos. El procedimiento de la acción de amparo constitucional será oral, público, breve, gratuito y no sujeto a formalidad; y la autoridad competente tendrá potestad para restablecer inmediatamente la situación jurídica infringida o la situación que más se asemeje a ella. Todo tiempo será hábil y el tribunal lo tramitará con preferencia a cualquier otro asunto.*
>
> *La acción de amparo a la libertad o seguridad podrá ser interpuesta por cualquier persona, y el detenido o detenida será puesto o puesta bajo la custodia del tribunal de manera inmediata sin dilación alguna.*
>
> *El ejercicio de este derecho no puede ser afectado, en modo alguno, por la declaración de estado de excepción o de la restricción de garantías constitucionales [...]».*

Como puede observarse, la Constitución de 1999 consagra en forma expresa el derecho al amparo como el mecanismo del cual podrán servirse los particulares. Así mismo se refiere a que el procedimiento para su tramitación deberá ser oral, breve y sumario a fin de garantizar el rápido restablecimiento de los derechos infringidos. De esta regulación constitucional tomamos estas características:

(i) Es un derecho constitucional que obliga a los tribunales a amparar a toda persona en el goce y ejercicio de sus derechos constitucionales.

(ii) Es un derecho fundamental inherente a «*todo habitante de la República*», lo que implica que puede ser invocado por toda persona natural que habite nuestro territorio o por toda persona jurídica.
(iii) Es un derecho que comporta la protección del ejercicio de los derechos y garantías previstos en la Constitución e incluso aquellos inherentes a la persona humana que no figuren expresamente en la Constitución, cuando éstos sean infringidos o amenazados por actos, hechos u omisiones de la administración o de los particulares.
(iv) Es un derecho que exige para su procedencia que exista una lesión directa de los derechos y garantías previstas en la Constitución.
(v) Es un derecho fundamental que puede ser ejercido de forma autónoma a través de procedimientos expeditos y libres de toda formalidad o conjuntamente con otros medios judiciales.

Esta regulación del amparo constitucional como derecho se corresponde con la contenida en el artículo 8 de la Declaración Universal de los Derechos Humanos de las Naciones Unidas que consagra el «*derecho a un recurso efectivo ante los tribunales nacionales competentes, que la ampare contra actos que violen sus derechos fundamentales reconocidos por la constitución o por la ley*». y la establecida en el artículo 25, numeral 1, de la CADH que prevé el derecho de toda persona «*a un recurso sencillo y rápido o a cualquier otro recurso efectivo ante los jueces o tribunales competentes, que la ampare contra actos que violen sus derechos fundamentales reconocidos por la Constitución, la ley o la presente Convención [...]*».

4. Objeto del amparo constitucional

Como ya hemos señalado, el amparo constitucional cumple una doble función. Sabemos que no únicamente protege al ciudadano en el ejercicio de sus garantías fundamentales, sino que también sirve de guardián de la Constitución, al garantizar la inviolabilidad de sus preceptos y preservar su supremacía. El amparo constitucional es entonces un medio de control de la constitucionalidad que sirve para garantizar, junto con el control concentrado, el control difuso y otros medios de protección de la Constitución, la supremacía constitucional establecida en el artículo 7 de la Constitución.

Pérez Tremps califica el amparo como "*el instrumento procesal más importante de defensa ante el Tribunal Constitucional de los Derechos y libertades de los ciudadanos*". Señala que el amparo constitucional "*cumple una doble misión; por una parte, sirve como remedio último interno de protección de los derechos del ciudadano; por otra, tiene una función objetiva de defensa de la constitucionalidad al servir de interpretación de los derechos fundamentales*"[237].

En cuanto a su función de proteger los derechos del ciudadano, el amparo constitucional es, según la Constitución y la ley, un medio judicial de protección de todos los habitantes de la República frente a acciones de los órganos de los poderes públicos o de los particulares que puedan perturbar el goce y ejercicio de los derechos o garantías constitucionales.

En efecto, este mecanismo de protección está dispuesto para que cualquier persona, sea natural o jurídica, sin discriminación de ninguna especie, nacional o extranjera, residente o transeúnte, pueda hacer valer aquel derecho o garantía que se le esté vulnerando por normas, actos administrativos de efectos generales y de efectos particulares, sentencias, resoluciones dictadas por los órganos jurisdiccionales, actuaciones materiales, vías de hecho abstenciones y omisiones de las autoridades o particulares, entre otras.

5. Características del amparo constitucional

El amparo constitucional es un derecho constitucional que se ejerce a través de un proceso oral, sumario, breve, gratuito y no sujeto a formalidades, que procede contra cualquier actuación pública o privada que lesione algún derecho constitucional, que tiene un carácter extraordinario, dotado de sustantividad propia con el fin de proteger al ciudadano en el goce y ejercicio de los derechos y garantías constitucionales,

237 AA.VV., *Tribunal Constitucional*, Ed. Tirant Lo Blanch, Valencia. 2007.

en los derechos inherentes a la persona humana, incluso de los que no figuren expresamente en la Constitución.

1) El proceso de amparo es oral, el debate se lleva a cabo mediante la celebración de una audiencia oral y pública.
2) Es un proceso sumario, breve, gratuito y no está sujeto a formalidad alguna.
   - Es sumario: porque es un proceso simple, sencillo, despojado de incidencias y carente de formalidades complejas.
   - Es breve: desde que todo el tiempo será hábil y el tribunal dará preferencia al trámite del amparo sobre cualquier otro asunto.
   - Es gratuito: pues el Estado garantizará la gratuidad de la justicia en general, y en particular de este procedimiento, lo que en la práctica se traduce en la exención del pago, arancel o tributo alguno en la tramitación de dichas solicitudes.
   - No está sujeto a formalidad alguna: se caracteriza por la simplificación de las formas procesales y su tramitación se desarrolla sin incidencias, formalismos ni reposiciones inútiles.
3) La acción de amparo procede contra normas, actos administrativos de efectos generales o particulares, contra sentencias y resoluciones dictadas por los órganos jurisdiccionales, contra actuaciones materiales, vías de hecho, abstenciones u omisiones de las autoridades o cualquier persona natural o jurídica que violen o amenacen violar un derecho constitucional, cuando no exista un medio procesal breve, sumario y eficaz acorde con la protección constitucional.
4) Tiene carácter extraordinario, pues es el medio de protección adecuado cuando no existen otras vías para restablecer los derechos vulnerados. El recurso de amparo es un remedio subsidiario, puesto que ante la violación de los derechos fundamentales, los ciudadanos solo han de acudir a dicho amparo si la jurisdicción ordinaria no está dispuesta a resarcir la lesión ocasionada a sus derechos.

   Con sabiduría señala Araujo Juárez que el carácter de extraordinariedad del amparo constitucional debe ser interpretado de forma razonable en tanto que una posición excesivamente limitativa significaría la inutilidad del amparo constitucional, mientras que una tesis desmesurablemente amplia, al punto de considerar el amparo constitucional como una vía ordinaria, sería extremadamente perjudicial para el buen funcionamiento de la acción. De esta forma indica Araujo Juárez que el carácter de extraordinariedad radica en que el amparo constitucional solo procederá en situaciones igualmente extraordinarias tales como: "a) cuando el ordenamiento jurídico no prevé el medio de protección procesal, vale decir, no está establecido formalmente por la ley; y b) cuando el procedimiento está previsto, pero no es "eficaz" para dispensar oportuno e idóneo remedio en el momento en que el "habitante" lo recaba y lo necesita"[238].

5) Protege al ciudadano en el goce y ejercicio de los derechos y garantías constitucionales, en los derechos inherentes a la persona humana que no figuren expresamente en la Constitución y los derechos humanos consagrados en declaraciones de organismos internacionales, tratados y pactos ratificados por la República.
6) No es un medio de impugnación de las resoluciones de un órgano inferior, sino que es un auténtico proceso.
7) No es una nueva instancia jurisdiccional, ni se configura como un recurso de casación, sino que es un instrumento procesal dotado de sustantividad propia.
8) No es un proceso cautelar, puesto que el recurso de amparo sólo cabe contra lesiones de un derecho fundamental, pero se debe tratar amenazas ciertas y posibles de lesiones o de lesiones actuales, no futuras. El recurso de amparo no es una vía establecida para garantizar en abstracto la correcta aplicación de los preceptos de la Constitución que recogen y garantizan derechos fundamentales, sino sólo para reparar o, en su caso, prevenir lesiones concretas y actuales de tales derechos.

[238] José Araujo Juárez, *Los derechos fundamentales y los medios de protección procesal*, Editorial Jurídica Venezolana, Fundación Estudios de Derecho Administrativo, Caracas, 1997. p. 15

6. El amparo en sentido material

La acción de amparo constitucional tiene como fin tutelar los derechos y garantías constitucionales expresamente previstos en la Constitución, en tratados internacionales conforme al artículo 23 de la Constitución, e incluso aquellos que si bien no se encuentran regulados expresamente en texto normativo alguno son inherentes a la persona humana.

De esta forma, sólo pueden ser objeto de la acción de amparo las transgresiones que se verifiquen en el goce y ejercicio de los derechos y garantías constitucionales, sin que pueda hacerse uso de esta vía para invocar la violación de normas de rango legal o sub-legal. No obstante, se ha señalado que aun cuando la violación de derechos constitucionales alegada esté acompañada con argumentos relacionados con la infracción de normas de rango infra constitucional, si el tribunal puede inferior –sin acudir a estas normas infra constitucionales– que se ha infringido un derecho fundamental o existe seria amenaza de ello, la declaratoria del amparo resulta procedente (Sentencia de la SPA número 925 del 15 de mayo de 2001. Caso "Consorcio Absorbven").

Siendo además el amparo un mecanismo restablecedor de la situación jurídica infringida frente a la violación de garantías constitucionales y no un medio constitutivo o condenatorio de derechos, su objeto está limitado precisamente a esa restitución en el ejercicio y goce de los derechos fundamentales, sin que pueda por ello exigirse por esta vía el cobro de bolívares o indemnizaciones de daños y perjuicios (Sentencia de la SC del 18 de mayo de 2001. Caso "Eduardo Gallardo"), la nulidad de actos administrativos (sentencia de la Corte Primera de lo Contencioso Administrativo del 30 de junio de 2000. Caso "Unidad Educativa Yale, A. C.Y."), la validez de contratos (sentencia de la SC del 6 de febrero de 2001. Caso "Transporte Fátima"), la resolución de controversias sobre la propiedad (sentencia de la SPA de fecha 12 de diciembre de 1996), el otorgamiento de cargos públicos (sentencia de la SC del 11 de junio de 2001. Caso "Isaac M. Benedetti"), entre otros.

Ahora bien, la violación de los derechos y garantías fundamentales puede concretarse en diversos ámbitos en los cuáles la acción de amparo se presenta como el mecanismo idóneo para lograr el restablecimiento de la situación jurídica lesionada. De esta forma, se ha aceptado el ejercicio de la acción autónoma de amparo, entre otros casos, en materia de contratos administrativos, en materia de sentencias judiciales y en materia de sanciones impuestas por la administración, siempre que en todos estos casos se trate del restablecimiento de situaciones jurídicas infringidas frente a la violación de garantías constitucionales

6.1. Acción de amparo en materia de contratos

La jurisprudencia en materia de amparo constitucional había negado la posibilidad de resolver cuestiones concernientes a las relaciones contractuales a través del mecanismo del amparo constitucional. Tan sólo se abría esta posibilidad, cuando no obstante existir un contrato entre las partes, se alegase una lesión a derechos fundamentales por hechos distintos a la ejecución o inejecución del acuerdo de voluntades entre ellas existente.

Sin embargo, esta situación varió a propósito de la decisión de la SC del TSJ de fecha 8 de diciembre de 2000 (Caso "Transporte Sicalpar") que se refiere específicamente a la materia de los contratos y en la que se admitió el amparo constitucional aun cuando entre accionante y accionado exista una relación contractual y los hechos lesivos se encuentren referidos o deriven, precisamente, de la ejecución de esa relación contractual. La SC ha extendido –como corresponde con el principio de exhaustividad que al amparo constitucional debe informar– la protección por vía de amparo a la materia contractual.

En el fallo que se menciona se indica que así como la lesión constitucional puede provenir de normas, actos, y fallos judiciales, esta puede derivar también de cláusulas contractuales o de su interpretación e incluso de la propia ejecución del convenio. En este sentido, la Sala estableció que «*Tan transgresora es la ley que implanta la pena de muerte, como el contrato que somete a alguna persona a la esclavitud (...) Esta realidad hace posible que la acción de amparo se utilice para impedir un perjuicio a una situación jurídica, o para restablecerle si hubiese sido infringido, a pesar de que medie entre las partes una relación contractual, así sea de naturaleza administrativa*».

Concretamente, se acepta la acción de amparo en materia de contratos y, de forma específica, para la protección de los derechos constitucionales vinculados a la prestación de servicios públicos, únicamente precisa la Sala, en el caso de que se ventile la violación de un derecho humano fundamental o de un derecho o garantía constitucional, pues otro tipo de controversias tendrán que sustanciarse a través del contencioso de los servicios públicos, de acuerdo con lo previsto en el artículo 259 de la Constitución.

También ha aceptado la jurisprudencia la posibilidad de ejercer acción de amparo contra aquellas violaciones constitucionales cometidas en la fase precontractual, es decir, durante el proceso de formación del contrato, consecuencia de la tramitación de un procedimiento licitatorio, para el caso de los contratos suscritos por la administración pública. En decisión de fecha 17 de mayo de 2001 (Caso "Dejavi"), la Corte Primera de lo Contencioso Administrativo ordenó la reposición de un procedimiento licitatorio al Estado de que se evaluaran nuevamente las ofertas presentadas por los participantes en la licitación en virtud de que de los autos se evidenciaba plena prueba de que durante la tramitación del procedimiento administrativo se violaron sus derechos y garantías constitucionales al no considerarse sus ofertas bajo las mismas condiciones de las restantes empresas participantes.

6.2. Acción de amparo contra sentencias judiciales

El amparo contra sentencias y demás actos judiciales está establecido en el artículo 4º de la LOA de la siguiente forma:

> *"Igualmente procede la acción de amparo cuando un Tribunal de la República, actuando fuera de su competencia, dicte una resolución o sentencia u ordene un acto que lesione un derecho constitucional".*

Según el mismo artículo, el amparo debe interponerse ante el tribunal superior del que dictó la sentencia supuestamente lesiva de algún derecho constitucional, y dicho tribunal superior deberá "*decidir de forma breve, sumaria y efectiva*".

Tratándose de amparo contra sentencias, la jurisprudencia indica sus límites precisando que es necesaria la existencia de un acto judicial lesivo, es decir, que lesione o amenace lesionar un derecho constitucional, para lo cual ningún tribunal puede tener competencia.

Por ello, la expresión legal "actuando fuera de su competencia" ha sido interpretada por la SPA de la CSJ, en sentencia de 12 de diciembre de 1989 (Caso "El Crack C.A") como equivalente a un tribunal que "*usurpa funciones, ejerciendo unas que no le son conferidas o hace uso indebido de las funciones que le han sido atribuidas, lesionando con su actuación derechos o garantías constitucionales*", de forma que "*el accionante debe alegar abuso o exceso de poder del juez como incompetencia*"[239]. Igualmente es necesario que el juez actúe en ejercicio de funciones jurisdiccionales, no administrativas para que sea procedente dicho amparo.

La SC ha reconocido que la acción de amparo contra sentencias judiciales sólo será procedente cuando estas contengan «*infracciones a derechos constitucionales de las partes, que versen sobre un agravio no juzgado en dichas causas [...]*» (Sentencia de la SC del 28 de julio de 2000. Caso Luis Alberto Baca, ratificada en fecha 2 de marzo de 2001. Caso "Genadio Alfonzo Moreno").

En ese sentido, se ha señalado que los errores de juzgamiento cometidos por los jueces en la escogencia de la ley aplicable o en su interpretación sólo podrán ser materia de la acción de amparo «*cuando signifiquen una infracción constitucional cierta, diáfana e inmediata en la situación jurídica de un particular sujeto*» (Sentencia de la SC del 20 de febrero de 2001. Caso Alejandro Acosta).

De esta forma, no toda infracción de reglas procesales podrá ser objeto de la acción de amparo, pues esta sólo será procedente cuando la lesión causada impida a la parte ejercer su derecho a la defensa, enervándosele la oportunidad de alegar y probar, cercenándole el control y contradicción de las pruebas de su contraparte, impidiéndosele conocer lo que se le imputa o negándosele el uso de los medios previstos en la ley en desarrollo del derecho al debido proceso (Sentencia de la SC número 150 del 9 de febrero de 2001. Caso "Armand Choucroun").

Según jurisprudencia de la SC, con relación a las partes en el proceso de amparo, "*la acción de amparo contra decisiones judiciales no procede contra el Juez que dictó la decisión sino contra la decisión en sí misma*", es decir, el juez no ocupa el lugar del legitimado pasivo

239 Allan Brewer-Carías. "Los diversos tipos de acciones y recursos contencioso administrativo en Venezuela". Ob. cit.

en dicho proceso, sino que la sentencia ha sido la que presuntamente ha transgredido el derecho o garantía constitucional. De ello se deriva la consideración de que no es necesaria la presencia del juez para defender o informar sobre la decisión tomada, de manera que según lo resuelto por la misma Sala en su sentencia de 1° de febrero de 2000 (Caso *José A. Mejías y otros*), "*la ausencia del juez en la audiencia oral, no significa aceptación de la pretensión de amparo*"[240].

Se admite también la posibilidad de interponer amparo constitucional contra laudos arbitrales, dictados por tribunales arbitrales nacionales o extranjeros, que violen o amenacen violar los derechos constitucionales. El asunto fue explicado a través de la sentencia del 16 de octubre de 2001 (caso: Compañía Anónima Venezolana de Televisión), mediante la cual la SC determinó que los laudos arbitrales, inclusive aquellos dictados por organizaciones internacionales, por tratarse de decisiones cuya ejecución eventualmente tendrá lugar en Venezuela, están sujetos a la aplicación de las normas y principios constitucionales, y por lo tanto "***puede ser objeto de amparo, de conformidad con lo dispuesto en el artículo 4 de la Ley de Amparo sobre Derechos y Garantías Constitucionales***" (resaltado de la Sala).

Posteriormente, este criterio sobre la procedencia del amparo constitucional contra los laudos arbitrales fue ratificado en sentencia número 2.635 del 19 de noviembre de 2004, en la que la SC juzgó acertada la declaratoria de competencia por parte del Juzgado Superior Décimo en lo Civil, Mercantil, y del Tránsito de la Circunscripción Judicial del Área Metropolitana de Caracas, para conocer del amparo constitucional incoado por Consorcio Barr, S.A. en contra del laudo dictado por el Tribunal Arbitral constituido en la ciudad de Miami, Florida, Estados Unidos de América, que presuntamente había lesionado el derecho a la defensa, al juez natural y a la tutela judicial efectiva del accionante.

De esta forma, la SC estableció que en el supuesto de que una decisión, cautelar o definitiva, dictada por un tribunal arbitral, nacional o extranjero, amenace o viole los derechos constitucionales en el territorio de la República, dichas decisiones podrán ser conocidas a través de la acción de amparo constitucional ante los tribunales nacionales.

---

240 Ibidem.

6.3. Acción de amparo en materia sancionatoria

También se reconoce el ejercicio de la acción de amparo frente a aquellas sanciones impuestas por los órganos de la administración pública que involucren la violación de los derechos fundamentales garantizados en la Constitución, bien porque fueron dictadas en violación del derecho a la defensa de los accionantes o porque transgreden la garantía del debido proceso. En este caso, el tribunal podrá suspender las sanciones dictadas e incluso el procedimiento sancionatorio dirigido a su producción con el fin de salvaguardar a los afectados en el ejercicio y goce de los derechos fundamentales.

Al ejercer la potestad sancionatoria la administración debe notificar personalmente al administrado indiciado de los cargos en base a los cuales se inicia el procedimiento sancionatorio, permitiendo así que éste ejerza libremente su defensa, tal y como lo prevé el artículo 49 constitucional al establecer las garantías que deben respetarse en todo proceso judicial o administrativo, entre las que se mencionan el derecho de todo particular de ser notificado personalmente de los cargos que se investigan, ejercer su defensa y de ser oído en cualquier clase de proceso.

Así lo dejó establecido la Corte Primera de lo Contencioso Administrativo en decisión de fecha 5 de abril de 2001 (Caso "Macleoud & Dixon") al señalar que el derecho al debido proceso «*no sólo consagra la necesidad de un proceso –al efecto, un procedimiento– sino que tal debe perfilarse como un proceso o procedimiento "debido".[...] Así, será debido procedimiento aquel en el que se permita al investigado o afectado por la futura decisión, la defensa y asistencia jurídica; se haya notificado de los cargos –delitos o faltas por los cuales se le investiga–; permita el acceso –con ello el control– de las pruebas de las que puedan derivarse los hechos que se le imputan; y haga disponer al afectado del tiempo y medios adecuados para su defensa [...] se garantice la presunción de inocencia [...] permita al afectado ser oído con las debidas garantías y dentro del plazo razonable que ha sido determinado por la ley*».

Incluso, no será suficiente con que se siga un procedimiento en el que se permita al accionante exponer sus defensas y pruebas, sino que será necesario, para cumplir con la garantía del debido proceso, que el procedimiento en cuestión sea el establecido expresamente en la ley y no un procedimiento casuístico o *ad hoc*. Por ello, si el procedimiento seguido a los afectados no se corresponde con el previsto expresamente en la ley, aun cuando se hubiese permitido a éstos ejercer su defensa, debe entenderse que se ha violado la garantía del debido proceso y que la tutela solicitada por vía de amparo resulta procedente.

6.4. Distinción entre el amparo constitucional y la demanda de tutela de los intereses colectivos y difusos

La acción de amparo constitucional se vio ampliada con la regulación contenida en el artículo 26 de la Constitución, que dispone:

> *"Artículo 26. Toda persona tiene derecho de acceso a los órganos de administración de justicia para hacer valer sus derechos e intereses, incluso los colectivos o difusos, a la tutela efectiva de los mismos y a obtener con prontitud la decisión correspondiente.*
> *El Estado garantizará una justicia gratuita, accesible, imparcial, idónea, transparente, autónoma, independiente, responsable, equitativa y expedita, sin dilaciones indebidas, sin formalismos o reposiciones inútiles".*

En atención al referido artículo 26 de la constitución se estableció la acción para la defensa de los intereses colectivos o difusos como un medio de impugnación de rango constitucional, especial, autónomo, subjetivo, de orden público y con efectos *erga omnes*, conferida a los titulares de derechos e intereses colectivos o difusos, de índole supraindividual no susceptibles de fragmentación, que no está sometida a lapsos de prescripción o caducidad, y se ejerce para obtener la tutela de los mencionados derechos e intereses, por la actuación u omisión de sujetos de derecho público o privado[241].

A partir de esa disposición constitucional la jurisprudencia comenzó a admitir las acciones de amparo constitucional interpuestas por la

[241] Rafael Badell Madrid, *La Protección de los Intereses Colectivos o Difusos en Venezuela. Class Action*. 1° Edición. Universidad Católica Andrés Bello. Caracas, 2014.

violación de derechos constitucionales no solo a título personal, individual y directo, sino también en defensa de los derechos e intereses constitucionales colectivos y difusos.

Esa fue la posición que asumió la SC, al reconocer un claro derecho de acción, materializado mediante el ejercicio de pretensiones de amparo constitucional, tanto a los grupos de personas determinables, aunque no cuantificables o individualizables, unidas por un vínculo jurídico (*interés colectivo*), así como los sujetos indeterminados que tienen un interés suprapersonal, entre las que no existe vínculo jurídico y que no conforman un sector cuantificable o particularizado (*interés difuso*), para exigir el restablecimiento de la situación jurídica infringida, incluyendo la imposición de órdenes exigidas a los demandados, tendentes a evitar la continuación del hecho lesivo (Sentencias del 30 de junio de 2000, caso *Dilia Parra;* del 22 de agosto de 2001, caso *Asociación Civil de Deudores Hipotecarios de Vivienda Principal ASODEVIPRILARA;* del 11 de mayo de 2003, caso*: Garantón vs RCTV* y otras).

La acción de amparo constitucional en protección de intereses y derechos constitucionales colectivos o difusos, que se deduce de este artículo 26 de la Constitución, es distinta a la acción o demanda de intereses colectivos y difusos, que también tiene su origen en esta norma constitucional y que está prevista en el artículo 25, numeral 21, y regulada en los artículos 146 y siguientes de la LOTSJ.

Observemos el contenido del artículo 25.21 de la LOTSJ que establece la competencia de la SC del TSJ tanto para conocer de las demandas por intereses colectivos y difusos, como los amparos constitucionales por intereses colectivos y difusos.

> *"Artículo 25*
> *Competencia de la Sala Constitucional*
> *Son competencias de la Sala Constitucional del Tribunal Supremo de Justicia:*
> *21. Conocer las demandas y las pretensiones de amparo para la protección de intereses difusos o colectivos cuando la controversia tenga trascendencia nacional, salvo lo que disponen leyes especiales y las pretensiones que, por su naturaleza, correspondan al contencioso de los servicios públicos o al contencioso electoral".*

La acción de amparo constitucional para la protección de intereses difusos y colectivos consiste en un medio de defensa contra la violación de los derechos constitucionales que afectaren a un grupo o colectivo determinado o indeterminado. Como hemos señalado, a partir de lo dispuesto en el artículo 26 de la Constitución, referido al derecho a acceder a los órganos jurisdiccionales en defensa de los derechos e intereses, inclusive de los colectivos o difusos, la jurisprudencia ha admitido que la acción de amparo constitucional prevista en el artículo 27 de la Constitución puede ser interpuesta tanto a título personal, individual y directo por la violación de derechos constitucionales, como en defensa de los derechos e intereses constitucionales colectivos y difusos.

Esta acción de amparo constitucional para la protección de intereses colectivos y difusos permite el ejercicio de pretensiones de amparo constitucional, tanto a los grupos de personas determinables, aunque no cuantificables o individualizables, unidos por un vínculo jurídico (interés colectivo), así como los sujetos indeterminados que tienen un interés suprapersonal, entre las que no existe vínculo jurídico y que no conforman un sector cuantificable o particularizado (interés difuso), para exigir el restablecimiento de la situación jurídica infringida.

La acción de amparo constitucional para la tutela de intereses colectivos o difusos se caracteriza por tratarse de un medio de defensa contra la violación de los derechos constitucionales que afectan a grupos de ciudadanos, considerados en su conjunto o no. Se trata, por ende, del derecho de amparo constitucional ampliado, que incluye la defensa de aquellos bienes jurídicos constitucionales que garantizan una aceptable calidad de vida en forma general, bien sea para una localidad determinada o para toda la ciudadanía.

Mientras la acción de amparo constitucional es un medio de impugnación del control de la constitucionalidad, que tiene por objeto la protección de los derechos y garantías constitucionales y que culmina con el restablecimiento de la situación jurídica infringida, la demanda por intereses colectivos y difusos es un medio de impugnación de contenido más amplio, general, variado. Esta acción de intereses colectivos o difusos puede ser interpuesta bien como forma de controlar la inconstitucionalidad a través de amparo por intereses colectivos o difusos; pero puede también proponerse como forma de controlar una actuación ilegal, es decir como demanda autónoma, civil, mercantil, laboral, contencioso administrativa o cualquier otra materia, alegando como legitimación los intereses colectivos o difusos. La acción de intereses colectivos o difusos tiene por objeto lograr un pronunciamiento de condena de la situación jurídica infringida por hechos o actuaciones inconstitucionales o ilegales y obtener un mandato restablecedor de esa situación, que puede contener incluso indemnizaciones a consecuencia de la lesión jurídica que se ha tenido que soportar por la actuación ilegal.

Como consecuencia de lo anterior, ante violaciones directas e inmediatas a derechos constitucionales que revistan la forma de derechos colectivos o difusos, podrá intentarse el amparo constitucional de los intereses colectivos o difusos; no obstante, en los demás casos procederá la demanda por intereses colectivos y difusos, que será tramitada conforme al procedimiento establecido en la LOTSJ (artículos 146 y siguientes de la LOTSJ).

La SC del TSJ ha admitido que el amparo constitucional en tutela de los derechos e intereses colectivos y difusos es la vía idónea "*si lo que se pretende es enervar una lesión que proviene de violaciones a derechos y garantías constitucionales, la vía procedente es la acción de amparo para restablecer una situación jurídica ante esas infracciones*" (sentencia del 19 de diciembre de 2003, caso: Fernando Asenjo).

Los artículos 146 y siguientes de la LOTSJ establecen el proceso mediante el cual se lleva a cabo la tramitación de la demanda por intereses colectivos y difusos. Al respecto el artículo 146 establece que:

> *"Artículo 146*
> *Demanda de protección*
> *Toda persona podrá demandar la protección de sus derechos e intereses colectivos o difusos. Salvo lo dispuesto en las leyes especiales, cuando los hechos que se describan posean trascendencia nacional su conocimiento corresponderá a la Sala Constitucional; en caso contrario, corresponderá a los tribunales de primera instancia en lo civil de la localidad donde aquéllos se hayan generado.*
> *En caso de que la competencia de la demanda corresponda a la Sala Constitucional, pero los hechos hayan ocurrido fuera del Área Metropolitana de Caracas, el o la demandante podrá*

> *presentarla ante un tribunal civil de su domicilio. El tribunal que la reciba dejará constancia de la presentación al pie de la demanda y en el Libro Diario, igualmente remitirá el expediente debidamente foliado y sellado, dentro de los tres días de despacho siguientes".*

Ahora bien, esta competencia de la SC ha sido ejercida de tal forma que ha distorsionado su naturaleza y alcance. Téngase como ejemplo las sentencias cautelares 71 y 72, de fechas 15 y 16 de junio de 2020, en las cuales la SC calificó sobrevenidamente las acciones autónomas de amparo constitucional interpuestas contra las asociaciones con fines políticos Acción Democrática y Primero Justicia, como "*amparo constitucional para la protección de derechos e intereses colectivos y difusos*", con el fin de poder declararse competente y decidir las acciones incoadas, de conformidad con lo dispuesto en el artículo 25.21 de la LOTSJ. Es este proceder un claro ejemplo de la desviación del poder, pues la finalidad de la recalificación no es otra que la de justificar una competencia de la que carecía el sentenciador de haberse atenido a los términos de la acción presentada[242].

En efecto, ya la SC ha admitido en varias ocasiones los límites a su competencia en materia de amparo constitucional, al señalar que ella "*sólo es competente para conocer de las acciones de amparo intentadas contra los altos funcionarios a que se contrae el artículo 8 de la Ley Orgánica de Amparo sobre Derechos y Garantías Constitucionales, de acuerdo con el desarrollo y en la extensión que de dicha norma ha realizado esta misma Sala y, de aquellas acciones intentadas para la protección de intereses difusos y colectivos*", por lo cual en los casos en que dichas acciones no sean las planteadas "*resulta forzoso para esta Sala declarar su incompetencia*"(véase sentencia número 1212 del 19 de mayo de 2003 de la SC).

En el caso de las acciones intentadas que dieron lugar a las sentencias números 71 y 72 no se interpusieron acciones de amparo para la protección de intereses colectivos o difusos; este tipo de legitimación

242 Rafael Badell Madrid, "Consideraciones sobre las sentencias 71, 72 y 77 de la Sala Constitucional por medio de las cuales se intervinieron los partidos políticos Acción Democrática, Primero Justicia y Voluntad Popular". Ob. cit.

no fue en ningún caso alegada por los accionantes, por lo cual la SC carecía de competencia para decidirlas.

Ahora bien, en el caso de la sentencia número 72 de la SC, las supuestas lesiones constitucionales de los derechos de participación política y del derecho de asociación con fines políticos, así como del derecho al debido proceso y el derecho a la defensa, alegadas por los accionantes consistían en la suspensión de la que habían sido objeto personal e individualmente los ciudadanos demandantes José Dionisio Brito y Conrado Pérez Linares por el Movimiento Primero Justicia. Dos personas plenamente identificables y determinables como sujetos agraviados por la supuesta conducta lesiva ("vías de hecho") de los derechos y garantías constitucionales de los demandados.

Como puede observarse, en estos casos no hay un bien colectivo que precise de tutela o protección, ya que se afectan derechos individuales enteramente divisibles. Sin embargo, la SC, en evidente desviación de poder, decidió que los casos ante ella planteados consistían no en amparos autónomos individuales sino en amparos constitucionales en protección de intereses colectivos o difusos por tratarse de la violación de los derechos a la participación política y a la asociación con fines políticos de los militantes del referido partido político, "*los cuales se encuadra dentro del conjunto de libertades de carácter supraindividual cuya trascendencia y repercusión para el colectivo resulta subsumible en la esfera de los derechos o intereses difusos o colectivos*", y de esta forma se declaró competente para conocer de la acción de amparo constitucional interpuesta.

7. Proceso de amparo constitucional

En cuanto al proceso aplicable, la Constitución es muy clara al expresar en su artículo 27, la obligatoriedad de que este sea oral y público, además de breve, dado que de por sí tiene la condición de urgente, debe ser tramitado con celeridad y resuelto en el menor tiempo posible, gratuito y no sujeto a formalidad, por lo que debe ser sencillo, simple y despojado de formalidades complejas. A continuación, nos referiremos a los elementos fundamentales del proceso de amparo constitucional (interposición de la acción, legitimación, admisibilidad, audiencia oral, y pública, la sentencia y sus efectos, la extinción de la instancia y el iter procesal), establecidos tanto en la LOA como en la jurisprudencia de la SC del TSJ que ha determinado, mediante la jurisdicción normativa, el proceso de amparo constitucional.

7.1. Interposición

De conformidad con el artículo 13 de la LOA, la acción de amparo constitucional podrá ser interpuesta ante el juez competente por cualquier persona natural o jurídica bien directamente o mediante representante. A tales efectos serán hábiles todos los días y horas. No obstante, si bien para la interposición de la acción no es necesario que el agraviado esté asistido por abogado, es lo cierto que para el resto de los actos del proceso si será necesaria dicha asistencia.

Al respecto téngase en cuenta la sentencia número 535 de fecha 4 de junio de 2010, dictada por la SC del TSJ, en el (caso: Dorado & Asociados Contabilidad, C.A.), mediante la cual se ratificó el criterio reiterado en sentencias número 1364 del 27 de junio de 2005 (caso: R.E.G.B.), número 2603 del 12 de agosto de 2005 (caso: G.C.B.), número 152 del 2 de febrero de 2006 (caso: S.M.L.O.), número 1316 del 3 de junio de 2006 (caso: Inversiones Inmobiliarias S.A.), y 1894 del 27 de octubre de 2006 (caso: Cleveland Indians Baseball Company), según el cual:

> *"Para la interposición de un amparo constitucional, cualquier persona que considere haber sido víctima de lesiones constitucionales, que reúna las condiciones necesarias para actuar en juicio, puede ser parte actora en un proceso de ese tipo. Sin embargo, al igual que para cualquier otro proceso, si ese justiciable, por más capacidad procesal que posea, no puede o no quiere por su propia cuenta postular pretensiones en un proceso, el ius postulandi o derecho de hacer peticiones en juicio, deberá ser ejercido por un abogado que detente el derecho de representación, en virtud de un mandato o poder auténtico y suficiente".*

De allí que, como lo ha señalado la SC en sentencia de fecha 19 de julio de 2000 (Caso "Rubén Darío Guerra"), si el accionante no es abogado y ha incoado su acción de amparo sin asistencia alguna, el tribunal debe presumir que éste concurrirá a la audiencia oral u otros actos del proceso sin quien lo asista o represente, y deberá ordenar, por tanto, que se notifique a la Defensoría del Pueblo a fin de que esta lo asista en los aspectos técnicos de su defensa a tenor de lo dispuesto en los numerales 1 y 3 del artículo 281 de la Constitución.

La Sala ha manifestado también que la interposición del amparo podrá efectuarse a través de medios electrónicos conforme a la nueva regulación contenida en el Decreto Ley número 1204 sobre Mensajes de Datos y Firmas Electrónicas (Gaceta Oficial número 37.148 del 28 de febrero de 2001), el cual, inclusive, les otorga valor probatorio a dichas transmisiones.

Así, a los fines de garantizar el derecho de acceso a la justicia la acción de amparo podrá presentarse mediante correo electrónico sólo que, en este caso, será necesaria la posterior ratificación de la acción por el agraviado –bien personal o mediante representante– dentro de los tres (3) días siguientes a su recepción (Sentencia de la SC del 9 de marzo de 2001. Caso Oswaldo Álvarez, ratificada en fecha 19 de julio de 2001. Caso "Bingo Charaima").

7.2. Legitimación

7.2.1. Legitimación activa

Antes de la entrada en vigencia de la Constitución de 1999, la jurisprudencia había entendido que la legitimación activa en el proceso de amparo constitucional le correspondía a todo aquel que afirmase haber sido lesionado directamente en el goce y ejercicio de un derecho constitucional.

De esta forma, atendiendo al carácter personalísimo de la acción de amparo se estimaba que sólo las personas directamente afectadas en sus derechos fundamentales por un acto hecho u omisión estaban legitimadas para pedir su restablecimiento por vía de amparo, por lo que estaba vedado a cualquier otra persona u organización defender a través de esta especial vía derechos constitucionales de carácter colectivo.

No obstante, como hemos señalado en líneas anteriores, la legitimación activa en materia de amparo se ha ampliada con la regulación contenida en el artículo 26 de la Constitución que prevé el derecho de toda persona de acceder a los órganos de justicia para hacer valer sus intereses, incluso los colectivos o difusos, derecho éste que a juicio de la SC debe ser interpretado en forma amplia puesto que comprende la defensa de aquellos bienes jurídicos que garantizan una aceptable calidad de vida en forma general, bien sea para una localidad determinada o para toda la ciudadanía[243].

En este sentido, la SC en decisión de fecha 30 de junio de 2000, caso "Defensoría del Pueblo", estableció que, en principio, todos los miembros de la sociedad están legitimados para solicitar la declaración jurisdiccional en beneficio de la comunidad. En consecuencia, cualquier persona procesalmente capaz que va a impedir el daño causado a la sociedad o al segmento de esta al cual pertenece podrá intentar una acción por intereses difusos o colectivos y, si ha sufrido daños personales, podrá pedir sólo para sí (acumulativamente) la indemnización de los mismos.

Lo que sí está vedado a los particulares es exigir una indemnización para el conglomerado social que se viera afectado en sus derechos fundamentales pues, en este caso, la legitimada para exigir dicho resarcimiento sería la Defensoría del Pueblo. En todo caso, es necesario que el accionante, como parte de la sociedad o del sector de esta que ha sido afectado, haya sufrido personalmente la lesión, de modo que carecerá de legitimación quien no esté domiciliado en el país o no haya sido alcanzado por la lesión o daño.

Esta posición fue ratificada por la propia SC en decisión de fecha 31 de agosto de 2000, caso "William Ojeda", al señalar que para hacer valer en el juicio de amparo intereses difusos o colectivos, es necesario que concurran varios factores, a saber:

> *«1. Que el que acciona lo haga en base no sólo a su derecho o interés individual, sino en función del derecho o interés común o de incidencia colectiva.*
> *2. Que la razón de la demanda (o del amparo interpuesto) sea la lesión general a la calidad de vida de todos los habitantes del país o de sectores de él, ya que la situación jurídica de todos los*

[243] Rafael Badell Madrid, *La Protección de los Intereses Colectivos o Difusos en Venezuela. Class Action*. Ob. Cit.

componentes de la sociedad o de sus grupos o sectores, ha quedado lesionada al desmejorarse su calidad común de vida.
3. Que los bienes lesionados no sean susceptibles de apropiación exclusiva por un sujeto (como lo sería el accionante).
4. Que se trate de un derecho o interés indivisible que comprenda a toda la población del país o a un sector o grupo de ella.
5. Que exista un vínculo, así no sea jurídico, entre quien demanda en interés general de la sociedad o de un sector de ella (interés social común), nacido del daño o peligro en que se encuentra la colectividad (como tal). Daño o amenaza que conoce el Juez por máximas de experiencia, así como su posibilidad de acaecimiento.
6. Que exista una necesidad de satisfacer intereses sociales o colectivos, antepuestos a los individuales.
7. Que el obligado deba una prestación indeterminada, cuya exigencia es general».

También ha señalado la Sala que, si bien cualquier particular puede acceder a los órganos de justicia en representación de intereses difusos o colectivos, es lo cierto que dentro de la estructura del Estado sólo la Defensoría del Pueblo sería la legitimada para intentar este tipo de acciones, quedando excluidos de esa legitimación el Ministerio Público, los Gobernadores, los alcaldes y los Síndicos Municipales a menos que la ley se las atribuya (Sentencia de la SC del 21 de noviembre de 2000. Caso "William Dávila").

7.2.2. Legitimación pasiva

La legitimación para comparecer en el proceso de amparo como parte accionada corresponde a la persona, natural o jurídica, o ente del Estado que se califique como presunto agraviante en la correspondiente acción. En este último caso, el legitimado pasivo será la autoridad denunciada como infractora de los derechos y garantías protegidos por la Constitución, no siendo necesaria a los efectos del amparo la presencia del Procurador General de la República en su condición de representante de la Nación. La jurisprudencia considera que en estos supuestos «*el órgano administrativo es el sujeto pasivo de la acción, y recae en quien ejerce el cargo para el momento en que se intenta la acción de amparo, ya que en definitiva es la Administración Pública, actuando a través de sus agentes, la que tiene y debe asumir la responsabilidad por la actuación de éstos*» (Sentencia de la SPA del 8 de marzo de 1990. Caso "Luz Magaly Serna").

7.3. Admisibilidad del amparo

La admisibilidad de la acción de amparo constitucional está sujeta al hecho de que el agraviado esté realmente afectado por un acto, hecho u omisión que menoscabe en forma directa el ejercicio y goce de sus derechos constitucionales y que no exista otro medio o recurso judicial capaz de restablecer en forma eficaz, breve y expedita la situación jurídica que se imputa lesionada.

Como lo estableció la SC en sentencia de fecha 16 de octubre de 2001, caso "Carlos Morales", la admisión de la acción de amparo exige que en forma previa el juez efectúe un análisis sobre la posible existencia de una violación constitucional y de una situación jurídica infringida que debe ser restituida. Así, señala la Sala que si bien es cierto que la LOA no distingue cuál momento es hábil para incoar un amparo, por lo que debe presumirse que este puede ser interpuesto en toda oportunidad, sin limitaciones de lugar, e incluso oralmente, bastando para ello la presencia del Tribunal Constitucional, no es menos verdad que el amparo es un proceso contencioso que, como tal, está regido por un Reglamento de Distribución de Expedientes que debe ser observado por los tribunales.

De allí que la Sala considere una práctica que atenta contra la transparencia que exige el artículo 26 constitucional al poder judicial, el que con motivo de un acto procesal contencioso o no contencioso (en el caso en concreto se trataba de una inspección ocular), se incoe un amparo y el juez de inmediato lo admita, pues tal admisión debe estar precedida del análisis correspondiente sobre la existencia de las infracciones invocadas y la situación jurídica infringida. «*La Sala se siente obligada a revisar los fallos que nacen de estas circunstancias, así se hayan cumplido las dos instancias, ya que considera que es difícil para un juez ponderar las circunstancias fácticas del amparo con el fin de admitirlo de inmediato, y más aún, para decretar una cautela*».

La LOA regula las causales de admisibilidad de la acción en su artículo 6, las cuales constituyen materia de orden público y, en consecuencia, pueden ser revisadas en cualquier estado y grado del proceso (Sentencia de la SC del 19 de julio de 2001. Caso Jorge Beltrán Vargas). También podrá ser declarada *in limine litis* la improcedencia –que no inadmisibilidad– de la acción de amparo cuando el tribunal considere que su admisión y posterior trámite resultarían inútiles dado los términos en que la misma ha sido planteada y que ponen de manifiesto *ab initio* que en modo alguno podría prosperar (Sentencia de la SC del 17 de julio de 2001. Caso Ana E. Durán).

La acción de amparo procede contra la violación actual o amenaza de violación de los derechos y garantías constitucionales. Ahora bien, esa amenaza de violación debe ser inminente, esto es, posible y realizable, en otras palabras, debe tratarse de una circunstancia que le otorgue a la persona que interpone la acción de amparo la certeza de que le será vulnerado un derecho o una garantía constitucional. Además de ello la violación o amenaza de violación debe ser actual, reparable y no consentida.

(i) La actualidad de la amenaza comporta que la misma no haya cesado en sus efectos, es decir, que sea real, efectiva, tangible o inminente; (Sentencias de la SC de 2 de marzo de 2000. Caso José Gregorio Díaz) y que se mantenga así, de manera inalterable durante la ejecución del proceso, ya que, en caso contrario, el juez puede declarar la inadmisibilidad del amparo en cualquier momento.

(ii) La reparabilidad, por su parte, está estrechamente vinculada al objeto de la acción de amparo, esto es, la restitución de la situación jurídica infringida, por tanto, esa violación o amenaza de violación del derecho o garantía constitucional debe ser reparable mediante la imposición de una sentencia judicial que restablezca la situación lesionada. En ese sentido, se entiende que son irreparables los actos que, mediante el amparo, no pueden volver las cosas al estado que tenían antes de la violación (Sentencia de la SPA del 6 de febrero de 1996. Caso Asamblea Legislativa del Estado Bolívar).

Y es que una de las características de la acción de amparo es, precisamente su naturaleza restablecedora y no condenatoria o constitutiva de derechos, razón por la cual «*la acción de amparo no procede cuando no puedan retrotraerse las situaciones de hecho a la condición que poseía antes de producirse la violación denunciada*» (Sentencia de la SC del 11 de junio de 2001. Caso Isaac M. Benedetti).

La irreparabilidad de la situación jurídica infringida puede sobrevenir en el tiempo, es decir, que aun siendo reparable al momento de la interposición del amparo e incluso en la oportunidad de pronunciarse sobre su admisibilidad, puede ocurrir que con el transcurso del tiempo, durante el proceso, se haga imposible de reparar, por lo que el juez pasaría a declarar la inadmisibilidad de la acción.

(iii) Es necesario también que esa violación o amenaza de violación no hubiese sido consentida expresa o tácitamente por el agraviado. La ley dispone que el consentimiento se entenderá expreso cuando hubiesen transcurrido los lapsos de prescripción establecidos en leyes especiales, o en su defecto, seis (6) meses después de la violación o amenaza del derecho protegido. El consentimiento será tácito cuando entrañe signos inequívocos de aceptación.

No obstante, la propia LOA, a la par de establecer la inadmisibilidad de la acción, regula también una excepción, conforme a la cual, no se entenderá consentida la lesión constitucional cuando se trate de violaciones que infrinjan el orden público o las buenas costumbres. Así, como lo ha reconocido la SC, este requisito de admisibilidad podrá ser ignorado «*cuando el hecho gravoso implica una lesión al orden público o a las buenas costumbres, es decir, que el tiempo que transcurra desde el momento en que se ha verificado la conducta lesiva, no hace que opere inexorablemente la caducidad de la acción, en aquellos supuestos en que la amenaza de violación implica una lesión a derechos individuales de rango constitucional, derivadas del ejercicio de potestades públicas de los órganos del Estado y cuya tutela es debida en todo momento, para mantener la vigencia y el respeto de los derechos y garantías constitucionales*». (Sentencia de la SC del 1 de marzo de 2001. Caso Bingo Las Mercedes).

Esta excepción, sin embargo, no deberá ser interpretada en sentido literal, pues ello podría llevar a la conclusión de que toda la materia de amparo es de orden público y debe, por tanto, ser resuelta por los tribunales, «*de allí que deba interpretarse que la extinción de la acción de amparo por el transcurso del tiempo se produce en todos los casos, salvo que, la forma como se hubiere producido la lesión revista tal gravedad que constituya un hecho lesivo de la conciencia jurídica. Se trataría por ejemplo de las violaciones flagrantes a los derechos individuales que no puedan renunciarse por el afectado: privación de la libertad, sometimiento a torturas físicas o psicológicas, vejaciones, lesiones a la dignidad humana y otros casos extremos*». (Sentencia de la SC del 9 de febrero de 2001. Caso José Trinidad Angulo).

Sobre este requisito de admisibilidad, que supone la caducidad del derecho fundamental al amparo constitucional, ha señalado la doctrina que es inconstitucional y atenta contra la intangibilidad de los derechos y garantías constitucionales por cuanto permitiría que, por el transcurso del tiempo, sean convalidados y consentidos los hechos, actos y omisiones lesivos de los derechos constitucionales. En este sentido, para Alejandro González, las lesiones a los derechos y garantías constitucionales deben poder ser revisados "*con prescindencia de todo tipo de consideraciones formales, pues, en su misión de preservar la incolumidad de la supremacía normativa de la Constitución, la garantía-constitución del orden público constitucional no queda supeditada a términos temporales ni formales*", y que en consecuencia "(...) *la causal de inadmisibilidad por caducidad debe ser eliminada, por cuanto, hechos, actos y omisiones manifiestamente inconstitucionales por violatorios de derechos y garantías constitucionales, no deben adquirir validez definitiva, por efecto del transcurso del tiempo*"[244].

(iv) Tampoco será admisible la acción de amparo en aquellos casos en los que el agraviado hubiese optado por recurrir a las vías ordinarias o hecho uso de los medios procesales preexistentes.

Este supuesto fue ilegalmente mutado mediante sentencia número 2198/2001, caso "Oly Hernández de Pimentel", mediante el cual la SC estableció que si bien el precepto legal del artículo 6.5 de la LOA estaba referido, en principio, a los casos en que el particular acude a una vía ordinaria y luego pretende intentar la acción de amparo constitucional, "*la jurisprudencia ha entendido, para tratar de rescatar el principio elemental del carácter extraordinario del amparo, que no solo es*

244 Alejandro González, "Hacia una nueva Ley Orgánica de Amparo", ob. cit. p. 255.

inadmisible el amparo constitucional cuando se ha acudido primero a la vía judicial ordinaria, sino también cuando teniendo abierta la posibilidad de acudir a dicha vía no se hace, sino que se utiliza el remedio *extraordinario*"[245].

Así, cuando frente a determinada actuación de la administración se prevea un medio específico para controlar su constitucionalidad o ilegalidad y obtener así el restablecimiento de un derecho o garantía violado, la acción de amparo es inadmisible porque aparte de que los efectos que se aspiran conseguir con el recurso de amparo es posible obtenerlos con el medio específico de impugnación, la aceptación general e ilimitada de tal acción haría inútil e inoperante los remedios jurídicos y judiciales que la Constitución y las leyes prevén ordinariamente.

En otros términos, «*la admisibilidad de la acción de amparo queda condicionada a la inexistencia de otras vías procesales que permitan el restablecimiento de la situación jurídica infringida, correspondiendo al actor en tal caso, la carga de alegar y probar, bien la inexistencia de dichos medios, o bien la inidoneidad e insuficiencia de los mismos*». (Sentencia de la SC del 9 de marzo de 2000. Caso "Edgar E. Taborda Chacín").

(v) Finalmente, la ley considera inadmisible las acciones de amparo que se interpongan contra decisiones dictadas por otras Salas del TSJ, las cuales en todo caso sólo podrán ser objeto del recurso extraordinario de revisión (Sentencia de la SC del 19 de octubre de 2000 (Caso José Plata Vera), y las que se interpongan cuando esté pendiente de decisión una acción de amparo relacionada con los mismos hechos en que se hubiese fundamentado la acción propuesta.

En decisión de fecha 16 de octubre de 2001 (Caso "Metromara"), la SC estableció que no procede el amparo «*contra decisiones interlocutorias que han sido abarcadas por la sentencia definitiva*».

Para fundamentar su decisión, la Sala explicó que uno de los caracteres principales de la acción de amparo es el ser un medio judicial restablecedor, y no constitutivo, cuyo objetivo fundamental es restituir

245 Sentencia de la SC número 2198 del 09 de noviembre de 2001. Cit. en Alejandro González, "Hacia una nueva Ley Orgánica de Amparo", ob. cit.

la situación jurídica infringida, por lo que resultan inadmisibles aquellos amparos en los cuales se denuncian lesiones que no pueden ser restablecidas a través de esa acción judicial. En ese sentido, la Sala señaló que "*...la acción de amparo resulta inadmisible, ya que los accionantes atacan una decisión interlocutoria que fue abarcada por la sentencia definitiva que declaró extinguido el proceso y que no fue objeto del amparo*".

De ese modo indicó la Sala que "*...de acordarse el mandamiento restablecedor que solicita la accionante, es decir, declarando la inconstitucionalidad equivaldría* ***a anular no sólo la sentencia objeto del amparo, sino también la decisión a través de la cual se declaró extinguido el proceso; circunstancia que, además de constituir un mandamiento que no se corresponde con la referida naturaleza del amparo, excedería lo solicitado por el accionante, lo cual podría conducir a la Sala a incurrir en el vicio de ultra petita***".

En cuanto a las acciones de amparo que se presenten en caso de suspensión de derechos y garantías constitucionales, debe tenerse presente que estas ya no podrán ser declaradas inadmisibles pues, a diferencia de la regulación contenida en el numeral 7 del artículo 6 de la LOA, la Constitución de 1999 en el artículo 27 establece que el ejercicio del derecho al amparo no podrá verse disminuido por la declaratoria de estados de excepción o la restricción de garantías constitucionales. De la norma se deduce que no es posible restringir la garantía del amparo constitucional como medio judicial que permite controlar la actuación contraria a la Constitución por parte de los órganos del Poder Público. De forma que aun cuando el artículo 337 de la Constitución no incluye al amparo dentro de las garantías que no pueden ser restringidas, se entiende incluida cuando la norma hace mención al derecho al debido proceso y a la imposibilidad de restringir derechos humanos intangibles, dentro de los cuales se ubica, sin duda, el derecho al amparo.

7.4. Audiencia oral y pública

Admitida la acción de amparo, deberán practicarse las notificaciones de ley y las partes deberán acudir al tribunal para conocer la fecha en la que se celebrará la audiencia constitucional, «*la cual tendrá lugar tanto en su fijación como para su práctica, dentro de las noventa y seis (96) horas a partir de la última notificación efectuada, dejando el Secretario del órgano jurisdiccional, en autos, constancia detallada de haberse efectuado la citación o notificación y de sus consecuencias»* (Sentencia de la SC del 1 de febrero de 2001, caso "José Amado Mejía").

En la audiencia oral, las partes expondrán sus alegatos y defensas ante el tribunal que conozca de la causa y podrán, si éste lo estima pertinente, promover las pruebas que consideren necesarias en defensa de su pretensión, rigiendo el principio de libertad probatoria. En ese acto, el Tribunal se pronunciará sobre la admisibilidad de las pruebas promovidas y, de ser el caso, ordenará su evacuación ese mismo día, pudiendo en todo caso diferir la evacuación de alguna prueba para el día siguiente. Queda a salvo en todo caso, la posibilidad para el juez de ordenar de oficio o a instancia de alguna de las partes, la evacuación o presentación de aquellas pruebas que estime necesarias para la resolución del asunto. En este caso, deberá diferir su sentencia por un lapso que no podrá ser mayor de cuarenta y ocho (48) horas.

El juez podrá también, en ejercicio de sus potestades inquisitivas, formular a las partes las preguntas que considere pertinentes a fin de aclarar las dudas que pudieran presentarse al momento de dictar sentencia.

La no comparecencia del presunto agraviante al acto de audiencia pública producirá los efectos previstos en el artículo 23 de la LOA, esto es, que se entienden aceptados los hechos incriminados, que no el derecho, es decir, las violaciones constitucionales alegadas. Por el contrario, la no comparecencia del presunto agraviado producirá la terminación del procedimiento por abandono del trámite, salvo que el tribunal considere que los hechos alegados afectan el orden público y ameritan ser resueltos.

Sobre este último supuesto, y si bien jurisprudencialmente se ha sostenido que la notificación de la parte accionante al acto de audiencia pública no es necesaria, tengamos en cuenta la decisión de la SC de fecha 3 de agosto de 2001, caso "Gerardo Ortiz Rey", en la que se revocó por contrario imperio el auto que dio por terminado un procedimiento de amparo por la falta de comparecencia del presunto agraviado, quien estando residenciado en el interior hacía el seguimiento de su juicio por la página web del TSJ. Concretamente, en la página del máximo tribunal nunca apareció publicada el acta que fijaba la correspondiente audiencia oral y pública lo que provocó que el agraviado no se presentara a la misma y se declarase, por tanto, el fin del procedimiento.

A juicio de la Sala, si bien de conformidad con el marco legal previsto en la Ley sobre Mensaje de Datos y Firmas Electrónicas, la página web del TSJ no puede tener la misma validez que las cuentas llevadas por cada Sala –que son asimiladas a los libros diarios previstos en el CPC– desde que no hacen fe de las menciones que contienen, es lo cierto que no puede obviarse que el sitio web del máximo tribunal constituye un medio auxiliar de divulgación de su actividad judicial cuya finalidad es permitir el acceso de todos los ciudadanos a la administración de justicia, especialmente a aquellas personas que viven en el interior de la República.

Esta circunstancia, a juicio de la Sala, permite al público inferir que la información que contiene dicha página, si bien no es merecedora de fe pública, si es fiel reflejo de las actuaciones del máximo tribunal y se presenta ante los usuarios como un medio cuyo contenido es merecedor de confianza, no existiendo en la misma alguna advertencia que permita concluir lo contrario. De allí que, en el caso concreto, la Sala estimó necesaria la celebración de una nueva audiencia constitucional dado que la no concurrencia del presunto agraviado a la inicialmente fijada se debió a una causa que no le era imputable, derivada de la confianza depositada en la información publicada en el sitio web del máximo tribunal.

7.5. Sentencia y sus efectos

La sentencia en materia de amparo constitucional, tal como lo dispone el artículo 27 de la Constitución, se limita a la decisión del juez constitucional sobre el restablecimiento de la situación jurídica infringida, en caso de que se compruebe su existencia, o la situación que más se asemeje a ella, con el objeto de amparar el goce y ejercicio de los derechos y garantías constitucionales.

En efecto, la sentencia producto del proceso de amparo constitucional permite al juez detener o evitar la violación de cualquiera de las garantías o derechos constitucionales y fundamentales de las personas, así como el restablecimiento inmediato del derecho constitucional violado, o en su defecto, la situación que más se asemeje. Los poderes del juez en la decisión del amparo constitucional van más allá de mandamientos de dar, de hacer o deshacer, o no hacer, por cuanto el juez puede además sustituir con su decisión cualquier actividad adicional por parte de otro sujeto de derecho o autoridad para el restablecimiento de la situación jurídica infringida. En este sentido, "*los poderes del juez de amparo constitucional son tan amplios como los posibles tipos de lesiones constitucionales que pueden presentarse*"[246].

En principio, los efectos de la sentencia de amparo constitucional son inter partes, lo que quiere decir, que solo afectan a las partes involucradas en el proceso de amparo, esto es, a la víctima y al autor del agravio.

Sin embargo, el reconocimiento expreso de la Constitución de 1999, en relación a la posibilidad de asumir la representación de los intereses difusos y colectivos ha tenido un impacto considerable en los efectos de la sentencia de amparo, al flexibilizar la rígida negativa que mantenía la jurisprudencia respecto de los efectos *erga omnes* de las sentencias de amparo, bajo el argumento de que el accionante no podría atribuirse, ni siquiera implícitamente, la representación del colectivo.

La realidad es otra ahora desde que la propia SC ha reconocido la posibilidad de ejercer la representación de tales derechos al punto de establecer que en esta materia, en el caso de que se dicten sentencias condenatorias sin indemnización, frente al restablecimiento de la situación común lesionada «*los otros miembros del colectivo pueden aprovecharse de lo judicialmente declarado, si así lo manifestaren. Es incomprensible, que una persona en razón de que pertenezca a una determinada profesión o categoría obtenga por decisión judicial una ventaja [...] y que las otras personas de la profesión o la categoría que se encuentren en igual situación tengan que acudir ante los órganos jurisdiccionales mediante acción individual para que se les reconozca el mismo derecho, atentando así contra la economía y celeridad del proceso*». (Sentencia de la SC del 30 de junio de 2000. Caso "Defensoría del Pueblo").

246 Rafael Chavero Gazdik, *El nuevo régimen del amparo constitucional en Venezuela*, ob. cit. p. 328.

Esta posición fue ratificada por la Sala en sentencia de fecha 6 de abril de 2001, caso "Enfermos de Sida vs IVSS", al señalar que en el marco del nuevo ordenamiento constitucional es posible extender los efectos del mandamiento de amparo constitucional a todas las personas que se encuentren en idéntica situación de aquellos en cuyo favor éste se acuerde, pues en los supuestos en los que la acción de amparo es interpuesta en representación de intereses difusos o colectivos «*no resulta cierto que el amparo destinado a proteger tales situaciones jurídicas de múltiples sujetos, posea efectos erga omnes [....] pues, como se ha visto, sus beneficiarios son susceptibles de una perfecta determinación y la tutela de ellos brindada es siempre concreta, más nunca de modo genérico*».

De allí que el Juez de amparo deberá hacer uso de sus facultades restablecedoras a fin de restituir la situación jurídica infringida del conglomerado que se viere afectado en el ejercicio de sus derechos y garantías constitucionales, independientemente de que éstos hubieren participado o no en el proceso. Cabe destacar que en países como Venezuela y Colombia, las sentencias de amparo o tutela dictadas por los tribunales quedan sujetas a la facultad extraordinaria de revisión por la SC del TSJ o la Corte Constitucional, respectivamente, lo cual puede incidir en la cosa juzgada de los fallos correspondientes[247].

De otra parte, la sentencia de amparo, además de contener la decisión sobre la procedencia o no del amparo constitucional, debe cumplir con las exigencias formales que establece el artículo 32 de la LOA, cuales son:

> *A) Mención concreta de la autoridad, del ente privado o de la persona contra cuya resolución o acto u omisión se conceda el amparo;*
> *B) Determinación precisa de la orden a cumplirse, con las especificaciones necesarias para su ejecución;*
> *C) Plazo para cumplir lo resuelto.*

Además de los requisitos formales antes enunciados, la LOA le exige al juez que se pronuncie en la sentencia de amparo constitucional sobre otros aspectos relativos al procedimiento, con el objeto de mantener

[247] Jesús María Casal H., *Constitución y Justicia Constitucional,* Ob. cit. pp. 260-261.

la institución del amparo constitucional dentro de sus justos límites[248], tales como:

- Las sanciones disciplinarias, establecida en el artículo 27 de la LOA

El Tribunal que conozca de la solicitud de amparo remitirá copia certificada de su decisión a la autoridad competente, a fin de que resuelva sobre la procedencia o no de medida disciplinaria contra el funcionario público culpable de la violación o de la amenaza contra el derecho o la garantía constitucionales, sin perjuicio de las responsabilidades civiles o penales que le resulten atribuibles.

A tal efecto, el Tribunal remitirá también los recaudos pertinentes al Ministerio Público.

- La temeridad de la acción, contemplada en el artículo 28 de la LOA

Cuando fuese negado el amparo, el Tribunal se pronunciará sobre la temeridad de la acción interpuesta y podrá imponer sanción hasta de diez (10) días de arresto al quejoso cuando aquella fuese manifiesta.

- La orden de cumplimiento obligatorio, a que se refiere el artículo 29 de la LOA

El Juez que acuerde el restablecimiento de la situación jurídica infringida ordenará, en el dispositivo de la sentencia, que el mandamiento sea acatado por todas las autoridades de la República, so pena de incurrir en desobediencia a la autoridad.

- Sanciones por desistimiento malicioso, señaladas en el artículo 25 de la LOA

El desistimiento malicioso o el abandono del trámite por el agraviado deberá ser sancionado por el Juez de la causa o por el Superior, según el caso, con multa.

- Costas procesales, prevista en el artículo 33 de la LOA

Cuando se trate de quejas contra particulares, se impondrán las costas al vencido, quedando a salvo las acciones a que pudiere haber lugar. La LOA establece que no habrá imposición de costas cuando los efectos del acto u omisión hubiesen cesado antes de abrirse la averiguación. El

[248] Rafael Chavero Gazdik, El nuevo régimen del amparo constitucional en Venezuela, ob. cit. pp. 312 y ss.

Juez podrá exonerar de costas a quien intentare el amparo constitucional por fundado temor de violación o de amenaza, o cuando la solicitud no haya sido temeraria.

7.6. Extinción de la instancia por abandono del trámite

La jurisprudencia de la SC del TSJ ha establecido que la inactividad del accionante en el procedimiento de amparo por un período mayor de seis (6) meses –en cualquier etapa que se encuentre el proceso– se entenderá como un abandono del trámite a tenor de lo establecido en el artículo 25 de la LOA y provocará, por tanto, la extinción de la instancia.

En criterio de la Sala «[...] *si el legislador ha estimado que, como consecuencia de ese carácter de urgencia que distingue al amparo constitucional, la tolerancia de una situación que se entiende lesiva de derechos fundamentales,* ***por más de seis meses, entraña el consentimiento de la misma*** *(numeral 4, artículo 6 eiusdem) y, por tanto, la pérdida del derecho a obtener protección acelerada y preferente por esa vía,* ***resulta lógico deducir que soportar, una vez iniciado el proceso, una paralización de la causa sin impulsarla por un espacio de tiempo semejante, equivale al abandono del trámite que había sido iniciado con el fin de hacer cesar aquélla situación lesiva o amenazadora de derechos fundamentales****.* ***Por tanto, resultaría incongruente con la aludida naturaleza entender que el legislador hubiere previsto un lapso de caducidad de seis meses para la interposición de la demanda y, al propio tiempo, permitiese que se tolerase pasivamente la prolongación en el tiempo de la causa, sin la obtención de un pronunciamiento, por un lapso mayor a aquél***».

Incluso cuando la reanudación del procedimiento suspendido corresponda al tribunal, corresponderá al actor tomar conocimiento de la causa e instar el curso del procedimiento, pues el transcurso del tiempo hace presumir que el interés procesal respecto del amparo decayó y que la inactividad no debe premiarse manteniendo vivo un proceso especial en el cual las partes no manifiesten interés.

Se exceptúan de la extinción de la instancia por abandono del trámite, aquellas presuntas violaciones constitucionales denunciadas que infrinjan el orden público o las buenas costumbres, debido a que en consideración de la SC, ello constituye una excepción a la causal de inadmisibilidad referida al conocimiento expreso o tácito de la lesión, aplicable igualmente al abandono de trámite, que haría procedente la continuación del procedimiento y el análisis de la tutela constitucional invocada (sentencia número 614/2010).

7.7. Iter procesal

Debe distinguirse, como lo ha hecho la jurisprudencia de la SC, cuando se interpone una acción autónoma de amparo constitucional o cuando el amparo constitucional ha sido interpuesto como medio cautelar conjuntamente con una acción principal, pues en uno u otro caso el procedimiento a seguir es distinto.

7.7.1. Proceso de amparo autónomo

Como hemos señalado anteriormente, el proceso de amparo constitucional fue regulado inconstitucionalmente por la SC del TSJ –en exceso de sus facultades jurisdiccionales otorgadas por la Constitución e invadiendo la esfera de competencias legislativas de la AN, en violación del principio de separación de poderes– mediante sentencia de fecha 1 de febrero de 2000 (Caso José Amado Mejía).

En efecto, por considerar que el proceso establecido en los artículos 13 y siguientes de la LOA no eran acordes con las disposiciones constitucionales del debido proceso, la SC se auto atribuyó facultades legislativas y en usurpación de las competencias propias de la AN establecidas en el artículo 187, en concordancia con artículo 156.32 de la Constitución, decidió dictar un nuevo procedimiento para la tramitación de la acción de amparo constitucional. El referido procedimiento es como sigue:

1. Presentada la acción, el tribunal que conozca de la solicitud de amparo, la admitirá de ser el caso, o puede ordenar de conformidad con lo previsto en los artículos 17 y 19 de la LOA, que se amplíen los hechos y las pruebas, o se corrijan los defectos u omisiones de la solicitud, para lo cual se señalará un lapso, también preclusivo.
2. Admitida la acción se ordenará la citación del presunto agraviante y la notificación del Ministerio Público para que concurran al tribunal a conocer el día en que se celebrará la audiencia

oral, la cual tendrá lugar, tanto en su fijación como para su práctica, dentro de las noventa y seis (96) horas siguientes a la fecha de la última notificación efectuada. Dicha notificación podrá ser practicada mediante boleta, o comunicación telefónica, fax, telegrama, correo electrónico, o cualquier medio de comunicación interpersonal, bien por el órgano jurisdiccional o bien por el Alguacil del mismo, indicándose en la notificación la fecha de comparecencia del presunto agraviante y dejando el Secretario del órgano jurisdiccional, en autos, constancia detallada de haberse efectuado la citación o notificación y de sus consecuencias.

3. En la fecha de la comparecencia que constituirá una audiencia oral y pública, las partes, oralmente, propondrán sus alegatos y defensas ante la SC o el tribunal que conozca de la causa en primera instancia, y esta o éste decidirá si hay lugar a pruebas. En este caso, el presunto agraviante podrá hacer valer las que considere legales y pertinentes.
4. La falta de comparecencia del presunto agraviante a la audiencia oral producirá los efectos previstos en el artículo 23 de la LOA. La falta de comparecencia del presunto agraviado dará por terminado el procedimiento, a menos que el Tribunal considere que los hechos alegados afectan el orden público, caso en el cual, podrá inquirir sobre los hechos alegados, en un lapso breve, de conformidad con el principio general contenido en el artículo 11 del CPC y el artículo 14 de la LOA. En caso de litis consorcios necesarios activos o pasivos, cualquiera de los litis consortes que concurran a los actos, representará al consorcio.
5. El órgano jurisdiccional, en la misma audiencia, determinará las pruebas admisibles y necesarias, y ordenará, también en la misma audiencia, la evacuación de aquellas que fueren admitidas. La evacuación se realizará en ese mismo día, con inmediación del órgano en cumplimiento del requisito de la oralidad o podrá diferirse para el día inmediato posterior.
6. Una vez concluido el debate oral o las pruebas, el juez o el tribunal en el mismo día estudiará individualmente el expediente o deliberará (en el caso de los tribunales colegiados) y podrá:

a. Decidir inmediatamente; en cuyo caso expondrá de forma oral los términos del dispositivo del fallo, el cual deberá ser publicado íntegramente dentro de los cinco (5) días siguientes a la audiencia en la cual se dictó la decisión correspondiente. El fallo lo comunicará el juez o el presidente del tribunal colegiado, pero la sentencia escrita la redactará el ponente o quien el presidente del tribunal colegiado decida. El dispositivo del fallo surtirá los efectos previstos en el artículo 29 de la LOA, mientras que la sentencia se adaptará a lo previsto en el artículo 32 *eiusdem*.
b. Diferir la audiencia por un lapso que en ningún momento será mayor de cuarenta y ocho (48) horas, por estimar que es necesaria la presentación o evacuación de alguna prueba que sea fundamental para decidir el caso, o por así solicitarlo alguna de las partes o el Ministerio Público.

7. Contra la decisión dictada en primera instancia, podrá apelarse dentro de los tres (3) días siguientes a la publicación del fallo. Dicha apelación se oirá en un sólo efecto a menos que se trate del fallo dictado en un proceso que, por excepción, tenga una sola instancia. De no apelarse, pero ser el fallo susceptible de consulta, deberá seguirse el procedimiento establecido en el artículo 35 de la LOA, esto es, que la sentencia será consultada con el tribunal superior respectivo, al cual se le remitirá inmediatamente el expediente, dejando copia de la decisión para la ejecución inmediata. Este tribunal decidirá en un lapso no mayor de treinta (30) días. La falta de decisión equivaldrá a una denegación de justicia, a menos que por el volumen de consultas a decidir se haga necesario prorrogar las decisiones conforme al orden de entrada de las consultas al tribunal de la segunda instancia.

7.7.2. Proceso de amparo cautelar

En el caso de los amparos cautelares, antes de la entrada en vigencia de la Ley Orgánica de la Jurisdicción Contencioso Administrativa[249]

[249] Gaceta Oficial número 39.451 del 22 de junio de 2010.

(LOJCA), el artículo 22 de la LOA, en concordancia con el artículo 5 *eiusdem*, regulaba el amparo cautelar en los siguientes términos:

> *"El tribunal que conozca de la solicitud de amparo tendrá la potestad para restablecer la situación jurídica infringida, prescindiendo de consideraciones de mera forma y sin ningún tipo de averiguación sumaria que la preceda. En este caso, el mandamiento de amparo deberá ser motivado y estar fundamentado en un medio de prueba que constituye presunción grave de la violación o de la amenaza de violación".*

Sin embargo, este artículo 22 de la LOA fue declarado inconstitucional por la Sala Plena de la CSJ mediante sentencia del 21 de mayo de 1996, por considerar que violaba el procedimiento de amparo y el derecho a la defensa establecidos en los artículos 49 y 68, respectivamente, de la Constitución de 1961. En efecto, la Corte en Pleno determinó que el artículo 22 establecía la posibilidad de dictar decisión definitiva del amparo prescindiendo de la participación del presunto agraviante en el proceso y que ello constituía una causal de indefensión violatoria de la Constitución. En efecto, dispuso la CSJ en Pleno que:

> *"3) A juicio de la Corte, ello constituye una violación al único aparte del artículo 49 de la Constitución de la República, por cuanto este indica que el mandamiento de amparo debe ser producto de un procedimiento, de circunstancias a las que no se hace ninguna referencia en el texto del artículo 22 ejusdem, como condición previa y necesaria para dictar tal mandamiento. Por otra parte, es evidente que estamos ante una grosera y flagrante indefensión, ya que el nombrado artículo 22, choca abierta y directamente con la última parte del artículo 68 de la Constitución, el cual establece que 'La defensa es derecho inviolable en todo estado y grado del proceso'".*

Ahora bien, con la entrada en vigencia de la LOJCA se modificó el mencionado proceso y estableció expresamente el procedimiento que rige la tramitación de las medidas cautelares, incluyendo las solicitudes de amparo constitucional cautelar.

En concreto, el artículo 105 de la LOJCA estableció que recibida la solicitud de medida cautelar, el tribunal abrirá cuaderno separado para el pronunciamiento dentro de los cinco (5) días de despacho siguientes. En los tribunales colegiados el Juzgado de Sustanciación remitirá inmediatamente el cuaderno separado, al cual se le designará Magistrado ponente, de ser el caso, y se decidirá sobre la medida solicitada dentro de los cinco (5) días de despacho siguientes.

El legislador estableció que la oposición a las medidas se regirá por lo dispuesto en el CPC. Se exceptuó expresamente de dicho procedimiento los amparos cautelares interpuestos conjuntamente con las demandas (reclamos por la omisión, demora o deficiente prestación de los servicios públicos; vías de hecho; y abstención) que se tramiten por el procedimiento breve previsto en los artículos 65 y siguientes de la LOJCA.

8. Régimen de competencias en el amparo constitucional

El régimen de competencias en el amparo constitucional había sido establecido desde 1988 por la LOA. Específicamente, el Título III de la LOA regulaba lo relativo a la competencia por la materia y por el territorio para la sustanciación de los amparos constitucionales por ante la CSJ, los tribunales de primera instancia y otros tribunales, conforme lo disponen los artículos 7 al 12 de la LOA.

Sin embargo, mediante decisión de fecha 20 de enero de 2000 (caso "Emery Mata Millán"), la SC en exceso de sus potestades interpretativas y usurpando funciones propias del poder legislativo, y en consecuencia, violando el principio de separación de poderes, modificó el régimen de competencias establecido en la LOA.

En efecto, a través de la jurisdicción normativa, la SC modificó el criterio distributivo de competencias contenido en la LOA, estableció los parámetros que en adelante regirían la competencia de la propia SC y de los tribunales de la República para conocer de las acciones de amparo constitucional.

Para justificar esta modificación del régimen legal vigente en la LOA, la SC señaló que el hecho de que su función primordial fuera: (i) la interpretación de la Constitución (artículo 335 de la Constitución) y (ii) el conocimiento de las infracciones a la Constitución (artículo 336 de la Constitución), la convertían en la Sala que por la materia debía conocer de las acciones de amparo constitucional incoadas conforme a la ley. De esta forma, la SC interpretó extensivamente su facultad revisora en materia de amparo para asumir aquellas competencias que en esa materia no le estaban legalmente atribuidas.

En respaldo de su posición la SC invocó la aplicación inmediata de los preceptos orgánicos regulados en la Constitución. Así, si bien de conformidad con la Constitución, el ejercicio de la facultad revisora contenida en el artículo 336 ordinal 10 –que sirvió de base para que la Sala asumiera la competencia en materia de amparo– estaba sujeto a la promulgación de la ley orgánica respectiva, es lo cierto que tratándose de un precepto de naturaleza constitucional de inmediata aplicación y eficacia, carecía de relevancia, a los efectos de su aplicación por la Sala, el hecho de que la ley dirigida a desarrollar esta disposición constitucional aún no hubiere sido dictada.

Más adelante, en el año 2002, en el caso Israel Segundo Carruyo Rivero contra la Resolución número 2.170, dictada por el Ministerio de Hacienda se reiteró el mencionado criterio bajo la siguiente argumentación: "*La vigente Constitución de la República Bolivariana de Venezuela, en el último aparte del artículo 266, señala que corresponde a este Supremo Tribunal de Justicia, por intermedio de su Sala Constitucional principalmente, ejercer la jurisdicción constitucional, la cual comprende, entre otros aspectos, la interpretación sobre el contenido y alcance de las normas y principios constitucionales (artículo 335). Consecuencia de ello, constituye la interpretación que del artículo 8 de la Ley Orgánica de Amparo sobre Derechos y Garantías Constitucionales debe hacerse, en el sentido de que las acciones de amparo constitucional ejercidas contra el Presidente de la República, los Ministros, el Consejo Nacional Electoral, el Fiscal General de la República, el Procurador General de la República o el Contralor General de la República, esto es, los Altos Funcionarios del gobierno, han de ser tramitadas y decididas en el seno de la Sala Constitucional de este Supremo Tribunal, en virtud de haber sido ésta creada especialmente para conducir la jurisdicción constitucional*".

Posteriormente, mediante la LOTSJ del 2010, el legislador definió expresamente las competencias de las distintas Salas del TSJ y ratificó a la SC como la máxima instancia para el conocimiento de las acciones de amparo, con excepción de aquellas de contenido electoral, que por la materia le fueron atribuidas a la Sala Electoral.

Ahora bien, es preciso señalar que la legislación adjetiva es materia de reserva legal, de conformidad con el artículo 156, numeral 32, en concordancia con el artículo 187, numeral 1, de la Constitución, lo que quiere decir que las normas por las cuales se determine la atribución de competencias y la regulación de los procedimientos jurisdiccionales deben ser dictadas únicamente por el poder legislativo nacional.

En efecto, la SC no está facultada constitucional ni legalmente para legislar, el único órgano legitimado por la Constitución para dictar leyes sobre procedimientos es la AN. En este sentido reiteramos que la SC a través de la sentencia "Emery Mata Millán", usurpó las funciones legislativas propias, exclusivas y excluyentes de la AN, consagradas en el artículo 187, numeral 1, en concordancia con el artículo 156, numeral 32, y, en consecuencia, violó también el principio de separación de poderes y de legalidad, establecidos en los artículos 136 y 137, respectivamente, de la Constitución.

Sin embargo, la SC determinó el nuevo régimen de competencias en materia de amparo constitucional, quedando la competencia prevista en los artículos 7 y 8 de la LOA distribuida de la siguiente manera:

8.1. Amparo autónomo contra altas autoridades

Será de la competencia de la SC como juez natural de la jurisdicción constitucional, el conocimiento, en única instancia, de las acciones de amparo que se interpongan contra los altos funcionarios a que se refiere el artículo 8 de la LOA, así como aquellas que se ejerzan contra sus funcionarios subalternos cuando actúen por delegación de las atribuciones de aquellos funcionarios.

Con esta interpretación de la SC se modificó la atribución legal que el artículo 8 de la Ley Orgánica de Amparo hacía a las distintas Salas de la CSJ, quedando derogada su competencia para conocer en primera instancia de las acciones autónomas de amparo constitucional. De esta forma, sólo corresponderá al resto de las Salas del TSJ el conocimiento de las acciones de amparo que se propongan conjuntamente con otras acciones principales.

La mencionada competencia está establecida en el numeral 18 del artículo 25 de la LOTSJ, en el cual se establece que la SC es competente para *"(...) conocer en única instancia las demandas de amparo constitucional que sean interpuestas contra los altos funcionarios públicos (...) nacionales de rango constitucional"*.

En cuanto al fuero especial consagrado en el artículo 8 de la LOA, la SC ha señalado que la enumeración contenida en el mismo es de carácter enunciativo y atiende a la jerarquía constitucional y al carácter nacional de los órganos previstos en dicho fuero (Sentencia de la SC del 17 de marzo de 2000. Caso "José Delfín Carrillo").

Así lo estableció además la Sala en decisión de fecha 9 de marzo de 2000 (Caso Edgar del Valle Tillero vs Gruber Odremán) al señalar que «*debe necesariamente atenderse al rango constitucional del órgano y verificarse de modo concurrente que el mismo sea parte integrante de la organización del Poder Público Nacional prevista en la vigente Constitución*». En decisión de fecha 15 de febrero de 2001 (Caso María Zamora Ron) la SC señaló que en la disposición contenida en el artículo 8 de la LOA «*deben entenderse incluidas las máximas autoridades y los órganos de mayor jerarquía de los organismos de la rama Nacional del Poder Público*».

Conforme a este criterio, el fuero especial previsto en el artículo 8 de la LOA abarcaría también a la AN, la Dirección Ejecutiva de la Magistratura, el Consejo de Estado, el Consejo Moral Republicano, el Defensor del Pueblo, el Banco Central de Venezuela y el Consejo de Defensa de la Nación.

También señaló la sentencia "Emery Mata Millán" que será competencia de la SC el conocimiento de las acciones de amparo ejercidas contra los actos, hechos u omisiones de los funcionarios que sean subalternos de aquellos mencionados en el artículo 8 de la LOA, cuando actúen por delegación de atribuciones. Con esta posición se modificó el criterio que estableció la SPA, a través de la Sentencia de fecha 6 de agosto de 1997, Caso "Movilnet", al señalar que, en estos casos, por virtud de la delegación, debía entenderse que no era el Ministro el verdadero agraviante pues el delegatario asumía la competencia como si fuese propia y era, por tanto, el responsable personal por la emisión del acto que se estimaba violatorio de derechos fundamentales.

De otra parte, en materia electoral, corresponderá a la SC conocer de los amparos autónomos que se ejerzan contra el Consejo Nacional Electoral como órgano de naturaleza constitucional inserto en el Poder Público Nacional. No obstante, debe tenerse presente que las acciones autónomas de amparo ejercidas contra los demás organismos electorales distintos a los tipificados en el artículo 8 de la LOA serán competencia de la Sala Electoral. Así lo estableció la Sala Electoral en decisión de fecha 26 de julio de 2000, Caso "César Acosta", al considerar que el monopolio ejercido por la SC en materia de amparo autónomo, que limita la competencia de la Sala Electoral al conocimiento de los amparos cautelares, provoca que los actos, actuaciones y omisiones de algunos órganos electorales distintos a los tipificados en el artículo 8 de la LOA (como sería el caso de los actos de admisión o rechazo de una candidatura de Juntas Electorales, Comisiones Electorales de Universidades, entes gremiales u organizaciones con fines políticos y organizaciones de la sociedad civil) no puedan ser objeto de acciones de amparo autónomo, lo que lesiona –a juicio de la Sala– el derecho de toda persona a ser amparado por los tribunales de conformidad con lo establecido en el artículo 27 de la Constitución.

Posteriormente, mediante sentencia número 187 del 8 de abril de 2010 dictada por la SC (caso Juan Ismael Herrera), se precisó que el amparo constitucional en materia electoral no está sometido a los parámetros generales que establece la LOA de 1988, sino que responde a un fuero especial que debe ser ejercido por dicha Sala. Este criterio jurisprudencial fue luego regulado en la LOTSJ de 2010, que reservó a la SC los amparos contra el Poder Electoral y sus órganos subalternos[250].

En efecto, el legislador reiteró dicho criterio jurisprudencial al prever en el numeral 3 del artículo 27 de la LOTSJ que es competencia de la Sala Electoral, el conocimiento de "(…) *las demandas de amparo constitucional de contenido electoral, distintas a las atribuidas a la*

[250] Armando L. Blanco Guzmán, "Consideraciones sobre el Amparo Constitucional a Propósito de los 30 años de la Ley Orgánica de Amparo sobre Derechos y Garantías Constitucionales", disponible en: https://culturajuridica.org/consideraciones-sobre-el-amparo-constitucional-a-proposito-de-los-30-anos-de-la-ley-organica-de-amparo-sobre-derechos-y-garantias-constitucionales/?utm_source=ReviveOldPost&utm_medium=social&utm_campaign=ReviveOldPost

Sala Constitucional". Así, se definió expresamente que es competencia de dicha Sala, por la materia, las demandas de contenido electoral, a excepción de aquellas atribuidas expresamente a la SC en los numerales 18, 19 y 20 del artículo 25 de la LOTSJ.

Finalmente, en materia funcionarial la SC –cambiando el criterio que antiguamente imperaba en la jurisprudencia– señalado que a ella le corresponde el conocimiento de las acciones autónomas de amparo que se intenten contra alguna de las autoridades previstas en el artículo 8 de la LOA, con independencia de que se trate de controversias de índole funcionarial. Ello en virtud de que, a juicio de la SC, el artículo 8 de la LOA no prevé excepción alguna al establecer la competencia del máximo tribunal para conocer de estos amparos y constituye una norma especial de aplicación preferente a la regla general de atribución de competencia prevista artículo 7 *eiusdem* (Sentencia de la SC del 13 de julio de 2000. Caso "C. A. Madrid").

8.2. Amparo autónomo contra sentencias dictadas en última instancia

Corresponde también a la SC el conocimiento de las acciones de amparo incoadas contra las sentencias dictadas en última instancia por los tribunales superiores y las Cortes de Apelaciones en lo Penal, cuando estas infrinjan directa e inmediatamente en normas constitucionales. En efecto, el numeral 20 del artículo 25 de la LOTSJ estableció que es competencia de la SC el conocimiento de las "(...) *demandas de amparo constitucional autónomo contra las decisiones que dicten, en última instancia, los juzgados superiores de la República, salvo de las que se incoen contra las de los Juzgados Superiores en lo Contencioso Administrativo*".

Como podemos observar la LOTSJ exceptuó del conocimiento de la SC de las sentencias dictadas por los Juzgados Superiores de lo Contencioso Administrativo. Tengamos en cuenta, en primer lugar, que estos Juzgados Superiores de lo Contencioso Administrativo, cuando conocen de la materia contencioso administrativa, son en realidad la primera instancia en esta materia y de sus decisiones conocen en alzada los Juzgados Nacionales en lo Contencioso Administrativo.

Ahora bien, como sabemos el artículo 4, primer aparte de la LOA establece que "(...) *la acción de amparo debe interponerse por ante un tribunal superior al que emitió el pronunciamiento, quien decidirá en forma breve, sumaria y efectiva*", haciendo referencia, al tribunal de superior jerarquía al que dictó el fallo lesivo de los derechos fundamentales y no propiamente a los denominados "tribunales superiores".

Por ello en el supuesto que la sentencia contra la cual se incoe la acción de amparo constitucional haya sido dictada por los Juzgados Superiores en lo Contencioso Administrativo, los Juzgados Superiores Nacionales –antes Corte de la Contencioso Administrativo– serán los competentes para conocer de la acción de amparo autónoma, como tribunal jerárquico superior que son de esos Juzgados Superiores.

8.3. Consultas y apelaciones de decisiones sobre amparos autónomos

Corresponde a la SC el conocimiento de las consultas y apelaciones ejercidas contra las sentencias dictadas por los juzgados superiores, con excepción de aquellas dictadas por los juzgados superiores en lo contencioso administrativo, cuando éstos conozcan la acción de amparo en primera instancia.

El numeral 19 del artículo 25 de la LOTSJ estableció que es competencia de la SC el conocimiento de "(...) *las apelaciones contra las sentencias que recaigan en los procesos de amparo constitucional autónomo que sean dictadas por los juzgados superiores de la República, salvo contra las de los Juzgados Superiores en lo Contencioso Administrativo*".

De manera que de conformidad con la norma citada le corresponde a la SC conocer de las apelaciones contra las sentencias que recaigan en los procesos de amparo constitucional autónomo que sean dictadas por los juzgados superiores de la República, dentro de ellos se incluyen los Juzgados Nacionales en lo Contencioso Administrativo.

Por lo que se refiere a las apelaciones contra las sentencias que recaigan en los procesos de amparo constitucional autónomo dictadas por los de los Juzgados Superiores en lo Contencioso Administrativos, que como ya dijimos antes, son en verdad primera instancia en esta materia, antes de la entrada en vigencia de la LOTSJ había duda respecto de quién debía conocerlas. En un primer momento, la SC en la decisión del caso "Emery Mata Millán" se había declarado competente para conocer de las apelaciones y consultas de las sentencias de primera instancia dictadas por los juzgados superiores.

Sin embargo, la sentencia de fecha 14 de marzo de 2000 caso "Elecentro y Cadela", precisó el régimen de competencias en el ámbito específico del contencioso administrativo, y determinó que las apelaciones y consultas de las sentencias de amparo de estos juzgados superiores en lo contencioso administrativo correspondía conocerlas a la Corte Primera de lo Contencioso Administrativo y así está establecido actualmente en la LOJCA, cuyo artículo 24 dispone que es de la competencia de los Juzgados Nacionales de la Jurisdicción Contencioso-Administrativa –antes denominadas Corte de lo Contencioso Administrativo– conocer de las apelaciones de las decisiones de los Juzgados Superiores Estadales de la Jurisdicción Contencioso-Administrativa y de las consultas que les correspondan conforme al ordenamiento jurídico.

8.4. Amparo autónomo ejercido en supuestos distintos a los previstos en el artículo 8 de la Ley de Amparo

El conocimiento de las acciones autónomas de amparo, en los supuestos distintos a los establecidos en el artículo 8 de la LOA, corresponderá a los tribunales de primera instancia de la materia afín con el asunto debatido. Las apelaciones y consultas de las sentencias dictadas por estos Tribunales serán conocidas por los respectivos tribunales superiores, de cuyas decisiones no habrá apelación ni consulta.

En ese sentido, la SC en decisión de fecha 8 de diciembre de 2000 (Caso "Yolanda Chenchemire") señaló que el conocimiento de los amparos que se ejerzan de conformidad con lo establecido en el artículo 7 de la LOA corresponderá al juez de primera instancia del lugar donde ocurrieron los hechos que tenga competencia afín con los derechos subjetivos a que se refiere la situación jurídica infringida. No obstante, si la controversia planteada no es afín con la especialidad del juez de primera instancia de la localidad, o si su naturaleza es de derecho común, el conocimiento de la acción corresponderá al juez civil con competencia en primera instancia en la localidad.

Si no existiesen jueces de primera instancia en la localidad, deberá aplicarse la previsión contenida en el artículo 9 de la LOA a fin de que el amparo sea conocido por cualquier juez del lugar donde ocurrieron los hechos, quien deberá remitir en consulta su decisión al juez de primera instancia materialmente competente quien, en definitiva, decidirá el asunto agotando la primera instancia. De esta forma, se interpreta que el trámite ante el tribunal de la localidad, más la consulta prevenida por el artículo 9 *eiusdem* conforman una sola instancia (la primera). Las apelaciones y consultas de las decisiones que en estos casos se dictasen serán conocidas por los Tribunales Superiores que tengan competencia en la materia específica que rija la situación jurídica infringida, con competencia territorial en la región en donde opere el Tribunal de Primera Instancia.

Además de este supuesto general, es necesario distinguir otros casos (v. Sentencia del 8 de diciembre de 2000. Caso "Yolanda Chenchemire"), a saber:

8.4.1. Amparo autónomo ejercido en materia contencioso administrativa

La LOA, por una parte, regula la acción de amparo autónomo contra "*todo acto administrativo, actuaciones materiales, vías de hecho, abstenciones u omisiones que violen o amenacen violar un derecho o una garantía constitucional*", y por otra, la acción de amparo como medida cautelar que puede ejercerse "*conjuntamente con el recurso contencioso administrativo de anulación de actos administrativos o contra las conductas omisivas*". Ambas modalidades, si bien se materializan de forma diferente, persiguen controlar la constitucionalidad de todas las formas de actuación de la administración pública.[251]

La acción de amparo autónomo antes mencionada ha sido tratada de forma particular en la jurisprudencia del TSJ, dado que, aun admitiéndose su ejercicio frente a las distintas formas de actuación

---

[251] Nicolás Badell Benítez, "Análisis jurisprudencial del amparo constitucional contra la Administración Pública", en Rafael Badell Madrid (coord.), *Derecho Contencioso Administrativo. Libro Homenaje al Profesor Luís H. Farías Mata*, Instituto de Estudios Jurídicos del Estado Lara, Barquisimeto, 2006.

de la administración pública, la SC ha restringido su admisibilidad a supuestos realmente excepcionales, por la consideración del amparo como un medio extraordinario de protección de derechos y garantías constitucionales.[252]

Conforme al criterio de Brewer-Carías, en el caso de ejercicio de la acción autónoma de amparo contra actos administrativos, el tema central a precisar es que los efectos de la decisión de amparo no son de orden anulatorio sino de mera suspensión de efectos del acto, lo que implica que el acto administrativo lesivo queda incólume en cuanto a su validez, por lo que para que la protección constitucional sea integral debería buscarse su anulación posterior por la vía contencioso administrativa.

Pero la acción de amparo no sólo procede contra actos administrativos, también son justiciables por esta vía las conductas omisivas de la administración, para lo cual es necesario que el presuntamente agraviado previamente se haya dirigido ante la autoridad agraviante con el fin de iniciar un procedimiento constitutivo; en estos casos de procedencia de la acción de amparo contra mora de la administración, como violatoria del derecho a obtener oportuna respuesta garantizado en la Constitución, la consecuencia de la violación de tal derecho, como lo ha señalado la Corte Primera de lo Contencioso Administrativo, "*sólo implica ordenar a la autoridad administrativa que otorgue la respuesta correspondiente*"[253].

En ese sentido, tal y como lo hizo la Sala respecto a las vías de hecho, en sentencia del 12 de julio de 2004, caso "Samuel Enrique Fabregas Zarate", se estableció que cualquier perjuicio que pudiera ocasionar la dilación en la tramitación del recurso por abstención se evitaría mediante la utilización de la medida cautelar de amparo.

Sin embargo, mediante sentencia número 1782 del 18 de noviembre de 2008, la SC, se estableció la inadmisibilidad de pretensiones de amparo ejercidas contra actuaciones u omisiones de la administración. Así también quedó establecido en la sentencia número 547 del 6 de abril de 2004, caso "Ana Beatriz Madrid Agelvis" y número 93/2006,

[252] Ibidem.
[253] Allan Brewer-Carías. Ob. Cit.

caso "Asociación Civil Bokshi Bibari Karaja Akachinanu", donde se estableció que el recurso de abstención o carencia es el medio idóneo a través del cual se puede reparar la situación jurídica infringida, por lo que no es admisible, salvo excepciones, acudir a la vía del amparo constitucional.

Ese criterio fue ratificado en la LOJCA, que estableció el principio de universalidad de esa jurisdicción, sometiendo a su ámbito de control todas las formas de manifestación de la actividad administrativa, incluyendo no sólo el control de la legalidad de los actos administrativos y las demandas patrimoniales, *sino también la protección contra las vías de hecho y las omisiones de la administración (artículos 8 y 9 de la LOJCA)*[254].

De esta forma, si bien la jurisprudencia había admitido conforme a la LOA la procedencia del amparo constitucional contra las vías de hecho y omisiones de los órganos que ejerzan funciones administrativas, lo cierto es que a partir de la entrada en vigencia de la LOJCA dejó de admitirse que el juez de amparo constitucional conociera este tipo de impugnaciones. En efecto, a través de la LOJCA se creó un procedimiento breve, sumario e inmediato, especialmente dirigido a proteger a los particulares contra las actuaciones materiales (vías de hecho) y la inactividad administrativa (abstención), de forma que se le otorgó expresamente a la jurisdicción contencioso administrativa la competencia para conocer de estas demandas y se declaró improcedente la vía del amparo constitucional en esos casos.

Así se desprende igualmente de la sentencia número 534 dictada por la SC del TSJ el 25 de abril de 2012, caso "Miguel Wilden de la Cruz Aguilar", la cual, reiterando el criterio fijado por esa misma Sala mediante sentencia número 93 dictada el 1 de febrero de 2006, estableció que la demanda por abstención o carencia es un medio procesal administrativo mediante el cual puede demandarse la pretensión de condena frente a determinada forma de inactividad administrativa, denominada abstención o carencia, que consiste en el incumplimiento, por parte de la administración pública, de una obligación.[255]

---

[254] Ibidem.

[255] Nicolás Badell Benítez, "Demanda contra vías de hecho y Abstenciones de la Administración Pública", en "XXXVIII Jornadas J.M. Domínguez Escovar. Avances Jurisprudencia-

La referida demanda constituye un medio de impugnación de las vías de hecho y abstenciones en que incurra la administración, en sentido amplio, sin distinguir la forma de comportamiento de la actividad administrativa, cualquier ente y órgano de la administración que ejerza funciones administrativas, tal y como se desprende del artículo 7 de la LOJCA, con respecto al ámbito subjetivo.

En cuanto al ámbito material, de conformidad con lo previsto en el artículo 65 de la LOJCA, esta demanda tiene como objeto de impugnación lo siguiente: i) los reclamos por la omisión, demora o deficiente prestación de los servicios públicos; ii) las vías de hecho (las cuales califica López Menudo como "... *una actuación realizada sin competencia o sin ajustarse al procedimiento establecido en la ley"*[256]*);* y iii) abstención (que ha sido concebida como la negativa del funcionario público a actuar o cumplir un determinado acto que se encuentra previsto en la ley específica)[257].

Con respecto al ámbito orgánico, la LOJCA incluye de forma expresa dentro de las competencias de la jurisdicción contencioso administrativa, el conocimiento de las demandas que se intenten contra las vías de hecho en las que incurra algún órgano que conforme la administración pública.

En ese sentido, de conformidad con el artículo 23, numerales 3 y 4 de la LOJCA, la SPA es competente para conocer de las demandas que se interpongan contra las vías de hecho y las abstenciones, negativas, omisiones o carencias en que incurran el Presidente de la República, el Vicepresidente Ejecutivo, los ministros y las máximas autoridades de los demás órganos de rango constitucional, esto son el Defensor del Pueblo, el Procurador General de la República y el Fiscal General de la República.

---

les del Contencioso Administrativo en Venezuela", Instituto de Estudios Jurídicos "Ricardo Hernández Álvarez", Barquisimeto, 2013. pp.277-316.

256 Cfr. Francisco López Menudo, *Vía de hecho administrativa y justicia civil*, Madrid, 1988, citado en Fernando Sainz, "Defensa frente a las vías de hecho. Recurso contencioso administrativo, acción interdictal y Amparo", en *Revista de la Administración Pública* número. 123, Sep.-dic. 1990, Madrid, 1990.

257 Nicolás Badell Benítez. "Demanda contra vías de hecho y Abstenciones de la Administración Pública", Ob. Cit.

Por su parte, el artículo 24, numerales 3 y 4 de la LOJCA establece que los Juzgados Nacionales de la Jurisdicción Contencioso-Administrativa son los competentes para conocer de las demandas que se interpongan contra las vías de hecho y las abstenciones u omisiones en que incurran las demás autoridades distintas a las establecidas en el artículo 23 *eiusdem*[258].

Por lo que se refiere al aspecto procesal de estas acciones, se trata de un procedimiento breve cuyos requisitos principales de la demanda, tanto para las vías de hecho como para las abstenciones se encuentran enumerados en el artículo 33 de la LOJCA, en los siguientes términos:

> *"Artículo 33*
> *Requisitos de la demanda*
> *El escrito de la demanda deberá expresar:*
> *1. Identificación del tribunal ante el cual se interpone.*
> *2. Nombre, apellido y domicilio de las partes, carácter con que actúan, su domicilio procesal y correo electrónico, si lo tuviere.*
> *3. Si alguna de las partes fuese persona jurídica deberá indicar la denominación o razón social y los datos relativos a su creación o registro.*
> *4. La relación de los hechos y los fundamentos de derecho con sus respectivas conclusiones.*
> *5. Si lo que se pretende es la indemnización de daños y perjuicios, deberá indicarse el fundamento del reclamo y su estimación.*
> *6. Los instrumentos de los cuales se derive el derecho reclamado, los que deberán producirse con el escrito de la demanda.*
> *7. Identificación del apoderado y la consignación del poder.*
> *En casos justificados podrá presentarse la demanda en forma oral ante el tribunal, el cual ordenará su trascripción. La negativa a aceptar la presentación oral deberá estar motivada por escrito".*

El artículo 66 de la LOJCA establece para el caso de las abstenciones y omisiones, además de los requisitos que debe contener toda demanda, deben producirse los documentos que acrediten los trámites

[258] Ibidem

efectuados, pues, de lo que se trata es precisamente de evidenciar la mora de la administración en el cumplimiento de una obligación[259].

El grado de legitimación para ejercer estas demandas, incluye a todo aquel sujeto que resulte afectado por la actuación material o por la abstención de la administración, y que tenga interés en la impugnación de esa actuación a los fines de proteger su esfera jurídico-subjetiva, de conformidad con el artículo 29 de la LOJCA. La legitimación a la que hace referencia el artículo 29 se refiere, por una parte, al titular de un derecho subjetivo, es decir, aquel sujeto que tiene un título jurídico frente a la administración que le confiere la facultad de exigir un comportamiento específico de aquella, bien sea de hacer o dar, lo cual sucede ante la inactividad[260], o de abstenerse o modificar una conducta, en el caso de las vías de hecho; y, por otra parte incluye también al sujeto que de alguna manera se encuentra en una especial situación de hecho frente a la actuación de la administración que tiene un interés en que se controle el comportamiento accionado, el cual debe ser "actual" es decir próximo a la situación jurídica del accionante[261].

El proceso común aplicable al control de las vías de hecho y abstenciones de la administración, que comprende la recepción y admisión de la demanda, la caducidad, citación, medidas cautelares, audiencia oral, contenido de la sentencia, apelación y ejecución de la sentencia, está establecido en el Título IV, de "Los Procedimientos de la

---

259 Cfr. Jorge Kiriakidis, *El Contencioso Administrativo Venezolano a la Luz de la Ley Orgánica de la Jurisdicción Contencioso Administrativa*, FUNEDA, Caracas, 2012. pp. 85.

260 Respecto a la legitimación del recurso por abstención regulado en la legislación derogada, el derecho subjetivo se verifica ante la situación jurídica del administrado que exige de la Administración una determinada actuación contemplada en la Ley y que no le es satisfecha. Cfr. Rafael Badell Madrid, "El Recurso por abstención o carencia", en *Derecho Procesal Administrativo, 1eras Jornadas Centenarias del Colegio de Abogados del Estado Carabobo*, Valencia, 1997, p. 179. En igual sentido explica Brewer-Carías que *"el contencioso administrativo contra la carencia administrativa implica que la pretensión del recurrente está basada en un derecho subjetivo de orden administrativo infringido por la inacción y cuya satisfacción sólo es posible mediante una actuación, consecuencialmente, el restablecimiento de la situación jurídica infringida por la omisión..."*. Cfr.: Allan Brewer-Carías "Los diversos tipos de acciones y recursos contencioso administrativo en Venezuela". *Revista de Derecho Público*, número 25. Editorial Jurídica Venezolana. Caracas, marzo, 1986, pp. 25-28.

261 Nicolás Badell Benítez. Ob. Cit.

Jurisdicción contencioso administrativa", comprendido entre los artículos 27 y 111.[262]

8.4.2. Amparo autónomo en materia expropiatoria

Para la protección del derecho de propiedad la LOJCA establece dos supuestos distintos para la competencia:

i) Cuando la solicitud de expropiación es realizada por la República; y
ii) Cuando la solicitud de expropiación es efectuada por otros entes distintos a la República, como es el caso de los institutos autónomos, empresas del Estado, fundaciones, etc.

En el primer caso, cuando la expropiación es solicitada por la República, la competencia para conocer del juicio de expropiación corresponde, en primera instancia, a los Juzgados Nacionales de la Jurisdicción de lo Contencioso Administrativo, de conformidad con lo dispuesto en el artículo 24 numeral 6 de la LOJCA. En estos casos las apelaciones y recursos contra las decisiones de primera instancia serán conocidas y decididas por la SPA del TSJ, de conformidad con el artículo 23 de la Ley de Expropiación por Causa de Utilidad Pública o Social, en concordancia con el artículo 26, numeral 9, de la LOTSJ y del artículo 23 numeral 9 de la LOJCA.

En segundo lugar, cuando la solicitud de expropiación es formulada por otros entes, de conformidad con lo dispuesto en los artículos 23 de la Ley de Expropiación por Causa de Utilidad Pública o Social y los artículos 26 numeral 9, de la LOTSJ, y el artículo 23 numeral 9 de la LOJCA, el tribunal competente es el de Primera Instancia en lo Civil del lugar donde se encuentre ubicado el inmueble a expropiar y, en segunda instancia, conocerá la SPA del TSJ.

Ahora bien, el régimen de competencia varía cuando se trata de acciones autónomas de amparo ejercidas con motivo de expropiaciones por causa de utilidad pública o social. En estos casos el régimen es distinto al establecido en la Ley de Expropiación por Causa de Utilidad Pública o Social: la SC del TSJ, en decisión de fecha 20 de febrero de

[262] Para mayor profundidad sobre el tema del procedimiento de la demanda contra vías de hecho y abstenciones de la administración, V.: Nicolás Badell Benítez, "Demanda contra vías de hecho y Abstenciones de la Administración Pública", Ob. Cit.

2001 (Caso: Yolanda Chanchamire), dispuso que de las acciones autónomas de amparo conocidas en primera instancia por los Tribunales Civiles, conocerán en segunda instancia los Tribunales Superiores en lo Civil. De las acciones de amparo conocidas en primera instancia por otros Tribunales, conocerá en alzada el respectivo superior. De esta forma, la SC excluyó la competencia que tenía legalmente atribuida la SPA, en materia de amparo para conocer en alzada de las apelaciones y recursos que se ejerzan contra las decisiones de los Juzgados Civiles a tenor de lo establecido en el artículo 23 de la Ley de Expropiación por Causa de Utilidad Pública o Social[263].

8.4.3. Amparo autónomo en materias específicas (i.e. bancaria, carrera administrativa)

Los tribunales con competencia nacional en estas materias específicas conocerán de las acciones autónomas de amparo que guarden afinidad con la materia de su competencia, **siempre que no se trate de acciones ejercidas contra las altas autoridades a que se refiere el artículo 8 de la LOA**, quedando a salvo la competencia excepcional prevista en el artículo 9 *eiusdem*.

Así, por ejemplo, partiendo del criterio de la competencia *ratione materiae* previsto en el artículo 7 de la LOA, la SC ha reconocido la competencia del Tribunal de la Carrera Administrativa para conocer de los amparos autónomos ejercidos en esta materia, al señalar que de conformidad con lo establecido en los artículos 71 y 73 de la hoy derogada Ley de Carrera Administrativa, es dicho Tribunal quien tiene la competencia material específica en todo lo inherente a los deberes y derechos de los funcionarios públicos al servicio de la administración pública nacional (Sentencia de la SC del 24 de noviembre de 2000, caso "Rafael Mendoza vs ULA").

8.5. Amparo en materia penal sobre libertad y seguridad personal

En materia penal, el amparo sobre la libertad y seguridad personal será conocido por el juez de Control a tenor de lo previsto en el artículo

[263] Rafael Badell Madrid, *Régimen jurídico de la expropiación en Venezuela*, Switt Print, C.A., Caracas, 2014. Pp. 190-193.

60 del COPP. Por lo que se refiere a aquellas acciones dirigidas a producir el amparo de derechos y garantías distintos a la libertad y seguridad personal, su conocimiento corresponderá a los tribunales de juicio unipersonal atendiendo a la afinidad que exista entre el derecho o garantía presuntamente violada y su competencia natural. El conocimiento de las apelaciones o consultas que se produzcan en ambos supuestos corresponderá a las Cortes de Apelaciones.

8.6. Amparo sobrevenido

Las acciones de amparo intentadas contra las violaciones a la Constitución que cometan los jueces durante la sustanciación de un juicio, deben ser conocidas por el juez superior correspondiente. Por el contrario, si las violaciones constitucionales en la tramitación del proceso se producen como consecuencia de actuaciones de las partes, de terceros, de auxiliares de justicia o de funcionarios judiciales distintos a los jueces, el amparo respectivo deberá intentarse ante el mismo juez que esté conociendo de la causa, quien deberá sustanciarlo y decidirlo en cuaderno separado. Esto encuentra justificación, a juicio de la Sala, en la preservación del principio de unidad del proceso y la inmediación del juez con el asunto que se somete a su conocimiento lo que incide positivamente en la decisión del amparo y de la causa principal. Véase en este sentido la sentencia de la SC de fecha 9 de abril de 2001. Caso "Marlene Kledi Rodríguez" que ratifica la sentencia "Emery Mata Millán" del 20 de enero de 2000.

8.7. Amparo contra norma

En cuanto al amparo contra leyes y demás actos normativos, de acuerdo al artículo 3° de la LOA:

> *"También es procedente la acción de amparo cuando la violación o amenaza de violación deriven de una norma que colida con la Constitución. En este caso, la providencia judicial que resuelva la acción interpuesta deberá apreciar la inaplicación de la norma impugnada y el Juez informará a la Corte Suprema de Justicia acerca de la respectiva decisión".*

En este caso, la sentencia de amparo tendrá efectos de inaplicación de la norma respecto de quien se solicita amparo, es decir, efecto *inter pares*[264]. Debido a ello, el mismo artículo 3, además de prever el amparo contra normas, permite ejercer dicha acción conjuntamente con la acción popular de inconstitucionalidad de las leyes ante la SC del TSJ, que, según el artículo citado, podrá "*suspender la aplicación de la norma respecto de la situación jurídica concreta cuya violación se alega, mientras dure el juicio de nulidad*".

El artículo 3 de la LOA, según Brewer-Carías, resultaba una vía directa de control difuso de la constitucionalidad de las leyes, en tanto que habilita al Poder Judicial para inaplicar normas legales o reglamentarias que violen o amenacen con violar la Constitución, sin embargo, la jurisprudencia de la SPA de la CSJ impuso el criterio de que no procede la acción de amparo directamente contra normas, sino que lo que procede es su ejercicio contra los actos de ejecución de la norma, que serían los actos lesivos propiamente dichos.

De esa manera lo indicó dicha Sala en sentencia de 24 de mayo de 1993, al afirmar que "*el mencionado artículo de la Ley Orgánica de Amparo no consagra la posibilidad de interponer esta acción de protección constitucional contra una ley u otro acto normativo sino contra el acto de aplicación o ejecución de ésta, el cual en definitiva es el que, en el caso concreto, puede ocasionar una lesión particular de los derechos y garantías constitucionales de una persona determinada*"[265].

En estos casos la Sala, interpretando el criterio atributivo de competencia por razón de la materia previsto en el artículo 7 de la LOA, ha establecido que el conocimiento de las acciones de amparo contra norma les corresponde a los jueces de primera instancia que tengan competencia material afín con la situación jurídica concreta cuya violación se alega, es decir, con el acto hecho u omisión derivado de la aplicación o ejecución de la norma considerada inconstitucional (Sentencia de la SC del 31 de octubre de 2000. Caso "Ivanis Inversiones", ratificada en fecha 2 de marzo de 2001. Caso "Fanny Alicia Silva").

---

264 Allan Brewer-Carías. "Los diversos tipos de acciones y recursos contencioso administrativo en Venezuela". Ob. Cit. p. 5.

265 Ibidem. p. 6.

8.8. Amparo ejercido conjuntamente con una demanda principal (amparo cautelar)

El amparo constitucional también puede ser ejercido conjuntamente con otro medio de impugnación o demanda principal. En estos casos el amparo constitucional se presenta como una pretensión accesoria o cautelar. No es una acción principal, sino una pretensión en estado de subordinación y accesoriedad con respecto a la acción o al recurso al cual se acumuló, de modo que dicha pretensión está sometida "*al pronunciamiento jurisdiccional final que se emita en la acción acumulada tratándose de una acumulación de acciones, debe ser resuelta por el juez competente para conocer de la acción principal*"[266].

Cuando se habla de amparos cautelares se trata entonces de una acción de amparo ejercida conjuntamente con otros medios procesales, sobre los cuales la CSJ señaló que:

> *"la referida ley regula tres supuestos: a) la acción de amparo acumulada a la acción popular de inconstitucionalidad de las leyes y demás actos estatales normativos (artículo 3º); b) la acción de amparo acumulada al recurso contencioso administrativo de anulación contra actos administrativos de efectos particulares o contra las conductas omisivas de la administración (artículo 5º); c) la acción de amparo acumulada con acciones ordinarias (artículo 6º, ordinal 5º)". En este último supuesto, conforme a la ley Orgánica, "el Juez deberá acogerse al procedimiento y a los lapsos establecidos en los artículos 23, 24 y 26 de la presente ley, a fin de ordenar la suspensión provisional de los efectos del acto cuestionado"*[267].

Por ello, en estos casos, el amparo tiene mero carácter cautelar y no tiene ninguna relevancia el que existan procedimientos distintos para la acción principal y para la acción de amparo, porque, en definitiva, en caso de acumulación de la pretensión de amparo con una acción

---

266 Citado en Allan Brewer-Carías. "Los diversos tipos de acciones y recursos contencioso administrativo en Venezuela". Ob. Cit. V. en *Revista de Derecho Público*, número 50, Editorial Jurídica Venezolana, Caracas, 1992, pp. 183–184.

267 Allan Brewer-Carías. "Los diversos tipos de acciones y recursos contencioso administrativo en Venezuela". Ob. cit.

principal, el procedimiento regular previsto para la acción de amparo (solicitud de informe y audiencia pública y oral, por ejemplo) no se debe aplicar.

Ahora bien, para el caso de amparo cautelar ejercido ante la jurisdicción contencioso administrativa, la LOJCA establece un procedimiento especial.

En efecto, establece el artículo 103 de la LOJCA que el procedimiento que rige la tramitación de las medidas cautelares dispuesto en el Capítulo V, del Título IV sobre los procedimientos de la Jurisdicción Contencioso Administrativa, regirán también las solicitudes de amparo constitucional cautelar (salvo lo previsto en el artículo 69 *eiusdem* relativo al procedimiento breve).

De esta forma, en cuanto a la tramitación de las solicitudes de amparo cautelar, la LOJCA determina en el artículo 105 que, recibida la solicitud de amparo cautelar, se abrirá cuaderno separado para el pronunciamiento dentro de los cinco días de despacho siguientes, y para el caso en que se trate de tribunales colegiados, el juzgado de sustanciación remitirá inmediatamente el cuaderno separado. Recibido el cuaderno se designará ponente, de ser el caso, y se decidirá sobre el amparo cautelar dentro de los cinco días de despacho siguientes.

La LOJCA dispone de forma expresa que al trámite de las medidas cautelares, que como hemos dicho incluye al amparo cautelar, se dará prioridad (artículo 105).

En estos casos los tribunales llamados a conocer la acción principal, serán también los competentes para conocer de la acción cautelar de amparo.

Véase como ejemplo de este tipo de amparo, el amparo cautelar interpuesto en fecha 29 de diciembre de 2015, conjuntamente con el recurso contencioso electoral, en contra del el acto de votación de las Elecciones Parlamentarias celebradas el 6 de diciembre de 2015, en el circuito electoral del Estado Amazonas, para el período constitucional 2016-2021, efectuadas por el Consejo Nacional Electoral, por la supuesta vulneración del derecho al sufragio y a la participación política de los electores del Estado Amazonas, previstos en los artículos 62 y 63 de la Constitución. En esta ocasión, la Sala Electoral mediante sentencia número 260 del 30 de diciembre de 2015, declaró procedente la solicitud de amparo cautelar, y ordenó de forma "provisional e inmediata" la suspensión de efectos de los actos de totalización, adjudicación y proclamación emanados de los órganos subordinados del Consejo Nacional Electoral respecto de los candidatos electos por voto uninominal, voto lista y representación indígena en el mencionado proceso electoral en el estado Amazonas para elección de diputados a la AN, "*hasta que se dicte sentencia definitiva en la presente causa*".

Este amparo cautelar fue dictado con fundamento a una grabación del supuesto audio de una conversación entre la ciudadana Victoria Franchi Caballero, Secretaria de la Gobernación del estado Amazonas, y persona no identificada (anónima) en la cual se refiere la práctica de compra de votos y pago de prebendas a electores para votar por la denominada Mesa de la Unidad Democrática (MUD) o ayudar a desviar la voluntad de las personas que requerían asistencia para el acto de votación; grabación esta que, pese a haber sido obtenida por medios ilegales, y no haber estado sujeta a ningún tipo de control ni contradictorio, fue considerada por la Sala Electoral como un hecho notorio y comunicacional que hacía presumir el *fumus bonis iuris* y el *periculum in mora* como presupuestos de la medida cautelar, solo porque había sido difundida a través de medios de comunicación.

Además, este amparo, a pesar de ser cautelar, lo que supone que sus efectos son solo temporales mientras se dicta sentencia de fondo, en realidad ha tenido efectos definitivos desde que sus efectos se han prolongado por cuatro años, sin haberse dictado la sentencia definitiva.

9. Del recurso de revisión

Como ya hemos observado cuando nos referimos al control difuso de constitucionalidad, la SC, en ejercicio de la jurisdicción constitucional, de forma discrecional y en cualquier tiempo, controla la constitucionalidad de las sentencias definitivamente firmes dictadas por cualquier juez que hayan interpretado normas y preceptos constitucionales en ejercicio del control difuso de la constitucionalidad o de amparo constitucional, con el fin de proteger la supremacía, integridad y uniformidad en la interpretación y aplicación de la Constitución y de los criterios vinculantes de la SC en la interpretación de normas y principios constitucionales.

En este sentido la Exposición de Motivos de la Constitución establece que:

> *"Finalmente (...), se atribuye a la Sala Constitucional la competencia para revisar las decisiones definitivamente firmes dictadas por los Tribunales de la República en materia de amparo constitucional y control difuso de constitucionalidad, a través del mecanismo extraordinario que deberá establecer la ley orgánica que regule la jurisdicción constitucional, sólo con el objeto de garantizar la uniformidad en la interpretación de las normas y principios constitucionales, la eficacia del Texto Fundamental y la seguridad jurídica.*
> *La referida competencia de la Sala Constitucional no puede ni debe entenderse como parte de los derechos a la defensa, a la tutela judicial efectiva y amparo consagrados en la Constitución, sino, según lo expuesto, como un mecanismo extraordinario cuya finalidad constituye únicamente darle uniformidad a la interpretación de las normas y principios constitucionales"*[268].

Por su parte el artículo 336, numeral 10, de la Constitución atribuye a la SC, competencia para:

> *"Revisar las sentencias definitivamente firmes de amparo constitucional y de control de constitucionalidad de leyes o normas jurídicas dictadas por los tribunales de la República, en los términos establecidos por la ley orgánica respectiva"*

De la norma constitucional citada se desprende la facultad de la SC, como órgano que ejerce de forma exclusiva la jurisdicción constitucional, de revisar a su juicio y discreción, y en respuesta a un recurso de revisión interpuesto por algún interesado, las sentencias de última instancia dictadas por los tribunales de la República, en materia de amparo constitucional.

Entendemos que esta facultad de revisión constitucional tiene su fundamento en la previsión de mecanismos de control de sentencias dictadas por los tribunales de instancia en materia constitucional, en

---

268 Cecilia Sosa Gómez, "La revisión constitucional de las sentencias definitivamente firmes", en *Revista de la Facultad de Ciencias Jurídicas y Políticas*, número 3. Universidad de Carabobo, Valencia, 2007. pp. 171-201.

los sistemas mixtos o integrales de control de la constitucionalidad, que combinan, el amparo constitucional, el control difuso con el control concentrado. En efecto, la SC, en ejercicio de esta facultad deberá uniformar la doctrina constitucional respecto de las sentencias definitivamente firmes dictadas por el resto de los tribunales en el ejercicio de facultades de amparo constitucional.

10. Límites del juez en el amparo constitucional

10.1. Límite del juez constitucional: Respeto al bloque de la constitucionalidad

El poder del juez en el ejercicio del amparo constitucional está limitado por el bloque de la constitucionalidad, por el principio de separación de poderes y por supuesto, por el límite que impone el propio medio de impugnación. Efectivamente el juez que sustancie y decida el amparo constitucional está sujeto a todos los principios, valores y normas determinados no solo en la Constitución, sino en todo el bloque de la constitucionalidad, que incluye inclusive tratados o convenios internacionales suscritos y ratificados válidamente por la República.

Un límite comprendido dentro del respeto al bloque de constitucionalidad, es la sujeción al bloque de convencionalidad, consagrado en el artículo 23 de la Constitución, conforme al cual los jueces constitucionales no solo deben velar por el cumplimiento de las normas de derecho interno, sino además, tienen la obligación de verificar –en el ordenamiento jurídico interno– el efectivo cumplimiento de las disposiciones contenidas en convenios o tratados internacionales, especialmente las relativas al reconocimiento y la protección de los derechos humanos que conforman el denominado *corpus iuris* de los derechos humanos; así como los demás instrumentos normativos, principios y valores internacionales que conforman el "bloque de la convencionalidad".

10.2. Límite del juez constitucional: Principio de separación de poderes

Asimismo, el juez estará obligado a respetar el principio de separación de poderes establecido expresamente en el artículo 136 de la Constitución, en concordancia con el artículo 137, por lo que no podrá bajo ningún supuesto invadir funciones propias de otros órganos de otras ramas del poder público, so pena de nulidad, teniendo especialmente en cuenta que "Toda autoridad usurpada es ineficaz y sus actos son nulos".

Ahora bien, en Venezuela, bajo el supuesto del mecanismo de control de amparo constitucional se ha incurrido en la violación evidente del límite que impone al juez el principio de separación de poderes. Por ejemplo, en el denominado caso "Scarano" la SC creó un "ilícito constitucional" en usurpación de las potestades legislativas de la AN y usurpó las competencias de la jurisdicción penal en el ejercicio de la potestad sancionatoria penal en materia de desacato a sus decisiones de amparo (establecida en el artículo 31 de la LOA y garantías constitucionales), rebasando de esta forma los límites constitucionales y legales que impone el ejercicio de sus facultades en la decisión de amparo constitucional[269].

En este caso, la SC violó las más elementales garantías del debido proceso, entre las cuales se encuentra que nadie puede ser condenado penalmente sino mediante un proceso penal, en el que se respeten el derecho a la defensa, el derecho a la presunción de inocencia y el derecho al juez natural, consagrados en el artículo 49 de la Constitución, y la independencia e imparcialidad del juez, contemplados en los artículos 254 y 256 de la Constitución.

En efecto, en usurpación de las competencias de la jurisdicción penal, la SC "verificó" el desacato al mandamiento de amparo constitucional establecido en sentencia número 136 de fecha 12 de marzo de 2014, e impuso *la sanción conforme a lo previsto en el artículo 31 de la LOA y remitió la decisión para su ejecución a un juez de primera instancia en lo penal en funciones de ejecución del Circuito Judicial Penal correspondiente*[270].

---

[269] Sentencia número 138 de fecha 17 de marzo de 2014. V. en Allan Brewer-Carías, "La condena y el encarcelamiento de Alcaldes por la SC del TSJ, usurpando competencias de la jurisdicción penal, mediante un procedimiento sumario contrario a la Constitución, para despojarlos de su investidura electiva", New York, 21 de marzo, 2014, pp. 6-7. En http://allanbrewercarias.com/documentos/la-condena-y-el-encarcelamiento-de-alcaldes-por-la-sala-constitucional-del-tribunal-supremo-usurpando-competencias-de-la-jurisdiccion-penal-mediante-un-procedimiento-%C2%93sumario%C2%94-contrario-a/_Consultado en fecha 11 de abril de 2016.

[270] Ibidem. p. 6.

Al respecto debemos recordar que los jueces constitucionales en la decisión de amparo constitucional no están facultados para ejercer potestad sancionatoria directa alguna frente al desacato respecto de sus decisiones, teniendo el juez de amparo limitada su actuación en los casos de incumplimiento de las sentencias de amparo, sólo a procurar el inicio de un proceso penal ante la jurisdicción penal ordinaria, a cuyo efecto debe poner en conocimiento del asunto al Ministerio Público para que sea éste el que dé inicio al proceso penal correspondiente, tendiente a comprobar (o no) la existencia del delito y a imponer (de ser el caso) la sanción penal legalmente establecida, a que ya se ha hecho referencia.

Este había sido el criterio de la propia SC, quien mediante sentencia número 74 del 24 de enero de 2002, citando una decisión de la SPA de la CSJ, había establecido que:

> *"...Ahora bien, en relación con el desacato, ha señalado este Alto Tribunal que dado, el carácter delictual del mismo, la calificación que de este delito se haga "le compete al Tribunal Penal, en el contexto del debido proceso con la garantía del derecho a la defensa (artículo 68 de la Constitución)" (Vid. Sentencias de la Sala Político-Administrativa del 7 de noviembre de 1995: Caso Rafael A. Rivas Ostos y del 11 de marzo de 1999: Caso Ángel Ramón Navas).*
>
> *Por esta razón, la jurisprudencia citada dispuso que: "al alegarse el incumplimiento del mandamiento de amparo constitucional dictado por el Juez, conforme al artículo 31 ejusdem, el Tribunal que actuó en la causa, no es el competente para realizar la calificación jurídica del mencionado incumplimiento",*
>
> *En aplicación de la jurisprudencia precedente y por cuanto en el escrito contentivo de la solicitud que dio origen al recurso de apelación la solicitante imputó la comisión de un hecho punible de acción pública como lo es el <<desacato>> , previsto y sancionado en el artículo 31 de la Ley Orgánica de Amparo sobre Derechos y Garantías Constitucionales, esta Sala se declara incompetente para conocer del mismo, y ordena remitir copia certificada del mencionado escrito a la Fiscalía General de la República a los fines de que se inicie la investigación correspondiente...".*

Sin embargo, a partir del caso "Scaranno", la SC pervirtió la figura del desacato, de una norma de sanción penal, competencia de la jurisdicción penal, a un ilícito judicial constitucional –inexistente en el ordenamiento constitucional venezolano– que ha de ser aplicado directamente por el juez que ha dictado un mandamiento constitucional, con independencia de la competencia material del mismo, a través del procedimiento establecido jurisprudencialmente por la propia SC, mediante el cual se determina si hubo o no desacato a la decisión de amparo constitucional que dictó, y, en caso de corroborarlo, imponer la consecuencia jurídica del precitado artículo 31 de la LOA.

Esta inconstitucional interpretación hecha por la SC sobre la figura del desacato prescindiendo de todo fundamento jurídico, fue adoptada más tarde en la sentencia número 108 de fecha 01 de agosto de 2016 por medio de la cual la Sala Electoral del TSJ, declaró el "desacato" de la AN por presunto incumplimiento de las sentencias de esa misma Sala Electoral número 260 de fecha 30 de diciembre de 2015 (antes referida) y número 1 del 11 de enero de 2016, por las cuales se declaró "*la nulidad del acto de juramentación de los ciudadanos Julio Ygarza, Nirma Guarulla y Romel Guzamana, en el cargo de Diputados de la Asamblea Nacional realizado el 28 de julio de 2016 por la Junta Directiva del órgano legislativo nacional*", así como de aquellos actos o actuaciones que dictara la AN con la participación de los prenombrados ciudadanos.

Conviene recordar que ese "desacato" fue declarado a consecuencia de una decisión de la Sala Electoral fundamentada en una prueba ilegal. En efecto, la sentencia cautelar número 260 de la Sala Electoral que fue "desacatada" por la AN, como hemos señalado ya, está fundamentada en una grabación ilegalmente obtenida[271] que la Sala Electoral calificó como un "*hecho notorio comunicacional*" solo porque había sido divulgada a través de los medios de comunicación.

Sobre esa grabación la Sala Electoral determinó que "*evidencia preliminarmente la presunción grave de buen derecho o fumus boni*

---

[271] "Grabación del audio de una conversación entre la ciudadana Victoria Franchi Caballero, Secretaria de la Gobernación del estado Amazonas, y persona no identificada (anónima) en la cual se refiere la práctica de compra de votos y pago de prebendas a electores para votar por la denominada Mesa de la Unidad Democrática (MUD) o ayudar a desviar la voluntad de las personas que requerían asistencia para el acto de votación". V. sentencia de la Sala Electoral del TSJ número 260 de fecha 30 de diciembre de 2015.

iuris de presunta violación de los derechos constitucionales al sufragio y la participación política de los electores del estado Amazonas en el proceso electoral realizado el 6 de diciembre de 2015 en dicha entidad territorial para elección de diputados y diputadas a la Asamblea Nacional". Sin embargo, la referida grabación no podía ser considerada como prueba legal desde que fue obtenida por cauces contrarios a los legalmente establecidos, siendo además que la misma no fue objeto de contradictorio en ningún momento, y por tratarse de una decisión inaudita parte no fue controlada por la contraparte[272].

Ahora bien, a través de la sentencia número 108 se logró impedir la conformación de la mayoría calificada opositora, pues el número exacto requerido era el de los 3 diputados, cuya juramentación impedía este fallo cautelar, que tuvo una finalidad estrictamente política como lo demuestra no solo las inconsistencias jurídicas mencionadas sino el hecho de que, hasta la fecha, 4 años más tarde no se haya resuelto el fondo del asunto.

Posteriormente, en decisión número 808, del 02 de septiembre de 2016, la SC reiteró el criterio de la Sala Electoral y declaró que: "... *resultan manifiestamente inconstitucionales y, por ende, absolutamente nulos y carentes de toda vigencia y eficacia jurídica, los actos emanados de la Asamblea Nacional, incluyendo las leyes que sean sancionadas, mientras se mantenga el desacato a la Sala Electoral del Tribunal Supremo de Justicia*".

A través de la creación de este "ilícito constitucional" del desacato, sin determinar su forma, alcance, procedimiento para la verificación de su comisión y consecuencia jurídica, la SC violó el principio de taxatividad de las penas y sanciones establecido en el artículo 49 según el cual "*6. Ninguna persona podrá ser sancionada por actos u omisiones que no fueren previstos como delitos, faltas o infracciones en leyes preexistentes*", al establecer este tipo de "ilícito".

En efecto, el principio de taxatividad, que junto con el principio de retroactividad y el de reserva de ley, forman lo que se conoce como el

---

272 V. Rafael Badell Madrid, "Poderes del juez constitucional". Conferencia dictada en el *VI Congreso Internacional de Derecho Procesal Constitucional y IV Congreso de Derecho Administrativo en Homenaje al Dr. Carlos Ayala Corao.* Universidad Monteávila. Caracas, 11 de noviembre de 2016. Publicada en el Boletín de la Academia de Ciencias Políticas y Sociales número 155, Año 2016. Disponible en: http://www.acienpol.org.ve/

principio de legalidad penal, exige que en la ley se describan con la mayor exactitud posible las conductas que están prohibidas, por constituir delito, y las sanciones o castigos aplicables a dichas conductas en caso de que un sujeto las realice.

De esta forma, la SC en el caso de la AN, ha establecido este "ilícito constitucional" de manera indeterminada en el tiempo, inmotivada en su aplicación e ilimitada respecto de las consecuencias jurídicas que acarrea su ejecución, impidiendo el ejercicio de los poderes constitucionales de dicho órgano parlamentario, máximo representante de la voluntad popular, por casi cuatro años, en violación flagrante del principio de separación de poderes.

10.3. Límite del juez constitucional: Derivado del medio de impugnación

Por último, el límite que impone el medio de impugnación en el caso del recurso de amparo constitucional consiste en el restablecimiento de los derechos y garantías constitucionales violados.

Insistimos en que la acción de amparo constitucional, como derecho fundamental, tiene naturaleza restablecedora o restitutoria. La acción de amparo está destinada a la protección de los derechos preexistentes y a su restitución en forma idéntica, o en caso de que ello no sea posible, al restablecimiento de la situación que más se asemeje a ella. De este modo, a través del amparo constitucional no se crean derechos o situaciones jurídicas nuevas.

Pero además, a través de la tutela de un derecho constitucional no puede decretarse la violación de otros derechos constitucionales, en el entendido que el ejercicio de un derecho constitucional no puede nunca suprimir otro derecho o garantía constitucional. El respeto al bloque de la constitucionalidad exige que se respeten y se acaten todas las normas constitucionales, y que se tutelen todos los derechos y garantías de las personas, incluyendo los de la parte demandada en el juicio de amparo constitucional.

Asimismo, el amparo constitucional no está dirigido a penalizar o castigar una conducta delictual, ello solo lo puede determinar un juez con competencia en materia penal, de modo que a través de la sentencia de amparo constitucional, el juez constitucional está limitado a determinar si hubo o no violación o amenaza de un derecho constitucional y decretar las medidas (órdenes de hacer o dejar de hacer) necesarias para el restablecimiento de la situación jurídica infringida o la situación jurídica que más se asemeje a ella. El amparo constitucional nunca estará dirigido al establecimiento de órdenes coercitivas personales propias de un pronunciamiento de naturaleza penal.

Pero tampoco el amparo constitucional está dirigido a la decisión de asuntos de índole política. El mandato de amparo constitucional no puede servir de medio para la ejecución de asuntos políticos o hechos políticos que no guarden relación con la protección y tutela de los derechos y garantías constitucionales.

De este modo, el amparo constitucional es un proceso judicial cuyas decisiones deben estar fundamentadas en normas jurídicas, no en basamentos de índole política ni consideraciones políticas. El control jurídico es el límite del juez constitucional.

De otra parte, en cuanto a los límites de los efectos de la decisión de amparo constitucional, cabe destacar que esta se circunscribe estrictamente a la persona del demandado en el juicio de amparo constitucional, quien es el sujeto agraviante, nunca sobre personas que no forman parte del proceso de amparo constitucional, puesto que ello atentaría contra el derecho a la defensa consagrado en el artículo 49 de la Constitución.

En efecto, únicamente la persona o el grupo de personas que se demuestre en el proceso de amparo que han violado o amenazado de violar el derecho constitucional de que se trate, pueden resultar condenados por las decisiones cautelares o definitivas tendientes al restablecimiento de la situación jurídica subjetiva infringida o a la situación que más se asemeje a ella.

En este orden de ideas, aclaramos que los efectos *erga omnes* que caracterizan, por ejemplo las decisiones de amparo constitucional en tutela de los intereses colectivos y difusos, están dirigidos al beneficio del grupo de personas que son partícipes del derecho constitucional restablecido, no a la condenatoria de una pluralidad indeterminada de personas que no formaron parte del proceso de amparo constitucional y por ende no pudieron ejercer su derecho a la defensa.

Los efectos generales de las medidas de amparo constitucional no consisten entonces, en que las órdenes dictadas a través del amparo se extiendan a una pluralidad indefinida e indeterminada de individuos, sino que los efectos restitutorios de la ejecución de dichas medidas inciden en la esfera jurídica de las personas titulares del derecho tutelado a través del amparo constitucional.

Un claro ejemplo del exceso del juez constitucional en la decisión del amparo constitucional puede observarse en la sentencia del 27 de noviembre de 2018, caso "FCU Universidad de Carabobo", mediante la cual la Sala Electoral del TSJ declaró con lugar una acción de amparo constitucional interpuesta por una estudiante de la Universidad de Carabobo en contra de otro estudiante de la misma universidad por la presunta violación del derecho a desempeñar cargos de elección y representación estudiantil previsto en el artículo 62 constitucional, derivadas del desconocimiento de su elección como "Presidenta de la Federación de Centros Universitarios (...)" celebrado por los estudiantes de esa institución superior el 14 de noviembre de 2018.

En este caso, la Sala Electoral conoció de un amparo constitucional interpuesto por una estudiante que alegaba haber sido proclamada electa por su Universidad como presidenta de la Federación de Centros Universitarios (FCU) por una comisión electoral, y que su derecho al sufragio activo como pasivo fue vulnerado en el momento en que posteriormente, fue proclamado otro estudiante como presidente, en las mismas elecciones, pero por otra comisión electoral.

La Sala Electoral en esta ocasión admitió el amparo constitucional, y, en exceso de sus poderes y del medio de impugnación, sin que mediara recurso contencioso electoral alguno de nulidad de las elecciones de la Universidad de Carabobo, declaró "inexistente" el acto que proclamó al segundo estudiante como presidente de la FCU y ordenó a la Universidad de Carabobo hacer lo conducente para que la estudiante que interpuso la acción de amparo fuese incorporada y reconocida por las autoridades universitarias como presidente de la FCU. La Sala Electoral de esta forma desconoció la autonomía universitaria, consagrada en el artículo 109, al violar la organización y procedimientos internos de la Universidad de Carabobo para la elección de sus autoridades.

Otro ejemplo del exceso y distorsión de este medio de impugnación es la sentencia número 64 de fecha 22 de mayo de 2020 mediante la cual la SC declaró una serie de medidas cautelares correspondientes al juicio de "amparo constitucional en tutela de derechos e intereses colectivos y difusos" interpuesto el 20 de mayo de 2020 por los ciudadanos Israel Reinaldo Marín Martínez y William Arturo Fuentes Ulloa, actuando en su carácter de miembros y voceros del comité de usuarios denominado "Frente de usuarios y usuarias para la defensa de los derechos comunicacionales", en contra del cese de la prestación de servicio de televisión por suscripción de la operadora Galaxy Entertainment de Venezuela, S.C.A (DIRECTV Venezuela), por la supuesta violación de los derechos constitucionales de información oportuna, veraz e imparcial, el derecho a la protección de la niñez y la adolescencia, el derecho a la educación y el derecho a la recreación, establecidos en los artículos 58, 78, 103 y 111, respectivamente, de la Constitución[273].

Esta sentencia viola el límite que impone el medio de impugnación en cuanto estableció medidas cautelares que en nada se corresponden con el objeto del amparo constitucional como lo es la restitución o el restablecimiento de la situación jurídica infringida por la violación o amenaza de violación de derechos constitucionales.

En efecto, ni la ocupación de los bienes de DIRECTV, ni el nombramiento de una junta ad hoc de Conatel, mucho menos la prohibición de salida del país o la prohibición de enajenar y gravar sobre los bienes de los miembros de la junta directiva de DIRECTV, así como la inmovilización de cualquier tipo de cuenta bancaria o instrumento financiero de los cuales sean titulares, son medidas tendientes al restablecimiento de los derechos constitucionales a la información oportuna, veraz, e imparcial, a la protección de la niñez y la adolescencia, a la educación y a la recreación, supuestamente violados por el cese de la prestación del servicio de televisión por suscripción.

---

273 Véase al respecto Rafael Badell Madrid, "Comentarios a la sentencia de la Sala Constitucional que ordenó a DIRECTV continuar de manera inmediata con la prestación del servicio de televisión por suscripción". En *Boletín de la Academia de Ciencias Políticas y Sociales,* número 160, enero-junio 2020, Academia de Ciencias Políticas y Sociales, Caracas, 2020.Pp. 1253-1266

Como sabemos a través del amparo constitucional no puede crearse derechos o situaciones jurídicas nuevas, como lo pretende la SC al ordenar la inconstitucional "*posesión inmediata*" de todos los bienes muebles e inmuebles, oficinas comerciales, sedes administrativas, centro de operaciones y transmisiones, antenas y cualquier otro equipo o instalación destinada a la prestación del servicio por suscripción gestionado por DIRECTV Venezuela, en violación del derecho de propiedad privada de DIRECTV, establecido en el artículo 115 de la Constitución.

Pero además, la tutela de un derecho constitucional no justifica la violación de otros derechos constitucionales. El respeto al bloque de la constitucionalidad exige que se cumplan y acaten todas las normas constitucionales y que se tutelen todos los derechos y garantías de las personas, incluyendo también los de la parte demandada en el juicio de amparo constitucional.

De forma que no podía la SC ordenar la confiscación u ocupación de los bienes, propiedad privada de DIRECTV, a través de una sentencia cautelar de amparo constitucional, como si se tratara de un juicio de expropiación.

Además, cabe destacar que la ocupación de los bienes y equipos de la operadora DIRECTV tiene como consecuencia inmediata la paralización de cualquier actividad prestacional que pudiera tener dicha empresa, haciendo inejecutable la primera orden de la SC consistente en "*Ordenar a DIRECTV Venezuela continuar de manera inmediata con la prestación de servicio de televisión por suscripción*".

De otra parte, la prohibición de salida del país, la prohibición de enajenar y gravar los bienes de los miembros de la junta directiva de DIRECTV y la inmovilización de cualquier tipo de cuenta bancaria o instrumento financiero de los cuales sean titulares, tampoco conducen al restablecimiento de los derechos constitucionales presuntamente violados: estas medidas se presentan como imperativos dirigidos a castigar a los miembros de la junta directiva de DIRECTV, sin que medie ningún proceso penal o de otro tipo, en violación igualmente de la naturaleza del amparo constitucional.

Ciertamente, el amparo constitucional no está dirigido a penalizar o castigar una conducta presuntamente delictual o generadora de cualquier otro tipo de responsabilidad, ello solo lo puede determinar un juez con competencia en materia penal o de instancia de la materia de que se trate, después de tramitado el juicio correspondiente. De forma que a través de la sentencia, la SC distorsionó la naturaleza y el alcance del amparo constitucional al establecer medidas personales en contra de los miembros de la Junta Directiva de DIRECTV.

Un ejemplo más de la violación al medio de impugnación lo es la sentencia de la SC número 65 del 26 de mayo de 2020, mediante la cual la SC, pese a declarar *improcedente in limine litis* la acción de amparo intentada por Enrique Ochoa Antich el 7 de enero de 2020, "*contra la Asamblea Nacional y, particularmente, respecto a los Diputados Luis Parra, Franklin Duarte y José Gregorio Noriega, por un lado; y a los Diputados Juan Guaidó, Juan Pablo Guanipa y Carlos Berrizbeitia, por otro lado, quienes pretenden cumplir funciones de integrantes de sendas Juntas Directivas de la Asamblea Nacional,*" *solicitando protección de su "derecho constitucional a la participación política y la representación consagrado en el artículo 62 de la Constitución*", procedió a decidir un asunto de índole político que nunca le fue planteado, es decir, pasó a declarar, con efectos *erga omnes,* un asunto sobre el cual no se había planteado ninguna pretensión.

En efecto, la SC, ignorando que el juicio de amparo culminaba con la declaratoria improcedente *in limine litis* de la acción de amparo y el posterior archivo del expediente, declaró "válida" la "*Junta Directiva de la Asamblea Nacional designada el 05 de enero de 2020 para el período 2020-2021, conformada de la siguiente manera: Luis Eduardo Parra Rivero como Presidente, Franklin Duarte como Primer Vicepresidente y José Gregorio Noriega como Segundo Vicepresidente*" y además prohibió la "*instalación de un parlamento paralelo o virtual, que no tiene ningún efecto jurídico, y cualquier persona pública o privada o institución que preste o ceda espacio para ello, será considerada en desacato; y cualquier acto ejercido como tal es nulo*".

De esta forma, la SC utilizó la decisión de un juicio de amparo para desconocer que en fecha 05 de enero de 2020, ante la imposibilidad de ingresar libremente al Palacio Federal Legislativo, por cuando efectivos de la Policía y del Ejército lo impedían, la mayoría de los integrantes de la AN (100 diputados de 167), acordaron realizar la sesión de instalación de la Asamblea en un lugar diferente de la ciudad de Caracas, escogiendo la sede del Diario El Nacional, tal como lo autoriza el artículo 1° del Reglamento Interior y de Debates y en ella eligieron válidamente, con el voto de los mencionados 100 diputados, a los miembros de la Junta Directiva para el período 2020-2021, resultando electos: Juan Guaidó, como Presidente; Juan Pablo Guanipa como Primer Vicepresidente, y Carlos Berrizbeitia como Segundo Vicepresidente de la Asamblea[274].

274 V. Allan Brewer-Carías, "La fraudulenta y fallida "magia" del juez constitucional en Venezuela. De cómo se "transforma" una acción de amparo, que declarada sin lugar, en una vía para emitir declaraciones políticas, sobre hechos políticos, ignorando la justicia y el debido proceso (Sobre la sentencia de la Sala Constitucional No. 65 del 26 de mayo de 2020)", Nueva York, 28 de mayo de 2020. Disponible en: http://allanbrewercarias.com/wp-content/uploads/2020/05/Brewer.-LA-FRAUDULENTA-Y-FALLIDA-%E2%80%9CMAGIA%E2%80%9D-DEL-JUEZ-CONSTITUCIONAL-EN-VENEZUELA.-sentencia-No-65.-26-5-2020.pdf

CAPÍTULO V
RECURSO DE OMISIÓN LEGISLATIVA

1. Introducción

Las violaciones a la Constitución producidas por omisión legislativa, comprenden el incumplimiento de la obligación concreta del órgano legislativo de dictar leyes ordinarias que desarrollen preceptos constitucionales o por la inactividad en el ejercicio de cualquier otra competencia de rango constitucional. La omisión legislativa está caracterizada por la existencia de una disposición constitucional que ordena un determinado comportamiento al legislador –como por ejemplo dictar normas u otros actos que ejecutan directamente la Constitución– y de otra parte, por un comportamiento concreto del legislador que es contrario, en todo o en parte, al ordenado expresamente por el precepto constitucional[275].

La acción de inconstitucionalidad por omisión legislativa es una modalidad de control de la constitucionalidad por medio de la cual se demanda la inconstitucionalidad del órgano legislativo que por un tiempo, prolongado e indefinido o en violación al lapso establecido en la Constitución, ha permanecido inactivo, de forma total o parcial, en el cumplimiento de su obligación constitucional de dictar leyes que regulen preceptos constitucionales de obligatorio desarrollo, de manera que dichos preceptos o uno de ellos, es ineficaz, en virtud de la omisión total o de la legislación incompleta o defectuosa o por la inactividad en el ejercicio de cualquier otra competencia de rango constitucional.

La omisión legislativa, como recurso y forma de control de la constitucionalidad, supone reconocer que la Constitución tiene fuerza normativa y que es necesario garantizar su indemnidad, "*sea que las agresiones en su contra se produzcan por acción o por omisión*"[276].

---

[275] Gaetano Silvestri, "Le sentenze integrative de la Corte Costituzionale", *Giurisprudenza Costituzionale*, 1981, pp. 1684-1721, cit. por María Ángeles Ahumada Ruiz, "El control de constitucionalidad de las omisiones legislativas", en *Revista del Centro de Estudios Constitucionales*, número 8, enero-abril 1991. p. 171

[276] Victor Bazán, "Justicia, política y búsqueda de mayor transparencia en Argentina", en Víctor Bazán y Marie-Christine Fuchs, ob. cit. P. 25.

El recurso de omisión legislativa está consagrado en Venezuela en la Constitución de 1999, en el artículo 366, numeral 7 que dispone expresamente como atribución de la SC del TSJ, la de:

> *"Declarar la inconstitucionalidad de las omisiones del poder legislativo municipal, estadal o nacional cuando haya dejado de dictar las normas o medidas indispensables para garantizar el cumplimiento de esta Constitución, o las haya dictado en forma incompleta; y establecer el plazo y, de ser necesario, los lineamientos de su corrección",*

De otra parte, la LOTSJ consagra esa competencia de la SC en el artículo 25, numeral 7, en los siguientes términos:

> *"Declarar la inconstitucionalidad de las omisiones del Poder Legislativo Municipal, Estadal o Nacional, cuando haya dejado de dictar las normas o medidas indispensables para garantizar el cumplimiento con la Constitución de la República, o las haya dictado en forma incompleta, así como las omisiones de cualquiera de los órganos del Poder Público Nacional, Estadal o Municipal, y establecer el plazo y, si fuera necesario, los lineamientos o las medidas para su corrección".*

Como se puede observar del contenido del artículo 25, la LOTSJ amplió las competencias de la SC más allá de lo previsto en la Constitución, pues la declaró competente para conocer de omisiones no solo del órgano legislativo, sino además de cualquiera de los órganos que ejerzan el Poder Público nacional, estadal o municipal, relativas a deberes y obligaciones establecidos directamente por la Constitución.

2. Consideraciones generales sobre la omisión legislativa

El recurso de omisión legislativa no es una figura originada en Venezuela. Se trata de un medio de impugnación de control de la constitucionalidad que ha sido establecido en otros países mediante disposición constitucional o legislativa y en otros por la jurisprudencia, teniendo en cada uno de ellos características propias.

El recurso por omisión legislativa fue establecido a mediados del siglo XX en los textos constitucionales de la República de Yugoslavia y

Portugal[277]. Veamos el artículo 377 de la Constitución del 27 de febrero de 1974 de la hoy desaparecida República de Yugoslavia:

> *"Si el Tribunal de Garantías Constitucionales de Yugoslavia hiciere constar que un órgano competente no hubiere dictado las normas de ejecución necesarias de la Constitución de la República Socialista Federativa de Yugoslavia, de las leyes federales y de otras prescripciones y actos generales federales, estando obligado a dictarlas, dará del hecho conocimiento a la Asamblea de la República Socialista Federativa de Yugoslavia".*

De otra parte, la Constitución de Portugal de 1976, dispuso en su artículo 283 lo siguiente:

> *"1. A requerimiento del Presidente de la República, del Defensor del Pueblo o, por razón de violación de derechos de las regiones autónomas, de los presidentes de las asambleas legislativas regionales, el Tribunal Constitucional examina y comprueba el no cumplimiento de la Constitución por omisión de las medidas legislativas necesarias para hacer efectivas las normas constitucionales.*
> *3. Cuando el tribunal Constitucional comprueba la existencia de inconstitucionalidad por omisión, dará conocimiento de ello al órgano legislativo competente",*

Observamos –como señala Fernández Segado– que «*mientras en Yugoslavia se trataba del Tribunal Constitucional, en la Constitución portuguesa de 1976 tal facultad se encomendaba al Consejo de la Revolución, formalmente garante del funcionamiento regular de las instituciones democráticas*»[278].

La Constitución de Brasil de 1988 dispuso en su artículo 103-2° respecto de la omisión lo siguiente: "*Declarada la inconstitucionalidad por omisión de una medida para hacer efectiva la norma constitucional,*

---

[277] Pablo Dermizaky Peredo, "La inconstitucionalidad por omisión", en *Anuario iberoamericano de justicia constitucional*, número. 6, 2002, Centro de Estudios Políticos y Constitucionales, Madrid, 2002. Pp. 63-72.

[278] Francisco Fernández Segado: «Los nuevos desafíos de nuestro tiempo para la protección jurisdiccional de los derechos». Revista Vasca de la Administración Pública, número 39, mayo-agosto 1995, p. 78.

se dará noticia al poder competente para que adopte las providencias necesarias, y, tratándose de un órgano administrativo, para que lo haga en treinta días".

La Ley de Jurisdicción Constitucional de Costa Rica (Ley número 7315), de fecha 18 de octubre de 1989 consagró la inconstitucionalidad por omisión en su artículo 73. También, en la República Dominicana se creó este medio de control de la constitucionalidad a través del artículo 36 de la Ley Orgánica del Tribunal Constitucional y de los procedimientos constitucional (Ley número 137-11) del 15 de junio de 2011, que dispuso la acción directa de inconstitucionalidad, por acción u omisión en concordancia con el artículo 6 *eiusdem* que dispone que se tiene por infringida la Constitución "*cuando haya contradicción del texto de la norma, acto u omisión cuestionado, de sus efectos o de su interpretación o aplicación con los valores, principios y reglas contenidos en la Constitución* (…)".

En los casos de Alemania, Argentina, Colombia, España, Guatemala, Italia, México y Perú el control de constitucionalidad por omisión legislativa ha sido creación jurisprudencial[279].

Obsérvese, como ejemplo, el caso España, donde si bien el derecho positivo no contempla el recurso de inconstitucionalidad por omisión, el Tribunal Constitucional incorporó dicho concepto en su jurisprudencia, cuando señaló que «*La inconstitucionalidad por omisión sólo existe cuando la Constitución impone al legislador la necesidad de dictar normas de desarrollo constitucional, y el legislador no lo hace*» (véase sentencia del Tribunal Constitucional español número 24/1982 y sentencia número 87/1989 del mismo tribunal de fecha 11 de mayo de 1989)[280].

En Argentina igualmente fue creada la figura de la omisión legislativa mediante la jurisprudencia. En efecto, la Corte Suprema de Argentina dictó varios fallos en los que declaraba que el órgano legislativo había incurrido en inconstitucionalidad por omisión al no legislar sobre la acción de amparo constitucional (que luego fue regulada mediante

279 Victor Bazán, "Justicia, política y búsqueda de mayor transparencia en Argentina", ob. cit. P. 26

280 Pablo Dermizaky Peredo, ob. cit.

Ley número 16.986, de 18/10/66, complementada por la Ley número 17.454, de 20/09/67)[281].

En Venezuela, el recurso por omisión legislativa no tuvo regulación hasta la Constitución de 1999. Los artículos 42, numeral 23, y artículo 43 de la LOCSJ de 1976, regulaban la competencia del juez contencioso administrativo para conocer del recurso de abstención o carencia, como un medio de control de la legalidad, no de constitucionalidad, de la actuación de los órganos del poder público.

El artículo 42 de la LOCSJ del año 1976 establecía:

> *"Artículo 42. Es de la competencia de la Corte como más alto Tribunal de la República:*
> *23.- Conocer de la abstención o negativa de los funcionarios nacionales a cumplir determinados actos en que estén obligados por las leyes, cuando sea procedente, en conformidad con ellas...".*

De acuerdo con el artículo 43 de la LOCSJ, la SPA era competente para conocer de este tipo de recurso. El recurso por abstención, tal y como lo dejó establecido el 28 de febrero de 1985, la SPA de la CSJ en el caso "Eusebio Igor Vizcaya Paz", tenía por objeto demandar "la abstención o negativa" del funcionario público a actuar, es decir, a cumplir determinado acto –en el sentido de actuación– del cual el supuesto de hecho se encuentra previsto en una ley específica, pero ante cuya ocurrencia real y concreta la autoridad administrativa se abstuvo de extraer la consecuencia jurídica que el imperativo legal le impone. El objeto de este recurso es, pues, una conducta omisa d*el funcionario"*[282].

---

[281] Ibidem, p. 68.

[282] "*Los términos de los textos de derecho positivo venezolano ya citados, permiten deducir que en ellos no se regula la abstención frente a la obligación genérica (inconcreta, por tanto, en su formulación general) que tienen los funcionarios de actuar en ejercicio de atribuciones correspondientes al respectivo cargo. Antes bien, debe tratarse de una obligación concreta y precisa inscrita en la norma legal correspondiente, la cual ha de presentarse como un paradigma de contraste que sirva para verificar si la abstención existe, en efecto, respecto del supuesto expresa y especialmente previsto en la norma, y, por tanto, si procede o no el respectivo recurso*". Cfr. Sentencia de la SPA de la CSJ de fecha 28 de febrero de 1985, consultada en *XVIII Jornadas "J.M. Domínguez Escovar", Avances jurisprudenciales del contencioso administrativo en Venezuela*, Tomo III, Instituto de Estudios Jurídicos del Estado Lara, Colegio de Abogados del Estado Lara, Barquisimeto, 1993. pp. 223 y ss.

En la Constitución de 1999 se incorporó el control de la constitucionalidad de las omisiones del órgano legislativo, atribuyendo a la SC del TSJ la competencia para llevar adelante dicha tarea, en virtud de la jurisdicción Constitucional que la misma representa, por disposición del artículo 266, numeral 1, de la Constitución.

Entonces, el artículo 336, numeral 7, *eiusdem* establece que:

> *"Son atribuciones del Tribunal supremo de Justicia: (...) Declarar la inconstitucionalidad de las omisiones del poder legislativo municipal, estadal o nacional, cuando hayan dejado de dictar las normas o medidas indispensables para garantizar el cumplimiento de la Constitución, o las hayan dictado en forma incompleta, y establecer el plazo y, de ser necesario, los lineamientos de su corrección".*

En el año 2004, la LOTSJ, reiteró la competencia ya dada a la Sala por la Constitución, estableciendo en su artículo 5 que la misma podrá "*13. Declarar la inconstitucionalidad de las omisiones del Poder Legislativo en cualquiera de sus grados, cuando haya dejado de dictar las normas o medidas indispensables para garantizar el cumplimiento de la Constitución, o las haya dictado en forma incompleta, y establecer el plazo y, de ser necesario, los lineamientos generales esenciales para su corrección, sin que ello implique la usurpación de funciones de otro órgano del Poder Público, o extralimitación de atribuciones*".

Esa LOTSJ del año 2004, amplió esta facultad respecto de las omisiones inconstitucionales de cualquiera de los órganos que ejerzan el Poder Público de rango nacional, respecto a obligaciones o deberes establecidos directamente por la Constitución.

Esa disposición fue reiterada en el artículo 25, numeral 7, de la LOTSJ del año 2010, que consagró nuevamente la potestad de "*Declarar la inconstitucionalidad de las omisiones del Poder Legislativo Municipal, Estadal o Nacional, cuando haya dejado de dictar las normas o medidas indispensables para garantizar el cumplimiento con la Constitución de la República, o las haya dictado en forma incompleta, así como las omisiones de cualquiera de los órganos del Poder Público Nacional, Estadal o Municipal, y establecer el plazo y, si fuera necesario, los lineamientos o las medidas para su corrección*".

De modo que de conformidad con la LOTSJ el control de constitucionalidad por omisión legislativa no se refiere únicamente a los supuestos en los cuales no se dicten las leyes exhortadas por el texto constitucional, sino que también en caso de incumplimiento u omisión de la AN en dictar otros actos parlamentarios sin forma de ley.

Estos otros actos parlamentarios sin forma de ley, son, por ejemplo, el nombramiento o remoción de los Magistrados del TSJ, del Contralor General de la República, del Fiscal General de la República, del Defensor del Pueblo y de los integrantes del Consejo Nacional Electoral; la autorización del nombramiento del Procurador General de la República y de los Jefes de Misiones Diplomáticas Permanentes, entre otros. Así pues, podría el órgano parlamentario incurrir en omisión legislativa al no realizar cualquiera de estos actos ordenados expresamente por la Constitución.

La SC en decisión del 9 de julio de 2002 (Exp. número 01-2337, Caso Alfonso Albornoz Niño y Gloria de Vicentini), estableció los parámetros de la acción de inconstitucionalidad por omisión en los siguientes términos:

> *"En un sentido amplio, la acción de inconstitucionalidad por omisión es concebida por la doctrina extranjera como una institución jurídica procesal mediante la cual se demanda la declaratoria de inconstitucionalidad de un órgano del Poder Público que ha omitido (control posterior) cumplir un deber concreto (conducta debida, esperada y jurídicamente establecida) que la Constitución directamente, implícita o explícitamente, le asigna, de manera que el precepto constitucional resulta, total o parcialmente, ineficaz, por falta de desarrollo, con lo cual se produce la vulneración constitucional.*

En la sentencia, la SC resaltó además la inclusión del recurso de omisión legislativa en la Constitución de 1999 que, como competencia, está atribuida a la SC del TSJ, mediante la cual puede determinar *la inconstitucionalidad, no de un acto, sino de la conducta negativa, de la inercia o inactividad en que haya incurrido algún órgano del poder legislativo al no adecuar su conducta, en absoluto o parcialmente, al cumplimiento de una obligación suya de dictar una norma o una medida indispensable (lo que implica la eficacia limitada del precepto constitucional) para garantizar el cumplimiento de la Constitución.*

Como señala Brewer-Carías, en todos estos casos, la Sala podrá declarar la inconstitucionalidad de la omisión legislativa y exhortar a la Asamblea a realizar el nombramiento, sin embargo, así como en caso de omisión de la sanción de leyes, la Sala, evidentemente no podría sustituir al legislador en sus funciones y dictar la ley respectiva, tampoco lo podría hacer en el caso de nombramiento de los altos funcionarios, ya que dicha facultad pertenece al órgano legislativo, por mandato constitucional[283].

Véase, por ejemplo, la sentencia de la SC del TSJ de fecha 13 de diciembre de 2016, por medio de la cual se determinó que:

> *"Con ello queda evidenciada la ocurrencia de una nueva omisión por parte de la Asamblea Nacional, al no designar dentro del marco de la Constitución y las leyes a dichos rectores del Consejo Nacional Electoral, en el entendido de que a estos se les venció el período de los siete años para el cual fueron designados, el día 4 de diciembre de 2009, fecha en la que fue instalado formalmente el Consejo Nacional Electoral, con la presencia de esos Rectores –ver Gaceta Oficial n.° 39.321 de esa misma fecha– (adviértase que el artículo 296 del Texto Fundamental establece un tiempo preciso de duración del ejercicio de las funciones del cargo de rector o rectora del CNE –"Los o las integrantes del Consejo Nacional Electoral durarán siete años en sus funciones..."–), derivándose de allí la urgencia y necesidad de tales nombramientos para preservar el normal funcionamiento del Poder Electoral, quien tiene bajo su responsabilidad mantener vivo en los ciudadanos y ciudadanas, el afecto por la democracia, en cuanto al sistema más adecuado para una pacífica convivencia en sociedad. Así se decide".*

Esta sentencia violó al principio de separación de poderes por cuanto, a la vez de determinar la omisión legislativa por la falta de nombra-

[283] Allan Brewer-Carías, "El control de la constitucionalidad de la omisión Legislativa y la sustitución del legislador por el juez constitucional: el caso del nombramiento de los titulares del poder electoral en Venezuela", disponible en: http://allanbrewercarias.net/dev/wp-content/uploads/2009/06/II-4-593.-ELCONTROL-DE-CONSTITUCIONALIDAD-POR-OMISIO%CC%81N-Y-EL-CASO-DEL-PODER-ELECTORAL.doc.pdf

miento de los rectores del CNE, procedió a nombrar a los mismos en usurpación de las facultades propias de la AN, como lo había hecho ya mediante sentencia del 26 de diciembre de 2014 y mucho antes en los años 2005 y 2003, y también, recientemente en el año 2020, como comentaremos más adelante.

Recapitulando, en Venezuela el control de constitucionalidad por omisión legislativa, de acuerdo a la Constitución, la LOTSJ y la jurisprudencia, tiene por objeto controlar la inconstitucionalidad de las omisiones legislativas y, también, la inconstitucionalidad que deriva de la inactividad en el ejercicio de cualquier competencia u obligación en ejecución directa e inmediata de la Constitución, por parte de cualquiera de los órganos del poder público nacional, estadal o municipal.

3. Definición de la omisión legislativa

La acción de inconstitucionalidad por omisión legislativa es una modalidad de control de la constitucionalidad por medio de la cual se demanda la inconstitucionalidad del órgano legislativo que por un tiempo prolongado e indefinido o en violación al lapso establecido en la Constitución, ha permanecido inactivo, de forma total o parcial, en el cumplimiento de su obligación constitucional de dictar leyes que regulen preceptos constitucionales de obligatorio desarrollo, de manera que dichos preceptos o uno de ellos, es ineficaz, en virtud de la omisión total o de la legislación incompleta o defectuosa o por la inactividad en el ejercicio de cualquier otra competencia de rango constitucional.

La omisión legislativa es el incumplimiento por parte del órgano legislativo de la obligación constitucional concreta y específica de dictar determinada ley u otras medias sin forma de ley y se configura por la ausencia de texto legal o, también, por haber sido dictada una regulación de forma incompleta o parcial, que produce consecuencias contrarias a la Constitución y violatorias de los derechos y garantías individuales o por haber dejado de dictar los actos a los que esta expresamente obligado por la Constitución.

La doctrina señala que para que la inactividad del órgano legislativo genere una situación jurídica inconstitucional debe haber omisión en el mandato de legislar materias que la norma suprema ha ordenado, durante un tiempo razonable o exceso del tiempo que se haya fijado constitucionalmente.

La acción por omisión legislativa tiene características propias y debe ejercerse con un objetivo particular y dentro de ciertos límites, es decir, está diseñada con una finalidad específica: garantizar que la Constitución se aplique aún en aquellos casos en los que el órgano legislativo ha omitido dictar las normas o demás actos sin forma de ley que ella ordena. Es la forma de atemperar o eludir los efectos nocivos de la inactividad del legislador.

En Venezuela la doctrina ha indicado que la omisión legislativa se produce cuando el legislador no observa, en un tiempo razonable o en el que haya sido fijado constitucionalmente, un mandato concreto de legislar o dictar demás actos sin forma de ley, impuesto expresa o implícitamente por la Constitución, o cuando, en el cumplimiento de la función legislativa, se dicta una regulación no acorde con la Constitución, por haber sido omitidas previsiones que la norma suprema exigía[284].

El profesor Jesús María Casal señala que la omisión legislativa puede originarse por inobservancia de mandatos concretos de legislar; por violación (omisiva) de directrices constitucionales sobre el contenido de las leyes; por incumplimiento del deber de protección de los derechos constitucionales; por desconocimiento del reparto constitucional de competencias y por vulneración del principio de igualdad.

En primer lugar, la inobservancia de mandatos concretos de legislar se produce cuando en la Constitución se establece un plazo para que el legislador regule una materia y este no cumple con el mandato constitucional. Puede ocurrir que no exista plazo pero el juez puede deducir un plazo razonable para juzgar la inconstitucionalidad por omisión. Por plazo nos referimos a un tiempo máximo, en el cual el legislador debe regular y sancionar la ley. También puede ocurrir que por las particularidades de una situación sea razonable que el legislador tome un tiempo más extenso para sancionar una ley[285].

La omisión legislativa por violación (omisiva) de directrices constitucionales sobre el contenido de las leyes, por su parte, ocurre cuando

---

284 Jesús María Casal, *Constitución y Justicia Constitucional*, ob. cit.

285 Ibidem.

a la luz de lo ordenado por el precepto constitucional, la regulación por el legislador se torna incompleta por no seguir la directriz de la Constitución.[286]

De otra parte, el incumplimiento del deber de protección de los derechos constitucionales, se refiere a que el legislador, al momento de regular una ley debe asegurar la protección de los derechos constitucionales, aunque no esté estipulada una directriz de manera expresa en la Constitución, se puede solicitar una acción de inconstitucionalidad por omisión si no se garantiza suficientemente algún derecho constitucional en la ley.

Asimismo, la omisión legislativa puede producirse por el desconocimiento o contrariedad del reparto constitucional de competencias, tal como ocurrió en Venezuela cuando existían leyes que no reconocían la participación de los entes federados en la toma decisiones con respecto a las competencias concurrentes.

Por último, el profesor Casal señala que la omisión legislativa puede producirse por la vulneración del principio de igualdad. En efecto, en este caso se viola un derecho constitucional por excluir a una categoría de personas de un beneficio que deberían gozar todos los ciudadanos[287].

---

286 Casal ofrece un ejemplo muy ilustrativo al respecto: *(...) así, la legislación que debe dictarse para proteger los derechos de los pueblos y comunidades indígenas, en los términos del artículo 119 de la Constitución, sería inconstitucional, por omisión, si no garantiza su participación en la demarcación del hábitat indígena, como también lo sería, la legislación sobre régimen municipal, si no establece las opciones para la organización del gobierno y administración local en los Municipios con población indígena, a tenor del 169 de la Constitución.* cfr. Jesús María Casal H., *Constitución y Justicia Constitucional*, ob. cit.

287 Jesús María Casal, con referencia a la jurisprudencia alemana, se refiere a esta omisión de la siguiente forma: *"La jurisprudencia constitucional alemana ha declarado, por ejemplo, la incompatibilidad con la Ley Fundamental (artículo3 II) de una norma de una ley estadal que garantizaba a las mujeres trabajadoras con un hogar a su cargo un día libre al mes para el trabajo en casa, pero que no decía nada respecto de los hombres.(...) Los tribunales constitucionales han encarado, sin embargo, estas omisiones legislativas, bien sea a través de los pronunciamientos meramente declarativos de la constitucionalidad omisiva de la ley, que remiten por entero al legislador la corrección de la inconstitucionalidad, bien sea mediante sentencias que, adicionalmente, exhortan a los jueces ordinarios para integrar en los casos concretos las lagunas generadas hasta que se produzca la intervención legislativa, o extienden inmediatamente los efectos de la Ley a la situación indebidamente preteridas"*. Jesús María Casal H., *Constitución y Justicia Constitucional*, ob. cit. P. 211.

En otra clasificación, el legislador puede incurrir en dos tipos de omisión legislativa, a saber: la omisión absoluta, que se verifica cuando falta la legislación que desarrolle legislativamente un determinado precepto constitucional; la otra es la omisión relativa, en cuyo caso, el legislador pone en marcha su actividad con el propósito de dar cumplimiento al precepto constitucional, pero al hacerlo lo hace con defecto en la creación de la norma.

La omisión absoluta entonces es aquella que se produce cuando falta o existe ausencia total de desarrollo legislativo del precepto constitucional (conocido por parte de la doctrina como "silencio del legislador"), y de ello se deriva una situación contraria a la norma constitucional.

De otra parte, las omisiones legislativas relativas se refieren a los casos en los que la regulación legislativa dictada por el legislador resulta incompleta, defectuosa, no idónea desde el punto de vista constitucional[288]. En este supuesto efectivamente existe una ley, una actuación del legislador, sin embargo, esta es insuficiente y no abarca la regulación ordenada por la Constitución.

El control de la constitucionalidad de las omisiones legislativas, por tanto, tendrá por objeto regular las consecuencias jurídicas que de ella se derivan, no la inactividad en sí del órgano legislativo. Sólo en ese caso se puede contar con un parámetro objetivo de comparación que permita realizar efectivamente el control de constitucionalidad. De este modo, si el órgano legislativo incurre en una omisión legislativa, es decir, no legisla y omite desarrollar algún precepto de la Constitución, no incurre en infracción a la misma. Si por el contrario, el silencio o inactividad del órgano legislativo fomenta la creación o mantenimiento de efectos normativos contrarios al texto constitucional entonces y, sólo en este caso, su inacción podrá ser considerada como fuente de inconstitucionalidad.

La omisión legislativa tiene la finalidad de reprimir la falta de desarrollo legislativo por parte del órgano legislativo tanto nacional, estadal o municipal, de aquellas normas o principios constitucionales de

[288] Francisco Javier Díaz Revorio, "El control de constitucionalidad de las omisiones legislativas relativas en el derecho comparado europeo", en *Revista Española de Derecho Constitucional*, Año 21, Núm. 61, enero-abril 2001, Madrid, 2001. Pp. 83-84.

obligatorio desarrollo y que tal situación se haya mantenido por un tiempo excesivamente largo.

3.1. Delimitación del recurso de omisión legislativa

Mediante sentencia de fecha 28 de abril de 2003, caso "Provea", la SC, en el momento de decidir el recurso por omisión legislativa parcial del órgano legislativo por la regulación "incompleta" de la Ley Orgánica del Sistema de Seguridad Social, determinó en primer lugar, que el control de la constitucionalidad por omisión, en el marco de la jurisdicción constitucional venezolana, no se limita al control de las omisiones formalmente legislativas, sino a la inactividad en el ejercicio de cualquier competencia de rango constitucional, esto es, ante la ausencia de cumplimiento de toda obligación debida, cuando dicho cumplimiento deba realizarse en ejecución directa e inmediata de la Constitución[289].

De otra parte, la SC determinó en qué casos no será admisible el recurso por inconstitucionalidad de la omisión del órgano parlamentario. En ese sentido, téngase en cuenta la sentencia del 1° de agosto de 2014, mediante la cual la Sala estableció la inadmisibilidad del recurso de omisión legislativa para los casos en los que no exista un problema de orden legal concreto, señalando en esta oportunidad que "*En definitiva, a juicio de esta Sala, lo que pretende el accionante de autos es plantear argumentos de una supuesta falta de desarrollo de formas más concretas y efectivas de los instrumentos mediante los cuales se garantiza la aplicación del principio de representación proporcional, procurando de esta manera, convertir a este Tribunal Constitucional en una suerte de instancia para debatir un inexistente problema de orden legal, lo que evidentemente colisiona con la naturaleza de la acción de inconstitucionalidad por la omisión legislativa*".

289 De otra parte, la Sala determinó que hasta que no se dicte la ley que regule dicho régimen prestacional, existirá, en la práctica, una interrupción de la prestación de los servicios sociales ante la pérdida de la actividad laboral, y en consecuencia, la mora del legislador nacional respecto de una regulación suficiente de la materia a través de la propia Ley Orgánica del Sistema de Seguridad Social o bien a través de la aprobación y promulgación de la Ley que regule el régimen prestacional de empleo, implica que, mientras dicha ley no se dicte, se encuentra en suspenso y sin posibilidad de ejercicio el derecho fundamental a la seguridad social que reconoce el artículo 86 de la Constitución.

4. Proceso

El proceso para conocer el recurso de omisión legislativa está regulado en la LOTSJ. En efecto, tal y como lo establece el artículo 128 de la LOTSJ: "*Hasta tanto se dicte la ley que regula la Competencia Constitucional, las demandas a que se refieren los numerales 1, 2, 3, 4, 7, 8, 9 y 17 del artículo 25 de esta Ley se tramitarán conforme a lo que dispone este capítulo*", refiriéndose dicha norma, al Capítulo III, titulado "De los Procesos ante la SC", que contiene los artículos que regulan desde los requisitos de la demanda hasta la conclusión del debate procedimental (artículos 128 al 145), que permite dictar la decisión en los procesos constitucionales ante la SC del TSJ.

En efecto, la LOTSJ establece entre sus regulaciones el íter procesal que debe cumplirse en la SC en el ejercicio del control concentrado de la constitucionalidad y también para la sustanciación y decisión de la acción de inconstitucionalidad por omisión. Este proceso rige los actos y las actuaciones fundamentales del proceso constitucional, entre ellos, la legitimación activa (artículo 32), los requisitos de la demanda (artículo 129), los supuestos de inadmisión de la demanda (artículo 133), la designación del ponente (artículo132), los modos de notificación y emplazamiento (artículos 135 al 138), la participación de los terceros intervinientes (artículo 139), la determinación de las medidas cautelares (artículo 130), los lapsos y procedimientos de evacuación de pruebas (artículos 139 y 140), la audiencia pública (artículos 141 al 143) y la conclusión del debate (artículo 144).

Supletoriamente, el proceso de inconstitucionalidad por omisión estará regulado por el CPC, de conformidad con lo dispuesto por el artículo 98 de la LOTSJ: "*Las reglas del Código de Procedimiento Civil regirán como normas supletorias en los procesos que cursen ante el Tribunal Supremo de Justicia. Sin embargo, cuando en el ordenamiento jurídico no se preceptúe un proceso especial a seguir se podrá aplicar el que las Salas juzguen más conveniente para la realización de la justicia, siempre que tenga fundamento legal*".

Debe tenerse en cuenta que este proceso que se aplica a la acción de inconstitucionalidad por omisión no puede obviarse y que constituye una violación al derecho a la defensa decidir un proceso de omisión legislativa sin sustanciar el debido proceso. Esto fue lo que ocurrió en el caso de la sentencia número 68 del 05 de junio de 2020, mediante la cual SC decidió arbitrariamente declarar la causa de "mero derecho", y en violación al debido proceso consagrado en el artículo 49 de la Constitución, así como en los precitados artículos 128 al 145 de la LOTSJ, emitió pronunciamiento sobre el fondo del asunto planteado, declarando la "*omisión inconstitucional por parte de la Asamblea Nacional en desacato, en la designación de los integrantes del Consejo Nacional Electoral*", sin intervención de la parte demandada, ni de proceso probatorio alguno que garantizara el derecho a la defensa establecido en el artículo 49 de la Constitución.

4.1. Legitimación activa

Para el caso de la acción de inconstitucionalidad por omisión se aplica el mismo criterio del recurso de nulidad por inconstitucionalidad en cuanto a la legitimación activa, es decir, que se considera que el recurso de omisión legislativa constituye una acción popular, por lo que cualquier persona, natural o jurídica plenamente capaz podría ejercerla. De esta forma, no se precisa un grado especial de legitimación. No se requiere invocar un derecho subjetivo, ni un interés legítimo personal y directo. No se precisa estar en una especial situación de hecho o de derecho entre el recurrente y la norma o acto que se ha omitido.

En efecto, sobre este tema se ha pronunciado la SC en sentencia de fecha 4 de agosto de 2003, por medio de la cual destacó que *"Ha sido criterio de la extinta Corte Suprema de Justicia, en Pleno, acogido por esta Sala Constitucional del Tribunal Supremo de Justicia, que el ejercicio de la acción popular de inconstitucionalidad no requiere de mayores exigencias en la legitimación para poder actuar por lo que cualquier persona, natural o jurídica, posee la legitimación para ejercerla. La acción de inconstitucionalidad de la omisión del órgano legislativo podría considerarse como una subespecie, de reciente creación, de la acción popular de inconstitucionalidad, atendiendo a lo cual, considera esta Sala, que en el presente caso debe aplicarse el criterio antes referido, y así se declara".*

Asimismo, mediante sentencia del 1° de agosto del 2014, la SC decidió sobre acción de inconstitucionalidad por omisión legislativa y, con respecto al interés procesal y legitimación para ejercer dicha demanda, en su fallo estableció que *"es menester señalar que ha sido criterio reiterado de esta Sala, que el ejercicio de la acción popular de inconstitucionalidad no requiere de mayores exigencias en la legitimación, por lo que cualquier persona, natural o jurídica, posee la legitimación para ejercerla. De igual forma, ha precisado que* ***la acción de inconstitucionalidad por omisión del órgano legislativo podría considerarse como una modalidad de la acción popular de inconstitucionalidad.*** *En virtud de lo anterior, juzga que, en el presente caso, debe aplicarse el criterio antes referido y declarar el interés y la legitimación del accionante para incoar la pretensión de autos. Así se declara".* (Resaltado añadido).

De esta forma, al considerarse una modalidad de la acción por inconstitucionalidad, la omisión legislativa solo puede ser sustanciada y decidida por el juez constitucional mediante solicitud de parte, es decir, a través de la demanda popular, tal y como lo dispone el artículo 32 de la LOTSJ: "*De conformidad con la Constitución de la República, el control concentrado de la constitucionalidad solo corresponderá a la Sala Constitucional en los términos previstos en esta Ley,* ***mediante demanda popular de inconstitucionalidad****, en cuyo caso, no privará el principio dispositivo, pudiendo la Sala suplir, de oficio, las deficiencias o técnicas del demandante por tratarse de un asunto de orden público* (...)" (Resaltado añadido).

4.2. Requisitos de la demanda (artículo 129 LOTSJ)

De conformidad con lo dispuesto en el artículo 129 de la LOTSJ la acción de inconstitucionalidad por omisión se inicia a instancia de parte con la interposición de una demanda y,específicamente, para el caso concreto la ley requiere que esta se realice por escrito, con la documentación indispensable para que sea valorada, de lo contrario será inadmitida.

Si el solicitante se encuentra dentro del área Metropolitana de Caracas, deberá presentar la demanda de inconstitucionalidad por omisión legislativa ante la SC y, si estuviere domiciliado fuera de Caracas, se podrá presentar la demanda ante cualquiera de los tribunales que ejerzan competencia territorial en el lugar donde tenga su residencia, debiendo el tribunal dejar constancia de su presentación al pie de la demanda y en el libro diario y remitir a la SC el expediente debidamente foliado y sellado, dentro de los tres días hábiles siguientes.

El artículo 134 de la LOTSJ establece la posibilidad de que el juez dicte un despacho saneador cuya función es ordenar la corrección, en lugar de la admisión, de todas las demandas que resulten ininteligiblemente imposibles de tramitar. La parte demandante cuenta con un lapso de tres días para corregir el escrito, si no lo hace dentro de dicho lapso o si lo hiciere dejando de subsanar la falta advertida, la SC negará la admisión de la demanda. Sin embargo, si la parte no subsana los errores en su demanda, la propia SC tiene la facultad de suplir de oficio, cualquiera deficiencia o técnica del demandante y continuar conociendo de la acción por tratarse de un asunto de orden público.

4.3. Medidas cautelares (artículo 130 LOTSJ)

De acuerdo a lo previsto en el artículo 26 de la Constitución, referido a la tutela judicial efectiva, en concordancia con el artículo 130 de la LOTSJ, en el proceso de inconstitucionalidad por omisión, el juez constitucional cuenta con los más amplios poderes cautelares para cuyo ejercicio debe tener en cuenta y ponderar las circunstancias del caso y los intereses públicos en conflicto. De modo que en cualquier estado y grado del proceso las partes podrán solicitar y la SC podrá acordar, aun de oficio, las medidas cautelares que estime pertinentes.

Téngase como ejemplo la sentencia interlocutoria número 954 del 22 de noviembre de 2016, mediante la cual la SC acordó medida cautelar de suspensión de los efectos de la "*Ordenanza sobre el Régimen para la Comparecencia de los Funcionarios y Funcionarias Públicas y los o las Particulares ante el Concejo Municipal del Municipio Santiago Mariño del estado Aragua*", al admitir acción de inconstitucionalidad por omisión legislativa contra el Concejo Municipal del Municipio Santiago Mariño del Estado Aragua, por publicar la referida ordenanza municipal sin que el Alcalde del referido Municipio refrendara y promulgara la misma.

4.4. Designación de ponente (artículo 132 LOTSJ)

El ponente, quien conocerá de la totalidad del juicio de inconstitucionalidad por omisión con tal carácter, será designado en el momento en que la SC dé cuenta de la demanda.

4.5. Admisión de la demanda (artículos 133 al 135 LOTSJ)

El artículo 133 de la LOTSJ establece los requisitos para que la demanda inconstitucionalidad por omisión sea admitida. Dispone el mencionado artículo 133 que no será admitida la demanda:

1) Cuando se acumulen demandas o recursos que se excluyan mutuamente o cuyos procedimientos sean incompatibles.
2) Cuando no se acompañen los documentos indispensables para verificar si la demanda es admisible.
3) Cuando sea manifiesta la falta de legitimidad o representación que se atribuya él o la demandante, o de quien actúe en su nombre, respectivamente.
4) Cuando haya cosa juzgada o litispendencia.
5) Cuando contenga conceptos ofensivos o irrespetuosos.
6) Cuando haya falta de legitimación pasiva.

Sobre estas causales de admisibilidad, la jurisprudencia ha señalado la potestad que tiene la SC de examinar el cumplimiento de los requisitos de admisibilidad y procedencia en cualquier estado y grado del proceso (véase sentencia de la SC número 954 del 22 de noviembre de 2016).

4.6. Intervención de terceros (artículos 137 al 139 LOTSJ)

Además del accionante y el accionado, en los procesos de inconstitucionalidad por omisión legislativa se admite la participación de terceros interesados en la causa, para intervenir en la defensa de alguno de los intereses jurídicos en conflicto. Los terceros son los sujetos distintos a aquellos que intervienen en juicio como actor o demandado, que son a quienes aprovecha o perjudica la sentencia. Sin embargo, puede ocurrir que terceros intervengan en el proceso para participar en la defensa de algunas de las partes.

Esta figura de la intervención del tercero en el proceso de inconstitucionalidad por omisión está regulada en los artículos 136 y siguientes de la LOTSJ, de forma expresa, y de forma supletoria por los artículos 370 y siguientes del CPC, en razón de lo dispuesto el artículo 98 de la LOTSJ.

En primer lugar, el artículo 136 de la LOTSJ dispone que en el auto de admisión de la demanda de inconstitucionalidad por omisión se ordenará emplazar a los interesados por medio de un cartel, el cual deberá ser librado, junto con los oficios, por el Juzgado de Sustanciación, dentro de los cinco días de despacho siguientes al recibo del expediente y cuando sea verificada la estadía a derecho de la parte demandante, el juzgado de sustanciación librará los oficios y el cartel.

Seguidamente el artículo 137 de la LOTSJ establece que el cartel de emplazamiento será publicado por la parte demandante en un diario de circulación nacional o regional, según sea el caso, para que los interesados concurran dentro del lapso de 10 días de despacho siguientes a que conste en autos su publicación.

Si la parte demandada no cumpliera con esta carga, será declarada la perención de la instancia, a menos que existan motivos de orden público que justifiquen la continuación de la causa, caso en el cual el cartel deberá ser publicado por el Juzgado de Sustanciación. Es decir que el juez constitucional tiene el poder, cuando razones de orden público lo precisen, de continuar conociendo del asunto aun cuando la parte solicitante de la inconstitucionalidad haya incumplido la obligación procesal de publicar el cartel de emplazamiento y consignarlo en el expediente.

Cuando venzan los lapsos antes indicados, deberá dejarse transcurrir un término de diez días de despacho para que se entienda que los interesados han quedado notificados, configurándose así su notificación (artículo 138 LOTSJ). Vencido el lapso anterior, y una vez que conste en autos que se ha efectuado la última de las notificaciones, el Juzgado de Sustanciación se pronunciará sobre la legitimación de los intervinientes dentro del lapso de tres días de despacho (artículo 139 de la LOTSJ).

Esta intervención de terceros, como señala González Pérez, comprende una exigencia de justicia y se justifica en la "*salvaguarda y protección de quienes puedan resultar afectados por la sentencia que se dicte y porque, mediante su intervención, se logra la mejor tutela del interés general que se actúa en todo el proceso, al dotar al órgano jurisdiccional de elementos de juicio más completos*"[290].

Señala González Pérez como principal argumento para justificar la figura del tercero interviniente en el proceso constitucional, que la mayoría de las veces la actuación de los sujetos que se conforman como partes principales tienen un móvil político y no la defensa de la Constitución.

4.7. Lapso de pruebas (artículos 139 y 140 LOTSJ)

Como hemos señalado, lamentablemente, las regulaciones de la LOTSJ sobre los lapsos de promoción, oposición y evacuación de pruebas en los procesos ante la SC (y entre ellos el de inconstitucionalidad por omisión) no son claras ni precisas. Por el contrario, las disposiciones relativas a los lapsos de prueba se establecen junto con las normas sobre la participación de los terceros intervinientes (artículo 139), creando confusión al respecto.

El artículo 139 de la LOTSJ establece que después del pronunciamiento del tribunal sobre la admisión de la participación de los terceros, se abrirá el lapso de diez días para consignar escritos de promoción de pruebas, así como para evacuar pruebas documentales. Dentro de los tres días de despacho siguientes al vencimiento del lapso de promoción de pruebas, las partes podrán oponerse a la admisión de las pruebas de la contraparte que consideren manifiestamente ilegales o impertinentes.

Consideramos que la expresión "pruebas manifiestamente ilegales" que utiliza el legislador en el artículo 139 de la LOTSJ, alude a la prueba ilegal propiamente dicha y, también, a la prueba ilícita.

Para que las pruebas entren correctamente al proceso, es necesario que sean legítimas, legales, conducentes, definidas, y pertinentes. La prueba legal es la que se ha creado y propuesto de acuerdo a las formalidades exigidas por la ley.

---

290 Jesús González Pérez, *Derecho Procesal Constitucional*, ob. cit. p. 118.

Las pruebas ilegales son las que no cumplen adecuadamente con los requisitos de existencia, validez y eficacia que establece la ley. La prueba puede ser manifiestamente ilegal cuando el medio probatorio promovido está expresamente prohibido por la ley o hay expresa prohibición para su uso en un caso concreto. Otra cosa distinta a la ilegalidad de la prueba es la prueba ilícita que es la que viola derechos constitucionales o legales de alguna de las partes por haber sido construida o adquirida en contra de la ley.

El artículo 139 de la LOTSJ también establece que las partes podrán oponerse a la admisión de las pruebas de la contraparte que consideren impertinentes. La pertinencia de la prueba se refiere a su objeto, es decir a la necesidad de que lo que se busca probar guarde relación directa con la pretensión, con las argumentaciones de las partes y con el tema que se decide.

La pertinencia de la prueba es la congruencia que necesariamente debe existir entre el objeto fáctico de la prueba promovida y los hechos alegados y controvertidos. El promovente, cuando anuncia la prueba debe indicar los hechos que pretende probar, ello sirve para comparar lo que se pretende probar con los alegados y controvertidos y, en consecuencia, determinar la pertinencia de la prueba. La prueba sería entonces impertinente si el medio promovido no se corresponde con el hecho litigioso.

En efecto, dado que en los procesos de omisión legislativa no se resuelven únicamente cuestiones de derecho a través de la confrontación de normas, ni problemas estrictamente teóricos, resulta esencial la actividad probatoria para decidir asuntos de constitucionalidad· El juez constitucional requiere valorar y estimar los hechos alegados y probados en el proceso constitucional, con el objeto de dotar de legitimidad la decisión que dicte y hacer efectiva la protección de la supremacía constitucional.

Como hemos señalado antes, la acción de inconstitucionalidad por omisión legislativa por su parte es una modalidad del control de la constitucionalidad por medio de la cual se demanda la inconstitucionalidad de la omisión del órgano legislativo que, por un tiempo prolongado e indefinido o en violación al lapso establecido en la Constitución, ha permanecido inactivo, de forma total o parcial, en el cumplimiento de su obligación constitucional de dictar leyes que regulen preceptos constitucionales de obligatorio desarrollo de manera que dichos preceptos o uno de ellos, es ineficaz, en virtud de la omisión total o de la legislación incompleta o defectuosa, con lo cual se produce la violación de la Constitución.

En la omisión legislativa el objeto de la prueba sería entonces el incumplimiento por parte del órgano legislativo de la obligación constitucional concreta y específica de dictar determinada ley durante un tiempo razonable o exceso del tiempo que se haya fijado constitucionalmente, es decir la inacción legislativa lo que obviamente es un hecho. También hay omisión legislativa cuando se prueba que se ha dictado una regulación de forma incompleta o parcial, que produce consecuencias contrarias a la Constitución y violatorias de los derechos y garantías individuales. Pero además, en el recurso de omisión legislativa sería objeto de prueba, el incumplimiento por parte del órgano legislativo, de la obligación de dictar otros actos sin forma de ley, tales como la designación de los titulares de los órganos de rango constitucional como los magistrados del TSJ, los rectores del CNE, el Fiscal General de la República, entre otros.

De acuerdo con lo anterior, para que la decisión de un juez constitucional en aplicación del control de inconstitucionalidad por omisión, sea válida, es necesario que esté fundamentada en la prueba del proceso constitucional, es decir, debe estar basada en la convicción que produzcan los medios de prueba. Es por ello que el juez constitucional debe pronunciarse sobre las razones, argumentos, instrumentos o medios de naturaleza procesal dirigidos a verificar el cumplimiento o la violación de los preceptos constitucionales[291].

El lapso para la admisión y evacuación de las pruebas en los procesos de inconstitucionalidad por omisión está regulado en el artículo 140 de la LOTSJ, que dispone que transcurridos cinco días de despacho luego del vencimiento del lapso de oposición de pruebas, el Juzgado de Sustanciación providenciará los escritos de prueba, admitirá aquellos que sean legales y procedentes, desechando entonces los que aparezcan manifiestamente ilegales o impertinentes[292].

291 Ibidem, p.183

292 El tema de las pruebas en los procesos constitucionales será desarrollado en el Capítulo IX.

El Juzgado ordenará, en el mismo auto, que se omita toda declaración o prueba sobre aquellos hechos que aparezcan claramente como no controvertidos entre las partes. En esa oportunidad se fijará la audiencia pública y se remitirá el expediente a la Sala.

Si llegare a suceder que ninguno de los intervinientes promoviere pruebas distintas a las documentales, la causa entrará en estado de sentencia y el Juzgado de Sustanciación remitirá el expediente a la Sala, para que decida en un plazo de veinte días de despacho. Queda a salvo la facultad de la SC de fijar audiencia si lo estima pertinente.

4.8. Audiencia pública (artículo141 LOTSJ)

En la audiencia pública del proceso de inconstitucionalidad por omisión el Presidente de la Sala señalará a las partes el tiempo de que disponen y estas expondrán sus alegatos y procederá igualmente, en caso de que hayan manifestado su deseo de ejercer el derecho a réplica o contrarréplica.

En esta audiencia la Sala debe exponer en qué términos quedó trabada la controversia, así como ordenar, si fuere el caso, la evacuación de las pruebas en la misma audiencia o en otra oportunidad, de la misma manera deberá resolver cualquier incidencia en relación con el control y contradicción de la prueba (artículo 142 LOTSJ).

Como ya dijimos previamente, una manifestación del principio inquisitivo que gobierna al proceso constitucional es lo dispuesto en este artículo 142 de la LOTSJ, que atribuye al juez constitucional la facultad de ordenar la evacuación de las pruebas que juzgue necesarias para el esclarecimiento de los hechos que aparezcan dudosos u oscuros y, asimismo, la facultad que tiene para resolver cualquier incidencia en relación con el control y contradicción de la prueba.

La audiencia fijada continuará en la oportunidad que determine el juzgado y así cuantas veces sea necesario para agotar completamente el debate. Una vez que el tribunal oiga a los intervinientes, podrá ordenar la evacuación de las pruebas que juzgue necesarias para el esclarecimiento de los hechos que aparezcan dudosos u oscuros.

Luego de la conclusión de la audiencia pública se levantará un acta, la cual deberá ser firmada por todos los intervinientes y, si se negaren a hacerlo, el secretario dejará constancia de ello. La audiencia será la última actuación de las partes en materia litigiosa. Si la parte demandante no asistiera al debate, se entenderá como un desistimiento tácito, por lo cual se daría por terminado el proceso a menos de que la Sala considere que el asunto litigioso afecta el orden público (artículo143 LOTSJ).

4.9. Conclusión del debate (artículo144 LOTSJ)

Cuando el debate entre los intervinientes concluya de manera que se hayan agotado todos los puntos controvertidos, los Magistrados proceden a deliberar, por lo que podrán entonces:

1. Decidir inmediatamente el fondo del asunto y exponer en forma oral los términos del dispositivo del fallo.
2. Dictar la decisión en la oportunidad de publicarse la sentencia cuando las circunstancias del caso así lo ameriten.
3. Diferir por una sola vez y hasta por un lapso de cinco días de despacho, el pronunciamiento del dispositivo del fallo, cuando la complejidad del asunto así lo requiera.

El texto íntegro del fallo sobre el recurso de inconstitucionalidad por omisión deberá ser publicado dentro de los diez (10) días de despacho siguientes a la celebración de la audiencia pública o al vencimiento del diferimiento.

4.10. Decisión

En la decisión del recurso de omisión legislativa, el juez constitucional debe, en primer lugar, declarar si existe o no inconstitucionalidad por omisión del órgano parlamentario. Ahora bien, en caso de que se constate por la SC que el poder legislativo municipal, estadal o nacional haya dejado de dictar las normas o medidas indispensables para garantizar el cumplimiento de esta Constitución, o las haya dictado de forma incompleta, la SC deberá establecer el plazo y de ser necesario, los lineamientos de su corrección, de conformidad con el artículo 336.7 de la Constitución.

En el orden de ideas anteriores se ha pronunciado la SC al determinar que "*De acuerdo con la norma, el efecto de la declaratoria (y de la sentencia que la contenga) es el establecimiento de un plazo para corregir la inconstitucionalidad declarada. Podrá el juzgador, "de ser necesario", establecer "los lineamientos de su corrección".*

Asimismo, ha señalado la SC que puesto a que la Constitución no señala *"el alcance de los lineamientos para la corrección de la omisión,* estos *parecen quedar al arbitrio de la SC, ajustados a derecho".*

Ahora bien, que los jueces constitucionales estén llamados a resolver o corregir las omisiones de los órganos legislativos, no significa que les esté permitido sustituir al legislador. Los jueces constitucionales no tienen legitimación alguna que para crear normas legales, de modo que solo pueden acordar lineamientos para la corrección de la omisión legislativa que se deriven inmediatamente de la Constitución[293].

De otra parte, la SC en sentencia de fecha 4 de agosto de 2003, se pronunció sobre los efectos en el tiempo de las sentencias que declaren la inconstitucionalidad de las omisiones legislativas, y estableció su carácter provisorio de la siguiente forma: "*Igualmente, debe esta Sala recordar que, conforme a la jurisprudencia de la misma (sentencia N° 1556/2002; caso Fiscal General de la República), las decisiones emanadas de las acciones de inconstitucionalidad por omisión y en que la SC, en virtud del mantenimiento de la integridad, efectividad y la supremacía constitucional, consagradas en los artículos 334 y 335 constitucionales, llene los vacíos que puedan hacer inoperantes a las instituciones desde el punto de vista constitucional en virtud de tal omisión, tienen carácter estrictamente provisorias, hasta tanto el órgano a quien se le imputa la omisión, cumpla con su obligación constitucional, y así se declara".*

5. Límites del juez en la omisión legislativa

5.1. Límite del juez constitucional: Respeto al bloque de la constitucionalidad

El poder del juez constitucional en la sustanciación y decisión del recurso de omisión legislativa, esta sometido al respeto a la Constitución, al bloque de la constitucionalidad y de la convencionalidad.

---

293 Allan Brewer-Carías, *Tratado de derecho constitucional*, Tomo XIV, ob. cit. p. 77.

5.2. Límite del juez constitucional: Principio de separación de poderes y límite derivado del medio de impugnación

El juez constitucional está sometido también y, de manera especial en esta modalidad de control de constitucionalidad por omisión, al principio de separación de poderes y a los límites derivados y propios de este medio de impugnación. Es decir, al juez le corresponde la declaratoria de la omisión legislativa del poder legislativo municipal, estadal o nacional, que es el objeto del recurso, y el establecimiento de un plazo para corregir la falta y, de ser necesario, los lineamientos de su corrección.

En efecto, para decidir el recurso por omisión legislativa el juez constitucional tiene la obligación no sólo de hacer eficaz el precepto constitucional que ha exhortado el desarrollo legislativo que se omite, sino también de reparar la inconstitucional omisión, sin violar el principio de división de poderes o la libertad del legislador.

No podría el juez constitucional dictar las normas omitidas, porque nunca se aceptaría en un Estado Democrático de Derecho que un cuerpo distinto al parlamento, que es el representante de la voluntad general, sea el que dicte las leyes. El Parlamento es la esencia de la soberanía popular. La legitimidad democrática de la ley en el Estado constitucional privilegia esa fuente respecto de cualquier otra, convirtiendo de esta forma la voluntad del legislador en irremplazable, lo que quiere decir que no puede ser sustituida ni siquiera por una decisión del juez constitucional.

Como lo ha determinado la doctrina, en los casos de omisión legislativa la SC no podría sustituirse en el legislador y dictar la ley omitida, obviando los pasos constitucionales fundamentales que pueden permitir la sanción de una ley, y que son, ya lo hemos señalado, primero, la intervención del órgano de representación popular integrado por diputados electos, sin lo cual un acto normativo nunca podría llegar a ser ley, salvo que se emita por delegación legislativa, de conformidad con el artículo 202 de la Constitución; segundo, que para la sanción se siga el procedimiento constitucionalmente establecido para la formación de las leyes, que supone dos discusiones por parte de los diputados, previstas en los artículos del 207 al 211 de la Constitución, y tercero, que se garantice el derecho ciudadano a la participación política mediante la consulta popular previa de los proyectos de ley antes de la sanción, de conformidad con el artículo 206 de la Constitución.

El juez constitucional tiene vedado ejercer la función legislativa, como competencia propia de la AN. En Venezuela la SC ha ejercido en reiteradas oportunidades la llamada jurisdicción normativa, como es el caso de la declaración de interpretaciones vinculantes que obran como una normativa restringida hasta que la AN legisle sobre una materia o lo haga de acuerdo a los valores, principios y normas constitucionales.

Este criterio de la SC "*ha sido aplicado con ocasión de diversos procesos constitucionales en orden a 'ajustar' normas legales a los principios y normas constitucionales, procediendo en algunos casos a establecer nuevas redacciones de las leyes objeto del examen constitucional. Es preciso señalar que la Sala ha advertido sobre el efecto provisorio de sus decisiones con efecto normativo, tanto cuando ha establecido el desarrollo de un precepto constitucional como en los casos en que, dejando sin efecto normas –a su juicio– inconstitucionales, las sustituye por interpretaciones de cómo debía actuarse o ajustando su redacción a los preceptos constitucionales*"[294].

Que los jueces constitucionales carecen de facultades para legislar, por ser esta una función inherente del poder legislativo fue establecido en sentencia de la CSJ de fecha 12 de septiembre de 1969, al señalar que:

> "*Investido como está el Congreso de la potestad de legislar, a él corresponde escoger las vías más apropiadas para expresar su voluntad y decidir respecto de las ventajas o inconvenientes del contenido de una ley. Establecer si una o más normas deben o no incluirse en determinada ley o si los medios escogidos por el legislador son o no los mejores para lograr los fines previstos en la Constitución son cuestiones que escapan al control jurisdiccional de la Corte sobre los actos de los cuerpos legislativos nacionales, a menos que se viole una disposición expresa de la Constitución*".

294 Juan A. Berríos Ortigoza, "Bases para la comprensión de la politización de la justicia constitucional en Venezuela (2000-2010): Ensayo de aproximación", en Jesús M. Casal H., *Defender la Constitución*, Universidad Católica Andrés Bello, Caracas, 2011, p. 85.

Al respecto téngase en cuenta que "*los jueces constitucionales pueden ayudar al Legislador a llevar a cabo sus funciones; sin embargo, no pueden sustituirlo ni promulgar leyes, ni poseen base política discrecional alguna para crear normas legales o disposiciones que no puedan ser deducidas de la Constitución misma*"[295]. En efecto:

> *"es posible afirmar como principio general, que los jueces constitucionales aún siguen siendo considerados como Hans Kelsen solía decir: "Legisladores Negativos" por oposición a ser "Legisladores Positivos" en el sentido de que, como lo afirman Richard Kay y Laurence Claus, los mismos no pueden elaborar ni crear leyes ex novo que sean producto "de su propia concepción," ni adoptar "reformas" respecto de leyes que han sido concebidas por otros actores legislativos"*[296].

Brewer-Carías ha identificado que los jueces constitucionales, como "Legisladores positivos", tienden a intervenir en las funciones del órgano legislativo cuando:

> "*(...), interfieren con la legislación existente, asumiendo la tarea de auxiliares del Legislador, complementando disposiciones legales, agregando nuevas disposiciones a las existentes y también determinando los efectos temporales de las leyes;*
> *(...), interfieren con la ausencia de legislación, por las omisiones absolutas o relativas del legislador, actuando en algunos casos como "Legisladores Provisionales"; y*
> *(...), actúan como Legisladores en materias relativas al propio control de constitucionalidad de las leyes, en decir, en materia de justicia constitucional*"[297].

Frente a esta innegable realidad del ejercicio de los jueces constitucionales de sus funciones como "legisladores positivos", se ha planteado ya no el completo rechazo de estas "actividades legislativas" por parte de los jueces constitucionales, sino la determinación del alcance y los límites de sus decisiones y el grado de interferencia permitido en relación con las funciones legislativas[298]. En efecto, como ha señalado

---

295 Allan Brewer-Carías, *Tratado de derecho constitucional*, Tomo XIV, ob. cit. p. 77.
296 Ibidem.
297 Ibidem, p. 78.
298 Ibi.

Francisco Fernández Segado, el objetivo es evitar "*convertir al guardián de la Constitución en soberano*"[299].

Téngase en cuenta que el Tribunal Constitucional Federal Alemán desde finales de los años setenta del siglo XX ha impuesto límites a la decisión de los recursos de omisión legislativa, disponiendo que para remediar la inconstitucionalidad por omisión en la producción de normas generales se debe tener en cuenta, en primer lugar, un claro mensaje constitucional incumplido; en segundo lugar, el transcurso de un tiempo ya irrazonable sin que se lo obedeciera, y, por último, la posibilidad de que el Poder Judicial pudiese cubrir material y jurídicamente el vacío lagunoso, prescindiendo del legislador[300].

De esta forma, señalamos entonces que la potestad configurativa del legislador es un principio conocido e importante, pero que, sin embargo, está limitada a lo que disponga la Constitución y no es inmune al control por el órgano correspondiente de justicia constitucional[301].

En efecto:

> *"La razonabilidad en el ejercicio de aquella libertad es una de las piezas cruciales del engranaje que mueve las relaciones entre el legislador y el Tribunal Constitucional o la CSJ en cuestión. Si bien estos últimos órganos deben conducirse con deferencia prudente y reflexiva respecto del margen de apreciación del legislador, este no puede ignorar ad eternum las demandas de actuación concreta que la Constitución le fija"*[302].

Lo anterior quiere significar que ni el juez constitucional puede convertirse en legislador, a pesar de que sus pronunciamientos constitucionales repercutan en el ordenamiento jurídico; ni el legislador puede

---

[299] Francisco Fernández Segado, "Algunas reflexiones generales en torno a los efectos de las sentencias de inconstitucionalidad y a la relatividad de ciertas fórmulas estereotipadas vinculadas a ellas" en *Anuario Iberoamericano de Justicia Constitucional*, número 12, Centro de Estudios Políticos y Constitucionales, Madrid, 2008, p. 161. Cit. en Allan Brewer-Carías, *Tratado de derecho constitucional*, Tomo XIV, ob. cit. p. 79.

[300] V. Néstor Pedro Sagüés, "La Corte Constitucional como legislador suplente y precario", en Sergio J. Cuarezma Terán y Rafael Luciano Pichardo, ob. cit., p. 103.

[301] Víctor Bazán, "Justicia, política y búsqueda de mayor transparencia en Argentina", en Víctor Bazán y Marie-Christine Fuchs, ob. cit. p. 23.

[302] Ibidem. p. 23.

escudarse en su libertad configurativa para eludir o posponer ilimitadamente el mandato constitucional que le impone materializar las determinaciones normativas contenidas en la Constitución[303].

De otra parte, tampoco podría el juez constitucional en ejercicio de su potestad de control sobre las omisiones legislativas, pretender ejercer otras competencias que tiene también el órgano parlamentario distintas a las de legislación. Nos referimos a las otras potestades de rango constitucional que tiene el parlamento como es el caso de la designación de los funcionarios titulares de los órganos de rango constitucional.

En efecto, el juez constitucional también tiene vedado sustituirse, además de la función legislativa, en las demás funciones que están atribuidas a la AN y en este sentido, no podría realizar la elección de los titulares de los órganos de rango constitucional, como son la Contraloría General de la República, la Fiscalía General de la República, el Consejo Nacional Electoral y el propio TSJ. Esas designaciones solo pueden ser hechas por la AN, toda vez que se trata de un acto de importancia singular dentro de la organización y correcto funcionamiento del Estado de Derecho.

Los titulares de esos órganos constitucionales, si bien no son elegidos a través de una elección popular, deben ser designados por el órgano legislativo en representación de la voluntad popular, cumpliendo el procedimiento constitucional y contando con la mayoría agravada exigida por la Constitución. La justificación de esta elección, conocida como elección de segundo grado, se encuentra en que el órgano legislativo al ser el máximo cuerpo colegiado electo directamente por el pueblo a través de una elección de primer grado y por ende con una diversidad política en su constitución que representa las distintas tendencias de los ciudadanos, cuenta con la dignidad y legitimación democrática requerida constitucionalmente para constituir una extensión del voto popular. Así pues, es al órgano legislativo a quien el pueblo delega este poder para que en su nombre y representación elija a los funcionarios de los máximos órganos que ejercen el Poder Público.

Por eso el artículo 5 de la Constitución establece que "*La soberanía reside intransferiblemente en el pueblo, quien la ejerce en la forma*

303 Ibidem. P. 25.

prevista en esta Constitución y en la Ley, e indirectamente ,mediante el sufragio, por los órganos que ejercen el Poder Público".

La anulación de la facultad de la AN de nombrar a los rectores del CNE, así como al resto de los integrantes de los órganos subalternos de ese órgano rector, mediante la decisión de un recurso por omisión legislativa, supone, además de la violación al principio de separación de poderes, también la transgresión del derecho democrático de participación de todos los venezolanos en los asuntos políticos, que está consagrado en los artículos 5, 6, 62, 63 y 70 de la Constitución, y en los artículos 1 y 6 de la Carta Democrática Interamericana.

Este fue el caso de las sentencias número 2231 del 23 de septiembre de 2002 y número 2073 del 4 de agosto de 2003, mediante las cuales la SC decidió designar el suplente del Fiscal General de la República y los rectores del Consejo Nacional Electoral, respectivamente. La Constitución no permite a la SC designar altos funcionarios públicos cuyo nombramiento está atribuido exclusivamente a la AN. En efecto, el artículo 336.7 de la Constitución, como hemos señalado anteriormente, solo atribuye a la SC la competencia para declarar la omisión legislativa, y de ser el caso, pronunciarse sobre los lineamientos necesarios para su corrección. En ningún supuesto se admite que la SC del TSJ lleve a cabo las funciones propias del órgano parlamentario (estadal, municipal o nacional) cuya omisión esté conociendo o declarando.

Eso ocurrió también mediante sentencias 68, 69 y 70 de fechas 05, 10 y 12, respectivamente, de junio de 2020, por medio de las cuales la SC, en la decisión de un recurso por omisión legislativa interpuesto en contra de la AN por la presunta omisión en *"designar a los funcionarios y funcionarias que sustituirán en sus cargos a los Rectores y las Rectoras Principales y Suplentes del Consejo Nacional Electoral",* procedió a declarar inconstitucionalmente el desacato de la AN y designar directamente a los rectores, sus suplentes y a los funcionarios de los órganos subordinados del CNE.

En efecto, en esta oportunidad, la SC dispuso que por cuanto en el año 2020 deben convocarse y realizarse los comicios para elegir a los diputados que integrarán la AN para el período constitucional 2021-2025, *"urge la necesidad de efectuar tales nombramientos para preservar el normal funcionamiento del Poder Electoral, quien tiene bajo su responsabilidad la organización, administración y vigilancia de todos los actos relativos a la elección de los cargos de representación popular de los poderes públicos, tal como lo prevé el cardinal 5 del artículo 293 de la Constitución de la República Bolivariana de Venezuela. Así se decide*", y bajo esta argumentación, estableció que por auto aparte procedería al "*nombramiento de los Rectores Principales y Suplentes del Consejo Nacional Electoral (CNE) y de los integrantes de sus órganos subalternos, previa la solicitud al Comité de Postulaciones Electorales del listado de los ciudadanos preseleccionados para integrar el Consejo Nacional Electoral*".

De esta forma, en la mencionada sentencia número 70, la SC declaró "*Que el desacato de la Asamblea Nacional se mantiene de forma ininterrumpida*" y procedió a designar a los integrantes del CNE y, además, convocó a los Rectores designados como principales y suplentes "*para su juramentación, la cual se celebrará el día viernes 12 de junio de 2020, a las ocho (8:00 p.m.) horas de la noche, en el Auditorio Principal del Tribunal Supremo de Justicia*" y procedió a su juramentación.

La SC mediante las sentencias señaladas violó el sentido y alcance de la acción por omisión legislativa establecida en el artículo 336.7 de la Constitución, por cuanto no se limitó a declarar la existencia o inexistencia de la omisión del órgano parlamentario, que es el objeto de este mecanismo de control de la constitucionalidad, antes y por el contrario, en exceso de sus facultades procedió a suplir directamente la omisión, usurpando las funciones propias de la AN, pero además violó los principios y derechos democráticos fundamentales establecidos en los artículos 2, 5, 6, 62 y 70 de la Constitución, y los artículos 1 y 6 de la Carta Democrática Interamericana.

CAPÍTULO VI
CONTROL DE CONVENCIONALIDAD

1. Del control de la convencionalidad

La protección de los derechos fundamentales y, especialmente, los Derechos Humanos se ha internacionalizado y ha dejado de estar limitada por fronteras, por lo que en su consagración y protección pueden coincidir tanto normas de derecho interno como de derecho internacional. Efectivamente, los Derechos Humanos pueden estar contenidos tanto en instrumentos normativos constitucionales como en convenios internacionales. Lo mismo ocurre, consecuentemente, con su protección que puede hacerse efectiva a través de los tribunales nacionales o por medio de los internacionales. De lo anterior es fácil deducir la intensa interrelación que existe entre el derecho procesal internacional de los derechos humanos y el Derecho Procesal Constitucional.

Pedro Nikken, sin duda, uno de los venezolanos más relevantes en el estudio y protección de los derechos humanos ha señalado sobre este tema que: "*Una de las características resaltantes del mundo contemporáneo es el reconocimiento de que todo ser humano, por el hecho de serlo, es titular de derechos fundamentales que la sociedad no puede arrebatarle lícitamente. Estos derechos no dependen de su reconocimiento por el Estado ni son concesiones suyas; tampoco dependen de la nacionalidad de la persona ni de la cultura a la cual pertenezca. Son derechos universales que corresponden a todo habitante de la tierra. La expresión más notoria de esa gran conquista es el artículo 1 de la Declaración Universal de Derechos Humanos:*

> *Todos los seres humanos nacen libres e iguales en dignidad y derechos y, dotados como están de razón y conciencia, deben comportase fraternalmente los unos con los otros*"[304].

[304] Pedro Nikken, "El concepto de derechos humanos", en AA.VV., *Estudios Básicos de Derechos Humanos*, Serie: Estudios de Derechos Humanos Tomo 1, Instituto Interamericano de Derechos Humanos, San José de Costa Rica, 1994. p. 16. Disponible en: https://archivos.juridicas.unam.mx/www/bjv/libros/4/1835/3.pdf

Por su parte Héctor Faúndez define los derechos humanos como "*las prerrogativas que, conforme al Derecho Internacional, tiene todo individuo frente a los órganos del poder para preservar su dignidad como ser humano, y cuya función es excluir la interferencia del Estado en áreas específicas de la vida individual, o asegurar la prestación de determinados servicios por parte del Estado, para satisfacer sus necesidades básicas, y que reflejan las exigencias fundamentales que cada ser humano puede formular a la sociedad de que forma parte*". Faúndez explica que los derechos humanos, es decir, aquellos derechos básicos, o mínimos, que son inherentes a toda persona, y que derivan únicamente de su condición de ser humano, "*son, ante todo, las prerrogativas que el individuo tiene frente al poder estatal, y que limitan el ejercicio de este último*"[305].

De manera que, de conformidad con el concepto antes mencionado sobre derechos humanos, una de las formas de hacer efectivo la limitación de la actuación del Estado en protección de los derechos humanos, es precisamente a través del control de la convencionalidad. El control de la convencionalidad se deriva de la naturaleza *erga omnes* de las obligaciones internacionales de respetar y garantizar los derechos humanos.

En efecto, como señaló Pedro Nikken, "*entre los tribunales nacionales e internacionales se impone una relación materialmente, aunque no procesalmente, jerárquica, que obliga a las instancias nacionales, en cumplimiento de buena fe de los compromisos internacionales del Estado, a aplicar los estándares del Derecho Internacional de los Derechos Humanos a los casos sometidos a su conocimiento, sujetos por esa vía, a lo que se ha denominado control de convencionalidad*"[306].

Cierto que además de las fuentes formales internas del derecho de un Estado, son consideradas fuentes del derecho también las normas

---

[305] Héctor Faundez, *El Sistema Interamericano de Protección de Derechos Humanos: aspectos institucionales y procesales*, tercera edición, Instituto Interamericano de Derechos Humanos, San José de Costa Rica, 1996. Pp. 3, 5-6.

[306] Pedro Nikken, Discurso de contestación al discurso de incorporación del Dr. Carlos Ayala Corao a la Academia de Ciencias Políticas y Sociales, en *Boletín de la Academia de Ciencias Políticas y Sociales* número 153 – enero-diciembre 2014, Academia de Ciencias Políticas y Sociales, Caracas, 2014. p.206. Disponible en: https://www.acienpol.org.ve/wp-content/uploads/2019/09/BolACPS_2014_153_201-211.pdf

supranacionales y las derivadas de los tratados internacionales. De modo que se ha producido una internacionalización del derecho constitucional y la constitucionalización del derecho internacional de los derechos humanos. Mundialización de los derechos humanos, lo denomina Carlos Ayala Corao[307].

En relación a este punto, Pedro Nikken señala que "*un capítulo de singular trascendencia en el desarrollo de la protección de los derechos humanos es su internacionalización. En efecto, si bien su garantía supraestatal debe presentarse, racionalmente, como una consecuencia natural de que los mismos sean inherentes a la persona y no una concesión de la sociedad, la protección internacional tropezó con grandes obstáculos de orden político y no se abrió plenamente sino después de largas luchas y de la conmoción histórica que provocaron los crímenes de la era nazi y stalinista. Tradicionalmente, y aún algunos gobiernos de nuestros días, a la protección internacional se opusieron consideraciones de soberanía, partiendo del hecho de que las relaciones del poder público frente a sus súbditos están reservadas al dominio interno del Estado*"[308].

Efectivamente, los Derechos Humanos pueden estar contenidos tanto en instrumentos normativos constitucionales como en convenios internacionales. Lo mismo ocurre, consecuentemente, con su protección que puede hacerse efectiva a través de los tribunales nacionales o por medio de los internacionales. El juez nacional deja de ser sólo intérprete y aplicador del derecho interno y *aplica* "*muchas veces, con primacía sobre el derecho interno, el derecho material internacional o supranacional, desarrollando lo que puede denominarse un control de convencionalidad*"[309].

Esa labor de interpretar y aplicar el derecho interno y proteger los derechos humanos por parte del juez nacional es lo que se ha denominado control interno de convencionalidad. Esto ocurre especialmente

---

307 Carlos Ayala Corao, "La mundialización de los derechos humanos", en *La mundialización del derecho*, Academia de Ciencias Políticas y Sociales, Caracas, 2009.

308 Pedro Nikken, "El concepto de derechos humanos", ob. Cit. p. 19.

309 Humberto Nogueira Alcalá, "El impacto del control de convencionalidad en las fuentes de derecho chilenas", en *VI Congreso Internacional de Derecho Procesal Constitucional y IV de Derecho Administrativo*, Universidad Monteávila, Caracas, 2016. p.27.

cuando estas normas de carácter internacional pasan a formar parte del bloque de la constitucionalidad y a tener rango constitucional. Los jueces nacionales en estos casos deben velar por su eficacia como si se tratara de la Constitución, y en este sentido, el control de la convencionalidad se equipara a un control de la constitucionalidad, el cual puede y debe ser ejercido por los tribunales constitucionales como por todos los jueces de un país, sin importar su jerarquía.

También hay control internacional de convencionalidad que es el llevado adelante por los órganos de protección internacional. El control concentrado de la convencionalidad consiste en la potestad que tienen los órganos internacionales de juzgar un caso concreto sobre la compatibilidad o no de un determinado acto o norma de derecho interno de un Estado parte, respecto de una convención o tratado internacional.

El control de la convencionalidad comprende la potestad conferida a los órganos jurisdiccionales, tanto internacionales como nacionales, de verificar la correspondencia entre los actos internos de un Estado (como por ejemplo las constituciones, leyes, reglamentos, etc.), con las disposiciones contenidas en convenios o tratados internacionales, especialmente las relativas al reconocimiento y protección de los derechos humanos, lo que conforma el denominado *corpus iuris* de los derechos humanos[310], así como los demás instrumentos normativos,

---

[310] Algunos de estos instrumentos internacionales para la protección de los derechos humanos son: la Declaración universal de los derechos humanos; el Pacto internacional de derechos civiles y políticos; el Pacto internacional de derechos sociales, económicos y culturales; la Convención contra la tortura y otros tratos crueles, inhumanos o degradantes; la Convención sobre la eliminación de todas las formas de discriminación racial; la Convención sobre la eliminación de todas las formas de discriminación contra la mujer y la convención sobre los derechos del niño, todos de la Organización de Naciones Unidas (ONU); y en el ámbito americano: la Declaración americana de los derechos y deberes del hombre; la Convención americana sobre derechos Humanos; la Convención interamericana sobre la desaparición forzada de personas; la Convención interamericana para prevenir y sancionar la tortura; la Convención interamericana contra el racismo, la discriminación racial y formas conexas de intolerancia; la Convención interamericana contra toda forma de discriminación e intolerancia; la Convención interamericana para la eliminación de todas las formas de discriminación contra las personas con discapacidad; la Convención interamericana sobre la concesión de los derechos civiles a la mujer; la Convención interamericana sobre la concesión de los derechos políticos a la mujer; la Convención interamericana para prevenir, sancionar y erradicar la violencia contra la mujer "Convención de Belem do Pará"; la Convención interamericana sobre la protección de los derechos humanos de las personas mayores, entre otras.

principios y valores internacionales que conforman el "*bloque de la convencionalidad*".

Este control de la convencionalidad tiene por finalidad armonizar el ordenamiento jurídico del Estado parte, con la convención de que se trate y de esta forma, asegurar su efectividad a través de la desaplicación o el desconocimiento, en un caso concreto, de las normas o actos internos contrarios a las convenciones internacionales.

El control de la convencionalidad es ejercido por los jueces internacionales y nacionales, a través de la aplicación directa de las normas internacionales, en los casos que conocen y de acuerdo a sus competencias procesales, y que consiste en verificar la convalidación o invalidación del acto jurídico doméstico o nacional, respecto del ordenamiento internacional (considerado este como el conjunto de convenios o tratados internacionales suscritos válidamente por un Estado y los distintos actos dictados en ejecución de tales tratados).

El control de la convencionalidad está fundamentado en el principio de derecho internacional "*pacta sunt servanda*" según el cual todo tratado en vigor obliga a las partes y debe ser cumplido por ellas de buena fe, sin la posibilidad de invocar disposiciones de su derecho interno como justificación del incumplimiento del mismo, como está establecido en los artículos 26 y 27 de la Convención de Viena sobre el derecho de los Tratados de 1969. Es decir, que a partir de que un Estado ha otorgado formalmente su voluntad, a través de los mecanismos que dispone su ordenamiento interno, de someterse a las disposiciones de un tratado internacional, surge el deber de cumplir las obligaciones que de él se deriven.

En relación con lo anterior, Pedro Nikken afirmó que "*Los Estados comprometen el honor nacional al obligarse por un tratado, de cuya ejecución son los garantes últimos, de modo que, al deshonrar ese compromiso se colocan fuera de la ley, resquebrajan en orden internacional y se exponen a las consecuencias jurídicas y políticas de tal proceder*", al mismo tiempo que señala que "*tratar de justificar el incumplimiento en argumentos traídos del Derecho Interno, incluso de la Constitución, (...), es insustentable, pues es un principio inalterable de Derecho Internacional consuetudinario que jamás puede invocarse una disposición de Derecho Interno como justificación para el cumplimiento de un tratado, como ha quedado recogido en el artículo 27 de la Convención de Viena sobre el Derecho de los Tratados*"[311].

En efecto, a través de la ratificación e incorporación de las normas internacionales al derecho interno, el Estado reconoce un conjunto de obligaciones generales que constituyen objeto de respeto y garantía efectiva por todos los órganos del Estado.

De esta forma, el control de la convencionalidad constituye una herramienta que permite a los estados concretar las obligaciones derivadas de los convenios y tratados internacionales mediante la desaplicación de normas o actos nacionales que sean contrarios a las disposiciones convencionales y, en consecuencia, la aplicación preferente de estas últimas.

En Venezuela, el control de la constitucionalidad respecto de los convenios internacionales sobre derechos humanos, se encuentra reconocido expresamente en el artículo 23 de la Constitución según el cual: "*Los tratados, pactos y convenciones relativos a derechos humanos, suscritos y ratificados por Venezuela, tienen jerarquía constitucional y prevalecen en el orden interno, en la medida en que contengan normas sobre su goce y ejercicio más favorables a las establecidas en esta Constitución y en las leyes de la República, y son de aplicación inmediata y directa por los tribunales y demás órganos del Poder Público*".

De este modo, el control concentrado de la constitucionalidad ejercido por la SC del TSJ, para declarar la nulidad de las leyes nacionales, estadales y municipales, de los actos de gobierno, de los decretos de estado de excepción, para revisar las sentencias definitivamente firmes, y para controlar la inconstitucionalidad por omisión legislativa, puede ser ejercido con base en los tratados sobre derechos humanos en virtud de su jerarquía constitucional, de forma que ejercería a su vez un control concentrado interno de la convencionalidad[312].

Asimismo, todos los jueces de la República, al estar obligados a asegurar la integridad de la Constitución, *deben igualmente garantizar la integridad de los tratados relativos a derechos humanos*. De acuerdo

311 Pedro Nikken, Discurso de contestación al discurso de incorporación del Dr. Carlos Ayala Corao a la Academia de Ciencias Políticas y Sociales, ob. Cit. p. 207.

312 Carlos Ayala Corao, *La jerarquía constitucional de los tratados relativos a derechos humanos y sus consecuencias*, Ob. Cit.

con lo anterior, si llegare a existir algún tipo de incompatibilidad entre un tratado sobre Derechos Humanos y una ley u otra norma jurídica, los tribunales de la República –en cualquier causa y, aun de oficio– deberán decidir lo conducente y aplicar las disposiciones de dicho tratado.

2. Origen jurisprudencial del control de la convencionalidad

El control de la convencionalidad ha sido producto del desarrollo jurisprudencial de la CorIDH, pero la doctrina señala que se ha aplicado por los tribunales internos incluso antes de que la jurisprudencia internacional lo hubiera establecido. En efecto, desde la suscripción de la CADH en 1977, los tribunales internos comenzaron a aplicar con preferencia la CADH sobre el derecho interno, para admitir las acciones de amparo propuestas, dado que conforme a una interpretación jurisprudencial restrictiva de la CSJ en 1970, había quedado como una cláusula programática que requería desarrollo legislativo, excepto en materia de *hábeas corpus*, lo cual incluso fue ratificado en 1972 mediante un Acuerdo de la misma Corte Suprema[313].

El referido Acuerdo establecía que:

> *"la competencia de los Tribunales de Primera Instancia y Superiores en lo Penal de la República, a que se refiere la Disposición Transitoria Quinta de la Constitución, se limita exclusivamente al conocimiento del recurso de hábeas corpus previsto en dicha norma; y que en consecuencia, toda decisión que no esté apoyada en la competencia específica de dichos Tribunales o que invada la atribuida por la Constitución y las Leyes, a otros órganos judiciales, constituye una usurpación o extralimitación de atribuciones".*

Después que Venezuela ratificó la CADH en 1977, los tribunales de instancia comenzaron a admitir las acciones de amparo propuestas por

313 Allan Brewer-Carías, "Derecho administrativo y control de la convencionalidad", Texto de la conferencia dictada en el Colegio de Abogados de Costa Rica, San José, Costa Rica, 19 de marzo de 2015. p. 5. Disponible en: https://allanbrewercarias.com/wp-content/uploads/2017/11/I-1-1100-DECHO-AMINISRAT-CONTROL-CONVENCIONALIDAD.-San-Jose-2015.pdf

ante sus tribunales en razón de que la referida convención establecía en el artículo 25.5 el derecho de toda persona a un recurso sencillo y rápido o a cualquier otro recurso efectivo ante los tribunales competentes que lo amparen contra actos que violen los derechos humanos[314]. En efecto, los tribunales de la República dejaron de considerar la norma constitucional relativa al amparo constitucional como programática porque así lo establecía la CADH.

Con fundamento en lo anterior, lo cual en realidad fue una manifestación del control de convencionalidad, se admitieron las acciones de amparo aun en ausencia de una ley que lo regulara. Concretamente, en el caso "Andrés Velásquez" del 20 de octubre de 1983, la SPA de la CSJ consideró que el carácter programático del artículo 49 de la Constitución había quedado superado "*desde el momento en que por Ley se habían aprobado Convenciones Internacionales sobre derechos humanos*"[315]. En efecto, en esta ocasión la CSJ estimó que: "*al admitir la posibilidad del ejercicio actual del recurso de amparo, no puede la Corte dejar de advertir que los Tribunales de la República deben hacer un uso prudente y racional de la norma contenida en el artículo 49 de la Constitución, tratando de suplir por medio de la analogía, y demás instrumentos de interpretación que les provee el sistema jurídico venezolano, la lamentable ausencia de una ley reglamentaria de la materia*".

Otro ejemplo del ejercicio del control de la convencionalidad fue el llevado adelante por la SC del TSJ mediante sentencia número 87 del 14 de marzo de 2000 (caso: C.A. Electricidad del Centro (Elecentro) y otra vs. Superintendencia para la Promoción y Protección de la Libre Competencia (Procompetencia), cuando, para proteger el derecho de doble instancia en materia contencioso-administrativa, aplicó de forma preferente la CADH en relación con la LOCSJ de 1976, debido a que esta no preveía el recurso de apelación contra algunas de las decisiones dictadas por la Corte Primera de lo Contencioso Administrativo.

En efecto, por cuanto el primer aparte del artículo 185 de la LOCSJ establecía que contra las decisiones que dicte la Corte Primera de lo Contencioso administrativo señaladas en los ordinales 1° al 4° de ese

---

314 Ibidem, p. 6.

315 Ibidem.

artículo no se oirá recurso alguno, la SC, en ejercicio del control difuso de constitucionalidad y de convencionalidad, admitió la apelación contra todas las decisiones de la Corte Primera de lo Contencioso Administrativo basándose en el derecho de apelar las decisiones judiciales ante el tribunal superior que se establece en el artículo 8,2,h de la Convención Americana de Derechos Humanos, la cual se consideró que formaba parte del derecho constitucional interno.

La SC del TSJ, determinó en esta ocasión que dado el rango constitucional de los tratados en materia de derechos humanos, establecido en el artículo 23 de la Constitución: *"el artículo 8, numerales 1 y 2 (literal h), de la Convención Americana sobre Derechos Humanos, forma parte del ordenamiento constitucional de Venezuela; que las disposiciones que contiene, declaratorias del derecho a recurrir del fallo, son más favorables, en lo que concierne al goce y ejercicio del citado derecho, que la prevista en el artículo 49, numeral 1, de dicha Constitución; y que son de aplicación inmediata y directa por los tribunales y demás órganos del Poder Público".*

Repetimos que el control de la convencionalidad ha sido producto del desarrollo jurisprudencial de la CorIDH, la cual, mediante decisiones de principios de los años 2000, se pronunció a favor de la obligación de los Estados de garantizar el respeto de los derechos humanos consagrados en la Convención Americana de Derechos Humanos[316] (CADH), así como de la existencia de un control que, ejercido por los órganos jurisdiccionales, asegurara el efectivo cumplimiento de las disposiciones de la CADH.

En efecto, a través de las decisiones de la CorIDH, en los casos "Myrna Mack Chang vs. Guatemala" (2003) y "Tibi vs. Ecuador" (2004), comenzó a elaborarse la tesis del control de la convencionalidad como el deber de los jueces de garantizar la efectividad de la CADH ante el incumplimiento de sus preceptos por los órganos de los Estados parte. En los referidos casos, los votos salvados del juez de la CorIDH

316 También conocida como "Pacto de San José", la Convención Americana sobre Derechos Humanos fue suscrita en la Conferencia Especializada Interamericana sobre Derechos Humanos, en San José, Costa Rica, del 7 al 22 de noviembre de 1969. V.: http://www.oas.org/dil/esp/tratados_b-32_convencion_americana_sobre_derechos_humanos.htm

Sergio García Ramírez explicaron en qué consistía la idea del control de convencionalidad llevado a cabo por la CorIDH, haciendo analogía con el control de constitucionalidad llevado a cabo por los tribunales constitucionales, de la siguiente forma:

> *"En cierto sentido, la tarea de la Corte se asemeja a la que realizan los tribunales constitucionales. Estos examinan los actos impugnados disposiciones de alcance general a la luz de las normas, los principios y los valores de las leyes fundamentales. La Corte Interamericana, por su parte, analiza los actos que llegan a su conocimiento en relación con normas, principios y valores de los tratados en los que funda su competencia contenciosa. Dicho de otra manera, si los tribunales constitucionales controlan la 'constitucionalidad', el tribunal internacional de derechos humanos resuelve acerca de la 'convencionalidad' de esos actos. A través del control de constitucionalidad, los órganos internos procuran conformar la actividad del poder público –y, eventualmente, de otros agentes sociales– al orden que entraña el Estado de Derecho en una sociedad democrática. El tribunal interamericano, por su parte, pretende conformar esa actividad al orden internacional acogido en la convención fundadora de la jurisdicción interamericana y aceptado por los Estados partes en ejercicio de su soberanía". (caso "Tibi vs. Ecuador", 2004).*

Este control luego fue definido en el famoso caso "Almonacid Arellano vs Chile", del 26 de septiembre de 2006, en el que se estableció que:

> *"... el Poder Judicial debe ejercer una especie de "control de convencionalidad" entre las normas jurídicas internas que aplican en los casos concretos y la Convención Americana sobre Derechos Humanos. En esta tarea, el Poder Judicial debe tener en cuenta no solamente el tratado, sino también la interpretación que del mismo ha hecho la Corte Interamericana, intérprete última de la Convención Americana".*

De esta forma se concibió que en el supuesto en que el Poder Legislativo falle en su labor de suprimir o adaptar leyes contrarias a la CADH, el Poder Judicial debe permanecer en la obligación de garantizar lo establecido en la misma, y, en consecuencia, debe abstenerse de aplicar cualquier normativa contraria a ella[317].

Este criterio de la CorIDH fue ratificado y ampliado en posteriores decisiones[318]. Por ejemplo, mediante sentencia del 24 de noviembre de 2006, Caso "Trabajadores Cesados del Congreso (aguado Alfaro y otros) vs Perú", la CorIDH reiteró que los órganos del Poder Judicial deben ejercer el control de la constitucionalidad, así como el control de convencionalidad entre las normas internas y la CADH en el marco de sus respectivas competencias y de las regulaciones procesales correspondientes, y que ello lo deben hacer inclusive de oficio. En esta misma decisión se precisó que el control de la convencionalidad puede estar sujeto a requisitos de admisibilidad y procedencia.

Asimismo, mediante sentencia del 26 de noviembre de 2010, caso "Cabrera García y Montiel Flores Vs. México", se ratificó que, en el ejercicio del control de la convencionalidad, los jueces y órganos vinculados a la administración de justicia en todos los niveles, "*deben tener en cuenta no solamente el tratado, sino también la interpretación que del mismo ha hecho la Corte Interamericana, intérprete última de la Convención Americana*".

De otra parte, mediante sentencias del 24 de febrero de 2011 y del 14 de octubre de 2014 (Casos "Gelman Vs. Uruguay" y caso "Rochac Hernández y otros vs. El Salvador", respectivamente), la CorIDH dejó establecido que cuando un Estado es parte de un tratado internacional como la CADH, todos sus órganos están sometidos a aquel, lo cual les obliga a velar por que los efectos de las disposiciones de la CADH no se vean mermados por la aplicación de normas contrarias a su objetivo y fin, haciendo énfasis en que esta obligación vincula a todos los poderes y órganos en su conjunto, pero especialmente a los jueces y a los órganos vinculados a la administración de justicia en todos los niveles.

De esta forma, la CorIDH, adoptó la tesis que propugna que para que el sistema interamericano de derechos humanos conserve su vigencia y sea constantemente protegido, y, para que un Estado cumpla con

---

317 Ibidem.

318 V. Leandro Luis Mai, "¿De qué hablamos cuando nos referimos al "control de convencionalidad"?" en *Nota22.com*, 09 de junio de 2016, disponible en: https://www.nota22.com/noticia/49060-de-que-hablamos-cuando-nos-referimos-al-control-de-convencionalidad.html , consultado el 18 de septiembre de 2019.

las obligaciones asumidas en estos sistemas internacionales, debe adecuar su ordenamiento jurídico interno a través de medidas legislativas, constituyentes, administrativas o jurisdiccionales (entre otros), al convenio o tratado internacional que se trata, así como a las interpretaciones y aplicaciones que del mismo realicen los órganos jurisdiccionales internacionales o supranacionales con competencia para ello.

Posteriormente, en decisión del 20 de noviembre de 2012, caso "Gudiel Álvarez y otros ('Diario Militar') vs. Guatemala", la CorIDH extendió el objeto del control de la convencionalidad a otros tratados de derechos humanos de los que un Estado fuese parte, como por ejemplo: de la Convención Interamericana sobre Desaparición Forzada, la Convención Interamericana para Prevenir y Sancionar la Tortura y la Convención Belém do Pará, los cuales obligan a todos los órganos del Estado a velar por que los efectos de las disposiciones de dichos tratados no se vean mermados por la aplicación de normas o interpretaciones contrarias a su objeto y fin.

Por último, tengamos en cuenta que la CorIDH ha ampliado también el parámetro de convencionalidad a las opiniones consultivas de la Comisión Interamericana de Derechos Humanos (CIDH), la cual contribuye, de manera preventiva, a lograr el eficaz respeto y garantía de los derechos humanos. En efecto, dispuso la CorIDH que "*estima que los diversos órganos del Estado realicen el correspondiente control de convencionalidad, también sobre la base de lo que señale [la Comisión Interamericana de Derechos Humanos] en su competencia no contenciosa o consultiva, la que innegablemente comparte con su competencia contenciosa el propósito del sistema interamericano de derechos humanos, cual es, la protección de los derechos fundamentales de los seres humanos*"[319].

3. Tipos de control de la convencionalidad

El control de la convencionalidad ha sido dividido por la doctrina en dos: el control concentrado (externo, internacional) y el control difuso (interno, nacional o doméstico).

---

[319] V. Opinión consultiva OC-21/14 y Resolución del 19 de agosto de 2014.

3.1. Control concentrado de la convencionalidad

El control concentrado –también llamado internacional– de la convencionalidad, es aquel que ejercen los organismos internacionales o supranacionales con competencia otorgada por los tratados o convenciones internacionales con el fin de determinar cuándo los estados partes, a través de sus normas, actos u omisiones, vulneran el derecho convencional y generan a través de ellos responsabilidad internacional[320].

En efecto, el control concentrado de la convencionalidad consiste en la potestad que tienen los órganos internacionales de juzgar un caso concreto sobre la compatibilidad o no de un determinado acto o norma de derecho interno de un Estado parte, respecto de una convención o tratado internacional.

También ha sido definido, el control propio, original o externo de la convencionalidad como aquel que "*recae en el tribunal supranacional llamado a ejercer la confrontación entre actos domésticos disposiciones convencionales, en su caso, con el propósito de apreciar la compatibilidad entre aquellos y estas –bajo el imperio del Derecho Internacional de los Derechos Humanos–, resolver la contienda a través de la sentencia declarativa y condenatoria que, en su caso, corresponda*"[321]. De esta forma, este control de convencionalidad en el plano externo, "*constituye la competencia asignada a un tribunal internacional o supranacional para que este determine cuando lo estados partes a través de sus normas o actos vulneran el derecho convencional y generan a través de ellos responsabilidad internacional*"[322].

Es generalmente aceptado, y en algunos casos de forma obligatoria, que las decisiones dictadas por dichos organismos, especialmente las resoluciones judiciales dictadas por los órganos jurisdiccionales con carácter internacional o supranacional, gozan de un carácter vinculante por ser considerados estos los intérpretes auténticos y supremos del *corpus iuris* de que se trate.

---

[320] Humberto Nogueira Alcalá, Ob. Cit. p. 34.

[321] Sergio García Ramírez, "El control judicial interno de convencionalidad", Ob. Cit. P.213.

[322] Humberto Nogueira Alcalá, "El impacto del control de convencionalidad en las fuentes de derecho chilenas", Ob. Cit. p.34.

Ahora bien, específicamente en el ámbito relativo a la CADH, el control de la convencionalidad es aquel ejercido por la CorIDH y por la CIDH.

Así pues, el control judicial concentrado de la convencionalidad es el llevado a cabo por la CorIDH "*tanto en su competencia contenciosa como en su competencia consultiva*", a través de los pronunciamientos que, en el ejercicio de sus competencias, aplica e interpreta de forma original y final tanto la CADH, como sus protocolos y demás instrumentos convencionales, de conformidad con lo dispuesto en la propia CADH[323].

La CorIDH ejerce sus funciones a través de la vía contenciosa, mediante la cual "*interpreta los derechos reconocidos en la CADH (y en su caso, en los demás tratados) y la concreta, a través de sus diversos fallos sobre excepciones preliminares, fondo, reparaciones y costas, interpretación, medidas provisionales y supervisión de cumplimiento*"[324]; y a través de la vía consultiva, que comprende "*(i) a la interpretación abstracta de la CADH o de otros tratados concernientes a la protección de los derechos humanos en los Estados Americanos* [artículo 64.1, CADH]*; y (ii) sobre la compatibilidad del derecho interno de un Estado miembro de la OEA con los mencionados instrumentos internacionales* [artículo 64.2, CADH]"[325], y cuya denominación ha sido establecida por la Corte como "*opiniones consultivas*".

Señala Ayala Corao, que en el sistema específico de la CADH al que hacemos referencia, el objeto de este control de la convencionalidad comprende desde "*la Constitución (vgr. Caso Olmedo Bustos y otros vs. Chile [sentencia 5 de febrero de 2001); las leyes (vgr. Caso Blanco Romero y otros vs. Venezuela [Sentencia 5 de julio de 2006], las decisiones de organismos electorales (vgr. caso Yatama vs Nicaragua [sentencia de 23 de junio de 2005); y caso López Mendoza vs. Venezuela [Sentencia de 1 de septiembre de 2011]); y las sentencias (vgr. Caso de los "Niños de la Calle" - Villagrán Morales y otros. Vs. Guatemala*

---

323 Carlos Ayala Corao, *Del diálogo jurisprudencial al control de convencionalidad*, Ob. Cit., pp. 120-126.

324 Ibidem. p.124.

325 Ibidem, p.126.

[Sentencia de 19 de noviembre de 1999]; y caso Myrna Mack Chang vs. Guatemala [sentencia de 25 de noviembre de 2003])"[326], dictados por los órganos de poder público de los Estados partes.

Este control internacional de la convencionalidad, de carácter judicial, ejercido por la CorIDH, tiene como producto la interpretación última "*y por tanto jurídicamente auténtica de la CADH y demás tratados sobre derechos humanos en los Estados partes*". Dicha interpretación sobre una determinada norma convencional, explica Ayala Corao, "*se convierte en norma interpretada con carácter de cosa juzgada y de precedente vinculante*"[327], y como "*cosa interpretada*", constituyen punto de referencia obligatorio para que los Estados partes conozcan con precisión el contenido y alcance de sus obligaciones convencionales en derechos humanos y las consecuencias jurídicas que se derivan de ellos, además de cumplir una "*función de seguridad jurídica y certeza para todo el sistema y sus integrantes*"[328].

De esta forma, en el ejercicio de control concentrado de la convencionalidad, y tras la determinación de la incompatibilidad de un acto o norma interno de un Estado parte de la CADH, la CorIDH puede disponer la reforma, inaplicación o abrogación de dicho acto.

Como ejemplo de lo anterior podemos mencionar la CorIDH, cuyas sentencias vinculantes constituyen "*una obligación jurídica de resultados para el Estado Parte, conforme determinan los artículos 67 y 68 de la CADH, como asimismo, obliga al cumplimiento de las medidas de reparación integral conforme al artículo 63 de la CADH, ello puede implicar la anulación de la cosa juzgada de sentencias nacionales contrarias a los estándares de derecho humanos como fallos írritos que carecen de validez jurídica, obligando al estado parte a retrotraer el caso a la etapa de análisis, investigación en su caso, para luego dictar una sentencia conforme a los estándares convencionales*"[329].

De otra parte, la CIDH, a través de sus informes sobre países, sus informes temáticos y al adoptar los informes sobre el fondo de los ca-

---

326 Ibidem. pp. 130-131.
327 Ibidem. p. 130.
328 Ibidem.
329 Humberto Nogueira Alcalá, "El impacto del control de convencionalidad en las fuentes de derecho chilenas", Ob. Cit. p. 58.

sos, ejerce el control internacional de convencionalidad aplicando e interpretando la CADH y los demás instrumentos convencionales, con "carácter obligatorio" derivado de "*la obligación general que tienen los Estados de respetar y garantizar los derechos humanos, reconocida en el artículo 1 de la CADH*", además de la "*competencia de la CIDH para velar por el cumplimiento de los compromisos asumidos por los Estados partes, de conformidad con los artículos 33 y 41 de la CADH*"[330]. Esta obligatoriedad ha sido plasmada por la Corte en su jurisprudencia de la siguiente forma:

> *"[...] el fin último de la Convención Americana es la protección eficaz de los derechos humanos y, en cumplimiento de las obligaciones contraídas en virtud de la misma, los Estados deben dotar a sus disposiciones de un efecto útil (effet utile), lo cual implica la implementación y cumplimiento de las resoluciones emitidas por sus órganos de supervisión, sea la Comisión y la Corte"*[331].

Asimismo, ha dispuesto la Corte, en otra decisión, que:

> *"... los Estados Partes en la Convención Americana deben respetar sus disposiciones de buena fe (pacta sunt servanda), incluyendo aquellas normas que permiten el desarrollo de los procedimientos ante los dos órganos de protección y aseguran la realización de sus fines. Por esta razón y para garantizar la protección efectiva de los derechos humanos, propósito fundamental de la Convención (artículos 1.1, 2, 51 y 63.2), los Estados Partes no deben tomar acciones que harían imposible la restitutio inintegrum de los derechos de las presuntas víctimas"*[332].

Ahora bien, el control concentrado de la convencionalidad tiene una naturaleza convencional complementaria, teniendo por ende un carácter subsidiario al control interno de la convencionalidad. Este tipo de

---

330 Ibidem., p.127.

331 Corte Interamericana de Derechos Humanos, caso de las Penitenciarías de Mendoza. Resolución de 22 de noviembre de 2004, párr... resolutivo 16. V. en Carlos Ayala Corao, *Del diálogo jurisprudencial al control de convencionalidad*, Ob. Cit., p.127.

332 Corte Interamericana de Derechos Humanos, Asunto James y otros respecto Trinidad y Tobago. Resolución de la Corte de 29 de agosto de 1998, considerando 7. V. en Carlos Ayala Corao, *Del diálogo jurisprudencial al control de convencionalidad*, Ob. Cit., p.127.

control se emplea cuando los controles jurisdiccionales nacionales han fallado, no son eficaces o no existen[333].

En efecto, la concepción tradicional del sistema interamericano de protección de los derechos humanos es que este sea coadyuvante del sistema de protección nacional, partiendo del hecho de que los Estados partes son los que tienen la responsabilidad primaria de tutelar los derechos de los individuos. Al respecto téngase en cuenta, como bien lo señala Héctor Faúndez, que en el sistema interamericano, de acuerdo con lo dispuesto por el artículo 1.1 de la CADH, "*es el Estado el que está obligado a respetar los derechos y libertades reconocidos en ella, y es el Estado el que debe organizar el poder público de manera que pueda garantizar a las personas bajo su jurisdicción el libre y pleno ejercicio de los derechos humanos*"[334].

Ahora bien, para el caso en que los órganos internos no logren este cometido, la CADH actúa como complemento del orden jurídico interno y el sistema interamericano acude en subsidio para proteger a las personas lesionadas en sus derechos humanos.

Al respecto debemos comentar que en Venezuela, en la mayoría de las ocasiones el control interno de convencionalidad no ha sido efectivo, es decir, no ha cumplido con la función específica del restablecimiento y reparación a los derechos humanos consagrados en los instrumentos normativos internacionales, por lo que las víctimas de violaciones a los derechos fundamentales han debido recurrir a instancias supranacionales para su efectiva protección, accionando de esta forma el control concentrado de la convencionalidad.

3.2. Control difuso de la convencionalidad

El control difuso o interno de la convencionalidad consiste en la obligación que tienen todos los órganos del poder público de un Estado parte, de verificar que las normas que se dicten o apliquen dentro del ordenamiento jurídico nacional o doméstico, sean compatibles con el tratado o convención de que se trate.

---

333 Ibidem, p.36.

334 Héctor Faúndez, *El Sistema Interamericano de Protección de Derechos Humanos: aspectos institucionales y procesales*, ob. Cit. p. 7

Los Estados tienen la obligación de controlar la convencionalidad de todo su ordenamiento jurídico interno con el tratado, de modo que dicha obligación comprende todos los actos y actividades del Estado, y que por lo tanto "*debe ser ejercido por todos los órganos del poder público de los Estados en el ámbito de sus competencias*"[335].

De esta forma, el control interno de la convencionalidad compete a todos los órganos del poder público de un Estado parte[336] (caso "Gelman vs. Uruguay", entre otros, de la CorIDH), para vigilar y proteger la vigencia del sistema normativo supranacional de que se trate.

Como lo ha determinado la CorIDH, el control de la convencionalidad deberá ejercerse de oficio, dentro del marco de las competencias y las regulaciones procesales correspondientes, lo que implica que todas las autoridades del Estado debieran aplicar el *corpus iuris* interamericano en protección de los derechos humanos.

En efecto, el sistema interamericano de derechos humanos ha determinado que la prevención de la violación de los derechos humanos es una obligación del Estado y consiste principalmente en adoptar todas las medidas de carácter administrativo, jurídico, político y cultural que promuevan el resguardo de los derechos humanos.

Al respecto téngase en cuenta lo señalado por la CorIDH en sentencia del caso: Rocha Hernández y otros vs. El Salvador. Fondo, Reparaciones y Costas (sentencia de 14 de octubre de 2014), cuando dispuso que "*Esta obligación vincula a todos los poderes y órganos estatales en su conjunto, los cuales se encuentran obligados a ejercer un control "de convencionalidad" ex officio entre las normas internas y la Convención Americana, evidentemente en el marco de sus respectivas competencias y de las regulaciones procesales correspondientes...*".

Así pues, todas las autoridades internas, además de ajustar sus actuaciones a su ordenamiento interno, también deben hacerlo con respecto de los instrumentos normativos, principios y valores del "*bloque*

---

335 Ibidem. p.120.

336 En este sentido, el artículo 2 de la CADH, dispone que "Si el ejercicio de los derechos y libertades mencionados en el artículo 1 no estuviere ya garantizado por disposiciones legislativas o de otro carácter, los Estados partes se comprometen a adoptar, con arreglo a sus procedimientos constitucionales y a las disposiciones de esta Convención, las medidas legislativas o de otro carácter que fueren necesarias para hacer efectivos tales derechos y libertades".

de la convencionalidad". De modo que incluso las autoridades administrativas están llamadas a proteger los derechos humanos, a través de un control de convencionalidad, en el ejercicio de sus competencias administrativas.

Ciertamente la doctrina ha señalado que la administración está directamente facultada por las decisiones de la CorIDH para ejercer el control de la convencionalidad en garantía del pleno y eficiente ejercicio de derechos humanos, la administración. De lo contrario, la administración pública se podría ver obligada a tomar decisiones violatorias del bloque de la convencionalidad por la imposibilidad de desaplicar o por no contar con mecanismos céleres para resolver las incompatibilidades entre el ordenamiento local y el interamericano[337].

Sin embargo, otra parte de la doctrina ha aseverado que otorgarle tales poderes a la administración pública puede resultar peligroso e inclusive inconveniente[338], de modo que se inclinan a aceptar que los órganos y entes de la administración solo podrían ejercer dicho control de la convencionalidad cuando el ordenamiento interno del Estado de que se trate lo autorice expresamente para ello[339]. Es decir que la administración pública solo podría ejercer el control de la convencionalidad, a través de la desaplicación de normas internas que se presenten como contrarias a la CADH o a los tratados interamericanos sobre derechos humanos y aplicar esta preferentemente, si tienen la competencia interna para llevar a cabo dicho control, siguiendo de esta forma el principio rector de la administración pública: el principio de legalidad[340].

337 María Luisa Álvarez Chamosa, "El control de convencionalidad y su ejercicio por los funcionarios de la administración pública", en *Revista Electrónica de Derecho Administrativo Venezolano,* número 15, mayo-agosto 2018. Caracas, 2019. Pp. 37-61. Disponible en: http://redav.com.ve/wp-content/uploads/2019/12/Redav-15.pdf

338 Véase Domingo García Belaúnde, "El control de convencionalidad y sus problemas". En *Revista Pensamiento Constitucional* número 20, Pontificia Universidad Católica del Perú, Perú, 2015. Disponible en: http://revistas.pucp.edu.pe/index.php/pensamientoconstitucional/article/view File/ 14888/ 15428

339 María Luisa Álvarez Chamosa, "El control de convencionalidad y su ejercicio por los funcionarios de la administración pública", ob. cit.

340 Véase al respecto Néstor Pedro Sagüés. "Notas sobre el control ejecutivo de convencionalidad". En *Anuario de Derecho Constitucional Latinoamericano*, e.V., año XXI, Fundación Konrad Adenauer Stiftung, Bogotá, 2015, pp.141-149. Cit. en María Luisa Álvarez Chamosa, "El control de convencionalidad y su ejercicio por los funcionarios de la administración pública", ob. Cit. P. 49.

De esta forma, hay dos posiciones contrapuestas respecto del ejercicio del control de la convencionalidad por parte de la administración pública, una por la cual las autoridades administrativas están plenamente facultadas por la CorIDH para desaplicar directamente normas contrarias al *corpus iuris* interamericano y otra que desconoce tales facultades a menos de que el ordenamiento jurídico interno se las otorgue expresamente.

En el caso de Venezuela, Álvarez Chamosa señala que el control de la convencionalidad debería ser ejercido por la administración pública de conformidad con los principios de progresividad e inherencia de los derechos humanos establecidos en los artículos 19 y 27 de la Constitución, de forma que los órganos y entes de la administración puedan aplicar directamente instrumentos internacionales en materia de derechos humanos cuyo tratamiento sea más beneficioso al contemplado en las disposiciones jurídicas nacionales[341].

Ahora bien, cuando el control interno de la convencionalidad es ejercido de manera específica por los órganos judiciales de determinado Estado parte, mediante *todo el complejo sistema de articulación de acciones y recursos procesales*, dicho control es denominado control judicial interno de la convencionalidad.

En efecto, específicamente, el control judicial interno de la convencionalidad constituye la obligación que tienen los jueces y magistrados de un país de "*realizar un examen de compatibilidad entre las disposiciones y actos internos que tienen que aplicar a un caso concreto, con los tratados internacionales*"[342] a los que está obligado el Estado.

El control judicial interno de convencionalidad en este sentido es definido como "*la potestad conferida o reconocida a determinados órganos jurisdiccionales –o a todos los órganos jurisdiccionales, (...)– para verificar la congruencia entre actos internos –así, esencialmente, las disposiciones domésticas de alcance general: constituciones, leyes,*

341 María Luisa Álvarez Chamosa, "El control de convencionalidad y su ejercicio por los funcionarios de la administración pública", ob. Cit.

342 Eduardo Ferrer MacGregor, "El control difuso de convencionalidad en el Estado Constitucional", disponible en: http://biblio.juridicas.unam.mx/libros/6/2873/9.pdf, consultado el 19 de septiembre de 2019. Cit. por Manuel Esquivel Leyva, "El control de convencionalidad en el sistema jurídico mexicano", disponible en: https://archivos.juridicas.unam.mx/www/bjv/libros/8/3980/18.pdf , consultado el 18 de septiembre de 2019.Ob. cit. p. 318

reglamentos, etcétera– con las disposiciones del Derecho Internacional (...)"[343].

En términos generales, el control judicial interno de convencionalidad precisa que los jueces nacionales, por una parte, desapliquen las normas internas, incluso las constitucionales, opuestas a la CADH y demás tratados sobre derechos humanos, así como la interpretación que sobre dicha convención realice la CorIDH o la CIDH; y por la otra, que los jueces realicen una interpretación conforme, "*armonizante*" o "*adaptativa*" del derecho local o doméstico con la CADH y la exégesis dada a dicho convenio por los órganos supranacionales del sistema interamericano, con el fin de evitar que existan incongruencias o interpretaciones opuestas a la CADH o a la forma en que ha sido interpretada o aplicada por la CorIDH.

Sobre la obligación de la protección judicial de la convencionalidad, hay que tener presente que los tribunales llevan a cabo dicha competencia, como hemos adelantado en líneas anteriores, mediante todo el complejo sistema de articulación de acciones y recursos procesales[344].

El control de la convencionalidad interno puede consistir en (i) un control ejercido por parte de un tribunal constitucional, o su equivalente como altos tribunales y (ii) en un control ejercido por todos los jueces del Estado, de acuerdo a sus competencias procesales.

Así pues, el control de convencionalidad ejercido por los jueces constitucionales (como alta jurisdicción), puede ser llevado a cabo mediante los diversos recursos y acciones constitucionales tales como la excepción o defensa incidental de inconstitucionalidad, la consulta de inconstitucionalidad, la acción declarativa de inconstitucionalidad, el recurso de inconstitucionalidad, la revisión de sentencias, el informe de inconstitucionalidad, el veto traslativo u objeción de inconstitucionalidad, el hábeas corpus, el amparo y el habeas data[345].

De allí, como lo afirma la doctrina (Ayala Corao), deriva la importancia de la interrelación del derecho procesal internacional de los derechos humanos con el Derecho Procesal Constitucional, puesto que

343 Sergio García Ramírez, "El control judicial interno de convencionalidad", Ob. Cit. p.213.

344 Humberto Nogueira Alcalá, "El impacto del control de convencionalidad en las fuentes de derecho chilenas", Ob. Cit., p. 122.

345 Ibidem. p. 123.

"*los procesos constitucionales juegan un papel fundamental, por ser una jurisdicción que se especializa en la protección de la Constitución, incluido por lo tanto los derechos*". Y es que, "*entre los derechos tutelados por este tipo de acciones, se encuentran no sólo los derechos constitucionales consagrados expresamente en el texto fundamental, sino, además, los derechos constitucionales implícitos y los derechos humanos consagrados en los instrumentos internacionales*"[346].

Ahora bien, las decisiones judiciales que pueden dictar las cortes o tribunales constitucionales o bien los máximos órganos jurisdiccionales de los estados parte, pueden consistir en reformas, derogaciones o revocatorias de los distintos actos del Estado, incluyendo la Constitución, leyes, actos administrativos, políticas públicas, entre otras, además de las omisiones, con el fin de que estos actos se adapten, por ejemplo en el caso del sistema interamericano de protección de derechos humanos, a la CADH, y, como dijimos, a las interpretaciones dadas por la CorIDH[347].

De otra parte, el control interno de la convencionalidad ejercido por la pluralidad de jueces del Estado parte, puede ser llevado a cabo de oficio en el caso determinado que estén conociendo y consistirá en el análisis de una confrontación normativa entre la norma interna o doméstica que se debe aplicar al caso concreto y las disposiciones convencionales.

De esta forma, si en el caso se declara la inconvencionalidad de una norma, esta carecerá de efectos jurídicos para el caso concreto y en ese sentido, la norma se desaplicará. La regla general es que, si una norma de un país no es convencional, no puede ser aplicada en el caso concreto, y en su defecto será aplicada preferentemente la norma convencional.

De lo anterior, referido al control judicial interno de la convencionalidad se desprenden dos, como lo denomina García Belaunde, "itinerarios" de modo que: i) "*De oficio los jueces nacionales deben aplicar las normas del pacto de San José, así como la jurisprudencia de la*

[346] Carlos Ayala Corao, *Del diálogo jurisprudencial al control de convencionalidad*, Trabajo de incorporación a la Academia de Ciencias Políticas y Sociales, como Individuo de Número, Colección Estudios Jurídicos número 98, Editorial Jurídica Venezolana. Caracas, 2012. P.123.

[347] Carlos Ayala Corao, *Del diálogo jurisprudencial al control de convencionalidad*, Ob. Cit. Ibidem. p.121

Corte en los casos que conocen"; y ii) "*Los jueces deben tener presente al momento de fallar en los casos sometidos a su conocimiento, las normas americanas de Derechos Humanos, aun cuando la Corte IDH jamás haya emitido pronunciamiento alguno sobre lo que deben resolver*"[348].

4. El control de la convencionalidad en Venezuela

En Venezuela, así como en muchos otros países, como Argentina, Bolivia, Brasil, Colombia, Costa Rica, Ecuador, Guatemala, México, Nicaragua, República Dominicana, entre otras[349], los tratados internacionales pasan a formar parte del ordenamiento jurídico interno como fuentes del derecho constitucional y como parte del bloque constitucional de derechos fundamentales[350].

De modo que la Constitución "*puede compartir el máximo rango normativo con otras normas, como asimismo subordinarse a otro ordenamiento jurídico al que reconoce superioridad (ordenamientos jurídicos supranacionales), si así lo determina el constituyente*"[351].

El artículo 23 de la Constitución establece que los tratados, pactos y convenciones relativas a los derechos humanos, que hayan sido suscritos y ratificados por el Estado de Venezuela, gozarán de jerarquía constitucional y además, en la medida que contengan normas sobre su goce y ejercicio más favorables que las establecidas en la Constitución y en las leyes de la República, prevalecen en el orden interno y son de aplicación inmediata y directa por los tribunales y demás órganos del Poder Público.

Ahora bien, que los tratados internacionales conformen dicho bloque de la Constitución tiene consecuencias jurídicas con inmensa relevancia, tal como la vinculación de todo el ordenamiento jurídico de Venezuela a dichos tratados, en la misma relación que lo está con la Constitución.

Como lo explica Ayala Corao, "*al igual que la Constitución, los tratados sobre derechos humanos son "la norma suprema y el*

348 Domingo García Belaunde, Ob. Cit. p. 89.

349 Ibidem, p. 32.

350 Ibidem, p. 32.

351 Ibidem, p. 28.

fundamento del ordenamiento jurídico" por lo que "todas las personas y los órganos que ejercen el Poder Público están sujetos" a ellos (artículo 7)"[352].

Así pues, tal y como lo prevé el artículo 334 de la Constitución, todos los jueces de la República, al estar obligados a asegurar la integridad de la Constitución, *deben igualmente garantizar la integridad de los tratados relativos a derechos humanos*. De acuerdo con lo anterior, si llegare a existir algún tipo de incompatibilidad entre un tratado sobre derechos humanos y una ley u otra norma jurídica, los tribunales de la República –en cualquier causa y, aun de oficio– deberán decidir lo conducente y aplicar las disposiciones de dicho tratado (artículo 334, primer párrafo)[353].

En este sentido, el control de la convencionalidad en Venezuela se equipara al control de la constitucionalidad en tanto que no puede aplicarse el control de la convencionalidad sin ejercer un control de la constitucionalidad porque el tratado internacional o convención ya forma parte de la Constitución, del bloque de la constitucionalidad que debe garantizar.

De la misma forma, y según el propio artículo 334 constitucional (segundo párrafo), si una ley, un acto que tenga rango de ley, u otro acto de los órganos que ejercen el poder público dictado en ejecución directa e inmediata de la Constitución, colidiere con un tratado sobre derechos humanos, le corresponde declarar su nulidad a la SC del TSJ.

Como consecuencia de ello, *el control concentrado de la constitucionalidad por la Sala Constitucional del Tribunal Supremo de Justicia, para declarar la nulidad de las leyes nacionales, estadales y municipales, de los actos de gobierno, de los decretos de estado de excepción, para revisar las sentencias definitivamente firmes, y para controlar la inconstitucionalidad por omisión legislativa, puede en definitiva ser ejercido con base en los tratados sobre derechos humanos en virtud de su jerarquía constitucional (artículo 336)*[354], de modo que ejercería a su vez un control concentrado de la convencionalidad.

---

[352] Ibidem.

[353] Ibidem.

[354] Carlos Ayala Corao, *La jerarquía constitucional de los tratados relativos a derechos humanos y sus consecuencias*, Ob. Cit.

En Venezuela, por lo tanto, cualquier acto –u omisión– del poder público que viole o menoscabe los derechos humanos garantizados en los tratados sobre dicha materia es nulo[355].

5. Límites del juez en el control de la convencionalidad

5.1. Límite del juez constitucional: Respeto al bloque de la convencionalidad y límite derivado del medio de impugnación

El ejercicio del control de la convencionalidad por parte de la SC, como por los jueces de la República, estará limitado al bloque de la convencionalidad y también al medio de impugnación utilizado dependiendo de las facultades procesales constitucional o legalmente otorgadas a cada uno.

En este sentido, mediante el control concentrado de la convencionalidad, la SC del TSJ podrá declarar la nulidad de las leyes nacionales, estadales y municipales, de los actos de gobierno, de los decretos de estado de excepción, revisar las sentencias definitivamente firmes, y controlar la inconstitucionalidad por omisión legislativa, que contraríen los tratados sobre derechos humanos en virtud de su jerarquía constitucional.

De otra parte, los demás jueces de la República, al estar obligados a *garantizar la integridad de los tratados relativos a derechos humanos*, si llegare a existir algún tipo de incompatibilidad entre un tratado sobre derechos humanos y una ley u otra norma jurídica, –en cualquier causa y aun de oficio– deberán decidir lo conducente y aplicar las disposiciones de dicho tratado.

Es importante comprender que el control de la convencionalidad, consagrado en el artículo 23 de la Constitución, se manifiesta en la tutela por parte de los jueces constitucionales no solo del cumplimiento de las normas de derecho interno, sino además, del efectivo cumplimiento

355 Por lo que los funcionarios públicos que lo ordenen o ejecuten incurren en responsabilidad penal, civil y administrativa, según los casos, sin que les sirvan de excusa órdenes superiores (art. 25). Cfr. Carlos Ayala Corao, *La jerarquía constitucional de los tratados relativos a derechos humanos y sus consecuencias*, Ob. Cit.

de las disposiciones contenidas en convenios o tratados internacionales, especialmente las relativas al reconocimiento y la protección de los derechos humanos que conforman el denominado *corpus iuris* de los derechos humanos; así como los demás instrumentos normativos, principios y valores internacionales que conforman el "*bloque de la convencionalidad*", en el ordenamiento jurídico interno.

Sin embargo, en Venezuela el control de la convencionalidad no ha sido entendido de esta forma por la jurisprudencia del máximo tribunal de la República. Téngase en cuenta la decisión número RC-00201 de fecha 04 de junio de 2019, dictada por la SCC del TSJ, con ponencia del Magistrado Yván Darío Bastardo Flores, por medio de la cual se fijó criterio sobre el control de la convencionalidad.

La sentencia de la SCC resolvió declarar sin lugar el recurso de casación, confirmar el fallo recurrido "*en los términos de esta Sala*" y condenar a la demandada recurrente –La Patilla– "*a resarcir como indemnización por daño moral causado al ciudadano DIOSDADO CABELLO RONDÓN, la cantidad de TREINTA MIL MILLONES DE BOLÍVARES SOBERANOS (BS. 30.000.000.000,00)*".

Pero además, con motivo de la denuncia por la recurrente del "*vicio de incongruencia negativa por la falta de pronunciamiento de una solicitud de control de convencionalidad*", la SCC fijó criterio sobre el control de convencionalidad, pero lamentablemente lo hizo distorsionando y confundiendo el control de la convencionalidad con el control concentrado de la constitucionalidad –el cual es ejercido de forma exclusiva por la SC del TSJ– negando, por esta razón, la competencia de los jueces de primera instancia para ejercer el control de la convencionalidad, lo cual viola los artículos 7, 23 y 334 de la Constitución.

En efecto, en esta ocasión la empresa demandada había denunciado en su recurso de casación la falta de pronunciamiento del juez de instancia y posteriormente, del juez de apelación, sobre la denuncia de violación del derecho de libertad de expresión, contemplado además de en el artículo 58 de la Constitución, en el artículo 19 del Pacto Internacional de Derechos Civiles y Políticos y en el artículo 13 de la CADH.

Es el caso que la demandada había solicitado a los jueces de instancia que realizaran el respectivo control de la convencionalidad y aplicaran de forma directa los precitados instrumentos normativos internacionales, en particular en relación con el tema de la penalización de las "*expresiones dirigidas a los funcionarios públicos o a particulares involucrados voluntariamente en cuestiones relevantes al interés público*", exigiendo "*valuar la compatibilidad entre las normas del ordenamiento jurídico interno aplicables, y los estándares universalmente aceptados y compartidos en materia de derechos humanos y el derecho interno venezolano*"[356].

Ante esta denuncia, la SCC se limitó a señalar que el ejercicio del control de la convencionalidad estaba reservado a la SC del TSJ, ignorando de esta forma el control difuso de la convencionalidad que prevé el sistema venezolano y desconociendo esa potestad que constitucionalmente se atribuye a todos los jueces de la República[357].

A través de la sentencia de la SCC, se determinó el significado y el alcance del control de la convencionalidad y se estableció –erróneamente– que se trata de un control de la constitucionalidad de los tratados internacionales y de los actos en ejecución de dichos tratados, que es ejercido de forma exclusiva y excluyente por la SC del TSJ, y que consiste en la confrontación de los actos dictados en ejecución de las convenciones internacionales (como por ejemplo de las sentencias de la CorIDH), respecto de las normas, principios y valores constitucionales de Venezuela, para determinar la validez y aplicación de dichos actos supranacionales en el ordenamiento jurídico nacional.

Valiéndose de la reiteración de los fallos dictados con anterioridad sobre la materia por el TSJ (en SC, Sala Plena e inclusive por la propia SCC), la SCC definió el control de la convencionalidad en los términos que se señalan a continuación:

En primer lugar, la SCC señaló que se entiende por control de la convencionalidad, la facultad exclusiva de la SC de "*incluso de oficio, velar por la conformidad constitucional del fallo emitido por la Corte Interamericana de Derechos Humanos, control constitucional que*

356 Allan Brewer-Carías, "La desaparición del control difuso de convencionalidad en Venezuela, como precio vil para justificar una condena por daños morales contra el portal la patilla.com", en *Revista de Derecho Público*, número 159-160, julio-diciembre 2019, Editorial Jurídica Venezolana, Caracas, 2019. Disponible en: http://allanbrewercarias.com/biblioteca-virtual/revista-derecho-publico-director-no-158-160-julio-diciembre-2019/

357 Ibidem.

implica lógicamente un control de convencionalidad (o de confrontación entre normas internas y tratados integrantes del sistema constitucional venezolano)" (vid. sentencia número 1077/2000 y número 1.547 del 17 de noviembre 2011 de la SC).

De otra parte, la SCC citó un fallo de su propia jurisprudencia (número RC-666, de fecha 13 de diciembre de 2018), por medio de la cual había determinado que: "*no es competencia de los jueces civiles de instancia, ni de esta Sala de Casación Civil, dicho control constitucional*", por cuanto dichos jueces "*no tienen potestad jurisdiccional para emitir opinión al respecto*". En esa ocasión la SCC incluso hizo un "llamado" a los jueces de primera instancia y de alzada "*para que en casos similares se pronuncien, señalando a los justiciables que dicha decisión no es de su competencia jurisdiccional y en consecuencia el alegato sea desechado más no guardar silencio al respecto en incongruencia negativa*". Por esta razón, dispuso además la SCC que "*la solicitud de control de convencionalidad realizada por los codemandados en su escrito de contestación debió haber sido presentada ante la Sala Constitucional de este Tribunal Supremo de Justicia como máximo y último intérprete de la Constitución*"[358].

La SCC estableció erróneamente un inconstitucional criterio según el cual se niega rotundamente la competencia de los jueces de instancia, como de las demás salas del TSJ, de ejercer el control de convencionalidad, señalando que "*De la jurisprudencia de esta Sala antes reseñada se desprende, que no es competencia de los jueces civiles de instancia, ni de esta Sala de Casación Civil, dicho control constitucional de convencionalidad o de confrontación entre normas internas y tratados integrantes del sistema constitucional venezolano*".

La sentencia de la SCC es inconstitucional porque viola los artículos 7, 23 y 334 de la Constitución cuando estableció que "*No se advierte ningún dispositivo que haga referencia al conocimiento y resolución de*

358 Y continuó la SCC afirmando en ese sentido que *"(...), es la Sala competente para establecer la aplicabilidad o no de los denunciados artículos 19° del Pacto Internacional de Derechos Civiles y Políticos, y 13° de la Convención Americana sobre Derechos Humanos, y además, es la Sala garante para hacer valer el principio de la supremacía de la Constitución a través de su defensa, para que sus juzgadores no deban aplicar normas que vayan en contra de ella, es decir, es la última verificadora si las normas denunciadas contradicen a la Constitución de la República Bolivariana de Venezuela*".

las controversias suscitadas con motivo de la interpretación y ejecución de las convenciones internacionales", y que: *"no es competencia de los jueces civiles de instancia, ni de esta Sala de Casación Civil, dicho control constitucional de convencionalidad o de confrontación entre normas internas y tratados integrantes del sistema constitucional venezolano*".

En efecto, la SCC violó el artículo 23 constitucional que reconoce como fuente de protección de los derechos humanos a la Constitución, a los tratados internacionales suscritos y ratificados por la República en esta materia, y a las leyes que los desarrollen, y que dispone además, con el objeto de reforzar la protección de los referidos derechos, que los tratados, pactos y convenciones internacionales en esta materia suscritos y ratificados por Venezuela prevalecen en el orden interno en la medida en que contengan normas sobre el goce y ejercicio de los derechos humanos más favorables a las contenidas en la Constitución y en las leyes, siendo sus disposiciones de aplicación directa e inmediata por los tribunales de la República y demás órganos que ejercen el Poder Público.

Pero además la sentencia de la SCC violó flagrantemente el artículo 334 de la Constitución al afirmar que "*no es competencia de los jueces civiles de instancia, ni de esta Sala de Casación Civil, dicho control constitucional de convencionalidad o de confrontación entre normas internas y tratados integrantes del sistema constitucional venezolano*", cuando es lo cierto que el precitado artículo 23 y el artículo 334 de la Constitución otorgan esta facultad específicamente a todos los jueces de la República. Así, en efecto, estas normas atribuyen competencia a todos los jueces, en el ámbito de sus materias, para aplicar inmediata y directamente los tratados y convenciones internacionales relativos a los derechos humanos; así como asegurar la integridad y supremacía de la Constitución establecida en el artículo 7 de la Constitución, la cual está compuesta, por disposición del propio artículo 23, por los tratados, pactos y convenciones relativos a derechos humanos, suscritos y ratificados por Venezuela.

Ratificamos que de conformidad con el artículo 334, en concordancia con el artículo 23, de la Constitución todos los jueces de la República tienen el deber de aplicar directa e inmediatamente, las disposiciones convencionales sobre derechos humanos en caso de que una ley u otra norma jurídica colidan con ellas, o cuando contengan normas sobre el goce y ejercicio de los derechos humanos más favorables a las establecidas por la propia Constitución y las leyes de la República.

Todos los jueces de la República –no sólo los magistrados de la SC del TSJ– están en la obligación de velar por la aplicación de los convenios internacionales sobre derechos humanos, para garantizar la efectiva protección de los mismos.

La sentencia de la SCC, al declarar que en Venezuela los jueces no tienen competencia para ejercer el control de la convencionalidad, sino que ello corresponde de forma exclusiva a la SC, confundió el control concentrado de la constitucionalidad, el cual es ejercido de forma exclusiva por la SC del TSJ, consagrado en los artículos 334 y 336 de la Constitución, con el control de convencionalidad, que es competencia de todos los tribunales de la República según lo dispuesto en los artículos 23 y 334 de la Constitución, y representa, además de un error judicial grave, un retroceso enorme en el derecho constitucional venezolano y en la protección de los derechos humanos, y configura, sin duda, una violación flagrante de los artículos 7, 23 y 334 de la Constitución.

CAPÍTULO VII
DEMANDA DE INTERPRETACIÓN CONSTITUCIONAL

1. Introducción

La demanda de interpretación constitucional es una pretensión constitucional, creada por vía jurisprudencial, de naturaleza mero declarativa, debido a que la petición del accionante no se fundamenta en la violación de una norma jurídica, ni en la impugnación de un acto, sino en la necesidad de aclarar la situación jurídica en la que se encuentra; que solo puede ser ejercido por quien tenga un interés jurídico actual, legítimo, fundado en una situación jurídica concreta y específica y que requiere de la interpretación de normas constitucionales aplicables, a fin de que cese la incertidumbre o duda que impide el desarrollo y efectos de esa situación jurídica.

De conformidad con lo dispuesto en el artículo 266, numeral 6, de la Constitución, el TSJ tiene competencia para "*Conocer de los recursos de interpretación sobre el contenido y alcance de los textos legales, en los términos contemplados en la ley*". Esa atribución puede ser ejercida "*por las diversas Salas conforme a lo previsto en esta Constitución y la ley*".

Por su parte, el artículo 31 de la LOTSJ atribuye como competencia común de las Salas la de: "*Conocer las demandas de interpretación acerca del alcance e inteligencia de los textos legales, siempre que dicho conocimiento no signifique una sustitución del mecanismo, medio o recurso que disponga la ley para dirimir la situación que se trate*".

Es claro entonces que de acuerdo a los artículos 266 constitucional y 31 de la LOTSJ, todas las Salas del TSJ, tienen la competencia para conocer de las demandas de interpretación sobre el contenido y alcance de los textos legales, en los términos establecidos en la ley, cuya interpretación se solicita. No se refieren esas normas a una demanda de interpretación constitucional.

Un antecedente de la demanda por medio la cual se pretende ante un órgano jurisdiccional que se interprete el sentido y alcance de una norma legal con relación al supuesto concreto, se encuentra en los artículos 42, numeral 24, y artículo 43 de la LOCSJ de 1976, que otorgaba solo a la SPA, la competencia para conocer del recurso de interpretación[359].

En efecto, disponía la LOCSJ el recurso de interpretación en los siguientes términos:

> *"Artículo 42. Es de la competencia de la Corte como más alto Tribunal de la República:*
> *24.- Conocer del recurso de interpretación y resolver las consultas que se le formulen acerca del alcance e inteligencia de los textos legales, en los casos previstos en la Ley..."*

De acuerdo con el artículo 43 de la LOCSJ, la SPA era la única competente para conocer de este tipo de recurso. Mediante el recurso de interpretación no se pretendía controlar la legalidad de la actuación de la administración, ni se controlaba la legalidad de un acto administrativo, tampoco se reclamaba la reparación por la lesión a un derecho, la solicitud se concretaba a conocer el alcance e inteligencia de los textos legales que expresamente lo admitían, frente a un caso concreto.

A través de la jurisprudencia de la propia SPA comenzó a delinearse el referido recurso de interpretación de leyes. Fue la jurisprudencia la que estableció que solo procedía el recurso de interpretación en los casos en los que la ley cuya interpretación se solicitare lo permitiera expresamente y que solo procedería la interpretación respecto de textos legales y no sublegales.

Téngase en cuenta al respecto la emblemática sentencia de la SPA de la CSJ, con ponencia del Magistrado René De Sola, en el conocido caso "Dagoberto González Ascanio", de fecha 17 de abril de 1986, en la cual se estableció lo siguiente:

> *"En efecto, en el ordinal Primero se solicita que la Corte fije el sentido y alcance del artículo 50 de la Ley Orgánica de la*

---

[359] Enrique Pérez Olivares, "El recurso de interpretación", en *El control jurisdiccional de los poderes Públicos en Venezuela*, Instituto de Derecho Público de la Facultad de Ciencias Jurídicas y Políticas de la Universidad Central de Venezuela, Caracas, 1979, p.160. cit. en Gonzalo Pérez Salazar, "El recurso de interpretación en Venezuela", *Revista de la Facultad de Ciencias Jurídicas y Políticas*, número 120. Universidad Central de Venezuela. Caracas, 2001. P. 221.

> *Administración Central, no obstante que se trata de un ordenamiento donde no está expresamente establecida la posibilidad del recurso de interpretación. Por tanto, conforme a lo antes dicho, es inadmisible el recurso intentado por este respecto, y así se declara" (...).*
> *"Asimismo el ordinal Tercero del petitorio solicita se fije el sentido y alcance de la Circular N°1 de marzo de 1984 emanada de la Oficina Central de Personal.*
> *Es obvio que este particular es igualmente inadmisible y así se declara, porque bien expresa el inciso 24 del artículo 42 de la Ley Orgánica de la Corte Suprema de Justicia que el recurso de interpretación solo está destinado a fijar el alcance e inteligencia de textos legales"*[360].

De otra parte, la SPA precisó en esta misma sentencia que era un requisito fundamental para la admisión del recurso de interpretación, que se tratara de dudas en cuanto a la inteligencia, alcance y aplicación de una ley, en casos concretos y reales, ello con el objeto de evitar que se solicitaran de la Corte interpretaciones completamente alejadas de la realidad y producto, por tanto, de elucubraciones puramente teóricas (v. criterio reiterado en sentencia de la SPA de la CSJ de fecha 6 de diciembre de 1990, caso "*Petróleos de Venezuela*").

Ahora bien, un asunto muy distinto es el previsto en el artículo 335 de la Constitución cuando señala: "*El Tribunal Supremo de Justicia garantizará la supremacía y efectividad de las normas y principios constitucionales; será el máximo y último intérprete de esta Constitución y velará por su uniforme interpretación y aplicación...*".

De acuerdo a lo que dispone este artículo 335 de la Constitución, el TSJ es el último y máximo intérprete de la Constitución, por lo que se entendería que las interpretaciones de todas sus Salas, respecto de las normas constitucionales que le corresponde aplicar, tendrían ese carácter definitivo.

La interpretación de la Constitución a la que se refiere el artículo 335 se lleva adelante en el marco de la solución de los distintos casos

---

[360] Sentencia de la SPA de la CSJ, caso "Dagoberto González Ascanio" de fecha 17 de abril de 1986. Magistrado Ponente: Dr. René De Sola, consultado en *XVIII Jornadas "J.M. Domínguez Escovar"*, Ob. cit., pp. 254-255.

que le corresponde resolver a cada una de las Salas del TSJ según su ámbito competencial y no por medio de una acción específica de interpretación constitucional considerado como una demanda autónoma.

Ahora bien, la SC del TSJ, en violación a la Constitución, interpretando y desvirtuando el artículo 335 de la Constitución, a través de la sentencia número 1077 del 22 de septiembre de 2000, caso "Servio Tulio León", creó una demanda autónoma de interpretación abstracta de la Constitución, y se atribuyó el carácter de "*máximo y último intérprete de la Constitución*", de forma exclusiva y excluyente.

La sentencia por medio de la cual SC se atribuyó la competencia para conocer de las demandas de interpretación constitucional dispuso que: "*El contenido y alcance de esas normas vigentes, pero aún sin desarrollo legislativo, no puede estar a la espera de acciones de amparo, de inconstitucionalidad o de la facultad revisora, porque de ser así, en la práctica tales derechos quedarían en suspenso indefinido. Como paliativo ante esa situación, las personas pueden pedir a esta Sala que señale el alcance de la normativa, conforme a la vigente Constitución, lo que hizo la Sala, sin que mediase petición al respecto, en la sentencia del 1 de febrero de 2000, cuando indicó el desenvolvimiento del proceso de amparo, adaptando la ley especial a la Constitución vigente*".

Esta demanda de interpretación, a pesar de no estar prevista constitucionalmente, fue creada por la SC con la finalidad de declarar la certeza sobre el alcance y el contenido de una norma constitucional, y específicamente, de aquellos casos cuyo desarrollo legislativo aún no había sido alcanzado, con lo cual se preparaba la SC para legislar en esas materias.

En efecto, la Sala señaló que "*...de no ser objeto de interpretación, en la actualidad tales normas se harían nugatorias, ya que sus posibles ambigüedades y obscuridades, no podrían ser solucionadas, o lo serían en forma caótica, mientras no se dicten las leyes que las desarrollen*". Además, en la sentencia se determinó que dicha demanda "*podría hacerse incluso como paso previo a la acción de constitucionalidad, ya que la interpretación constitucional podría despejar dudas y ambigüedades sobre la supuesta colisión*"[361].

---

[361] V. Jesús María Casal H., Constitución *y Justicia Constitucional*, Ob. cit.

Sin embargo, el propósito para el cual fue creado –mediante la jurisdicción normativa– la demanda de interpretación no se corresponde con su aplicación real, e incluso representa un motivo para su inadmisibilidad por la SC del TSJ. En este sentido, el profesor Jesús María Casal ha señalado que:

> *"las posibilidades de acudir al recurso de interpretación para resolver con carácter general dudas relativas a la aplicabilidad y alcance de preceptos constitucionales aún no desarrollados legalmente han quedado reducidas al mínimo, en virtud de la tendencia jurisprudencial a declarar inadmisibles los recursos de interpretaciones referidos a normas constitucionales cuya regulación es materia de la reserva legal, las cuales, se afirma, deberían ser precisadas por la ley, no por la Sala Constitucional, criterio que se ha aplicado incluso a derechos constitucionales". Lo que antes era un supuesto para la admisión del recurso de interpretación, esto es, la existencia de una norma constitucional que reclama desarrollo legal pero que no debe esperar a éste para hacerse operativa, es ahora una causal de inadmisibilidad del mismo recurso, pues esa exigencia de desarrollo legislativo se traduce normalmente en una reserva legal".*

De otra parte, sorprendentemente la SC determinó que a ella "*... corresponde con carácter exclusivo la interpretación máxima y última de la Constitución, y debido a tal exclusividad, lo natural es que sea ella quien conozca de los recursos de interpretación de la Constitución, como bien lo dice la Exposición de Motivos de la vigente Carta Fundamental, no siendo concebible que otra Sala diferente a la Constitucional, como lo sería la Sala Político Administrativa, pueda interpretar como producto de una acción autónoma de interpretación constitucional, el contenido y alcance de las normas constitucionales, con su corolario: el carácter vinculante de la interpretación".*

Contrariamente a lo expuesto por la SC, la Exposición de Motivos de la Constitución señala que solo pueden ejercerse por la SC las facultades interpretativas propias del ejercicio de la jurisdicción constitucional, con motivo de una acción popular de inconstitucionalidad, acción de amparo, recurso de interpretación de leyes u otro caso concreto de carácter jurisdiccional cuya competencia esté atribuida a la SC, como la revisión de sentencias (ordinal 10, artículo 336 de la Constitución).

La Exposición de Motivos de la Constitución expresamente dispone que:

> *"En efecto, las facultades interpretativas que en tal sentido se otorgan al Tribunal Supremo de Justicia, en consonancia con las características básicas de la justicia constitucional en derecho comparado, sólo pueden ser ejercidas por órgano de la Sala Constitucional, pues a ella le corresponde exclusivamente el ejercicio de la jurisdicción constitucional. Además, con fundamento en el principio de división de poderes, tales facultades no pueden ejercerse de oficio o mediante acuerdos, sino con motivo de una acción popular de inconstitucionalidad, acción de amparo, recurso de interpretación de leyes u otro caso concreto de carácter jurisdiccional cuya competencia esté atribuida a la Sala Constitucional".*

Sin embargo, la sentencia estableció que no obstante la demanda de interpretación de las normas y principios constitucionales, no se encuentra regulada en forma especial ni en la vigente Constitución ni en la LOCSJ, la SC puede asumir dentro de la facultad interpretativa con carácter vinculante, que le otorga el artículo 335 de la vigente Constitución, la interpretación, no solo en los procesos contenciosos que decida, sino también mediante esta especial demanda de interpretación.

Luego, la LOTSJ, a través del artículo 25, también en violación a la Constitución, reguló esta demanda autónoma de interpretación constitucional, como atribución de la SC del TSJ, al disponer que "*Es de la competencia de la Sala Constitucional del Tribunal Supremo de Justicia: ... 17. Conocer la demanda de interpretación de normas y principios que integren el sistema constitucional*"[362].

La inconstitucional regulación de la LOTSJ consagra la demanda de interpretación en términos más amplios, incluso, que los previstos jurisprudencialmente, desde que incluyó las demandas de interpretación respecto de "*normas y principios*" no solo de la Constitución, sino también de las que "*integren el sistema constitucional*", lo que abarca por ejemplo, convenios y tratados internacionales, en especial los relativos a los derechos humanos, normas generales dictadas por la

---

[362] "Artículo 25: Competencias de la Sala Constitucional. Son competencias de la Sala Constitucional del Tribunal Supremo de Justicia: 17. Conocer la demanda de interpretación de normas y principios que integran el sistema constitucional".

Asamblea Nacional Constituyente de 1999 y todos aquellos principios que se puedan derivar de la interpretación de las normas que contiene la Constitución, incluyendo por supuesto el Preámbulo.

De esta forma, la SC puede interpretar cualquier disposición del ordenamiento jurídico venezolano motivado en que la misma "*integra el sistema constitucional*", como lo hizo, por ejemplo, mediante decisión número 156 del 29 de marzo de 2017, en la que interpretó de forma autónoma el artículo 33 de la Ley Orgánica de Hidrocarburos; una ley que por la materia, requeriría haber sido interpretada por la SPA del TSJ, de conformidad con lo dispuesto en los precitados artículos 266, numeral 6, de la Constitución y 31 de la LOTSJ y no a través de una demanda "*autónoma*" de interpretación constitucional.

Queda claro entonces que esa demanda autónoma de interpretación de la Constitución, creado en violación directa a ella, no se corresponde con el recurso de la interpretación de leyes a que se refiere el artículo 266, numeral 6, de la Constitución, por lo cual no tiene ningún fundamento constitucional.

2. La interpretación constitucional

Ahora bien, ratificando nuestro criterio respecto de la inconstitucionalidad de esta demanda autónoma de interpretación constitucional, creada por la SC a través de su propia jurisprudencia, y luego regulado en la LOTSJ, es conveniente realizar algunas consideraciones generales sobre la interpretación de la Constitución que, como hemos señalado, puede y debe hacerse cuando se da solución a los distintos procesos interpuestos por ante la jurisdicción constitucional y no a través de una demanda autónoma de interpretación.

La interpretación, entendida como "*el proceso intelectual que acompaña necesariamente el proceso de aplicación del derecho en su progresión de un grado superior a un grado inferior*" se realiza por los jueces en el momento de decidir un caso concreto[363] La interpretación constitucional es indispensable, como lo es también la interpretación de

[363] Hans Kelsen, *Teoría pura del Derecho*, cit. en Claudia Nikken, *Consideraciones sobre las fuentes del derecho constitucional y la interpretación de la Constitución*, Editorial Jurídica Venezolana, Caracas, 2018. p. 84.

todas normas jurídicas. En efecto, no puede haber desarrollo de la jurisdicción constitucional, sin exégesis de los dispositivos constitucionales.

Es una necesidad constitucional que cualesquiera potestades que ejerza el juez constitucional en la iniciación, sustanciación y decisión de un proceso constitucional, ha de hacerse bajo un esquema interpretativo particular y especial. Ello se exige dado el carácter que posee la Constitución como norma suprema y fundamento de todo el ordenamiento jurídico, que otorga a la interpretación de sus normas una especial trascendencia en cuanto a su significado, rango y peculiaridad, "*no tanto por los métodos empleados, sino por los contenidos normativos obtenidos mediante la interpretación misma*"[364].

Como señala García Pelayo:

> *"la función interpretativa tiene en materia constitucional más relevancia que en otras materias jurídicas, dada la mayor presencia de principios generales, de valores susceptibles de distinta interpretación y especificación, de cláusulas generales y de preceptos indeterminados, cuyos significados solo pueden determinarse en cada caso y momento a través de las concretizaciones resultantes de la interpretación, por lo que se ha dicho con razón que si los límites entre la aplicación y la creación del derecho son fluidos en todas las esferas jurídicas, tienden a confundirse plenamente en materia constitucional"*[365].

La interpretación de las normas constitucionales debe adecuarse a la naturaleza fundamental de los motivos políticos y los principios esenciales que se encuentren en la base de estos preceptos: *"(...) La interpretación de las disposiciones constitucionales requiere por parte del intérprete o aplicador, una particular 'sensibilidad', que le permita captar la esencia, penetrar en la entraña misma y comprender las disposiciones fundamentales y, además, conocer y tomar en cuenta las condiciones sociales, económicas y políticas existentes en el momento en que se pretende desentrañar el sentido mismo de los preceptos supremos".*[366]

---

364 Gaspar Caballero Sierra y Marcela Anzola Gil, *Teoría Constitucional*, Editorial TEMIS, Santa Fe de Bogotá, Colombia, 1995. P.51.

365 Manuel García Pelayo, "El status del tribunal constitucional", ob. cit. p. 33.

366 Héctor Fix-Zamudio, "Algunos aspectos de la Interpretación Constitucional en el ordenamiento Mexicano", en *Comunicaciones Mexicanas al VIII Congreso Internacional de*

Si bien las normas constitucionales, como cualquier norma, son susceptibles de ser analizadas de tal manera que resulte conocido el propósito y el fin para el cual fueron creadas, el régimen de interpretación es diferente para cada categoría de norma. En efecto, la demanda de interpretación legal y la interpretación constitucional, a pesar de que comparten el objeto de determinar el sentido y alcance de una norma jurídica, difieren en mucho al momento de su aplicación y efectos.

La interpretación constitucional es un asunto especialmente delicado, dado que a través de ella se podría cambiar el significado gramatical de la Constitución; podrían anularse, desvirtuarse y hasta desmontarse los principios y valores de la Constitución. Se requiere de una extraordinaria responsabilidad y vocación democrática en los intérpretes constitucionales para tener en cuenta los factores históricos, sociales, políticos y económicos que motivan las normas de la Constitución y que son parte esencial de la vida constitucional de un país[367].

De forma que la aplicación y el alcance de las normas de la Constitución deben ser interpretados de una manera unitaria, sistemática e integradora que, además de un análisis literal o gramatical (criterio clásico de interpretación que busca el significado y sentido de la norma a través del estudio y análisis de la letra de su propio texto), comprende una interpretación histórica, es decir, aquella que estudia los contextos anteriores que puedan influir en el entendimiento actual de las normas; un análisis lógico, a partir de la descomposición del pensamiento o las relaciones lógicas que unen sus diversas partes; un estudio sistemático, que busque extraer del texto de la norma un enunciado cuyo sentido sea acorde con el contenido general del ordenamiento al que pertenece; y también, un análisis teleológico[368], que como sabemos, consiste en

---

Derecho Comparado (Pescara, 1970), Universidad Nacional Autónoma de México, México, 1971. Pp.271-309

367 Jorge Carpizo, "La interpretación constitucional en México", en *Boletín Mexicano de Derecho Comparado* número 12, 197, Universidad Nacional Autónoma de México, México, 1971.

368 Tal como lo explican Marcela Anzola Gil y Gaspar Caballero Sierra, la interpretación teleológica "tiene como fundamento la búsqueda de la finalidad de la norma, partiendo del supuesto que todas las normas jurídicas sirven a un objetivo: la regulación de la vida humana en comunidad, evitando lo más que se pueda los conflictos". V. Gaspar Caballero Sierra y Marcela Anzola Gil, Ob. cit. P.54.

atribuir significado a una norma o a una cláusula atendiendo a la finalidad del precepto o del pacto.

La interpretación constitucional es un proceso complejo, derivado de la naturaleza de las normas constitucionales, que le otorgan mayor autonomía y trascendencia[369]. Se trata de la hermenéutica constitucional, desde que la determinación de la razón de ser de una norma constitucional no se agota en la mera subsunción automática del supuesto del hecho al texto normativo, sino que debe hacerse una labor dirigida a la efectiva realización de los valores supremos que persigue la Constitución, lo cual resulta no sólo de la reconstrucción del pensamiento y voluntad que se desprenden del texto de la norma escrita (y que puede obtenerse a través de los métodos de interpretación gramatical, lógica, histórica o sistemática), "*sino también de la búsqueda del fin que debe perseguir la norma para la consecución de los postulados fundamentales del derecho*"[370].

Ratificamos que la interpretación de la Constitución, que corresponde a la SC, se concreta y se lleva adelante cuando se resuelven los distintos casos concretos que se planteen –a través de distintos medios de impugnación que le corresponde resolver– especialmente, a través del recurso de inconstitucionalidad, control concentrado, y no a través de una acción destinada exclusivamente a interpretar la Constitución, insistimos que no fue establecida por el Constituyente.

La interpretación constitucional es el proceso lógico mediante el cual el juez busca el esclarecimiento de una norma constitucional cuyo contenido resulta confuso, ambivalente, indeterminado, general, con el objeto de aclararlo, concretarlo, darle virtualidad práctica y ajustarlo a las circunstancias históricas, y que tiene como finalidad la preservación de la Constitución, así como facilitar su aplicación a situaciones concretas.

---

369 Jorge U. Carmona Tinoco, *La interpretación judicial constitucional*, Instituto de Investigaciones Jurídicas, Comisión Nacional de Derechos Humanos, México, 1996. P.73.

370 Tercer Tribunal Colegiado en Materia Administrativa del Primer Circuito, Amparo en revisión 553/89. Perfiles Termoplásticos, S.A. 7 de junio de 1989. Unanimidad de votos. Ponente: Genaro David Góngora Pimentel. Secretaria: Adriana Leticia Campuzano Gallegos. Semanario Judicial de la Federación, octava época, tomo III, segunda parte-1, p.419. Cit. en Jorge U. Carmona Tinoco, Ob. cit., pp. 73-74.

La interpretación constitucional busca vivificar, actualizar, la norma contenida en los preceptos constitucionales para garantizar su vigencia y sentido en el tiempo. En efecto, la Constitución, como máximo instrumento jurídico, para conservar su carácter normativo y vigencia material, debe ser actualizada y ajustada de conformidad con las circunstancias históricas que se presenten con el pasar de los años, y para ello sirve la interpretación constitucional.

Linares Quintana –basándose en jurisprudencia y doctrina argentina– indica reglas para la interpretación constitucional que debe cumplir el juez[371]. Estas son:

1) Debe prevalecer el contenido finalista de la Constitución, que es garantizar la libertad y dignidad humana.
2) Debe ser interpretada con un criterio amplio, liberal y práctico.
3) Las palabras de la Constitución deben ser interpretadas en su sentido general y común, a menos que sea claro que el creador de la norma se refirió a un significado técnico-legal.
4) La Constitución debe ser interpretada como un todo, como un conjunto armónico.
5) Debe analizarse la situación política y social existente al momento de realizar la interpretación.
6) Deben interpretarse con criterio restrictivo los privilegios y las excepciones.
7) Los actos públicos se presumen constitucionales.
8) Los poderes públicos tienen libertad en la interpretación.

Además de esas reglas de interpretación, hay principios de interpretación que deben ser tomados en cuenta en el momento de determinar el sentido y alcance de una norma constitucional y se convierten en límite de la actuación.

La doctrina se refiere a los siguientes principios de interpretación:

- Principio de la unidad de la Constitución que propugna que no puede interpretarse una norma constitucional de forma aislada; debe tenerse en cuenta el conjunto, de modo que se realice una

[371] Linares Quintana, cit. en Jorge Carpizo, "La interpretación constitucional en México", ob. cit. p. 385.

interpretación armónica, relacionando el sentido de todas las normas entre sí, con el fin de evitar contradicciones.

- Principio de la concordancia práctica exige velar la preservación de los bienes jurídicos, como un todo, y no puede sacrificarse uno por otro, respetando la conexidad entre los derechos y garantías establecidos.
- Principio de la corrección funcional conforme al cual debe existir respeto en la atribución de las funciones asignadas a cada órgano, teniéndose en cuenta los límites y regulaciones previstos en la Constitución.
- Principio de eficacia integradora. Ante la presencia de problemas o inconvenientes debe tomarse el orden constitucional como una unidad, y por ello, se debe dar preferencia a las soluciones que promuevan la conservación de esta. Debe tenerse en cuenta siempre la finalidad del Estado y su conservación.
- Principio de la fuerza normativa de la Constitución. Es importante el esclarecimiento de normas fundamentales. Su correcto entendimiento debe ser el marco de referencia normativa y forma de aclarar ordenamientos jurídicos inferiores.
- Principio de adaptación de las circunstancias. Toda interpretación debe ser realizada de acuerdo al contexto político, económico y social, en el que se desenvuelve el Estado.
- Principio de previsión de las consecuencias conforme al cual, en la interpretación de la norma constitucional, debe considerarse el impacto social, político y económico que podría producirse con la aplicación de la interpretación.
- Principio del orden de valores predica que deben tenerse presente los valores fundamentales establecidos como elementos esenciales del Estado en la Constitución. En Venezuela, por ejemplo, el artículo 2 constitucional propugna a Venezuela como un Estado democrático social, de derecho y de justicia, que tiene como pilares fundamentales el respeto a la vida, la libertad, la igualdad, la justicia, la solidaridad, la democracia, la responsabilidad social, los derechos humanos, la ética, y finalmente el pluralismo político.

- Principio de máxima efectividad. Según este principio, en caso de que se origine más de una solución interpretativa de determinado precepto constitucional, deberá elegirse aquella que posea mayor eficacia, respecto al orden de los demás valores y principios planteados en el ordenamiento jurídico.

Visto lo anterior es claro que la interpretación de una norma constitucional no es un medio para cambiar la Constitución, tampoco para darle un sentido aislado al del resto del sistema o bloque de la constitucionalidad; es útil ajustar y determinar su sentido en un caso concreto, de acuerdo con el contenido, los principios, valores y normas de todo el bloque de la constitucionalidad.

Es por ello que la interpretación constitucional "*es indispensable para dar respuesta a cuestiones que la Constitución no permite discernir unívocamente, con lo cual, interpretar la norma fundamental equivale a actualizarla, desentrañando respuestas constitucionales acertadas mediante la aplicación de un procedimiento racional y objetivo*"[372].

De conformidad con lo antes expuesto, el juez constitucional, al ejercer una tarea tan trascendente como lo es extraer el sentido normativo del texto fundamental para aplicarlo a un caso concreto, y así permitir la actuación práctica y la integración del ordenamiento constitucional, debe informarse por una serie de valores y principios de interpretación constitucional, y *no debe perder de vista las consecuencias de sus interpretaciones*[373], con el fin de que el sistema constitucional no sea puesto en manos de la arbitrariedad y se corresponda íntegramente con los postulados constitucionales[374].

---

372 Mariano Palacios Alcocer y Francisco Castellanos Madrazo, "Algunos apuntes sobre la Interpretación Constitucional", en Diego Valadés y Miguel Carbonell (Coordinadores), *El Proceso Constituyente Mexicano. A 150 años de la Constitución de 1857 y 90 de la Constitución de 1917*, Universidad Autónoma de México, Instituto de Investigaciones Jurídicas, México D.F., 2007. p. 738 Disponible en: http://biblio.juridicas.unam.mx/libros/libro.htm?l=2389. Consultado el 19 de octubre de 2017.

373 Arturo Hoyos, *La interpretación constitucional*, Editorial TEMIS, Santa Fe de Bogotá, Colombia, 1993. p. 31.

374 En palabras de Jorge Carpizo: "*La interpretación constitucional, entonces, constituye una técnica y una ingeniería jurídicas; responde a principios claros que se sustentan en una ciencia; pero, por su materia misma y por sus alcances y efectos, en ella no pueden ignorarse factores de índole histórica, social, política y económica. por ello se ha afirmado, y*

La interpretación que hace el juez constitucional no podría conducir a la reforma o cambio de las normas y principios contenidos en la Constitución. Esta interpretación mutativista o manipulativa lleva a la desconstitucionalización. Es una forma de interpretar la Constitución dirigida a desvirtuar, pervertir, bloquear o desnaturalizar, una regla constitucional, lo que deviene en la "*caída en el vigor jurídico (o fuerza normativa) del precepto constitucional sancionado en su momento*"[375].

Como explica Néstor Pedro Sagüés, este tipo de interpretación manipulativa de la Constitución, constituye un riesgo del ejercicio de las potestades de los jueces constitucionales. "*Otra amenaza cierta es la manipulación de la Constitución que pueda realizar el «juez constitucional», haciéndole decir a ella lo que no expresa, o callando lo que en verdad establece; todo eso mediante contrabandos normativos e ideológicos que de hecho implican interpretaciones fraudulentas o evasoras de la Constitución*"[376].

Estas interpretaciones desconstitucionalizantes suponen la transformación del sistema de la Constitución, precisamente por no respetar la literalidad de las normas. Al respecto téngase en cuenta lo señalado por Hesse:

> *"Donde la posibilidad de una comprensión lógica del texto de la norma termina o donde una determinada mutación constitucional aparece en clara contradicción con el texto de la norma, concluyen las posibilidades de interpretación de la norma (...) Todo lo que se sigue más allá de esas posibilidades no será ya mutación constitucional, sino quiebre constitucional o anulación de la Constitución"*[377].

---

afirmado bien, que el intérprete de los preceptos constitucionales debe contar con una particular sensibilidad para aplicar la técnica sin olvidarse de la realidad y de los principios que persiguen las Constituciones, y por los cuales han sido creadas...". V. Jorge Carpizo, Cit. en Jorge U. Carmona Tinoco, Ob. cit., p. 75.

375 Néstor Pedro Sagüés, "El concepto de desconstitucionalización", ob. cit. p. 192.

376 Néstor Pedro Sagüés, "Del juez legal al juez constitucional", en *Anuario iberoamericano de justicia constitucional*, número 4, Centro de Estudios Políticos y Constitucionales, Madrid, 2000. Pp. 344-345.

377 Hesse, cit. en Goran Rollnert Liern, "La mutación constitucional, entre la interpretación y la jurisdicción constitucional", *Revista Española de Derecho Constitucional,* número 101, mayo-agosto, Madrid, 2014, pp. 125-155 p.133

Como ejemplo de la desconstitucionalización por vía de interpretación constitucional podemos referirnos a la sentencia número 565 del 15 de abril de 2008, por medio de la cual la SC, a través de la interpretación abstracta del artículo 164.10 de la Constitución eliminó las competencias propias de los estados para centralizarlas en el poder público nacional, en una ilegítima mutación de la Constitución. En esta ocasión, la Sala determinó, en contra de la organización federal del Estado venezolano y el reparto de las competencias entre los poderes ejecutivo nacional, estadal y municipal, establecidas por el poder constituyente, que la competencia en materia de conservación, administración y aprovechamiento de carreteras y autopistas nacionales así como de puertos y aeropuertos de uso comercial expresa y exclusivamente otorgada por la Constitución a los estados, podía ser ejercida directamente por el presidente de la República "*en ejercicio de la potestad de coordinación*".

Otro ejemplo es la sentencia número 378 de la SC del TSJ del 31 de mayo de 2017, por medio de la cual la SC decidió una demanda de interpretación constitucional sobre la procedencia de la convocatoria de la inconstitucional Asamblea Nacional Constituyente por el Presidente de la República a través de un Decreto presidencial, sin la debida consulta previa al pueblo de Venezuela mediante referendo consultivo. En esta ocasión la SC, interpretando de forma distorsionada los artículos 347 y 348 de la Constitución, determinó que no era necesario ni constitucionalmente obligante, un referéndum consultivo previo para la convocatoria de una Asamblea Nacional Constituyente, aun cuando el artículo 347 de la Constitución expresamente lo establece.

La SC omitió por completo que la intención de *modificar sustancialmente el Estado y crear un nuevo ordenamiento jurídico, creando un nuevo texto constitucional* se trata de una materia de especial trascendencia nacional que debía ser sometida a referendo consultivo, y de este modo arrebató el derecho exclusivo del pueblo venezolano, como único titular del poder constituyente originario, de convocar una Asamblea Nacional Constituyente, en completa violación del artículo 347 de la Constitución, justificándose para ello sobre supuestas "circunstancias objetivas sobrevenidas" en Venezuela, así como una "aguda situación de la crisis política", para "poner de acuerdo al país en un nuevo Contrato Social". Todo ello en violación de los principios de democracia y soberanía establecidos expresamente en los artículos 2, 3, 5, 63, 70 de la Constitución[378].

3. Demanda de interpretación constitucional creada inconstitucionalmente por la Sala Constitucional.

3.1. Concepto

La demanda de interpretación constitucional es una pretensión constitucional autónoma, creada por vía jurisprudencial, de naturaleza mero declarativa, debido a que la petición del accionante no se basa en la transgresión de una norma jurídica, sino en la necesidad de aclarar la situación jurídica en la que se encuentra; que solo puede ser ejercido por quien tenga interés jurídico actual, legítimo, fundado en una situación jurídica concreta y que requiere de la interpretación de normas constitucionales aplicables a su situación, a fin de que cese la incertidumbre que impide el desarrollo y efectos de esa situación jurídica.

La demanda de interpretación constitucional no es una vía de impugnación; a través de ella no se pretende atacar ninguna ley, sentencia ni ningún otro acto dictado por los órganos del Poder Público que contraríe los preceptos constitucionales con el propósito de que se declare su nulidad; lo que se precisa es que se aclare, se explique, se determine qué se desprende y qué debe entenderse del contenido de una norma o principio constitucional. Es decir, que se trata de una pretensión de interpretación que se aspira culmine en una mera declaración, con una decisión mero-declarativa.

3.2. Supuestos de procedencia

Para limitar la interpretación constitucional, la SC en el caso "Servio Tulio León" (sentencia número 1077 del 22 de septiembre de 2000), estableció los supuestos en los cuales se puede ejercer la demanda:

1. Cuando se requiera el entendimiento de normas constitucionales que podría ir en contra de principios constitucionales y valores sociales que el constituyente consideró primordiales.

378 Véase al respecto Rafael Badell Madrid, *La Asamblea Constituyente en la Constitución de 1999. Academia de Ciencias Políticas y Sociales,* Editorial Torino. Caracas, 2018.

Sobre este supuesto, la SC, en sentencia número 1684 de fecha 4 de noviembre de 2008, consideró que es posible que la Constitución contenga disposiciones que estén en contradicción, que desplieguen o repitan expresiones normativas, que contenga normas cuyos términos dificulten conocer a cuáles hechos o conductas se refieren, que adolezcan de vaguedad o ambigüedad manifiesta, o que habiendo dado solución la misma no se corresponda con la naturaleza de las acciones o conductas regulares, siendo el deber del órgano jurisdiccional resolver la incoherencia o inconsistencia de la norma.

2. Cuando la Constitución remite a principios doctrinales sin precisar en qué consisten, cuál es su alcance y aplicación. Asimismo, la demanda de interpretación será aplicable cuando esté referido a Derechos Humanos que no están regulados en la Constitución; a tratados internacionales protectores de Derechos Humanos que no han sido convertidos en leyes nacionales y cuyo texto y vigencia requieren de aclaratoria.
3. En los casos en los que exista contradicción entre dos o más normas de rango constitucional. Por ejemplo: cuando colidan una norma de la Constitución y una contenida en un tratado internacional de Derechos Humanos.
4. Lo referente a la constitucionalidad de las normas dictadas por organismos multiestatales, creados a través de tratados internacionales, que son aplicables a los Estados suscriptores a pesar de no ser promulgadas por la AN.
5. También es necesaria la interpretación, para determinar los mecanismos procesales que permitan el cumplimiento de las decisiones de los organismos internacionales a que se refiere el artículo 31 de la Constitución, mientras se promulgan las leyes relativas al amparo internacional de los Derechos Humanos.
6. En los casos en que se generen dudas debido a la aplicación simultánea del régimen transitorio y del régimen constitucional.
7. Cuando se quiera determinar el alcance de normas constitucionales que están a la espera de un desarrollo legislativo.
8. Cuando existan normas constitucionales cuyo contenido ambiguo las haga inoperantes.

9. Cuando haya contradicciones entre el texto constitucional y las facultades del Constituyente. Esto se refiere al examen de la labor del Constituyente fundada en las bases comiciales preestablecidas.

4. Proceso

Antes de la entrada en vigencia de la LOTSJ, el proceso para la sustanciación y decisión de la demanda de interpretación constitucional había sido regulado jurisprudencialmente por la SC mediante sentencia "Servio Tulio León"[379]. Sin embargo, a partir del 2010, se estableció en la LOTSJ el iter procesal que regirá este tipo de demandas.

En efecto, dispuso el artículo 128 de la LOTSJ que "Hasta tanto se dicte la Ley que regula la Competencia Constitucional las demandas a que se refieren los numerales 1, 2, 3, 4, 7, 8, 9 y 17 del artículo 25 de esta ley se tramitarán conforme a lo que dispone este capítulo", refiriéndose dicha norma, al Capítulo III, titulado "De los Procesos ante la Sala Constitucional", que contiene los artículos que regulan desde los requisitos de la demanda hasta la conclusión del debate procedimental (artículos 128 al 145), que permite dictar la decisión en los procesos constitucionales ante la SC del TSJ.

Recordemos que el artículo 25.17 establece la competencia de la SC para conocer de las demandas de interpretación, de forma que la LOTSJ establece entre sus regulaciones el íter procesal que debe cumplirse en la SC en el ejercicio del control concentrado de la constitucionalidad y también para la sustanciación y decisión de la demanda de interpretación constitucional. Este proceso rige los actos y las actuaciones fundamentales del proceso constitucional, entre ellos, la legitimación

[379] En este sentido, señaló la Sala que una vez presentado la demanda de interpretación, en el cual deberá indicarse las normas cuya precisión se solicita, la Sala la admitirá o no, y en caso de que lo admita, si lo creyere necesario emplazará por Edicto a cualquier interesado que quiera coadyuvar en el sentido que ha de darse a la interpretación, para lo cual se señalará un lapso de preclusión para que los interesados concurran.
A los mismos fines, se notificará a la Fiscalía General de la República y a la Defensoría del Pueblo. Si la urgencia de la interpretación lo requiere, solo los señalados miembros del Poder Ciudadano serán convocados. Una vez vencidos estos términos, se pasarán los autos al ponente nombrado en el auto de admisión, a fin de que presente un proyecto de sentencia, el cual se guiará por las normas que rigen las ponencias.

activa (artículo 32), los requisitos de la demanda (artículo 129), los supuestos de inadmisión de la demanda (artículo 133), la designación del ponente (artículo132), los modos de notificación y emplazamiento (artículos 135 al 138), la participación de los terceros intervinientes (artículo 139), la determinación de las medidas cautelares (artículo 130), los lapsos y procedimientos de evacuación de pruebas (artículos 139 y 140), la audiencia pública (artículos 141 al 143) y la conclusión del debate (artículo 144).

Supletoriamente, el proceso de interpretación constitucional estará regulado por el CPC, de conformidad con lo dispuesto por el artículo 98 de la LOTSJ: "*Las reglas del Código de Procedimiento Civil regirán como normas supletorias en los procesos que cursen ante el Tribunal Supremo de Justicia. Sin embargo, cuando en el ordenamiento jurídico no se preceptúe un proceso especial a seguir se podrá aplicar el que las Salas juzguen más conveniente para la realización de la justicia, siempre que tenga fundamento legal*".

Dada la naturaleza de la demanda de interpretación la SC ha establecido que se tramita como de "mero derecho", argumentando que "no requiere de la evacuación de prueba alguna". Téngase como ejemplo la sentencia número 156 del 27 de marzo de 2009 por medio de la cual la SC decidió omitir el proceso legalmente establecido para la decisión y sustanciación de la demanda de interpretación interpuesta sobre el artículo 187.24 de la Constitución, declarando el asunto de mero derecho "*en tanto no requiere la evacuación de prueba alguna, al estar centrado en la obtención de un pronunciamiento interpretativo de varios artículos previstos en la Constitución de la República Bolivariana de Venezuela, así como de otra normativa del ordenamiento jurídico vigente, y por la otra, en atención a la gravedad y urgencia de los señalamientos que subyacen en la solicitud de nulidad presentada, los cuales se vinculan a la actual situación existente en la República Bolivariana de Venezuela, con incidencia directa en todo el Pueblo venezolano*".

Ahora bien, sentenciar la causa inmediatamente después de la presentación y la admisión de la demanda, viola el debido proceso establecido en el artículo 49 de la Constitución. Declarar una causa de mero derecho solo permite suprimir el lapso probatorio (véase artículo 389.1 del CPC). En efecto no puede prescindirse del trámite establecido por la

LOTSJ para la demanda de interpretación constitucional. Por ejemplo, no podría omitirse llamar mediante cartel a los terceros interesados a participar en el trámite procesal.

4.1. Legitimación activa

Para el caso de la demanda de interpretación constitucional, la jurisprudencia ha determinado que el accionante, sea como persona pública o privada, debe invocar un interés jurídico actual, legítimo, fundado en una situación jurídica concreta y específica en que se encuentra, y que requiere necesariamente de la interpretación de normas constitucionales aplicables a la situación, a fin de que cese la incertidumbre que impide el desarrollo y efectos de dicha situación jurídica (véase sentencia número 1077 del 22 de septiembre del 2000, caso "Servio Tulio León").

En efecto, la SC ha exigido que un interés legitimo, "*que se manifiesta por no poder disfrutar correctamente la situación jurídica en que se encuentra, debido a la incertidumbre, a la duda generalizada*"[380]. De forma que no es una acción popular.

La SC ha asociado la legitimación activa de la demanda de interpretación constitucional con la de interpretación legal, y ha dispuesto que:

> "*No existe un reconocimiento expreso en el ordenamiento jurídico de un accionar específico para la interpretación constitucional, mas sí para la interpretación legal en los casos determinados por la ley, y por ello partiendo de la premisa de que el interés jurídico para incoarla sería de igual naturaleza que el requerido para intentar la acción de interpretación legal, debe concluirse que quien tenga interés procesal para incoar una, puede interponer la otra. En consecuencia se está ante una acción con legitimación restringida, aunque los efectos del fallo sean generales*"[381].

De esta forma, la SC ha determinado que, dado que la demanda de interpretación no se trata de dirimir controversias de ninguna clase, será legitimado activo quien tenga la necesidad de interpretación conectada con una situación particular, es decir, el interés de "*esclarecer*

380 Sentencia número 1077 del 22 de septiembre del 2000, caso "Servio Tulio León".
381 Ibidem.

o complementar la función del Estado y de sus distintos poderes, a fin que la función pública se lleve a cabo adaptada a la Constitución; así como delimitar en relación con la situación en que se encuentra el accionante, los derechos humanos a que tiene derecho, como una tuición preventiva, ajena al amparo, ya que puede tener lugar sin que medie amenaza alguna".

4.2. Requisitos de la demanda (artículo 129 LOTSJ)

De conformidad con lo dispuesto en el artículo 129 de la LOTSJ la demanda de interpretación constitucional se inicia a instancia de parte con la interposición de una demanda y específicamente para el caso concreto, la ley requiere que esta se realice por escrito, con la documentación indispensable para que sea valorada, de lo contrario será inadmitida.

Si el solicitante se encuentra dentro del área Metropolitana de Caracas, deberá presentar la demanda de interpretación constitucional ante la SC y, si estuviere domiciliado fuera de Caracas, se podrá presentar la demanda ante cualquiera de los tribunales que ejerzan competencia territorial en el lugar donde tenga su residencia, debiendo el tribunal dejar constancia de su presentación al pie de la demanda y en el libro diario y remitir a la SC el expediente debidamente foliado y sellado, dentro de los tres días hábiles siguientes.

El artículo 134 de la LOTSJ establece la posibilidad de que el juez dicte un despacho saneador cuya función es ordenar la corrección, en lugar de la admisión, de todas las demandas que resulten ininteligiblemente imposibles de tramitar. La parte demandante cuenta con un lapso de tres días para corregir el escrito, si no lo hace dentro de dicho lapso o si lo hiciere dejando de subsanar la falta advertida, la SC negará la admisión de la demanda. Sin embargo, si la parte no subsana los errores en su demanda, la propia SC tiene la facultad de suplir de oficio, cualquier deficiencia o técnica del demandante y continuar conociendo de la acción por tratarse de un asunto de orden público.

4.3. Medidas cautelares (artículo 130 LOTSJ)

De acuerdo a lo previsto en el artículo 26 de la Constitución, referido a la tutela judicial efectiva, en concordancia con el artículo 130 de la LOTSJ, en los procesos constitucionales, el juez constitucional cuenta con amplios poderes cautelares para cuyo ejercicio debe tener en cuenta y ponderar las circunstancias del caso y los intereses públicos en conflicto. De modo que en cualquier estado y grado del proceso las partes podrán solicitar y la SC podrá acordar, aun de oficio, las medidas cautelares que estime pertinentes.

4.4. Designación de ponente (artículo 132 LOTSJ)

El ponente, quien conocerá de la totalidad del juicio de inconstitucionalidad por omisión con tal carácter, será designado en el momento en que la SC dé cuenta de la demanda.

4.5. Admisión de la demanda de interpretación

El artículo 133 de la LOTSJ establece los requisitos para que la demanda inconstitucionalidad por omisión sea admitida. Dispone el mencionado artículo 133 que no será admitida la demanda:

1) Cuando se acumulen demandas o recursos que se excluyan mutuamente o cuyos procedimientos sean incompatibles.
2) Cuando no se acompañen los documentos indispensables para verificar si la demanda es admisible.
3) Cuando sea manifiesta la falta de legitimidad o representación que se atribuya él o la demandante, o de quien actúe en su nombre, respectivamente.
4) Cuando haya cosa juzgada o litispendencia.
5) Cuando contenga conceptos ofensivos o irrespetuosos.
6) Cuando haya falta de legitimación pasiva.

Además de los requisitos de admisibilidad dispuestos en el artículo 133 de la LOTSJ, es pertinente tener en cuenta con respecto a la admisibilidad de la demanda de interpretación constitucional, las sentencias de la SC números 1077 de fecha 09 de septiembre de 2000 y 1347 del 09 de noviembre de 2000, mediante las cuales se establecieron las siguientes condiciones de admisibilidad para esta demanda:

- Es necesario que la demanda de interpretación invocada se encuentre en conexión con un caso concreto y que exista además una duda razonable sobre la aplicación de ciertas normas constitucionales en dicho caso.

- La solicitud de interpretación constitucional debe contener la precisión en cuanto al motivo de la acción. Debe indicarse en qué consiste la ambigüedad o sentido oscuro del texto constitucional en contraste con su aplicabilidad al caso concreto en cuestión.
  La SC ha señalado que la petición sería inadmisible si no se expresa con precisión en qué consiste la oscuridad, ambigüedad o contradicción entre las normas del texto constitucional, o en una de ellas en particular.
- Por razones de lógica jurídica y por el principio de economía procesal, la SC considerará improcedentes los recursos cuya acción consista en demandar la interpretación de asuntos que hayan sido resueltos y no requieran de modificación.
- la demanda de interpretación no puede ser sustituto de los recursos de la jurisdicción ordinaria, ni mucho menos convertirse en una acción de condena, declarativa o constitutiva.

Con posterioridad, y respecto igualmente de los requisitos exigidos para la admisión de la demanda de interpretación constitucional por la SC, mediante sentencia número 278 del 19 de febrero de 2002, caso "Beatriz Contasti Ravelo", se determinaron los siguientes:

1. Legitimación para recurrir. Debe subyacer, tras la consulta, una duda que afecte de forma actual o futura al accionante.

En ese sentido, la SC, mediante sentencia número 1071 de fecha 8 de mayo del 2003, e igualmente respecto de la naturaleza y la admisibilidad de la demanda de interpretación, determinó que "*quienes ejercen el presente recurso tienen el interés requerido, de acuerdo a lo establecido en sentencia del 22 de septiembre de 2000 (caso Servio Tulio León), debido a que con la solicitud de interpretación del artículo 335 de la Constitución, los ciudadanos (...)* ***no pretenden que se les declare un derecho a su favor, sino que se dicte una sentencia mero declarativa en la cual se establezca el verdadero sentido y alcance de***

la referida disposición constitucional, en vista de la especial relevancia del asunto planteado*. Así se declara*"[382] (resaltado añadido).

2. Novedad del objeto de la acción. Este motivo de inadmisión opera en el supuesto en que la Sala haya decidido en ocasiones anteriores sobre el asunto planteado y mantenga su criterio respecto de este, lo que significa que el objeto de la acción no es novedoso y por ende no tendría porqué emitir nuevamente un pronunciamiento al respecto.
3. Inexistencia de otros medios judiciales o impugnatorios a través de los cuales deba ventilarse la controversia, es decir, no pueden estar en curso otros procedimientos sobre ese punto, ya que entonces la interpretación no tendría una finalidad de obtener certeza, sino de solucionar un conflicto concreto.

Sobre este aspecto, la SC se pronunció en sentencia número 2507 de 30 de noviembre de 2001, caso "Ginebra Martínez de Falchi":

> *"De tal manera que es inadmisible la interpretación cuando constituya un intento subrepticio de obtener resultados cuasijurisdiccionales que desbordan el fin esclarecedor de este tipo de recursos; es decir, que lo planteado persiga más bien la solución de un conflicto concreto entre particulares o entre éstos y órganos públicos, siendo que, en el caso bajo examen, si bien la solicitante trató de justificar su legitimación activa, ubicando a su patrocinada en la particular circunstancia en que se encuentra en relación con una causa penal, en realidad con el pronunciamiento que se aspira de esta Sala, a través de la presente acción, podría procurarse una modificación en el statu quo de aquella, procurando una ventaja en la situación conflictiva que tiene planteada ante los tribunales con ocasión del juicio al que*

[382] Dispuso la Sala Constitucional, además, que "*del examen del escrito contentivo de la presente solicitud, se desprende claramente que ésta tiene por objeto la interpretación de la disposición contenida en el artículo 335 de la Constitución de la República Bolivariana de Venezuela; que esta Sala no se ha pronunciado con anterioridad sobre la pretensión incoada; que no existe un recurso paralelo para dilucidar esta específica consulta; ni se han acumulado a dicho recurso otros medios judiciales o de impugnación a través de los cuales deba ventilarse la controversia, cuyos procedimientos sean incompatibles o se excluyan mutuamente*".

la misma se ha referido, objetivo que no es el perseguido por este especialísimo instituto jurídico, de acuerdo con la jurisprudencia citada".

4. Que no sean acumuladas acciones que se excluyan mutuamente o cuyos procedimientos sean incompatibles. Sobre este punto, en la Sentencia número 1415 del 22 de noviembre del 2000, caso Freddy Rangel Rojas, la SC había establecido que:

   "...Tampoco puede pretender el recurrente acumular a la pretensión interpretativa otro recurso o acción de naturaleza diferente, ya que conllevaría a la inadmisibilidad por inepta acumulación de pretensiones o procedimientos que se excluyen mutuamente. Tal sería la acumulación de un recurso de interpretación con uno destinado a resolver un conflicto de autoridades, o que se solicite conjuntamente la nulidad de un acto de algún órgano del Poder Público –tanto en el caso que se pretenda que la decisión abarque ambas pretensiones o que las estime de forma subsidiaria–, o que promueva la interpretación de algún texto de naturaleza legal o sublegal, o la acumule con un recurso de colisión de leyes o de éstas con la propia Constitución".

5. Acompañar los documentos indispensables para verificar si la acción es admisible.
6. Ausencia de conceptos ofensivos o irrespetuosos.
7. Inteligibilidad del escrito.
8. Representación del actor.

4.6. Intervención de terceros (artículos 137 al 139 LOTSJ)

Además del accionante y el accionado, en los procesos de interpretación constitucional se admite la participación de terceros interesados en la causa, para intervenir en la defensa de alguno de los intereses jurídicos en conflicto. Los terceros son los sujetos distintos a aquellos que intervienen en juicio como actor o demandado, que son a quienes aprovecha o perjudica la sentencia. Sin embargo, puede ocurrir que terceros intervengan en el proceso para participar en la defensa de algunas de las partes.

Esta figura de la intervención del tercero en el proceso de interpretación constitucional está regulada en los artículos 136 y siguientes de la LOTSJ, de forma expresa, y de forma supletoria por los artículos 370 y siguientes del CPC, en razón de lo dispuesto el artículo 98 de la LOTSJ. En primer lugar, el artículo 136 de la LOTSJ dispone que en el auto de admisión de la demanda de interpretación constitucional se ordenará emplazar a los interesados por medio de un cartel, el cual deberá ser librado, junto con los oficios, por el Juzgado de Sustanciación, dentro de los cinco días de despacho siguientes al recibo del expediente y cuando sea verificada la estadía a derecho de la parte demandante, el juzgado de sustanciación librará los oficios y el cartel.

Seguidamente el artículo 137 de la LOTSJ establece que el cartel de emplazamiento será publicado por la parte demandante en un diario de circulación nacional o regional, según sea el caso, para que los interesados concurran dentro del lapso de 10 días de despacho siguientes a que conste en autos su publicación.

Si la parte demandada no cumpliera con esta carga, será declarada la perención de la instancia, a menos que existan motivos de orden público que justifiquen la continuación de la causa, caso en el cual el cartel deberá ser publicado por el Juzgado de Sustanciación. Es decir que el juez constitucional tiene el poder, cuando razones de orden público lo precisen, de continuar conociendo del asunto aun cuando la parte solicitante de la inconstitucionalidad haya incumplido la obligación procesal de publicar el cartel de emplazamiento y consignarlo en el expediente.

Cuando venzan los lapsos antes indicados, deberá dejarse transcurrir un término de diez días de despacho para que se entienda que los interesados han quedado notificados, configurándose así su notificación (artículo 138 LOTSJ). Vencido el lapso anterior, y una vez que conste en autos que se ha efectuado la última de las notificaciones, el Juzgado de Sustanciación se pronunciará sobre la legitimación de los intervinientes dentro del lapso de tres días de despacho (artículo 139 de la LOTSJ).

Esta intervención de terceros, como señala González Pérez, comprende una exigencia de justicia y se justifica en la "*salvaguarda y protección de quienes puedan resultar afectados por la sentencia que se dicte y porque, mediante su intervención, se logra la mejor tutela del interés general que se actúa en todo el proceso, al dotar al órgano jurisdiccional de elementos de juicio más completos*"[383].

Señala González Pérez como principal argumento para justificar la figura del tercero interviniente en el proceso constitucional, que la mayoría de las veces la actuación de los sujetos que se conforman como partes principales tienen un móvil político y no la defensa de la Constitución.

4.7. Lapso de pruebas (artículos 139 y 140 LOTSJ)

Como hemos señalado, lamentablemente, las regulaciones de la LOTSJ sobre los lapsos de promoción, oposición y evacuación de pruebas en los procesos ante la SC (y entre ellos el de interpretación constitucional) no son claras ni precisas. Por el contrario, las disposiciones relativas a los lapsos de prueba se establecen junto con las normas sobre la participación de los terceros intervinientes (artículo 139), creando confusión al respecto.

El artículo 139 de la LOTSJ establece que después del pronunciamiento del tribunal sobre la admisión de la participación de los terceros, se abrirá el lapso de diez días para consignar escritos de promoción de pruebas, así como para evacuar pruebas documentales. Dentro de los tres días de despacho siguientes al vencimiento del lapso de promoción de pruebas, las partes podrán oponerse a la admisión de las pruebas de la contraparte que consideren manifiestamente ilegales o impertinentes.

El artículo 139 de la LOTSJ también establece que las partes podrán oponerse a la admisión de las pruebas de la contraparte que consideren impertinentes. La pertinencia de la prueba se refiere a su objeto, es decir a la necesidad de que lo que se busca probar guarde relación directa con la pretensión, con las argumentaciones de las partes y con el tema que se decide.

La pertinencia de la prueba es la congruencia que necesariamente debe existir entre el objeto fáctico de la prueba promovida y los hechos alegados y controvertidos. El promovente, cuando anuncia la prueba debe indicar los hechos que pretende probar, ello sirve para comparar lo que se pretende probar con los alegados y controvertidos y, en

---

383 Jesús González Pérez, *Derecho Procesal Constitucional*, ob. cit. p. 118.

consecuencia, determinar la pertinencia de la prueba. La prueba sería entonces impertinente si el medio promovido no se corresponde con el hecho litigioso.

4.8. Audiencia pública (artículo141 LOTSJ)

En la audiencia pública del proceso de interpretación constitucional el Presidente de la Sala señalará a las partes el tiempo de que disponen y estas expondrán sus alegatos y procederá igualmente, en caso de que hayan manifestado su deseo de ejercer el derecho a réplica o contrarréplica.

En esta audiencia la Sala debe exponer en qué términos quedó trabada la controversia, así como ordenar, si fuere el caso, la evacuación de las pruebas en la misma audiencia o en otra oportunidad, de la misma manera deberá resolver cualquier incidencia en relación con el control y contradicción de la prueba (artículo 142 LOTSJ).

Como ya dijimos previamente, una manifestación del principio inquisitivo que gobierna al proceso constitucional es lo dispuesto en este artículo 142 de la LOTSJ, que atribuye al juez constitucional la facultad de ordenar la evacuación de las pruebas que juzgue necesarias para el esclarecimiento de los hechos que aparezcan dudosos u oscuros y, asimismo, la facultad que tiene para resolver cualquier incidencia en relación con el control y contradicción de la prueba.

La audiencia fijada continuará en la oportunidad que determine el juzgado y así cuantas veces sea necesario para agotar completamente el debate. Una vez que el tribunal oiga a los intervinientes, podrá ordenar la evacuación de las pruebas que juzgue necesarias para el esclarecimiento de los hechos que aparezcan dudosos u oscuros.

Luego de la conclusión de la audiencia pública se levantará un acta, la cual deberá ser firmada por todos los intervinientes y, si se negaren a hacerlo, el secretario dejará constancia de ello. La audiencia será la última actuación de las partes en materia litigiosa. Si la parte demandante no asistiera al debate, se entenderá como un desistimiento tácito, por lo cual se daría por terminado el proceso a menos de que la Sala considere que el asunto litigioso afecta el orden público (artículo143 LOTSJ).

4.9. Conclusión del debate (artículo144 LOTSJ)

Cuando el debate entre los intervinientes concluya de manera que se hayan agotado todos los puntos controvertidos, los Magistrados proceden a deliberar, por lo que podrán entonces:

1. Decidir inmediatamente el fondo del asunto y exponer en forma oral los términos del dispositivo del fallo.
2. Dictar la decisión en la oportunidad de publicarse la sentencia cuando las circunstancias del caso así lo ameriten.
3. Diferir por una sola vez y hasta por un lapso de cinco días de despacho, el pronunciamiento del dispositivo del fallo, cuando la complejidad del asunto así lo requiera.

El texto íntegro del fallo sobre el recurso de inconstitucionalidad por omisión deberá ser publicado dentro de los diez (10) días de despacho siguientes a la celebración de la audiencia pública o al vencimiento del diferimiento.

4.10. Efectos de la decisión de la demanda de interpretación constitucional

En relación a los efectos de la demanda de interpretación de la Constitución, la SC en fecha 14 de abril del 2003, sentencia número 798, señaló que es una acción de igual naturaleza que la acción de interpretación de la ley, es decir, tiene por objeto obtener una sentencia declarativa de mera certeza sobre el alcance y contenido de las normas constitucionales; en estos casos, coincide el interés particular con el interés constitucional, agregando que la finalidad de la acción de interpretación constitucional sería una declaración de certeza sobre los alcances y el contenido de una norma constitucional y que podría hacerse incluso como paso previo a la acción de inconstitucionalidad, ya que la interpretación constitucional podría despejar dudas y ambigüedades sobre la supuesta colisión. Se trataría, pues, de una tutela preventiva.

Como ejemplo de los referidos efectos de la interpretación constitucional véase la sentencia número 1682 del 15 de julio de 2005, por medio de la cual la SC determinó el sentido y alcance del artículo 77 constitucional con el objeto de dilucidar los efectos del matrimonio que son aplicables a las "*uniones estables de hecho entre hombre y mujer*". En efecto, en esta ocasión la SC constitucional determinó que: "*(...) el matrimonio –por su carácter formal– es una institución que nace y se prueba de manera distinta al concubinato o a cualquier otra unión estable, y por ello estas últimas no pueden equipararse íntegramente al matrimonio y, por tanto, no puede pretenderse que, automáticamente, todos los efectos del matrimonio se apliquen a las "uniones estables". En consecuencia, no es posible una declaración general que asimile las uniones (de cualquier tipo) al matrimonio, y por lo tanto, observa la Sala, hay que distinguir cuáles efectos del matrimonio se aplican al concubinato y a las posibles otras uniones estables*".

Otro ejemplo es la sentencia número 190 del 28 de febrero 2008, mediante la cual la SC interpretó los artículos los artículos 21, numeral 1, y 77, en conjunción con los artículos 19, 20 y 22, con motivo de una supuesta colisión entre el derecho a la igualdad y no discriminación en razón de la orientación sexual y la disposición constitucional del artículo 77 relativo al matrimonio y las uniones estables de hecho entre un hombre y una mujer. En esta oportunidad la SC decidió que: *"(...), a la Sala le interesa destacar que la protección reforzada que, por vía de consecuencia, el Constituyente atribuyó a las uniones estables de hecho entre un hombre y una mujer no implica, en sí misma, un trato discriminatorio respecto de las uniones de hecho entre personas del mismo sexo. En efecto, la equiparación de las uniones estables entre un hombre y una mujer a los matrimonios entre un hombre y una mujer, busca, como se dijo, igualar jurídicamente dos situaciones sustancialmente similares aunque formalmente distintas; similitud que no existe respecto de uniones entre personas con impedimento para contraer matrimonio (uniones adulterinas) –por ejemplo– o entre personas de un mismo sexo. Debe, así, diferenciarse entre las condiciones individuales de las personas que las distinguen de otras, y su no discriminación en razón de su orientación sexual y la condición de pareja, porque no cabe la concepción de que en el trato desigual a situaciones jurídicas también desiguales, exista colisión constitucional ni discriminación alguna".*

4.11. Publicación de la decisión de la demanda de interpretación constitucional

La decisión sobre interpretación constitucional debe publicarse en la Gaceta Judicial de conformidad con lo previsto en el artículo 126 de la LOTSJ, que establece que la Gaceta Judicial constituye el órgano oficial de divulgación de las sentencias que dicten cada una de las Salas cuando su contenido sea de interés general; se publicarán en Gaceta Judicial las sentencias que resuelvan demandas de interpretación legal o constitucional fijando el contenido o alcance de la norma de que se trate.

5. Límites del juez en la interpretación constitucional

Como en todos lo medios de control de constitucionalidad el juez constitucional en el ejercicio de la demanda de interpretación constitucional tiene límites. No podría el juez constitucional, en el ejercicio de la interpretación constitucional, violar el bloque de la constitucionalidad; tampoco podría exceder los límites que se deducen de la separación de poderes y por supuesto, no podría el juez trasgredir los límites que impone el propio medio de control, este es la sola interpretación.

5.1. Límite del juez constitucional: Respeto al bloque de la constitucionalidad

En primer lugar, el juez debe respetar el bloque de la constitucionalidad. No puede con sus interpretaciones contrariar principios o valores constitucionales. En la tarea de interpretar el texto constitucional, el primer parámetro de control que tiene el juez constitucional es, precisamente, la propia Constitución y todo el bloque de la constitucionalidad. La doctrina del bloque de la constitucionalidad obliga tener presente desde el contenido del preámbulo de la Constitución hasta la última de sus disposiciones, así como todos aquellos principios, valores y derechos no contenidos en su texto pero que, sin embargo, rigen la estructura constitucional del Estado, lo cual incluye también sus antecedentes y el proceso de formación de la Constitución.

El bloque de la constitucionalidad, por mandato del poder constituyente originario del pueblo soberano, será inalterable y por lo tanto comprenderá un límite a las interpretaciones de los jueces constitucionales. El límite que impone el ordenamiento jurídico vigente a los jueces constitucionales comprende la total observancia de la Constitución y el respeto por las instituciones y órganos previstos por esta norma, impidiendo de esta forma a los jueces interpretar los preceptos constitucionales a objeto de cambiar o alterar su contenido.

La interpretación de la Constitución no es un medio para cambiar la Constitución, tampoco para darle un sentido aislado al del resto del sistema o bloque de la constitucionalidad. En la función de interpretar la Constitución los jueces siguen siendo órganos del Estado y como tales sometidos en su actuación a las normas y principios constitucionales como en efecto lo dispone el artículo 7 de la Constitución, el cual establece que: "*Todas las personas y los órganos que ejercen el Poder Público están sujetos a esta Constitución*".

Los jueces constitucionales en ejercicio de la interpretación de la Constitución están vinculados a todos los valores, principios y normas constitucionales, entre ellos los siguientes:

1) El principio de la democracia y la soberanía popular (artículos 2 y 5);
2) El pluralismo político (artículo 2);
3) El ejercicio democrático de la voluntad popular (artículo 3);
4) El principio de organización democrática (preámbulo y artículo 4);
5) El carácter democrático de las entidades políticas que componen el Estado (artículo 6);
6) El principio de progresividad de los derechos (artículo 19);
7) El principio de no taxatividad de los derechos inherentes a la persona (artículo 22);
8) El respeto y prevalencia de los acuerdos y tratados internacionales relativos a derechos humanos (artículo 23);
9) El principio de no retroactividad de la ley (artículo 24);
10) El respeto a los derechos políticos (artículo 39);
11) La participación libre en los asuntos públicos (artículo 62);
12) El derecho al sufragio (artículo 63);

13) El principio de separación de poderes (artículo 136);
14) El principio legalidad (artículo 137);
15) El principio de responsabilidad patrimonial del Estado (artículo 140);
16) Los principios y valores de nuestra historia republicana (artículo 350).

Asimismo, también el preámbulo de la Constitución –que establece los valores superiores del ordenamiento jurídico venezolano– es límite a la actuación interpretativa del juez constitucional, quien siempre deberá en su labor interpretativa favorecer la vigencia de estos postulados.

En ese sentido, los valores de libertad, paz, solidaridad, bien común, convivencia, la igualdad y la garantía de los derechos humanos fundamentales, así como el carácter democrático de un Estado que se halle sometido a derecho y de allí y el imperio de la ley, impiden que una realidad política se imponga en decisiones judiciales no cónsonas con estas limitantes.

Otro límite que debe informar la actuación del juez constitucional en la función de interpretar la Constitución es el respeto al bloque de convencionalidad, consagrado en el artículo 23 de la Constitución, conforme al cual los jueces constitucionales no solo deben velar por el cumplimiento de las normas de derecho interno, sino además, tienen la obligación de verificar –en el ordenamiento jurídico interno– el efectivo cumplimiento de las disposiciones contenidas en convenios o tratados internacionales, especialmente las relativas al reconocimiento y la protección de los derechos humanos que conforman el denominado *corpus iuris* de los derechos humanos; así como los demás instrumentos normativos, principios y valores internacionales que conforman el mencionado "bloque de la convencionalidad".

En Venezuela la demanda de interpretación constitucional se ha utilizado de forma arbitraria y a través de él se han establecido normas generales con carácter vinculante más que criterios de aplicación. Se ha procedido al desmontaje de la Constitución a través de interpretaciones manipulativas que desvirtúan y falsean los principios, valores y normas constitucionales.

Analizaremos algunos ejemplos de las interpretaciones desconstitucionalizantes de la SC a continuación:

Aunque ya lo señalamos, un ejemplo es la sentencia número 378 de la SC del TSJ del 31 de mayo de 2017 que resolvió el caso de la inconstitucional convocatoria a una Asamblea Nacional Constituyente, por medio de la cual la SC decidió una demanda de interpretación constitucional sobre la procedencia de dicha convocatoria por el Presidente de la República a través de un Decreto presidencial, sin la debida consulta previa al pueblo de Venezuela mediante referendo consultivo. En esta ocasión la SC, interpretando de forma distorsionada los artículos 347 y 348 de la Constitución, determinó que no era necesario ni constitucionalmente obligante, un referéndum consultivo previo para la convocatoria de una Asamblea Nacional Constituyente, aun cuando el artículo 347 de la Constitución expresamente lo establece.

La SC omitió por completo que la intención de *modificar sustancialmente el Estado y crear un nuevo ordenamiento jurídico, creando un nuevo texto constitucional* se trata de una materia de especial trascendencia nacional que debía ser sometida a referendo consultivo, y de este modo arrebató el derecho exclusivo del pueblo venezolano, como único titular del poder constituyente originario, de convocar una Asamblea Nacional Constituyente, en completa violación del artículo 347 de la Constitución, justificándose para ello sobre supuestas "circunstancias objetivas sobrevenidas" en Venezuela, así como una "aguda situación de la crisis política", para "poner de acuerdo al país en un nuevo Contrato Social". Todo ello en violación de los principios de democracia y soberanía establecidos expresamente en los artículos 2, 3, 5, 63, 70 de la Constitución.

Otro ejemplo del distorsionado uso de la interpretación constitucional es la sentencia número 1758 de fecha 22 de diciembre de 2015, por medio de la cual la SC interpretó el artículo 220 de la Constitución relativo a las sesiones extraordinarias de la AN. Esta interpretación había sido solicitada por el entonces presidente de la AN con motivo de determinar el plazo permitido por la Constitución para la convocatoria y celebración de asambleas extraordinarias por el órgano parlamentario, teniendo en cuenta que había ya culminado el segundo periodo de sesiones ordinarias del último año del periodo constitucional de la AN determinado en el artículo 219 de la Constitución. En esta ocasión la SC determinó en una flagrante desviación de poder y prescindiendo de una interpretación sistemática de la Constitución, que esta "*no limita las atribuciones de la Asamblea Nacional ni las materias a tratar por ella, ni al tipo sesión ni a la oportunidad en la que se efectúen*" y que por cuanto "*los diputados y diputadas de la actual Asamblea Nacional se encuentran dentro del período constitucional para el cual fueron electos, no existe restricción para convocar a sesiones extraordinarias –de acuerdo al artículo 220 constitucional– y ejercer las atribuciones que le confiere la Constitución*". Esta decisión justificó la celebración intempestiva de asambleas extraordinarias de la AN en diciembre de 2015 con el único fin de designar extemporáneamente a 13 magistrados del TSJ, nombramiento que a su vez estuvo desprovisto de todo el procedimiento constitucional y legalmente establecido para ello.

5.2. Límite del juez constitucional: Principio de separación de poderes

En segundo lugar, los jueces constitucionales, en la misión de interpretación de la Constitución, están subordinados a la separación de los poderes, por lo que no les es permitido usurpar las competencias de los otros órganos del poder publico y, en especial, del poder legislativo.

Un caso lamentable de la extralimitación del juez constitucional en abuso de la interpretación de la Constitución y en flagrante violación del principio de separación de podereses la sentencia número 07 de fecha 11 de febrero de 2016 de la SC, por medio de la cual no sólo se pronunció sobre la interpretación constitucional solicitada respecto del artículo 339 de la Constitución –relativa al control parlamentario sobre los decretos de estado de excepción dictados por el Presidente de la República en Consejo de Ministros– sino que además, de oficio, declaró la nulidad del Acuerdo de la AN de fecha 22 de enero de 2016 mediante el cual se desaprobó el Decreto número 2.184 de emergencia económica del 14 de enero de 2016, que ya la AN había desaprobado, y, además, ratificó la "*legitimidad, validez, vigencia y eficacia*" de éste y desaplicó por control difuso de la constitucionalidad el artículo 33 de la Ley Orgánica Sobre los Estados de Excepción. Ello, a pesar de que de acuerdo con la Constitución y la Ley Orgánica sobre los Estados de Excepción, tal improbación implicaba la extinción inmediata del Decreto [384].

Insistimos, la demanda de interpretación no puede concluir en la anulación de preceptos legales u otros actos parlamentarios sin forma de ley; antes y por el contrario debe concretarse en verificar el contenido y alcance de una norma constitucional. Por ende, al desaplicar normas o actos que no fueron objeto de acción, incurrió la SC en extralimitación.

5.3. Límite del juez constitucional: Derivado del medio de impugnación

De otra parte, en tercer lugar, el juez constitucional debe respetar el límite que impone la naturaleza y alcance de esa demanda de interpretación. Al juez le corresponde solo interpretar la norma constitucional analizada. Su misión es la declaración respecto del sentido, alcance e inteligencia de la norma constitucional, de conformidad con los principios de interpretación constitucional a que nos hemos referido previamente. A través de la demanda de interpretación no podría, como ha ocurrido, declararse la nulidad de preceptos legales u otros actos parlamentarios sin forma de ley.

Ahora bien, el límite derivado del medio de impugnación implica que el juez constitucional no puede, mediante la decisión de una demanda de interpretación, por ejemplo, desaplicar normas legales. Sin embargo esto ocurrió cuando la SC decidió sobre la interpretación autónoma de los artículos 136, 222, 223 y 265 constitucionales, y terminó realizando la revisión del contenido e incluso desaplicación por control difuso de ciertos artículos de la Ley sobre el Régimen para la Comparecencia de los Funcionarios y Funcionarias Públicos y los Particulares ante la Asamblea.

---

384 V. Pronunciamiento de la Academia de Ciencias Políticas y Sociales sobre la decisión de la Sala Constitucional relativa al control parlamentario de los decretos de estado de excepción, de fecha 25 de febrero de 2016. Disponible en: http://www.acienpol.org.ve/cmacienpol/Resources/Pronunciamientos/Pronunciamiento%20ACPS%20sobre%20sentencia%20No.%207%20de%20la%20Sala%20Constitucional%20del....pdf Consultado en fecha 06 de marzo de 2016.

Otro caso de extralimitación en la decisión de la demanda de interpretación por la SC es el caso María Corina Machado del año 2014, en el que la SC declaró inadmisible "por falta de cualidad de los accionantes" una acción por intereses colectivos y difusos interpuesta contra el entonces presidente de la AN. Pero, además, terminó interpretando de oficio –sin solicitud de parte– el artículo 191 de la Constitución, para revocar "de pleno derecho" la investidura de Machado como diputada de la AN, por considerar que esta había aceptado una representación alterna de un país ante la Organización de Estados Venezolanos (OEA).

Ciertamente, en el año 2014, la diputada María Corina Machado, en lo que es el ejercicio de una práctica usual ante la Organización de Estados Americanos, asistió al Consejo Permanente de dicha institución. Ese acto fue interpretado errónea y convenientemente por el presidente de la AN, Diosdado Cabello, como la aceptación de un cargo público, que es una causal de pérdida de la investidura de los diputados de acuerdo a lo dispuesto en el artículo 191 de la Constitución.

Invocando esa causal, en fecha 24 de marzo de 2014, hizo cesar a la diputada Machado en sus funciones parlamentarias y un día después, el 25 de marzo, la AN, con votación de la mayoría simple "decretó" la pérdida de la investidura de la diputada Machado, una evidente vía de hecho por carecer de todo fundamento jurídico.

Luego, la SC del TSJ, de oficio y "*de pleno derecho*", es decir, sin considerar las circunstancias de hecho y sin que nadie instará proceso alguno, ratificó la decisión de la AN y revocó la investidura de María Corina Machado como diputada de la AN, por considerar que ésta había aceptado una representación alterna de un país ante la Organización de Estados Venezolanos.

En efecto, la SC, consideró que la aplicación de la consecuencia jurídica prevista en el artículo 191 constitucional –cuál es la pérdida de la investidura de diputado– que interpretó de oficio, resultaba ajustada al caso planteado, nunca fue planteada, señalando lo siguiente:

> *"al operar de pleno derecho, ante la aceptación de una representación alterna de un país, indistintamente a su tiempo de duración, ante un órgano internacional por parte de la ciudadana María Corina Machado, quien estaba desempeñando su*

cargo de Diputada a la Asamblea Nacional, lo cual constituye una actividad a todas luces incompatible durante la vigencia de su función legislativa en el período para el cual fue electa, pues esa función diplomática no solo va en desmedro de la función legislativa para la cual fue previamente electo o electa, sino en franca contradicción con los deberes como venezolana (artículo 130 constitucional) y como Diputada a la Asamblea Nacional (artículo 201 eiusdem). Así se declara"[385].

Esta decisión de la SC concluyó con la pérdida de la investidura de la diputada María Corina Machado, sin juicio previo, sin contradictorio, en violación del derecho al debido proceso y derecho a la defensa consagrados en el artículo 49 de la Constitución, así como en violación flagrante de la inmunidad parlamentaria establecida en el artículo 200 de la Constitución, y tergiversando los hechos, al falsear su actuación como invitada ante el órgano internacional por la de un cargo inexistente que atribuye a una representación alterna de país extranjero.

El caso de la diputada Machado es un ejemplo del uso desviado e inconstitucional del recurso autónomo de la interpretación constitucional, por medio del cual se ha pretendido justificar actuaciones políticas, en este caso, incluso por tratarse de un recurso que a pesar de haber sido declarado inadmisible no le impidió usarlo para la aberrada decisión política –que no jurídica– de destituir a un representante parlamentario debidamente electo por el pueblo.

La decisión de la SC, como lo señala Duque Corredor, mediante un proceso que pese a ser declarado inadmisible "*se convirtió en un juicio sumario, sin contradicción, en contra de la prenombrada diputada, sin que estuviera a derecho y sin posibilidad alguna de defensa, por no haber sido notificada de las imputaciones de violación de los artículos 130, 149 y 191, constitucionales, por la supuesta aceptación de un cargo público incompatible con su cargo de diputada*"[386].

---

385 Sentencia de la SC del TSJ número 207 de 31 de marzo de 2014.

386 Román Duque Corredor, Prólogo a la obra de Juan M. Matheus, *La disciplina parlamentaria en España y Venezuela: un estudio de Derecho Comparado*, Centro de Estudios de Derecho Público de la Universidad Monteávila, Instituto de Estudios Parlamentarios Fermín Toro, Editorial Jurídica Venezolana, Caracas, 2014.

Como señaló la Academia de Ciencias Políticas y Sociales, en su pronunciamiento de fecha 10 de abril de 2014[387], en este caso el TSJ inventó un procedimiento insólito para desechar un recurso por inadmisible y al mismo tiempo dar respuesta extra proceso, expedita y de fondo al Presidente de la AN.

En efecto, dijo la Academia que se trató de "*... decisiones y procedimientos sumarios, incluso anunciados anticipadamente en cuanto a su sentido y resultado favorable al Poder Ejecutivo o a un Legislativo donde la oposición ha sido reducida a la impotencia*". En este caso, por ejemplo, "*... la Presidente del Tribunal Supremo de Justicia un día antes de la sentencia que despojó de investidura parlamentaria a la diputada Machado "asomó" que se estudiaban las eventuales consecuencias jurídicas del caso. Tales consecuencias jurídicas no podían ser otras que las ya aplicadas arbitrariamente por el Presidente de la Asamblea Nacional de "retirarle la inmunidad parlamentaria a la diputada opositora María Corina Machado" por supuesta violación de los artículos 191 y 149 de la Constitución, con flagrante atropello de las garantías del debido proceso, como son del derecho a ser juzgado por el Juez natural y el derecho de defensa, así como los derechos de sufragio activo y pasivo y la inmunidad parlamentaria*".

---

[387] Disponible en: http://www.acienpol.org.ve/cmacienpol/Resources/Pronunciamientos/Pronunciamiento%20ACPS%20ante%20las%20recientes%20decisiones%20del%20TSJ%20abril%202014.pdf

CAPÍTULO VIII
RECURSO DE REVISIÓN CONSTITUCIONAL

1. Introducción

La revisión constitucional es un mecanismo de control de la constitucionalidad por medio del cual la SC del TSJ, en ejercicio de la jurisdicción constitucional, de forma discrecional y en cualquier tiempo, controla la constitucionalidad de las sentencias definitivamente firmes dictadas por cualquier juez que hayan interpretado normas y preceptos constitucionales en ejercicio del control difuso de la constitucionalidad o de amparo constitucional, con el fin de proteger la supremacía, integridad y uniformidad en la interpretación y aplicación de la Constitución y de los criterios vinculantes de la SC en la interpretación de normas y principios constitucionales.

El artículo 336, numeral 10, de la Constitución atribuye a la SC, competencia para:

> *"Revisar las sentencias definitivamente firmes de amparo constitucional y de control de constitucionalidad de leyes o normas jurídicas dictadas por los tribunales de la República, en los términos establecidos por la ley orgánica respectiva".*

De norma constitucional citada se desprende la facultad de la SC, como órgano que ejerce de forma exclusiva la jurisdicción constitucional, de revisar a su juicio y discreción, las sentencias de última instancia dictadas por los tribunales de la República, en materia de amparo constitucional o dictadas en ejercicio del control difuso de la constitucionalidad de las leyes.

De forma más amplia, la LOTSJ, en su artículo 25, numerales 10, 11 y 12, establece que es de la competencia de la SC del TSJ:

> *"10. Revisar las sentencias definitivamente firmes que sean dictadas por los Tribunales de la República, cuando hayan desconocido algún precedente dictado por la Sala Constitucional; efectuado una indebida aplicación de una norma o principio*

constitucional; o producido un error grave en su interpretación; o por falta de aplicación de algún principio o normas constitucionales.

11. Revisar las sentencias dictadas por las otras Salas que se subsuman en los supuestos que señala el numeral anterior, así como la violación de principios jurídicos fundamentales que estén contenidos en la Constitución de la República, tratados, pactos o convenios internacionales suscritos y ratificados válidamente por la República o cuando incurran en violaciones de derechos constitucionales.

12. Revisar las sentencias definitivamente firmes en las que se haya ejercido el control difuso de la constitucionalidad de las leyes u otras normas jurídicas, que sean dictadas por las demás Salas del Tribunal Supremo de Justicia y demás Tribunales de la República".

Por previsión expresa de la LOTSJ, la revisión constitucional abarca además aquellas sentencias que hayan sido dictadas por los tribunales de la República, incluidas las otras Salas del TSJ, apartándose u obviando expresa o tácitamente alguna interpretación de la Constitución contenida en alguna sentencia dictada por la SC con anterioridad al fallo impugnado, realizando un errado control de constitucionalidad al aplicar indebidamente la norma constitucional; y las sentencias definitivamente firmes que de manera evidente hayan incurrido, según el criterio de la Sala, en un error grotesco en cuanto a la interpretación de la norma constitucional.

Reiteramos que la SC en conocimiento de este recurso solo tiene la facultad de revisar y determinar la conformidad o no de las decisiones definitivamente firmes que hayan interpretado los principios y valores constitucionales y respecto de las interpretaciones que haya hecho la propia SC sobre ellas, en ejercicio del control difuso de la constitucionalidad.

2. Consideraciones generales sobre el recurso de revisión constitucional

La revisión constitucional tiene por objeto establecer y garantizar la uniformidad de la aplicación de la Constitución y de la interpretación constitucional vinculante, por lo que este mecanismo está expresamente previsto para la revisión de las sentencias propiamente constitucionales, es decir, únicamente respecto de las sentencias definitivamente firmes dictadas en juicios de amparo o dictadas por los jueces en ejercicio del poder de control difuso de la constitucionalidad de las leyes, permitiéndole al órgano encargado del control concentrado de la constitucionalidad conocer, a su discreción, de los recursos extraordinarios de revisión que se intenten contra esas sentencias y, de ser el caso, corregir cualquier desviación constitucional o error grave de interpretación constitucional en la que pudiera haber incurrido una decisión judicial definitiva[388].

De esta forma está consagrado el recurso de revisión constitucional en el artículo 336 de la Constitución, cuyo numeral 10 otorga a la SC del TSJ, la facultad para *"Revisar las sentencias definitivamente firmes de amparo constitucional y de control de constitucionalidad de leyes o normas jurídicas dictadas por los tribunales de la República, en los términos establecidos por la ley orgánica respectiva"*.

De la Exposición de Motivos de la Constitución puede extraerse la esencia de esta facultad extraordinaria de revisión de la SC:

> *"Finalmente (...), se atribuye a la Sala Constitucional la competencia para revisar las decisiones definitivamente firmes dictadas por los Tribunales de la República en materia de amparo constitucional y control difuso de constitucionalidad, a través del mecanismo extraordinario que deberá establecer la ley orgánica que regule la jurisdicción constitucional, <u>sólo con el objeto de garantizar la uniformidad en la interpretación de las normas y principios constitucionales, la eficacia del Texto Fundamental y la seguridad jurídica</u>.*
>
> *La referida competencia de la Sala Constitucional no puede ni debe entenderse como parte de los derechos a la defensa, a la tutela judicial efectiva y amparo consagrados en la Constitución, sino, según lo expuesto, como un mecanismo extraordinario cuya*

388 Rafael Chavero Gazdik, *El control constitucional de las decisiones judiciales*, Editorial Jurídica Venezolana, Centro para la Integración y el Derecho Público, Caracas, 2018. P. 117.

finalidad constituye únicamente darle uniformidad a la interpretación de las normas y principios constitucionales"[389].

Entendemos que esta potestad de revisión es una facultad de la SC que se ejerce con el objeto de asegurar la uniformidad de la interpretación de las normas y principios constitucionales en orden a garantizar la efectiva supremacía constitucional. En efecto, la SC, en ejercicio de esta facultad deberá uniformar la doctrina constitucional respecto de las sentencias definitivamente firmes dictadas por el resto de los tribunales en el ejercicio de facultades de control difuso de la constitucionalidad o de amparo constitucional.

Sin embargo este recurso de revisión constitucional, luego de la entrada en vigencia de la Constitución de 1999 y antes de la promulgación de la LOTSJ, fue objeto de ampliación por la SC en varias ocasiones.

En primer lugar, mediante sentencia número 93 del 6 de febrero de 2001[390] (*Caso Olimpia Tours and Travel vs. Corporación de Turismo de Venezuela*), se estableció como criterio que dentro del objeto de revisión constitucional se encuentran otras sentencias dictadas por las Salas del TSJ u otros tribunales, distintas a las dictadas en materia de amparo o de control difuso de la constitucionalidad, dándole la potestad de revisar además[391]:

1. Las sentencias definitivamente firmes que hayan sido dictadas por las demás Salas del TSJ o por los demás tribunales o juzgados del país apartándose u obviando expresa o tácitamente alguna interpretación de la Constitución contenida en alguna sentencia dictada por esta Sala con anterioridad al fallo impugnado, realizando un errado control de constitucionalidad al aplicar indebidamente la norma constitucional.
2. Las sentencias definitivamente firmes que hayan sido dictadas por las demás Salas del TSJ o por los demás tribunales o

389 Cecilia Sosa Gómez, "La revisión constitucional de las sentencias definitivamente firmes", en *Revista de la Facultad de Ciencias Jurídicas y Políticas*, N° 3. Universidad de Carabobo, Valencia, 2007. pp. 171-201.

390 Sentencia de la SC del TSJ número 93 de fecha 6 de febrero de 2001. Disponible en: http://historico.tsj.gob.ve/decisiones/spa/febrero/00124-130201-11529.HTM, consultado en fecha 06 de julio de 2017.

391 AA.VV., *El Contencioso Administrativo y los Procesos Constitucionales*, Edit. Fundación Jurídica Venezolana, 2007.

juzgados del país que de manera evidente hayan incurrido, según el criterio de la Sala, en un error grotesco en cuanto a la interpretación de la norma constitucional. En estos casos hay también un errado control constitucional.

En el mismo sentido, en sentencia número 727 de fecha 8 de abril de 2003, la SC precisó que además de las sentencias de amparo constitucional y las sentencias de control expreso de constitucionalidad de leyes o normas jurídicas fundamentadas en un errado control de constitucionalidad, pueden ser objeto de revisión: "*Las sentencias que de manera evidente hayan incurrido según el criterio de la Sala, en un error grotesco en cuanto a la interpretación de la Constitución o que sencillamente hayan obviado por completo la interpretación de la norma constitucional y las sentencias que hayan sido dictadas por las demás Salas de este Tribunal o por los demás juzgados del país apartándose u obviando, expresa o tácitamente, alguna interpretación de la constitución que contenga alguna sentencia de esta Sala con anterioridad al fallo impugnado*".

Esta inconstitucional tendencia expansiva fue legitimada en la LOTSJ, en los numerales 10, 11 y 12 del artículo 25, en los cuales, además de asignarse competencia a la Sala para revisar las sentencias definitivamente firmes en las que se haya " *ejercido el control difuso de la constitucionalidad de las leyes u otras normas jurídicas*", se le asignó competencia para revisar las sentencias definitivamente firmes "*cuando hayan desconocido algún precedente dictado por la SC; efectuado una indebida aplicación de una norma o principios constitucionales; o producido un error grave en su interpretación; o por falta de aplicación de algún principio o normas constitucionales;*" o cuando incurran en " *violación de principios jurídicos fundamentales que estén contenidos en la Constitución, tratados, pactos o convenios internacionales suscritos y ratificados válidamente por la República o cuando incurran en violaciones de derechos constitucionales*".

Téngase en cuenta la sentencia número 2507 de fecha 15 de octubre de 2002, caso "Teresa M. De Sousa Goncalves"[392], de la SC, por

[392] Sentencia de la SC del TSJ número 2507 de fecha 15 de octubre de 2002. Disponible en: http://historico.tsj.gob.ve/decisiones/scon/octubre/2507-151002-02-0911.HTM consultado el 29 de junio de 2016.

medio de la cual se estableció que el recurso de revisión constitucional "*no constituye una tercera instancia, ni un recurso ordinario que opere como un medio de defensa ante la configuración de pretendidas violaciones o sufrimientos de injusticias, sino una potestad extraordinaria y excepcional de esta Sala Constitucional con la finalidad de la uniformidad de criterios constitucionales y, con ello, garantizar la supremacía y efectividad de las normas y principios constitucionales, lo cual reafirma la seguridad jurídica*"[393].

De esta forma, la SC determinó, en exceso de lo previsto en la Constitución, que la revisión de una sentencia constituye una atribución exclusiva otorgada constitucionalmente a ese órgano jurisdiccional, que sólo puede ser ejercida de manera extraordinaria, excepcional, restringida y discrecional sobre sentencias definitivamente firmes, por lo cual su acceso debe entenderse como el ejercicio de una solicitud independiente, que es del conocimiento exclusivo de la SC, y no como un recurso ordinario o extraordinario que se deriva de la acción principal.

La potestad revisora, en definitiva, tiene por objeto hacer valer los principios constitucionales y la uniformidad en la interpretación de las normas constitucionales y legales, es decir, como lo ha señalado la SC, tiene una función "nomofiláctica" de defensa de la Constitución y leyes, siendo su consecuencia jurídico procesal: "*declarar la inexistencia o nulidad de la sentencia definitivamente firme sometida a revisión, e incluso de todo el proceso que la precede*".

Es decir, existiendo una infracción constitucional o una violación de las interpretaciones vinculantes que haya podido haber emitido la SC, a su juicio: "*la revisión posibilita corregir errores, que por estar cubiertos por la cosa juzgada no deben permanecer inmutables, constituyendo un daño social mayor que el principio de inviolabilidad de lo juzgado; pudiendo generar una verdadera injusticia, que no es posible sostener*".

De este modo, la revisión constitucional tiene su fundamento en la previsión de mecanismos de control de sentencias dictadas por los

---

393 Ana Giacomette comenta el caso de esta misma atribución de la Corte Constitucional colombiana, donde igualmente se reconoce el carácter eventual del recurso de revisión, por cuanto la voluntad del constituyente fue la de no convertir tal figura en una instancia judicial sino que, discrecionalmente, la Corte eligiera revisar o no, según la importancia, naturaleza e impacto del tema a tratar. Ana Giacomette Ferrer, Ob. Cit. p.168.

tribunales de instancia en materia constitucional, en los sistemas mixtos o integrales de control de la constitucionalidad, que combinan el control difuso con el control concentrado[394].

En efecto, el recurso de revisión constitucional sirve de canal de convergencia entre los sistemas difuso y concentrado de la constitucionalidad, lo que quiere decir que si bien todos los jueces pueden mediante el control difuso desaplicar las normas por ser estas contrarias a la Constitución, la decisión que de ellos emane en ese ejercicio será objeto de revisión por parte del órgano encargado de la jurisdicción constitucional, es decir, aquel que ejerza el control concentrado de la constitucionalidad.

De esta forma, la finalidad práctica de ese recurso se encuentra en la estabilidad de la aplicación de la normativa constitucional por todos los jueces de la República, sobre todo en sistemas cuyas decisiones o sentencias no están regidas por el principio del *stare decisis* o del precedente judicial, pero en los que igualmente se exige la presencia de cierta uniformidad en los criterios constitucionales por motivos de correcta protección de la Constitución y de seguridad jurídica. Esta uniformidad de interpretación de la Constitución difícilmente se concretaría sin la presencia de un órgano encargado de velar por ella.

En efecto, para garantizar la correcta aplicación e interpretación de la Constitución y de los criterios jurisprudenciales relativos a las normas constitucionales se precisa de la existencia de un órgano y de un proceso cuyo fin sea el de controlar y corregir las decisiones definitivamente firmes que contraríen la Constitución o las interpretaciones vinculantes sobre ella.

Así entonces, la atribución de la jurisdicción constitucional –como órgano encargado del control concentrado de constitucionalidad–, referida a la revisión de las sentencias en las que se haya ejercido el control difuso de la constitucionalidad significa una de las innovaciones más importantes de nuestro sistema de justicia constitucional, ya que

394 Allan Brewer-Carías R. "La metamorfosis jurisprudencial y legal del recurso extraordinario de revisión constitucional de sentencias en Venezuela" en Eduardo Andrés Velandia Canosa, *Derecho procesal constitucional*. Tomo III, volumen III, VC Editores Ltda. y Asociación Colombiana de Derecho Procesal Constitucional, Bogotá 2012, pp. 269-304, pp. 269-304.

constituye el medio de articulación entre las dos formas de control constitucional, difuso y concentrado, al que nos hemos referido infra[395], dándole solución a una de las debilidades de la justicia constitucional[396].

3. Origen del recurso de revisión constitucional

3.1. El "*writ of certiorari*" como antecedente del recurso de revisión constitucional

El antecedente de la facultad revisoria de la jurisdicción constitucional, es el llamado "*writ of certiorari*", el cual, como veremos, tiene algunas semejanzas con la revisión constitucional. Este *writ of certiorari* es considerado en el derecho norteamericano, el más importante recurso que puede ejercerse ante la Corte Suprema de Justicia de los Estados Unidos[397].

Este mecanismo tuvo su origen en primer lugar en el *Evarts Act* de 1891, en el cual se estableció el principio de revisión discrecional de las sentencias, y en las *Act* 23.12.14 y *Judiciary Act* 13.2.25 de 1925, conocida como "*Judges Bill*" por medio del cual se dotó a la Corte Suprema de los Estados Unidos de amplios poderes discrecionales para aceptar o denegar el conocimiento de los casos presentados ante su instancia[398].

El *writ of certiorari*, en los Estados Unidos constituye la competencia, a la vez que el recurso, por medio del cual la Corte Suprema, como máxima instancia judicial, puede conocer una causa decidida por un tribunal inferior, bien de segunda instancia o federal, para determinar su conformidad constitucional o legal. En efecto, "*el writ of certiorari consiste en la presentación directa a la Suprema Corte para que esta*

---

395 V. capítulos II y III del presente libro.

396 Hernando Yépez Arcila, "Interrogantes sobre la Justicia Constitucional en Colombia", en *II Jornadas de Derecho Público*, Editorial Jurídica Venezolana, Bogotá, 1996.

397 Morris D. Forkosch, *Constitutional Law*, Mineola, New York, 1969, p. 57. Cit. en Ignacio Gómez Palacio, "Reforma judicial: el criterio de importancia y trascendencia y su antecedente, el writ of certiorari", en *Jurídica, Anuario del Departamento de Derecho de la Universidad Iberoamericana,* número. 29, año 1999. Ciudad de México, 1999.

398 Eduardo Oteiza, "El certiorari o el uso de la discrecionalidad por la Corte Suprema de Justicia de la Nación sin un rumbo preciso", en *Revista Jurídica de la Universidad de Palermo*, Facultad de Derecho de la Universidad de Palermo, Año 3, número 1, abril 1998. Buenos aires, 1998.

requiera a un tribunal inferior el envío de la causa para su posterior examen"[399].

La Corte Suprema de Justicia tiene, en este sentido, dos tipos de "jurisdicciones" (entendido como competencia), una conocida como originaria y otra como revisora, de modo que la primera le permite conocer sobre determinados casos y controversias, como un tribunal de primera instancia *lato sensu*; y mediante la segunda está facultada para conocer de asuntos procedentes de ciertos tribunales federales y estadales[400]. Respecto de estas competencias de la Corte Suprema de Justicia, explica la doctrina –Pegoraro y Rinella– sobre la Constitución norteamericana lo siguiente:

> *"La Constitución, en el artículo III, sección 2.2, atribuye de manera taxativa a la Supreme Court la llamada jurisdicción originaria, o sea, ella juzga, en primer y único grado, una serie circunscrita de casos, siendo los más importantes aquéllos en los que un Estado (miembro) es parte en el juicio. En otros supuestos, la Corte Suprema se pronuncia tras recursos que provienen de los Tribunales de Distrito y de los Tribunales de Circuito, que se articulan en dos procedimientos alternativos: trámite writ of certiorari (o "de verificación"), sin duda el más importante, o a través de certification of questions. A la Supreme Court se puede acudir, además, con writ, contra las sentencias de los Tribunales estatales más altos que hayan objetado la constitucionalidad de leyes federales o que hayan declarado la constitucionalidad de leyes estatales consideradas contrarias a la Constitución federal, a leyes federales o a tratados"*[401].

De forma que el *writ of certiorari* constituye la facultad revisora o de verificación de la Corte Suprema de los Estados Unidos y tiene una reconocida naturaleza discrecional[402], donde el objetivo del órgano no

---

399 Ibidem, p. 71.

400 Ibón Hualde López, "Una aproximación al Tribunal Supremo y certiorari norteamericano", en *Cuadernos de Derecho Transnacional* (marzo 2015), Volumen 7, número 1, Universidad Carlos III, Área de Derecho Internacional Privado, Madrid, 2015. pp.71-95.

401 Cfr. Lucio Pegoraro y Angelo Rinella, Ob. cit. p. 548.

402 "Cada vez más, en los últimos años, la Corte Suprema se ha transformado en un verdadero y propio Tribunal constitucional, o sea, en un órgano dotado de competencias especializadas, con el poder de escoger discrecionalmente el propio *docket*, es decir, las cuestiones de

es resolver una contienda o controversia presentada entre las partes, "*sino dar respuesta a cuestiones verdaderamente importantes que surgen en la realidad social*", de acuerdo con los valores y las ideologías políticas de los miembros de la Corte[403].

De ahí que la Corte Suprema de Justicia tenga una amplia facultad discrecional para determinar qué casos debe conocer. En efecto, tal y como lo dispone la Regla 19 del *Revised Rules of The Supreme Court of the United States*, titulada "*jurisdiction on Writ of Certiorari*", este recurso es consecuencia de una *"sólida facultad discrecional judicial" ("sound judicial discretion")*, y deberá otorgarse solo cuando existan *"razones especiales e importantes" ("special and important reasons")* para aceptar el caso[404].

Si bien el *writ of certiorari* no es determinado en su procedencia con base en criterios legales prestablecidos, como si es el caso del recurso de revisión constitucional en Venezuela, sino mediante el criterio que imponga la discreción de la Corte Suprema, el numeral 3 Sección 1257 de la 28 *U.S. Code*, establece los casos en los que puede conocer la Corte, siendo estos:

1. Los que versen sobre la validez de un tratado o de una ley federal;
2. Cuando la validez de una ley estadal es cuestionada por encontrarse en contra de la Constitución Federal, tratado o Ley federal[405]; o
3. Cuando cualquier título, derecho o privilegio o inmunidad es impuesto con fundamento en la Constitución[406].

---

constitucionalidad a decidir. Desde siempre se permite una selección del todo discrecional de los casos a examinar por el procedimiento que origina el *writ of certiorari*, con el que una de las partes del proceso principal pide a la Corte Suprema que reexamine el caso cada año se presentan millares de *writs*, pero la Corte decide solo unos pocos centenares" Cfr. Lucio Pegoraro y Angelo Rinella, Ob. cit. p. 548.

403 Ibidem, p. 82.

404 Ignacio Gómez Palacio, Ob. Cit. p. 177, citando a KAUPER, Paul G., "Constitutional Law", Little, Brown and Company, Boston, Toronto, 1972, pp. 92-95.

405 De este modo, encontramos diferencias con el recurso de revisión constitucional venezolano, por medio del cual la Sala Constitucional solo podrá conocer sobre la inconstitucionalidad de las decisiones definitivamente firmes de los tribunales inferiores o demás Salas del TSJ (no sobre su ilegalidad).

406 Ignacio Gómez Palacio, Ob. Cit. p. 177.

No obstante la amplitud conferida a la discrecionalidad, la propia Corte ha fijado las consideraciones que gobiernan el *writ of certiorari*, siendo que la petición solo podrá ser concedida cuando concurran razones especiales e importantes para ello y se encuentre dentro de los tres incisos de las materias enumeradas[407]. Además, al respecto debemos tener presente que "*la competencia de la Corte en estos casos no es obligatoria*", debido a que la misma cuenta con "*facultades discrecionales para acceder o denegar la petición*"[408].

En efecto, a través del *writ of certiorari*, la Corte Suprema de los Estados Unidos es reconocida por tener la facultad de seleccionar los casos para así ocuparse únicamente de los problemas de constitucionalidad, de forma que la Corte Suprema, es considerada comúnmente como tribunal constitucional[409].

Así pues, a pesar de que el recurso del *writ of certiorari* puede ser intentado por cualquier persona que haya sido parte de un litigio ante tribunales inferiores de segunda instancia estatal o federal –sin ningún tipo de limitación basada en la materia, la ciudadanía, carácter de las partes, o cuantía– es preciso que en el asunto estén presente cuestiones de derecho federal[410], pudiendo la Suprema Corte "*limitar su eventual admisión a uno o varios aspectos que se encuentren involucrados en la resolución de un litigio, excluyendo aquellos que no sean merecedores de su atención*"[411].

Entre los casos que puede conocer la Corte, como ejemplos con base a la mencionada Regla 19, podemos mencionar[412], los siguientes:

(i) Cuando la Corte estatal ha decidido cuestiones federales sustanciales sobre cuya materia no se ha pronunciado anteriormente la Corte; o

407 Eduardo Oteiza, Ob. Cit. P. 73.

408 Ibidem, p. 71.

409 Lucio Pegoraro, "Hacia una Nueva Sistemática de los Modelos de Justicia Constitucional", en Liliana Estupiñan Achry, Carlos Hernández y William Jiménez, Ob. cit. p. 39.

410 Zhaydee A. Portocarrero, *La revisión de sentencias: mecanismos de control de constitucionalidad creado en la Constitución de 1999*, Segunda edición revisada y actualizada, Tribunal Supremo de Justicia, Colección Nuevos Autores número 8, Caracas, 2010. p. 164.

411 Ibón Hualde López, Ob. Cit. P. 93.

412 Ignacio Gómez Palacio, Ob. Cit. P. 178.

(ii) Cuando la corte estatal ha resuelto de una manera, que probablemente no resulte consistente con decisiones anteriores de la Suprema Corte.

Ahora bien, estos casos son tramitados por un procedimiento muy elaborado y establecido en una disposición legal, sin embargo, en esta ocasión nos limitaremos a exponer los supuestos que podrían derivarse ante la presentación de la solicitud del *writ of certiorari* ante la Suprema Corte.

Al momento de presentarse el recurso del *certiorari*, la Corte tiene dos opciones: conceder o denegar el asunto para su conocimiento o trámite. Si la Corte llegare a rechazar el trámite del recurso, declina la posibilidad de pronunciarse sobre la cuestión que se le plantea y por ende la resolución del tribunal inferior adquiere firmeza[413]. Esta decisión no requiere motivación alguna, es decir, la negativa del otorgamiento no requiere estar motivada o expresar las causas de la misma puesto que se reconoce que parte de consideraciones de "política judicial" y de la plena discrecionalidad de los jueces[414]. Si por el contrario la Corte se pronunciare sobre la concesión o admisión del recurso, se abre una fase de conocimiento o sustanciación en la que está requerirá al tribunal inferior que traslade la causa a su sede.

La resolución de la Corte Suprema tendrá distintos resultados según confirme la decisión del tribunal inferior, revoque o anule la decisión del tribunal inferior, o desestime la solicitud, si considera que la concesión fue improcedente[415]. Sin embargo, la decisión escrita –de cualquier forma– constituirá un precedente que vinculará a los tribunales inferiores y a la propia Corte Suprema en casos similares que puedan surgir en el futuro[416], dado que en ella la Corte puede: 1. Anular un

413 Ibón Hualde López, Ob. Cit. P. 86.

414 Sin embargo, en aquellos casos donde se emplee la sana discreción para rechazar los casos que "a juicio de la Corte no superan un determinado estándar de importancia o gravedad, es necesario brindar pautas que permitan comprender bajo qué criterios se limitará el acceso de aquellos casos de violaciones constitucionales que en adelante no recibirán respuesta", Cfr. Eduardo Oteiza, ob. Cit. P. 73.

415 Es decir que la Corte, como lo explica Gómez-Palacio, puede aceptar el trámite del recurso y sin embargo está facultada para revocarla por considerar luego que el mismo ha sido indebidamente otorgado. V. Ignacio Gómez Palacio, Ob. Cit. P. 180.

416 Ibón Hualde López, Ob. Cit. P. 86.

precedente, 2. Interpretar una previsión legal o constitucional, o 3. Declarar la adecuación o inadecuación de una norma a la Constitución[417].

La Corte Suprema determinará en su sentencia si la interpretación del tribunal inferior en su resolución fue correcta o errónea –similar a la declaración del recurso de revisión constitucional en Venezuela– y puede limitar la misma a las partes involucradas (en ejercicio del *judicial restraint*), o por el contrario, implantar cambios a gran escala, mediante el llamado activismo judicial (*judicial activism*), de modo que la fundamentación jurídica de su resolución pueda "*tener consecuencias de mayor alcance al determinar el desenlace de futuras contiendas*"[418].

Es preciso tener en cuenta que, aunque la eficacia de las sentencias que dicte la Corte Suprema está, en principio, limitada a las partes de la causa, el sistema del precedente y el principio del *stare decisis* en los Estados Unidos de América, implica que los tribunales inferiores están vinculados a los pronunciamientos de los jueces superiores, por lo que, independientemente de la decisión adoptada, el acto legislativo declarado inconstitucional pierde totalmente su eficacia[419].

Por último, cabe destacar que mediante el *writ of certiorari*, y a diferencia del recurso de revisión constitucional, la Corte Suprema ejerce una facultad que abarca el conocimiento de los hechos, como un tribunal de apelación, de modo que puede disponer sobre el caso planteado y determinar que la disputa se dirima a favor de una de las partes implicadas[420]. En la revisión constitucional, la SC solo analiza la existencia de violaciones de orden constitucional en la sentencia que se revisa.

Entonces, a pesar de que en la mayoría de los casos la Corte Suprema de Justicia no analiza el fondo de la cuestión, se han presentado situaciones en las que la Corte, para resolver el asunto planteado, ha evaluado y revocado sentencias sometidas a revisión cuando la decisión es claramente errónea[421].

---

417 Ibidem.

418 Ibidem.

419 Cfr. Lucio Pegoraro y Angelo Rinella, Ob. cit. p. 549.

420 Ibidem.

421 O cuando la decisión está siendo esperada por una Corte inferior para resolver un asunto. V. Ignacio Gómez Palacio, Ob. Cit. P.180., citando a Morris D. Forkosch, "Constitutional Law", Ob. Cit. P. 58.

4. Proceso

El recurso de revisión no está contemplado en el Capítulo II del Título XI, de la LOTSJ donde se regulan los procesos ante la SC. Nótese que el artículo 128 de la LOTSJ dispone que:

> *"Hasta tanto se dicte la Ley que regula la Competencia Constitucional las demandas a que se refieren los numerales 1, 2, 3, 4, 7, 8, 9 y 17 del artículo 25 de esta ley se tramitarán conforme a lo que dispone este capítulo".*

La revisión constitucional no está en esos supuestos. Está consagrada en los numerales 10, 11 y 12 del artículo 25 de la LOTSJ, de forma que el proceso establecido en esa ley no se le aplica a ese tipo de demandas.

En ausencia de regulación legal, el procedimiento para la interposición, sustanciación y decisión del recurso de revisión constitucional, ha sido establecido por vía de la jurisprudencia de la SC.

La SC "*adecuando el procedimiento al nuevo ordenamiento constitucional*" estableció en sentencia del 6 de febrero de 2001, caso "Corpoturismo", que en caso de ser admitido el recurso de revisión extraordinario de sentencias definitivamente firmes, sería aplicado "*el procedimiento de apelación de sentencias de amparo constitucional establecido en la Ley Orgánica de Amparo sobre Derechos y Garantías Constitucionales y en la jurisprudencia de esta Sala*".

Este procedimiento fue adoptado con fundamento en el artículo 102 de la LOCSJ según el cual "*Cuando ni en esta Ley, ni en los códigos y otras leyes nacionales se prevea un procedimiento especial a seguir, la Corte podrá aplicar el que juzgue conveniente, de acuerdo con la naturaleza del caso*".

Ahora bien, la apelación de sentencias de amparo constitucional está regulada en el artículo 35 de la LOA, el cual no establece un procedimiento propiamente dicho sino que únicamente dispone un lapso máximo (30 días) en el que el juez debe decidir una vez presentado el recurso. De forma que lo que ha determinado la SC para el proceso de revisión constitucional es que, una vez presentado el recurso, la SC dispone de un plazo de 30 días para dictar la sentencia. Esto quiere decir que la SC prescindió de la tramitación de cualquier incidencia procesal frente a la solicitud de revisión constitucional, estableciendo de esta forma un procedimiento *inaudita alteram parte*.

Con posterioridad, a través de la sentencia del 17 de junio de 2005, caso "Héctor Zerpa", la SC admitió que, cuando lo considere conveniente, se podrá abrir un procedimiento previo que permita analizar la procedencia o no de la admisión del recurso de revisión, de forma que cuando discrecionalmente lo crea necesario "*adoptar las medidas que sean convenientes, así como ordenar las actividades concernientes que le permitan aclarar la situación planteada, y, con base en ello, complementar el análisis necesario para dictar el auto de admisión o negar la admisión del recurso extraordinario de revisión*".

De esta forma la jurisprudencia de la SC ha determinado la procedencia de una audiencia oral y pública (análoga al correspondiente a los juicios de amparo constitucional definido en la sentencia del 1° de febrero de 2000, Caso José Amado Mejía), en la que la SC pueda oír los argumentos de las partes interesadas, al Ministerio Público y a la Defensoría del Pueblo, con el objeto de analizar la admisión o no del recurso de revisión.

De esta forma, podemos distinguir en Venezuela dos tipos de procedimientos para la tramitación del recurso de revisión constitucional: uno sin contradictorio y otro a través de la tramitación de un contradictorio sumario a través de la convocatoria de una audiencia en la que pueden participar las partes del proceso cuya sentencia es objeto de la revisión solicitada, así como todas las demás personas que considere necesario la SC para la resolución de la solicitud planteada. La tramitación del procedimiento dependerá de la decisión estrictamente discrecional de la SC[422].

4.1. Legitimación activa

Al tratarse de la revisión de una sentencia que ha decidido un asunto con efectos inter partes, en principio, solo a las partes o terceros que han concurrido al proceso donde se produjo la sentencia que se revisa, tendrían legitimación activa para interponer el recurso de revisión constitucional.

---

[422] Sentencia de la SC del TSJ del 17 de junio de 2005, caso "Héctor Serpa".

De esta forma, la legitimación para presentar el recurso de revisión constitucional la tiene quien formó parte en el juicio que dio lugar a la sentencia objeto de la revisión constitucional, incluyendo a terceros que hayan formado parte del juicio, particularmente, quien resultó lesionado en sus derechos e intereses constitucionales por la decisión objeto de la revisión constitucional.

En efecto, ha sido criterio de la SC, a través de la decisión del 14 de noviembre de 2005, caso "*Eliana Cherubini*", que la legitimación activa en los procesos de revisión constitucional recae exclusivamente sobre los titulares de los derechos supuestamente agraviados por la sentencia cuya revisión se solicita.

Sin embargo, puede ocurrir que una decisión definitivamente firme tenga efectos más allá de las partes o terceros que intervinieron en el proceso y contenga vicios de constitucionalidad que afecten a una pluralidad de individuos. En esos casos la pluralidad de individuos afectados por la sentencia en sus derechos constitucionales, estarán legitimados para solicitar la revisión constitucional.

Téngase como ejemplo de este tipo de supuestos, la inconstitucional decisión número 397 dictada por la SCC del TSJ en fecha 14 de agosto de 2019, por medio de la cual pretendió derogar parcialmente el CPC vigente, mediante el uso erróneo y desnaturalizado del control difuso de constitucionalidad y, en consecuencia, extendió sus efectos más allá de la controversia decidida[423]. Esta sentencia no solo tiene efectos entre las partes; de acuerdo a lo establecido en el capítulo titulado: "*Consideraciones especiales al margen de lo decidido*", tiene efectos *erga omnes,* al pretender constituirse en una ley que regula el procedimiento civil.

---

[423] Esta sentencia es inconstitucional por cuanto (i) legisla en materia de la reserva legal, usurpa funciones propias del Poder Legislativo Nacional establecidas en el artículo 187, numeral 1, en concordancia con el artículo 156, numeral 32, y vulnera los principios de separación de poderes y de legalidad consagrados en los artículos 136 y 137, respectivamente, de la Constitución; (ii) desnaturaliza la naturaleza, sentido y alcance del control difuso de constitucionalidad consagrado en el artículo 334 de la Constitución; y (iii) usurpa las competencias de la SC del TSJ al ejercer de oficio el control de constitucionalidad por omisión legislativa sobre la Asamblea Nacional, en violación del artículo 336, numeral 7, de la Constitución y, por vía de consecuencia, viola el debido proceso y el derecho a la defensa consagrados en el artículo 49 de la Constitución, por cuanto prescindió total y absolutamente del proceso establecido en la LOTSJ, artículos 128 al 145, para la sustanciación y decisión del recurso por omisión legislativa.

En razón de lo anterior cualquier persona tiene interés y es legitimado para interponer el control de constitucionalidad contra ella.

En estos casos en los que la sentencia tiene efectos que exceden el interés de las partes la SC ha determinado que personas ajenas a la controversia que decidió la sentencia objeto de la revisión constitucional, pueden solicitar la revisión extraordinaria del fallo definitivamente firme. Véase por ejemplo la sentencia del 23 de marzo de 2004, caso "Ismael García", por medio de la cual la SC admitió la revisión constitucional ejercida por una organización que no formó parte del juicio que dio lugar a la sentencia cuestionada[424].

Asimismo, debe tenerse presente el criterio de la SC por medio del cual se estableció que "*la legitimatio ad procesum resulta especialmente garantista e informal, habida cuenta que en ésta se vela por la protección y desarrollo de principios de índole constitucional*". (sentencia de la SC número 1350 de fecha 5 de agosto de 2011, caso "Desarrollo Las Américas, C.A.").

De otra parte, la SC además ha admitido, sin que lo disponga expresamente la Constitución o la LOTSJ, que la revisión constitucional sea iniciada de oficio, es decir, sin que exista solicitud de parte interesada. En efecto, la SC dispuso que "*En cuanto a la potestad de esta Sala para revisar de oficio las sentencias definitivamente firmes en los mismos términos expuestos en la presente decisión, esta Sala posee la potestad discrecional de hacerlo siempre y cuando lo considere conveniente para el mantenimiento de una coherencia en la interpretación de la Constitución en todas las decisiones judiciales emanadas por los órganos de administración justicia*" (sentencia de la SC del 6 de febrero de 2001, caso "Corpoturismo").

Cuando se admite un determinado proceso de oficio, "*esto trae consigo la ampliación de la legitimación activa, pues es claro que cualquier persona podría "denunciar" o presentar una "queja" ante la Sala respectiva, a los fines de que esta ejerza sus poderes de oficio*"[425].

---

424 Rafael Chavero Gazdik, *El control constitucional de las decisiones judiciales*, ob. cit. pp. 158 y 159.

425 Ibidem. p. 159

4.2. Procedencia del recurso de revisión constitucional

De acuerdo a lo que hemos señalado previamente el recurso de revisión constitucional procede contra cuatro tipos de sentencias, a saber:

i) Las sentencias definitivamente firmes de amparo constitucional. Artículo 336.10 de la Constitución y artículo 25.12 de la LOTSJ.

ii) Las sentencias definitivamente firmes de control difuso de constitucionalidad de leyes o normas jurídicas. Artículo 336.10 de la Constitución y artículo 25.12 de la LOTSJ.

iii) Las sentencias definitivamente firmes que hayan desconocido algún precedente dictado por la SC; efectuado una indebida aplicación de una norma o principios constitucionales; o producido un error grave en su interpretación; o por falta de aplicación de algún principio o normas constitucionales. Artículo 25.10 de la LOTSJ.

iv) las sentencias definitivamente firmes que incurran en violación de principios jurídicos fundamentales que estén contenidos en la Constitución, tratados, pactos o convenios internacionales suscritos y ratificados válidamente por la República o cuando incurran en violaciones de derechos constitucionales. Artículo 25.11 de la LOTSJ.

Sin embargo, la SC no siempre admite los recursos de revisión constitucional intentados contra este tipo de sentencias. A partir de las primeras decisiones dictadas en ejercicio de la potestad revisora de la SC se consagró el principio de la discrecionalidad en la admisión y decisión de los recursos de revisión constitucional, por considerar esta una facultad extraordinaria y excepcional que no se constituye en una tercera instancia.

Véase al respecto la sentencia número 2507 de fecha 15 de octubre de 2002, caso "Teresa M. De Sousa Goncalves"[426], de la SC, por medio de la cual se señaló respecto de la procedencia del recurso de revisión constitucional que: "(…) *esta Sala, al momento del ejercicio de la*

---

426 SC del TSJ número 2507 de fecha 15 de octubre de 2002. Disponible en: http://historico.tsj.gob.ve/decisiones/scon/octubre/2507-151002-02-0911.HTM consultado el 29 de junio de 2016.

potestad de revisión de sentencias definitivamente firmes, está obligada, de acuerdo con una interpretación uniforme de la Constitución y en consideración a la garantía de la cosa juzgada, a guardar la máxima prudencia en cuanto a la admisión y procedencia de solicitudes que pretendan la revisión de sentencias que han adquirido el carácter de cosa juzgada judicial".

Asimismo, la SC en sentencia número 782 de fecha 7 de abril de 2006, caso "José Pascual Bautista Contreras y Asociación Cooperativa Mixta de Transporte de Carga Táchira"[427], señaló que "*la revisión a que hace referencia el artículo 336, numeral 10 de la Constitución de la República Bolivariana de Venezuela, la ejerce de manera facultativa esta Sala Constitucional, siendo discrecional entrar al análisis de los fallos sometidos a su conocimiento. (...)*".

En este sentido la SC ha distinguido dos criterios para determinar la procedencia del recurso de revisión constitucional. En primer lugar, que se trate de sentencias definitivamente firmes y, en segundo lugar, que se trate de sentencias que hayan sido dictadas por los tribunales con posterioridad a la entrada en vigencia de la Constitución de 1999, ello para no violar el principio de irretroactividad de la ley.

4.2.1. Contra sentencias definitivamente firmes

El recurso de revisión constitucional ha sido considerado por la jurisprudencia como un recurso dotado de carácter extraordinario, interpretando la alusión a "sentencias definitivamente firmes" como el agotamiento de todas las instancias judiciales posibles para la impugnación de sentencias.

Veamos, en este sentido, la sentencia de la SC del 29 de octubre de 2003, caso "Tulio Álvarez", por medio de la cual se dispuso como un requisito para la procedencia de la revisión constitucional, que se tratara de una sentencia definitivamente firme. Estableció la SC en esa oportunidad que:

> "*(...) visto que la sentencia emanada de la Sala Electoral Accidental objeto de la presente solicitud de revisión, en virtud de*

427 En este caso la SC revisa sentencia dictada el 16 de febrero de 2005 por el juzgado Superior Primero para el Nuevo Régimen Procesal Transitorio del Trabajo de la Circunscripción Judicial del Estado Táchira.

sus efectos provisionales no podía adquirir la condición de una sentencia definitivamente firme, lo cual constituye un requisito sine qua non para que esta Sala pueda ejercer la potestad extraordinaria, excepcional y discrecional de revisión que tiene atribuida (...)".

En efecto, ha sido criterio reiterado de la SC, con relación a la procedencia del recurso de revisión constitucional, que este solo puede ser intentado contra sentencias que sean definitivamente firmes. Así pues, en sentencia número 305 de fecha 8 de marzo de 2004[428], la Sala señaló igualmente que: "*(...), visto que las sentencias objeto de la solicitud de revisión, no son decisiones relativas al fondo de la controversia que pongan fin al proceso, ya sea acogiendo o rechazando la pretensión de los demandantes, ellas, por su naturaleza, se equiparan, mutatis mutandis, a las sentencias que no han adquirido la condición de definitivamente firmes y por esa razón, según doctrina de la Sala, (caso Venepal del 3.12.03) no son susceptibles de revisión constitucional".*

Como vemos, la SC señala de forma recurrente que la revisión constitucional no puede ser entendida como una nueva instancia y en este sentido solo procede en casos de sentencias que tienen la condición de definitivamente firmes, esto es, que han agotado la doble instancia que garantiza la Constitución. En este sentido solo serían susceptibles de ser conocidas mediante recurso de revisión constitucional las sentencias que han adquirido la condición de definitivamente firmes.

Sin embargo, la SC ha extendido sus facultades en la revisión constitucional y ha declarado la admisibilidad de la revisión constitucional contra decisiones interlocutorias que, obviamente, no son sentencias definitivamente firmes.

Por ejemplo, mediante sentencia del 23 de marzo de 2004, caso "Ismael García", la SC declaró la procedencia de la revisión constitucional solicitada contra sentencias interlocutorias que a su juicio no son susceptibles de impugnación por vía de los medios judiciales ordinarios y que por ello adquieren "*carácter de sentencia definitivamente firme, aunque haya sido proferida en sede cautelar*".

---

428 Sentencia de la SC del TSJ número 305 de fecha 8 de marzo de 2004. Disponible en: http://historico.tsj.gob.ve/decisiones/scon/marzo/305-050304-03-0857.HTM Consultado el 15 de abril de 2017.

Asimismo, mediante decisión del 23 de febrero de 2012, caso "CEMEX", la SC determinó que "*respecto de la decisión cuya revisión se solicita, no hay posibilidad de ejercer recurso de apelación, no es susceptible de impugnación por vía de los medios judiciales ordinarios, por lo que adquiere carácter de sentencia definitivamente firme, aunque haya sido proferida en sede cautelar, razón por la cual, es susceptible de revisión constitucional (Vid. Sentencias de esta Sala Nros. 442/2004 y 428/2005, entre otras)*".

El fundamento de la sentencia no es cierto, pues sobre este tipo de sentencias interlocutorias si cabe recurso a través de la oposición a la decisión cautelar. Tampoco es verdad que la sentencia interlocutoria se vuelve definitiva, por cuanto la decisión cautelar se extinguen cuando se dicta la decisión final[429].

Obsérvese como la SC cambió de criterio para ejercer ahora sus poderes no solo contra las sentencias definitivamente firmes, sino también contra de sentencias interlocutorias, pese a que ni la Constitución ni la LOTSJ le atribuyen esta facultad.

De la misma forma la SC ha actuado discrecionalmente en esta materia al estimar que, aun cuando en su criterio la falta de ejercicio del recurso ordinario de apelación hace improcedente la revisión, esta puede conocer de oficio la revisión de una decisión, si se evidencia la violación del orden público constitucional.

También contra los laudos arbitrales puede interponerse el recurso de revisión constitucional. Tengamos en cuenta que los laudos arbitrales son decisiones con fuerza de cosa juzgada dictadas por árbitros imparciales –que actúan como jueces– en la solución de una situación de controversia, sometida a su conocimiento por la voluntad de las partes involucradas[430].

La jurisprudencia ha establecido la procedencia del recurso de revisión constitucional, en primer lugar, contra las sentencias de nulidad interpuestas de conformidad con el artículo 43 de la Ley de Arbitraje

---

429 Rafael Chavero Gazdik, *El control constitucional de las decisiones judiciales*, ob. cit. pp. 158 y 159.

430 Rafael Badell Madrid, "Medios alternativos de solución de conflictos en el derecho administrativo venezolano. Especial referencia al arbitraje en los contratos administrativos", en *Libro del Congreso Internacional de Derecho Administrativo en Homenaje al Profesor Luis Henrique Farías Mata*. Caracas, 2006. Pp. 44 y ss.

Comercial contra los laudos arbitrales. En efecto, fue criterio de la SC en el caso Van Raalte de Venezuela C.A. (sentencia número 1773 del 30 de noviembre de 2011) que "*contra la sentencia que resuelve la pretensión de nulidad de un laudo arbitral, bien sea resolviendo el fondo o inadmitiéndolo*", es posible la interposición "del amparo constitucional o la solicitud de revisión constitucional".

En el mencionado caso Van Raalte, la SC había establecido que:

> *"(...) es claro que no procede el recurso de casación, contra la sentencia que resuelve la pretensión de nulidad de un laudo arbitral, bien sea resolviendo el fondo o inadmitiéndolo, lo cual no obsta para la procedencia de otros medios de control jurisdiccional, que en virtud de la Constitución u otras leyes especiales, sometan cualquier decisión jurisdiccional al control de los órganos competentes que integran el Poder Judicial, tal como ocurre en caso del amparo constitucional o la solicitud de revisión constitucional".*

El criterio expuesto en la sentencia Van Raalte, en cuanto a la posibilidad de impugnar la sentencia que declare con o sin lugar la nulidad del laudo arbitral mediante los recursos de amparo constitucional y revisión constitucional, fue ratificado en sentencia de la SC de fecha 17 de febrero de 2012 (Caso: Hernando Díaz-Candia y otros).

De otra parte, la SC ha admitido la posibilidad de ejercer de oficio la revisión constitucional contra el laudo contra el cual incluso haya precluido la oportunidad de recurrir en nulidad, caso en el cual la sentencia arbitral se habría convertido en una sentencia definitivamente firme.

En efecto, la SC, aplicando el principio de supremacía constitucional en el caso Juan Bencomo (sentencia del 7 de octubre de 2005) e invocando facultades de revisión de oficio, admitió la revisión constitucional contra laudos arbitrales, en caso de violación del orden constitucional. Así la Sala afirmó:

> *"la revisión solicitada no puede prosperar al existir negligencia de la parte demandada hoy solicitante en el iter procesal del juicio primigenio, lo cual no es óbice para que esta Sala de*

> *oficio revise la sentencia (...) de evidenciarse violación del orden público constitucional. (Resaltado nuestro) (...).*
> *tal y como se expresó en sentencia del 2 de marzo de 2000 (Caso: Francia Josefina Rondón Astor), esta Sala posee facultad discrecional en materia de revisión, y tal potestad puede ser ejercida sin motivación alguna".*

Quiere decir lo anterior que en caso de interponerse un recurso de revisión constitucional contra un laudo firme que nunca fue recurrido, la SC podría controlar de oficio su constitucionalidad.

4.2.2. Contra sentencias definitivamente firmes dictadas con anterioridad a la Constitución de 1999

Inicialmente la SC se había pronunciado en reiteradas ocasiones con relación al requisito de que se trate de sentencias dictadas con anterioridad a la entrada vigencia de la Constitución para la procedencia de la revisión constitucional. En este sentido había dispuesto que, con el objeto de no violar el principio de seguridad jurídica e irretroactividad de la ley, la revisión constitucional solo podía ser ejercida contra fallos dictados con posterioridad a su creación constitucional, esto es, luego de la entrada en vigencia de la Constitución de 1999.

Mediante decisión del 25 de septiembre de 2001, caso "Antonio Volpe", la SC señaló que "*las solicitudes de revisión dispuestas en el artículo 336.10 eiusdem, así como las que la propia jurisprudencia ha sumado (cf. Sent. 93/2001, caso: Corpoturismo), solo tuvieran alcance respecto a decisiones dictadas durante la vigencia de la norma configuradora de dicho medio; debido a que para las decisiones dictadas bajo el régimen jurídico surgido bajo la Constitución de 1961 no estaba previsto una vía de revisión con este talante, ni existía un órgano con la entidad que hoy ostenta la Sala Constitucional (...)*".

Sin embargo, este criterio fue modificado luego para admitir la revisión constitucional contra fallos dictados antes de la Constitución de 1999, "*en las circunstancias que la propia Constitución permite la retroactividad de una norma jurídica*", es decir, por ejemplo, en los casos relativos a la aplicación de normas que impongan menor pena o sanción, tal y como lo dispone el artículo 24 de la Constitución.

La SC admitió la procedencia de la revisión constitucional cuando la revisión de la decisión esté asociada a la nulidad de decisiones relacionadas con los bienes fundamentales tutelados por el derecho penal dictadas con anterioridad a la Constitución de 1999, "*pero cuya irracionalidad o arbitrariedad, puestos en contraste con las normas constitucionales, exija su corrección, aparte, además, aquellas decisiones que evidencien de su contenido un error ominoso que afecte el orden público, es decir, que la sentencia a revisar contenga una grave inconsistencia en cuanto a la aplicación e interpretación del orden jurídico-constitucional*".

De esta forma se entiende que la revisión constitucional procede contra decisiones dictadas durante la vigencia de la Constitución de 1999, y "*de forma restrictiva y muy excepcionalmente*", contra sentencias que hayan sido dictadas antes de dicha Constitución, solo "*cuando evidencien la existencia de gravísimas violaciones a los derechos fundamentales, que amerite la intervención de esta Sala Constitucional con el propósito de cumplir con la garantía universal de los derechos humanos (...)*"[431].

4.3. Lapso para su interposición

En Venezuela, el recurso de revisión constitucional, al igual que la acción popular de nulidad por inconstitucionalidad, puede ser ejercida en cualquier momento. En efecto, ni la Constitución ni la LOTSJ regulan plazo alguno para la solicitud de la revisión constitucional por lo que puede ser ejercida sin límite de tiempo alguno.

Consideramos que la ausencia de un lapso de caducidad para interponer el recurso de revisión constitucional viola el principio de la seguridad jurídica, desde que siempre existirá la posibilidad de declarar la nulidad de un fallo "definitivamente firme", y por ende que no existirá nunca la seguridad jurídica de la cosa juzgada, sin importar el tiempo que haya transcurrido desde que se dictara sentencia. En el derecho comparado, Argentina, se prevé un lapso de caducidad de tres meses a

---

431 Sentencia de la Sala Constitucional del Tribunal Supremo de Justicia del 21 de julio de 2015, caso "Juan Carlos Tabares". Cit. en Rafael Chavero Gazdik, *El control constitucional de las decisiones judiciales*, ob. cit. p. 168.

partir de la publicación de la sentencia para intentar el recurso de revisión constitucional[432].

4.4. De la decisión

La decisión que dicte la SC, en conocimiento del recurso de revisión constitucional, deberá declarar la conformidad o no de la decisión impugnada en revisión, respecto de la Constitución, sus principios y valores y su sujeción a las interpretaciones que haya hecho la propia SC sobre la Constitución.

De la sentencia que decida el recurso de revisión constitucional pueden derivarse varias decisiones que dependerán de si procede o no el recurso y en qué forma debe restablecerse la situación jurídica infringida[433]. En caso de que la SC declare la improcedencia o no ha lugar de la revisión constitucional, la decisión objeto del recurso de revisión quedará firme.

Si declara procedente el recurso de revisión constitucional, la SC deberá determinar la nulidad, total o parcial, del fallo por ser contrario a la Constitución y las consecuencias que de ello deriven.

El artículo 35 de la LOTSJ dispone que la SC del TSJ, además de determinar los efectos inmediatos de su decisión, podrá reenviar la controversia a la Sala o Tribunal respectivo o conocer la causa, siempre que el motivo que haya generado la revisión constitucional sea de mero derecho y no suponga una nueva actividad probatoria; o puede también la SC subsanar el vicio de la sentencia directamente, en caso de que pondere que el reenvío pueda significar una dilación inútil o indebida.

De esta forma, la SC está facultada para anular la decisión y ordenar al tribunal que dictó la sentencia un nuevo pronunciamiento sujeto a las interpretaciones y consideraciones jurídicas expuestas en la sentencia de revisión; o subsanar directamente el vicio con la decisión de la revisión constitucional, sin necesidad de reenviar la decisión.

Asimismo, el juez constitucional en la decisión del recurso de revisión constitucional puede tomar otras medidas u órdenes, tales como la publicación en Gaceta Oficial de la decisión, dependiendo de la

---

432 Cfr. Rafael Chavero Gazdik, *El control constitucional de las decisiones judiciales*, ob. cit. p. 194.

433 Ibidem. p. 216.

trascendencia del asunto o criterio jurisprudencial establecido en el fallo; la remisión de la copia de la sentencia a otros órganos del Estado, como por ejemplo a la AN, cuando considere que deben analizarse posibles modificaciones legales[434].

De cualquier forma, una vez dictada la decisión que declare ha lugar la revisión constitucional, por tratarse de un fallo que quebranta la garantía constitucional de la cosa juzgada, es preciso notificar a las partes involucradas en el correspondiente proceso primigenio de la decisión de la SC (ver sentencia de la SC del 17 de junio de 2005, caso "Héctor Serpa").

5. Límites del juez en la revisión constitucional

Como hemos dicho respecto de otros medios de control de la constitucionalidad, no puede el juez constitucional en el ejercicio de la facultad de revisión de sentencias, violar el bloque de la constitucionalidad; tampoco podría violar el principio de separación de poderes establecido expresamente en el artículo 136 de la Constitución, por lo que no podría bajo ningún supuesto invadir funciones propias de otros órganos del poder público y por supuesto, no podría el juez constitucional trasgredir los límites que impone el propio medio de control de la constitucionalidad, este es la revisión de la sentencia.

5.1. Límite del juez constitucional: Respeto al bloque de la constitucionalidad

En efecto, en la tarea de revisar las sentencias, el primer parámetro de control que tiene el juez constitucional es, precisamente, la propia Constitución y todo el bloque de la constitucionalidad. Como ya se ha señalado, la doctrina del bloque de la constitucionalidad obliga tener presente desde el contenido del preámbulo de la Constitución hasta la última de sus disposiciones, así como todos aquellos principios, valores y derechos no contenidos en su texto pero que, sin embargo, rigen la estructura constitucional del Estado, lo cual incluye también sus antecedentes y el proceso de formación de la Constitución.

434 Ibidem, p. 220.

Otro límite que debe informar la actuación del juez constitucional en la función de revisar las sentencias es el respeto al bloque de convencionalidad, consagrado en el artículo 23 de la Constitución, conforme al cual los jueces constitucionales no solo deben velar por el cumplimiento de las normas de derecho interno, sino además, tienen la obligación de verificar –en el ordenamiento jurídico interno– el efectivo cumplimiento de las disposiciones contenidas en convenios o tratados internacionales, especialmente las relativas al reconocimiento y la protección de los derechos humanos que conforman el denominado *corpus iuris* de los derechos humanos; así como los demás instrumentos normativos, principios y valores internacionales que conforman el mencionado "bloque de la convencionalidad".

5.2. Límite del juez constitucional: Principio de separación de poderes

De otra parte, los jueces constitucionales en la labor de revisar las sentencias, están subordinados a la separación de los poderes, por lo que no les es permitido invadir el campo competencial del órgano legislativo.

Como ejemplo de la violación al principio de separación de poderes podemos señalar las sentencias número 93 del 6 de febrero de 2001 (Caso Olimpia Tours and Travel vs. Corporación de Turismo de Venezuela) y número 727 de fecha 8 de abril de 2003, dictadas por la SC antes de la promulgación de la LOTSJ, mediante las cuales se hizo una ampliación respecto del alcance del recurso de revisión constitucional y dispuso inconstitucionalmente que dentro del objeto de revisión constitucional se encuentran, además de las dictadas en materia de amparo o de control difuso de la constitucionalidad señaladas por la Constitución, otras sentencias dictadas por las Salas del TSJ u otros tribunales, que de manera evidente hayan incurrido según el criterio de la SC, en un error en cuanto a la interpretación de la Constitución o que sencillamente hayan obviado por completo la interpretación de la norma constitucional, así como las sentencias que hayan sido dictadas por las demás Salas del TSJ o por los demás juzgados del país apartándose u obviando, expresa o tácitamente, alguna interpretación de la Constitución que contenga alguna sentencia de la SC con anterioridad al fallo impugnado. De esta forma, la SC legisló sobre sus propias competencias en usurpación de las potestades legislativas de la AN y en violación del principio de separación de poderes.

5.3. Límite del juez constitucional: Derivado del medio de impugnación

Por último, el límite que impone el medio de impugnación en el caso del recurso de revisión constitucional obliga a concretar y limitar la actuación del juez constitucional a la revisión de la constitucionalidad de las sentencias definitivamente firmes de amparo constitucional y de las sentencias definitivas firmes dictadas por los tribunales de la República sobre control difuso de la constitucionalidad.

Véase como este medio de impugnación fue excedido en sus límites mediante decisión del 15 de mayo de 2014, por medio de la cual la SC conoció recurso de revisión constitucional de la sentencia de la SCC del TSJ (AVC.000752 del 9 de diciembre de 2013), que a su vez decidió sobre el avocamiento de la causa del Juzgado Vigésimo de Municipio por medio de la cual se había ejercido de forma errónea el control difuso de la constitucionalidad sobre el artículo 185-A del CC.

En esta ocasión la SC no solo reiteró el criterio erróneamente determinado por el Juzgado de Municipio, sino que además excedió los límites de la revisión constitucional al realizar de oficio una interpretación del artículo 185-A del CC, modificando su esencia y procedimiento, y determinó el carácter vinculante de su interpretación, como si se tratara de la decisión de un recurso de nulidad por inconstitucionalidad. Para justificar su decisión, la SC determinó que:

> *"Esta Sala Constitucional considera innecesaria la apertura de un procedimiento judicial orientado al ejercicio del control concentrado de la constitucionalidad de la norma ya analizada; todo de conformidad con lo previsto en el artículo 34 de la Ley Orgánica del Tribunal Supremo de Justicia, que habilita a esta Sala Constitucional a ponderar cuándo y en qué casos tal apertura resultaría necesaria para salvaguardar la interpretación uniforme de los principios y garantías constitucionales".*

CAPÍTULO IX
LA PRUEBA EN LOS PROCESOS CONSTITUCIONALES

1. La prueba en el proceso constitucional

La noción de prueba en el Derecho Procesal Constitucional comprende todos aquellos principios, normas, formalidades, argumentos, motivos, medios o instrumentos que están dirigidos a verificar, dentro de los distintos tipo de medios de impugnación constitucional, el cumplimiento o no de la Constitución, con el fin último de garantizar su vigencia. En Venezuela las normas y principios que rigen la actividad probatoria en los procesos constitucionales están contenidos en la Constitución, en la LOTSJ y, de forma supletoria, en el CPC.

Como es tradicional decir podemos referirnos a la prueba para designar cosas distintas. En algunos casos, la expresión prueba se refiere al derecho constitucional que garantiza la alegación, producción y valoración de los medios que se emplean para llevar al juez a la convicción sobre los hechos que interesan al proceso; prueba alude también al instrumento en concreto que sirve para garantizar los derechos fundamentales; prueba es igualmente la actividad encaminada a probar ciertos hechos; y la expresión prueba puede llegar a ser el resultado de las operaciones por las cuales se obtiene la convicción del juez con el empleo de aquellos instrumentos. En suma la actividad probatoria tiende a convencer al juez de la existencia o inexistencia de los datos procesales que han de servir de fundamento a la decisión del proceso[435].

La prueba judicial, en palabras de Devis Echandía, consiste en el "*conjunto de reglas que regulan la admisión, producción, asunción y valoración de los diversos medios que pueden emplearse para llevar al juez a la convicción sobre los hechos que interesan al proceso*"[436].

---

[435] Jesús González Pérez, *Manual de Derecho Procesal Administrativo*, segunda edición, Editorial Civitas, Madrid, 1992. P. 308.

[436] Hernando Devis Echandía, *Teoría general de la prueba judicial*, Victor P. De Zavalía – Editor, Buenos Aires, 1981. P. 15.

Tradicionalmente se consideraba que los procesos constitucionales podían ser decididos a través del simple cotejo o comparación formal y abstracto de una norma legal con la Constitución. Incluso se pensaba que la inconstitucionalidad y la prueba eran asuntos antagónicos. Mientras la inconstitucionalidad alude a asuntos de derecho (*quaestio iuris*) la prueba atañe a asuntos de hecho (*quaestio facti*). Se consideraban que los procesos de examen de la constitucionalidad eran de mero derecho y, por tanto, se prescindía de la actividad probatoria. Eso trajo como consecuencia que el juez constitucional no se sintiera vinculado con el tema de las pruebas.

Hoy en día el Derecho Procesal Constitucional ha producido un cambio fundamental en este tema relativo a la prueba. El derecho a alegar y probar; el acceso al expediente; el respeto a los principios que rigen la actividad probatoria; la regulación sobre los medios de prueba, su promoción y control por el adversario a través de la oposición, contradicción e impugnación; la licitud y pertinencia de la prueba; la oportunidad para probar; los poderes del juez durante todo el proceso, y en especial, en el lapso de prueba, las reglas de valoración de las pruebas por parte del juez y el deber del juez de pronunciarse sobre las pruebas que se hayan producido mediante una decisión motivada, forman parte del derecho constitucional a la defensa, al debido proceso y se haya estrechamente vinculado a la tutela judicial efectiva.

Para que la decisión del juez constitucional sea válida, es necesario que esté fundamentada en alegaciones y pruebas, de lo contario sería pura arbitrariedad judicial. La decisión debe estar basada en la convicción que produzcan los medios de prueba sobre los trámites que antecedieron al acto sometido al juicio constitucional, así como los hechos necesarios para adoptar la decisión. Es por ello que la solución de los asuntos atribuidos al control de la constitucionalidad se encuentra precedida de una fase probatoria.

Ante la variedad de medios de impugnación que se han desarrollado –control concentrado, control difuso, amparo constitucional, control de convencionalidad, omisión legislativa, interpretación, revisión de sentencia– la necesidad de la prueba es evidente. La solución de estos juicios de control de la constitucionalidad tiene que estar precedida de una fase probatoria, que será de mayor o menor intensidad, según el medio de impugnación constitucional de que se trate y el vicio que se denuncia.

Para comprobar si determinadas normas, actos, actuaciones, omisiones y sentencias son o no constitucionales, se requiere de elementos que trascienden de lo jurídico y que solo pueden constatarse en el proceso a través de la actividad probatoria.

En respeto del debido proceso es imprescindible que la decisión del juez constitucional esté fundamentada en las alegaciones y pruebas aportadas al proceso. En el trámite procesal y controlar las pruebas; luego la sentencia solo puede ser el producto de la convicción que produzcan esas pruebas en el razonamiento del juez.

Dijimos previamente que en Venezuela las normas y principios que rigen la actividad probatoria en los procesos constitucionales están contenidos en la Constitución, en la LOTSJ y, de forma supletoria, en el CPC. Comoquiera que la prueba forma parte del debido proceso las disposiciones constitucionales sobre pruebas se encuentran, precisamente, dentro del derecho al debido proceso, regulado en el artículo 49 constitucional, cuyo encabezado dispone "*El debido proceso se aplicará a todas las actuaciones judiciales y administrativas...*". Se establece la prueba como un derecho constitucional.

El debido proceso establecido en el artículo 49 de la Constitución comprende la garantía de protección y seguridad jurídica en todas las actuaciones judiciales y administrativas, así como el derecho a la defensa y la asistencia jurídica. En el debido proceso están dispuestos una serie de principios, incluyendo todo lo referido a la prueba. El cumplimiento de todos esos principios garantizan que la actuación judicial no es arbitraria. De forma que el control de constitucionalidad no escapa del necesario cumplimiento de esta garantía.

Todas las decisiones que sean producto de un proceso judicial, incluyendo los procesos constitucionales, deben estar fundamentadas en la aportación oportuna, y con el cumplimiento de las formalidades necesarias y preestablecidas, de los medios que conduzcan a la convicción de certeza de los hechos que dan nacimiento, extinción o modificación al derecho reclamado o a la imposición de la pena[437].

---

[437] Ana Giacomette Ferrer, Ob. Cit. p. 142.

De otra parte, a falta de una ley especial que regule la jurisdicción constitucional, el Capítulo II del título XI sobre las Disposiciones Transitorias de la LOTSJ, en los artículos 128 al 145, regula los procesos ante la SC. Algunas de esas normas, como es el caso de los artículos 130 y 131 de la LOTSJ, se refieren a la actividad probatoria que puede ocurrir en el trámite de las medidas cautelares.

Como sabemos el juez constitucional cuenta con facultades probatorias que le permiten tener una actuación activa en el proceso. Por ello puede ordenar y practicar pruebas de oficio, no solo para producir la sentencia definitiva, sino también para dictar las medidas cautelares que fuere menester. Obviamente en esta fase las partes pueden oponerse y controlar las pruebas.

Otro supuestos son los regulados en los artículos 139 y 140 de la LOTSJ que establecen los lapsos para promover y evacuar pruebas u oponerse a ellas y el del artículo 142 que se refiere al control de la prueba por parte del juez. Sin embargo, estas regulaciones de la LOTSJ sobre el tema probatorio son insuficientes, por lo que conforme al artículo 98 de la LOTSJ, hay necesidad de aplicar de forma supletoria las regulaciones del CPC sobre medios de pruebas y su valoración.

Entendemos que en los procesos constitucionales no se resuelven únicamente cuestiones de derecho a través de la confrontación de normas, ni problemas estrictamente teóricos. En muchos casos la inconstitucionalidad depende de asuntos de hecho que comprobar o verificar. De modo que en los procesos constitucionales es esencial y determinante la actividad probatoria[438]. El juez constitucional requiere valorar los hechos alegados y probados en el proceso constitucional, con el objeto de dotar de legitimidad la decisión que dicte, a modo de hacer efectiva la protección de la supremacía constitucional[439].

El juez constitucional tiene atribuidas facultades probatorias que le permiten actuar de forma activa en el proceso, eso le permite ordenar y practicar pruebas de oficio, tanto para dictar la sentencia definitiva,

---

438 José G. Hernández Galindo, "Importancia de la prueba en los procesos constitucionales", presentación del libro de Ana Giacomette Ferrer, *Las pruebas en el proceso de control constitucional*, primera edición, Señal Editora, Bogotá D.C., 2007.

439 Diego López Medina, "Presentación a la Edición Colombiana", en Ana Giacomette Ferrer, Ob. cit.

como para pronunciarse sobre las medidas cautelares que fueren solicitadas o aun de oficio.

De otra parte, para comprobar si determinadas normas o actos son o no constitucionales, se requiere comprobar aspectos de hecho que trascienden de lo jurídico y que solo pueden comprobarse a través de la actividad probatoria. De modo que lo que debe contrastarse con la Constitución son las consecuencias que produce la aplicación de la norma y para ello es necesario valerse de la prueba.

Ahora bien, también hemos señalado que los procesos constitucionales son muy especiales, tanto que parte de la doctrina los denomina "proceso atípico"[440]. En esos procesos atípicos la prueba tiene particularidades también. De allí que las consideraciones respecto del tema de la prueba son distintas según el medio de impugnación de que se trate.

2. La prueba como derecho constitucional

Dentro del Derecho Procesal Constitucional la prueba, en su acepción amplia y todo lo que la expresión abarca, tiene una relevancia especial. Es manifestación del derecho a la defensa y del debido proceso y se halla estrechamente vinculado a la tutela judicial efectiva. De allí que haya sido reconocido como derecho constitucional en convenciones y tratados internacionales sobre derechos humanos, normas supranacionales y con jerarquía normativa mayor a la constitucional (tal es el caso de Argentina, Costa Rica, México, Perú, República Dominicana y Venezuela).

Estas normas supranacionales han reconocido a toda persona el derecho constitucional a promover libremente todos los medios probatorios necesarios para esclarecer la verdad, siempre y cuando estos no sean ni manifiestamente ilegales, ni impertinentes, es decir, los que sin estar prohibidos por el ordenamiento jurídico, no demuestren los hechos que realmente están controvertidos en el proceso.

Con respecto a este derecho a probar, el Profesor Gozaíni señala "*Acompañando la prueba en su misión de verificar y esclarecer para llegar a la verdad, existe un derecho constitucional de la prueba. por su*

[440] Según Peyrano, citado por Ana Giacomette Ferrer, Ob. Cit. p.160.

carácter esencial, fundante del derecho al debido proceso (toda vez que es parte vital del derecho de defensa), eleva sus premisas sobre las solemnidades del procedimiento para consagrar un "derecho a la prueba (...)", "El derecho a probar es una parte del debido proceso, tal como lo ha subrayado la jurisprudencia de nuestra Corte Suprema de Justicia de la Nación. Ello importa abandonar la idea probatoria como un acto del proceso, para encolumnarlo tras las garantías del derecho de defensa, y, como tal, un "resguardo del debido proceso adjetivo (...) Si la prueba sigue vista como un proceso de acreditación de afirmaciones a cargo exclusivamente de las partes, es posible que el acierto logrado en los hechos personifique un absurdo, porque el juez estará ausente en la aclaración"[441].

Este derecho constitucional a la prueba tiene que ser interpretado de forma extensiva y abarca en primer lugar el derecho a alegar y luego el derecho a probar lo alegado; el derecho a tener acceso al expediente; el derecho a promover los medios de prueba legamente admitidos y que sean pertinente a lo que se precisa demostrar; el derecho a controlar la prueba a través de la oposición, contradicción e impugnación; la exigencia de que la prueba debe ser legal; el derecho a que haya oportunidad para probar, el respeto a todos los principios que informan las pruebas y el derecho a que el juez esté vinculado a decidir según lo alegado y probado atendiendo y respetando las reglas de valoración de las pruebas.

El derecho constitucional a la prueba reúne no solo el interés del Estado para lograr la certeza suficiente y sentenciar sin dudas razonables, sino que además involucra especialmente el interés de las partes "*para que la actividad probatoria responda a consignas invariables: libertad de la prueba; control de las partes; producción específica; y apreciación oportuna y fundamentada*"[442].

Ya hemos indicado también que las disposiciones constitucionales sobre pruebas se encuentran dentro del derecho al debido proceso. En concreto, el artículo 49 de la Constitución dispone que "*El debido*

---

441 Osvaldo Gozaíni, *Derecho Procesal Constitucional*, Editorial de Belgrano Tomo I, Buenos Aires, 1999, p. 171. cit. en Ana Giacomette Ferrer, Ob. Cit. pp.177-178

442 Osvaldo Gozaíni A., *La prueba en los procesos constitucionales, en Derecho Procesal Constitucional Americano y Europeo*, Tomo II, Abeledo-Perrot, Buenos Aires, 2010.

proceso se aplicará a todas las actuaciones judiciales y administrativas...". De esta forma, el principio de libertad de medios probatorios ha obtenido el reconocimiento constitucional de forma expresa a partir de la Constitución de 1999, donde, mediante el numeral primero del artículo 49, se dispone que toda persona tiene derecho de acceder a las pruebas y de disponer del tiempo y de los medios adecuados para ejercer su defensa. El mismo artículo exceptúa todas aquellas pruebas obtenidas inconstitucional o ilegalmente, vale decir, aquellas obtenidas en contravención al derecho, en virtud de lo cual no deben producir ningún efecto, y por lo que deberá pronunciarse expresamente al respecto el órgano jurisdiccional en las fases de proposición, de producción o en la oportunidad de resolver sobre el mérito de la controversia, al analizar lo relacionado con la valoración de la prueba[443].

Tales preceptos contenidos en la Constitución estructuran lo que se ha denominado "*un verdadero derecho probatorio constitucional, cuyas prescripciones conforman los fundamentos constitucionales de la prueba, imponiéndose al legislador y por supuesto al intérprete*"[444]. De forma que el derecho a la prueba ya no es un mero acto del proceso sino que es parte fundamental del derecho a la defensa, lo cual a su vez es un derecho constitucional.

Yannuzzi explica la amplitud del derecho a la prueba desde las siguientes perspectivas:

- El derecho a que se admita toda prueba regularmente promovida por alguna de las partes, el juez o por iniciativa de terceros, cuando sea permitido por el ordenamiento.
- El derecho a que el medio probatorio sea practicado (so pena de denegación tácita del derecho).
- El derecho a que el medio probatorio admitido y practicado sea valorado por el juez en el momento en el que tenga lugar la sentencia[445].

---

443 Ibidem, p. 2.

444 Ana Giacomette Ferrer, *La prueba en los procesos de control constitucional, La ciencia del Derecho Procesal Constitucional*, (Coords. Eduardo Ferrer Mac-Gregor y Arturo Zaldívar Lelo de Larrea), Temis, Bogotá, 2009, p. 176.

445 Salvador Yannuzzi Rodríguez, *El principio de incorporación de la prueba en el procedimiento civil venezolano*, ob. cit.

Son esas las mínimas garantías que deben gozar tanto el litigante como los terceros que ejerzan su derecho a la prueba para que este sea eficaz y, además, para que cumpla con el derecho a la defensa, con el cual está estrecha e indisolublemente conectado.

3. Principios probatorios

Existen un conjunto de principios fundamentales que orientan la actividad probatoria en los procesos ordinarios. Esos principios probatorios son también aplicables, con algunas adaptaciones y precisiones, a los procesos constitucionales. Vamos a referirnos a esos principios en este orden: principio de la legalidad de la formas procesales, principio inquisitivo, principio de la libertad probatoria, principio de la necesidad de la prueba y de la prohibición de aplicar el conocimiento privado del juez, principio de la eficacia jurídica y legal de la prueba, principio de la comunidad de la prueba, principio de lealtad probatoria, principio de contradicción de la prueba, principio de igualdad de oportunidades para la prueba, principio de pertinencia de la prueba, principio de la facilidad de la prueba, el principio de relevo de prueba de hechos negativos y principio de alteridad de la prueba.

3.1. Principio de la legalidad de las formas procesales

Este principio de la legalidad de las formas procesales se aplica no solo al aspecto probatorio del proceso constitucional, sino a todo el proceso y de acuerdo con él, los actos procesales se realizarán de conformidad con la forma prevista en la ley. La expresión ley alude a las normas constitucionales referidas a las pruebas y a la ley especial que regule la materia, en este caso la LOTSJ y a las normas supletorias como son las del CPC. Conforme al principio de la legalidad de las formas procesales las partes no pueden convenir libremente en los requisitos de forma, tiempo, rituales y formalidades a los que se hayan vinculados los actos del proceso, desde que estos se encuentran predeterminados por la ley y así han de cumplirse.

Así también, de acuerdo con este principio, debe el juez constitucional apegarse a las normas procesales y probatorias establecidas en la ley, lo que implica no desviar o prescindir de ninguna actuación previamente ordenada para los procesos constitucionales, incluyendo las fases probatorias.

Un ejemplo de la violación a este principio probatorio es la sentencia número 907 de fecha 28 de octubre de 2016, por medio de la SC, decidió sobre una "acción innominada de constitucionalidad" (no prevista entre las atribuciones de la SC ni en la Constitución ni en la LOTSJ) "*de las normas previstas en los artículos 41 y 227 del Texto Fundamental, con ocasión de las actuaciones desplegadas por algunos ciudadanos, dirigidas a señalar falazmente el supuesto incumplimiento, por parte del Presidente de la República, del requisito constitucional referido a ser venezolano por nacimiento, sin otra nacionalidad; sobre la base de tergiversaciones hermenéuticas de las referidas normas de la Constitución de la República Bolivariana de Venezuela, así como también de los artículos 17, 18 y 19 de la Ley de Nacionalidad y Ciudadanía; todo ello en perjuicio de la estabilidad democrática de la República, de la paz de la Nación y de los valores que, en general, sustentan el orden público constitucional*", interpuesta por el entonces Presidente de la República Bolivariana de Venezuela, Nicolás Maduro Moros.

En efecto, en esta ocasión la SC dispuso que "la esencia de lo planteado" constituía una "*cuestión de mero derecho que atañe al orden constitucional*" y que , "*en acatamiento de los principios de economía procesal y tutela judicial efectiva, la presente causa no requiere sustanciación*". De esta forma, la SC declaró:

> "*QUE EL PRESIDENTE CONSTITUCIONAL DE LA REPÚBLICA BOLIVARIANA DE VENEZUELA, NICOLÁS MADURO MOROS, ES, EN EFECTO, CIUDADANO VENEZOLANO POR NACIMIENTO QUE NO POSEE OTRA NACIONALIDAD, tal como ha sido ampliamente acreditado a través de documentos oficiales e incontrovertibles expedidos por las máximas autoridades del registro civil venezolano (Consejo Nacional Electoral y Servicio Administrativo de Identificación), en los cuales se acredita con absoluta certeza que el prenombrado Jefe del Estado Venezolano, nació en la Ciudad de Caracas, para entonces, Departamento Libertador del Distrito Federal, Parroquia la Candelaria, el 23 de noviembre de 1962; y que, en fin, ha cumplido y cumple con los requisitos señalados en los artículos 41 y 227 de la Constitución de la República Bolivariana de*

Venezuela, para ejercer el cargo de Presidente Constitucional de la República Bolivariana de Venezuela; quedando a salvo las acciones que correspondan en ejercicio de los derechos, deberes, principios y normas previstas en el ordenamiento jurídico, para hacer valer la responsabilidad constitucional, penal, civil y administrativa por los temerarios hechos señalados en la presente sentencia, junto a las declaratorias correspondientes".

La SC violó el principio de la legalidad de las formas procesales al declarar la causa de mero derecho, omitir cumplir íter procesal, y decidir únicamente teniendo en cuenta las copias certificadas del acta de nacimiento remitida por el Consejo Nacional Electoral y la tarjeta alfabética que remitida por el Servicio Administrativo de Identificación, Migración y Extranjería; documentos administrativo, que no públicos, a los que calificó como "incontrovertibles", sin ningún tipo de procedimiento probatorio ni contradictorio.

Esos documentos, copias certificadas del acta de nacimiento remitida por el Consejo Nacional Electoral y "tarjeta alfabética" que reposa en el Servicio Administrativo de Identificación, Migración y Extranjería (SAIME), no son documentos públicos en los términos a los que se refiere el articulo 1357 del CC[446]. Son en verdad documentos administrativos que, como ha dicho la jurisprudencia, conforman una tercera categoría dentro del género de la prueba documental, y por tanto, no pueden asimilarse plenamente a los documentos públicos, ni a los documentos privados.

La especialidad de esos documentos administrativos radica, fundamentalmente, en que gozan de una presunción de legitimidad, autenticidad y veracidad, pero tal presunción puede ser desvirtuada mediante prueba en contrario. Se distinguen así esta especie de documentos de los instrumentos públicos, que sólo pueden ser impugnados mediante la tacha de falsedad; de los meros documentos privados, que pueden ser, incluso, desconocidos en contenido y firma por el adversario[447].

---

446 Artículo 1.357. Instrumento público o auténtico es el que ha sido autorizado con las solemnidades legales por un Registrador, por un Juez u otro funcionario o empleado público que tenga facultad para darle fe pública, en el lugar donde el instrumento se haya autorizado.

447 Véase al respecto criterio establecido en sentencia de fecha 28 de mayo de 1998 de la CSJ en SPA (Caso: Consorcio Hidroeléctrico Caroní vs. CVG EDELCA.) y ratificado por la SPA del TSJ mediante sentencia número 1257 de fecha 11 de julio de 2007.

De esta forma la SC ha debido sustanciar debidamente el proceso, dar cabida en el proceso a los terceros interesados a objeto de permitir que se desvirtuara o no los documentos administrativos. Solo después de eso es que podría haber considerado que los documentos administrativos hacen plena prueba.

3.2. Principio inquisitivo

El principio inquisitivo convierte al juez en director del proceso judicial, para dejar de ser un simple operador jurídico. Este principio inquisitivo tiene gran importancia por cuanto permite al juez desplegar "*sus conocimientos y experiencias jurídicas, sus capacidades, su cultura general, en otras palabras, es aquí donde trasciende la "silueta" del juez director del proceso como operador decisivo del mismo*"[448].

En el proceso constitucional el principio inquisitivo está representado en el hecho de que el juez desempeña un papel activo y fundamental en la búsqueda de la prueba, convirtiéndose en investigador de la verdad y conductor del proceso. Tales facultades se encontraban establecidas en el artículo 21, párrafo décimo tercero, de la LOTSJ del año 2004 que preveía:

> *"El Tribunal Supremo de Justicia, en cualquier estado de la causa,* ***podrá solicitar información o hacer evacuar de oficio las pruebas que considere pertinentes****. Sólo serán admisibles las pruebas contempladas en el artículo 19 de la presente Ley".*

El artículo 32 de la LOTSJ establece que para el caso del control concentrado de la constitucionalidad no privará el principio dispositivo pudiendo el juez suplir, de oficio, las deficiencias o técnicas del demandante por tratarse de un asunto de orden público. Luego el artículo 34 de la LOTSJ establece que cuando se declare de conformidad a derecho la desaplicación por control difuso previamente decidido por cualquier tribunal de la República, la SC puede ordenar el inicio del procedimiento de nulidad por inconstitucionalidad.

---

[448] Salvador Yannuzzi Rodríguez, *El principio de incorporación de la prueba en el procedimiento civil venezolano*, ob. cit. p. 190.

Además la misma LOTSJ en el artículo 142 atribuye al juez constitucional la facultad de ordenar la evacuación de las pruebas que juzgue necesarias para el esclarecimiento de los hechos que aparezcan dudosos u oscuros.

El principio inquisitivo en el ordenamiento jurídico venezolano implica que el juez no debe mantenerse inactivo ante sobre los hechos objeto del proceso y que, como director del proceso, de conformidad con el artículo 14 del CPC, está llamado a esclarecer las dudas en busca de la verdad, ello, claro está, en los límites de su oficio, según lo dispone el artículo 12 del CPC.

Especialmente, por tratarse de un conflicto de interés público, en los procesos constitucionales el juez no puede permanecer inactivo ni limitarse a juzgar con base en las pruebas que las partes le aportan, si hay su juicio hubiere todavía elementos o hechos dudosos u oscuros. Para garantizar la eficacia de la Constitución y de la administración de justicia el juez debe estar dotado de poderes de investigación para llegar a la verdad de los hechos alegados.

El juez constitucional ejerce un papel decisivo en la actividad probatoria, correspondiéndole, por ejemplo decidir si debe obtener de las cámaras o asambleas, del gobierno o de los órganos ejecutivos, o de la administración, la remisión de los expedientes, informes y documentos referentes al acto o disposición, o "*Decidir si es necesario la práctica de pruebas, así como sobre la forma y tiempo de su realización* (...)"[449].

Manifestación de este principio inquisitivo es la facultad del juez constitucional de, en cualquier estado y grado del proceso, acordar, aun de oficio, las medidas cautelares que estime pertinente. En ese sentido el artículo 130 de la LOTSJ establece: "*La Sala Constitucional contará con los más amplios poderes cautelares como garantía de la tutela judicial efectiva, para cuyo ejercicio tendrá en cuenta las circunstancias del caso y los intereses públicos en conflicto*".

3.3. Principio de libertad probatoria

La aplicación del principio de libertad probatoria es consecuencia de lo dispuesto en el artículo 49 de la Constitución, en concordancia

[449] Jesús González Pérez, *Derecho procesal constitucional*, ob. cit., p.173.

con el artículo 395 del CPC[450]. De acuerdo con el principio de libertad probatoria las partes y el juez deben gozar de libertad para obtener todas las pruebas que sean pertinentes, de forma que pueden hacer uso de todos los medios probatorios, no sólo de los previstos en el CPC y el CC, sino de todos aquellos regulados en otras leyes o que, aun sin estar regulados, no estén expresamente prohibidos por estas. Resulta entonces incompatible con la Constitución cualquier intención o tendencia restrictiva de admisibilidad del medio probatorio seleccionado por las partes o el juez, con excepción de aquellos legalmente prohibidos, los obtenidos de forma ilegal o que resultan impertinentes para la demostración de sus pretensiones. Otras excepciones a este principio deben ser establecidas expresamente por la ley[451].

Al no establecerse limitación alguna, el juez constitucional tiene la posibilidad de utilizar cualquier medio de prueba admitido en derecho, esto es, "*todo elemento que sirva, de una y otra manera, para convencer al juez de la existencia o inexistencia de un dato determinado*"[452]. En efecto, para que la prueba pueda cumplir el fin de lograr la convicción del juez sobre la existencia o inexistencia de los hechos que interesan al proceso, en forma que se ajuste a la realidad, es indispensable otorgar a las partes y al juez la libertad de obtener todas las pruebas que sean pertinentes.

En este sentido el artículo 398 del CPC, referido al principio de la libertad de admisión de las pruebas, señala que el juez providenciará los escritos de prueba, admitiendo las que sean legales y procedentes y desechando las que aparezcan manifiestamente ilegales e impertinentes[453].

---

450 Artículo 395- Son medios de prueba admisibles en juicio aquellos que determina el Código Civil, el presente Código y otras leyes de la República. Pueden también las partes valerse de cualquier otro medio de prueba no prohibido expresamente por la ley, y que consideren conducente a la demostración de sus pretensiones. Estos medios se promoverán y evacuarán aplicando por analogía las disposiciones relativas a los medios de pruebas semejantes contemplados en el Código Civil, y en su defecto, en la forma que señale el Juez.

451 SPA del TSJ. Caso "Janeth Machado contra Alcaldía del Municipio Santa Bárbara del Estado Monagas", sentencia de fecha 20 de marzo de 2012, con ponencia del Magistrado Alejandro Soto Villasmil; Caso Ambiorix Polanco Pérez contra la Comisión de Funcionamiento y Reestructuración del Sistema Judicial, sentencia de fecha 25 de marzo de 2008, con ponencia de la Magistrada Yolanda Jaimes Guerrero.

452 Jesús González Pérez, *Derecho Procesal Constitucional*, ob. cit. p.174.

453 SPA del TSJ. Caso "Juan Humberto Cemborain Blanco contra CADIVI", sentencia de fecha 06 de marzo de 2012.

Con similar redacción, la LOTSJ en su artículo 140 dispone que en el lapso de pruebas, el Juzgado Sustanciador admitirá las pruebas que sean legales y procedentes y desechará las que aparezcan manifiestamente ilegales o impertinentes.

Al respecto, la SPA en sentencia número 1676 de fecha 6 de octubre de 2004, indicó que "*la regla general es que cualquier medio probatorio es válido y conducente al hacimiento de la prueba, salvo que esté expresamente prohibido por la ley, al resultar evidente que el derecho a probar lo pretendido en juicio, o a desechar lo señalado por la parte contraria, responde precisamente a la concepción general del derecho a la defensa, cuya consagración actualmente se encuentra contenida en el artículo 49 de la Constitución de la República Bolivariana de Venezuela, y que en materia probatoria se concretiza en dos principios que le son inherentes: el de la contradicción y el de control de la prueba. (Ver, CABRERA ROMERO, JESÚS EDUARDO, Contradicción y Control de la Prueba Legal y Libre, Editorial Jurídica Alva, S.R.L., Caracas, p. 19)*".

Con respecto a la finalidad del principio de libertad de los medios probatorios, la SC mediante sentencia número 3332 de fecha 4 de noviembre de 2005 señaló que:

> *" (...) el legislador procesal cuando estableció (véase el artículo 395 del Código de Procedimiento Civil) que las partes pueden hacerse valer de cualquier otro medio de prueba no prohibido expresamente por la ley, que consideren conducente para la demostración de sus pretensiones, lo hizo con el propósito de que el debate probatorio fuese lo más amplio posible, haciendo permisible de este modo una mejor apreciación de los hechos por parte del juez y la consecución de una decisión basada en la verdad real y no sólo formal; procurándose, además, de este modo de una justicia más eficaz".*

En sentencia número1879 de fecha 21 de noviembre de 2007, la misma SC analizó el tema de la admisibilidad de la prueba, estableciendo lo siguiente:

> *"... la Sala considera oportuno reiterar una vez más, su criterio en cuanto al régimen legal aplicable para la admisión de las*

pruebas en el ordenamiento jurídico venezolano, específicamente en lo relativo al principio de libertad de los medios probatorios, así como de su admisión, en el sentido de que resulta incompatible con cualquier intención o tendencia restrictiva de la admisibilidad del medio probatorio seleccionado por las partes, con excepción de aquellos legalmente prohibidos o que resulten inconducentes para la demostración de sus pretensiones".

De la misma forma, de acuerdo a lo establecido por la Corte Segunda de lo Contencioso Administrativo en sentencia número 531 del 26 de abril de 2010 (caso "Juan Vicente Rangel Henríquez"), sobre la base del referido principio de libertad de los medios de prueba, se colige que una vez analizada la prueba promovida, el juez habrá de declarar la legalidad y pertinencia de la misma y, en consecuencia, habrá de admitirla; pues: i) sólo cuando se trate de una prueba que aparezca manifiestamente contraria al ordenamiento jurídico, que no constituya el medio eficiente a los fines de la demostración que se pretende en el proceso –que devendría en todo caso en una forma de impertinencia de la prueba–; o, ii) cuando el hecho que se pretende probar con el medio respectivo no guarda relación alguna con el hecho debatido, podrá ser declarada como ilegal, no idónea o impertinente, y por tanto inadmisible.

Es claro entonces que la regla es la admisión de las pruebas y que la negativa sólo puede acordarse en casos excepcionales y muy claros de manifiesta ilegalidad o manifiesta impertinencia. Por ello y para garantizar el derecho constitucional a la prueba, es indispensable que la inadmisión de la prueba deba estar lo suficientemente motivada y razonada, además de apoyada en premisas fácticas reales.

3.4. Principio de la necesidad de la prueba y de la prohibición de aplicar el conocimiento privado del juez

Conforme al principio de la necesidad de la prueba, los hechos sobre los cuales debe fundarse la decisión judicial, deben estar demostrados con pruebas aportadas al proceso por cualquiera de las partes o por el juez, sin que este último pueda remplazarlas con su conocimiento privado, de acuerdo a lo previsto en el artículo 12 del CPC, en concordancia con el numeral 5 del artículo 243 *eiusdem* que establece que toda sentencia debe contener la decisión expresa, positiva y precisa con arreglo a la pretensión deducida y a las excepciones o defensas opuestas, sin que en ningún caso pueda absolverse de la instancia.

En efecto, este principio exige que los hechos sobre los cuales se fundamente la decisión judicial "*estén demostrados con pruebas aportadas al proceso por cualquiera de los interesados o por el juez, (...), sin que dicho funcionario pueda suplirlas con el conocimiento personal o privado que tenga sobre ellos, porque sería desconocer la publicidad y la contradicción indispensable para la validez de todo medio probatorio*"[454].

El principio de la necesidad de la prueba y de la prohibición de aplicar el conocimiento privado del juez está cercanamente relacionado con el principio contradictorio de la prueba, según el cual se exige que la prueba se rinda con conocimiento de las partes a fin de que exista la oportunidad de hacer valer derechos en la ejecución de la probanza[455].

El conocimiento privado del juez es aquello que él sabe y conoce pero que no está en el expediente. El principio es que al juez le está vedado usar su conocimiento privado para resolver el caso. Es verdad que el juez puede ordenar medidas para mejor proveer, inquisitorias o de oficio, para introducir al expediente su conocimiento privado. Este es el único modo de llevar al expediente lo que él sabe o conoce. El juez siempre deberá estar vinculado para decidir al principio fundamental del proceso establecido en el artículo 12 del CPC, conforme al cual "*debe atenerse a lo alegado y probado en autos, sin poder sacar elementos de convicción fuera de estos, ni suplir excepciones o argumentos de hecho no alegados ni probados*".

Devis Echandía señala que el juez puede hacer uso del conocimiento privado que tenga sobre los hechos relacionados con el proceso que sustancia a fin de ordenar de oficio la producción de pruebas dirigidas a acreditarlos. "*Una cosa es que el juez llegue al conocimiento directo de los hechos por su iniciativa probatoria, y otra que sin necesidad de pruebas declare un hecho porque lo conoce privadamente*"[456].

---

454 Hernando Devis Echandía, *Teoría general de la prueba judicial*, ob. cit. p. 115.
455 Oscar Pierre Tapia, *La prueba en el proceso venezolano*, 4ta edición, Barcelona, 1980. p. 47.
456 Hernando Devis Echandía, Ob. cit.

Que el juez base su decisión en su conocimiento privado, prescindiendo de las pruebas aportadas en el proceso es sin duda una violación del principio fundamental del derecho probatorio, así como al principio de imparcialidad, la posibilidad de contradicción de la prueba y de la igualdad de oportunidades y el derecho de las partes en el debate probatorio[457].

De esta forma, "*El juez constitucional, cuando se trata de resolver fundado en situaciones de hecho, salvo que se trate de un "hecho notorio" que por ello no es objeto de prueba (artículo 506 del Código de Procedimiento Civil), no puede decidir sin pruebas. Actuar y decidir de manera diferente, no es otra cosa que una arbitrariedad judicial*"[458].

3.5. Principio de la eficacia jurídica y legal de la prueba

De acuerdo con el principio de la eficacia jurídica y legal de la prueba, el juez, libre o vinculado por la norma, debe considerar la prueba como el medio aceptado por el legislador para llegar a una conclusión sobre la existencia de los hechos afirmados por las partes en juicio, tal como lo establece el artículo 395 CPC.

Lo anterior fue señalado por la SC del TSJ en sentencia número 3332, de fecha 4 de noviembre de 2005, con ponencia del Magistrado Jesús Eduardo Cabrera, al establecer que:

> *"Siendo que el fin principal del proceso es la realización de la justicia (artículo 257 de la Constitución, la función jurisdiccional del Estado en satisfacción del interés público) y la justa composición del litigio a petición del actor requieren para la consecución de tal fin, del contacto con la realidad del caso en concreto y eso se logra a través de las pruebas aportadas por los justiciables.*
> *En tal sentido, el Juez para conocer las características y circunstancias del caso en concreto, así como de la correcta aplicación de la norma, requiere del contacto con la realidad, que sólo se obtiene mediante la prueba, siendo éste el único camino a*

457 Anna Giacomette Ferrer, *La prueba en los procesos constitucionales*, ob. cit. p.211.

458 Allan Brewer-Carías, "Prólogo a la Presente Edición 2013 (Edición Venezolana)", en Ana Giacomette Ferrer, Ob. Cit. p. 49.

recorrer para que el Juez pueda conocer los hechos que le permitirán adoptar la decisión legal justa aplicable al caso en concreto, para la resolución del mismo".

El principio de legalidad de la prueba se caracteriza por ser el rector dado que de él se desprende la obligación de los jueces de admitir los medios de prueba establecidos en las leyes, y, además, todos aquellos medios probatorios no prohibidos expresamente por la ley y que las partes consideren conducentes para la demostración de sus pretensiones.

De esta forma, en el proceso constitucional, son numerosos los medios de prueba para llevar los hechos a los autos, haciendo la salvedad de que si se tratare de medios utilizados que tienen una regulación específica, tanto en lo que respecta a su producción como a su apreciación, dichas normas deben ser observadas para no afectar su validez, o de lo contrario devendría la prueba en ilegal (por ejemplo, por la omisión de formas legales de promoción). Si se tratare de medios no regulados de forma expresa en su utilización y apreciación no tendrían otros límites que la aplicación de las reglas de la sana crítica y el respeto a los derechos constitucionales[459].

Conviene hacer referencia a la forma como se obtiene la prueba, pues aun cuando se trate de pruebas reguladas por la ley, puede ocurrir que, en el caso concreto, sea contrario a derecho por la forma como el promovente la obtuvo. Para ejemplos de pruebas obtenidas ilícitamente, téngase en cuenta el caso de una confesión obtenida mediante torturas, coacción física, moral o psíquica (en violación del artículo 49, numeral 5 de la Constitución).

Con la anterior se quiere significar que el principio de legalidad de la prueba no se limita a comprobar la existencia, validez y eficacia legal probatoria, sino que se extiende hasta la exigencia de la licitud de la obtención o creación del medio de prueba. De esta forma se prohíbe, o es ilícita y no puede ser premiada por el derecho una conducta indigna para la obtención de una prueba que desconozca o transgreda derechos de otras personas, en particular, de su contraparte[460].

---

459 Ibidem p. 341-342.

460 Ibidem p. 14-15.

En este sentido, "*quien para obtener un conocimiento o para lograr un medio de prueba, desconoce los derechos personales de su contraparte que la protegen en relación con la prueba que se promoverá en su contra, pierde el derecho de promover el medio, producto de su actitud ilícita, al menos en el proceso donde la víctima es parte, si ella reclama la ilicitud en su contra*"[461].

Así pues, cuando se trate de una prueba manifiestamente contraria al ordenamiento jurídico, el juez puede declarar su ilegalidad.

Téngase en cuenta en relación al principio de legalidad, la sentencia número 260 de fecha 30 de diciembre de 2016, por medio de la cual la Sala Electoral del TSJ en un proceso de amparo constitucional valoró como lícita una grabación ilegalmente obtenida, calificándola como un "*hecho notorio comunicacional*" solo porque había sido divulgada a través de los medios de comunicación.

Esta grabación, supuestamente, contenía el audio de una conversación entre la Secretaria de la Gobernación del Estado Amazonas, y persona no identificada (anónima) en la cual se refiere la práctica de compra de votos y pago de prebendas a electores para votar por la denominada Mesa de la Unidad Democrática (MUD) o ayudar a desviar la voluntad de las personas que requerían asistencia para el acto de votación[462].

La referida grabación no podía ser considerada como prueba legal desde que fue obtenida por cauces contrarios a los legalmente establecidos, siendo además que la misma no fue objeto de contradictorio en ningún momento, y por tratarse de una decisión inaudita parte no fue controlada por la contraparte[463].

Sin embargo, con fundamento en esa ilegal prueba la Sala Electoral ordenó mediante amparo cautelar la suspensión de efectos de los actos de totalización, adjudicación y proclamación de los candidatos

---

461 Ibidem p. 17.

462 V. sentencia de la Sala Electoral del TSJ número 260 de fecha 30 de diciembre de 2015.

463 V. Rafael Badell Madrid, "Poderes del juez constitucional". Conferencia dictada en el *VI Congreso Internacional de Derecho Procesal Constitucional y IV Congreso de Derecho Administrativo en Homenaje al Dr. Carlos Ayala Corao.* Universidad Monteávila. Caracas, 11 de noviembre de 2016. Publicada en el Boletín de la Academia de Ciencias Políticas y Sociales número 155, Año 2016. Disponible en: http://www.acienpol.org.ve/

electos para el cargo de diputados en el estado Amazonas el 06 de diciembre de 2015, y meses más tarde, en agosto de 2016, mediante sentencia número 108 del 1° de agosto de 2016, decretó el "desacato" de la AN de dicha sentencia 260, privando al órgano legislativo de sus funciones constitucionalmente, en violación del principio de separación de poderes.

3.6. Principio de la comunidad de la prueba

Conforme al principio de la comunidad de la prueba, estas pertenecen al proceso y no a las partes; es decir, que el acervo probatorio que alguna de las partes lleven al proceso no es para su beneficio exclusivo, por lo que el juez debe apreciarla por lo que de ella se deduce o demuestra y no por su origen.

Todas las pruebas aportadas por las partes al proceso dejan de estar bajo disposición de la parte que la haya producido y pasan a servir a todos los sujetos del proceso (la otra parte y el juez). Así pues, no se pretenderá que el medio probatorio beneficie solo a la parte que lo aporta, sino que "*una vez introducida legalmente al proceso, debe tenérsele en cuenta para determinar la existencia o inexistencia del hecho a que se refiere, sea que resulte en beneficio de quien la adujo o de la parte contraria, que bien puede invocarla*"[464].

En efecto, "*Según el principio de adquisición procesal, la actividad de las partes no determina la conducta del juez en la formación de su convicción acerca del mérito de las pruebas, las cuales se consideran adquiridas para el proceso y no para cada una de las partes individualmente consideradas*"[465].

El principio de comunidad de la prueba significa que el cúmulo de pruebas del proceso forma una unidad, independientemente de quien las haya aportado a juicio, y como tal debe ser examinada y apreciada por el juez quien deberá cotejarlas entre sí, determinando su concordancia

464 Salvador Yannuzzi Rodríguez, *El principio de incorporación de la prueba en el procedimiento civil venezolano*, ob. cit.

465 Tribunal Supremo de Justicia. Doctrina de la Sala de Casación Civil 2000-2001. Colección Doctrina Judicial, número 1. Caracas, 2002. Compiladora: Adriana Padilla Alfonzo, p. 285, cit. en Salvador Yannuzzi Rodríguez, *El principio de incorporación de la prueba en el procedimiento civil venezolano*, ob. cit.

o discordancia a fin de que su convencimiento surja de la verdad que se deriva de las pruebas en su conjunto, según lo disponen los artículos 508 y 509 del CPC.

Este principio propugna que una vez aportado por las partes al proceso un medio probatorio, éste va a conformar un todo unívoco con las demás probanzas del expediente que constituye la materia probatoria sobre la que se basará la decisión final.

La prueba pasa entonces a pertenecer al proceso y el juez debe analizar y juzgar todas las pruebas producidas, sin importar para ello cuál fue la parte que la trajo al proceso.

Fraga Pittaluga explica que de este principio se desprenden tres consecuencias fundamentales, a saber:

a. Aun cuando el promovente pretenda beneficiarse de la prueba llevada por éste al proceso, esta aspiración puede resultar frustrada cuando el medio producido lejos de favorecerlo lo perjudica fortaleciendo la posición de su contraparte.
b. Una vez practicada la prueba, las partes quedan imposibilitadas de renunciar o desistir de la misma, desde que las pruebas incorporadas al proceso ya no les pertenecen.
c. Cuando se acumulan varios procesos, la prueba practicada en cualquiera de ellos vale para todos –principio de la prueba trasladada–, porque si el juez adquiere convicción respecto de un hecho común a todas las causas, sería absurdo que los efectos de esa convicción dejaran de aplicarse a ellas, a pesar de que se resuelvan en una sola sentencia[466].

3.7. Principio de lealtad probatoria

El principio de lealtad probatoria conmina a las partes a no usar las pruebas para ocultar o deformar la realidad o para inducir al juez a engaño. Se relaciona con el principio de la buena fe, conforme al cual las partes están obligadas a actuar con probidad, ajustando sus actuaciones a dichas reglas. Se deduce de lo previsto en el artículo 170, numeral 3 del CPC, según el cual:

> *"Las partes, sus apoderados y abogados asistentes deben actuar en el proceso con lealtad y prioridad. En tal virtud, deberán: (...)*

[466] Luis Fraga Pittaluga, Ob. cit. P. 79.

3° No promover pruebas, ni realizar, ni hacer realizar, actos inútiles o innecesarios a la defensa del derecho que sostengan".

3.8. Principio de contradicción de la prueba

El principio de contradicción de la prueba rechaza la prueba secreta o ilícita practicada sin el control de las partes o de una de ellas, e implica el deber de colaboración de las partes con el juez en la etapa investigativa del proceso[467]. El principio de contradicción de la prueba está consagrado en el artículo 397 del CPC que establece que la parte contra quien se opone una prueba debe tener la oportunidad procesal de conocerla y controlar su evacuación. En efecto, conforme a este principio se le debe brindar a la parte contra la que se opone una prueba la oportunidad de controlar su evacuación y contradecirla con otro medio probatorio[468].

De conformidad con la jurisprudencia del TSJ, el principio de contradicción de la prueba es uno de "los más elementales principios probatorios", que exige que "*las pruebas sean promovidas y practicadas dentro del juicio, ello con la finalidad de que la parte contraria a la promovente pueda ejercer su legítimo derecho a contradecir y controlar su promoción y evacuación*"[469].

3.9. Principio de igualdad de oportunidades para la prueba

El principio de igualdad de oportunidades para la prueba está previsto en los artículos 15, 388 y 401 del CPC, supone que las partes deben disponer de idénticas oportunidades para promover y hacer que se evacúen sus pruebas, así como para contradecir las promovidas por su contraparte.

---

467 Hernando Devis Echandía, *Teoría general de la prueba judicial*, ob. cit. p.123.

468 Artículo 397. Dentro de los tres días siguientes al término de la promoción, cada parte deberá expresar si conviene en alguno o algunos de los hechos que trata de probar la contraparte, determinándolos con claridad, a fin de que el Juez pueda fijar con precisión los hechos en que estén de acuerdo, los cuales no serán objeto de prueba. Si alguna de las partes no llenare dicha formalidad en el término fijado, se considerarán contradichos los hechos. Pueden también las partes, dentro del lapso mencionado, oponerse a la admisión de las pruebas de la contraparte que aparezcan manifiestamente ilegales o impertinentes.

469 Sentencia de la Sala de Casación Social del TSJ número 334 del 06 de abril del 2016, caso "CVG Venalum vs. Bertha Cansino".

La doctrina afirma que el principio de la igualdad de las partes –morigerado en la justicia constitucional donde el legitimado pasivo, es decir, el órgano que dictó la ley o acto recurrido, puede tener una fuerza distinta a la de los particulares y contar con privilegios y prerrogativas– busca evitar cualquier tipo de discriminación, por lo que se ha admitido que en aplicación de este principio de igualdad de trato en la aplicación de la ley, los pronunciamientos que se deriven de pleitos con semejantes o equivalentes situaciones, y en mérito a hechos, fundamentos y pretensiones esencialmente iguales, no puedan apartarse o ser distintos uno de los otros, salvo que, se vulnere el derecho a la igualdad de manera justificada.

3.10. Principio de pertinencia de la prueba

La pertinencia de la prueba exige que haya alguna relación lógica o jurídica entre el medio de prueba que se pretende usar y el hecho que se precisa demostrar. La *pertinencia*, en criterio de la doctrina –Cabrera– debe ser entendida como "*la congruencia que debe existir entre el objeto fáctico de la prueba promovida y los hechos alegados y controvertidos*"[470]. De tal forma que una prueba será impertinente cuando no guarde relación con los hechos controvertidos.

En efecto, con fundamento en este principio son inadmisibles las pruebas que no sirvan para acreditar los hechos controvertidos en el proceso. Este principio está recogido en el artículo 398 del CPC que dispone "*el Juez providenciará los escritos de pruebas, admitiendo las que sean legales y procedentes y desechando las que aparezcan manifiestamente ilegales o impertinentes*".

Como señala el citado artículo 398 del CPC, es necesario que esa impertinencia sea manifiesta para poder acarrear la inadmisión de la prueba. Esto tiene por finalidad permitir la prueba de los hechos indiciarios los cuales, si bien no tienen una vinculación directa con los hechos litigiosos, una vez incorporados a los autos sí pueden mostrar dicha vinculación[471].

---

470 Jesús E. Cabrera Romero, *Contradicción y control de la prueba legal y libre*, Tomo I, Editorial Jurídica Alva. Caracas 1989. P. 330.

471 Ibidem.

La conducencia tiene que ver con la aptitud del medio para establecer el hecho que se trata de probar o, como indica Devis Echandía, "*la conducencia se refiere a la aptitud legal de la prueba respecto del medio mismo o en relación con el hecho por probar*". De esta forma, la prueba será inconducente cuando el medio es ineficaz para demostrar el hecho que se desea probar, como por ejemplo utilizar el testimonio para demostrar la composición química de una sustancia cuando el medio adecuado para ello sería la experticia[472].

Tanto el principio de idoneidad como el de pertinencia de la prueba, son útiles limitaciones al principio de la libertad de medios probatorios, vinculada a principios procesales de economía y celeridad procesal[473]. Esta limitación a la libertad de medios de prueba figura como una de las potestades inquisitivas del juez constitucional en el artículo 140 de la LOTSJ, por la que el tribunal deberá ordenar que se omita toda declaración o prueba sobre aquellos hechos que aparezcan claramente como no controvertidos entre las partes.

Al respecto, la SPA del TSJ, en sentencia número 1879 de fecha 21 de noviembre de 2007, señaló los criterios que debe tomar en cuenta el juzgador al momento de pronunciarse sobre la admisibilidad de las pruebas, que son la legalidad y la pertinencia, y en ese sentido estableció que:

> "*Así las cosas, una vez se analice la prueba promovida, sólo resta al juzgador declarar su legalidad y pertinencia y, en consecuencia, habrá de admitirla, salvo que se trate de una prueba que aparezca manifiestamente contraria al ordenamiento jurídico, o cuando el hecho que se pretende probar con el medio respectivo no guarde relación alguna con el hecho debatido, ante cuyos supuestos tendría que ser declarada como ilegal o impertinente y, por tanto, inadmitida. Luego entonces, es lógico concluir que la regla es la admisión y que la negativa sólo puede acordarse en casos excepcionales y muy claros de manifiesta ilegalidad e impertinencia...*".

---

472 Arístides Rengel Romberg, *Tratado de Derecho Procesal Civil Venezolano*. Ediciones Paredes, Caracas, 2013.

473 SPA del TSJ, caso "INVERSIONES HOTELERAS 7070, C.A".

Ahora bien, consideramos que este principio de pertinencia de la prueba aplica no solo a la actividad probatoria llevada a cabo por las partes, sino que también informa a las actuaciones de evacuación de pruebas que ordene el juez constitucional en los procesos constitucionales.

En efecto, la potestad por medio de la cual el juez puede ordenar de oficio la evacuación de las pruebas que juzgue necesarias para el esclarecimiento de los hechos que aparezcan dudosos u oscuros, debe ser ejercida en conformidad con los principios que rigen el sistema probatorio, por lo cual si el juez ordenare alguna prueba esta debe ser pertinente, congruente y necesaria al proceso.

Debemos comentar al respecto que la SC no ha atendido siempre al principio de pertinencia de las pruebas a ser evacuadas al momento de dictar auto para mejor proveer. Téngase como ejemplo el auto para mejor proveer dictado bajo el número 1.357, dentro del proceso de nulidad por inconstitucionalidad de los artículos 5, numeral 3, 6 y 7 de la Ley Sobre Academia de Ciencias Políticas y Sociales, y los artículos 3, numeral 1 y 5 del Reglamento de la referida Corporación, por medio del cual la SC solicitó a la Academia de Ciencias Políticas una serie de pruebas impertinentes para demostrar o determinar la nulidad de dichas normas[474].

En este caso, aun cuando la SC declaró en el auto para mejor proveer que "*la causa se circunscribe a determinar si la Academia de Ciencias Políticas y Sociales debe tener unas reglas distintas a las actualmente fijadas en su ley de creación para la postulación de los candidatos a ingresar en ese cuerpo en condición de Individuos de Número o de Miembros Correspondientes*", procedió a oficiar a la Academia de Ciencias Políticas y Sociales para que informara sobre elementos que no guardaban ninguna relación con los hechos controvertidos, tales como:

- La lista de los Individuos de Número y Miembros Correspondientes, nacionales y extranjeros, con indicación precisa de sus credenciales y méritos.

[474] Sentencia de la SC del TSJ de fecha 23 de octubre de 2007.

- El financiamiento que recibe del Estado y, en caso de recibirlo, a cuánto asciende, con qué periodicidad se efectúa y cómo se administra e invierte; y, por último,
- Las actividades desarrolladas en los últimos 5 años, con indicación precisa de los eventos organizados, trabajos publicados, obras emprendidas, relaciones con la colectividad y cualquiera que sea de interés para conocer su reciente gestión.

Es claro que la determinación de los hechos que se mencionan no constituían elementos necesarios, pertinentes, y mucho menos suficientes para que el juez formara su decisión respecto de la nulidad de los artículos de la Ley de la Academia de Ciencias Políticas y Sociales y su reglamento, relativos al proceso de postulación de los miembros a ingresar en esa Corporación.

3.11. Principio de la facilidad de la prueba

Si bien conforme al principio de la carga de la prueba cada una de las partes está obligada a probar sus alegatos, de manera que "quien alega debe probar", es lo cierto que esta regla puede verse relajada por el principio de la facilidad que comporta la carga para una de las partes de suministrar la prueba que está en su poder –aun cuando dicha prueba no la favoreciera– porque le resulta más fácil traerla al proceso que a su contraparte.

En el proceso de control constitucional se ha debatido la posibilidad de –dada las especiales condiciones de la materia controvertida– modificar o relajar dicha regla, puesto que el fin último del proceso es la protección de la Constitución.

Lo anterior supone admitir una mayor aceptación del principio antes enunciado sobre la facilidad de la prueba, también llamado principio de solidaridad, según el cual la carga de la prueba debe recaer sobre aquella parte que se encuentra en mejores condiciones de suministrar la prueba[475].

Inclusive, el propio juez constitucional tiene la potestad –y el deber– de decretar y practicar pruebas de oficio cuando falten elementos que lo lleven a la certeza, de modo que en la gestión probatoria puede

[475] Ana Giacomette Ferrer, Ob. Cit. 186.

hacer uso de la oficiosidad, puesto que como ya se indicó, *lo que se pretende es la guarda e integridad de la Constitución*[476].

3.12. Principio de relevo de prueba de hechos negativos

En épocas pasadas se afirmaba que la prueba de los hechos negativos no era procedente, desde que no puede probarse lo que se niega. De forma que se concluía que cuando se alegaban hechos negativos se invertía la carga de la prueba, debiendo probar quien quería desmentir el hecho negativo. Por la naturaleza de las cosas es nula la prueba del que niega un hecho (*Per rerum naturam factum negantis probatio nulla sit*).

Sin embargo, los hechos negativos si pueden y deben probarse. El hecho negativo supone o implica siempre un hecho afirmativo que es su antítesis o que está implícito en la negación. Es cierto que los hechos negativos no son objeto de prueba directa, pero si pueden deducirse a través de la prueba de la afirmación que está implícita en la negación.

Cuando se alega que no se estuvo presente en la sesión de la Cámara Legislativa cuando se aprobó la ley, puede sin embargo demostrarse ese hecho negativo probando que se estuvo en la universidad dando una conferencia, el mismo día a la hora que se reunió la Cámara Legislativa para aprobar la ley. Como señala Fraga Pittaluga, citando a Devis Echandía *"es importante no confundir este principio con la circunstancia de que se niegue un hecho. (...) la negación o afirmación puede ser simple modalidad de redacción porque es lo mismo negar la existencia de un hecho que afirmar su inexistencia; en consecuencia, no es lógico distribuir la carga de la prueba atendiendo sólo a la formulación negativa o afirmativa de los hechos. Además, tan posible es probar que existe el hecho afirmado como el contrario que está implícito en su negación. De manera que sólo las negaciones indefinidas, como no haber nunca ejecutado un hecho, son las de imposible prueba. Así, será la naturaleza del hecho y no su negación o afirmación lo que determina si debe exigirse su prueba y en todo caso eso tampoco será determinante porque puede suceder que una de las partes esté en capacidad de probar los hechos afirmados o negados por ambas"* [477].

---

476 Ibidem. Pp. 186 y ss.

477 Luis Fraga Pittaluga, Ob. Cit. P. 74.

La dificultad que provoca la prueba de estos hechos negativos trae como consecuencia que se atenúe la rigurosidad de las reglas que gobiernan la carga de la prueba *–onus probandi–* pero de ningún modo podemos decir de manera definitiva que invocar un hecho negativo releva de prueba a quien lo alega.

Podría ser aplicable en estos casos el principio antes enunciado sobre la facilidad de la prueba, según el cual la carga de la prueba debe recaer sobre aquella parte que se encuentra en mejores condiciones de suministrar la prueba.

3.13. Principio de alteridad de la prueba

Conforme al principio de alteridad de la prueba las partes no pueden crearse pruebas en su propio beneficio. Nadie puede producir una prueba limitando la posibilidad de que el adversario o contrincante ejerza el debido control y contradicción de la prueba, ni puede tampoco omitirse las formalidades y la oportunidad para la promoción y evacuación de las pruebas, ni obviarse el cumplimiento de todo el régimen jurídico que gobierna los distintos medios de pruebas.

4. Fases del procedimiento probatorio según la Ley Orgánica del Tribunal Supremo de Justicia

Como hemos señalado previamente, lamentamos que las regulaciones de la LOTSJ sobre la prueba en los procesos constitucionales sean poco claras e insuficientes para regular correctamente todo el tema probatorio en esta jurisdicción constitucional.

4.1. Promoción de las pruebas (artículo 139)

En primer lugar vamos a referirnos a la promoción de las pruebas. La LOTSJ no regula un lapso de promoción de pruebas de manera clara y ordenada. El artículo 139 de la LOTSJ establece que después del pronunciamiento del tribunal sobre la admisión de la participación de los terceros en el proceso se abrirá el lapso de 10 días para consignar los escritos de promoción de pruebas, así como para evacuar las pruebas documentales. Dentro de los tres días de despacho siguientes al vencimiento del lapso de promoción de pruebas, las partes podrán oponerse a la admisión de las pruebas de la contraparte que consideren manifiestamente ilegales o impertinentes.

4.2. Oposición a la admisión de las pruebas (artículo 139)

Culminado el lapso para la promoción de pruebas, comenzará a transcurrir otro de tres días de despacho en el cual las partes podrán oponerse a la admisión de las prucbas quc consideren manifiestamente ilegales o impertinentes.

Para que las pruebas entren correctamente al proceso, es necesario que sean legítimas, legales, conducentes, definidas, y pertinentes. Las pruebas ilegales son las que no cumplen adecuadamente con los requisitos de existencia, validez y eficacia que se establece la ley.

La prueba legal es la que se ha creado y propuesto de acuerdo a las formalidades exigidas por la ley.

Consideramos que la expresión pruebas manifiestamente ilegales que utiliza el legislador en el artículo 139 de la LOTSJ, alude a la prueba ilegal propiamente dicha y, también, incluye la prueba ilícita. La prueba puede ser manifiestamente ilegal cuando el medio probatorio promovido está expresamente prohibido por la ley o hay expresa prohibición para su uso en un caso concreto. Otra cosa distinta a la ilegalidad de la prueba es la prueba ilícita que es la que viola derechos constitucionales o legales de alguna de las partes por haber sido construida o adquirida en contra de la ley.

El artículo 139 de la LOTSJ también establece que las partes podrán oponerse a la admisión de las pruebas de la contraparte que consideren impertinentes. La pertinencia de la prueba se refiere a su objeto, es decir a la necesidad de que lo que se busca probar guarde relación directa con la pretensión, con las argumentaciones de las partes y con el tema que se decide.

La pertinencia de la prueba es la congruencia que necesariamente debe existir entre el objeto fáctico de la prueba promovida y los hechos alegados y controvertidos. El promovente, cuando anuncia la prueba debe indicar los hechos que pretende probar, ello sirve para comparar lo que se pretende probar con los alegados y controvertidos y, en consecuencia, determinar la pertinencia de la prueba. La prueba sería entonces impertinente si el medio promovido no se corresponde con el hecho litigioso.

4.3. Admisión de pruebas (artículo 140)

Dentro de los cinco días de despacho luego del vencimiento del lapso antes mencionado, el Juzgado de Sustanciación providenciará los escritos de prueba de forma que admitirá aquellos que sean legales y procedentes, desechando entonces los que aparezcan manifiestamente ilegales o impertinentes.

Asimismo, el Tribunal ordenará en el mismo auto, que se omita toda declaración o prueba sobre aquellos hechos que aparezcan claramente como no controvertidos entre las partes. En esa oportunidad se fijará la audiencia pública y se remitirá el expediente a la Sala.

Si llegare a suceder que ninguno de los intervinientes promoviere pruebas distintas a las documentales, la causa entrará en estado de sentencia y el Juzgado de Sustanciación remitirá el expediente a la Sala, para que decida en un plazo de veinte días de despacho, sin embargo, de acuerdo con el principio inquisitivo y el propio artículo 140, queda a salvo la facultad de la SC de fijar audiencia si lo estima pertinente.

4.4. Evacuación de pruebas (artículo 142)

En la oportunidad de la audiencia pública, la Sala debe exponer en qué términos quedó trabada la controversia, así como ordenar, si fuere el caso, la evacuación de las pruebas en la misma audiencia o en otra oportunidad, de la misma manera deberá resolver cualquier incidencia en relación con el control y contradicción de la prueba.

La audiencia fijada continuará en la oportunidad que determine el tribunal y así cuantas veces sea necesario para agotar completamente el debate.

Una vez que el tribunal oiga a los intervinientes, éste podrá ordenar la evacuación de las pruebas que juzgue necesarias para el esclarecimiento de los hechos que aparezcan dudosos u oscuros, poniéndose de relieve nuevamente la facultad del juez constitucional de practicar pruebas de oficio, ejerciendo su condición de director del proceso, "*comportándose como actor social ayudando a esclarecer los hechos, y no cruzarse de brazos, cuando hagan falta elementos que lo lleven a la certeza"*[478].

5. Objeto de la Prueba

El objeto de la prueba *–thema probandum–* es la respuesta a la pregunta qué se prueba en el proceso constitucional. Son los hechos que de manera concreta deben demostrarse, es decir, los hechos que generan los vicios de inconstitucionalidad. Es la determinación del hecho a probar. El hecho que justamente condiciona la procedencia de la inconstitucionalidad.

El objeto de la prueba será distinto dependiendo del medio de control constitucional de que se trate. Por lo que se refiere al control de constitucionalidad concentrado o abstracto, cuando la pretensión de nulidad se dirige contra un acto meramente normativo, el debate planteado será, en ocasiones, solo de mero derecho, razón por la cual se podría prescindir de la actividad probatoria, desde que el juez constitucional decidirá con el cotejo entre la norma demandada y la Constitución.

En efecto, en los procesos de control abstracto de constitucionalidad, es necesario distinguir entre los vicios materiales y lo vicios formales o de procedimiento. La inconstitucionalidad material se refiere al contenido de la ley y su conformidad o no con el texto constitucional. En estos casos "*... se hace un juicio a un acto jurídico para la salvaguarda e integridad de la Constitución*", lo que se busca es determinar si es o no constitucional la norma demandada, por lo tanto, el tema de la prueba está constituido por los hechos generadores de los vicios de inconstitucionalidad.

En estos casos el examen que realiza el juez constitucional, se dirige a cotejar el contenido a norma demandada y la Constitución con el fin de determinar si existe alguna contrariedad o conflicto de fondo, por lo que la doctrina mayoritaria admite que se trata de un examen de puro derecho que no precisa procedimiento probatorio alguno.

En este sentido González Pérez señala que la prueba en el proceso constitucional "*no tendrá sentido en aquellos procesos que tengan*

478 Ibidem.

por objeto verificar la inconstitucionalidad de una norma –pues bastará la confrontación de dos disposiciones–; pero sí tendrá sentido cuando exista disconformidad acerca de los hechos en los procesos de amparo"[479].

Sin embargo, hay autores que opinan distinto. López Medina señala que "*la acción de inconstitucionalidad cada vez más se vuelve un proceso de control 'concreto' donde empiezan a volverse discernibles las partes, sus intereses y la reconstrucción probatoria de un mundo extrajurídico que pesa tanto como el derecho formal mismo en la determinación de la anulabilidad de la ley por razones constitucionales*"[480].

López Medina indica que las consecuencias que genera la norma son las que en realidad deben contrastarse con la Constitución para determinar si dichas normas son o no constitucionales, es decir, se requiere de "*elementos empíricos que trascienden de lo jurídico y que solo pueden hacerse visibles a través de la actividad probatoria*"[481]. López Medina se refiere a las normas con impacto económico que, al no ser abstractamente inconstitucionales, dependerían en su nulidad o validez de la afectación de derechos constitucionales, "*ya no en su diseño normativo, sino en las consecuencias económicas, sociales y políticas concretas que de ellas se desprendan*"[482].

En efecto, para el caso de normas que no sean abstractamente inconstitucionales, su nulidad o validez dependerá de la comprobación de la afectación de normas constitucionales no en su diseño normativo, sino en las consecuencias económicas, sociales y políticas que su aplicación produce. En estos casos el objeto de la prueba será, precisamente, demostrar sin duda alguna la afectación.

De otra parte, puede ocurrir que se trate de un vicio de forma o de procedimiento, y no en el contenido de la norma. Se puede incurrir en este vicio de forma o de procedimiento durante el procedimiento de formación de la ley u otros actos dictados en ejecución directa de la

---

479 Jesús González Pérez, *Derecho Procesal Constitucional*, ob. cit. p. 173.

480 Diego López Medina, "Presentación a la Edición Colombiana", en Ana Giacomette Ferrer, *La Prueba en los procesos constitucionales*, Edición Jurídica Venezolana, Fundación de Estudios de Derecho Administrativo. Caracas, 2014. p. 70.

481 Diego López Medina, "Presentación a la Edición Colombiana", en Ana Giacomette Ferrer, Ob. Cit. p. 70.

482 Ibidem.

Constitución. En estos casos el *thema probandum* es, precisamente, la determinación de los vicios del procedimiento.

En efecto, en los procesos de inconstitucionalidad por vicios formales, el fin es determinar el cumplimiento de cada una de las etapas que conforman el procedimiento, de rango constitucional, de formación de la ley, puesto que "*las decisiones legislativas no pueden producirse de cualquier forma, sino que deben respetar unos procedimientos previamente establecidos*"[483]. Estos vicios formales a su vez pueden constituirse en el trámite de formación de la ley o a través de hechos que fueron relevantes para tomar la decisión.

Como sabemos es solo a través de la ley, como expresión de la voluntad popular y como única fuente de derecho con virtualidad democrática, que pueden regularse los derechos civiles, sociales económicos y políticos, así como la organización y funcionamiento de los órganos del Estado. El cumplimiento del procedimiento para la elaboración de las leyes –garantía procedimental– asegura la validez democrática de la ley, permite el más amplio consenso y la participación, perfecciona el principio de representatividad, la publicidad y la transparencia. A la vez supone la prohibición o rechazo total de la imposición de procedimientos mediante disposiciones de carácter sub legal como lo sería un acto administrativo o una sentencia.

El procedimiento especial para la elaboración o formación de leyes está establecido en la Constitución en la Sección cuarta: De la formación de las Leyes, del Capítulo I del Poder Legislativo Nacional, Del Título V de la Organización del Poder Público Nacional, y comprende los artículos 202 al 218, que determinan las formalidades que debe cumplir el órgano legislativo para que las regulaciones legales estén investidas de legitimidad constitucional y democrática, entre las cuales podemos mencionar: la iniciativa de ley (artículo 204); la discusión de los proyectos de ley, sus artículos, procedencia y conveniencia, a través de dos discusiones (artículos 207 al 211); el estudio e informe de la Comisión parlamentaria directamente relacionada con la materia objeto de la ley (artículo 208 y 209); las consultas de carácter público realizadas a los otros órganos del Estado, a los ciudadanos y a la sociedad organi-

483 Luis C. Sáchica, Cit. en Ana Giacomette Ferrer, Ob. Cit. p. 124.

zada, así como las consultas a los estados, en las materias relativas a los mismos (artículo 211); la aprobación y sanción de la ley por la mayoría de votos en la plenaria de la AN (artículo 209) y la posterior promulgación por el Presidente de la República (artículo 214).

De forma que la ley debe ser dictada por la AN conforme con las garantías del procedimiento parlamentario antes establecidas. En caso de vicios de este procedimiento, el objeto de la prueba será el defecto en el cumplimiento del procedimiento legislativo de formación de leyes.

Recapitulando, respecto del proceso de nulidad por inconstitucionalidad, la actividad probatoria puede estar dirigida a probar los vicios relativos bien a trámites (procedimiento de generación de la ley o acto contrario a la Constitución) o de hechos generadores (como causa o consecuencia del vicio de inconstitucionalidad). Véase al respecto la ilustrativa explicación de Rey Cantor, quien señaló como supuestos de vicios en el procedimiento de expedición de la ley (respecto del ordenamiento jurídico colombiano):

> *"(...) que entre el primero y el segundo debate no transcurra un lapso mayor de ocho días; la introducción de nuevos artículos en los últimos debates; que la aprobación del texto no se adopte por la mayoría de los votos requeridos reglamentariamente. En proyectos de actos legislativos, que no se presente informe de ponencia en la comisión encargada de tramitarlo en primer debate; debatir en la segunda vuelta iniciativas no presentadas en la primera; que en la segunda vuelta no se apruebe el proyecto con el voto de la mayoría de los miembros de las comisiones o de las plenarias de las cámaras. En el caso de los decretos con fuerza de ley, que el Gobierno Nacional no esté conformado por el presidente de la República y los correspondientes ministros y/o directores de departamentos administrativos"*[484].

De otra parte, respecto de los hechos generadores, Ana Giacomette Ferrer citando a Luis Carlos Sáchica (citado a su vez por Ernesto Rey Cantor), indica como ejemplo del objeto de prueba de los vicios de inconstitucionalidad "*las situaciones de tensión o conflicto que dan lugar*

[484] Ernesto Rey Cantor, *Derecho procesal constitucional. Derecho constitucional procesal. Derechos Humanos Procesales.* Ediciones Ciencia y Derecho. Bogotá, 2001. p. 78

a implantar los estados de excepción, esto es, el estallido o la invasión que provocó la guerra, el desorden público que generó la conmoción interior, la situación imprevista que suscitó una emergencia social o económica"[485].

En la omisión legislativa el objeto de la prueba será el incumplimiento por parte del órgano legislativo de la obligación constitucional concreta y específica de dictar determinada ley durante un tiempo razonable o exceso del tiempo que se haya fijado constitucionalmente, es decir, la inacción legislativa lo que obviamente es un hecho. También hay omisión legislativa cuando se prueba que se ha dictado una regulación de forma incompleta o parcial, que produce consecuencias contrarias a la Constitución y violatorias de los derechos y garantías individuales. Pero además, en el recurso de omisión legislativa sería objeto de prueba, el incumplimiento por parte del órgano legislativo, de la obligación de dictar otros actos sin forma de ley, tales como la designación de los titulares de los órganos de rango constitucional como los magistrados del TSJ, los rectores del CNE, el Fiscal General de la República, entre otros.

En los procesos de amparo o tutela constitucional, que tienen como finalidad la protección de los derechos fundamentales violados o amenazados de violación, el tema de la prueba es muy importante. Lo primero que se debe probar es, precisamente, el derecho que se pretende proteger. Es decir, quien invoque la protección de su derecho debe probar que es titular de ese derecho. Si se alega la violación del derecho de propiedad, por ejemplo, debe probarse fuera de toda duda que se es titular de ese derecho de propiedad.

Además deben probarse los hechos que tengan relación con la acción u omisión que ponen en peligro el derecho fundamental del accionante, sea porque se generó el daño o porque se produjo una amenaza. En el proceso de amparo constitucional, la prueba es un elemento fundamental para decidir si existió, existe o existirá alguna lesión a los

485 Ibidem. Cit. en Ana Giacomette Ferrer, *La prueba en los procesos constitucionales*, Tesis de Grado, Maestría en Derecho con énfasis en procesal constitucional, Universidad de los Andes, Bogotá, 2005. p. 109. Disponible en: https://repositorio.uniandes.edu.co/bitstream/handle/1992/9016/u271021.pdf?sequence=1&isAllowed=y

derechos constitucionales y fundamentales de la presunta víctima, así como para determinar la reparabilidad del daño.

Por eso la LOA hace especial referencia al tema de las pruebas en el artículo 17 cuando dispone la facultad del juez que conozca de la acción de amparo de ordenar la evacuación de las pruebas que juzgue necesarias para el esclarecimiento de los hechos que aparezcan dudosos u oscuros. El artículo 22 ordena que el mandamiento de amparo deberá ser motivado y estar fundamentado en un medio de prueba que constituya presunción grave de la violación o de la amenaza de violación; y el artículo 24 dispone que el informe que presente el presunto agraviante deberá contener una relación sucinta y breve de las pruebas en las cuales este pretenda fundamentar su defensa.

6. Carga de la prueba

El tema de la carga de la prueba, *onus probandi*, se refiere a la determinación de la parte en el proceso que tiene la obligación concreta de probar el hecho dudoso o la parte sobre la cual recae las consecuencias negativas de la inactividad probatoria. Sabemos que la falta de prueba perjudica a quien teniendo la carga de probar no lo hizo.

Determinar quién tiene la carga de la prueba es fundamental dentro del proceso, pues por muchos motivos la falta de pruebas no perjudica de la misma manera a las partes. En relación a las pruebas, y esto no es violación al principio de igualdad dentro del proceso, las partes no tienen la misma posición en juicio y la falta de prueba no los perjudica en la misma medida. El principal afectado por la falta, deficiencia, impertinencia o ausencia de pruebas es aquel que teniendo la obligación de probar no lo hizo. "*Por todo esto, para el proceso resulta de suma importancia determinar sobre quien recaen los efectos negativos de la inactividad probatoria, y a esto atiende el llamado principio de la distribución de la carga de la prueba, calificado por un autor como 'la espina dorsal del proceso*'"[486].

[486] R. Pina Vara, *Tratado de las Pruebas Civiles.* Ob. cit., p. 83. Citado por Román J. Duque Corredor, *Apuntaciones sobre el Procedimiento Civil Ordinario.* t. I, Colección Manuales de Derecho, Ediciones Fundación Projusticia, Caracas, 2000, p. 244.

El principio general y clásico es que la parte que alega debe demostrar sus afirmaciones. Quien afirma hechos que configure sus pretensión debe demostrarlos, de allí que el actor debe demostrar sus afirmaciones (*onus probando incumbit actori*). Si el demandado los contradice alegando hechos nuevos debe entonces probarlos (*Reus in excepcione fit actor*). El artículo 506 del CPC, que sabemos es de aplicación supletoria en los procesos constitucionales, establece este principio tradicional y clásico conforme al cual las partes tienen la carga de probar sus respectivas afirmaciones de hecho. También prevé la norma que los hechos notorios no se prueban.

Ahora bien, hemos dicho anteriormente que es muy lamentable la ausencia de una ley especial que regule la jurisdicción constitucional y que con la adecuada precisión normativa ajuste estos conceptos tradicionales, estáticos y clásicos a una jurisdicción que debe regirse por principios distintos y especiales. La regulación transitoria de la LOTSJ es insuficiente y la del CPC que se aplica supletoriamente en ocasiones, además de insuficiente, es inadecuada o de inconveniente aplicación a esta materia constitucional, de manera que el tema de la carga de la prueba pone de manifiesto la notoria precariedad de la regulación.

El asunto es importante no solo frente a la responsabilidad de las partes, sino también cuanto a la orientación que debe tener el juez respecto de cómo debe sentenciar. En efecto, la carga de la prueba impacta también a la forma cómo el juez debe sentenciar pues en principio, conforme a la noción clásica y tradicional, debería fallar en contra de la parte que ha incumplido con la carga de probar los hechos objeto de litigio, pues el juez debe basar su decisión en las pruebas aportadas. Pero también el juez debe respetar las presunciones y principios que se aplican en cada caso.

La mayor precisión normativa dentro de la justicia constitucional obliga a tener en cuenta no solo el sistema de distribución de la carga de la prueba tradicional y estático a que nos hemos referido, sino también otro principio: "*onus probandi dinámico*", por oposición al "*onus probandi estático*", conforme al cual el juez puede, atendiendo a las particularidades del caso, distribuir la carga de la prueba, teniendo en cuenta los desequilibrios entre las partes. "*Cuando hay un hecho que es necesario aclarar por resultar neurálgico para la resolución justa de la litis, pero la parte a la que tal hecho le incumbe su probanza, por ser el sustento de la norma cuya aplicación invoca, no se encuentra en condiciones para probarlo y por el contrario, la otra parte cuenta con mejores elementos para el efecto; el juez puede aislarse de las reglas del onus probandi estático, que indican que quien alega un hecho debe probarlo, para vincular la actividad probatoria a la noción de verdad y justificado en la buena fe procesal como deber de las partes, imponerle a la parte contraria la carga de probar tal hecho por estar en mejores condiciones para lograrlo, es decir, aplicar las reglas del onus probandi dinámico o de la carga dinámica de la prueba*"[487].

Como indica Diaz-Restrepo, este principio "*onus probandi dinámico*", significa una evolución enorme respecto de las normas inflexibles, con origen en el derecho romano, conforme a las cuales la carga de la prueba la tiene el demandante o el demandado si opone excepciones. El origen legal de este principio lo encontramos en el artículo 167.2 del Código General del Proceso de Colombia del año 2012:

> "*Artículo 167: Carga de la prueba. Incumbe a las partes probar el supuesto de hecho de las normas que consagran el efecto jurídico que ellas persiguen. No obstante, según las particularidades del caso, el juez podrá, de oficio o a petición de parte, distribuir la carga al decretar las pruebas durante su práctica o en cualquier momento del proceso antes de fallar, exigiendo probar determinado hecho a la parte que se encuentre en una situación más favorable para aportar las evidencias o esclarecer los hechos controvertidos. La parte se considerará en mejor posición para probar en virtud de su cercanía con el material probatorio, por tener en su poder el objeto de prueba, por circunstancias técnicas especiales, por haber intervenido directamente en los hechos que dieron lugar al litigio, o por el estado de indefensión o de incapacidad en la cual se encuentre la contraparte, entre otras circunstancias similares.*
> *Cuando el juez adopte esta decisión, que será susceptible de recurso, otorgará a la parte correspondiente el término necesario*

[487] Juan Carlos Díaz-Restrepo, "La carga dinámica de la prueba como modalidad de carga probatoria aplicada en el ordenamiento jurídico colombiano. Vulneración a la igualdad constitucional". En *Entramado,* volumen 12, Número 1, 2016 (enero-junio), Universidad Libre, Cali, 2016. P. 210.

para aportar o solicitar la respectiva prueba, la cual someterá a las reglas de contradicción previstas en este código (...)".

De otra parte, como lo hemos dicho ya varias veces, el tema de las decisión del juez en la justicia constitucional es muy delicado, pues su función es pronunciarse sobre la inconstitucionalidad de la ley que está investida de la misma dignidad democrática que tiene el Parlamento, máximo representante de la voluntad popular, de forma que contrariarla, sin más, sin pruebas determinantes y sin límites puede considerarse la fractura del principio democrático.

En la justicia constitucional lo primero que se espera del juez es su actitud de confianza hacia el legislador democrático. De allí el *indubio pro legislatore* y el principio de deferencia hacia el legislador. De forma que para anular la ley debe haber violación comprobada de la Constitución y, además, la imposibilidad de preservarla con una interpretación que se adecue a su texto. La interpretación de la ley conforme a la Constitución, como se le ha denominado por la doctrina, consiste efectivamente en que en caso de dudas respecto de las interpretaciones posibles de la ley, el juez constitucional debe escoger la interpretación que sea compatible con la Constitución y desechar las interpretaciones incompatibles con la misma.

En efecto, la ley está provista de una presunción de legitimidad constitucional desde que es producto de la voluntad popular, por lo que sólo es posible declarar su inconstitucionalidad si no hay una clara e inequívoca confrontación con la norma superior y si ello no ha quedado demostrado en el proceso. El juez constitucional debe partir de una actitud de confianza hacia el legislador democrático y, en consecuencia de ello, debe presumir que este actuó motivado por los valores constitucionales y respetar la presunción de legitimad de la ley.

En caso de que la ley admita diversas interpretaciones, el juez debe escoger aquella que es acorde con la Constitución, pues hay que presumir que el legislador quiso respetar los límites constitucionales. Solo cuando ha quedado fehacientemente demostrado durante el proceso que el legislador dictó una ley incompatible con la Constitución, puede el juez constitucional anularla. De forma que es indispensable que la decisión del juez esté fundamentada en las pruebas que llevan a la convicción de una violación clara, directa de la Constitución y además insalvable a través de la interpretación.

7. Valoración de la prueba

Conforme a los dispuesto en el artículo 507 del CPC a menos que exista una regla legal expresa para valorar el mérito de la prueba, el Juez deberá apreciarla según las reglas de la sana crítica, es decir –como diría Couture– aplicando las reglas del correcto entendimiento humano. Es la apreciación razonada y lógica de la prueba sometida a debate. En efecto, como mecanismo de valoración de la prueba, la sana crítica permite al juzgador establecer su "*convencimiento a través de la certeza inferida de la masa de pruebas, de acuerdo a su libre criterio, regulado tan solo por la sana razón, las formas procesales, el objeto y tema de la prueba y exigiéndoles la motivación de sus providencias*"[488].

En el ordenamiento jurídico venezolano, el principio de la valoración de la prueba según la sana crítica se aplica salvo que exista una regla legal expresa, como es el caso de las reglas de apreciación judicial establecidas en el CC, de los instrumentos públicos, que merecen fe pública y hacen plena prueba, así entre las partes como respecto de terceros, de la verdad de las declaraciones formuladas por los otorgantes acerca de la realización del hecho jurídico a que el instrumento se contrae, salvo en los casos y con los medios permitidos por la ley se demuestre la simulación.

De otra parte, los instrumentos privados reconocidos o tenido legalmente por reconocido, tiene entre las partes y respecto de terceros, la misma fuerza probatoria que el instrumento público en lo que se refiere al hecho material de las declaraciones; hace plena prueba, hasta prueba en contrario, de la verdad de esas declaraciones; así como de la confesión y de la prueba de juramento decisorio (artículos 1360, 1361, 1370, 1374, 1401 y 1418 del CC).

Por último, con respecto a la apreciación de la prueba de testigos, debe el juez adminicularlas a las otras pruebas, desechar las declaraciones contradictorias y las del testigo inhábil, también, analizar todas las

---

488 Ana Giacomette Ferrer, *La prueba en los procesos constitucionales*, ob. cit., p. 197.

pruebas que se hayan producido, aún aquellas que a su juicio no sean idóneas para ofrecer algún elemento de convicción, de conformidad con los artículos 508 y 510 CPC[489].

En conclusión el juez constitucional tiene un importante margen de libertad y discrecionalidad para atribuirle a una prueba un determinado valor probatorio, pero debe sin embargo, valorar o apreciar los distintos medios de prueba conforme a reglas establecidas en la ley para no incurrir en arbitrariedades[490].

---

489 De allí la obligación del juez de pronunciarse sobre la valoración que ha dado a las pruebas promovidas por las partes en el curso de un juicio o un procedimiento, puesto que son determinantes para la decisión que haya de adoptarse en la resolución de una determinada controversia o impugnación. De lo contrario, la doctrina ha asentado que, se presenta el supuesto del silencio de pruebas que ocurre en dos casos, a saber: i) cuando el órgano competente omite en forma absoluta toda consideración sobre un elemento probatorio existente en los autos, es decir, cuando lo silencia totalmente; y, ii) cuando no obstante que la prueba es señalada, el órgano que le corresponde decidir deja constancia de que está en el expediente, sin embargo no la analiza. (V. sentencia de la Sala Electoral del TSJ número 94 de fecha. 30 de junio de 2008, disponible en: http://historico.tsj.gob.ve/decisiones/selec/junio/94-30608-2008-07-000013.HTML).

490 Eduardo Jorge Prats, "Prólogo a la edición dominicana", en Ana Giacomette Ferrer, *La prueba en los procesos constitucionales*, ob. cit., P. 80.

CAPÍTULO X
PODERES DEL JUEZ CONSTITUCIONAL

1. Introducción

El resultado de la actuación del juez constitucional, en su propósito de proteger y asegurar la supremacía constitucional, es precisamente una sentencia que puede desaplicar, al caso concreto, una norma que colide con la Constitución; anular total o parcialmente una Ley; ordenar la protección de un derecho subjetivo que le está siendo violado a un particular; declarar la inconstitucionalidad de una sentencia; formular una interpretación vinculante; declarar la omisión legislativa y, en general, dar respuesta a los conflictos constitucionales. Pero además, el juez constitucional tiene poderes en la distintas fases del proceso constitucional, estas son: iniciación, la sustanciación, decisión, cautelar o definitiva, y ejecución de la sentencia.

El juez constitucional está dotado de una gama muy amplia de poderes que, otorgados por la Constitución y la ley, están dispuestos como garantía fundamental de la Constitución y del Estado de Derecho[491]. Un asunto especialmente delicado dentro del Derecho Procesal Constitucional y que genera intenso debate y reflexión es, precisamente, el relativo al límite de esos poderes del juez constitucional cuando dicta sentencia, sea cautelar o definitiva, para lograr mantener el delicado equilibrio de la separación de los poderes.

---

[491] Manuel García Pelayo de esta forma concebía al Tribunal Constitucional como "*un órgano constitucional instituido y directamente estructurado por la Constitución*", que, "*Como regulador de la constitucionalidad de la acción estatal, está destinado a dar plena existencia al Estado de derecho y a asegurar la vigencia de la distribución de poderes establecida por la Constitución, ambos componentes inexcusables, en nuestro tiempo, del verdadero "Estado constitucional*". Manuel García Pelayo, "El Status del Tribunal constitucional", en *Revista Española de Derecho Constitucional*, número 1, Madrid, 1981, p. 15. Cit. en Allan Brewer-Carías, *Dictadura Judicial y Perversión del Estado de Derecho. El Juez Constitucional y la destrucción de la democracia en Venezuela*, Segunda edición actualizada al 6 septiembre 2016, Editorial Jurídica Venezolana International, Caracas / New York, 2016. Pp.28-29.

Sabemos que la Constitución no es ya un conjunto de principios generales sino una Ley Superior (*Higher Law*). Es un código normativo superior, con normas de valores fundamentales con fuertes bases, además de derechos fundamentales que quedaron fuera del alcance del Parlamento (o de las mayorías circunstanciales)[492]. Eso trae como consecuencia el nacimiento de un derecho a la Constitución y la exigencia de un sistema constitucional que funcione como las "*vías específicas con las que se cuenta, por un lado para tutelar el principio de supremacía constitucional y así efectivizar el control constitucional de manera directa o indirecta y por otro lado, para garantizar efectivamente la protección de los derechos públicos subjetivos a través de mecanismos procesales*"[493].

El estudio general de los poderes del juez constitucional y sus límites, puede ser realizado atendiendo, precisamente, a las distintas fases del proceso. En la primera fase, es decir, en la iniciación del proceso, el juez está facultado para pronunciarse sobre la admisibilidad del recurso; solicitar antecedentes administrativos; dictar, de oficio o a instancia de parte, medidas cautelares y ordenar la corrección de las demandas que sean ininteligibles.

En la segunda parte del proceso, la sustanciación, el juez constitucional puede ordenar la notificación de los interesados, declarar la perención de la instancia, pronunciarse acerca de la participación de los intervinientes, decidir acerca de la admisibilidad de las pruebas, y ordenar su evacuación, dirigir la audiencia pública, solicitar autos para mejor proveer e intervenir en el debate probatorio solicitando pruebas adicionales a las partes, imponer sanciones por desacato, entre otros.

---

492 "*... no como una simple guía de carácter moral, política o filosófica, sino como una ley verdadera, ella misma política y obligatoria, pero de una ley superior, más permanente que la legislación ordinaria"; "Se trata de la Constitución y su poderoso efecto de irradiación", "En este nuevo paradigma, la clave será considerar que las normas constitucionales tienen todas -sin distinción- plena eficacia vinculante, incluidas, especialmente, las que estipulan los derechos fundamentales de las personas...* " M. Capelletti *Rapport général" en L. Favoreu y J. A. Jolowicz (ed.) "Le contrôle jurisdictioniel des lois. Légitimité, effectivité et developpement récent*, cit., pp.293-294. Citado en Allan Brewer-Carías, *Justicia Constitucional*, Tomo VI de instituciones políticas y Constitucionales, Universidad Católica del Táchira, Editorial Jurídica Venezolana, San Cristóbal, 2016. P. 56.

493 Ana Giacomette Ferrer, Ob. Cit. P. 109

En la etapa de decisión, al juez le corresponde decidir el fondo del asunto; debe dictar la decisión en la oportunidad de publicarse la sentencia o diferir el pronunciamiento del dispositivo del fallo. En esta oportunidad, como dijimos antes, el juez puede dictar una sentencia que ordene desaplicar, al caso concreto, una norma que colide con la Constitución; anular total o parcialmente una Ley; ordenar la protección de un derecho subjetivo que le está siendo violado a un particular; declarar la inconstitucionalidad de una sentencia; formular una interpretación vinculante; declarar la omisión legislativa y, en general, dar respuesta a los conflictos constitucionales

Por lo que se refiere a los poderes del juez en la ejecución de las sentencias en el caso del control difuso, el juez debe limitarse a desaplicar la norma, legal o sub-legal, que contraríe la Constitución, y aplicar esta última con preferencia. Sucede lo mismo con el control difuso de la convencionalidad, conforme al cual se concreta las obligaciones derivadas de los convenios y tratados internacionales mediante la desaplicación de normas o actos nacionales que sean contrarios a las disposiciones convencionales y, en consecuencia, la aplicación preferente de estas últimas.

En cuanto a la ejecución de las sentencias dictadas por la SC en ejercicio del control concentrado de la constitucionalidad, no existe mayor inconveniente desde que al concretarse los efectos en la anulación, total o parcial, de la ley o del acto dictado en ejecución directa de la Constitución, no se requiere otra actuación posterior distinta a su publicación en la Gaceta Oficial de la República, del Estado o del Municipio, según corresponda, de conformidad con el artículo 32 de la LOTSJ. Es a partir de la publicación en el órgano de divulgación oficial cuando comienza a tener efectos *erga omnes* lo decidido.

En la ejecución de las sentencias de amparo constitucional el juez puede determinar todo lo relativo a la protección de los derechos preexistentes y a su restitución en forma idéntica, o en caso de que ello no sea posible, al restablecimiento de la situación que más se asemeje a ella. Es por ello que "*los poderes del juez de amparo constitucional son tan amplios como los posibles tipos de lesiones constitucionales que pueden presentarse*"[494], de modo que el juez constitucional en la

[494] Rafael Chavero Gazdik, *El nuevo régimen del amparo constitucional en Venezuela*, ob. cit. p. 328.

ejecución del amparo constitucional puede dar órdenes de hacer, no hacer o de dar; desaplicar normas que colidan con las disposiciones constitucionales; suspender los efectos de actos administrativos, de sentencias u otros actos judiciales que lesionen o amenacen de lesionar derechos y garantías constitucionales; etc.

En lo que respecta a la revisión constitucional el juez está facultado para corregir o anular una sentencia definitivamente firme. Asimismo, el juez constitucional en la decisión del recurso de revisión constitucional puede tomar otras medidas u órdenes, tales como la publicación en Gaceta Oficial de la decisión, dependiendo de la trascendencia del asunto o criterio jurisprudencial establecido en el fallo; la remisión de la copia de la sentencia a otros órganos del Estado, como por ejemplo a la AN, cuando considere que deben analizarse posibles modificaciones legales, entre otras.

En el caso de las sentencias interpretativas de la Constitución, no existe ejecución dado que tienen una naturaleza mero declarativa que determina el sentido y el alcance de los principios y normas constitucionales, teniendo dichas sentencias carácter vinculante para el resto de las Salas del TSJ y los demás tribunales de la República. Es por ello que la LOTSJ ordena en el artículo 126 que dichas sentencias, que resuelvan demandas de interpretación legal o constitucional fijando el contenido o alcance de la norma de que se trate, deberán ser publicadas en la Gaceta Judicial, cual es el órgano oficial de divulgación de las sentencias que dicten cada una de las Salas cuando su contenido sea de interés general.

Para el caso de la omisión legislativa, el juez está facultado para declarar la omisión legislativa del poder legislativo municipal, estadal o nacional, y establecer el plazo y, de ser necesario, los lineamientos de su corrección. En efecto, para decidir el recurso por omisión legislativa el juez constitucional tiene la obligación no sólo de declarar la omisión legislativa sino de reparar la inconstitucional omisión, hacer eficaz el precepto constitucional mediante el exhorto el desarrollo legislativo que se omite, sin violar el principio de división de poderes o la libertad del legislador.

De otra parte, también hay que precisar los límites que la Constitución y la ley determinan para el ejercicio de estas facultades en cada una de esas fases procesales, tales como el principio de respeto y estricta sujeción al bloque de la constitucionalidad, que supone especialmente el principio de separación de poderes, y el límite derivado de cada uno de los medios de impugnación.

2. Poderes del juez constitucional en los procesos ante la Sala Constitucional

2.1. Poderes del juez constitucional en la iniciación del proceso

2.1.1. Pronunciarse sobre la admisibilidad del recurso

De acuerdo a lo dispuesto en el artículo 132 de la LOTSJ la SC tiene la potestad de decidir sobre la admisibilidad de la demanda, dentro de los cinco días de despacho siguientes a la designación del ponente, quien conocerá de la totalidad del juicio con tal carácter, incluso sus incidencias. Ahora bien hemos dicho antes que una de las características del control abstracto de constitucionalidad es su universalidad, es decir el principio o dogma de que no hay actos excluidos del control de constitucionalidad y nos hemos referido también a la legitimación amplia que se predica de este sistema de control, esta es acción popular.

De esas características se infiere el principio general sobre la admisión de la acción propuesta; de modo que, en nuestra opinión, el examen de los requisitos de admisibilidad de la demanda deba ser interpretados de manera restrictiva con el fin de impedir que se niegue el acceso a la justicia constitucional de forma indebida.

El artículo 133 de la LOTSJ establece los requisitos para que la demanda sea admitida. La norma dispone que no será admitida la demanda:

1) Cuando se acumulen demandas o recursos que se excluyan mutuamente o cuyos procedimientos sean incompatibles.
2) Cuando no se acompañen los documentos indispensables para verificar si la demanda es admisible.
3) Cuando sea manifiesta la falta de legitimidad o representación que se atribuya él o la demandante, o de quien actúe en su nombre, respectivamente.
4) Cuando haya cosa juzgada o litispendencia.

5) Cuando contenga conceptos ofensivos o irrespetuosos.
6) Cuando haya falta de legitimación pasiva.

Ahora bien, retomando lo que hemos dicho en líneas anteriores sobre la interpretación restrictiva de estos requisitos de admisión en atención a los principios de universalidad del control y el carácter popular del recurso por inconstitucionalidad, debemos referirnos a tres de estos supuestos que a nuestro parecer no se corresponden con los principios antes mencionados.

En primer lugar, respecto del numeral 2 del artículo 133, conviene señalar que, con motivo de que el juez está llamado a conocer el derecho (principio *iura novit curia*), y que el documento principal de la demanda de nulidad por inconstitucionalidad lo constituyen leyes, decretos-leyes y otros actos dictados en ejecución directa de la Constitución, no sería posible considerar como supuesto de inadmisión de la demanda su falta de consignación.

En segundo lugar, con relación al numeral 3 del artículo 133, consideramos que, dado que se trata de una acción popular, no podría existir el supuesto de falta de legitimación[495].

De otra parte, por lo que se refiere al numeral 6 del artículo 133, hay que señalar que no es posible que se inadmita una acción popular de inconstitucionalidad por falta de legitimación pasiva, teniendo en cuenta que la propia Constitución determina que órganos o entes son los encargados de dictar los actos sujetos al control concentrado de la constitucionalidad y es a la SC a quien corresponde llamarlos al proceso.

De acuerdo al artículo 134 de la LOTSJ el juez, en lugar de la admisión de la demanda, ordenará la corrección de las demandas que no fuere posible tramitar por ser inteligibles, y solo podrá ser declarada

---

[495] Al respecto téngase en cuenta el criterio jurisprudencial reiterado en Venezuela según el cual, "*cualquiera del pueblo*" puede interponer la acción popular (de ahí su denominación), y en este sentido "*la defensa de un interés público que es a la vez simple interés del accionante quien, por esta sola razón,* ***no requiere estar investido de un interés jurídico diferenciado legítimo***" (resaltado añadido). Por consiguiente, en Venezuela, la acción popular está consagrada "*para impugnar la validez de un acto del Poder Público, que por tener un carácter normativo y general, obra erga omnes, y por tanto,* ***su vigencia afecta e interesa a todos por igual***" (resaltado añadido). V. sentencia de la CSJ en la SPA del 18/2/71, *Gaceta Oficial* N° 1472 Extra, 11/6/71, p. 6; ver también la sentencia de la CSJ en la SPA del 6 de febrero de 1964, *Gaceta Oficial* N° 27373, 21/2/64.

inadmisible si no fuere corregida dentro del plazo de tres días de despacho, o en el supuesto de que, si lo hiciere, no subsanare la falta advertida.

Ahora bien, en caso de admisión de la demanda el artículo 135 de la LOTSJ , dispone que se ordenará –mediante auto de admisión– la citación de la parte demandada y la notificación del Fiscal General de la República, si éste no hubiere iniciado el juicio, para que consigne informe acerca de la controversia; del Procurador General de la República, de conformidad con la ley que rige sus funciones; del Defensor del Pueblo; y de cualquier otra autoridad que se estime pertinente.

Si fuera necesario, se solicitarán al sujeto demandado los antecedentes administrativos del caso. Si el auto de admisión fuere dictado fuera del plazo, se ordenará la notificación de la parte demandante. Cuando sea admitida la demanda, se ordenará la remisión del expediente al Juzgado de Sustanciación para su tramitación.

2.1.2. Solicitar los antecedentes del caso

De ser necesario, el juez constitucional tendrá la facultad de solicitar a la parte demandada los antecedentes administrativos del caso, tal y como lo dispone el artículo 135 LOTSJ. La norma indica erradamente "los antecedentes administrativos del caso". Recordemos que se trata de una copia, sin ninguna adaptación, de la disposición de la LOCSJ de 1977 que regulaba el juicio de nulidad por ilegalidad contra los actos administrativos. En el caso de la justicia constitucional se trata, en la mayoría de los casos, de los antecedentes legislativos del caso, es decir, los antecedentes de la ley cuya nulidad se solicita o de otro tipo de informes, caso que se refiera a otros actos dictados en ejecución directa de la Constitución o de la omisión legislativa.

2.1.3. Potestad cautelar del juez constitucional

De acuerdo a lo previsto en el artículo 26 de la Constitución referido a la tutela judicial efectiva, en concordancia con el artículo 130 de la LOTSJ, el juez constitucional cuenta con los más amplios poderes cautelares para cuyo ejercicio debe tener en cuenta y ponderar las circunstancias del caso y los intereses públicos en conflicto. De modo que en cualquier estado y grado del proceso las partes podrán solicitar y la SC podrá acordar, aun de oficio, las medidas cautelares que estime pertinentes.

Como hemos señalado en capítulos anteriores, las medidas cautelares son útiles para garantizar la ejecución de las decisiones, mediante la conservación, prevención o aseguramiento de los derechos que corresponde dilucidar en el proceso. Sirven para evitar el peligro de que la justicia pierda su eficacia y para que la sentencia pueda ser ejecutada eficaz e íntegramente. Una de las medidas cautelares que excepcionalmente podría dictar el juez constitucional es la suspensión de los efectos de la ley o acto que se juzga.

Téngase como ejemplo la sentencia número 1911 de fecha 13 de agosto de 2002 de la SC del TSJ, que respecto de la posibilidad de dictar medidas cautelares de suspensión de efectos sobre cuerpos normativos generales y abstractos estimó que debía aplicarse "*únicamente como medida excepcional cuando sea muy difícil reparar por sentencia definitiva los daños que resulten de la aplicación del contenido normativo del texto legal impugnado*", sin embargo, en la práctica no ha sido uniforme el ejercicio de este poder cautelar.

En esta oportunidad, la SC señaló además que "*la inaplicación de un instrumento normativo como medida cautelar colide con la presunción de validez de los actos legales y su obligatoriedad desde su publicación en la Gaceta Oficial, de modo que si no se maneja con equilibrio aquella inaplicación, el principio de autoridad quedaría quebrantado, de allí que, para que pueda ser acordada, tiene que existir una verdadera y real justificación*".

En Venezuela, la SC ha acordado suspensión de efectos de normas impugnadas, durante la tramitación del procedimiento, cuando considera llenos los requisitos del *fumus boni iuris* y *periculum in mora* para el otorgamiento de medidas cautelares. Estas suspensiones a veces han sido dictadas con efectos solo para los accionantes, y en otros casos, con efectos *erga omnes*[496].

La mencionada sentencia número 1911 suspendió de manera cautelar, con efectos *erga omnes,* el Decreto Ley de Empresas de Seguros

---

496 Margarita Escudero, *El control judicial de constitucionalidad sobre las ramas legislativa y ejecutiva del Poder Público*, Facultad de Ciencias Jurídicas y Políticas, Universidad Central de Venezuela, Caracas, 2004. p. 159.

y Reaseguros, por considerar que "*en el supuesto que se determinara –en la definitiva– que el instrumento in commento se encuentra viciado por quebrantar alguna disposición prevista en la Constitución de la República Bolivariana de Venezuela, se estaría generando un daño de difícil reparación a un gran cúmulo de sujetos que intervienen en dicha actividad, ya que tal como lo establece el propio instrumento legal, éste se encuentra en vigencia desde su publicación en Gaceta Oficial*".

Otras sentencias de la SC han ordenado la suspensión de los efectos de las sentencias objeto de revisión constitucional hasta la decisión definitiva del proceso. Veamos por ejemplo la sentencia número 156, de fecha 5 de marzo de 2009, mediante la cual la SC reiteró su potestad cautelar en la sustanciación de los procesos de revisión constitucional "*... una vez ponderada la gravedad de las denuncias esgrimidas por quien solicita la revisión en correspondencia con la incidencia del fallo jurisdiccional en el ámbito de derechos y garantías constitucionales del solicitante o la eventual constatación de una interpretación errónea o grotesca de algún precepto, valor o principio constitucional cuya uniforme interpretación y aplicación corresponde a esta Sala, conforme a lo dispuesto en el artículo 335 de la Constitución de la República Bolivariana de Venezuela, aun en forma preliminar*"[497].

De igual forma mediante sentencia número 636 de fecha 18 de septiembre de 2018 y con fundamento en el artículo 130 de la LOTSJ, la SC acordó, a fin de garantizar que la revisión no se viera afectada en caso de que la sentencia impugnada sea ejecutada, medida cautelar de suspensión de efectos de la sentencia dictada el 3 de febrero de 2017, por el Juzgado Superior Primero en lo Civil, Mercantil, Tránsito y Bancario del Área Metropolitana de Caracas.

A partir de la consagración legal de las más amplias facultades cautelares de los jueces constitucionales en la sustanciación de los procesos ante la SC, según lo dispone el artículo 131 de la LOTSJ, no existe

[497] La SC ha reconocido sistemáticamente el ejercicio de su potestad cautelar general en el decurso de la revisión constitucional en sentencias números 2.275 del 15 de noviembre de 2001, caso: "Juan V. Vadell"; 1.296 del 21 de mayo de 2003, caso: "Nelson Moreno Miérez"; 2.197 del 17 de septiembre de 2004, caso. "República Bolivariana de Venezuela"; 428 del 6 de abril de 2005, caso: "American Management Institute at Venezuela, AMI, C.A." y 1.571 del 13 de agosto de 2007, caso: "Asociación Civil Caja de Ahorro y Previsión Social de los Empleados, Obreros y Jubilados del Poder Electoral".

duda alguna sobre la posibilidad del juez constitucional de acordar las providencias cautelares que considere adecuadas, cuando hubiese fundado temor de que los efectos del acto cuya constitucionalidad se juzga puedan afectar la esfera jurídica subjetiva de los particulares, y entre estas medidas excepcionales se incluye especialmente la suspensión de efectos, total o parcial, inter partes o *erga omnes*, de la norma objeto del recurso de nulidad por inconstitucionalidad.

2.1.4. Despacho saneador

El juez constitucional puede ordenar la corrección, en lugar de su admisión, de las demandas que sean de tal modo ininteligible que resulte imposible su tramitación. En este caso, otorgará 3 días de despacho a la parte demandante para su corrección, y de esta no hacerlo en dicho lapso o corregirla de modo que no subsane la falta advertida, la SC negará la admisión de la demanda, de conformidad con el artículo 134 LOTSJ.

2.2. Poderes del juez constitucional en la sustanciación del proceso

2.2.1. Ordenar la notificación de los interesados (artículo 135 LOTSJ)

En la oportunidad de la admisión de la demanda, el juez constitucional ordenará la citación de la parte demandada, y, asimismo, ordenará la notificación de:

1. El Fiscal General de la República (si éste o esta no hubiere iniciado el juicio), para que consigne su informe acerca de la controversia;
2. El Procurador General de la República, de conformidad con la ley que rige sus funciones;
3. El Defensor del Pueblo; y de
4. Cualquier otra autoridad que estime pertinente.

Igualmente, se ordenará emplazar a los interesados por medio de un cartel, que será librado por el Juzgado de Sustanciación dentro de los cinco días de despacho siguientes al recibo del expediente cuando sea verificada la estadía a derecho de la parte demandante.

2.2.2. Declarar la perención de la instancia

A través del artículo 137 de la LOTSJ, el legislador atribuye dos facultades muy importantes al juez constitucional. En primer lugar le da el poder de declarar la perención de la instancia para el caso de que la parte demandada no consigne en autos el cartel antes mencionado, para lo cual ordenará a su vez el archivo del expediente; y en segundo lugar, de existir razones de orden público que justifiquen la continuación de la causa, a pesar de la falta de consignación aludida, el juez constitucional tiene la atribución de decidir continuar la causa, en cuyo caso, el cartel deberá ser publicado por el Juzgado de Sustanciación.

Esta facultad de darle continuidad a la causa también puede notarse en la fase de audiencia pública del proceso, donde a falta de la presencia de la parte accionante, el juez constitucional puede decidir declarar el desistimiento de la demanda o continuar con el proceso por considerar que la causa afecta el orden público, tal como lo establece el artículo 143 LOTSJ.

2.2.3. Pronunciarse acerca de la participación de los intervinientes

Según lo dispuesto en el artículo 139 de la LOTSJ, luego de los diez días establecidos para que se entienda que los interesados han quedado notificados posteriores a la consignación en autos del ejemplar del periódico donde hubiese sido publicado el cartel, el Juzgado de Sustanciación debe pronunciarse dentro del lapso de tres días de despacho siguientes, sobre la participación de los intervinientes, los cuales podrán, dentro de los diez días de despacho siguientes, consignar los escritos para la defensa de sus intereses y promover pruebas, si lo estiman pertinente y evacuar las pruebas documentales.

Obsérvese que, como hemos dicho antes, de manera inadecuada y poco clara, este artículo regula el lapso de promoción de pruebas cuando indica que vencido el lapso de tres días de despacho para que el Juzgado de Sustanciación se pronuncie sobre la participación de los intervinientes, las partes podrán, dentro de los diez días de despacho siguientes, consignar los escritos para la defensa de sus intereses y promover pruebas, si lo estiman pertinente y evacuar las pruebas documentales. La norma parece dirigida solo a los terceros intervinientes, pero en verdad se refiere a todas las parte del proceso, lo cual incluye al demandante.

2.2.4. Potestades probatorias

2.2.4.1. Declarar admisibles o no las pruebas

El juez constitucional debe providenciar los escritos de prueba, y admitir los que sean legales y procedentes, así como desechar las que aparezcan manifiestamente ilegales o impertinentes. Asimismo, puede ordenar que se omita toda declaración o prueba sobre aquellos hechos que aparezcan claramente como no controvertidos entre las partes, según lo dispuesto en el artículo 140 LOTSJ.

2.2.4.2. Declarar terminado el lapso de pruebas

En caso de que ninguno de los intervinientes –partes– promueva pruebas distintas a las documentales, la causa entrará en estado de sentencia y el Juzgado de Sustanciación remitirá el expediente a la Sala para que decida dentro de un plazo de 20 días de despacho, quedando a salvo la facultad de esta de fijar audiencia si lo estima pertinente, de conformidad con el artículo 140 LOTSJ. La ley sigue erradamente dirigiéndose a los intervinientes, siendo que la regulación incluye, obviamente, a las partes, estos son demandante y demandado.

2.2.4.3. Lapso de evacuación.

En ocasión de la audiencia pública, y una vez expuestos los alegatos de las partes y oídos los intervinientes, el tribunal ordenará la evacuación de las pruebas, bien en la misma audiencia o en otra oportunidad.

2.2.4.4. Incidencias sobre las pruebas

El juez constitucional, para la oportunidad de la promoción y evacuación de la prueba, está llamado igualmente a pronunciarse y resolver cualquier incidencia en relación con el control y contradicción de la prueba, según el artículo 142 LOTSJ.

2.2.5. Dirección de la audiencia pública

La audiencia pública es la ocasión en la que las partes exponen sus alegatos. El presidente de la SC debe determinar cómo se llevará a cabo esa audiencia. En ese sentido, al inicio de la audiencia pública el presidente de la SC expondrá en qué términos quedó trabada la controversia, señalará a las partes el tiempo de que disponen para que expongan "*y de igual modo procederá si manifestaren su deseo de ejercer el derecho a réplica o contradicción de la prueba*" (artículo 142 LOTSJ).

En el supuesto de no ser suficiente la audiencia fijada para agotar completamente el debate, la SC podrá fijar la oportunidad de su continuación las veces que fuere necesario hasta agotarlo, tal como lo prevén los artículos 141 al 143 LOTSJ.

Luego de finalizadas la audiencia pública, la SC debe levantar un acta, la cual será firmada por todos los intervinientes.

2.2.5.1. Auto para mejor proveer

Si fuere el caso, una vez que oiga a los intervinientes, el juez constitucional podrá ordenar, a través de un auto para mejor proveer, la evacuación de las pruebas que juzgue necesarias para el esclarecimiento de los hechos que aparezcan dudosos u oscuros, según lo dispuesto en el artículo 142 LOTSJ.

En efecto, el juez constitucional, como director del proceso, puede solicitar información o hacer evacuar de oficio las pruebas que considere pertinentes con el objeto de obtener elementos suficientes que permitan dictar su decisión de fondo.

Como hemos afirmado previamente, esta potestad debe ser ejercida por el juez constitucional en absoluta conformidad con los principios que rigen el sistema probatorio. En este sentido, pese a que la LOTSJ reconoce la discrecionalidad del juez constitucional de considerar la necesidad de las pruebas a ser evacuadas, es preciso señalar que estas pruebas deben ser estrictamente pertinentes, congruentes y necesarias al proceso.

Comentamos en capítulos anteriores[498] que la SC no siempre ha atendido al principio de pertinencia de las pruebas a ser evacuadas al momento de dictar auto para mejor proveer y señalamos como ejemplo el auto para mejor proveer dictado bajo el número 1.357, dentro del proceso de nulidad por inconstitucionalidades los artículos 5, numeral 3, 6 y 7 de la Ley Sobre Academia de Ciencias Políticas y Sociales, y los artículos 3, numerales 1 y 5 del Reglamento de la referida Corporación, por medio del cual la SC solicitó a la Academia de Ciencias Políticas una serie de pruebas impertinentes para demostrar o determinar la nulidad de dichas normas[499].

En este caso, aun cuando la SC declaró en el auto para mejor proveer que "*la causa se circunscribe a determinar si la Academia de Ciencias Políticas y Sociales debe tener unas reglas distintas a las actualmente fijadas en su ley de creación para la postulación de los candidatos a ingresar en ese cuerpo en condición de Individuos de Número o de Miembros Correspondientes*", procedió a oficiar a la Academia de Ciencias Políticas y Sociales para que informara sobre elementos que no guardaban ninguna relación con los hechos controvertidos, tales como:

- La lista de los Individuos de Número y Miembros Correspondientes, nacionales y extranjeros, con indicación precisa de sus credenciales y méritos.
- El financiamiento que recibe del Estado y, en casos de recibirlo, a cuánto asciende, con qué periodicidad se efectúa y cómo se administra e invierte; y, por último,
- Las actividades desarrolladas en los últimos 5 años, con indicación precisa de los eventos organizados, trabajos publicados, obras emprendidas, relaciones con la colectividad y cualquiera que sea de interés para conocer su reciente gestión.

Es lo cierto que la determinación de los hechos que se mencionan no constituían realmente elementos necesarios, pertinentes, y mucho menos suficientes para que el juez formara su decisión respecto de la

498 Capítulo IX sobre la prueba en los procesos constitucionales.
499 Sentencia de la SC de TSJ de fecha 23 de octubre de 2007.

nulidad de los artículos de la Ley de la Academia de Ciencias Políticas y Sociales y su reglamento, relativos al proceso de postulación de los miembros a ingresar en esa Corporación.

2.2.6. Potestades sancionatorias

La LOTSJ otorga a las Salas que lo conforman las potestades sancionatorias presentes en el Título IX "*De las sanciones*". De esta forma, la SC tiene la facultad de imponer las siguientes sanciones:

2.2.6.1. Multa

Los jueces constitucionales podrán sancionar con multa de hasta cien unidades tributarias (100 U.T.) a quienes irrespeten, ofendan o perturben con sus actuaciones al Poder Judicial, al TSJ o a sus órganos o funcionarios; o a quienes hagan uso abusivo de recursos o acciones judiciales; igualmente, sancionarán a las partes que falten el respeto al orden debido en los actos que realicen, o que incumplan, desobedezcan o desacaten las decisiones, acuerdos u órdenes judiciales o llamen públicamente a ello. Si el sancionado no pagare la multa en el lapso establecido la sanción podrá aumentarse entre un tercio y la mitad del total de la multa, conforme al artículo 121 LOTSJ.

2.2.6.1.1. Multa por desacato

De acuerdo con lo previsto en el artículo 122 de la LOTSJ, las Salas del TSJ sancionarán con multa equivalente hasta doscientas unidades tributarias (200 U.T.) a las personas o funcionarios que no acataren sus órdenes o decisiones o no le suministraren oportunamente las informaciones, datos o expedientes que solicitare de ellos, sin perjuicio de las sanciones penales, civiles, administrativas o disciplinarias a que hubiere lugar.

2.2.6.1.2. Multa por reincidencia

Como su nombre lo indica, la multa por reincidencia, comprendida entre 200 Unidades Tributarias y 300 Unidades Tributarias, será impuesta por la Sala a quien hubiere sido sancionado con multa o multa por desacato (con arreglo a las disposiciones de los artículos 121 y 122 respectivamente) y fuese reincidente (artículo 123 LOTSJ).

2.2.6.2. Expulsión de la sede

Los Magistrados de las Salas que integran el TSJ podrán expulsar de la sede a cualquier persona que transgreda el orden dentro del recinto o que se encuentre incurso en los supuestos que se describen en los artículos 121 al 123 de la LOTSJ, sin perjuicio de la aplicación de las sanciones en ellos establecidas (artículo 124 LOTSJ).

2.3. Poderes del juez constitucional en la decisión

La sentencia, como señala Álvaro Badell, es "*el acto procesal del juez por medio del cual adopta una resolución judicial en relación con los hechos controvertidos en el proceso*". Estos hechos litigiosos, que son los que constituyen el *thema decidendum*, pueden comprender los hechos del fondo o aspectos incidentales, con lo cual, la resolución judicial que se dicta sería la sentencia de fondo o sentencias interlocutorias[500]. De forma que el juez constitucional concreta sus poderes en el momento de dictar sentencia, bien de forma cautelar o definitiva.

La máxima expresión de los poderes del juez constitucional se materializa en la decisión y posteriormente en la ejecución de la sentencia constitucional. El contenido de la sentencia del juez constitucional dependerá del proceso constitucional que se decida y, en este sentido, podrá consistir en:

(i) La desaplicación de una norma de rango legal o sub-legal, en el caso del control difuso de la constitucionalidad;

(ii) La anulación, total o parcial, de una ley u otro acto dictado en ejecución directa de la Constitución, en caso de la acción de inconstitucionalidad.

(iii) La protección o el restablecimiento de los derechos y garantías constitucionales violados, en el caso del amparo constitucional;

---

[500] Álvaro Badell Madrid, *La sentencia civil. Tendencias jurisprudenciales*, Academia de Ciencias Políticas y Sociales, Editorial Torino, Caracas, 2019. P. 34.

(iv) La verificación o no de la conformidad con la Constitución de los tratados internacionales suscritos por la República, antes de su ratificación;

(v) La determinación, antes de su promulgación, de la constitucionalidad o no del carácter orgánico que la AN haya concedido a determinada ley;

(vi) La determinación sobre la constitucionalidad o no de una ley que va ser promulgada, a solicitud del Presidente de la República;

(vii) La resolución de colisiones que existan entre diversas disposiciones legales y declaración de cual debe proceder;

(viii) La resolución de controversias constitucionales que se susciten entre cualquiera de los órganos del Poder Público;

(ix) La declaratoria o no de la omisión legislativa del poder legislativo municipal, estadal o nacional, y el establecimiento del plazo y, de ser necesario, los lineamientos para su corrección;

(x) La revisión de sentencias definitivamente firmes de amparo constitucional y de control de constitucionalidad de leyes o normas jurídicas dictadas por los Tribunales de la República;

(xi) La interpretación de normas y principios que integran el sistema constitucional.

Según lo dispuesto en el artículo 144 de la LOTSJ, una vez concluido el debate, es decir, terminada la audiencia pública, el juez constitucional, después de deliberar, podrá:

2.3.1. Decidir el fondo del asunto

De forma inmediata los Magistrados podrán decidir el fondo del asunto y exponer en forma oral los términos del dispositivo del fallo. En el fallo definitivo el juez tiene el poder de determinar los efectos de la decisión en el tiempo. Pareciera correcto adoptar como regla general la aplicación con efectos hacia el futuro *–ex-nunc–* es decir se declara la nulidad de la norma o el acto a partir del fallo correspondiente, sin embargo, puede ocurrir que los efectos se extiendan hacia el pasado *–ex tunc–*. Tengamos en cuenta la jurisprudencia de la CSJ que señala que si nada dice la sentencia respecto de los efectos de la decisión en el tiempo debe entenderse que los efectos serán hacia el pasado, es decir la nulidad afectará la norma impugnada desde el momento que esta fue dictada[501].

2.3.2. Dictar decisión en la oportunidad de publicarse la sentencia

Es decir, dentro de los diez días de despacho siguientes a la celebración de la audiencia pública o al vencimiento del diferimiento.

2.3.3. Diferir el pronunciamiento del dispositivo del fallo.

El juez constitucional podrá diferir por una sola vez, y hasta por un lapso de cinco días de despacho, el pronunciamiento del dispositivo del fallo, cuando la complejidad del asunto así lo amerite.

2.4. Poderes del juez constitucional en la ejecución

En cuanto a la ejecución del fallo en el caso del control difuso, es decir, de aquel que puede ser ejercido por los todos los jueces de la República, el juez debe limitarse a desaplicar la norma que contraríe la Constitución, y aplicar esta última con preferencia. El alcance del control difuso se concreta a un proceso concreto, por lo que "*reconociendo la primacía de la Constitución frente a cualquier otra norma, solo se traduce en el examen de la compatibilidad con la Constitución de la disposición legal cuestionada y, eventualmente, en el desconocimiento de esta disposición, con efectos limitados al caso específico*"[502].

Al respecto, la SC del TSJ, en sentencia número 833 Del 25 de mayo de 2001 (Caso Instituto Autónomo Policía Municipal de Chacao), ha determinado que "*... el juez que ejerce el control difuso, no anula la norma inconstitucional, haciendo una declaratoria de carácter general o particular en ese sentido, sino que se limita a desaplicarla en el caso concreto en el que consideró que los artículos de la ley invocada, o hasta la propia ley, coliden con la Constitución*".

---

501 Sentencia de la CSJ en Pleno de fecha 5 de diciembre de 1996, caso "Ley de División Político Territorial del Estado Amazonas".

502 Jesús María Casal H., *Constitución y Justicia Constitucional,* Ob. Cit., p. 167.

De este modo, la decisión judicial que declare la incompatibilidad de una norma legal con la Constitución, y su posterior desaplicación en un determinado caso mediante el ejercicio del control difuso de la constitucionalidad, no poseerá eficacia más allá del proceso correspondiente, a menos de que se trate de una decisión dictada por una de las Salas del TSJ, caso en el cual adquieren "*un cierto alcance general, a pesar de que no acarrean la anulación de la norma legal, en virtud del rango de tales Salas dentro de la organización judicial y de la posición que ocupan sus respectivos ámbitos competenciales*"[503].

Como hemos dicho, las sentencias producto del ejercicio del control difuso de la constitucionalidad, o en función de una acción de amparo constitucional, y que hayan adquirido el carácter de definitivamente firme, pueden ser sometidas posteriormente al control de revisión constitucional, en el que la SC decidirá, como "máxima instancia de la jurisdicción constitucional", la constitucionalidad del ejercicio de dicho control difuso.

En este último caso, la ejecución de la sentencia que determine la conformidad con la Constitución de la sentencia objeto de revisión, es decir de aquella en que "*se haya ejercido el control difuso de la constitucionalidad, bien para afirmar, bien para negar la compatibilidad de la norma con la Carta Magna*", consistirá, de acuerdo con la jurisprudencia de la SC del TSJ en sentencia número 93 del 6 de febrero de 2001, en "*quebrantar discrecional y extraordinariamente la garantía*

[503] Ibidem, p. 168. en este particular el profesor Jesús María Casal hace referencia a la sentencia de la SC relativa a la constitucionalidad del artículo 1.099 del Código de Comercio, en la cual se señaló lo siguiente: "*La Sala de Casación Civil, con ocasión del conocimiento de manera incidental de la constitucionalidad del artículo 1.099 del Código de Comercio en su fallo del 31 de enero de 1997, referido por el accionante, como todo tribunal, ha podido desaplicar la norma contenida en el artículo 1.099 del Código de Comercio por estimarlo inconstitucional, puesto que así lo permitía el artículo 20 del Código de Procedimiento Civil. Su decisión, en principio, solo tendría efectos para el caso concreto en que se produjo y no implicaría la anulación de la norma ni, en consecuencia, su desaparición del ordenamiento jurídico. Sin embargo, en virtud de la facultad para casar los fallos de instancia -incluso de oficio- y en virtud de ello de la obligación de los tribunales inferiores de seguir el criterio de la Sala de casación, la realidad es que el criterio de esa Sala, desaplicando una norma, podría convertirse en una desaplicación general de la misma, supuesto sin duda anómalo en materia de control difuso de la constitucionalidad pero que es perfecta consecuencia del régimen casatorio*". V. en Jesús María Casal H., Constitución *y Justicia Constitucional*, Ob. Cit., p. 169.

de la cosa juzgada judicial", es decir, en la revisión, corrección o anulación de una sentencia definitivamente firme, con el objeto de garantizar la integridad y supremacía de la Constitución.

Con respecto a la ejecución de las sentencias dictadas por la SC en ejercicio del control concentrado de la constitucionalidad, es conveniente tener en cuenta, en primer lugar, a las sentencias anulatorias. En principio, lo referido a la ejecución de este tipo de sentencias no tiene mayor inconveniente desde que al agotarse sus efectos en la anulación del acto no se requiere actuación posterior, por lo que no se presentan problemas de ejecución voluntaria o forzosa, siendo el último requisito para la publicación de la sentencia en Gaceta Oficial. Ciertamente, dispone el artículo 32 de la LOTSJ que "*Los efectos de dicha sentencia serán de aplicación general, y se publicará en la Gaceta Oficial de la República Bolivariana de Venezuela, y en la Gaceta Oficial del Estado o Municipio según corresponda*".

De esta forma, "*Se trata, en estos casos, de sentencias constitutivas, cesando erga omnes los efectos jurídicos del acto anulado, el cual desaparece del mundo jurídico*"[504]. Ahora bien, ello ocurre tanto en el control concentrado posterior (como es el caso de la anulación de actos firmes dictados por los órganos del Poder Público que sean contrarios a la Constitución), como en el control concentrado preventivo o previo[505], es decir, cuando es declarada la inconformidad con la Constitución de los tratados internacionales suscritos por la República antes de su ratificación; la inconstitucionalidad de la ley, o alguno de sus artículos previa a su entrada en vigencia; o la inconstitucionalidad del carácter orgánico que la AN haya concedido a determinada ley.

La ejecución de este tipo de sentencias también dependerá de la determinación que el juez haga en su fallo sobre los efectos de su decisión en el tiempo. Así pues, y dependiendo del caso concreto, *y* [de] *la ponderación entre los derechos involucrados, la seguridad jurídica y el interés general*, el juez tendrá la facultad de decidir que la nulidad de un acto firme dictado por los órganos del poder público que sea contrario a la Constitución, tenga efectos hacia el pasado (*ex-tunc*), o hacia el futuro (*ex-nunc*), es decir, a partir del momento en que fue dictada la

504 Margarita Escudero, Ob. Cit. p.168.
505 Ibidem.

sentencia (cuya materialización supondría dejar como válidos todos los actos anteriores producto del acto cuya nulidad ha sido declarada)[506].

Por lo que se refiere a los poderes del juez en la ejecución de las sentencias de amparo constitucional, tengamos en cuenta que el último fin de la ejecución de este tipo de sentencias consiste, no solo en la protección de las normas y principios constitucionales, sino también en la restitución del derecho infringido, o ante la imposibilidad de ello, poner al accionante en una situación similar a la que tenía antes de ser lesionado. Sabemos que la acción de amparo no tiene como fin la creación de situaciones jurídicas nuevas, únicamente actúa sobre las situaciones jurídicas denunciadas como violadas o vulneradas.

Por otra parte, el reconocimiento expreso de la Constitución de 1999, en torno a la posibilidad de asumir la representación de los intereses difusos y colectivos ha tenido un impacto considerable en los efectos de la sentencia de amparo, al flexibilizar la rígida negativa que mantenía la jurisprudencia respecto de los efectos *erga omnes* de las sentencias de amparo bajo el argumento de que el accionante no podría atribuirse, ni siquiera implícitamente, la representación del colectivo.

La realidad es otra ahora desde que la propia SC ha reconocido la posibilidad de ejercer la representación de tales derechos al punto de establecer que en esta materia, en el caso de que se dicten sentencias condenatorias sin indemnización, frente al restablecimiento de la situación común lesionada «*los otros miembros del colectivo pueden aprovecharse de lo judicialmente declarado, si así lo manifestaren. Es incomprensible, que una persona en razón de que pertenezca a una determinada profesión o categoría obtenga por decisión judicial una ventaja [...] y que las otras personas de la profesión o la categoría que se encuentren en igual situación tengan que acudir ante los órganos jurisdiccionales mediante acción individual para que se les reconozca el mismo derecho, atentando así contra la economía y celeridad del proceso*» (Sentencia de la SC del 30 de junio de 2000, caso "Defensoría del Pueblo").

Esta posición fue ratificada por la SC en sentencia de fecha 6 de abril de 2001 (Caso "Enfermos de Sida vs IVSS") al señalar que en el

[506] Ibidem. p. 170.

marco del nuevo ordenamiento constitucional es posible extender los efectos del mandamiento de amparo constitucional a todas las personas que se encuentren en idéntica situación de aquellos en cuyo favor éste se acuerde, pues en los supuestos en los que la acción de amparo es interpuesta en representación de intereses difusos o colectivos «*no resulta cierto que el amparo destinado a proteger tales situaciones jurídicas de múltiples sujetos, posea efectos erga omnes [....] pues, como se ha visto, sus beneficiarios son susceptibles de una perfecta determinación y la tutela de ellos brindada es siempre concreta, más nunca de modo genérico*».

De allí que el juez de amparo deberá hacer uso de sus facultades restablecedoras a fin de restituir la situación jurídica infringida del conglomerado que se viere afectado en el ejercicio de sus derechos y garantías constitucionales, independientemente de que éstos hubieren participado o no en el proceso. Cabe destacar que en países como Venezuela y Colombia, las sentencias de amparo o tutela dictadas por los tribunales quedan sujetas a la facultad extraordinaria de revisión por la SC del TSJ o la Corte Constitucional, respectivamente, lo cual puede incidir en la cosa juzgada de los fallos correspondientes[507].

En el caso de las sentencias interpretativas de la Constitución, no existe ejecución dado que tienen una naturaleza mero declarativa que determina el sentido y el alcance de los principios y normas constitucionales, claro está, teniendo dichas sentencias un carácter vinculante para el resto de las Salas del TSJ y los demás tribunales de la República. Al respecto señala la doctrina –Cecilia Sosa– que "*El carácter vinculante de las interpretaciones que sobre el contenido y alcance de las normas y principios constitucionales haga la Sala Constitucional, en suma, persigue, al menos en teoría, conservar la unicidad y uniformidad del texto constitucional previendo que sea verdad lo dispuesto en el artículo 7 de la Carta Magna*"[508].

De otra parte, en el supuesto de que la sentencia del juez constitucional declare una omisión inconstitucional, las posibilidades para su ejecución pueden ser diversas a la simple publicación de la sentencia.

---

507 Jesús María Casal H., *Constitución y Justicia Constitucional,* Ob. cit. pp. 260-261.

508 Cecilia Sosa Gómez, "La revisión constitucional de las sentencias definitivamente firmes", Ob. cit. p. 172

De este modo, el juez constitucional puede dictar, por ejemplo, los lineamientos para que sea solventada dicha omisión por el órgano del Poder Público competente, el cual deberá cumplirlas como una obligación de hacer. Conforme a lo anterior, Casal, explica que: "*Si la omisión relativa o parcial se quiere reparar a través de una sentencia simplemente declarativa de la inconstitucionalidad, sumada a algunas exhortaciones al legislador sobre el tiempo y el modo en que tal reparación debe producirse, la efectividad del fallo es menor, pero no nula, pues a menudo esta clase de sentencias suponen una oportunidad dada al órgano legislativo para la corrección de la inconstitucionalidad...*"[509].

Sin embargo, por considerarse esta declaración precisamente poco efectiva, siendo más difícil remediar la inconstitucionalidad legislativa, se ha puesto en práctica otro mecanismo para "garantizar" la eficacia de los mandatos de la Constitución. Se trata de la facultad que han ejercido los jueces constitucionales en la oportunidad de establecer, con efectos *erga omnes* aunque con carácter transitorio, la regulación imprescindible para dar operatividad al precepto constitucional no desarrollado legislativamente[510].

De allí que con el objeto de que la Constitución no continúe siendo violada por la omisión inconstitucional, la jurisdicción constitucional también puede dictar normas provisionales conformando la llamada y criticada jurisdicción normativa. Algunos comentarios sobre este asunto los formularemos más adelante, en el tema sobre los límites al poder de decisión de los jueces constitucionales, señalando la trascendencia del deber del juez de vincularse al principio de separación de poderes, por lo cual en ningún supuesto dichos actos provisionales podrían usurpar las funciones propias de otra rama del poder público.

3. Límites a los poderes del juez constitucional

3.1. Justificación

La legitimidad democrática de la justicia constitucional es asunto que se debate hoy abiertamente en los ambientes académicos. La

[509] Jesús María Casal H., Constitución *y Justicia Constitucional*, Ob. Cit., p. 182.
[510] Ibidem, p. 185.

preocupación inicial la formuló Karl Loewenstein, quien sostuvo que un detentador del poder que no ha sido nombrado democráticamente, que se arroga a sí mismo el derecho de frustrar y anular la decisión política de los otros dos poderes Ejecutivo y Legislativo, es estructuralmente incompatible con el principio de la distribución de funciones entre los diferentes detentadores del poder[511].

La posición de Kelsen sobre los tribunales constitucionales fue contrariada por Carl Schmitt, quien en la célebre polémica entre ellos, señaló además que:

> *"...una expansión sin inhibiciones de la justicia, no transforma al Estado en jurisdicción, sino a los tribunales en instancias políticas. No conduce a juridificar la política, sino a politizar la justicia. Justicia constitucional es una contradicción en los términos".*

No hay duda de que el tema es delicado y que es preciso conciliar la supremacía constitucional con el principio democrático. Más allá de las variaciones que el asunto tiene si se trata de modelos parlamentarios o presidencialistas o sus respectivos matices intermedios, en democracia debe dársele al legislador el protagonismo principal en la configuración de la voluntad colectiva: la ley. El poder de los jueces constitucionales debe definirse y limitarse nítidamente, a modo de lograr el delicado equilibrio entre la necesidad de preservar la supremacía de la Constitución, por una parte, y honrar los principios democráticos, por la otra.

El juez constitucional tiene atribuida una variedad de poderes, a efecto de garantizar la supremacía de la Constitución, proteger los derechos fundamentales y, en tal virtud, garantizar el Estado de Derecho. Esos poderes que la Constitución, la jurisprudencia o la ley, le da a esta categoría especial de jueces han de ser limitados y bien definidos, pues

---

511 En este sentido: *"Esto va a originar no pocas disputas con los demás órganos del poder público, tanto el legislativo como el ejecutivo. Al respecto se señaló en su momento que: "¿Cómo han podido adoptar los europeos el sistema que implica un enfrentamiento directo y abierto con el legislador, cuando el respeto hacia este les impidió, en el siglo XIX y comienzos del XX, adoptar el sistema americano, en apariencia, sin embargo, menos atentatorio contra los derechos del Parlamento?"*. V. L. Favoreu, *Los Tribunales Constitucionales*, Edit. Ariel, Barcelona, 1994, cit. en Liliana Estupiñan Achry, Carlos Hernández y William Jiménez, Ob. cit. p. 24.

de lo contrario existiría el peligro de que estos jueces constitucionales, en violación al bloque de la constitucionalidad, principalmente al principio de separación de poderes y de los principios democráticos, se conviertan en el verdadero poder que gobierna en lugar de juzgar. De no haber límites estaríamos en presencia de la supremacía del juez, en sustitución de la supremacía constitucional.

La delimitación de los poderes del juez constitucional y el estudio de la tensión que existe entre el principio de la supremacía constitucional y, de otra parte, el principio democrático que residencia en el órgano deliberante –parlamento, cortes, asambleas, congreso– la labor muy principal de elaborar la ley, corresponde al Derecho Procesal Constitucional[512]. Efectivamente, la necesidad de imponer límites a la actividad de los jueces constitucionales es un capítulo muy importante dentro del Derecho Procesal Constitucional, a modo de evitar que los garantes del gobierno de las leyes se conviertan en los hombres que gobiernan; y que actúen, ya no en garantía de la Constitución sino de una ideología, de forma militante y política.

Es ciertamente delicada la función del juez constitucional quien decide respecto de la "ley", que es la más de las veces producto de deliberación política, de la confrontación de posiciones, de las demandas colectivas e ideologías, de la elaboración de fórmulas conciliatorias y transaccionales, entre los diferentes grupos políticos que conforman la sociedad, representada por el órgano parlamentario. Tengamos en consideración entonces que el juez constitucional tiene menos legitimidad democrática que la ley que enjuicia, que proviene de un órgano legislativo elegido de forma periódica, a través del sufragio universal, por lo que ese proceso de enjuiciamiento debe hacerse con prudencia extrema.

El producto de la función legislativa –la ley– queda investida de la misma dignidad democrática que tiene el Parlamento, de forma que contrariarla, sin más y sin límites puede considerarse una fractura del principio democrático. De manera que lo primero que se precisa del juez constitucional es su vocación y convicción democrática. Su

---

512 V. Rafael Badell Madrid, "Poderes del juez constitucional", Conferencia dictada en *VI Congreso Internacional de Derecho Procesal Constitucional y IV Congreso de Derecho Administrativo en Homenaje al Dr. Carlos Ayala Corao*. Universidad Monteávila, 11 de noviembre de 2016, Caracas. En: http://badellgrau.com/?pag=37&ct=2145

compromiso con los estándares democráticos y el respeto a esto significa tener una actitud de confianza hacia el legislador democrático. De allí el *indubio pro legislatore* y el principio de deferencia hacia el legislador.

En razón de las consideraciones anterior consideramos que para anular la ley debe haber violación comprobada de la Constitución y la imposibilidad de preservarla con una interpretación que se adecue a su texto. La ley tiene una presunción de legitimidad constitucional desde que es producto de la voluntad popular, por lo que sólo es posible declarar su inconstitucionalidad si hay una clara e inequívoca confrontación con la norma superior.

Dos cosas se precisan. En primer lugar, aumentar legitimad democrática del juez constitucional, para lo cual es necesario garantizar métodos democráticos y participativos para su designación, que garanticen la mayor competencia e independencia y, en segundo lugar, los poderes de estos jueces han de ser limitados y bien definidos.

De no limitarse los poderes del juez constitucional existiría el peligro de que, en violación al bloque de la constitucionalidad, principalmente al principio de separación de poderes y de los principios democráticos, se convierta éste en el verdadero poder que gobierna en lugar de juzgar. De no haber límites estaríamos en presencia de la supremacía del juez, en sustitución de la supremacía constitucional.

Cómo no limitar los poderes del juez constitucional si "*vivimos bajo una Constitución; pero la Constitución es lo que los jueces dicen que es*"[513]. Qué pasa cuando los jueces constitucionales no son fieles al contenido de la norma Constitucional. Qué sucede si, como lo advertía el Presidente Jefferson, la Constitución se convierte en un "*objeto de cera que los jueces pudieran modelar a su gusto*"[514].

Qué ocurre cuando los llamados guardianes de la Constitución, como se denominó a sí mismo en 1952, el Tribunal Constitucional Federal Alemán, no tienen la prudencia requerida en la interpretación y aplicación de los principios y normas constitucionales. Prudencia que debería evitar que el juez constitucional se convierta en un activista, y

[513] Cit. en Jesús María Casal H., Constitución *y Justicia Constitucional*, ob. cit., p. 279.

[514] José J. Fernández Rodríguez, *La justicia constitucional europea ante el siglo XXI*, segunda edición, Editorial Tecnos, Madrid, 2007, p. 26.

por el contrario, demanda la reflexión exhaustiva de la cuestión sometida a su conocimiento y además, un detenido análisis de las consecuencias políticas y sociales de su decisión, de modo que se excluya la dictadura judicial, regida por criterios subjetivos –más que objetivos– para determinar qué es lo permitido de acuerdo con la Constitución.

Es por ello que, como lo señaló el juez de la Suprema Corte de Justicia de los Estados Unidos, Harlan Fiske Stone, "*La Corte no debe decidir cuestiones abstractas, hipotéticas o contingentes; (...) ni formular una regla de Derecho Constitucional más amplia de lo que requieren los hechos precisos del caso a los que debe aplicarse*"[515].

El poder de los jueces constitucionales debe entenderse restringido en primer lugar, al respeto y la estricta sujeción al bloque de la constitucionalidad; y en segundo lugar a actuar únicamente conforme a los medios de impugnación definidos y limitados nítidamente en la propia Constitución, a modo de lograr el delicado equilibrio entre la necesidad de preservar la supremacía de la Constitución, por una parte, y honrar los principios democráticos, por la otra.

3.2. Principio de respeto y estricta sujeción al bloque de la constitucionalidad (artículo 7 de la Constitución)

3.2.1. Respeto al bloque de la constitucionalidad y de la convencionalidad

En la tarea de controlar la sujeción de las actividades de los órganos del poder público a la Constitución, el primer parámetro de control que tiene el juez constitucional es, precisamente, la propia Constitución y todo el bloque de la constitucionalidad y, además, el bloque de la convencionalidad.

La doctrina del bloque de la constitucionalidad, de uso frecuente no sólo en Francia sino también en España, y originada de la idea del bloque de la legalidad, propia del derecho administrativo, obliga tener presente desde el contenido del preámbulo de la Constitución hasta la última de sus disposiciones, así como todos aquellos principios, valores y derechos no contenidos en su texto pero que, sin embargo, rigen la

---

515 V. sentencia 325 U.S. 450, 1945, caso *Federation of labor v. McAdory*.

estructura constitucional del Estado, lo cual incluye también sus antecedentes y el proceso de formación de la Constitución.

En este sentido, el bloque de la constitucionalidad, por mandato del poder constituyente originario del pueblo soberano, será inalterable y por lo tanto comprenderá un límite a las actuaciones de los jueces constitucionales. El límite que impone el ordenamiento jurídico vigente a los jueces constitucionales comprende la total observancia de la Constitución y el respeto por las instituciones y órganos previstos por esta norma, impidiendo de esta forma a los jueces mutar los preceptos constitucionales con sus decisiones[516].

Los jueces son órganos del Estado y como tales están sometidos en su actuación a las normas y principios constitucionales como en efecto lo dispone el artículo 7 de la Constitución, el cual establece que: "*Todas las personas y los órganos que ejercen el Poder Público están sujetos a esta Constitución*".

Los jueces constitucionales en ejercicio del control de la constitucionalidad estarán regidos por todos los valores, principios y normas constitucionales, entre ellos los siguientes:

a. El principio de la democracia y la soberanía popular (artículos 2 y 5);
b. El pluralismo político (artículo 2);
c. El ejercicio democrático de la voluntad popular (artículo 3);
d. El principio de organización democrática (preámbulo y artículo 4);
e. El carácter democrático de las entidades políticas que componen el Estado (artículo 6);
f. El principio de progresividad de los derechos (artículo 19);
g. El principio de no taxatividad de los derechos inherentes a la persona (artículo 22);
h. El respeto y prevalencia de los acuerdos y tratados internacionales relativos a derechos humanos (artículo 23);

---

[516] Así pues, en Venezuela, por virtud del artículo 7, en concordancia con el artículo 333, la Constitución sólo cambia o desaparece, según el caso, por reforma, enmienda o una nueva Constitución, pero nunca por las decisiones de los jueces en ejercicio de la jurisdicción constitucional. En efecto, los jueces constitucionales no tienen la facultad del poder constituyente originario para cambiar las normas constitucionales, dado que éste sólo corresponde al pueblo.

i. El principio de no retroactividad de la ley (artículo 24);
j. El respeto a los derechos políticos (artículo 39);
k. La participación libre en los asuntos públicos (artículo 62);
l. El derecho al sufragio (artículo 63);
m. El principio de separación de poderes (artículo 136);
n. El principio legalidad (artículo 137);
o. El principio de responsabilidad patrimonial del Estado (artículo 140);
p. Los principios y valores de nuestra historia republicana (artículo 350).

Asimismo, téngase en cuenta que el preámbulo de la Constitución –que establece los valores superiores del ordenamiento jurídico venezolano– es límite a la actuación del juez constitucional, quien siempre deberá en su labor interpretativa favorecer la vigencia de estos postulados.

En ese sentido, los valores de libertad, paz, solidaridad, bien común, convivencia, la igualdad y la garantía de los derechos humanos fundamentales, así como el carácter democrático de un Estado que se halle sometido a derecho y de allí y el imperio de la ley, impiden que una realidad política se imponga en decisiones judiciales no cónsonas con estas limitantes.

Cobra importancia el principio de proporcionalidad, denominado también principio de racionalidad, razonabilidad o interdicción de la arbitrariedad (como ha sido definido constitucionalmente en España), el cual impone una actuación prudente por parte del juez constitucional, quien siempre deberá dar una solución justa que respete el peso reconocido a cada principio en un caso concreto[517], orientando su actuación para *"...la búsqueda de la justa medida cuando hay una colisión de principios, derechos o intereses la cual no puede ser resuelta por la mera exclusión de uno de los polos"*[518].

Los jueces constitucionales, en sus funciones de control de la constitucionalidad, están siempre subordinados a la Constitución, sin que les esté permitido invadir el campo competencial del órgano legislativo

[517] Juan V. Sola Ob. cit. P. 632.
[518] Ibidem.

y menos aún el del poder constituyente, puesto que lo contrario constituiría un "totalitarismo judicial irresponsable"[519].

En Venezuela, lamentablemente, el juez constitucional ha desbordado todos los límites que gobiernan su actuación para permitir la consolidación de un régimen autoritario y desprendido de toda sujeción a derecho. Se ha violado el bloque de la constitucionalidad de forma grave y recurrente.

Veamos algunos ejemplos:

1) La interpretación del artículo 164, numeral 10 de la Constitución[520], por medio de la cual la SC quitó las competencias propias de los estados para centralizarlas en el poder público nacional, en una ilegítima mutación de la Constitución. En esta ocasión, la SC determinó, en contra de la organización federal del Estado venezolano y el reparto de las competencias entre los poderes ejecutivo nacional, estadal y municipal, establecidas por el poder constituyente, que la competencia en materia de conservación, administración y aprovechamiento de carreteras y autopistas nacionales así como de puertos y aeropuertos de uso comercial expresa y exclusivamente otorgada por la Constitución a los estados, podía ser ejercida directamente por el presidente de la República "en ejercicio de la potestad de coordinación".

2) La sentencia número 378 de la SC del TSJ del 31 de mayo de 2017 que resolvió la inconstitucional convocatoria a una Asamblea Nacional Constituyente, por medio de la cual la SC decidió una demanda de interpretación constitucional sobre la procedencia de dicha convocatoria por el Presidente de la República a través de un Decreto presidencial, sin la debida consulta previa al pueblo de Venezuela mediante referendo consultivo. En esta ocasión la SC, interpretando de forma distorsionada los artículos 347 y 348 de la Constitución, determinó que no era necesario ni constitucionalmente obligante, un referéndum consultivo previo para la convocatoria de una Asamblea Nacional Constituyente, aun cuando el artículo 347 de la Constitución expresamente lo establece.

---

519 Sandra Morelli, *La Corte Constitucional: un papel por definir*, Academia Colombiana de Jurisprudencia, Bogotá, 2002, cit. en Allan Brewer-Carías, *Tratado de derecho constitucional*, Tomo XIV, ob. cit. p. 77.

520 Sentencia número 565 del 15 de abril de 2008.

La SC omitió por completo que la intención de *modificar sustancialmente el Estado y crear un nuevo ordenamiento jurídico, creando un nuevo texto constitucional* se trata de una materia de especial trascendencia nacional que debía ser sometida a referendo consultivo, y de este modo arrebató el derecho exclusivo del pueblo venezolano, como único titular del poder constituyente originario, de convocar una Asamblea Nacional Constituyente, en completa violación del artículo 347 de la Constitución, justificándose para ello sobre supuestas "circunstancias objetivas sobrevenidas" en Venezuela, así como una "aguda situación de la crisis política", para "poner de acuerdo al país en un nuevo Contrato Social". Todo ello en violación de los principios de democracia y soberanía establecidos expresamente en los artículos 2, 3, 5, 63, 70 de la Constitución.

3) Mediante la sentencia número 324 del 27 de agosto de 2019, la SC incurrió en un grave vicio de inconstitucionalidad al violar el artículo 109 de la Constitución[521], a través de la modificación de la esencia del cuerpo universitario allí definido.

El artículo 109 constitucional establece los lineamientos constitucionales que deben regir las universidades. Se refiere a la conformación de la comunidad universitaria, el objeto de dicha comunidad, los términos e implicaciones de la autonomía universitaria, la inviolabilidad del recinto universitario y, por último, la autonomía de las universidades nacionales experimentales. Es una disposición clara y precisa. No está redactada en términos oscuros, abstractos o ambiguos por lo que no precisa mayor interpretación que la que debe atribuirse al sentido evidente derivado del significado propio de las palabras, según la conexión de ellas entre sí y la intención del constituyente, tal como lo ordena el artículo 4 del CC.

[521] Artículo 109. El Estado reconocerá la autonomía universitaria como principio y jerarquía que permite a los profesores, profesoras, estudiantes, egresados y egresadas de su comunidad dedicarse a la búsqueda del conocimiento a través de la investigación científica, humanística y tecnológica, para beneficio espiritual y material de la Nación. Las universidades autónomas se darán sus normas de gobierno, funcionamiento y la administración eficiente de su patrimonio bajo el control y vigilancia que a tales efectos establezca la ley. Se consagra la autonomía universitaria para planificar, organizar, elaborar y actualizar los programas de investigación, docencia y extensión. Se establece la inviolabilidad del recinto universitario. Las universidades nacionales experimentales alcanzarán su autonomía de conformidad con la ley.

La SC violó gravemente este artículo cuando estableció una interpretación contraria a la que se desprende de su texto. La SC no solo legisló en usurpación de las funciones de la AN, sino además cambió el sentido y alcance del artículo 109 de la Constitución a través de una errónea interpretación constitucional, incurriendo de esta forma en la jurisdicción normativa

Mediante la sentencia número 324, la SC señaló que conforman la comunidad universitaria no solo los profesores, estudiantes y egresados, como lo dispone el artículo 109 de la Constitución, sino que además la conforman los empleados, obreros y jubilados de la institución. En definitiva, lo que persiguió la SC al incorporar dentro de la comunidad universitaria a los empleados, obreros y jubilados de la institución, fue que los votos de profesores, estudiantes, egresados, personal administrativo y personal obrero, cuenten con el mismo peso electoral, es decir, que sean totalizados uno por uno, como si se tratara de una elección universal de un cargo de representación popular territorial, desconociendo la naturaleza y esencia de la universidad.

3.2.2. Principio de separación de poderes

El principio de separación de poderes –aunque morigerado hoy día para dar cabida a las funciones del juez constitucional en obsequio de la supremacía constitucional– implica no sólo la actuación judicial independiente y autónoma del juez constitucional, sino también el límite de la decisión fundada, basada en derecho, y sin invadir las competencias propias de otro órgano, ni siquiera aquél sujeto al control de la constitucionalidad de sus actos, todo ello para el resguardo del principio de legalidad –referido a la distinción y subordinación de las funciones ejecutiva, judicial y legislativa–[522], y por ende, del Estado de Derecho.

De esa forma, si el ejercicio del control judicial se ejerciere de manera que se construya una supremacía de la rama judicial sobre los otros poderes, se habría excedido el límite que la separación de los poderes como principio constitucional de organización que el Estado de Derecho impone. En efecto, el juez constitucional, como regulador de la actividad estatal en tutela de la Constitución está llamado a "dar plena

[522] Pedro Salazar Ugarte, ob. cit. 89.

existencia al Estado de Derecho y a asegurar la vigencia de la distribución de poderes establecida por la Constitución"[523], por lo que si la acción judicial conlleva la imposibilidad del ejercicio de las funciones propias de cualquiera de los otros poderes del Estado, en lugar de realizar su tarea de garantizar la supremacía constitucional, estaría distorsionando su efectividad real.

Ese es, precisamente, el caso de Venezuela, donde la SC, desde su creación, no sólo ha usurpado funciones propias del órgano legislativo al dictar normas generales, sino que además ha impedido el ejercicio de las funciones de control de la AN sobre el gobierno y la administración pública nacional.

3.2.2.1. Usurpación de la potestad legislativa de la Asamblea Nacional

1) El primer caso de ruptura del principio de separación de poderes por invasión de la SC en la esfera de competencias legislativas de la AN, ha sido, sin duda, el caso José Amando Mejía. En este la SC reformó la LOA y estableció un nuevo procedimiento para conocer de las acciones de amparo, por considerar que el establecido en la LOA no estaba conforme con el nuevo texto constitucional (sentencia de 1° de febrero de 2000, SC del TSJ). De esa forma, la SC anuló, mediante interpretación constitucional, unas normas cuya nulidad no fue siquiera solicitada, por considerarlas incongruentes con la Constitución, y además creó un procedimiento no establecido en la ley para su tramitación.

2) Otro ejemplo de violación de competencias del órgano legislativo por el poder judicial, que se observó en Venezuela a partir de la creación de la SC, fue el caso Servio Tulio León (sentencia número 1077 del 22 de septiembre de 2000), por medio del cual, actuando fuera del marco de las atribuciones expresamente otorgadas por la Constitución, la SC dio origen a un recurso autónomo de interpretación constitucional que no estaba consagrado ni constitucional ni legalmente, abrogándose facultades legislativas y hasta constituyentes.

---

523 Manuel García Pelayo, "El Status del Tribunal constitucional", en *Revista Española de Derecho Constitucional*, número 1 (1981), 15. Cit. en Allan Brewer-Carías, *Dictadura Judicial y Perversión del Estado de Derecho. El Juez Constitucional y la destrucción de la democracia en Venezuela*, Segunda edición, Editorial Jurídica Venezolana International, Caracas / New York, 2016, pp. 28-29.

Con la creación de la demanda de interpretación constitucional, la SC se auto asignó la facultad de establecer interpretaciones en abstracto de la Constitución con el fin de legislar y ejercer control incluso sobre el propio texto constitucional, con supuesto fundamento en el artículo 335 constitucional, el cual sólo otorga carácter vinculante a las interpretaciones que haga la SC sobre el contenido y alcance de los principios y normas constitucionales, en el ejercicio de las atribuciones dispuestas en el artículo 336 (entre las cuales no figura la demanda de interpretación autónoma de la Constitución).

3) A través de la sentencia número 907 del 28 de octubre de 2016, la SC en violación al principio de separación de poderes y en usurpación de las funciones legislativas de la AN, creó una "acción innominada de control de la constitucionalidad" para resolver pretensiones de control de constitucionalidad que escapan al ámbito de competencias constitucionales y legales del juez constitucional.

Eso ocurrió en el caso en el cual se cuestionaba la legitimidad del Presidente de la República en virtud de su nacionalidad, por el hecho de no poseer la venezolana con carácter exclusivo. En este caso el Presidente Maduro resolvió crear una acción a la medida argumentando que "*al no existir disposición expresa que contemple la modalidad de control de la constitucionalidad aquí planteada, lo pertinente es ejercer la presente acción innominada de control de la constitucionalidad (...)*", y la SC decidió admitirla y declararse competente para conocer de una acción que no tiene vigencia ni consagración en el ordenamiento constitucional y legal venezolano y excedía del ámbito competencial de dicho órgano jurisdiccional, colocándose por encima de la Constitución, con el único fin de declarar que "*El presidente constitucional de la República Bolivariana de Venezuela, Nicolás Maduro Moros, es, en efecto, ciudadano venezolano por nacimiento que no posee otra nacionalidad*".

4) Asimismo, en la interpretación del artículo 33 de la Ley Orgánica de Hidrocarburos de marzo de 2017, la SC violó el principio de separación de poderes, desde que se auto atribuyó todas las competencias legislativas exclusivas de la AN y la facultad de delegarlas en quienes y cuando lo considere conveniente; y además, otorgó competencias legislativas al Presidente de la República, a quien le ordenó ejercerlas en violación de la reserva de las competencias del órgano legislativo.

En efecto, en sentencia número 156 del 29 de marzo de 2019, mediante una demanda de interpretación del mencionado artículo, la SC asumió inconstitucionalmente el ejercicio de todas las competencias de la AN, en los siguientes términos:

> *"(...) mientras persista la situación de desacato y de invalidez de las actuaciones de la Asamblea Nacional, esta Sala Constitucional garantizará que las competencias parlamentarias sean ejercidas directamente por esta Sala o por el órgano que ella disponga, para velar por el Estado de Derecho"*[524].

En la misma sentencia número 156, la SC le atribuyó la potestad de legislar al Poder Ejecutivo, en materias de la Ley de Hidrocarburos, propias de la reserva legal, de conformidad con los artículos 156.16 y 187.1 de la Constitución, disponiendo que:

> *"sobre la base del estado de excepción*[525]*, el Jefe de Estado podrá modificar, mediante reforma, la norma objeto de interpretación, en correspondencia con la jurisprudencia de este Máximo Tribunal (ver sentencia número 155 del 28 de marzo de 2017)".*

Como señala Brewer-Carías, "*sin referencia alguna a la materia de hidrocarburos*", la SC ratificó, irónicamente que "*para velar por el Estado de Derecho*" cuyos remanentes cimientos fueron pulverizados con la misma sentencia, todas las competencias que la Constitución y las leyes atribuyen a la AN, serán ejercidas directamente por la SC; y no sólo eso, también "*por el órgano que ella disponga" auto atribuyéndose un poder universal de delegar y disponer de las funciones legislativas de la Asamblea, y decidir a su arbitrio cuál órgano del Estado va a legislar en algún caso, o cuál órgano va a controlar, en otro*".

La sentencia comentada otorgó al Presidente de la República toda clase de poderes, en violación del principio de separación de

524 Allan Brewer-Carías, "El reparto de despojos: La usurpación definitiva de las funciones de la Asamblea Nacional por la SC del TSJ al asumir el poder absoluto del Estado. (Sentencia N° 156 de la Sala Constitucional)", *Revista de Derecho Público*, número 149-150, (enero-junio 2017), Editorial Jurídica Venezolana, Caracas, 2017. P. 299.

525 Decretado inconstitucionalmente por la propia SC en la sentencia citada número 155 del día anterior, 28 de marzo de 2017.

poderes y además, eliminó el sistema de controles establecidos en la Constitución[526].

El asombro y rechazo, tanto a nivel nacional como internacional, que produjo la publicación de dicha sentencia fue de tal magnitud que el Consejo Permanente de la Organización de Estados Americanos también se pronunció al respecto, en su Resolución 1078 del 3 de abril de 2017, declarando lo siguiente:

> *"Las decisiones del Tribunal Supremo de Venezuela de suspender los poderes de la Asamblea Nacional y de arrogárselos a sí mismo son incompatibles con la práctica democrática y constituyen una violación del orden constitucional de la República Bolivariana de Venezuela [y que]. A pesar de la reciente revisión de algunos elementos de dichas decisiones, es esencial que el Gobierno de Venezuela asegure la plena restauración del orden democrático"*[527].

Todo ello ocasionó que el Consejo Nacional de la Defensa venezolano –en exceso de sus funciones consultivas en materia de defensa, consagradas en el artículo 323 de la Constitución–, exhortara a los Magistrados de la SC a "revisar" su decisión (una medida que tampoco está respaldada en el ordenamiento jurídico venezolano), tras lo cual la SC acató[528] dicho "exhorto" y dictó sentencia aclaratoria para "corregir los excesos cometidos en ella" (aunque sin enmendar los vicios estructurales que la afecta), en completa violación del principio de separación de poderes y del ordenamiento jurídico vigente[529].

Como es evidente la exhortación del Consejo Nacional de la Defensa hizo notoria la injerencia flagrante de las competencias del poder ejecutivo en el poder judicial.

---

526 Declaración de las Academias Nacionales ante las Sentencias 155 y 156 de la Sala Constitucional, de fecha 31 de marzo de 2017, Disponible en: www.acienpol.org.ve

527 Vid: http://www.oas.org/es/centro_noticias/comunicado_prensa.asp?sCodigo=C-022/17

528 Gaceta Oficial número 41.127 de fecha 3 de abril de 2017.

529 No es necesario enfatizar la violación del artículo 252 del CPC venezolano, el cual dispone que: "Después de pronunciada la sentencia definitiva o la interlocutoria sujeta a apelación, no podrá revocarla ni reformarla el Tribunal que la haya pronunciado…", y del artículo 3 de la LOTSJ, de acuerdo al cual las sentencias del máximo tribunal de la República no son susceptibles de ser revisadas ni modificadas.

5) Mediante la mencionada sentencia número 324 del 27 de agosto de 2019, la SC usurpó las funciones legislativas propias de la AN, al crear un régimen electoral universitario no previsto en la Ley de Universidades ni en la Ley Orgánica de Educación.

Ciertamente, la SC, en violación de los artículos 156, numerales 24 y 32, y 187, numeral 1, de la Constitución, estableció un "*régimen transitorio para la elección de las autoridades de la Universidad Central de Venezuela, que permita la elección de las autoridades universitarias con período académico vencido en un plazo de seis (6) meses (…)*".

Ratificamos que solo la AN tiene la potestad de legislar en esta materia. Solo a través de ley, dictada en conformidad con las garantías del procedimiento parlamentario establecido en los artículos 202 y siguientes de la Constitución, deben ser reguladas las materias del Poder Público Nacional por la AN y los derechos constitucionales.

La violación de este principio es contraria al Estado de Derecho, que es violado en su esencia cuando se arrebata al parlamento, órgano de la representación popular, la facultad de dictar las normas limitativas de los derechos y garantías constitucionales.

Como consecuencia de lo anterior, la sentencia número 324 violó el principio de separación de poderes, establecido en el artículo 136 de la Constitución, al ejercer las funciones propias, exclusivas y excluyentes de la AN, cuando "*haciendo uso de sus amplias potestades cautelares*" decidió fijar un régimen universitario electoral completamente nuevo, por lo que dicha sentencia, por disposición del artículo 138, es nula de nulidad absoluta.

Asimismo, a través de la sentencia número 324 se trasgredieron las competencias que la Constitución y la ley le otorgan a la SC, las cuales están establecidas en los artículos 336 de la Constitución y 25 de la LOTSJ, de modo que se violó el principio de legalidad establecido en el artículo 137 de la Constitución.

De otra parte, la SC delegó al Consejo Nacional de Universidades las mismas facultades que ella se había auto atribuido, al determinar que sea éste el que decida respecto de las universidades distintas a la Universidad Central de Venezuela en lo que respecta al cronograma y régimen de elecciones de autoridades universitarias, violando de esta forma la reserva legal que abarca la regulación del derecho y servicio público de educación, consagrada en los artículos 156, numerales 24 y 32, y 187, numeral 1, de la Constitución.

6) A través de la sentencia número 397 de fecha 14 de agosto de 2019, la SCC del TSJ distorsionando el alcance del control difuso de la constitucionalidad y procediendo como correspondería hacerlo al legislador y no al juez, consideró que con motivo de la entrada en vigencia de la Constitución estaba ella facultada para ajustar "*el proceso como instrumento fundamental para la realización de la justicia*", y en este sentido sin fundamento jurídico válido estimó que debía establecer con carácter normativo: "*...un procedimiento de carácter oral, a los fines de obtener celeridad y brevedad en la tramitación de los juicios*".

La SCC estableció que se veía "*en la obligación de, por vía del control difuso constitucional (artículo 334 de la Constitución)*", fijar las "*reglas para el nuevo procedimiento civil único, hasta tanto el Poder Legislativo cumpla con sus funciones y se subsuma la omisión legislativa al respecto, que entrará en vigencia a partir de la revisión de este fallo por parte de la Sala Constitucional de este Tribunal Supremo de Justicia, y su posterior publicación en la Gaceta Oficial de la República Bolivariana de Venezuela y en la Gaceta Judicial* (...)".

De esta forma, la Sentencia número 397 de la SCC no solo se auto atribuyó las competencias propias, exclusivas y excluyentes de la SC y declaró de oficio y sin proceso alguno, la inconstitucionalidad de una supuesta omisión de la AN, por "*estimarlo prudente*", sino que además usurpó la función propia, exclusiva y excluyente de la AN de legislar en materias de la competencia nacional, prevista en los artículos 187, numeral 1 y 156, numeral 32 de la Constitución, al "*estimar prudente*" "*regular el procedimiento ordinario civil que se seguirá ante todas las controversias que se interpongan ante la jurisdicción civil*", violando la reserva legal sobre la regulación de los procedimientos, consagrada en el artículo 156, numeral 32, de la Constitución, el principio de separación de poderes, establecido en el artículo 136 de la Constitución, y el principio de legalidad, previsto en el artículo 137 de la Constitución.

7) La sentencia número 68 del 05 de junio de 2020 de la SC es otro ejemplo de la violación del principio de separación de poderes por cuanto a través de ella se delegó en el CNE potestades legislativas propias y exclusivas de la AN, como lo son legislar en materia de elecciones, en violación de los artículos 156.32 y 187.1 de la Constitución.

En efecto, la SC además de establecer la desaplicación por control difuso con efectos *erga omnes* (como si se tratara del ejercicio del control concentrado de la constitucionalidad) de los artículos 14, 15, 174, 175, 176, 177, 178, 179, 180, 181, 182 y 186 de la Ley Orgánica de Procesos Electorales, a través de las sentencias ordenó al CNE "*que, como consecuencia de la desaplicación declarada, PROCEDA A ASUMIR EL DESARROLLO NORMATIVO pertinente, de conformidad con los lineamientos señalados en el presente fallo*".

En usurpación de las potestades legislativas de la AN, la SC "*habilitó*" al CNE a "*llenar el vacío normativo*" ante la "*laguna generada como consecuencia de la desaplicación con efectos erga omnes*", "*mediante la potestad reglamentaria que le confiere el cardinal 1 del artículo 293 constitucional*".

Esta delegación normativa es totalmente inconstitucional por cuanto por disposición constitucional, la AN es el único órgano legitimado para dictar leyes en materia de elecciones, de conformidad con lo dispuesto en los artículos 187, numeral 1 y 156, numeral 32 de la Constitución, por lo que no podría el CNE invadir esta potestad propia del Poder Legislativo.

8) Mediante sentencia cautelar número 78 del 07 de julio de 2020, la SC, usurpó las potestades propias, exclusivas y excluyentes de la AN establecidas en los artículos 156.13 y 187.1 de la Constitución, al otorgarle competencia al Vicepresidente Sectorial del área Económica y Ministro del Poder Popular de Industrias y Producción para coordinar los parámetros dentro de los cuales los estados y municipios ejercerán su potestad tributaria, y "*en particular, para armonizar lo referido a los tipos impositivos y alícuotas de los tributos*", en violación del principio de separación de poderes, consagrado en el artículo 136 de la Constitución.

En efecto, la regulación en materia de coordinación y armonización de las distintas potestades tributarias forma parte de la "reserva legal del Poder Nacional", lo que significa que sólo mediante ley formal, acto sancionado por la AN como cuerpo legislador, según el artículo 202 de la Constitución, y mediante el cumplimiento del procedimiento de elaboración de las leyes especialmente establecido en la Constitución, puede legislarse sobre esta materia.

3.2.2.2. Usurpación de la función del control político, de mérito y de conveniencia de la Asamblea Nacional

1) De conformidad con lo dispuesto en el artículo 187.3 de la Constitución la AN ejerce, además de la función legislativa, funciones de control sobre el gobierno y la administración pública nacional. Es el denominado control político, de oportunidad y de conveniencia que se ejerce sobre las actuaciones del órgano ejecutivo y es función exclusiva de la AN por lo cual es éste también un límite al poder de actuación del juez constitucional.

En tal sentido, la Constitución establece los mecanismos a través de los cuales se ejercerá dicho control, así como la obligatoriedad de comparecencia y de presentación de la documentación que les sea requerida que tienen los funcionarios públicos y los particulares, tal como lo prevén los artículos 22 y 223 de la Constitución.

Ahora bien, a modo de evitar el control sobre las actividades llevadas adelante por el poder ejecutivo, generalizadamente violatorias del marco legal, la SC ha impedido que la AN cumpla con esa importante función de control y lo ha tomado para sí. En usurpación de las funciones del órgano legislativo, la SC ha liberado a los ministros de la obligación de comparecer ante la AN, y restringió las potestades de control político del órgano parlamentario sobre el gobierno y la administración pública sometiéndolo al control del Vicepresidente Ejecutivo[530].

De igual manera, la SC autorizó al Presidente de la República a rendir su mensaje anual, establecido en el artículo 237 de la Constitución, ante el TSJ y no ante la AN[531], como ordena la norma.

Asimismo, declaró inválidos y jurídicamente ineficaces los actos realizados en el marco de la investigación aprobada por la plenaria de la Comisión Permanente de Contraloría de la AN, con ocasión de supuestas irregularidades ocurridas en la empresa Petróleos de Venezuela Sociedad Anónima (PDVSA)[532].

Declaró incompetente e inconstitucional a la AN para recibir las memorias razonadas y suficientes del Vicepresidente Ejecutivo

---

530 Sentencia número 9 del 1° de marzo de 2016.

531 Sentencia número 03 del 11 de enero de 2017. Artículos 187, 222, 22.

532 Sentencia número 88 del 24 de febrero de 2017.

y de los ministros del gabinete ejecutivo sobre la gestión de sus despachos[533].

Aprobó la constitución de empresas mixtas (Empresa Mixta PETROSUR, S.A.,), en los términos establecidos por el Presidente de la República, usurpando las funciones de la AN[534] previstas en la Ley Orgánica de los Hidrocarburos.

En enero de 2019, la SC[535] determinó que Nicolás Maduro Moros debía juramentarse para asumir –ilegítimamente– el cargo de Presidente de la República para el período constitucional 2019-2025, ante el TSJ, y no ante la AN, como lo determina el artículo 231 de la Constitución, por considerar que el "Órgano Legislativo Nacional se encuentra en flagrante desacato".

2) De otra parte, la SC ha impedido que la AN lleve adelante el control político sobre los estados de excepción decretados por el Presidente de la República, e incluso ha declarado que dicho control "*no tiene relevancia jurídica", argumentando que "el control de la Asamblea Nacional sobre el Decreto que declara el estado de excepción es político, no jurídico*" (sentencia número 07, del 11 de febrero de 2016)[536].

De forma que desde enero del año 2016, la SC ha avalado la constitucionalidad de los Decretos de Estado de Emergencia Económica en todo el Territorio Nacional, mientras que la AN lo ha improbado (a pesar de que de acuerdo con la Constitución y la Ley Orgánica sobre los Estados de Excepción, tal improbación implicaba la extinción inmediata del Decreto).

3.3. El límite derivado de los medios de impugnación

Siendo como es que los límites del juez están en función de sus poderes de actuación, un aspecto que ha de analizarse como elemento condicionante y de interdicción de la arbitrariedad del juez y límite de su actuación es, precisamente, el que deriva de los medios de impugnación, es decir del tipo de acción o recurso de que se trata.

533 Sentencia número 90 del 24 de febrero de 2017.

534 Sentencia número 533 del 10 de julio de 2017.

535 Sentencia número 1 del 08 de enero de 2019.

536 José I. Hernández González, "El Asedio a la Asamblea Nacional", en Allan Brewer-Carías, *Dictadura Judicial y Perversión del Estado de Derecho*... Ob. cit. p. 68.

Como sabemos, entre los medios de impugnación existe el control difuso, el control concentrado, el amparo constitucional, el control previo sobre la constitucionalidad de los tratados internacionales y el carácter orgánico de la ley o la constitucionalidad de las leyes antes de su promulgación, la solución de colisión de leyes, solución de controversias entre órganos del poder público, el recurso de omisión legislativa, de revisión constitucional y de interpretación constitucional.

Todo sistema procesal está indisolublemente conectado con el derecho sustantivo y a la inversa, usando las palabras del maestro Moles Caubet: "*Cada derecho sustantivo genera su propio derecho adjetivo*". El Derecho Procesal Constitucional define los cauces a través de los cuales se concreta la tutela constitucional, evitando la inseguridad, la inequidad y la desigualdad que generaría sujetar el acceso a la justicia constitucional al criterio variante del magistrado. Este es el sentido de los medios de impugnación que define el órgano legislativo y da contenido al derecho de acción de los justiciables.

De manera que el poder del juez constitucional estará circunscrito a (i) La desaplicación de una norma, en el caso del control difuso de la constitucionalidad; (ii) La anulación en caso de inconstitucionalidad de los actos sujetos al recurso de nulidad por inconstitucionalidad; (iii) El restablecimiento de los derechos y garantías constitucionales violados, en el caso del amparo constitucional; (iv) La verificación de la conformidad con la Constitución de los tratados internacionales suscritos por la República, antes de su ratificación; (v) La determinación, antes de su promulgación, de la constitucionalidad del carácter orgánico que la AN haya concedido a determinada ley; (vi) La determinación sobre la constitucionalidad de la ley que va a ser promulgada, a solicitud del Presidente de la República; (vii) La resolución de colisiones que existan entre diversas disposiciones legales y declaración de cual debe proceder; (viii) La resolución de controversias constitucionales que se susciten entre cualquiera de los órganos del Poder Público; (ix) La declaratoria de la omisión legislativa del poder legislativo municipal, estadal o nacional, y establecer el plazo y, de ser necesario, los lineamientos de su corrección; (x) La revisión de sentencias definitivamente firmes de amparo constitucional y de control de constitucionalidad de leyes o normas jurídicas dictadas por los Tribunales de la República;

(xi) La interpretación de normas y principios que integran el sistema constitucional.

En efecto, como lo señala González Pérez, "*la jurisdicción constitucional está sujeta a límites que determinan la esfera de atribuciones del órgano a que está confiada, respecto de los órganos de las otras jurisdicciones*", lo que implica que el juez constitucional conocerá únicamente de cuestiones determinadas y que, de conocer otro asunto distinto a aquel que específicamente tiene atribuido, "*se daría la falta de jurisdicción*"[537].

La existencia de mecanismos de control constitucional representa un claro avance en la protección y verdadero respeto a la supremacía constitucional, pero la alteración de estos cauces ha conducido a una situación de inestabilidad contraria a la seguridad jurídica que el ordenamiento constitucional ha de brindar.

Esta alteración se produce cuando se desnaturaliza el medio de impugnación y se anula una ley a través de una demanda de interpretación, o se interpreta una norma constitucional o legal como resultado de una acción de anulación, o se inadmite una revisión constitucional pero, además, se anula una norma.

3.3.1. Control concentrado

1) Un caso emblemático del exceso de la SC en el ejercicio del control concentrado de la constitucionalidad es la sentencia del 23 de octubre de 2007, por medio de la cual la SC no solo decidió sobre la nulidad por inconstitucionalidad solicitada por la parte accionante en contra de los artículos 5, numeral 3, 6 y 7 de la Ley Sobre Academia de Ciencias Políticas y Sociales, y los artículos 3, numeral 1 y 5 del Reglamento de la referida Corporación, sino que además legisló sobre la organización interna de la Academia.

En efecto, la SC decidió declarar la inconstitucionalidad de los mencionados artículos de la Ley Sobre Academia de Ciencias Políticas y Sociales, por considerar que no era válida la exigencia de un número mínimo de postulantes dentro de la Academia para ser electo como nuevo miembro de la Corporación, por cuanto ello era lesivo del

537 V. Jesús González Pérez, *Derecho Procesal Constitucional*, Ob. cit. pp.77-78.

derecho a la igualdad de quienes desearan incorporarse; pero también se pronunció sobre un aspecto que no fue objeto de la demanda como lo es la distinción entre los individuos de número y los miembros correspondientes nacionales, estimando que "*No sería suficiente anular unas normas si se mantienen otras formas de inconstitucionalidad totalmente vinculadas con las que sí fueron objeto de demanda*".

En esta ocasión la SC declaró que existían en la Ley otras causas que invalidaban las normas por razones de desigualdad, tales como el requisito de residencia en la capital de la República para optar por la postulación y posterior elección de los individuos de número. A juicio de la Sala ese requisito era discriminatorio y por ende inconstitucional, pero, en lugar de declararlo inválido –al igual que lo hizo con el requerimiento de postulación por tres miembros de la Academia para ser electo como nuevo miembro de la Corporación–, decidió, sin que nadie lo haya solicitado y en exceso del medio de impugnación, anular la distinción entre individuos de número y miembros correspondientes nacionales en los artículos 5, numeral 2, 6 y 8 de la Ley sobre Academia de Ciencias Políticas y Sociales, y artículos 1, 2, 3, 5, 9, 10, 11, 13, 14, 17, 18, 27, 29 y 69 del Reglamento de la Academia de Ciencias Políticas y Sociales y establecer arbitrariamente que a partir de la publicación del fallo, "*los actuales Individuos de Número y Miembros Correspondientes Nacionales de la Academia de Ciencias Políticas y Sociales deben ser tratados como Individuos de Número sin distingos*".

De esta forma, la SC incurriendo no solo en el vicio de *extra petita* (artículo 12 CPC) sino además en la usurpación de potestades propias y exclusivas de la AN y en violación del límite que impone el medio de impugnación, decidió eliminar la distinción entre los miembros correspondientes nacionales y los individuos de número de la Academia de Ciencias Políticas y Sociales y otorgar así idénticas atribuciones y obligaciones entre dichas categorías de miembros (de forma que eliminó también la categoría de Miembros Correspondientes Nacionales); aumentó el número de individuos de número de la Academia de 35 a 41 y modificó el sistema de postulación de los candidatos a ocupar algún sillón vacante de la Academia de Ciencias Políticas y Sociales[538].

---

[538] Véase Allan Brewer-Carías, "El juez constitucional vs las Academias (La reforma de la Ley de la Academia de Ciencias Políticas y Sociales por la Jurisdicción Constitucional)",

2) Otro ejemplo es la decisión que resolvió el recurso de nulidad contra el Reglamento Interior y de Debates de la AN del año 2016[539], mediante la cual la SC anuló distintos artículos de dicho Reglamento y, en exceso de los límites del medio de impugnación del control concentrado, dictó nuevas normas respecto del régimen de las sesiones de la Asamblea y el procedimiento de formación de las leyes (incluso creando la necesidad de conciliar con el Poder Ejecutivo la viabilidad económica de los Proyectos de Ley).

De este modo, la SC no sólo se sustituyó en la AN al dictar sus normas internas de procedimiento, sino que además pretendió subordinar la AN al control político del Presidente, en violación del artículo 187, numeral 19, de la Constitución.

Ciertamente, el juez constitucional ha transgredido el límite derivado de los medios de impugnación, al dictar sentencias que modifican expresamente el texto de la norma impugnada, en algunos casos desaplicando una parte de la norma y sustituyéndola por la previsión que el juez determine, y en otros supuestos añadiendo nuevo texto normativo a la norma impugnada[540]; ejerciendo en ambos casos la jurisdicción normativa.

3) Un ejemplo más del exceso del poder de la SC respecto del control concentrado fue el caso de nulidad del Acuerdo de la AN sobre la Reactivación del Proceso de Aplicación de la Carta Interamericana de la OEA[541], en el cual la SC no se limitó a declarar la nulidad absoluta de un acto parlamentario de la AN dictado en el ejercicio de sus funciones constitucionalmente atribuidas, sino que le otorgó al Poder Ejecutivo Nacional funciones propias del Legislativo previstas en el artículo 187 de la Constitución, en materias de exclusiva reserva legal,

---

disponible en: http://allanbrewercarias.net/Content/449725d9-f1cb-474b-8ab2-41efb849fea3/Content/I,%202,%2056.%20El%20Juez%20Constitucional%20vs.%20las%20Academias%20Nacionales,%20Nov.%202008.doc.pdf

539 Sentencia número 269 del 21 de abril del 2016.

540 Como "*fue el caso, por ejemplo, de la nueva redacción que la Sala Constitucional incluyó en el artículo 80 de la Ley Orgánica de la Administración Financiera del Sector Público, en el cual añadió la exigencia de que las operaciones de crédito público relacionadas con contratos de interés público requieren de la autorización de la Asamblea Nacional*" Sentencia del 24 de septiembre de 2002, SC del TSJ, caso "Andrés Velásquez y otros". V. en Margarita Escudero, ob. cit. P. 111.

541 Sentencia número 155 de 27 de marzo de 2017.

como la materia penal, según lo dispone el artículo 156, numeral 2 de la Constitución; determinó el Acuerdo de la AN como un acto de "*traición a la patria*", y además ordenó iniciar de oficio un proceso de "*control innominado de la constitucionalidad*", desconociendo por completo la inmunidad parlamentaria consagrada en el artículo 200 de la Constitución, violando claramente el derecho a la defensa y al debido proceso, previsto en el artículo 49 de la Constitución, así como los límites del medio de impugnación que comprende el control concentrado de la constitucionalidad.

3.3.2. Amparo constitucional

También en el supuesto del mecanismo de control de amparo constitucional se ha incurrido en la violación del límite que impone al juez lo referido a los medios de impugnación de que se trate.

1) Por ejemplo, en el denominado caso Scarano la SC, usurpando las competencias de la jurisdicción penal, ejerció la potestad sancionatoria penal en materia de desacato a sus decisiones de amparo (establecida en el artículo 31 de la LOA y garantías constitucionales), rebasando de esta forma los límites constitucionales y legales que impone el ejercicio de sus facultades en la decisión de amparo constitucional[542].

En este caso, la SC "*violando todas las garantías más elementales del debido proceso, entre las cuales están, que nadie puede ser condenado penalmente sino mediante un proceso penal, el instrumento fundamental para la realización de la justicia*" (art. 257 de la Constitución), en el que deben respetarse el derecho a la defensa, el derecho a la presunción de inocencia, el derecho al juez natural (art. 49 de la Constitución), y la independencia e imparcialidad del juez (arts. 254 y 256 de la Constitución), "verificando", en sustitución del juez penal, el desacato a un mandamiento de amparo (sentencia número 136 de fecha

542 Sentencia número 138 de fecha 17 de marzo de 2014. V. en Allan Brewer-Carías, "La condena y el encarcelamiento de Alcaldes por la Sala Constitucional del Tribunal Supremo, usurpando competencias de la jurisdicción penal, mediante un procedimiento sumario contrario a la Constitución, para despojarlos de su investidura electiva", New York, 21 de marzo, 2014, pp. 6-7. En http://allanbrewercarias.com/documentos/la-condena-y-el-encarcelamiento-de-alcaldes-por-la-sala-constitucional-del-tribunal-supremo-usurpando-competencias-de-la-jurisdiccion-penal-mediante-un-procedimiento-%C2%93sumario%C2%94-contrario-a/ Consultado en fecha 11 de abril de 2016.

12 de marzo de 2014) impuso: *la sanción conforme a lo previsto en el artículo 31 de la LOA y remitió la decisión para su ejecución a un juez de primera instancia en lo penal en funciones de ejecución del Circuito Judicial Penal correspondiente*[543].

Como señala Brewer-Carías, "*la SC resolvió usurpar la competencia de la Jurisdicción Penal y anunció que verificaría la comisión del delito de desacato, identificando a los autores que habían incumplido el mandamiento de amparo constitucional que había dictado, por lo que les impondría directamente la pena de prisión de seis (6) a quince (15) meses, que es la sanción penal prevista en el mencionado artículo 31 de la Ley Orgánica. Ni más ni menos, el juez constitucional se erigió en el perseguidor de los funcionarios públicos electos responsables de los gobiernos municipales en los municipios donde la oposición había tenido un voto mayoritario*".

Es de resaltar que, tal como lo dispone el artículo 27 de la Constitución, en el procedimiento de amparo constitucional el juez debe limitarse a restablecer la situación jurídica infringida (en caso de que se compruebe su existencia) a la situación que más se asemeje a ella, con el objeto de amparar el goce y ejercicio de los derechos y garantías constitucionales, cualquier decisión que exceda a dicha potestad, como la imposición de penas, es una violación de este medio de impugnación.

2) Otro ejemplo del exceso y distorsión de este medio de impugnación es la sentencia número 64 de fecha 22 de mayo de 2020 mediante la cual la SC declaró una serie de medidas cautelares correspondientes al juicio de "amparo constitucional en tutela de derechos e intereses colectivos y difusos" interpuesto el 20 de mayo de 2020 por los ciudadanos Israel Reinaldo Marín Martínez y William Arturo Fuentes Ulloa, actuando en su carácter de miembros y voceros del comité de usuarios denominado "Frente de usuarios y usuarias para la defensa de los derechos comunicacionales", en contra del cese de la prestación de servicio de televisión por suscripción de la operadora Galaxy Entertainment de Venezuela, S.C.A (DIRECTV Venezuela), por la supuesta violación de los derechos constitucionales de información oportuna, veraz e imparcial, el derecho a la protección de la niñez y la adolescencia, el derecho

543 Ibidem. p. 6.

a la educación y el derecho a la recreación, establecidos en los artículos 58, 78, 103 y 111, respectivamente, de la Constitución[544].

Esta sentencia violó el límite que impone el medio de impugnación, por cuanto resolvió lo planteado a través de medidas cautelares, que en nada se corresponden con el objeto del amparo constitucional. En efecto, ni la ocupación de los bienes de DIRECTV, ni el nombramiento de una junta ad hoc de Conatel, mucho menos la prohibición de salida del país o la prohibición de enajenar y gravar sobre los bienes de los miembros de la junta directiva de DIRECTV, así como la inmovilización de cualquier tipo de cuenta bancaria o instrumento financiero de los cuales sean titulares, son medidas tendientes al restablecimiento de los derechos constitucionales a la información oportuna, veraz, e imparcial, a la protección de la niñez y la adolescencia, a la educación y a la recreación, supuestamente violados por el cese de la prestación del servicio de televisión por suscripción.

Como sabemos a través del amparo constitucional no puede crearse derechos o situaciones jurídicas nuevas, como lo pretende la SC al ordenar la inconstitucional "*posesión inmediata*" de todos los bienes muebles e inmuebles, oficinas comerciales, sedes administrativas, centro de operaciones y transmisiones, antenas y cualquier otro equipo o instalación destinada a la prestación del servicio por suscripción gestionado por DIRECTV Venezuela, en violación del derecho de propiedad privada de DIRECTV, establecido en el artículo 115 de la Constitución.

Pero además, la tutela de un derecho constitucional no justifica la violación de otros derechos constitucionales. El respeto al bloque de la constitucionalidad exige que se cumplan y acaten todas las normas constitucionales y que se tutelen todos los derechos y garantías de las personas, incluyendo también los de la parte demandada en el juicio de amparo constitucional.

De forma que no podía la SC ordenar la confiscación u ocupación de los bienes, propiedad privada de DIRECTV, a través de una

544 Véase al respecto Rafael Badell Madrid, "Comentarios a la sentencia de la Sala Constitucional que ordenó a DIRECTV continuar de manera inmediata con la prestación del servicio de televisión por suscripción". En *Boletín de la Academia de Ciencias Políticas y Sociales,* número 160, enero-junio 2020, Academia de Ciencias Políticas y Sociales, Caracas, 2020. Pp. 1253-1266.

sentencia cautelar de amparo constitucional, como si se tratara de un juicio de expropiación.

Además, la ocupación de los bienes y equipos de la operadora DIRECTV tiene como consecuencia inmediata la paralización de cualquier actividad prestacional que pudiera tener dicha empresa, haciendo inejecutable la primera orden de la SC consistente en "*Ordenar a DIRECTV Venezuela continuar de manera inmediata con la prestación de servicio de televisión por suscripción*".

De otra parte, la prohibición de salida del país, la prohibición de enajenar y gravar los bienes de los miembros de la junta directiva de DIRECTV y la inmovilización de cualquier tipo de cuenta bancaria o instrumento financiero de los cuales sean titulares, tampoco conducen al restablecimiento de los derechos constitucionales presuntamente violados: estas medidas se presentan como imperativos dirigidos a castigar a los miembros de la junta directiva de DIRECTV, sin que medie ningún proceso penal o de otro tipo, en violación igualmente de la naturaleza del amparo constitucional.

Ciertamente, el amparo constitucional no está dirigido a penalizar o castigar una conducta presuntamente delictual o generadora de cualquier otro tipo de responsabilidad, ello solo lo puede determinar un juez con competencia en materia penal o de instancia de la materia de que se trate, después de tramitado el juicio correspondiente. De forma que a través de la sentencia, la SC distorsionó la naturaleza y el alcance del amparo constitucional al establecer medidas personales en contra de los miembros de la Junta Directiva de DIRECTV.

3) Otro caso de violación al medio de impugnación lo es la sentencia de la SC número 65 del 26 de mayo de 2020, mediante la cual la SC, pese a declarar *improcedente in limine litis* la acción de amparo intentada por Enrique Ochoa Antich el 7 de enero de 2020, "*contra la Asamblea Nacional y, particularmente, respecto a los Diputados Luis Parra, Franklin Duarte y José Gregorio Noriega, por un lado; y a los Diputados Juan Guaidó, Juan Pablo Guanipa y Carlos Berrizbeitia, por otro lado, quienes pretenden cumplir funciones de integrantes de sendas Juntas Directivas de la Asamblea Nacional,*" solicitando protección de su "*derecho constitucional a la participación política y la*

representación consagrado en el artículo 62 de la Constitución"; procedió a decidir un asunto de índole político que nunca le fue planteado, es decir, pasó a declarar, con efectos *erga omnes,* un asunto sobre el cual no se había planteado ninguna pretensión.

En efecto, la SC, ignorando que el juicio de amparo culminaba con la declaratoria improcedente *in limine litis* de la acción de amparo y el posterior archivo del expediente, declaró "válida" la "*Junta Directiva de la Asamblea Nacional designada el 05 de enero de 2020 para el período 2020-2021, conformada de la siguiente manera: Luis Eduardo Parra Rivero como Presidente, Franklin Duarte como Primer Vicepresidente y José Gregorio Noriega como Segundo Vicepresidente*" y además prohibió la "*instalación de un parlamento paralelo o virtual, que no tiene ningún efecto jurídico, y cualquier persona pública o privada o institución que preste o ceda espacio para ello, será considerada en desacato; y cualquier acto ejercido como tal es nulo*".

De esta forma, la SC utilizó la decisión de un juicio de amparo para desconocer que en fecha 05 de enero de 2020, ante la imposibilidad de ingresar libremente al Palacio Federal Legislativo, por cuando efectivos de la Policía y del Ejército lo impedían, la mayoría de los integrantes de la AN (100 diputados de 167), acordaron realizar la sesión de instalación de la Asamblea en un lugar diferente de la ciudad de Caracas, escogiendo la sede del Diario El Nacional, tal como lo autoriza el artículo 1° del Reglamento Interior y de Debates y en ella eligieron válidamente, con el voto de los mencionados 100 diputados, a los miembros de la Junta Directiva para el período 2020-2021, resultando electos: Juan Guaidó, como Presidente; Juan Pablo Guanipa como Primer Vicepresidente, y Carlos Berrizbeitia como Segundo Vicepresidente de la Asamblea[545].

---

545 V. Allan Brewer-Carías, "La fraudulenta y fallida "magia" del juez constitucional en Venezuela. De cómo se "transforma" una acción de amparo, que declarada sin lugar, en una vía para emitir declaraciones políticas, sobre hechos políticos, ignorando la justicia y el debido proceso (Sobre la sentencia de la Sala Constitucional No. 65 del 26 de mayo de 2020)", Nueva York, 28 de mayo de 2020. Disponible en: http://allanbrewercarias.com/wp-content/uploads/2020/05/Brewer.-LA-FRAUDULENTA-Y-FALLIDA-%E2%80%9CMAGIA%E2%80%9D-DEL-JUEZ-CONSTITUCIONAL-EN-VENEZUELA.-sentencia-No-65.-26-5-2020.pdf

3.3.3. Control previo sobre las leyes antes su promulgación

A partir de las elecciones parlamentarias del 6 de diciembre del año 2015, y, con ocasión de que la AN electa contó con una mayoría opositora, comenzó una nueva etapa en Venezuela caracterizada por la utilización sistemática del TSJ, para, a través de decisiones políticas y contrarias a la Constitución, limitar, cercenar y suprimir las facultades constitucionales de la AN. Como lo advierte el propio Secretario de la Organización de Estados Americanos (OEA) en su Informe sobre Venezuela, es evidente que "*se ha disparado el activismo del Tribunal Supremo desde febrero a marzo de 2016, comparado con el 2015, al pasar de dos casos a 252. Entre el 5 de enero y el 24 de mayo se registraron nueve apelaciones. Todas las decisiones se han dispuesto a favor del poder ejecutivo*"[546].

Así pues, la SC del TSJ ha dictado, durante los años 2016, 2017 y 2018, un gran número de sentencias enteramente inconstitucionales, todas dirigidas a limitar las competencias de legislación de la AN.

En efecto, la SC, en colusión con el Presidente de la República en ejercicio abusivo del artículo 214 de la Constitución que contempla el derecho a veto y le permite a este órgano solicitar el pronunciamiento de la SC sobre la constitucionalidad de una ley antes de su promulgación, ha anulado casí todas las leyes que ha sancionado la AN en ejercicio de las competencias constitucional atribuidas por el artículo 187, entre ellas las siguientes[547]:

1) Ley de Reforma Parcial del Decreto número 2.179 con Rango, Valor y Fuerza de Ley de Reforma Parcial de la Ley del Banco Central de Venezuela[548]. La Sala declaró la nulidad de esa Ley al considerar que mediante ella se pretendía subordinar al Banco Central de Venezuela a la Asamblea (cuando lo que se

---

546 V. Asdrúbal Aguiar, "La ruptura de la democracia", en Allan Brewer-Carías, *Dictadura Judicial y Perversión del Estado de Derecho*, 44.

547 Respecto de la única Ley que, según la Sala, sí se ajusta a la Constitución, la Ley de bono para alimentos y medicinas a pensionados y jubilados, se anuló la disposición que ordenaba su entrada de vigencia inmediata (es decir, fue declarada "inaplicable" sentencia número 327 de 28 de abril del 2016).

548 Sentencia número 259 del 31 de marzo de 2016.

hizo, en realidad, fue reproducir el contenido del Decreto-Ley de 2014).

2) Ley de Amnistía y Reconciliación Nacional[549]. La SC cuestionó la oportunidad de la amnistía, pese a que la amnistía es una competencia exclusiva de la Asamblea que no admite control judicial en cuanto a su oportunidad y mérito.
3) Ley de Reforma Parcial de la LOTSJ[550].
4) Ley de Otorgamiento de Títulos de Propiedad a Beneficiarios de la Gran Misión Vivienda Venezuela y otros Programas Habitacionales del Sector Público[551].
5) Ley especial para atender la crisis nacional de salud[552].
6) Ley de Reforma Parcial de la Ley Orgánica de Telecomunicaciones[553].
7) Ley de Reforma Parcial de la Ley Orgánica de la Contraloría General de la República y del Sistema Nacional de Control Fiscal[554].
8) Ley para la Protección de la Remuneración y Defensa del Salario del Docente al Servicio de las Instituciones Educativas Oficiales Dependientes del Ejecutivo Nacional, Estadal y Municipal[555].
9) Ley de Educación Intercultural Bilingüe Indígena[556].
10) Ley de Reforma Parcial de la Ley Orgánica de Servicio de Policía y del Cuerpo de Policía Nacional Bolivariana, por desacato de decisiones judiciales[557].
11) Ley de Reforma de la Ley Orgánica del Ambiente[558].
12) Ley de Seguridad Social de los Funcionarios Policiales correspondiente al 21 de febrero de 2017[559].

---

549 Sentencia número 264 del 11 de abril de 2016.
550 Sentencia número 341 del 5 de mayo de 2016.
551 Sentencia número 343 del 6 de mayo de 2016.
552 Sentencia número 460, del 9 de junio de 2016.
553 Sentencia número 938 del 04 de noviembre de 2016.
554 Sentencia número 939 del 04 de noviembre de 2016.
555 Sentencia número 1012 del 25 de noviembre de 2016.
556 Sentencia número 1013 del 25 de noviembre de 2016.
557 Sentencia número 1014 del 25 de noviembre de 2016.
558 Sentencia número 1, del 6 de enero de 2017.
559 Sentencia número 383, del 31 de mayo de 2017.

3.3.4. Recurso de omisión legislativa

Para decidir el recurso por omisión legislativa el juez constitucional tiene la obligación no sólo de hacer eficaz el precepto constitucional que ha exhortado el desarrollo legislativo que se omite, sino también de reparar la inconstitucional omisión sin violar el principio de división de poderes. No podría el tribunal dictar las normas omitidas, porque en un Estado Democrático de Derecho es solo el parlamento, que es el representante de la voluntad general, el que dicta las leyes que es la esencia de la soberanía popular.

El juez constitucional no puede ejercer la función legislativa que es una competencia propia de la AN. Aunque la realidad en Venezuela demuestra que la SC ha ejercido en reiteradas oportunidades la llamada jurisdicción normativa, como es el caso de la declaración de interpretaciones vinculantes que obran como una normativa restringida hasta que la AN legisle sobre una materia o lo haga de acuerdo a los valores, principios y normas constitucionales[560].

Al respecto téngase en cuenta que "*los jueces constitucionales pueden ayudar al Legislador a llevar a cabo sus funciones; sin embargo, no pueden sustituirlo ni promulgar leyes, ni poseen base política discrecional alguna para crear normas legales o disposiciones que no puedan ser deducidas de la Constitución misma*"[561]. En efecto:

> "*es posible afirmar como principio general, que los jueces constitucionales aún siguen siendo considerados –como Hans Kelsen solía decir: "Legisladores Negativos" por oposición a ser "Legisladores Positivos" en el sentido de que, como lo afirman*

[560] Este criterio de la SC "*ha sido aplicado con ocasión de diversos procesos constitucionales en orden a 'ajustar' normas legales a los principios y normas constitucionales, procediendo en algunos casos a establecer nuevas redacciones de las leyes objeto del examen constitucional. Es preciso señalar que la Sala ha advertido sobre el efecto provisorio de sus decisiones con efecto normativo, tanto cuando ha establecido el desarrollo de un precepto constitucional como en los casos en que, dejando sin efecto normas –a su juicio- inconstitucionales, las sustituye por interpretaciones de cómo debía actuarse o ajustando su redacción a los preceptos constitucionales*", Juan A. Berríos Ortigoza, "Bases para la comprensión de la politización de la justicia constitucional en Venezuela (2000-2010): Ensayo de aproximación", en Jesús M. Casal H., *Defender la Constitución*, Universidad Católica Andrés Bello, Caracas, 2011, p. 85.

[561] Allan Brewer-Carías, *Tratado de derecho constitucional*, Tomo XIV, ob. cit. p. 77.

Richard Kay y Laurence Claus, los mismos no pueden elaborar ni crear leyes ex novo que sean producto "de su propia concepción," ni adoptar "reformas" respecto de leyes que han sido concebidas por otros actores legislativos"[562].

Sin embargo, dado que en la actualidad se ha constatado que los jueces constitucionales en muchas oportunidades, al controlar la ausencia de leyes, crean normas que usualmente derivan de la Constitución, "en algunos casos, sustituyendo al propio Legislador, asumiendo un papel abierto de "Legislador Positivo" al expedir "reglas temporales y provisionales para ser aplicadas en asuntos específicos que aún no han sido objeto de regulación legislativa", lo que se busca es controlar esa función de modo que no desborde en una violación del principio de separación de poderes y la usurpación del poder legislativo.

Brewer-Carías ha identificado que los jueces constitucionales, como "Legisladores positivos", tienden a intervenir en las funciones del órgano legislativo cuando:

"(...), interfieren con la legislación existente, asumiendo la tarea de auxiliares del Legislador, complementando disposiciones legales, agregando nuevas disposiciones a las existentes y también determinando los efectos temporales de las leyes;
(...), interfieren con la ausencia de legislación, por las omisiones absolutas o relativas del legislador, actuando en algunos casos como "Legisladores Provisionales"; y
(...), actúan como Legisladores en materias relativas al propio control de constitucionalidad de las leyes, en decir, en materia de justicia constitucional"[563].

Frente a esta innegable realidad del ejercicio de los jueces constitucionales de sus funciones como "*legisladores positivos*", se ha planteado ya no el completo rechazo de estas "*actividades legislativas*" por parte de los jueces constitucionales, sino la determinación del alcance y los límites de sus decisiones y el grado de interferencia permitido en relación con las funciones legislativas"[564]. En efecto, como ha señalado

---

562 Ibidem.
563 Ibidem, 78.
564 Ibidem.

Francisco Fernández Segado, el objetivo es evitar "*convertir al guardián de la Constitución en soberano*"[565].

Téngase en cuenta cómo el Tribunal Constitucional federal Alemán desde finales de los años setenta del siglo pasado ha impuesto límites a la decisión de los recursos de omisión legislativa, disponiendo que para remediar la inconstitucionalidad por omisión en la producción de normas generales se debe tener en cuenta, en primer lugar, un claro mensaje constitucional incumplido; en segundo lugar, el transcurso de un tiempo ya irrazonable sin que se lo obedeciera, y, por último, la posibilidad de que el Poder Judicial pudiese cubrir material y jurídicamente el vacío lagunoso, prescindiendo del legislador[566].

De esta forma, señalamos entonces que la potestad configurativa del legislador es un principio conocido e importante, pero que, sin embargo, está limitada a lo que disponga la Constitución y no es inmune al control por el órgano correspondiente de justicia constitucional[567].

En efecto:

> *"La razonabilidad en el ejercicio de aquella libertad es una de las piezas cruciales del engranaje que mueve las relaciones entre el legislador y el Tribunal Constitucional o la CSJ en cuestión. Si bien estos últimos órganos deben conducirse con deferencia prudente y reflexiva respecto del margen de apreciación del legislador, este no puede ignorar ad eternum las demandas de actuación concreta que la Constitución le fija"*[568].

Lo cual quiere significar que ni el juez constitucional puede convertirse en legislador, a pesar de que sus pronunciamientos constitucionales repercutan en el ordenamiento jurídico; ni el legislador puede escudarse

---

565 Francisco Fernández Segado, "Algunas reflexiones generales en torno a los efectos de las sentencias de inconstitucionalidad y a la relatividad de ciertas fórmulas estereotipadas vinculadas a ellas" en *Anuario Iberoamericano de Justicia Constitucional*, número 12, Centro de Estudios Políticos y Constitucionales, Madrid, 2008, p. 161. Cit. en Allan Brewer-Carías, *Tratado de derecho constitucional*, Tomo XIV, ob. cit. p. 79.

566 V. Néstor Pedro Sagüés, "La Corte Constitucional como legislador suplente y precario", en Sergio J. Cuarezma Terán y Rafael Luciano Pichardo, ob. cit., p. 103.

567 Víctor Bazán, "Justicia, política y búsqueda de mayor transparencia en Argentina", en Víctor Bazán y Marie-Christine Fuchs, ob. cit. p. 23.

568 Ibidem. p. 23.

en su libertad configurativa para eludir o posponer ilimitadamente el mandato constitucional que le impone materializar las determinaciones normativas contenidas en la Constitución[569].

Ahora bien, la SC, en el ejercicio de un supuesto control constitucional de omisión legislativa, ha violado en reiteradas ocasiones el principio de separación de poderes dispuesto en el artículo 136 de la Constitución, al usurpar las potestades propias, exclusivas y excluyentes de la AN en el nombramiento de los altos funcionarios de los órganos del poder público.

Ciertamente, en violación además del derecho democrático de participación de todos los venezolanos en los asuntos políticos, que está consagrado en los artículos 5, 6, 62, 63 y 70 de la Constitución, y en los artículos 1 y 6 de la Carta Democrática Interamericana, la SC en el marco de recursos por omisión legislativa ha designado, en más de una ocasión a los rectores principales del CNE, así como a sus suplentes, y a los demás integrantes de los órganos subalternos del CNE, en usurpación de las facultades exclusivas y excluyentes de la AN establecida en el artículo 296 de la Constitución.

En efecto, mediante sentencia número 70 del 12 de junio de 2020[570], del 13 de diciembre de 2016, del 26 de diciembre de 2014 y antes en los años 2005 y 2003, la SC se ha excedido en la facultad constitucional establecida en el artículo 336.7 de la Constitución, el cual solo le atribuye la competencia para declarar la omisión legislativa, y de ser el caso, pronunciarse sobre los lineamientos necesarios para su corrección, y ha designado directamente a los rectores del CNE.

La SC mediante las mencionadas sentencias violó el sentido y alcance de la acción por omisión legislativa establecida en el artículo 336.7 de la Constitución, por cuanto no se limitó a declarar la existencia o inexistencia de la omisión del órgano parlamentario, que es el objeto de este mecanismo de control de la constitucionalidad, antes y

569 Ibidem. p. 25.

570 V. Rafael Badell Madrid, "Algunas consideraciones sobre las inconstitucionales sentencias 68, 69 y 70 de la Sala Constitucional relativas al nombramiento de las autoridades del Consejo Nacional Electoral". Estudio publicado en *Estudios sobre la ilegitimidad e inconstitucionalidad de las elecciones parlamentarias de 2020*, Academia de Ciencias Políticas y Sociales, Editorial Jurídica Venezolana, Caracas, 2020. pp. 161-202

por el contrario, en exceso de sus facultades procedió a suplir directamente la omisión, usurpando las funciones propias de la AN.

3.3.5. Demanda de interpretación constitucional

Como hemos señalado previamente, la demanda de interpretación constitucional no está consagrado en la Constitución como atribución de la SC, por el contrario, fue creado vía jurisprudencia de este órgano, el cual se auto atribuyó la competencia de decidir, de forma abstracta y autónoma, qué debe entenderse de los principios y normas presentes en la Constitución. Con posterioridad a su creación mediante la jurisdicción normativa de la SC, la interpretación constitucional, como recurso autónomo y competencia exclusiva de la SC fue indebidamente establecido en el numeral 17 del artículo 25 de la LOTSJ.

La interpretación constitucional se corresponde con el proceso lógico mediante el cual el juez constitucional busca el esclarecimiento de una norma constitucional cuyo contenido resulta confuso, ambivalente, indeterminado, general, con el objeto de aclararlo, concretarlo, darle virtualidad práctica y ajustarlo a las circunstancias históricas, y que tiene como finalidad la preservación de la Constitución, así como facilitar su aplicación a situaciones concretas.

En tal sentido, la interpretación de una norma constitucional no es un medio para cambiar la Constitución, tampoco para darle un sentido aislado al del resto del sistema o bloque de la constitucionalidad es para ajustar y determinar su alcance en un caso concreto, de acuerdo con el contenido, los principios, valores y normas de todo el conglomerado constitucional.

Sin embargo, la demanda de interpretación constitucional se ha convertido en un instrumento autónomo que ha desbocado al juez constitucional poniéndose en muchos casos por encima de la propia intención constituyente al establecer verdaderas normas generales con carácter vinculante más que criterios de aplicación.

1) Un ejemplo más de la extralimitación del juez constitucional en abuso del medio de impugnación es la sentencia número 07 de fecha 11 de febrero de 2016 de la SC, por medio de la cual no sólo se pronunció sobre la interpretación constitucional solicitada del artículo 339 de la Constitución relativa al control parlamentario sobre los decretos

de estado de excepción dictados por el presidente de la República en Consejo de Ministros[571], sino que además, sin instancia de parte, de oficio, declaró la nulidad del Acuerdo de la AN de fecha 22 de enero de 2016 mediante el cual se desaprobó el Decreto número 2.184 de emergencia económica del 14 de enero de 2016, y además, ratificó la "*legitimidad, validez, vigencia y eficacia*" de éste y desaplicó por control difuso de la constitucionalidad el artículo 33 de la Ley Orgánica Sobre los Estados de Excepción. Ello, a pesar de que de acuerdo con la Constitución y la Ley Orgánica sobre los Estados de Excepción, tal improbación implicaba la extinción inmediata del Decreto.

Insistimos, la demanda de interpretación no puede concluir en la anulación de preceptos legales o actos parlamentarios, antes y por el contrario se concreta en verificar el contenido y alcance de una norma constitucional. Por ende, al desaplicar normas o actos que no fueron objeto de acción, incurrió la Sala en extralimitación.

2) Asimismo, el juez constitucional está impedido de ejercer por control difuso, mediante la decisión de una demanda de interpretación, la desaplicación de normas legales cuya nulidad y aplicación no se está solicitando. Esto ocurrió cuando la SC decidió sobre la interpretación autónoma de los artículos 136, 222, 223 y 265 constitucionales, y terminó realizando, en extralimitación al decidir fuera del mecanismo procesal ejercido, la revisión del contenido e incluso desaplicación por control difuso de ciertos artículos de la Ley sobre el Régimen para la Comparecencia de los Funcionarios y Funcionarias Públicos y los Particulares ante la Asamblea.

Inclusive, aun cuando no ha sido siquiera solicitada la interpretación abstracta de un artículo de la Constitución, la SC, en exceso del medio de impugnación y en conocimiento de otros recursos distintos al de interpretación autónoma de la Constitución, ha decidido ejercer dicha facultad de oficio.

---

[571] V. Pronunciamiento de la Academia de Ciencias Políticas y Sociales sobre la decisión de la Sala Constitucional relativa al control parlamentario de los decretos de estado de excepción, de fecha 25 de febrero de 2016. Disponible en: http://www.acienpol.org.ve/cmacienpol/Resources/Pronunciamientos/Pronunciamiento%20ACPS%20sobre%20sentencia%20No.%207%20de%20la%20Sala%20Constitucional%20del....pdf Consultado en fecha 06 de marzo de 2016.

3) En el caso María Corina Machado del año 2014 la SC declaró inadmisible "*por falta de cualidad de los accionantes*" una acción por intereses colectivos y difusos interpuesta contra el entonces presidente de la AN. Pero, además, terminó interpretando de oficio (sin solicitud de parte) el artículo 191 de la Constitución, para revocar "de pleno derecho" la investidura de Machado como diputada de la AN, por considerar que esta había aceptado una representación alterna de un país ante la Organización de Estados Venezolanos (OEA).

En el año 2014, la diputada María Corina Machado, en lo que es el ejercicio de una práctica usual ante la Organización de Estados Americanos, asistió al Consejo Permanente de dicha institución. Ese acto fue interpretado errónea y convenientemente por el presidente de la AN, Diosdado Cabello, como la aceptación de un cargo público, que es una causal de pérdida de la investidura de los diputados de acuerdo a lo dispuesto en el artículo 191 de la Constitución.

Invocando esa causal, en fecha 24 de marzo de 2014, hizo cesar a la diputada Machado en sus funciones parlamentarias y un día después, el 25 de marzo, la AN, con votación de la mayoría simple "decretó" la pérdida de la investidura de la diputada Machado, una evidente vía de hecho por carecer de todo fundamento jurídico.

Luego, la SC del TSJ, de oficio y "*de pleno derecho*", es decir, sin considerar las circunstancias de hecho y sin que nadie instará proceso alguno, ratificó la decisión de la AN y revocó la investidura de María Corina Machado como diputada de la AN, por considerar que ésta había aceptado una representación alterna de un país ante la Organización de Estados Venezolanos.

En efecto, la SC, consideró que la aplicación de la consecuencia jurídica prevista en el artículo 191 constitucional –cuál es la pérdida de la investidura de diputado–, que interpretó –repetimos, de oficio–, resultaba ajustada al caso planteado (que nunca le fue planteado), señalando lo siguiente:

> "*al operar de pleno derecho, ante la aceptación de una representación alterna de un país, indistintamente a su tiempo de duración, ante un órgano internacional por parte de la ciudadana María Corina Machado, quien estaba desempeñando su cargo de Diputada a la Asamblea Nacional, lo cual constituye una actividad a todas luces incompatible durante la vigencia de*

su función legislativa en el período para el cual fue electa, pues esa función diplomática no solo va en desmedro de la función legislativa para la cual fue previamente electo o electa, sino en franca contradicción con los deberes como venezolana (artículo 130 constitucional) y como Diputada a la Asamblea Nacional (artículo 201 eiusdem). Así se declara"[572].

Esta decisión de la SC concluyó con la pérdida de la investidura de la diputada María Corina Machado, sin juicio previo, sin contradictorio, en violación del derecho al debido proceso y derecho a la defensa consagrados en el artículo 49 de la Constitución, así como en violación flagrante de la inmunidad parlamentaria establecida en el artículo 200 de la Constitución), y tergiversando los hechos, al falsear su actuación como invitada ante el órgano internacional por la de un cargo inexistente que atribuye a una representación alterna de país extranjero.

El caso de la diputada Machado es un ejemplo del uso desviado e inconstitucional del recurso autónomo de la interpretación constitucional, por medio del cual se ha pretendido justificar actuaciones políticas, en este caso, incluso por tratarse de un recurso que a pesar de haber sido declarado inadmisible no le impidió usarlo para la aberrada decisión política –que no jurídica– de destituir a un representante parlamentario debidamente electo por el pueblo.

La decisión de la SC, como lo señala Duque Corredor, mediante un proceso que pese a ser declarado inadmisible "*se convirtió en un juicio sumario, sin contradicción, en contra de la prenombrada diputada, sin que estuviera a derecho y sin posibilidad alguna de defensa, por no haber sido notificada de las imputaciones de violación de los artículos 130, 149, 191 y 149, constitucionales, por la supuesta aceptación de un cargo público incompatible con su cargo de diputada*"[573].

Como señaló la Academia de Ciencias Políticas y Sociales, en su pronunciamiento de fecha 10 de abril de 2014[574], en este caso el TSJ

---

572 Sentencia de la SC del TSJ número 207 de 31 de marzo de 2014.

573 Román Duque Corredor, Prólogo a la obra de Juan M. Matheus "La disciplina parlamentaria en España y Venezuela: un estudio de Derecho Comparado", ob. cit. p. 23.

574 Disponible en: http://www.acienpol.org.ve/cmacienpol/Resources/Pronunciamientos/Pronunciamiento%20ACPS%20ante%20las%20recientes%20decisiones%20del%20TSJ%20abril%202014.pdf

inventó un procedimiento insólito para desechar un recurso por inadmisible y al mismo tiempo dar respuesta extra proceso, expedita y de fondo al Presidente de la AN.

En efecto, dijo la Academia se trató de "… *decisiones y procedimientos sumarios, incluso anunciados anticipadamente en cuanto a su sentido y resultado favorable al Poder Ejecutivo o a un Legislativo donde la oposición ha sido reducida a la impotencia*". En este caso, por ejemplo, "… *la Presidente del Tribunal Supremo de Justicia un día antes de la sentencia que despojó de investidura parlamentaria a la diputada Machado "asomó" que se estudiaban las eventuales consecuencias jurídicas del caso. Tales consecuencias jurídicas no podían ser otras que las ya aplicadas arbitrariamente por el Presidente de la Asamblea Nacional de "retirarle la inmunidad parlamentaria a la diputada opositora María Corina Machado" por supuesta violación de los artículos 191 y 149 de la Constitución, con flagrante atropello de las garantías del debido proceso, como son del derecho a ser juzgado por el Juez natural y el derecho de defensa, así como los derechos de sufragio activo y pasivo y la inmunidad parlamentaria*"[575].

Este caso y todos los mencionados son ejemplos del uso y abuso que se le ha dado al recurso autónomo de la interpretación constitucional, en la anticipación y justificación de las medidas de orden estrictamente político del poder gubernamental.

---

[575] Ibidem.

CAPÍTULO XI
EL TRIBUNAL CONSTITUCIONAL

1. Introducción

Los tribunales constitucionales son órganos supremos de carácter permanente, creados constitucional o legalmente, situados dentro o fuera del poder judicial; que actúan en única instancia, de forma independiente e imparcial, sometidos a derecho; cuya función esencial y exclusiva es la defensa jurisdiccional de la Constitución, a través de procesos contencioso constitucionales, tasados y expresamente definidos, y cuyas decisiones tienen valor de cosa juzgada.

Los tribunales constitucionales son órganos constitucionales y tribunales de justicia *sui generis* que tienen como fin constitucional el de proteger y actualizar el ordenamiento jurídico-político fundamental establecido por la propia Constitución a través de procesos jurisdiccionales[576]. Pero también, son instituciones creadas con el fin de preservar los equilibrios políticos, los pesos y contrapesos del Estado de derecho dentro de la democracia, así como garantizar el respeto de la dignidad del ser humano y de los derechos que le son inherentes[577]. En efecto, los tribunales constitucionales son los órganos llamados a salvaguardar la idea misma de Constitución como instrumento de limitación y control del poder, así como instancia judicial última de los derechos humanos en el orden interno[578].

En Venezuela, a partir de la entrada en vigencia de la Constitución de 1999, se creó la SC como tribunal constitucional encargado de velar por el cumplimiento de los preceptos constitucionales mediante el ejercicio exclusivo y excluyente del control concentrado de la constitucionalidad y de otros medios de impugnación. La Constitución en sus

---

576 Manuel García Pelayo, "El status del tribunal constitucional", ob. cit.

577 Jesús María Casal, "La jurisdicción constitucional y la reconstrucción de la constitucionalidad democrática" en Cecilia Sosa Gómez y Jesús María Casal, *¿Qué hacer con la justicia?. El caso venezolano*, ob. cit. p. 26

578 Ibidem.

artículos 262, 334, 335 y 336 regula la composición, objeto y funciones de la SC como órgano que ejerce la jurisdicción constitucional.

En primer lugar, la sección segunda del Capítulo III de la Constitución, relativo al Poder Judicial y el Sistema de Justicia, artículo 262 establece que: *"El Tribunal Supremo de Justicia funcionará en Sala Plena y en las Salas Constitucional, Politicoadministrativa, Electoral, de Casación Civil, de Casación Penal y de Casación Social, cuyas integraciones y competencias serán determinadas por su ley orgánica. La Sala Social comprenderá lo referente a la casación agraria, laboral y de menores"*.

La regulación de las competencias de la SC se hace en un título distinto al que rige el Poder Judicial, al ubicarse en el Título VIII, Capítulo I, intitulado "De la Garantía de esta Constitución".

El artículo 334 de la Constitución dispone que: "*...Corresponde exclusivamente a la Sala Constitucional del Tribunal Supremo de Justicia, como jurisdicción constitucional, declarar la nulidad de las leyes y demás actos de los órganos que ejercen el Poder Público dictados en ejecución directa e inmediata de esta Constitución o que tengan rango de ley, cuando colidan con aquella*".

Por su parte, el artículo 335 de la Constitución señala que:

> *"Artículo 335. El Tribunal Supremo de Justicia garantizará la supremacía y efectividad de las normas y principios constitucionales; será el máximo y último intérprete de esta Constitución y velará por su uniforme interpretación y aplicación. Las interpretaciones que establezca la Sala Constitucional sobre el contenido o alcance de las normas y principios constitucionales son vinculantes para las otras Salas del Tribunal Supremo de Justicia y demás tribunales de la República". (resaltado añadido)*

Por último, el artículo 336, junto con los artículos 203 y 214 constitucionales disponen las competencias y atribuciones que, otorgadas a la SC, tienen por objeto principal vigilar y controlar que los actos dictados por los órganos del poder público en ejecución directa e inmediata de la Constitución, no contraríen los principios, valores y normas constitucionales, y, en caso de hacerlo, declaren su nulidad.

De otra parte, la SC está regulada por la LOTSJ, que determina sus atribuciones (artículo 25); requisitos, período y procedimiento para su designación y remoción (artículos 37 al 63); así como los procedimientos para la tramitación de los recursos y solicitudes que se intenten ante esa instancia (artículos 127 al 145).

2. Origen de los tribunales constitucionales

La creación de tribunales constitucionales en Europa es producto de una evolución histórica que tuvo como antecedente más importantes los aportes de Sieyès, con su propuesta para incluir en la Constitución francesa de 1795 un *Jury* o *Jurie Constitutionnaire*; Jellinek, acerca de la necesidad de la creación de un Tribunal Constitucional en el Imperio Austro-Húngaro en 1885; y finalmente Kelsen, con su tesis para la incorporación de un Tribunal Constitucional como guardián objetivo de la Constitución, que fue adoptada por el ordenamiento jurídico austríaco, primero mediante ley en 1919 y luego por medio de la Constitución de 1920[579].

El primer Tribunal Constitucional fue creado mediante la Constitución de Austria de 1920, cuando se consolidó la propuesta de Kelsen –quien había conformado, en calidad de experto en derecho público, la Comisión Constitucional de la Asamblea Nacional Constituyente en 1919– respecto de la creación de un tribunal constitucional como guardián o defensor objetivo de la Constitución –no ya como un mero árbitro entre la federación y los estados– el cual estaba "*autorizado a realizar el control de oficio de las leyes y reglamentos siempre que estos constituyeran el presupuesto de su decisión*"[580]. Se instituyó un Tribunal Constitucional Federal (*Verfassungsgerichtshof*)[581], cuya composición

579 Edgar Carpio Marcos, Ob. Cit.

580 Ibidem.

581 Dicho tribunal constitucional (el "*Verfassungsgerichtshof*"), tenía la competencia de "*juzgar la constitucionalidad de las leyes, y también de los reglamentos, puesto que la competencia de los entes descentralizados también podía ser vulnerada por tal tipo de actos; además, le correspondía conocer los recursos individuales por violación de los derechos constitucionalmente garantizados, lesionados por actos que se asumen en violación directa de la Constitución, estando legitimados para el recurso, respectivamente, el Gobierno federal y cada Gobierno de los Länder, sin ser necesario demostrar la existencia de*

garantizaba la índole neutral, permitiendo realizarse la primera condición requerida por la teoría kelseniana: la independencia y la posición de tercero[582], características propias de un tribunal frente al Parlamento y al Gobierno. Señaló Kelsen que "*La cuestión de saber si el órgano llamado a anular las leyes inconstitucionales puede ser un tribunal se encuentra, por tanto, fuera de discusión. Su independencia frente al Parlamento como frente al Gobierno es un postulado evidente; puesto que son, precisamente, el Parlamento y el Gobierno, los que deben estar, en tanto que órganos participantes del procedimiento legislativo, controlados por la jurisdicción constitucional*"[583].

La tesis de Kelsen, plasmada en un primer momento mediante Ley que transfería las competencias del antiguo tribunal del imperio al tribunal constitucional de 1919, consistió en la creación de un órgano judicial especializado –corte o tribunal constitucional– para garantizar la supremacía y efectividad de las normas y principios constitucionales, que sería el máximo y último intérprete de la Constitución y velaría por su uniforme interpretación y aplicación.

Kelsen introdujo un cambio básico como fue el concentrar en un solo tribunal la jurisdicción de control de constitucionalidad de las leyes, a diferencia del sistema americano de control judicial de la constitucionalidad llevado a cabo por todos los tribunales.

El órgano o tribunal especializado llamado a anular una ley o acto contrario a la Constitución, no debía ejercer una verdadera función jurisdiccional, puesto que para Kelsen dicha anulación suponía formular una norma general –aunque en sentido negativo–, siendo su función entonces la de un órgano legislativo ("legislador negativo")[584].

---

verdadero y propio interés. A la verificación de un vicio –cualquier violación de la Constitución, no ya solo de las disposiciones sobre la competencia de Bund y Länder– seguía la anulación (también de las disposiciones singulares del acto impugnado), con efecto pro futuro, salvo para los reglamentos". V. Lucio Pegoraro y Angelo Rinella, *Sistemas constitucionales. Derecho constitucional comparado II*, Astrea, Buenos Aires – Giappichelli, Torino, 2017.

582 Lucio Pegoraro y Angelo Rinella, *Sistemas constitucionales. Derecho constitucional comparado II*, ob. cit. p. 550.

583 Cfr. Hans Kelsen, *La garantía jurisdiccional de la Constitución (la justicia constitucional)*, Traducido por Rolando Tamayo y Salmorán, Instituto de Investigaciones Jurídicas, Ciudad de México, 1994. P. 492.

584 Ibidem.

La historia de las Cortes Constitucionales europeas continuó con el Tribunal de Garantías Constitucionales establecido por la Constitución Española Republicana, promulgada en 1931, la cual, según la doctrina, se inspiró en la tesis kelseniana, puesto que estableció dicho tribunal, tanto en su organización como en su funcionamiento, como un ente especializado en la solución de conflictos constitucionales, es decir, como un garante de la eficacia y vigencia de la Constitución española, tanto en lo referente a la tutela de los derechos fundamentales consagrados en la Constitución como en lo relativo al control de la constitucionalidad de las leyes[585].

Luego de la segunda gran guerra, con el impulso del gran procesalista Piero Calamandrei, se dictó la Constitución de Italia de 1947, que entró en vigor el 1 de julio de 1948 y que estableció la Corte Constitucional que –si bien no fue puesta en funcionamiento inmediatamente por razones de índole política– comenzó a ejercer sus competencias en 1956, una de las cuales es la de juzgar y controlar la constitucionalidad de todas las leyes.

En Alemania, con la entrada en vigor de la Ley Fundamental en 1949 se creó el Tribunal Constitucional Federal, al cual, por medio de la Ley especial que se dictó para su conformación en 1951, se le encomendó la función de: "*hacer guardar la Constitución, atribuyéndole para ello unas competencias que abarcan desde la resolución de conflictos federales y el control de las decisiones administrativas y resoluciones judiciales, hasta la declaración de nulidad de las leyes inconstitucionales*".

El "repunte" de los tribunales constitucionales europeos tras la segunda guerra mundial, fue una reacción "*ante la incapacidad de los ordenamientos constitucionales de defenderse frente al avance autoritario o totalitario del fascismo o el nacionalsocialismo*"[586]. En efecto,

---

585 Luis Cervantes, "Los tribunales constitucionales en el derecho comparado. Un estudio introductorio sobre sus antecedentes y situación jurídica actual", en *Estudios Básicos de Derechos Humanos*, Tomo VI, Instituto Interamericano de Derechos Humanos, San José, 1994-1997. Pp. 356-371. Disponible en: https://archivos.juridicas.unam.mx/www/bjv/libros/4/1840/24.pdf

586 Jesús María Casal, "La jurisdicción constitucional y la reconstrucción de la institucionalidad democrática", ob. cit. p.26.

tras la perversión de la institucionalidad ocurrida en Alemania e Italia y frente al socavamiento del orden constitucional interno, los tribunales constitucionales fueron concebidos como instrumentos fundamentales para alcanzar y garantizar un orden democrático-constitucional que protegiera los derechos inherentes al ser humano:

> *"Surgieron, pues, no como una pieza más de la ingeniería constitucional, sino con la misión específica de evitar la concentración y absolutización del poder del Estado y de mantener saludables los resortes o contrapesos orgánico-funcionales. Igualmente, para amparar los espacios públicos de debate y competencia democráticos y los de libertad individual y social"*[587].

Más adelante, se crearon otros tribunales constitucionales a través de las leyes fundamentales en: Francia (1959), Turquía (1961); la antigua Yugoslavia (1963) y las más modernas, de Portugal en 1976; España en 1978; Bélgica en 1983; y Polonia en 1985, entre otras[588]. Luego de la caída del Muro de Berlín en 1989, se produjo un nuevo movimiento en este sentido y países como Albania, Bulgaria, Croacia, Eslovenia, Hungría, Lituania, Macedonia, Moldavia, Rusia, Rumania, dispusieron la creación de tribunales constitucionales en sus textos constitucionales[589].

Por influencia del modelo europeo, hubo en Latinoamérica un movimiento para la creación de tribunales y cortes constitucionales. Tengamos en cuenta las constituciones de Uruguay de 1952; Guatemala en la Constitución de 1985, con antecedente en la Constitución de 1965; Chile a través de la reforma constitucional a la Carta Fundamental de 1925, realizada en 1970; Perú en 1979; Colombia a través de la Constitución de 1991; en la Constitución de Paraguay de 1992, con vigencia

---

587 Ibidem.

588 Ana Giacomette Ferrer, *La Prueba en los procesos constitucionales*, Editorial Jurídica Venezolana, Fundación de Estudios de Derecho Administrativo. Caracas, 2014. p.107. Al respecto, "Es indiscutible que los horrores de la II Guerra Mundial, por los abusos sobre los derechos humanos, desencadenaron el movimiento de creación de órganos encargados de realizar los juicios constitucionales", Vid. Liliana Estupiñan Achry; Carlos Hernández; William Jiménez (Editores Académicos), ob. cit. P. 23.

589 Humberto Nogueira Alcalá, "Tópicos sobre jurisdicción constitucional y tribunales constitucionales", en *Revista de derecho,* Vol. XIV - Julio 2003, pp. 43-66.

efectiva a partir de 1995, cuando se creó la Sala Constitucional de la Corte Suprema de Justicia. Constitución de Bolivia de 1994 y Ecuador creado en 2008 para sustituir al antiguo Tribunal Constitucional regulado en la Constitución de 1979. La Constitución de 1999 de Venezuela creó la SC.

En otros continentes como Asia (Corea del Sur, Tailandia) y África (Argelia, Marruecos, Mauritania y Túnez) también ocurrió lo mismo.

3. Definición y características de los tribunales constitucionales

Los tribunales constitucionales son órganos supremos de carácter permanente, creados constitucional o legalmente, situados dentro o fuera del poder judicial; que actúan en única instancia, de forma independiente e imparcial, sometidos a derecho; cuya función esencial y exclusiva es la defensa jurisdiccional de la Constitución, a través de procesos contencioso constitucionales, tasados y expresamente definidos, y cuyas decisiones tienen valor de cosa juzgada.

3.1. Son órganos constitucionales que tienen por función esencial y exclusiva la defensa jurisdiccional de la Constitución a través de procesos constitucionales

Los tribunales constitucionales son órganos constitucionales por cuanto reciben directamente de la Constitución su rango y competencias. En efecto, como lo señaló García Pelayo, la Constitución determina, como órgano constitucional, su composición, los órganos y métodos de designación de sus miembros, su estatus institucional y su sistema esencial de competencias[590]. Esta noción de órgano constitucional fue formulada por Jellinek en el año 1892 y posteriormente adoptada por Santi Romano en 1899, quien había planteado la distinción de este tipo de órganos con los de índole administrativo[591].

---

590 Manuel García Pelayo, "El 'status' del Tribunal Constitucional", en *Revista Española de Derecho Constitucional*, Vol. 1, número 1, enero-abril, Madrid, 1981. Disponible en: http://www.cepc.gob.es/publicaciones/revistas/revistaselectronicas?IDR=6&IDN=303&IDA=24533 consultado en fecha 07 de octubre de 2019.

591 Ibidem, p. 12.

Este "*status*" de órgano constitucional que le otorga la propia Constitución a los tribunales constitucionales implica que estos se consideren como pilares fundamentales de la estructura de Estado dispuesta en la Constitución, en los cuales se "*condensan los poderes últimos de decisión del Estado*"[592].

Los tribunales constitucionales deben estar regulados directamente por la propia Constitución, la cual debe establecer su composición y sus atribuciones, que ejerce de forma exclusiva y excluyente en el ámbito estatal[593].

De otra parte, los tribunales constitucionales son órganos instituidos para conocer determinadas pretensiones fundadas en normas constitucionales a través de procesos constitucionales, es decir, aquellos procesos especiales –netamente diferenciados de los demás tipos de proceso– en los que la materia litigiosa es constitucional. Como lo señala González Pérez, "*En tanto en cuanto el conocimiento de las pretensiones fundadas en normas de derecho constitucional se atribuye a una clase especial de órganos jurisdiccionales, puede hablarse de un proceso constitucional o político diferenciado de los demás*"[594].

3.2. Tiene carácter de permanencia

Los tribunales constitucionales son órganos que actúan de forma permanente y continua a partir de su institución constitucional, es decir, no se corresponden con tribunales o comisiones *ad hoc* instituidas para un caso en especial o de carácter transitorio[595]. Además, para garantizar su independencia, los magistrados que lo conforman tienen un régimen de inamovilidad que impide que sean destituidos o suspendidos sino por alguna de las causas que la propia Constitución o la ley especial dictada para su regulación, establezca[596].

---

592 Ibidem. p. 14.

593 Humberto Nogueira Alcalá, "Tópicos sobre jurisdicción constitucional y tribunales constitucionales", ob. Cit., pp. 43-66.

594 Jesús González Pérez, *Derecho Procesal Constitucional*, Editorial Civitas S.A., Madrid, 1980. p. 41.

595 Humberto Nogueira Alcalá, "Tópicos sobre jurisdicción constitucional y tribunales constitucionales", ob. Cit.

596 Jesús González Pérez, *Derecho Procesal Constitucional,* ob. cit. p. 93.

3.3. Están conformados por jueces, designados por órganos políticos y los representativos de la soberanía, como el Parlamento o el Gobierno, o ambos

Los tribunales constitucionales están conformados por jueces designados por los órganos de representación de la soberanía como es el caso del Parlamento o por el gobierno, o ambos. Esta composición no solo garantiza la legitimidad jurídica por la especialidad de los conocimientos en materia de derecho constitucional y público de los magistrados del tribunal constitucional, sino que a su vez le otorga legitimidad política y democrática al ser nombrados por órganos representativos de la voluntad popular[597], o en palabras de García Pelayo, "*elegidos (...) por los restantes órganos constitucionales*"[598]. Esta es también una manifestación del principio de colaboración y control entre los diversos poderes públicos.

Como indicó Kelsen "*Es de gran importancia otorgar, en la composición de la jurisdicción constitucional un lugar adecuado a los juristas de profesión. (...). El tribunal tiene, en efecto, el más grande interés en reforzar su autoridad llamando a su seno o especialistas eminentes*"[599].

En el caso de Venezuela, la Constitución establece en el artículo 264, que los Magistrados del Tribunal Supremo de Justicia, y entre ellos los de la SC, serán elegidos por la AN, máximo órgano representativo de la voluntad popular, de conformidad con el procedimiento establecido en la ley.

Esta elección, conocida como elección de segundo grado, consiste en la designación de funcionarios que si bien no son elegidos a través de una elección popular, como es el caso de los Diputados a la AN, el Presidente de la República, los Gobernadores o los Alcaldes, éstos deben ser designados por el órgano legislativo en representación de

---

597 Humberto Nogueira Alcalá, "Tópicos sobre jurisdicción constitucional y tribunales constitucionales", ob. Cit.

598 Manuel García Pelayo, "El 'status' del Tribunal Constitucional", ob. cit. p. 31.

599 V. Hans Kelsen, *La garantía jurisdiccional de la Constitución (la justicia constitucional)*, ob. cit. p. 495.

la voluntad popular, de allí que haya que cumplirse el procedimiento constitucional y legalmente establecido para lograr, mediante la deliberación y el consenso político, la mayoría de las dos terceras partes de los integrantes de la AN.

La justificación de esta elección de segundo grado, se encuentra en que el órgano legislativo al ser el máximo cuerpo colegiado electo directamente por el pueblo a través de una elección de primer grado y por ende con una diversidad política en su constitución que representa las distintas tendencias de los ciudadanos, cuenta con la dignidad y legitimación democrática requerida constitucionalmente para extender la voluntad popular. Es al órgano legislativo a quien el pueblo delega este poder para que en su nombre y representación elija a los funcionarios de los máximos órganos que ejercen el Poder Público.

3.4. Por regla general, no forman parte del poder judicial

En efecto, las razones principales del desarrollo de este tipo de órganos al margen de la jurisdicción ordinaria se deben a que esta tiene una tendencia de "sacralizar" la ley más que de "juzgadores de la ley a partir de la Constitución", lo que se traduce en la falta de independencia del juez ordinario y su falta de preparación para realizar interpretaciones constitucionales y juzgar leyes y demás normas internas desde los valores, principios y reglas constitucionales[600].

Los asuntos constitucionales tienen una seriedad y complejidad que escapa de la atención de los asuntos que se someten a la jurisdicción ordinaria. Se requiere de jueces especializados, autónomos e independientes capaces de adoptar decisiones difíciles y trascendentales, sin estar presionados por ningún otro poder.

Sin embargo, es verdad que parte de la doctrina ha admitido que los tribunales constitucionales pueden estar dentro de la estructura orgánica del Poder Judicial, con la condición de que cuenten con la plena independencia para el ejercicio de sus funciones específicas (caso

[600] Humberto Nogueira Alcalá, "Tópicos sobre jurisdicción constitucional y tribunales constitucionales", ob. cit.

de los tribunales constitucionales de Alemania, Bolivia, Colombia y Venezuela)[601].

3.5. Es independiente del resto de los poderes públicos

Los asuntos relativos a conflictos constitucionales requieren de jueces especializados e independientes capaces de adoptar decisiones difíciles sin estar presionados por ningún otro poder[602]. En efecto, "*No hay posibilidad de un efectivo control de constitucionalidad si el órgano encargado de realizar el control se encuentra subordinado a uno de los órganos que debe ser controlado o el órgano que realiza el control es, al mismo tiempo, el que debe ser objeto de control"*[603].

Es característico que los tribunales constitucionales cuenten con independencia y autonomía funcional, administrativa y financiera. Hechas las observaciones anteriores, es evidente que lo que realmente caracteriza la conformación de los tribunales constitucionales es que sean verdaderamente autónomos e independientes, que actúen en instancia única, sometidos a la Constitución y que sus funciones puedan ser ejercidas de forma imparcial y sin interferencia de ningún tipo.

3.6. Los jueces y todo el personal que lo integra deben estar regidos por un estatuto especial

Con el objeto de garantizar la autonomía e imparcialidad de los tribunales constitucionales, tanto los jueces como todos los funcionarios y

601 Como indica Nogueira Alcalá, en la actualidad "*no es una característica esencial a un Tribunal o Corte Constitucional el situarse como órgano extra poder, ya que eventualmente puede formar parte del Poder Judicial, siempre y cuando disponga de independencia orgánica y funcional y no se encuentre sometido a la superintendencia correccional o disciplinaria de la Corte Suprema de Justicia, pudiendo hacer respetar sus fallos a la Corte Suprema o las demás salas de la misma, como ocurre entre otros tribunales constitucionales como los de Alemania en Europa y de Colombia y Bolivia en América del Sur*". V. Humberto Nogueira Alcalá, "Tópicos sobre jurisdicción constitucional y tribunales constitucionales", ob. cit.

602 Jottin Hijo Cury, "Por un tribunal constitucional", en Sergio J. Cuarezma Terán y Rafael Luciano Pichardo, ob. cit.

603 De esta forma, los tribunales constitucionales no pueden estar supeditados a que otro poder u otra autoridad tenga la facultad de avocarse a sus causas pendientes, revisar los contenidos de sus fallos o darle instrucciones relativas al ejercicio de sus funciones jurisdiccionales. V. Humberto Nogueira Alcalá, "Tópicos sobre jurisdicción constitucional y tribunales constitucionales", ob. cit.

personal empleado que lo conforme, debe estar sometido a un estatuto funcionarial especial y exclusivo.

Como señala González Pérez, el hecho mismo de la naturaleza extraordinaria del tribunal constitucional, su posición superior y las cuestiones a las que se extiende su jurisdicción, determinan el régimen especial de su personal, lo cual incluye no solo a los Magistrados "*–que constituyen una categoría especial no sometida a la reglamentación de ningún otro cuerpo de funcionarios–*", sino el resto del personal, el cual también debe estar sujeto a una *"ordenación propia (...), aun cuando sea aplicable supletoriamente la legislación vigente para el personal al servicio de la Administración de justicia*"[604].

3.7. Tiene facultades decisorias con efecto de cosa juzgada y *erga omnes*

Los tribunales constitucionales ejercen sus funciones exclusivas de control de la constitucionalidad a través de sentencias irrevocables e irrevisables que producen efectos jurídicos vinculantes para todos, por lo que son de obligatorio cumplimiento y no pueden ser desconocidas por ningún órgano estatal o persona dentro del respectivo Estado.

En efecto, el tribunal constitucional está caracterizado por los efectos, alcance y sentido de sus sentencias. Como señala García Pelayo, las decisiones del tribunal constitucional no solo tienen valor de cosa juzgada como los fallos de los demás tribunales, sino que, además, por cuanto juzgan la constitucionalidad de la acción de los órganos del Estado, vinculan a los poderes públicos, de modo que las conductas jurídicamente imputables a estos deben ser conformes a las decisiones del Tribunal[605].

3.8. Participan en la dirección política del Estado

Los tribunales constitucionales, como órganos constitucionales, tienen una participación en la dirección política del Estado en tanto que dentro de sus funciones o actividades confiadas por la Constitución se encuentra la interpretación y aplicación con carácter supremo del

604 Jesús González Pérez, *Derecho Procesal Constitucional*, ob. cit. pp. 91-92.
605 Manuel García Pelayo, "El status del tribunal constitucional", ob. cit. p. 32.

derecho constitucional, un derecho que tiene contenido esencialmente político.

Asimismo, vale decir que las demandas que se interponen ante un tribunal constitucional en muchas ocasiones son formuladas en términos de *litis* jurídica de cuestiones o conflictos políticos, lo que tiene como consecuencia que sus decisiones, aun orientadas y fundamentadas en parámetros y valores jurídicos, tengan una significación y unos efectos en el ejercicio de las actividades políticas del Estado[606].

De esta forma, puede afirmarse que el tribunal constitucional participa en las típicas funciones políticas del Estado "*a través del ejercicio de sus competencias de control, pues el ejercicio de control sobre los componentes o relaciones de un sistema es una modalidad de participación en el funcionamiento del sistema*"[607].

4. El tribunal constitucional en la Constitución de 1999

4.1. Antecedentes

En Venezuela, el control constitucional existe desde muy temprano y de manera muy amplia. Desde la Constitución de 1811 se había dispuesto una cláusula de supremacía análoga a la acogida en la Constitución norteamericana de 1787. Esta norma no sólo establecía la garantía de la supremacía constitucional, sino su consecuencia inmediata, esto es, la nulidad de toda ley que contradijera las determinaciones constitucionales[608].

En las primeras Constituciones este control era de carácter político, lo cual significa que le correspondía al Congreso examinar la regularidad de la ley frente al texto constitucional. Es a partir de la Constitución de 1858, artículo 113.8, cuando se estableció por primera vez, en

606 Ibid. p. 25.

607 Ibid.

608 En efecto, dispuso el artículo 227 de la Constitución de 1811 lo siguiente: "*La presente Constitución, las leyes que en consecuencia se expidan para ejecutarla y todos los Tratados que se concluyan bajo la autoridad del gobierno de la Unión serán la ley suprema del Estado en toda la extensión de la Confederación, y las autoridades y habitantes de las provincias estarán obligados a obedecerlas y observarlas religiosamente sin excusa ni pretexto alguno; pero las leyes que se expidieren contra el tenor de ella no tendrán ningún valor sino cuando hubieren llenado las condiciones requeridas para una justa y legítima revisión y sanción*".

forma expresa, el control judicial concentrado de la constitucionalidad, a través del instrumento procesal de la acción popular, atribuyendo a la Corte Suprema competencia para declarar la nulidad de los actos legislativos sancionados por las legislaturas provinciales cuando fueren contrarios a la Constitución[609]. Esta atribución de la Corte Suprema, a partir de la Constitución de 1893, se amplió respecto de todas las leyes, decretos y resoluciones inconstitucionales (art. 110, ord. 8°)[610].

De otra parte, el CPC del 14 de marzo de 1897 reguló, por primera vez, el control difuso de la constitucionalidad al otorgar la potestad a los jueces, de cualquier nivel y ubicación territorial, de desaplicar en un juicio entre particulares sometidos a su jurisdicción, una norma legal que considere inconstitucional. La norma se ha mantenido con igual contenido en los códigos procesales de 1904, 1916 y en el artículo 20 del vigente de 1986.

La Constitución de 1904 y sus sucesivas hasta 1953, le otorgaron a la Corte Federal la facultad para "*Declarar la nulidad de las leyes nacionales, o de los Estados, cuando colidan con la Constitución de la República*" y más adelante en 1953, de declarar, asimismo, la nulidad de los actos del Poder Público que sean violatorios de la Constitución.

Durante la vigencia de la Constitución de 1961 no existía un órgano "especializado" que llevara el control de la constitucionalidad, sin embargo, la CSJ, en Sala Plena actuaba como órgano "especial" al controlar de manera exclusiva la constitucionalidad de algunos actos, concretamente los referidos a los numerales 3, 4 y 6 del artículo 215 de la Constitución de 1961, esto es, la competencia para declarar la nulidad por inconstitucionalidad, total o parcial, tanto de las leyes nacionales, estadales y ordenanzas municipales y demás actos de los cuerpos deliberantes de los estados y municipios; así como también declarar la nulidad de los Reglamentos y demás actos del Ejecutivo Nacional cuando resultaren violatorios al texto constitucional.

---

609 Dispuso el artículo 113 de la Constitución de 1858, lo siguiente: *"Artículo 113. — Son atribuciones de la Corte Suprema: (...) 8ª Declarar la nulidad de los actos legislativos sancionados por las Legislaturas provinciales, a petición de cualquier ciudadano, cuando sean contrarios a la Constitución".*

610 Allan Brewer-Carías, *Justicia constitucional y jurisdicción constitucional*, ob. cit. p. 776.

4.2. Creación y regulación de la Sala Constitucional

La Exposición de Motivos de la Constitución de 1999 expresa que en virtud de la exclusividad conferida en materia de control concentrado de la constitucionalidad, «*se trasladaron a la SC las competencias que en esta materia tenía la CSJ en Pleno, con el objeto de especializar el órgano que ejerce la jurisdicción constitucional y descongestionar de atribuciones a la nueva Sala Plena, para que sólo ejerza las competencias que le son asignadas en el artículo 266, numerales 2 y 3 del texto constitucional, no teniendo en consecuencia competencia ni atribución alguna en materia constitucional*».

En efecto, a la SC, compuesta por siete magistrados, de conformidad con el artículo 8 de la LOTSJ, los cuales deben ser venezolanos, de reconocida honorabilidad y competencia, según el artículo 263 de la Constitución, nombrados por la AN mediante procedimiento especial constitucionalmente establecido, por un período único de 12 años, tal y como lo establece el artículo 264 *eiusdem*, le corresponde en forma exclusiva, como titular de la jurisdicción constitucional, de acuerdo con el artículo 334 constitucional, ejercer el control concentrado de la constitucionalidad manifestado en la potestad judicial de anular las leyes y demás actos con rango de ley o dictados en ejecución directa e inmediata de la Constitución que resulten contrarios a esta.

Ahora bien, los artículos 262, 334, 335 y 336 son las normas constitucionales que regulan la jurisdicción constitucional.

En primer lugar, la sección segunda del Capítulo III de la Constitución, relativo al Poder Judicial y el Sistema de Justicia, el artículo 262 establece dentro de la conformación del TSJ, la SC junto con las Salas Politicoadministrativa, Electoral, de Casación Civil, de Casación Penal y de Casación Social, cuyas integraciones y competencias serán determinadas por su ley orgánica.

En efecto, dispone el artículo 262 que: "*El Tribunal Supremo de Justicia funcionará en Sala Plena y en las Salas Constitucional, Politicoadministrativa, Electoral, de Casación Civil, de Casación Penal y de Casación Social, cuyas integraciones y competencias serán determinadas por su ley orgánica. La Sala Social comprenderá lo referente a la casación agraria, laboral y de menores*".

4.3. Composición de la Sala Constitucional

Del artículo 262 de la Constitución se desprende que la integración de la SC del TSJ, es determinada por la ley. En ese sentido la LOTSJ, en el artículo 8 establece que "*La Sala Constitucional estará integrada por siete magistrados o magistradas*". Ahora bien, esos siete magistrados de la SC deben ser elegidos conforme a las regulaciones constitucionales relativas a los requisitos que se exigen para ser Magistrado del TSJ, en cualquiera de sus Salas, y el procedimiento para su nombramiento, así como para su remoción.

4.3.1. Requisitos para ser magistrado de la Sala Constitucional

Dispone el artículo 263 de la Constitución que para ser magistrado del TSJ se requiere:

1. Tener la nacionalidad venezolana por nacimiento, y no poseer otra nacionalidad.
2. Ser ciudadano o ciudadana de reconocida honorabilidad.
3. Ser jurista de reconocida competencia, gozar de buena reputación, haber ejercido la abogacía durante un mínimo de quince años y tener título universitario de postgrado en materia jurídica; o haber sido profesor universitario o profesora universitaria en ciencia jurídica durante un mínimo de quince años y tener la categoría de profesor o profesora titular; o ser o haber sido juez o jueza superior en la especialidad correspondiente a la Sala para la cual se postula, con un mínimo de quince años en el ejercicio de la carrera judicial, y reconocido prestigio en el desempeño de sus funciones.

Este requisito fue interpretado por la SC a través de la sentencia número 1562 de fecha 12 de diciembre de 2000. Señaló la SC que el cumplimiento de esta exigencia debe ser interpretado de forma alternativa y no acumulativa, esto es, que el candidato a magistrado solo deberá cumplir una de las tres exigencias establecidas en la Constitución para aspirar al cargo. Con relación al requisito de ser "profesor titular", señaló la SC que no se refiere al escalafón más alto de un docente universitario. Argumentó la SC que "*no podría entenderse en el sentido de un grado dentro de la jerarquía de una carrera, ya que la norma (constitucional) para nada se refiere a la carrera universitaria*". De esta forma, a juicio de la SC, se entiende como "profesor titular", cualquier profesor "ordinario, activo o jubilado", que esté dentro de la nómina de una universidad y tenga 15 años o más dictando una cátedra en cualquier rama del derecho (aunque no haya alcanzado el escalafón de profesor titular).

Además, estableció la SC que, con el fin de determinar los años de carrera judicial de cada magistrado, se podría tomar en cuenta inclusive su trayectoria dentro del propio TSJ. Al respecto señaló la SC que *"el requisito de haberse desempeñado como Juez Superior es una exigencia mínima. Obviamente, si se han desempeñado como Magistrados de la antigua Corte o del Tribunal Supremo de Justicia, con mayor razón (por argumento a fortiori), el aspirante a ser designado o ratificado cumpliría con este requisito constitucional*".

Por último, la SC determinó que la "especialidad correspondiente a la Sala", a la que alude este numeral, "*debe ser interpretada de una manera amplia, al menos en lo que concierne a la Sala Constitucional y a la Sala Social. La primera, porque las atribuciones y competencias de esta Sala, en materia de protección de la Constitución abarca varios ámbitos, que exceden la especialidad académica del Derecho Constitucional; y la segunda, porque las materias de que debe conocer la Sala Social exceden también el campo laboral stricto sensu, que es su competencia por excelencia, por lo cual, lo ideal es que sea integrada por especialistas en las distintas materias que la Constitución y la Ley le puedan asignar (Familia, Menores, etc.)*".

4. Cualesquiera otros requisitos establecidos por la ley.

Respecto de los requisitos exigidos por la Ley, dispone la LOTSJ en su artículo 37 que, sin perjuicio del cumplimiento de los requisitos que exige el artículo 263 de la Constitución, para ser Magistrado del TSJ, el aspirante deberá cumplir con los siguientes requisitos:

1. Ser ciudadano o ciudadana de conducta ética y moral intachables.
2. Ser abogado o abogada de reconocida honorabilidad y competencia.
3. Estar en plena capacidad mental.

4. No haber sido condenado o condenada penalmente mediante sentencia definitivamente firme ni haber sido sancionado o sancionada por responsabilidad administrativa de conformidad con lo que dispone la Ley Orgánica de la Contraloría General de la República y del Sistema Nacional de Control Fiscal, mediante acto administrativo definitivamente firme.
5. Renunciar a cualquier militancia político-partidista, y no tener vínculo, hasta el segundo grado de consanguinidad o el tercer grado de afinidad, con los Magistrados o Magistradas del Tribunal Supremo de Justicia, con el Presidente o Presidenta de la República, el Vicepresidente Ejecutivo o Vicepresidenta Ejecutiva de la República, los ministros o ministras del Poder Popular, el o la Fiscal General de la República, el Defensor o Defensora del Pueblo, el Defensor Público o Defensora Pública General, el Contralor o Contralora General de la República, los Rectores o Rectoras del Consejo Nacional Electoral y el Procurador o Procuradora General de la República.
6. No estar unido por matrimonio ni mantener unión estable de hecho con alguno de los Magistrados o Magistradas del Tribunal Supremo de Justicia.
7. No realizar alguna actividad incompatible con las funciones y atribuciones de los Magistrados o Magistradas de conformidad con la ley.
8. Tener título universitario de especialización, maestría o doctorado en el área de ciencia jurídica.

Los Magistrados del TSJ son responsables personalmente por los delitos o faltas que cometan con ocasión del ejercicio de sus funciones, sin perjuicio de las demás responsabilidades a que haya lugar de conformidad con la ley.

4.3.2. Procedimiento para la designación de los magistrados de la Sala Constitucional

Reiteramos que el procedimiento para la designación de los magistrados de la SC es una garantía de la legitimidad de quienes ejercen el control de la constitucionalidad. En efecto, el procedimiento constitucional y legalmente establecido para la elección de los jueces constitucionales tiene como finalidad que se cumpla con los requerimientos que exige el Estado democrático de derecho en la conformación de los órganos constitucionales que ejercen el poder público, y que necesariamente comprende la deliberación y el consenso político del órgano legislativo, único legitimado para extender, mediante esta elección de segundo grado, la legitimación democrática que le otorga el voto popular.

Respecto del proceso de elección de los magistrados del TSJ, la Constitución determina lo siguiente:

> *"Artículo 264. Los magistrados o magistradas del Tribunal Supremo de Justicia serán elegidos o elegidas por un único período de doce años. La ley determinará el procedimiento de elección. En todo caso, podrán postularse candidatos o candidatas ante el Comité de Postulaciones Judiciales, por iniciativa propia o por organizaciones vinculadas con la actividad jurídica. El Comité, oída la opinión de la comunidad, efectuará una preselección para su presentación al Poder Ciudadano, el cual efectuará una segunda preselección que será presentada a la Asamblea Nacional, la cual hará la selección definitiva.*
> *Los ciudadanos y ciudadanas podrán ejercer fundadamente objeciones a cualquiera de los postulados o postuladas ante el Comité de Postulaciones Judiciales o ante la Asamblea Nacional".*

La LOTSJ, por su parte, fija en su artículo 38, el procedimiento de nombramiento de los magistrados del TSJ de la siguiente forma:

> *"Los Magistrados o Magistradas del Tribunal Supremo de Justicia serán designados o designadas por la Asamblea Nacional, por un período único de doce años, mediante el procedimiento siguiente: Cuando sea recibida la segunda preselección que consigne el Poder Ciudadano, de conformidad con el artículo 264 de la Constitución de la República, y la presente Ley, en sesión plenaria que sea convocada, por lo menos, con tres días hábiles de anticipación, la Asamblea Nacional hará la selección definitiva con el voto favorable de las dos terceras (2/3) partes de sus miembros. En caso de que no se logre el voto favorable de la mayoría calificada que se requiere, se convocará a una segunda sesión plenaria, de conformidad con este artículo; y si tampoco se obtuviese el voto favorable de las dos terceras (2/3)*

partes, se convocará a una tercera sesión y, si en ésta tampoco se consiguiera el voto favorable de las dos terceras (2/3) partes de los miembros de la Asamblea Nacional, se convocará a una cuarta sesión plenaria, en la cual se harán las designaciones con el voto favorable de la mayoría simple de los miembros de la Asamblea Nacional".

4.3.3. Procedimiento para la remoción de los magistrados de la Sala Constitucional

Por último, establece el artículo 265 de la Constitución que los magistrados del TSJ podrán ser removidos por la AN mediante una mayoría calificada de las dos terceras partes de sus integrantes, previa audiencia concedida al interesado o interesada, en caso de faltas graves ya calificadas por el Poder Ciudadano, en los términos que la ley establezca. Sin embargo, es la LOTSJ la que determina en su artículo 62 las causales de remoción por las cuales podrán ser removidos de sus cargos los magistrados del TSJ.

Dichas causales o faltas graves son enumeradas de la siguiente forma:

1. Las que establecen la Ley Orgánica del Poder Ciudadano[611] y el Código de Ética del Juez Venezolano y la Jueza Venezolana[612].

---

611 El artículo 11 de esta ley dispone que "Se consideran faltas graves de los magistrados o las magistradas del Tribunal Supremo de Justicia, las siguientes:

1. Cuando atenten, amenacen, o lesionen la ética pública y la moral administrativa establecida en la presente Ley.
2. Cuando incurran en algunas de las causales de destitución del cargo previsto en el Código de Ética del Juez Venezolano o Jueza Venezolana.
3. Cuando actúen con grave e inexcusable ignorancia de la Constitución de la República Bolivariana de Venezuela, de la ley y del derecho.
4. Cuando adopten decisiones que atenten o lesionen los intereses de la Nación.
5. Cuando violen, amenacen, o menoscaben los principios fundamentales establecidos en la Constitución de la República Bolivariana de Venezuela.
6. Cuando lleven a cabo activismo político partidista, gremial, sindical o de índole semejante, o realicen actividades privadas lucrativas incompatibles con su función por sí, o por interpuesta persona, o ejerzan cualquier otra función pública, a excepción de actividades educativas". V. Ley Orgánica del Poder Ciudadano, publicada en Gaceta Oficial N° 37.310 del 25 de octubre de 2001.

612 V. artículo 29 del Código de Ética del Juez Venezolano y Jueza Venezolana, publicado en Gaceta Oficial N° 6.207 Extraordinario del 28 de diciembre de 2015.

2. Manifiesta incapacidad física o mental permanente, certificada por una junta médica que designe el TSJ previa autorización de la AN.
3. No ser imparcial o independiente en el ejercicio de sus funciones.
4. Eximirse del ejercicio de sus funciones, salvo en los casos de inhibición o recusación.
5. Llevar a cabo activismo político partidista, gremial, sindical o de índole semejante.
6. Realizar actividades incompatibles con sus funciones, por sí o por interpuestas personas.
7. Ejercer simultáneamente otro cargo público remunerado, salvo lo que se dispone para cargos académicos o docentes a que se refiere la ley.
8. Abandonar el cargo y así lo declare el TSJ.
9. Incumplir o incurrir en negligencia manifiesta en el ejercicio de sus atribuciones y deberes.
10. Que sus actos públicos atenten contra la respetabilidad del Poder Judicial y de los órganos que represente.
11. Cometer hechos graves que, constitutivos o no de delito, pongan en peligro su credibilidad e imparcialidad y comprometan la dignidad del cargo.
12. Cuando ejerzan influencia directa en la designación de quienes cumplan funciones públicas.
13. Cuando incurran en abuso o exceso de autoridad.
14. Cuando incurran en grave e inexcusable error de derecho, cohecho, prevaricación, dolo o denegación de justicia.
15. Cuando hubiere suministrado datos falsos con motivo de su postulación como Magistrado a la fecha de la misma, que impida conocer o tergiverse el cumplimiento de los requisitos exigidos en la presente ley y en la Constitución de la República.
16. Cuando la actitud pública de los Magistrados atente contra el funcionamiento del TSJ, de alguna de sus Salas o del Poder Judicial.
17. Cuando infrinjan algunas de las prohibiciones que están establecidas en la Constitución de la República y en las leyes.

En cuanto al procedimiento para la remoción, la LOTSJ establece en su artículo 63 que una vez que sea calificada la falta y sean recibidas las actuaciones del Consejo Moral Republicano, el Presidente de la AN deberá convocar, dentro de los diez (10) días hábiles siguientes, a una sesión plenaria para escuchar al interesado o interesada y resolver inmediatamente sobre la remoción planteada.

XII
BIBLIOGRAFÍA

AA.VV., Tribunal Constitucional, Ed. Tirant Lo Blanch, Valencia. 2007.

AA.VV., *El Contencioso Administrativo y los Procesos Constitucionales*, Edit. Fundación Jurídica Venezolana, 2007.

AGUIAR, Asdrúbal, "La ruptura de la democracia" en BREWER-CARÍAS, Allan, *Dictadura Judicial y Perversión del Estado de Derecho. El Juez Constitucional y la destrucción de la democracia en Venezuela*, Segunda edición actualizada al 6 septiembre 2016, Editorial Jurídica Venezolana International, Caracas / New York, 2016.

AHUMADA RUIZ, María Á., "El control de constitucionalidad de las omisiones legislativas", en *Revista del Centro de Estudios Constitucionales*, número 8, enero-abril 1991.

ALDUNATE LIZANA, Eduardo, "Aproximación conceptual y crítica al neconstitucionalismo", en *Revista de Derecho* (Valdivia) v.23 n.1 Valdivia jul. 2010. Disponible en: http://dx.doi.org/10.4067/S0718-09502010000100004

ÁLVAREZ CHAMOSA, María L., "El control de convencionalidad y su ejercicio por los funcionarios de la administración pública", en *Revista Electrónica de Derecho Administrativo Venezolano*, número 15, mayo-agosto 2018. Caracas, 2019. Disponible en: http://redav.com.ve/wp-content/uploads/2019/12/Redav-15.pdf

AMAYA, Jorge A., "Marbury vs. Madison o de antiguas y modernas tensiones entre democracia y constitución", en Revista *de Estudios Jurídicos*, número 10/2010 (Segunda Época), Universidad de Jaén. España, 2010.

ARAUJO JUÁREZ, José, *Los derechos fundamentales y los medios de protección procesal*, Editorial Jurídica Venezolana, Fundación Estudios de Derecho Administrativo, Caracas, 1997.

__________, *Derecho administrativo constitucional*, Centro para la Integración y el Derecho Público (CIDEP), Editorial Jurídica Venezolana, Caracas, 2017.

ARTAL, Rosa M., "El 'Justicia' aragonés se restablece con el Estatuto de autonomía", en *El País*, 26 de agosto de 1982, España. Disponible en: https://elpais.com/diario/1982/08/26/espana/399160813_850215.html

AYALA CORAO, Carlos, "La Jurisdicción Constitucional en Venezuela", En GARCÍA BELAUNDE, Domingo (Coordinador), "La Jurisdicción Constitucional en Iberoamérica", Ed. Dykinson, España, 1997.

__________, *La jerarquía constitucional de los tratados relativos a derechos humanos y sus consecuencias*, Fundación Universitaria de Derecho, Administración y Política, México, 2004.

__________, "La mundialización de los derechos humanos", en *La mundialización del derecho*, Academia de Ciencias Políticas y Sociales, Caracas, 2009.

__________, "Del diálogo jurisprudencial al control de convencionalidad", Trabajo de incorporación a la Academia de Ciencias Políticas y Sociales, como Individuo de Número, Colección Estudios Jurídicos número 98, Editorial Jurídica Venezolana. Caracas, 2012.

__________, "El incumplimiento de las sentencias internacionales: De las excepciones, al Estado autárquico y las tendencias autoritarias", en VI Congreso Internacional de Derecho Procesal Constitucional y IV de Derecho Administrativo", Universidad Monteávila, Caracas, 2016.

BADELL BENÍTEZ, Nicolás, "Análisis jurisprudencial del amparo constitucional contra la Administración Pública", en BADELL MADRID, Rafael (coord.), *Derecho Contencioso Administrativo. Libro Homenaje al Profesor Luís H. Farías Mata*, Instituto de Estudios Jurídicos del Estado Lara, Barquisimeto, 2006.

__________, "Demanda contra vías de hecho y Abstenciones de la Administración Pública", en *XXXVIII Jornadas J.M. Domínguez Escovar. Avances Jurisprudenciales del Contencioso Administrativo en Venezuela*, Instituto de Estudios Jurídicos "Ricardo Hernández Álvarez", Barquisimeto 2013.

BADELL MADRID, Álvaro, *La sentencia civil. Tendencias jurisprudenciales,* Academia de Ciencias Políticas y Sociales, Editorial Torino, Caracas, 2019.

BADELL MADRID, Rafael, "El Recurso por abstención o carencia", en *Derecho Procesal Administrativo, 1eras Jornadas Centenarias del Colegio de Abogados del Estado Carabobo*, Valencia, 1997.

__________, "Competencias de la Sala Constitucional", en *Nuevos estudios de derecho procesal*, Libro Homenaje a José Andrés Fuenmayor. Vol. 1. Tribunal Supremo de Justicia, colección de Libros Homenaje, número 8. Caracas-Venezuela 2002.

__________, "Medios alternativos de solución de conflictos en el derecho administrativo venezolano. Especial referencia al arbitraje en los contratos administrativos", en *Libro del Congreso Internacional de Derecho Administrativo en Homenaje al Profesor Luis Henrique Farías Mata*, Caracas, 2006.

__________, "Recurso de revisión constitucional en el arbitraje", en *Revista Electrónica de la Cámara Venezolana Americana de Comercio e Industria,* mayo de 2012. Disponible en: www.badellgrau.com

__________, *Responsabilidad del Estado en Venezuela,* Academia de Ciencias Políticas y Sociales, Caracas, 2014.

__________, *Régimen jurídico de la expropiación en Venezuela*, Switt Print, C.A., Caracas, 2014.

__________, *La Protección de los Intereses Colectivos o Difusos en Venezuela. Class Action.* 1° Edición. Universidad Católica Andrés Bello. Caracas, 2014.

__________, "Poderes del juez constitucional", Conferencia dictada en *VI Congreso Internacional de Derecho Procesal Constitucional y IV Congreso de Derecho Administrativo en Homenaje al Dr. Carlos Ayala Corao*. Universidad Monteávila. Caracas: 11 de noviembre de 2016. En: http://badellgrau.com/?pag=37&ct=2145

__________, *La Asamblea Constituyente en la Constitución de 1999. Academia de Ciencias Políticas y Sociales,* Editorial Torino. Caracas, 2018.

__________, "Algunas consideraciones sobre las inconstitucionales sentencias 68, 69 y 70 de la Sala Constitucional relativas al nombramiento de las autoridades del Consejo Nacional Electoral". En *Estudios sobre la ilegitimidad e inconstitucionalidad de las elecciones parlamentarias de 2020*, Academia de Ciencias Políticas y Sociales, Editorial Jurídica Venezolana, Caracas, 2020.

__________, "Consideraciones sobre las sentencias 71, 72 y 77 de la Sala Constitucional por medio de las cuales se intervinieron los partidos políticos Acción Democrática, Primero Justicia y Voluntad Popular". En

Estudios sobre la ilegitimidad e inconstitucionalidad de las elecciones parlamentarias de 2020, Academia de Ciencias Políticas y Sociales, Editorial Jurídica Venezolana, Caracas, 2020.

__________, "Comentarios a la sentencia de la Sala Constitucional que ordenó a DIRECTV continuar de manera inmediata con la prestación del servicio de televisión por suscripción". En *Boletín de la Academia de Ciencias Políticas y Sociales,* número 160, enero-junio 2020, Academia de Ciencias Políticas y Sociales, Caracas, 2020.

__________, "Consideraciones sobre la sentencia de la Sala Constitucional del Tribunal Supremo de Justicia que suspendió la aplicación de las leyes estadales y municipales sobre impuestos". En *Boletín de la Academia de Ciencias Políticas y Sociales,* número 161, julio-diciembre 2020, Academia de Ciencias Políticas y Sociales, Caracas, 2020.

BÁRCENAS, Josu y TAJADURA TEJADA, Javier, "Kelsen y Schmitt: Dos Juristas en Weimar", en *Revista de Historia Constitucional*, número 20, 2019, Centro de Estudios Políticos y Constitucionales de Madrid, Universidad de Oviedo, España, 2019. Disponible en: http://www.historiaconstitucional.com

BAZÁN, Víctor, (Ed.), "Justicia Constitucional y derechos fundamentales", Fundación Konrad Adenauer, Bogotá, 2015.

__________, "Justicia, política y búsqueda de mayor transparencia en Argentina", en Víctor Bazán y Marie-Christine Fuchs (Editores académicos), *Justicia constitucional y derechos fundamentales. Justicia y Política en América Latina*, Fundación Konrad Adenauer, Editorial Temis, Editorial Nomos S.A., Bogotá, 2018.

BELLO LOZANO, Antonio. *Lecciones de Derecho Procesal Constitucional: Procesos Judiciales de Naturaleza Constitucional*, Edit. Lizcalibros, Caracas, 2013.

BELLO TABARES, Humberto T.; JIMÉNEZ RAMOS, Dorgi D., *La acción de amparo Constitucional y sus modalidades judiciales*, Editorial Liber, Caracas, 2006.

BERRÍOS ORTIGOZA, Juan A., "Bases para la comprensión de la politización de la justicia constitucional en Venezuela (2000-2010): Ensayo de aproximación", en CASAL, Jesús M. (coordinador), *Defender la Constitución*, Universidad Católica Andrés Bello, Caracas, 2011.

BLANCO GUZMÁN, Armando L., "Consideraciones sobre el Amparo Constitucional a Propósito de los 30 años de la Ley Orgánica de Amparo sobre Derechos y Garantías Constitucionales", disponible en: https://culturajuridica.org/consideraciones-sobre-el-amparo-constitucional-a-proposito-de-los-30-anos-de-la-ley-organica-de-amparo-sobre-derechos-y-garantias-constitucionales/?utm_source=ReviveOldPost&utm_medium=social&utm_campaign=ReviveOldPost

BOSCÁN DE RUESTA, Isabel, "El Régimen de la Prueba en el Contencioso-Administrativo", en *Primeras Jornadas Internacionales de Derecho Administrativo "Allan Randolph Brewer-Carías"*. Editorial Jurídica Venezolana, Caracas, 1995.

BRAGE GAMAZANO, Joaquín, "La acción abstracta de inconstitucionalidad", en Juan Manuel Acuña y Eduardo Ferrer Mac-Gregor (coordinadores), *Curso de Derecho Procesal Constitucional,* primera reimpresión, Editorial Porrúa, Universidad Panamericana, México, 2015.

BREWER-CARÍAS, Allan R., *Instituciones Políticas y Constitucionales*, Tomo VI, Justicia Constitucional. Disponible en: www.brewercarias.com

__________, "Los Procesos y procedimientos Constitucionales ante la Jurisdicción Constitucional en Venezuela", disponible en: www.brewercarias.com

__________, "Quis Custodiet Ipsos Custodes: de la interpretación constitucional a la inconstitucionalidad de la interpretación". Disponible en: www.brewercarias.com

__________, "El amparo constitucional en Venezuela", publicado en *Revista IUS*, número 27, Instituto de Ciencias Jurídicas de Puebla, Puebla, México 2011.

__________, "Algunas Consideraciones Sobre El Control Jurisdiccional de la Constitucionalidad de Los Actos Estatales en El Derecho Venezolano", en *Revista de Administración Pública*, número 076, Madrid, 1975.

__________, *El Régimen Municipal en Venezuela*, Caracas 1984.

__________, "Los diversos tipos de acciones y recursos contencioso administrativo en Venezuela", en *Revista de Derecho Público*, número 25. Editorial Jurídica Venezolana. Caracas, marzo, 1986.

__________, *Ley Orgánica de Amparo*, Editorial Jurídica Venezolana, Caracas, 1988.

__________, "Los diversos tipos de acciones y recursos contencioso administrativo en Venezuela", en *Revista de Derecho Público*, número 50, Editorial Jurídica Venezolana, Caracas, 1992.

__________, El *control concentrado de la constitucionalidad de las leyes (estudio de derecho comparado)*, Cuadernos de la Cátedra Fundacional Allan R. Brewer-Carías de Derecho Público Universidad Católica del Táchira número 2, Editorial Jurídica Venezolana, Caracas, 1994. Disponible en: http://acienpol.msinfo.info/bases/biblo/texto/ Brewer/L-0462.pdf

__________, *El sistema mixto o integral de control de la constitucionalidad en Colombia y Venezuela*, Universidad de Externado de Colombia, Instituto de Estudios Constitucionales Carlos Restrepo Piedrahita (Temas de Derecho Público número 39) y Pontificia Universidad Javeriana (número Jurídicas número 5), Bogotá, 1995.

__________, *Reflexiones sobre el constitucionalismo en América (con una Biblio verbi grafía del autor)*. Cuadernos de la Cátedra Fundacional Dr. Charles Brewer Maucó "Historia del Derecho de Venezuela", Universidad Católica Andrés Bello, número 2, Editorial Jurídica Venezolana, Caracas, 2001. Disponible en: http://acienpol.msinfo.info/bases/biblo/texto/Brewer/L-1080.pdf

__________, "El control de la constitucionalidad de la omisión Legislativa y la sustitución del legislador por el juez constitucional: el caso del nombramiento de los titulares del poder electoral en Venezuela", disponible en: http://allanbrewercarias.net/dev/wp-content/uploads/2009/06/II-4-593.-ELCONTROL-DE-CONSTITUCIONALIDAD-POR-OMISIO%CC%81N-Y-EL-CASO-DEL-PODER-ELECTORAL.doc.pdf

__________, "El juez constitucional vs las Academias (La reforma de la Ley de la Academia de Ciencias Políticas y Sociales por la Jurisdicción Constitucional)", disponible en: http://allanbrewercarias.net/Content/449725d9-f1cb-474b-8ab2-41efb849fea3/Content/I,%202,%2056.%20El%20Juez%20Constitucional%20vs.%20las%20Academias%20Nacionales,%20Nov.%202008.doc.pdf

__________, "La ilegítima mutación de la constitución por el juez constitucional en materia de justicia constitucional", Trabajo presentado en el

VI Encuentro Iberoamericano de Derecho Procesal Constitucional y las XI Jornadas Argentinas de Derecho Procesal Constitucional, San Juan, Argentina junio 2009. Disponible en: http://allanbrewercarias.net/dev/wp-content/uploads/2009/06/1047-992-LA-MUTACI%C3%93N-CONSTITUCIONAL-EN-MATERIA-DE-JUSTICIA-CONSTITUCIONAL-Encuentro-Dcho-Procesal-Const.-Cuy.pdf

__________, "El amparo constitucional en Venezuela", en *Revista de Derecho Público*, número 74, Facultad de Derecho, Universidad de Chile Santiago de Chile, 2011.

__________, "La metamorfosis jurisprudencial y legal del recurso extraordinario de revisión constitucional de sentencias en Venezuela" Publicado en VELANDIA CANOSA, Eduardo Andrés, *Derecho Procesal Constitucional,* Tomo III, volumen III, VC Editores Ltda. Y Asociación Colombiana de Derecho Procesal Constitucional, Bogotá 2012.

__________, "La condena y el encarcelamiento de alcaldes por la Sala Constitucional del Tribunal Supremo de Justicia", disponible en: http://allanbrewercarias.com/Content/449725d9-f1cb-474b-8ab2-41efb849fea3/Content/Brewer-Car%C3%ADas.%20Sobre%20la%20sentencia%20 de %20la% 20Sala% 20Constitucional%20encarcelando%20Alcaldes.%2

__________, "Sobre cómo no debe ejercerse el control difuso de constitucionalidad de las leyes por un juez ordinario. El caso de una sentencia de un juez de Municipio de Caracas, que para "garantizar la tutela judicial efectiva," con la excusa de ejercer el control difuso, violó la Constitución y la Ley, distorsionando el contenido del artículo 185-A del Código Civil", en *Revista de Derecho Público*, número 134 (abril-junio 2013), Editorial Jurídica Venezolana, Caracas, 2013.

__________, *Tratado de Derecho Constitucional,* Tomo V de *Derechos y Garantías en la Constitución de 1961 (la justicia constitucional),* Fundación Estudios de Derecho Público, Editorial jurídica Venezolana, Caracas, 2015.

__________, "Derecho administrativo y control de la convencionalidad", Texto de la conferencia dictada en el Colegio de Abogados de Costa Rica, San José, Costa Rica, 19 de marzo de 2015. Disponible en: https://allanbrewercarias.com/wp-content/uploads/2017/11/I-1-1100-DECHO-AMINISRAT-CONTROL-CONVENCIONALIDAD.-San-Jose-2015.pdf

__________, *Dictadura Judicial y Perversión del Estado de Derecho. El Juez Constitucional y la destrucción de la democracia en Venezuela*, Segunda edición actualizada al 6 septiembre 2016, Editorial Jurídica Venezolana International, Caracas / New York, 2016.

__________, *Instituciones políticas y Constitucionales,* Tomo VI de *Justicia Constitucional*, Católica del Táchira, Editorial Jurídica Venezolana, San Cristóbal, 2016.

__________, *Tratado de Derecho Constitucional*, Tomo XII, Fundación de Derecho Público, Editorial Jurídica Venezolana, Caracas, 2017. Disponible en: http://allanbrewercarias.com/categoria-de-biblioteca/libros/tratados/

__________, "La nueva farsa del juez constitucional controlado: la inconstitucional y falsa "corrección" de la usurpación de funciones legislativas por parte de la Sala Constitucional del Tribunal Supremo (Sentencias No. 157 y 158 de 1° de abril de 2017) Crónica actualizada al 5 de abril de 2017, 5 pm". Vid. http://allanbrewercarias.net/site/wp-content/uploads/2017/04/151.-doc.-Brewer-Nueva-farsa-del-Juez-Constitucional.-Falsa-correcci%C3%B3n.-Sentencias-Sala-Constit.-157-y-158-.-4-4-2017.pdf

__________, "El reparto de despojos: La usurpación definitiva de las funciones de la Asamblea Nacional por la Sala Constitucional del Tribunal Supremo de Justicia al asumir el poder absoluto del Estado. (Sentencia N° 156 de la Sala Constitucional)", *Revista de Derecho Público*, No. 149-150, (enero-junio 2017), Editorial Jurídica Venezolana, Caracas, 2017.

__________, "La fraudulenta y fallida "magia" del juez constitucional en Venezuela. De cómo se "transforma" una acción de amparo, que declarada sin lugar, en una vía para emitir declaraciones políticas, sobre hechos políticos, ignorando la justicia y el debido proceso (Sobre la sentencia de la Sala Constitucional No. 65 del 26 de mayo de 2020)", Nueva York, 28 de mayo de 2020. Disponible en: http://allanbrewercarias.com/wp-content/uploads/2020/05/Brewer.-LA-FRAUDULENTA-Y-FALLIDA-%E2%80%9CMAGIA%E2%80%9D-DEL-JUEZ-CONSTITUCIONAL-EN-VENEZUELA.-sentencia-No-65.-26-5-2020.pdf

__________, "La desaparición del control difuso de convencionalidad en Venezuela, como precio vil para justificar una condena por daños morales contra el portal la patilla.com", New York, 11 de junio de 2019. Disponible en: https://allanbrewercarias.com/wp-content/uploads/2019/06/196.-Eliminaci%C3%B3n-control-difuso-convencionaldiad-6-2019.pdf

BRICEÑO LEÓN, Humberto, *La Acción de Inconstitucionalidad en Venezuela*, Editorial Jurídica Venezolana, Caracas, 1989.

CABALLERO SIERRA, Gaspar y ANZOLA GIL, Marcela, *Teoría Constitucional*, Editorial TEMIS, Santa Fe de Bogotá, Colombia, 1995.

CABRERA ROMERO, Jesús E., *Contradicción y control de la prueba legal y libre*, Tomo I, Editorial Jurídica Alva. Caracas 1989.

__________, *La prueba legítima por inconstitucionalidad*, Ediciones Homero, Caracas, 2012.

CALAMANDREI, Piero, *Instituciones de Derecho Procesal Civil según el nuevo Código*, Editorial EJEA. Buenos Aires. 1973.

CALCAÑO DE TEMELTAS, Josefina, "El Control Constitucional", en *Revista de Derecho Constitucional,* número 2, Editorial Sherwood, Caracas, 2000.

CARBONELL, M. "Marbury vs. Madison: en los orígenes de la supremacía constitucional y el control de constitucionalidad", disponible en: www.miguelcarbonell.com

__________, "El neoconstitucionalismo en su laberinto", en *Teoría del neoconstitucionalismo. Ensayos escogidos*, Editorial Trotta, Instituto de Investigaciones Jurídicas UNAM, Madrid, 2009.

CARMONA TINOCO, Jorge U., *La interpretación judicial constitucional*, Instituto de Investigaciones Jurídicas, Comisión Nacional de Derechos Humanos, México, 1996.

CARPIO MARCOS, Edgar, "Sieyes, Jellinek, Kelsen y los tribunales constitucionales", en *Sobre la Jurisdicción Constitucional*, UIGV, Lima, 2017.

CARPIZO, Jorge. "La interpretación constitucional en México", en *Boletín Mexicano de Derecho Comparado*, número 12, 197, Universidad Nacional Autónoma de México, México, 1971.

CASAL H., Jesús M., "La facultad revisoria de la Sala Constitucional prevista en el numeral 10 del artículo 336 de la Constitución", en *Revista de Derecho Constitucional,* número 3 del año 2000, Caracas, 2000.

__________, *Constitución y Justicia Constitucional.* Segunda edición ampliada. Edit. Universidad Católica Andrés Bello. Caracas, 2004.

__________, (coordinador), *Defender la Constitución*, Universidad Católica Andrés Bello, Caracas, 2011.

__________, "La jurisdicción constitucional como agente reductor de los derechos. Tendencias de la jurisprudencia constitucional venezolana", en BAZÁN, Víctor (Ed.), *Justicia Constitucional y derechos fundamentales*, Fundación Konrad Adenauer, Bogotá, 2015.

____ "La jurisdicción constitucional y la reconstrucción de la constitucionalidad democrática" en SOSA GÓMEZ, Cecilia y CASAL, Jesús M. (Coords.), *¿Qué hacer con la justicia? El caso venezolano,* Academia de Ciencias Políticas y Sociales, Centro para la Integración y el Derecho Público, Caracas, 2020.

CASTRILLÓN Y LUNA, Víctor M., "El control constitucional en el derecho comparado", en DÍAZ MÜLLER, Luis T. (coord.), *V Jornadas: Crisis y derechos humanos", Instituto de Investigaciones Jurídicas*, México, 2010. Disponible en: https://archivos.juridicas.unam.mx/www/bjv/libros/6/2897/5.pdf

CASTRO, Juventino V. *Lecciones de Garantías y Amparo,* Segunda Edición, Editorial Porrúa, México, 1978.

CELOTTO, Alfonso, "Formas y Modelos de Justicia Constitucional. Un Vistazo General", en *Justicia constitucional local*, Fundación Universitaria de Derecho, Administración y Política, Querétaro-México, 2003.

CERVANTES, Luis, "Los tribunales constitucionales en el derecho comparado. Un estudio introductorio sobre sus antecedentes y situación jurídica actual", en *Estudios Básicos de Derechos Humanos*, Tomo VI, Instituto Interamericano de Derechos Humanos, San José, 1994-1997.

CHAVERO GAZDIK, Rafael, *El nuevo régimen del amparo constitucional, Editorial Sherwood*, Caracas, 2001.

__________, *El control constitucional de las decisiones judiciales*, Editorial Jurídica Venezolana, Centro para la integración y el Derecho Público, Caracas, 2018.

CORZO SOSA, Edgar y VEGA GÓMEZ, Juan, (coordinadores), *Tribunales y Justicia constitucional. Memoria del VII Congreso iberoamericano de derecho constitucional*, Instituto de Investigaciones Jurídicas, Universidad Nacional Autónoma de México, Ciudad de México, 2002.

COUTURE, Eduardo, *Estudios de derecho procesal civil*, Tomo III, Ediciones Depalma, Buenos Aires, 1979.

CUCARELLA GALIANA, Luis Andrés, "Tribunales Constitucionales y Retos Individuales y de Protección Colectiva en el Sistema Europeo de Control de Constitucionalidad", en ESTUPIÑAN ACHRY, Liliana; HERNÁNDEZ, Carlos; JIMÉNEZ, William (Editores Académicos), *Tribunales y justicia constitucional*, Tomo I, Universidad Libre. Facultad de Derecho, Doctorado en Derecho, Ediciones Nueva Jurídica, Colombia, 2017.

CUENCA, Humberto, *Derecho Procesal Civil*, Tomo I, Ediciones de la Biblioteca, Universidad Central de Venezuela, Caracas, 1994.

CURY, Jottin hijo, "Por un tribunal constitucional", en CUAREZMA TERÁN Sergio J. y PICHARDO, Rafael L., *Nuevas tendencias del derecho constitucional y el Derecho Procesal Constitucional,* Instituto de Estudio e Investigación Jurídica, Nicaragua, 2011.

DE SOLA, René, "Vida y vicisitudes del recurso de amparo en Venezuela", *Boletín de la Academia de Ciencias Políticas y Sociales,* julio-diciembre, 1984. Caracas, 1984.

DE VEGA GARCÍA, Pedro, *La reforma constitucional y la problemática del poder constituyente,* Tecnos, Madrid, 1985.

DERMIZAKY PEREDO, Pablo, "La inconstitucionalidad por omisión", en *Anuario iberoamericano de justicia constitucional*, número 6, 2002, Centro de Estudios Políticos y Constitucionales, Madrid, 2002.

__________, "El derecho procesal constitucional", *Revista Boliviana de Derecho*, número 4, Fundación Iuris Tantum, Santa Cruz, Bolivia, 2007. Disponible en: http://www.redalyc.org/articulo.oa?id=427539904002

DEVIS ECHANDÍA, Hernando, *Teoría general de la prueba judicial*, Víctor P. De Zavalía – Editor, Buenos Aires, 1981.

DÍAZ REVORIO, Francisco J., "El control de constitucionalidad de las omisiones legislativas relativas en el derecho comparado europeo", en *Revista Española de Derecho Constitucional*, Año 21, número 61, enero-abril 2001, Madrid, 2001.

DÍAZ-RESTREPO, Juan C., "La carga dinámica de la prueba como modalidad de carga probatoria aplicada en el ordenamiento jurídico colombiano. Vulneración a la igualdad constitucional". En *Entramado,* volumen 12, Número 1, 2016 (enero-junio), Universidad Libre, Cali, 2016.

DICEY, Albert. *The Law of the Constitution*, Indianápolis, Liberty Fund, reprint, originally Published 8ed. 1915.

DIEZ, Manuel M., (con la colaboración de Tomás Hutchinson), *Derecho procesal administrativo (lo contencioso administrativo*), Edit. Plus Ultra, Buenos Aires, 1996.

DUQUE CORREDOR, Román J, *Apuntaciones sobre el Procedimiento Civil Ordinario*. t. I, Colección Manuales de Derecho, Ediciones Fundación Projusticia, Caracas, 2000.

__________ y CASAL H., Jesús María (Coord.), *Estudios de Derecho Público*, Tomo II, Universidad Católica Andrés Bello, Caracas, 2004.

__________, "Fraude procesal de los magistrados de la Sala Constitucional" 4 de abril de 2017, disponible en http://justiciayecologiaintegral.blogspot.com/2017/04/fraude-procesal-de-los-magistradosde.html?spref=fb&m=1.

__________, Prólogo a la obra de Juan M. Matheus, *La disciplina parlamentaria en España y Venezuela: un estudio de Derecho Comparado*, Centro de Estudios de Derecho Público de la Universidad Monteávila, Instituto de Estudios Parlamentarios Fermín Toro, Editorial Jurídica Venezolana, Caracas, 2014. Disponible en: http://www.acienpol.org.ve/cmacienpol/Resources/Pronunciamientos/Pronunciamiento%20ACPS%20ante%20las%20recientes%20decisiones%20del%20TSJ%20abril%202014.pdf

ELIZONDO GASPERÍN, María M., *Derecho Procesal Constitucional*, Cuadernos procesales, Colegio de Profesores de Derecho Procesal de la Facultad de Derecho de la Universidad Nacional Autónoma de México, año 4, número 8. México, 2008.

ESCOVAR SALOM, Ramón, *El Amparo en Venezuela*, Editorial Jurídica Aiva, Caracas, 1971.

ESCUDERO, Margarita, *El control judicial de constitucionalidad sobre las ramas legislativa y ejecutiva del Poder Público*, Serie: Trabajo de Grado número 1. Facultad de Ciencias Jurídicas y Políticas, Caracas, 2004.

ESQUIVEL LEYVA, Manuel, "El control de convencionalidad en el sistema jurídico mexicano", disponible en: https://archivos.juridicas.unam.mx/www/bjv/libros/8/3980/18.pdf

ESTUPIÑAN ACHRY, Liliana; HERNÁNDEZ, Carlos; JIMÉNEZ, William (Editores Académicos), *Tribunales y justicia constitucional*, Tomo I, Universidad Libre. Facultad de Derecho, Doctorado en Derecho, Ediciones Nueva Jurídica, Colombia, 2017.

FAÚNDEZ, Héctor, *El Sistema Interamericano de Protección de Derechos Humanos: aspectos institucionales y procesales*, tercera edición, Instituto Interamericano de Derechos Humanos, San José de Costa Rica, 1996.

FAVOREU, Louis, *El Bloque de la Constitucionalidad,* en *Revista del Centro de Estudios Constitucionales*, núm. 5, enero-marzo 1990, Madrid, 1990.

__________, *Los Tribunales Constitucionales*, Edit. Ariel, Barcelona, 1994.

FERNÁNDEZ RODRÍGUEZ, José J., "En respuesta a encuesta" en Domingo García Belaúnde, y Eloy Espinosa-Saldaña Barrera, (Coords.) *Encuesta sobre Derecho Procesal Constitucional*, Ed. Porrúa, e Instituto Mexicano de Derecho Procesal Constitucional, México, D.F., 2006.

__________, *La justicia constitucional europea ante el siglo XXI*, segunda edición, Editorial Tecnos, Madrid, 2007.

FERNÁNDEZ SEGADO, Francisco. «Los nuevos desafíos de nuestro tiempo para la protección jurisdiccional de los derechos», en *Revista Vasca de la Administración Pública*, número 39, mayo-agosto 1995.

__________, "El Control de Constitucionalidad en Latinoamérica: del control político a la aparición de los primeros Tribunales Constitucionales", en *Revista PUCP*, número 52 (1999), Pontificia Universidad Católica del Perú, Lima, 1999.

__________, "Algunas reflexiones generales en torno a los efectos de las sentencias de inconstitucionalidad y a la relatividad de ciertas fórmulas estereotipadas vinculadas a ellas" en *Anuario Iberoamericano de Justicia Constitucional*, número 12, Centro de Estudios Políticos y Constitucionales, Madrid, 2008.

FERRER MAC-GREGOR, Eduardo, *El Derecho Procesal Constitucional,* Editorial Porrúa, Colegio de Secretarios de la Corte Suprema de la nación, México, 2003.

__________, "El Derecho Procesal Constitucional como disciplina jurídica autónoma", en *Anuario de Derecho Constitucional Latinoamericano*, Instituto de Investigaciones Jurídicas de la Universidad Nacional Autónoma de México, 2006. Disponible en: https://archivos.juridicas.unam.mx/www/bjv/libros/4/1624/8.pdf

__________, "Prólogo a la Edición Mexicana", en GIACOMETTE FERRER, Ana, *La Prueba en los procesos constitucionales*, Edición Jurídica Venezolana, Fundación de Estudios de Derecho Administrativo. Caracas, 2014.

FERRERES COMELLA, Víctor, *Justicia constitucional y democracia*, 2da edición, Centro de Estudios Políticos y Constitucionales, Madrid, 2012.

FIX-ZAMUDIO, Héctor. *La garantía jurisdiccional de la Constitución mexicana (Ensayo de una estructura procesal del Amparo),* UNAM, México, D.F., 1955.

__________, "Algunos aspectos comparativos del derecho de amparo en México y Venezuela", *Libro Homenaje a la Memoria de Lorenzo Herrera Mendoza*, Tomo II, UCV, Caracas, 1970.

__________, "Algunos aspectos de la Interpretación Constitucional en el ordenamiento Mexicano", en *Comunicaciones Mexicanas al VIII Congreso Internacional de Derecho Comparado* (Pescara, 1970), Universidad Nacional Autónoma de México, México, 1971.

__________, *Introducción al Derecho Procesal Constitucional*, Fundación Universitaria de Derecho Administrativo y Política, México D.F., 2002.

FORKOSCH, Morris D., *Constitutional Law*, Mineola, New York, 1969.

FRAGA PITTALUGA, Luis, "Algunas Notas sobre la Prueba en el Proceso Administrativo" en *Revista de Derecho Administrativo,* número 3, mayo-agosto 1998. Editorial Sherwood, Caracas, 1998.

GALVIS ARENAS, Gustavo y RODRÍGUEZ DELGADO, Mauricio, "Fraude constitucional", en *Temas Socio-Jurídicos,* número 27, Centro de Investigaciones Socio – Jurídicas, Universidad Autónoma de Bucaramanga, Colombia, 2007.

GARCÍA, Julio C., "La aplicación del principio in dubio pro legislatoris en las sentencias de inconstitucionalidad directa", Tesis presentada al conferirse el grado de Magister en Derecho Constitucional en la Universidad Rafael Landívar, Guatemala, mayo 2012. Disponible en: biblio3.url.edu.gt/Tesis/2012/07/12/Garcia-Julio.pdf

GARCÍA BELAUNDE, Domingo, "De la jurisdicción constitucional al Derecho Procesal Constitucional", en *Anuario Iberoamericano de Justicia constitucional*, número 3, Madrid, 1999.

__________, *El derecho procesal constitucional en perspectiva,* Ed. Porrúa, México, D.F., 2008.

__________, "El control de convencionalidad y sus problemas". En *Revista Pensamiento Constitucional* número 20, Pontificia Universidad Católica del Perú, Perú, 2015. Disponible en: http://revistas.pucp.edu.pe/index.php/pensamientoconstitucional/article/view File/ 14888/ 15428

GARCÍA DE ENTERRÍA, Eduardo, *Revolución Francesa y Administración Contemporánea*, Edit. Taurus, Madrid, 1981.

__________, *La Constitución como Norma y el Tribunal Constitucional*, Editorial Civitas, Madrid, España, 1985.

__________, *Hacia una nueva justicia administrativa*, Editorial Civitas, Madrid, 1989.

GARCÍA PELAYO, Manuel, *El Status del Tribunal constitucional*, en *Revista Española de Derecho Constitucional*, número 1, Madrid, 1981.

GARCÍA RAMÍREZ, Sergio, "El control judicial interno de convencionalidad" en FERRER MAC-GREGOR, Eduardo (Coordinador), *El control difuso de la convencionalidad. Diálogo de la Corte Interamericana de Derechos Humanos y los jueces nacionales*, FUNDAP, Querétaro, 2012.

GARCÍA SOTO, Carlos, "¿Desde cuándo puede hablarse "Estados de Excepción" en la Historia de Venezuela?", en *Prodavinci*, 25 de mayo de 2016.

GIACOMETTE FERRER, Ana, *La prueba en los procesos constitucionales*, Tesis de Grado, Maestría en Derecho con énfasis en procesal constitucional, Universidad de los Andes, Bogotá, 2005.

__________, *La Prueba en los procesos constitucionales*, Edición Jurídica Venezolana, Fundación de Estudios de Derecho Administrativo. Caracas, 2014.

GÓMEZ PALACIO, Ignacio, "Reforma judicial: el criterio de importancia y trascendencia y su antecedente, el writ of certiorari", en *Jurídica*, Anuario del Departamento de Derecho de la Universidad Iberoamericana número 29, año 1999; Ciudad de México, 1999.

GONZÁLEZ, Alejandro, "Hacia una nueva Ley Orgánica de Amparo" en SOSA GÓMEZ, Cecilia y CASAL, Jesús M. (Coords.), *¿Qué hacer con la justicia? El caso venezolano,* Academia de Ciencias Políticas y Sociales, Centro para la Integración y el Derecho Público, Caracas, 2020.

GONZÁLEZ PÉREZ, Jesús, *Derecho Procesal Constitucional*, Edit. Civitas, Madrid, 1980.

__________, *Manual de Derecho Procesal Administrativo*, segunda edición, Editorial Civitas, Madrid, 1992.

GONZÁLEZ RIVAS, Juan J., *La justicia constitucional: derecho comparado y español,* Editoriales de Derecho Reunidas, Madrid, 1958.

GORDILLO, Agustín, "La prueba en el derecho procesal administrativo" en *Primeras jornadas internacionales de derecho administrativo Allan Randolph Brewer-Carías*, FUNEDA, Caracas, 2000.

GOVEA y BERNANDONI, *Las Respuestas del Tribunal Supremo de Justicia sobre la Constitución Venezolana de 1999*, Caracas, 2002.

GOZAÍNI, Osvaldo, *El derecho procesal constitucional y los derechos humanos (vínculos y autonomías)*, Ed. UNAM, México, 1995.

__________, *Derecho Procesal Constitucional*, Editorial de Belgrano Tomo I, Buenos Aires, 1999.

GRAU, María Amparo, "La omisión legislativa no es un instrumento político", *El Nacional*, 8 de octubre de 2014. En: http://www.el-nacional.com/maria_amparo_grau/omision-legislativa-instrumento-politico_0_496750460.html

HABERLE, Peter, *El Derecho Procesal Constitucional como Derecho Constitucional concretizado frente a la judicatura del Tribunal Federal Constitucional alemán*, JZ, Alemania, 1976.

HARO, José V., "El control difuso de la constitucionalidad en Venezuela. El estado actual de la cuestión", en CASAL Jesús M., ARISMENDI, Alfredo y CARRILLO, Carlos L. (Coordinadores), *Tendencias actuales del derecho constitucional. Homenaje a Jesús María Casal Montbrun*, Tomo I, Universidad Central de Venezuela, Universidad Católica Andrés Bello, Caracas, 2007.

HAURIOU, Maurice, *Principios de derecho público y constitucional* (trad. Carlos Ruiz del Castillo), Reus, Madrid, 2.ª ed., s/f.

HERNÁNDEZ GALINDO, José González, "Importancia de la prueba en los procesos constitucionales", presentación del libro de GIACOMETTE FERRER, Ana, *Las pruebas en el proceso de control constitucional*, primera edición, Señal Editora, Bogotá D.C., 2007.

HERNÁNDEZ GONZÁLEZ., José I., "¿Se justifica el control concentrado de la constitucionalidad en Venezuela? Algunas notas sobre los límites y riesgos derivados de la Justicia Constitucional", en *VI Congreso Internacional de Derecho Procesal Constitucional y IV de Derecho Administrativo*, Universidad Monteávila, Caracas, 2016.

__________, "El Asedio a la Asamblea Nacional. A modo de presentación", en BREWER-CARÍAS, Allan, *Dictadura judicial y perversión del Estado de derecho. La Sala Constitucional y la destrucción de la democracia en Venezuela*, Editorial Jurídica Venezolana, segunda edición, Caracas, 2016.

HITTERS, Juan C. "El Derecho procesal constitucional", en Eduardo Ferrer Mac-Gregor, *Derecho Procesal Constitucional*. Tercera edición, Tomo I, Ed. Porrúa, México D.F., 2003.

HOYOS, Arturo, *La interpretación constitucional*, Editorial TEMIS, Santa Fe de Bogotá, Colombia, 1993.

HUALDE LÓPEZ, Ibón, "Una aproximación al Tribunal Supremo y certiorari norteamericano", en *Cuadernos de Derecho Transnacional* (marzo 2015), Volumen 7, número 1, Universidad Carlos III, Área de Derecho Internacional Privado, Madrid, 2015.

HURTADO MARTÍNEZ, Juan A., "La Evolución del Sistema Francés como modelo de control de constitucionalidad de las leyes", en *Revista de Derecho UNED,* número 10, 2012, Universidad Nacional de Educación a Distancia, 2012.

JÁUREGUI ARRIETA, Carlos, *Breve historia del parlamento inglés y otros temas afines*, Editorial Depalma, Buenos Aires, 1993.

JIMÉNEZ, William G. "Tribunales Constitucionales", en ESTUPIÑAN ACHRY, Liliana; HERNÁNDEZ, Carlos; JIMÉNEZ, William (Editores Académicos), *Tribunales y justicia constitucional*, Tomo I, Universidad Libre. Facultad de Derecho, Doctorado en Derecho, Ediciones Nueva Jurídica, Colombia, 2017.

KELSEN, Hans, *La garantía jurisdiccional de la Constitución (La justicia constitucional)*, Traducido por Rolando Tamayo y Salmorán, Instituto de Investigaciones Jurídicas, Universidad Nacional Autónoma de México, Ciudad de México, 1994.

__________, *La garantía jurisdiccional, (La Justicia Constitucional),* Universidad Nacional Autónoma de México, México, D.F., 2001.

KIRIAKIDIS, Jorge, *Comentarios a la Ley Orgánica de la Jurisdicción Contencioso Administrativa*, Vol. II. FUNEDA, Caracas, 2011.

__________, *El Contencioso Administrativo Venezolano a la Luz de la Ley Orgánica de la Jurisdicción Contencioso Administrativa*, FUNEDA, Caracas, 2012.

KU YANASUPO, Lily, "El control difuso en sede administrativa. ¿Los tribunales administrativos protegen los derechos fundamentales?", en *Revista Jurídica del Perú*, Tomo 132, Febrero 2012, disponible en: https://www.academia.edu/33792851/El_control_difuso_en_sede_administrativa._Los_tribunales_administrativos_protegen_los_derechos_fundamentales

LANDA, César. *Teoría del derecho procesal constitucional*, Urna, Ed. Palestra, 2004.

__________, "Justicia Política en Perú", en Víctor Bazán y Marie-Christine Fuchs (Editores académicos), *Justicia constitucional y derechos fundamentales. Justicia y Política en América Latina*, Fundación Konrad Adenauer, Editorial Temis, Editorial Nomos S.A., Bogotá, 2018.

LARES MARTÍNEZ, Eloy, *Manual de Derecho Administrativo*, XIII Edición, Facultad de Ciencias Jurídicas y Políticas de la Universidad Central de Venezuela, Caracas, 2008.

LOFFLER, Ernesto A., "John Marshall ¿Padre del control de constitucionalidad? Acerca de algunos precedentes que habrían inspirado su decisión del caso "William Marbury vs James Madison", disponible en: http://www.justierradelfuego.gov.ar/wordpress/wp-content/uploads/2014/12/JOHN-MARSHALL-Padre-del-control-de-constitucionalidad.pdf

LÓPEZ GUERRA, Luis, "Modelos de gobierno del poder judicial", en CORZO SOSA, Edgar y VEGA GÓMEZ, Juan, (coordinadores), *Tribunales y Justicia constitucional. Memoria del VII Congreso iberoamericano de derecho constitucional*, Instituto de Investigaciones Jurídicas, Universidad Nacional Autónoma de México, Ciudad de México, 2002.

LÓPEZ MENUDO, Francisco, *Vía de hecho administrativa y justicia civil*, Madrid, 1988.

LOUSTEAU HEGUY, Guillermo, *The Philosophical Foundations of American Constitutionalism*, Interamerican Institute for Democracy, Miami, 2010.

MAI, Leandro L., "¿De qué hablamos cuando nos referimos al 'control de convencionalidad'?" en *Nota22.com*, 09 de junio de 2016, disponible en: https://www.nota22.com/noticia/49060-de-que-hablamos-cuando-nos-referimos-al-control-de-convencionalidad.html

MANILI, Pablo L., "Perfil del derecho procesal constitucional", en PALOMINOS MANCHEGO, José (Coord.). *El Derecho Procesal Constitucional Peruano*. Estudios en Homenaje a Domingo García Belaúnde. Tomo I, Ed. Jurídica Grijley, Lima, 2005.

MORELLI, Sandra, *La Corte Constitucional: un papel por definir*, Academia Colombiana de Jurisprudencia, Bogotá, 2002.

MONTESQUIEU, *El Espíritu de las leyes*, Tomo I, Biblioteca de Derecho y de Ciencias Sociales, Librería General de Victoriano Suárez, 48, Preciados, Madrid, 1906.

NIKKEN, Claudia, "Aproximación Crítica a la Regulación de los Estados de Excepción en Venezuela", en *Ius et Praxis*, 8 (1), Talca, 2002.

__________, *Consideraciones sobre las fuentes del derecho constitucional y la interpretación de la Constitución*, Editorial Jurídica Venezolana, Centro para Caracas, 2018.

NIKKEN, Pedro, "El concepto de derechos humanos", en AA.VV., *Estudios Básicos de Derechos Humanos*, Serie: Estudios de Derechos Humanos Tomo 1, Instituto Interamericano de Derechos Humanos, San José de Costa Rica, 1994. Disponible en: https://archivos.juridicas.unam.mx/www/bjv/libros/4/1835/3.pdf

__________, "Discurso de contestación al discurso de incorporación del Dr. Carlos Ayala Corao a la Academia de Ciencias Políticas y Sociales", en *Boletín de la Academia de Ciencias Políticas y Sociales* número 153, enero-diciembre 2014, Academia de Ciencias Políticas y Sociales, Caracas, 2014. Disponible en: https://www.acienpol.org.ve/wp-content/uploads/2019/09/BolACPS_2014_153_201-211.pdf

NOGUEIRA ALCALÁ, Humberto, "Tópicos sobre jurisdicción constitucional y tribunales constitucionales", en *Revista de derecho*, Vol. XIV - Julio 2003.

__________, "El derecho procesal constitucional a inicios del siglo XXI en América Latina", en *Estudios Constitucionales*, Año 7, número 1, Santiago, 2009.

__________, "La jurisdicción constitucional sudamericana y su evolución en las últimas tres décadas: algunos aspectos relevantes", en *Anuario de Derecho Procesal Constitucional*, Bogotá, 2010.

__________, "El impacto del control de convencionalidad en las fuentes de derecho chilenas", en *VI Congreso Internacional de Derecho Procesal Constitucional y IV de Derecho Administrativo*, Universidad Monteávila, Caracas, 2016.

OLANO GARCÍA, Hernán A., "El derecho procesal constitucional", en *Vniversitas*, número 54(109), Pontificia Universitada Javeriana, Bogotá, 2005. Disponible en: https://revistas.javeriana.edu.co/index.php/vnijuri/article/view/14716

ORGANIZACIÓN DE LAS NACIONES UNIDAS, Consejo de Derechos Humanos, "Informe sobre Venezuela de fecha 15 de septiembre de 2020". Disponible en: https://www.ohchr.org/Documents/HRBodies/HRCouncil/FFMV/A_HRC_45_CRP.11_SP.pdf

OTEIZA, Eduardo, "El certiorari o el uso de la discrecionalidad por la Corte Suprema de Justicia de la Nación sin un rumbo preciso", en *Revista Jurídica de la Universidad de Palermo*, Facultad de Derecho de la Universidad de Palermo, Año 3, número 1, abril 1998. Buenos aires, 1998.

PALACIOS ALCOCER, Mariano y CASTELLANOS MADRAZO, Francisco, "Algunos apuntes sobre la Interpretación Constitucional", en VALADÉS, Diego y CARBONELL, Miguel (Coordinadores), *El Proceso Constituyente Mexicano. A 150 años de la Constitución de 1857 y 90 de la Constitución de 1917*, Universidad Autónoma de México, Instituto de Investigaciones Jurídicas, México D.F. 2007. Disponible en: http://biblio.juridicas.unam.mx/libros/libro.htm?l=2389

PEGORARO, Lucio y RINELLA, Angelo, *Sistemas constitucionales. Derecho constitucional comparado II*, Astrea, Buenos Aires – Giappichelli, Torino, 2017.

PEÑA COLMENARES, Nélida. *Los Estados de Excepción en el Ordenamiento Jurídico Venezolano*. Trabajo de Ascenso para optar a la categoría de Profesor Agregado en la Facultad de Ciencias Jurídicas y Políticas de la Universidad Central de Venezuela. Caracas, diciembre 2014. Disponible en: http://saber.ucv.ve/bitstream/10872/18730/1/TRABAJO%20ESTADOS%20DE%20EXCEPCION%202015.pdf

__________, "La figura de la prórroga de los decretos de estados de excepción". *Revista Venezolana de Legislación y Jurisprudencia,* número 10. Caracas, 2018.

PÉREZ GUEVARA, César S., *Vanidad, locura y entusiasmo. Tres casos de Juan Germán Roscio*, Centro Roscio, Caracas, 2019.

PÉREZ ORDOÑEZ, Diego, "Apuntes sobre la acción de amparo constitucional". *Revista "Iuris Dictio"* del Colegio de Jurisprudencia de la Universidad San Francisco de Quito, Año 1 número 1, Quito, 2000. Disponible en: Http://www.usfq.edu.ec/publicaciones/iurisDictio/archivo_de_contenidos/Documents/IurisDictio_1/Apuntes_sobre_la_accion_de_amparo_constitucional.pdf

PÉREZ SALAZAR, Gonzalo, "El recurso de interpretación en Venezuela", *Revista de la Facultad de Ciencias Jurídicas y Políticas*, número 120. Universidad Central de Venezuela. Caracas, 2001.

PÉREZ TREMPS, Pablo, "La Justicia Constitucional en la Actualidad. Especial referencia a América Latina", en *Anuario*, número 8, 2002, Facultad de Ciencias Jurídicas, Universidad Antofagasta, Chile, 2002.

PIERRE TAPIA, Oscar, *La prueba en el proceso venezolano*, 4ta edición, Barcelona, 1980.

PORTOCARRERO, Zhaydee A., *La revisión de sentencias: mecanismos de control de constitucionalidad creado en la Constitución de 1999*, Segunda edición revisada y actualizada, Tribunal Supremo de Justicia, Colección Nuevos Autores número 8, Caracas, 2010.

PRATS, Eduardo J., "Prólogo a la Edición Dominicana" en GIACOMETTE FERRER, Ana, *La Prueba en los procesos constitucionales*, Edición Jurídica Venezolana, Fundación de Estudios de Derecho Administrativo. Caracas, 2014.

__________, "La potestad de tutela cautelar del Tribunal Constitucional", 05 de julio de 2019, disponible en: https://hoy.com.do/la-potestad-de-tutela-cautelar-del-tribunal-constitucional/

PRIETO, Luis, "Voz Neoconstitucionalismo", en CARBONELL, Miguel (coord.), *Diccionario de Derecho Constitucional,* Porrúa y Universidad Autónoma de México, México, 2005.

RAMOS FERNÁNDEZ, Mary, "Jurisprudencia Administrativa y Constitucional (Corte Suprema de Justicia y Corte Primera de lo Contencioso-Administrativo): Tercer Trimestre de 1983", en *Revista de Derecho Público* número 15, Editorial Jurídica Venezolana, Caracas, 1983.

__________, "Jurisprudencia Administrativa y Constitucional (Corte Suprema de Justicia y Corte Primera de lo Contencioso-Administrativo): Segundo Trimestre de 1985", en *Revista de Derecho Público* número 22, Editorial Jurídica Venezolana, Caracas, 1985.

RENGEL ROMBERG, Arístides, *Tratado de Derecho Procesal Civil Venezolano,* Ediciones Paredes, Caracas, 2013.

REY CANTOR, Ernesto. *Derecho procesal constitucional. Derecho constitucional procesal. Derechos Humanos Procesales.* Ediciones Ciencia y Derecho. Bogotá, 2001.

RIVERO J., *Le Conseil Constitutionnel et les libertés*, París – Aix-en-Provence, 1984.

RODRÍGUEZ GARCÍA, Armando, "Medios de impugnación", en *XVIII Jornadas "J.M. Domínguez Escovar", Avances Jurisprudenciales del Contencioso Administrativo en Venezuela,* Tomo III, Instituto de Estudios Jurídicos del Estado Lara, Colegio de Abogados del Estado Lara, Barquisimeto, 1993.

ROLLNERT LIERN, Goran "La mutación constitucional, entre la interpretación y la jurisdicción constitucional", *Revista Española de Derecho Constitucional,* número 101, mayo-agosto, Madrid, 2014.

RONDÓN DE SANSÓ, Hildegard, *Amparo Constitucional.* Editorial Arte, Caracas, 1988.

RUBIO LLORENTE, Francisco y JIMÉNEZ CAMPO, Javier, *Estudios sobre jurisdicción constitucional*, Editorial McGraw-Hill – Colección Ciencias Jurídicas, Madrid, 1998.

SAGÜÉS, Néstor P., *Derecho procesal Constitucional.* Tomo I: Recurso extraordinario. Segunda edición actualizada y ampliada. Ed. Astrea, Buenos Aires, 1989.

__________, "Del juez legal al juez constitucional", en *Anuario iberoamericano de justicia constitucional*, número 4, Centro de Estudios Políticos y Constitucionales, Madrid, 2000.

__________, *Recurso extraordinario*, cuarta edición actualizada y ampliada. Ed. Astrea, Buenos Aires, 2002.

__________, "El concepto de desconstitucionalización", en *Revista de Derecho* número 2, Universidad Católica del Uruguay, Montevideo, 2007.

__________, "La Corte Constitucional como legislador suplente y precario", en Sergio J. Cuarezma Terán y Rafael Luciano Pichardo, *Nuevas tendencias del derecho constitucional y el Derecho Procesal Constitucional*, Instituto de Estudio e Investigación Jurídica, Nicaragua, 2011.

__________, "Notas sobre el control ejecutivo de convencionalidad". en *Anuario de Derecho Constitucional Latinoamericano*, e.V., año XXI, Fundación Konrad Adenauer Stiftung, Bogotá, 2015.

__________, "La doctrina de la interpretación conforme en el ámbito constitucional, y sus proyecciones en el control represivo y constructivo de convencionalidad", en *VI Congreso Internacional de Derecho Procesal Constitucional y IV de Derecho Administrativo*, Universidad Monteávila, Caracas, 2016.

SAINZ, Fernando, "Defensa frente a las vías de hecho. Recurso contencioso administrativo, acción interdictal y Amparo", en *Revista de la Administración Pública,* número 123, Sep-Dic 1990, Madrid, 1990.

SALAZAR UGARTE, Pedro, *La democracia constitucional. Una radiografía teórica*, Fondo de Cultura Económica, Instituto de Investigaciones Jurídicas Universidad Nacional Autónoma de México, México, 2008.

SCHMITT, Carl, *La defensa de la Constitución*, Edit. Tecnos, Madrid. 1983.

SERRA RAD, María M., *Procesos y recursos constitucionales,* Ed. Depalma, Buenos Aires, 1992.

SERRANO ROBLES, Arturo, *El Juicio de Amparo en General y las Particularidades del Amparo Administrativo en Manual del Juicio de Amparo*, segunda edición, Editorial Themis, México, 1999.

SOLA, Juan V., *Control Judicial de Constitucionalidad.* Abeledo-Perrot, Buenos Aires, 2001.

SOSA GÓMEZ, Cecilia. "La revisión constitucional de las sentencias definitivamente firmes", en *Revista de la Facultad de Ciencias Jurídicas y Políticas*, número 3. Universidad de Carabobo, Facultad de Derecho, Valencia, 2007.

__________, "La constitucionalización del derecho administrativo", en *XXXVIII Jornadas "J.M. Domínguez Escovar", Avances Jurisprudenciales del contencioso administrativo en Venezuela*, Instituto de Estudios Jurídicos "Ricardo Hernández Álvarez", Tribuna Jurídica de Venezuela, Barquisimeto, 2013.

URBINA MENDOZA, Emilio J., "¿Qué son las sentencias de gobierno? La nueva geografía de actos en la jurisprudencia de la Sala Constitucional del Tribunal Supremo de Justicia". En *Revista de Derecho Público,* número 147–148, Julio–Diciembre 2016. Editorial Jurídica Venezolana, Caracas, 2016.

YANNUZZI RODRÍGUEZ, Salvador, "El derecho a la prueba en la Constitución de la República Bolivariana de Venezuela", en *Constitución, proceso, pruebas y reforma procesal. Jornadas Domínguez Escobar,* Barquisimeto, Editorial Horizonte, C.A., 2012.

__________, *El principio de incorporación de la prueba en el procedimiento civil venezolano.* Trabajo de incorporación a la Academia de Ciencias Políticas y Sociales, Caracas, 2018.

YÉPEZ ARCILA, Hernando, "Interrogantes sobre la Justicia Constitucional en Colombia", en *II Jornadas de Derecho Público*, Editorial Jurídica Venezolana, Bogotá, 1996.

ZAGREBELSKY, Gustavo, *¿Derecho Procesal Constitucional? y otros ensayos de justicia constitucional,* Ed. FUNDAP, México, D.F., 2004.

Este libro se terminó de imprimir en el mes de diciembre de 2020, en los talleres gráficos de Editorial Torino. RIF.: J-30143170-7, Teléfonos: (212) 239.7654, 235.2431. En su composición se emplearon tipos de la familia Times New Roman y Frutiger. Papel Bond 20 grs.

www.ingramcontent.com/pod-product-compliance
Lightning Source LLC
LaVergne TN
LVHW090209051026
849517LV00001B/20
9789801809258